纪念伟大作家曹雪芹逝世二百五十周年文集

主编　张庆善　　副主编　张云

文化藝術出版社
Culture and Art Publishing House

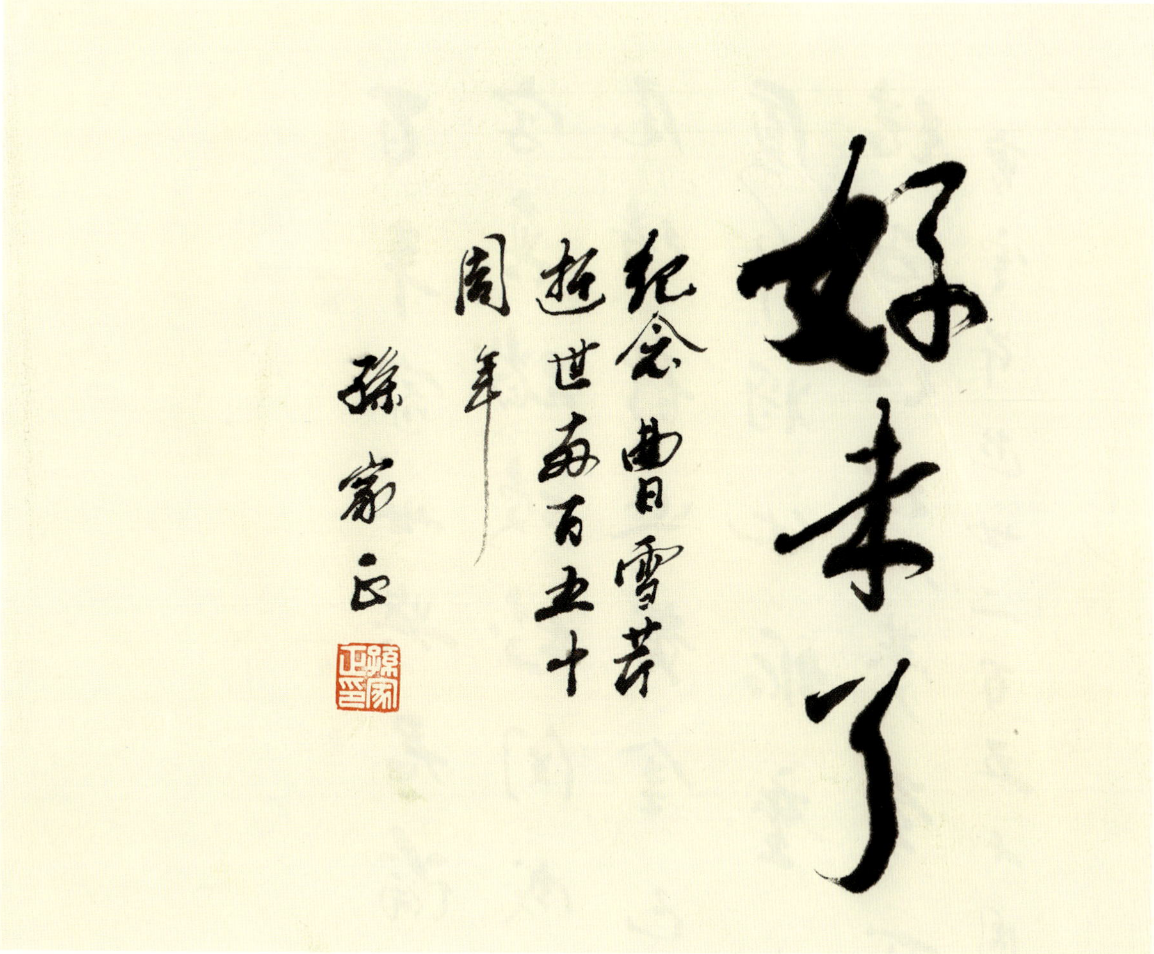

原全国政协副主席孙家正题词

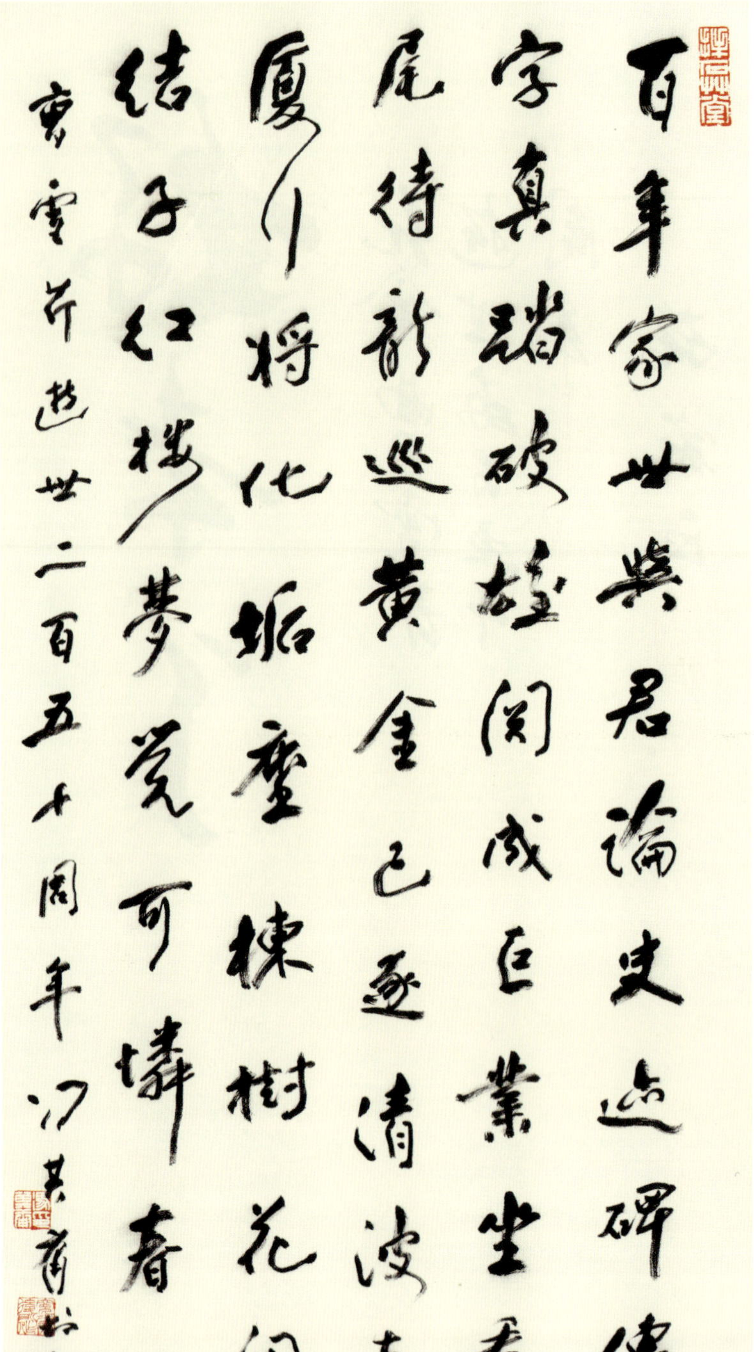

中国红楼梦学会名誉会长冯其庸为大会题诗

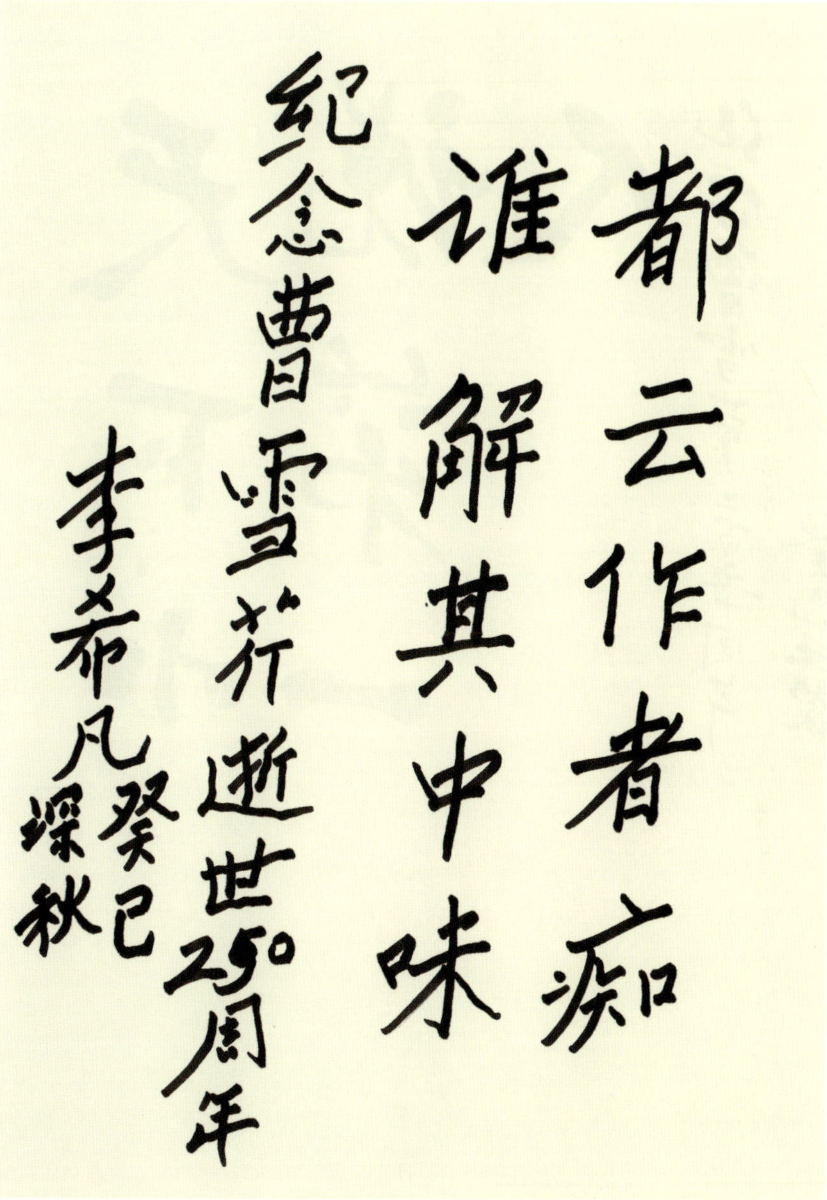

中国红楼梦学会名誉会长李希凡题词

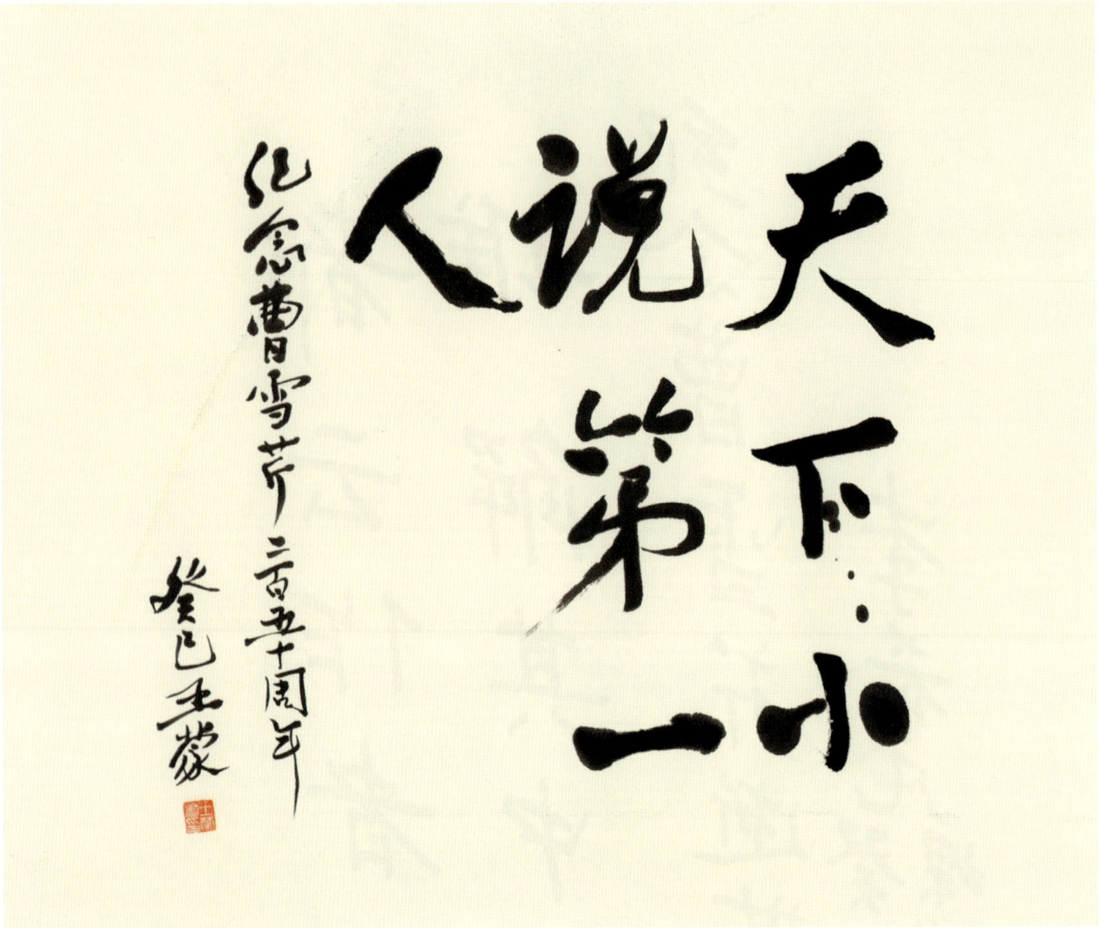

原文化部部长、著名作家王蒙题词

开幕式主席台（自左至右：梅新林、张庆善、李希凡、冯其庸、胡德平、孙旭光、王玉锁）

大会会场

中国红楼梦学会名誉会长冯其庸

中国红楼梦学会名誉会长李希凡

北京曹雪芹学会会长胡德平

为曹雪芹塑像揭幕仪式（自左至右：张庆善、孙旭光、胡德平、王玉锁）

中国红楼梦学会会长张庆善

文化部恭王府管理中心主任孙旭光

参加曹雪芹塑像揭幕仪式的嘉宾（自左至右：孙旭光、张庆善、胡德平、王玉锁）

2013年11月18日，在北京齐鲁饭店举行“纪念伟大作家曹雪芹逝世二百五十周年大会暨学术研讨会”新闻发布会
（自左至右：孙玉明、刘占文、蔡义江、张庆善、李希凡、刘世德、李明新、李晓菲）

自左至右：蔡义江、张锦池、杨乃济、胡文彬

王玉锁致欢迎词

孙玉明（左）、沈治钧（右）

自左至右：石昌渝、段启明、袁世硕、蔡义江

胡德平（左）、李希凡（右）

李希凡（左）、冯其庸（右）

胡文彬（左）、二月河（右）

杜春耕（左）、陈曦中（右）

应必诚（左）、吕启祥（右）

张俊（左）、段启明（右）

与会女学者合影

与会的部分专家学者参观新奥集团

中国红楼梦学会与新绎文化发展有限公司签署战略合作框架协议书（左起：张庆善、吴杰）

文化部恭王府管理中心与新绎文化发展有限公司签战略合作框架协议书（左起：边伟、吴杰）

自左至右：边伟、张庆善、王玉锁、孙旭光、吴杰

全体与会代表合影

著名画家马硕山、魏广君在笔会上

“纪念伟大作家曹雪芹逝世二百五十周年书画作品展”展厅

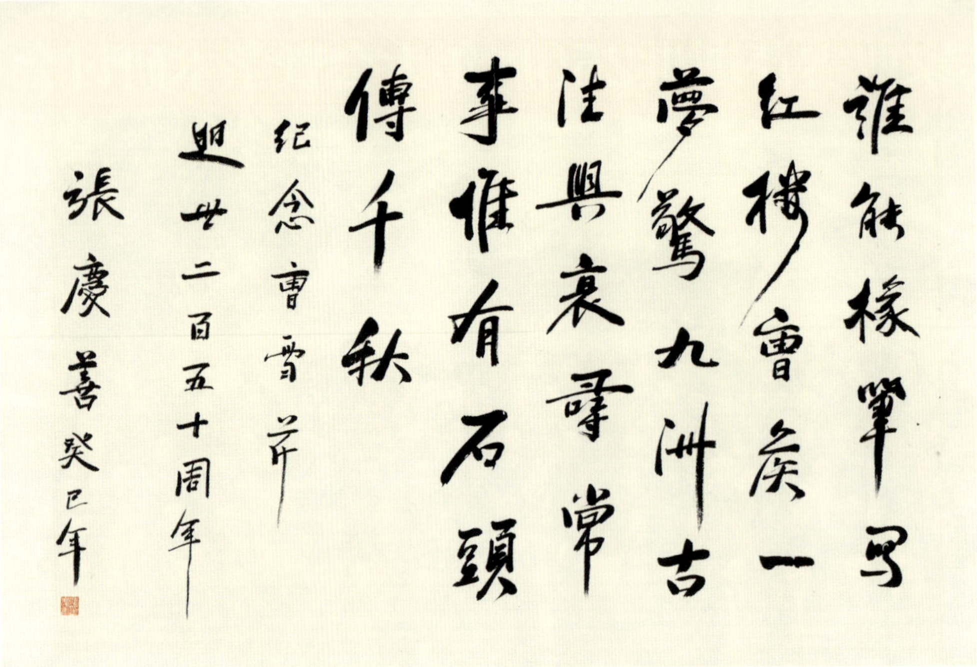

中国红楼梦学会会长张庆善题诗

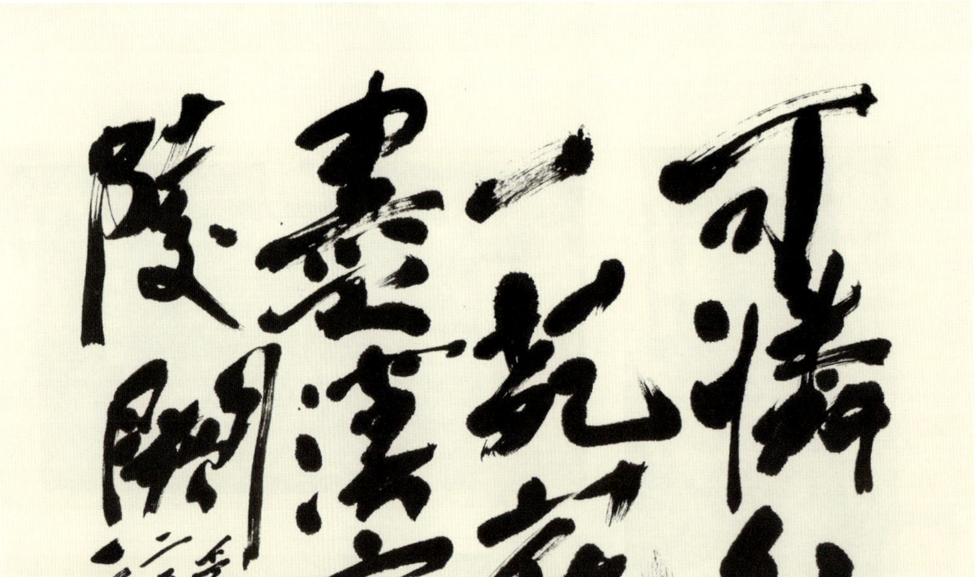

著名作家二月河题词

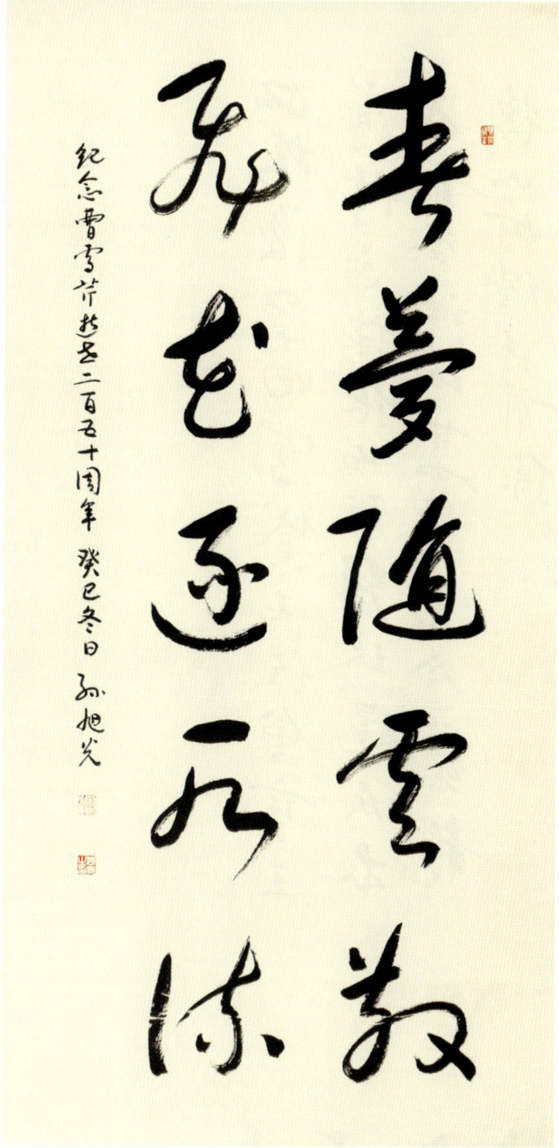

文化部恭王府管理中心主任孙旭光题词

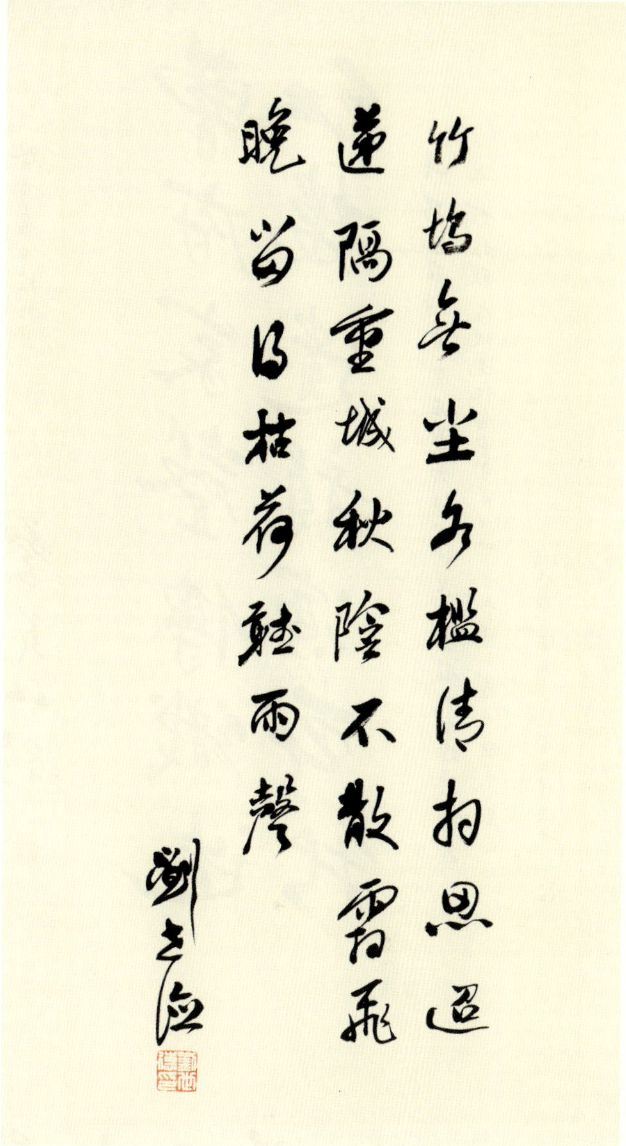

中国红楼梦学会顾问刘世德题诗

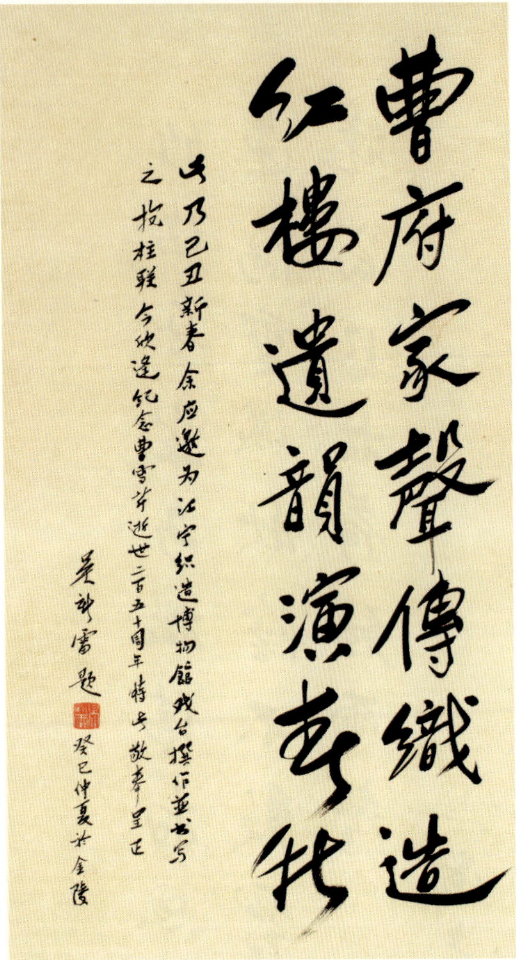

中国红楼梦学会顾问吴新雷题词

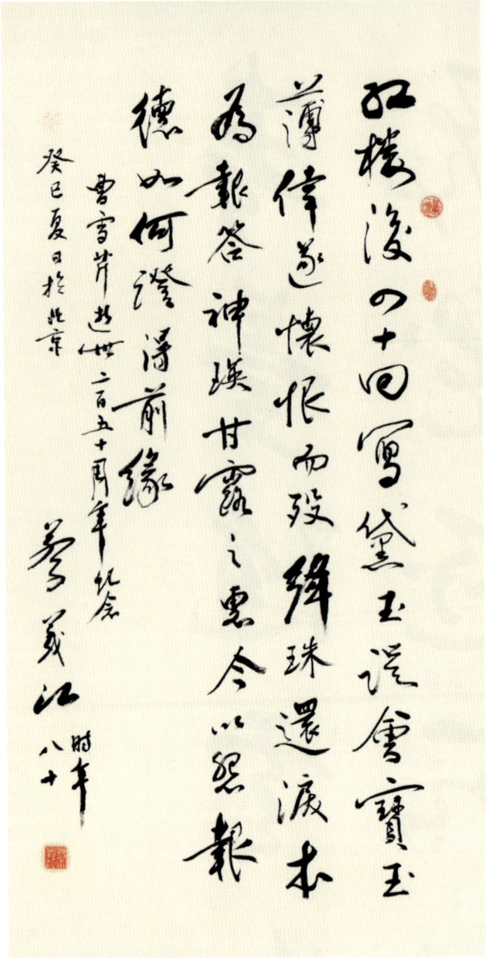

中国红楼梦学会顾问蔡义江题词

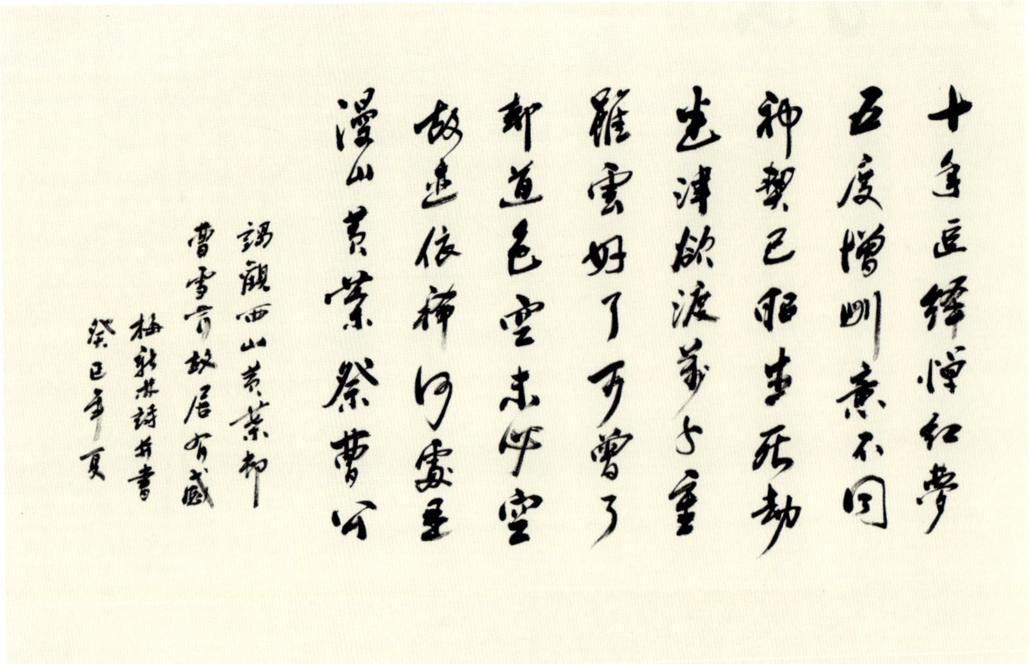

中国红楼梦学会副会长梅新林题诗

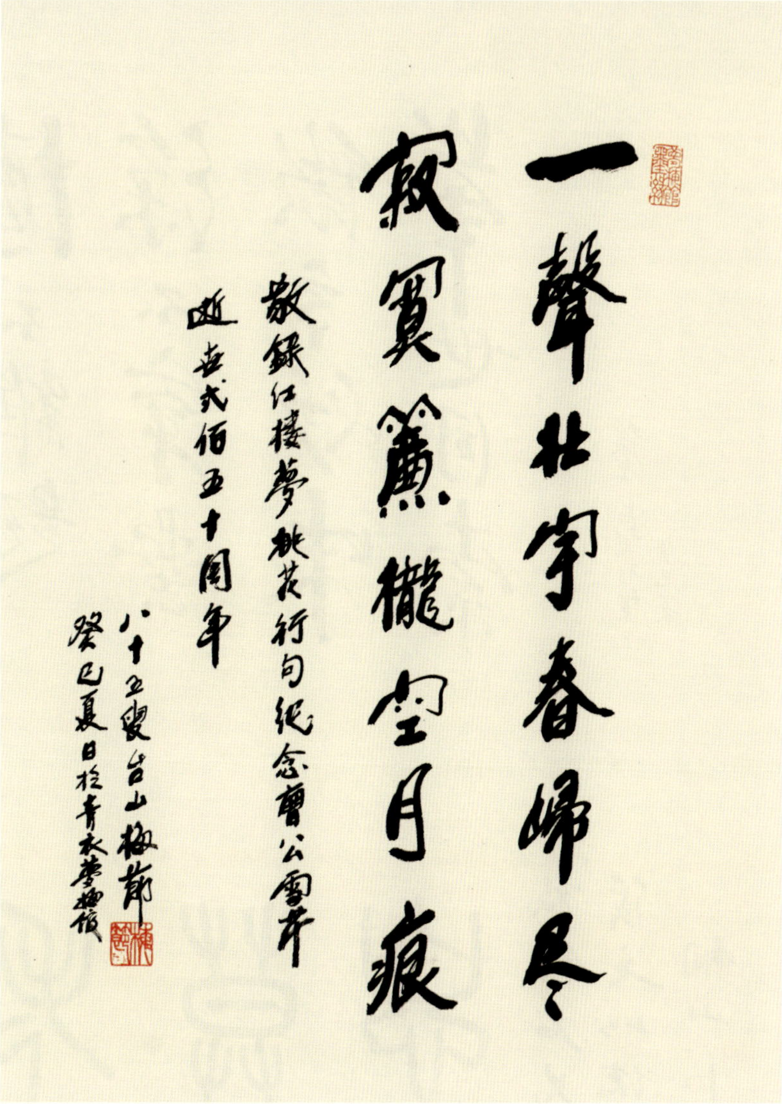

中国红楼梦学会顾问梅节题词

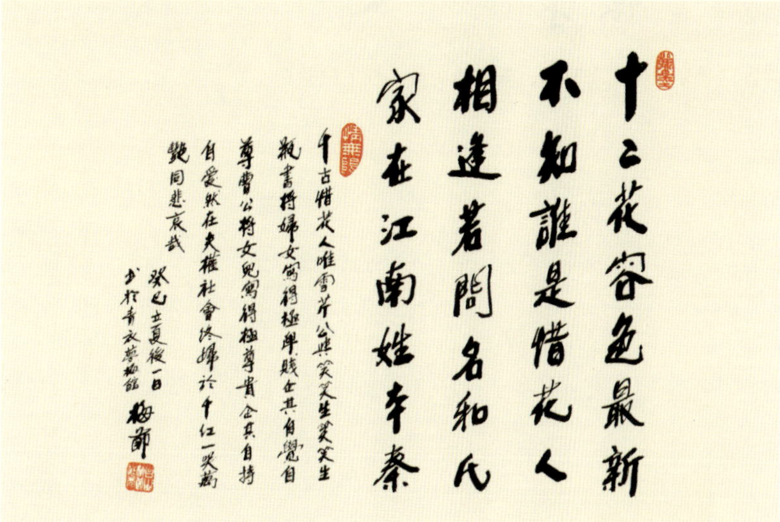

中国红楼梦学会顾问梅节题词

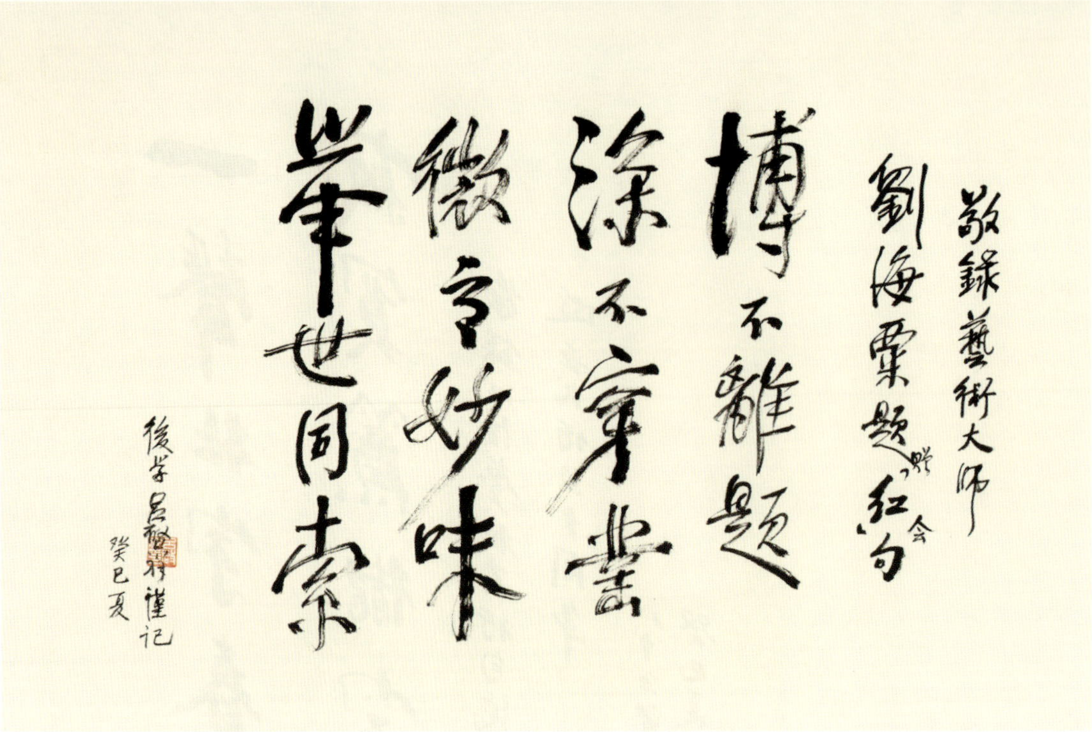

中国红楼梦学会常务理事吕启祥题词

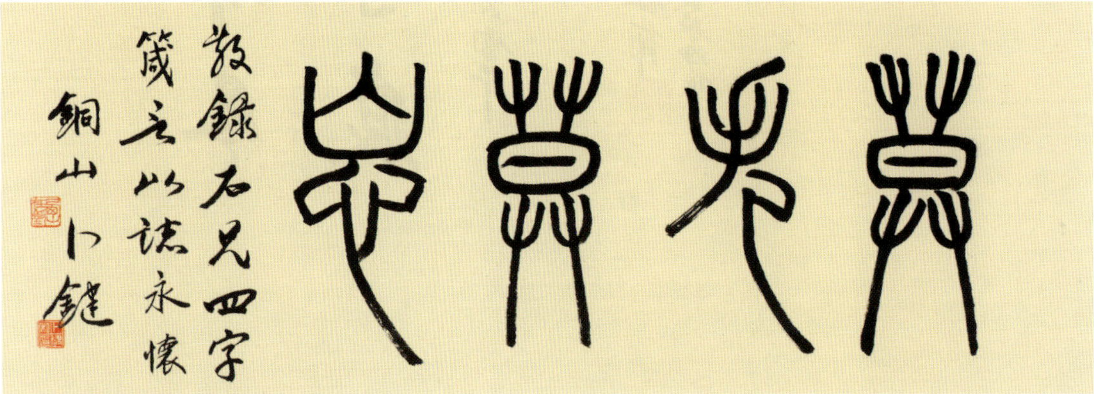

中国红楼梦学会常务理事、国家清史办主任卜键题词

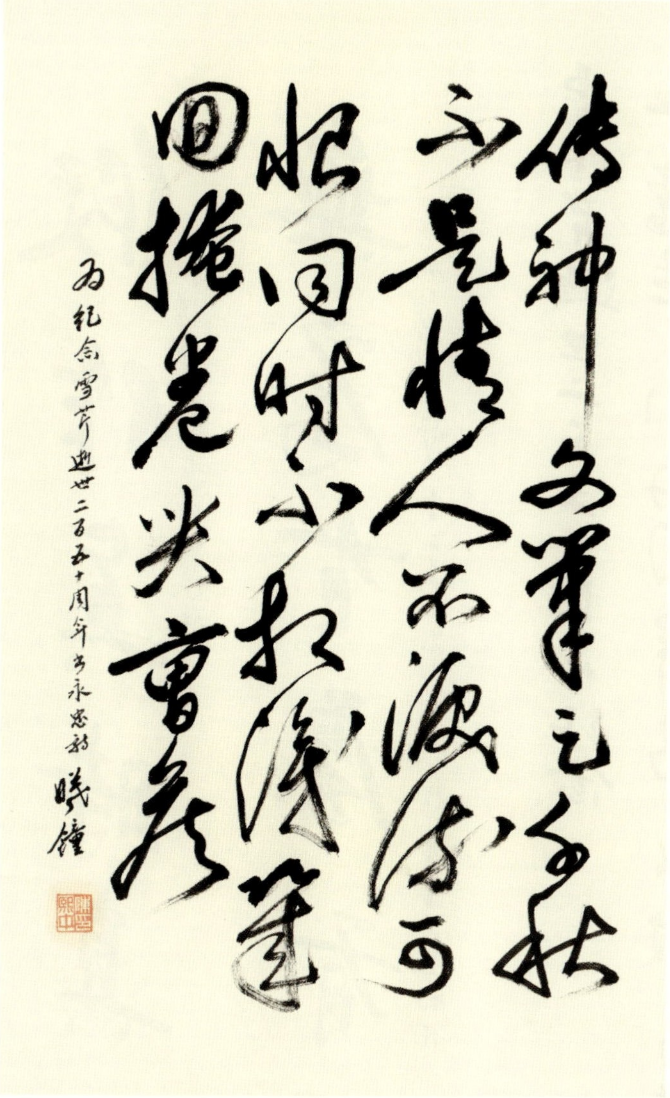

中国红楼梦学会常务理事陈曦钟题词

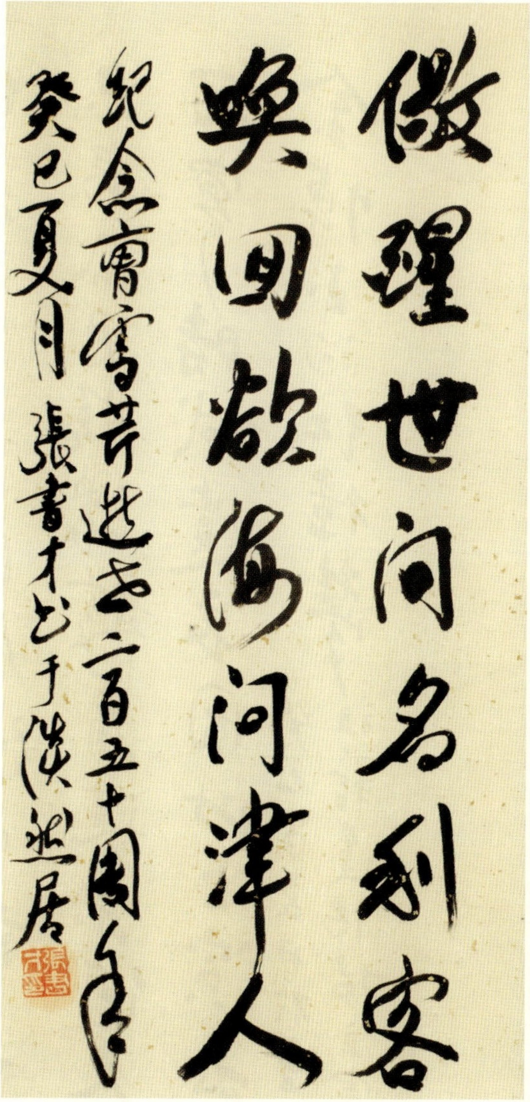

中国红楼梦学会常务理事张书才题词

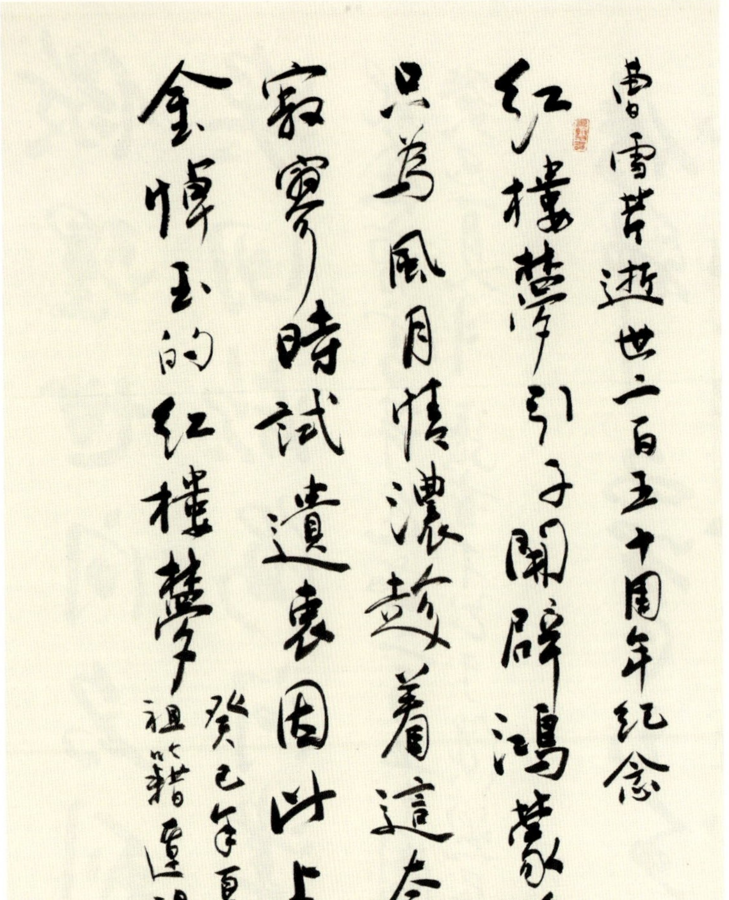

辽阳市人大主任杨立宪题词

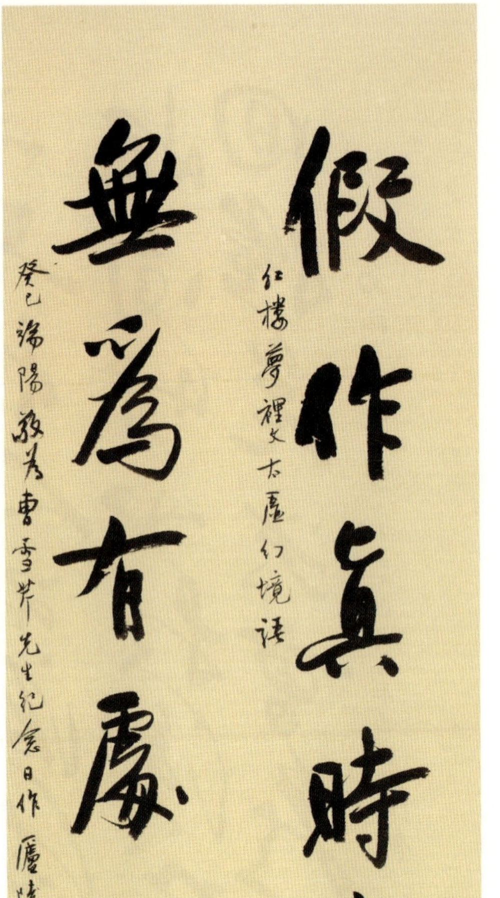

北京大学中文系教授龚鹏程题词

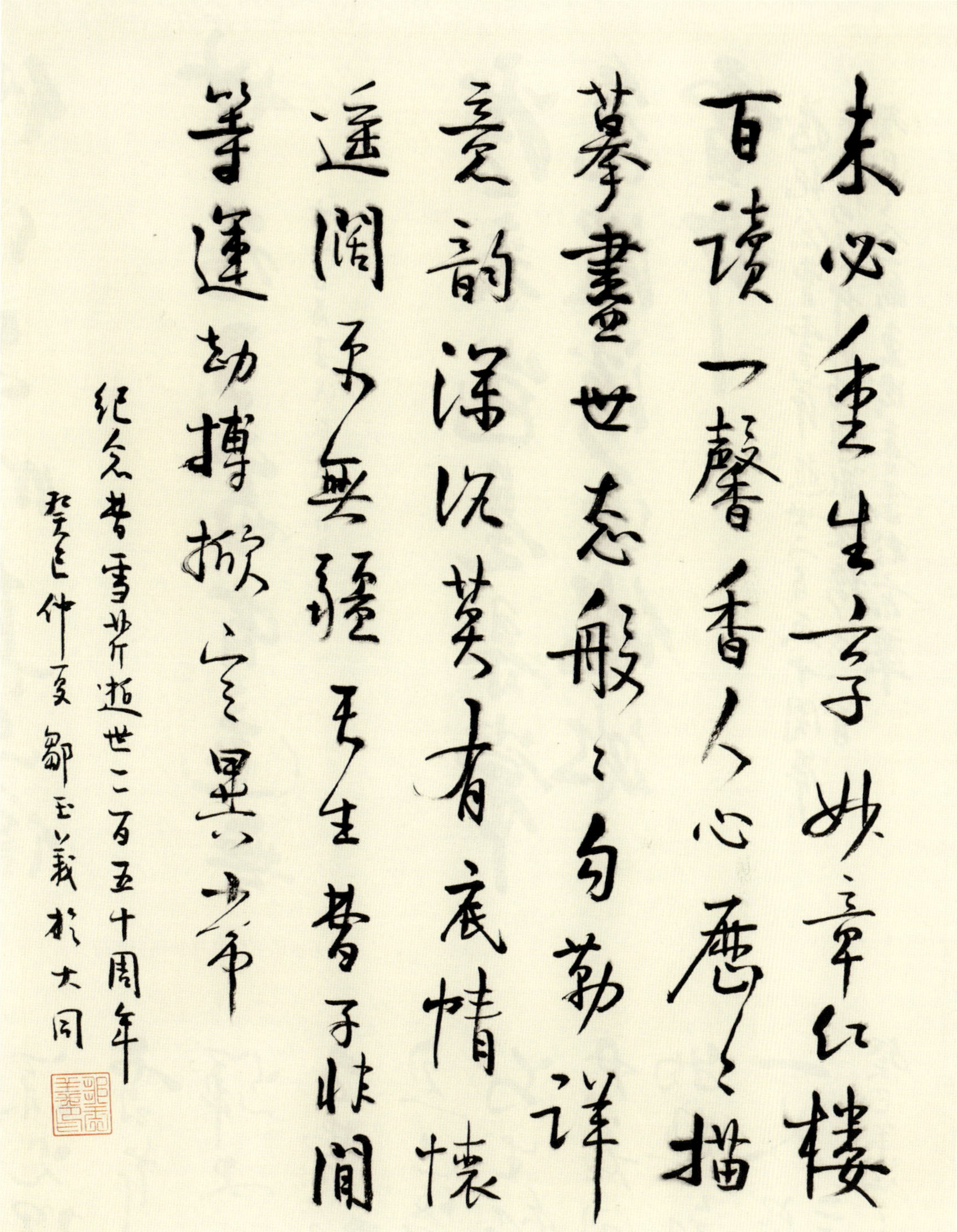

中国红楼梦学会常务理事、大同市红楼梦学会会长邹玉义题诗

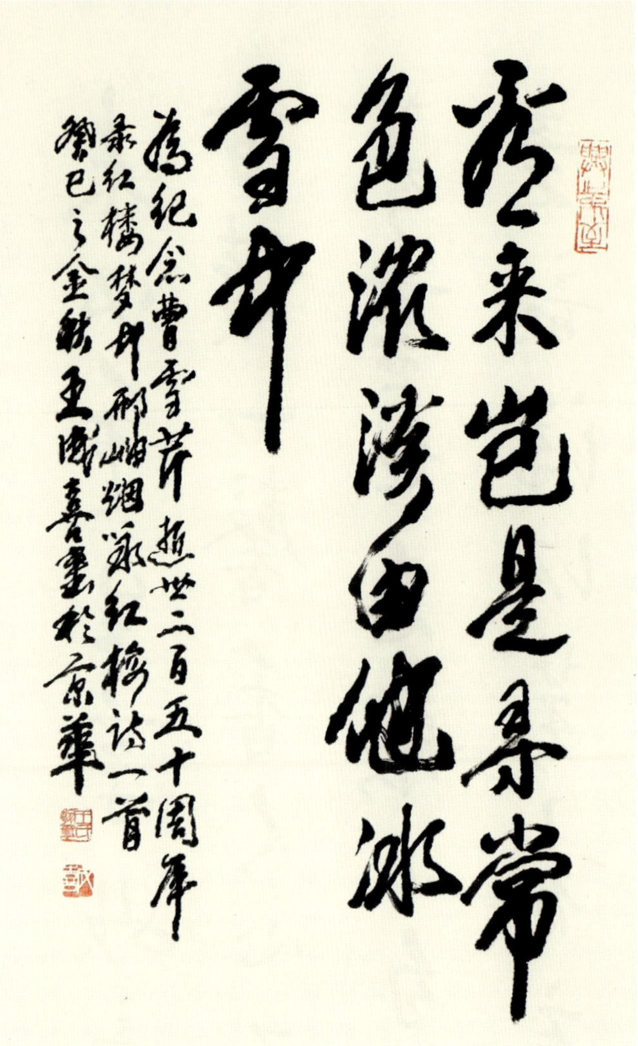

著名画家王成喜题词

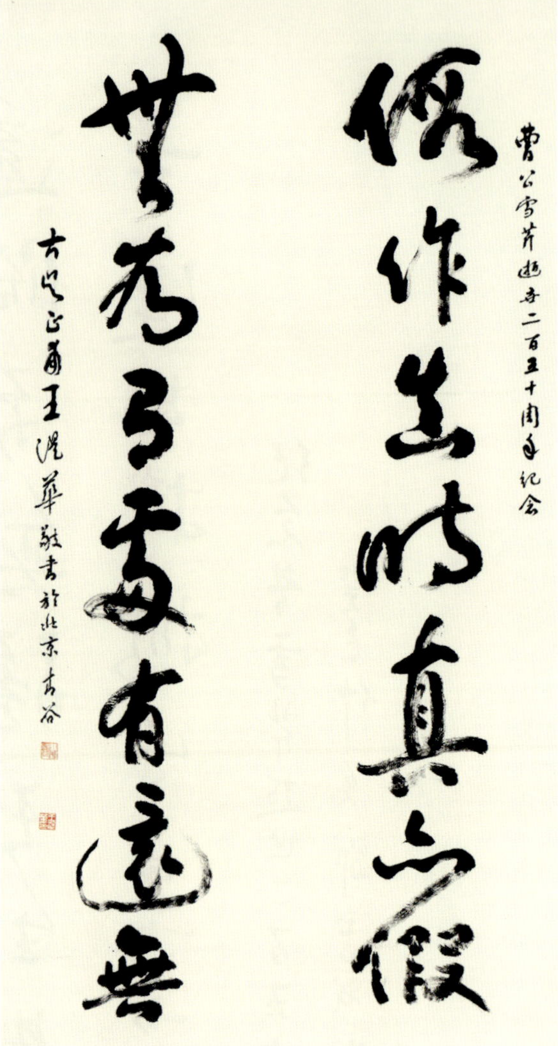

中国艺术研究院红楼梦研究所研究员王湜华题词

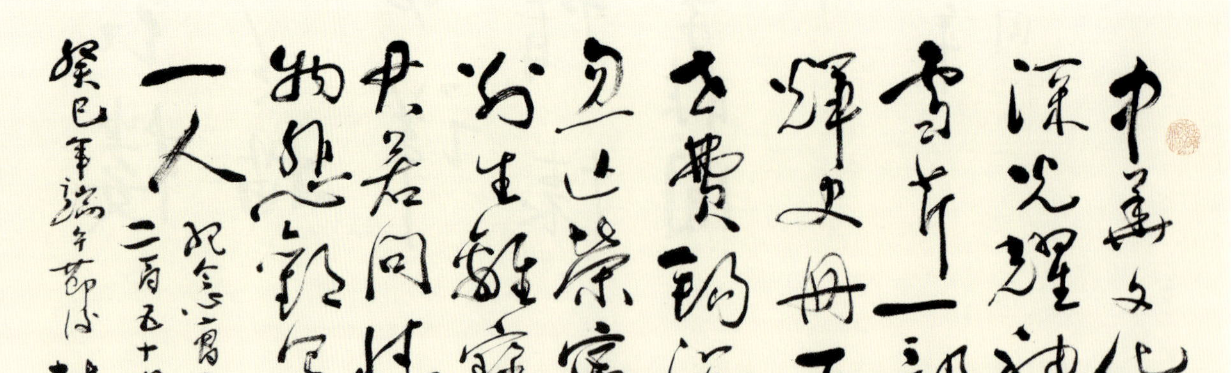

中国红楼梦学会常务理事林正义题诗

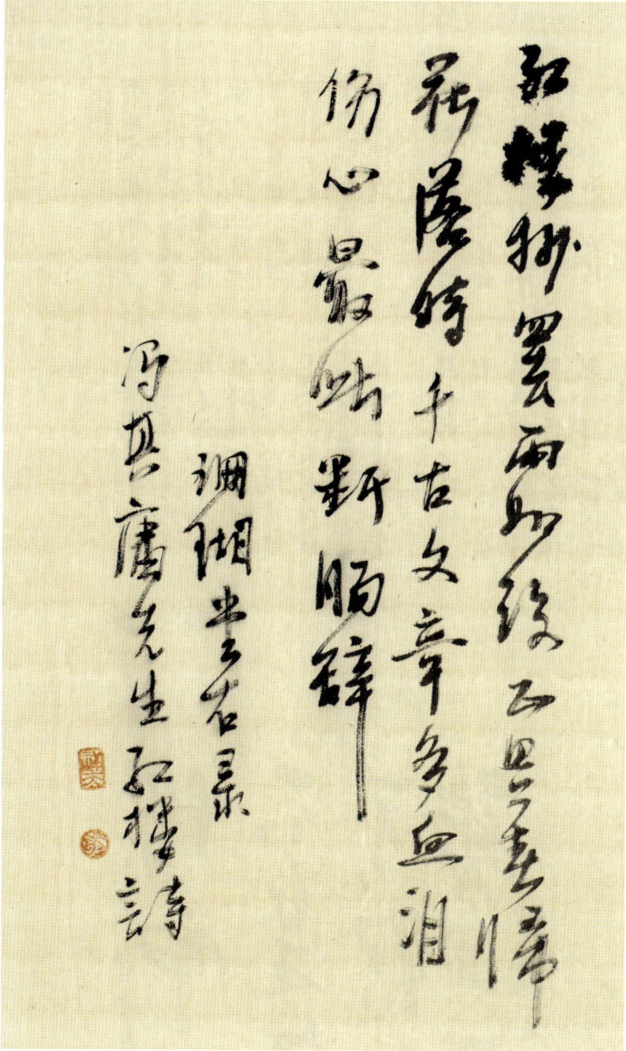

著名作家王祥夫题词

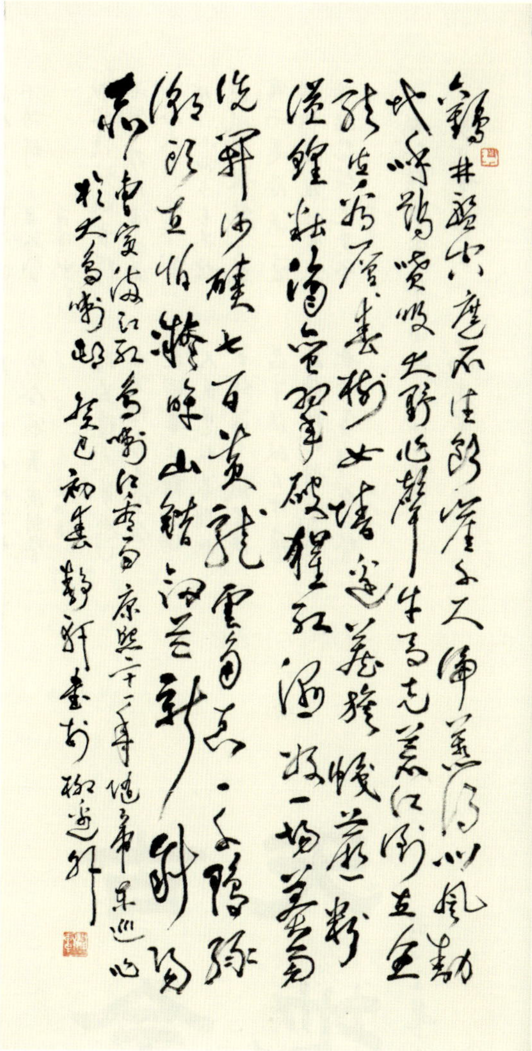

中国红楼梦学会理事、吉林省红楼梦学会副秘书长轩中午题词

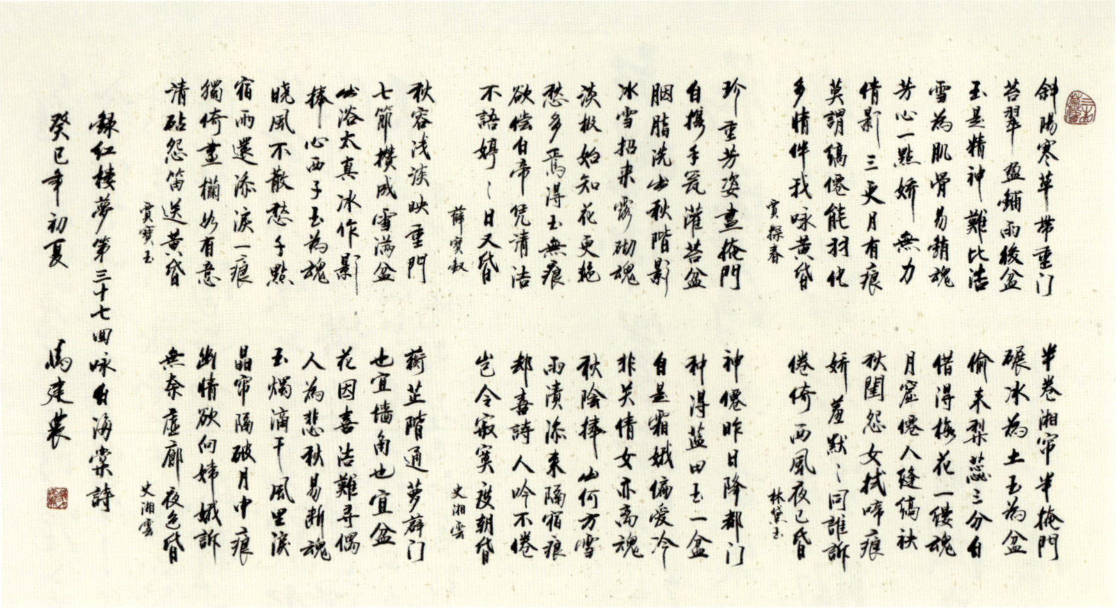

中国书店出版社总编辑马建农题词

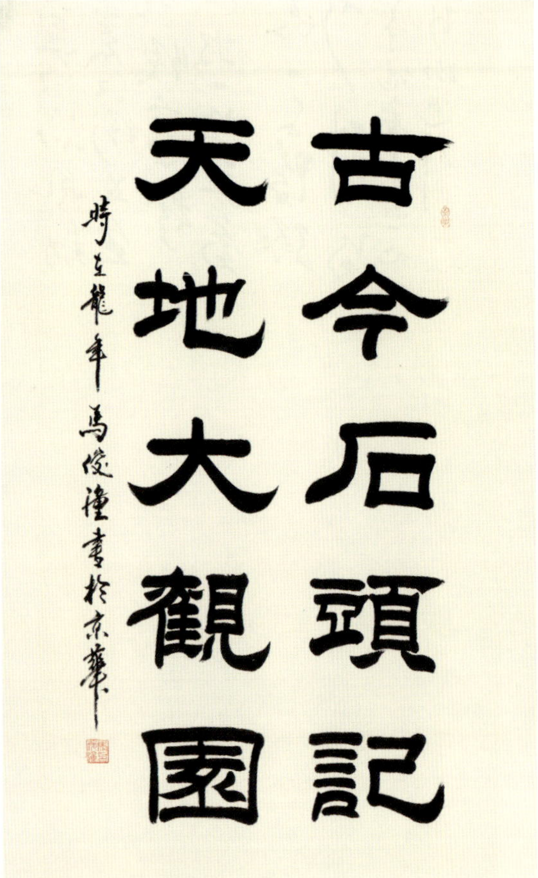

北京大观园管委会主任马俊潼题词

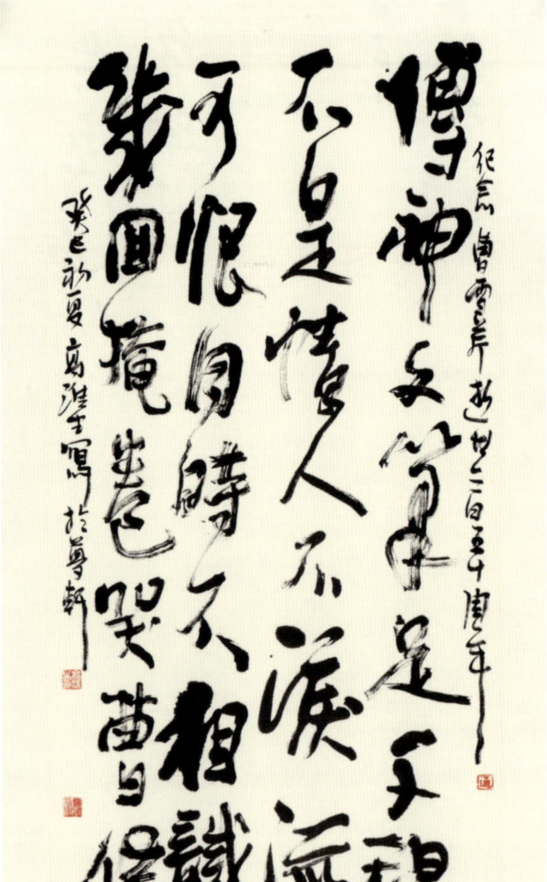

中国红楼梦学会理事高淮生题词

静轩　《红楼梦》诗意图

王义胜　探春结社

戴敦邦　曹雪芹像

盖茂林　曹雪芹像

金延林　《红楼梦》人物

谭凤环　因麒麟伏白首双星

目录

纪念伟大作家曹雪芹逝世250周年大会暨学术研讨会开幕词

张庆善

尊敬的各位专家学者、各位代表、各位嘉宾朋友：

大家上午好！

今天我们在这里隆重举行“纪念伟大作家曹雪芹逝世250周年大会暨学术研讨会”，本次大会是由中国红楼梦学会、文化部恭王府管理中心、北京曹雪芹学会、新绎集团共同主办的。在此，我谨代表中国红楼梦学会，对来自全国各地的专家学者、各位代表和与会的嘉宾朋友们，表示热烈的欢迎和衷心的感谢！

在今年举办纪念曹雪芹逝世250周年的活动，是全国红学界专家学者们的愿望，是许许多多《红楼梦》研究者和爱好者的愿望。今年以来，全国各地都有各种纪念曹雪芹逝世250周年活动，特别是前不久在北京西山由北京曹雪芹学会等单位主办的“曹雪芹艺术节”活动，使得纪念曹雪芹逝世250周年活动达到了高潮。

说到纪念曹雪芹，想起一件往事。2001年，著名红学家蔡义江先生曾在当年的全国政协九届四次会议上有过一个发言，他说：“曹雪芹是我国最伟大的文学家之一。他在世界文学史上的地位与成就，比之于莎士比亚、歌德、巴尔扎克、普希金、托尔斯泰都毫不逊色。但令人遗憾的是，到目前为止，我们还没有一座国家级的曹雪芹纪念馆或博物馆，这与曹雪芹的崇高地位和他对中华文明作出的巨大贡献是极不相称的。前年，我国曾为俄国大诗人普希金举行过盛大而隆重的纪念活动，许多学者在赞叹之余，又不免感慨：我们自己的文学巨匠曹雪芹何时也能享受如此隆重的礼遇?”据说，蔡先生在这次政协会议上还写了提案，希望能够建立一座国家级的曹雪芹纪念馆或博物馆。这当然是蔡先生的美好愿望，也是众多《红楼梦》研究者和爱好者的愿望。但遗憾的是，十几年过去了，已经是曹雪芹逝世250周年的时候了，我们的曹雪芹还是没有享受到普希金那样的礼遇，我们的学者还是只有感慨而已。

当然，认真说起来，曹雪芹也并非没有享受到国家级的隆重礼遇，但那已经是五十年前的往事了。1963年，为纪念曹雪芹逝世200周年，在敬爱的周恩来总理的关心和指导下，我国举办了一系列学术和文化活动，并由文化部、全国文联、中国作协和故宫博物院联合筹办了“曹雪芹逝世200周年纪念展览会”。据说，当时也有计划召开“伟大作家曹雪芹逝世200周年纪念大会”，但因种种原因没有开成。

周恩来总理十分关心纪念曹雪芹逝世200周年的活动，因工作太忙，一直没有时间去看“曹雪芹逝世200周年纪念展览会”的预展，后来他专门委派陈毅副总理去看展览。1963年8

月11日下午，受周恩来总理的委托，陈毅副总理到故宫文华殿，参观了“曹雪芹逝世200周年纪念展览会”预展，并与有关同志座谈，对展览会的筹备工作予以充分肯定。在陈毅副总理参观预展之前，有多位中央领导同志都来看过预展，据说胡乔木同志至少来看过三次。在陈毅副总理参观“曹雪芹逝世200周年纪念展览会”预展的第二天，即8月12日晚，周恩来总理在人民大会堂小礼堂观看了昆剧《晴雯》的彩排，看完演出后与剧作者王昆仑、王金陵父女进行了长谈。在陈毅副总理参观“曹雪芹逝世200周年纪念展览会”预展一周后，即1963年8月17日，“曹雪芹逝世200周年纪念展览会”在故宫文华殿正式开幕，纪念展览会至11月17日结束，成为轰动一时的文化盛事。如今虽然50年过去了，但往事并不如烟，50年前“曹雪芹逝世200周年纪念展览会”的轰动场面，在许多老先生那里仍是历历在目，令人难以忘怀。

毫无疑问，曹雪芹是中国最伟大的作家，他值得中国人民缅怀、纪念。因为他是《红楼梦》的作者，是中华民族文化的象征。

曹雪芹的一生历经坎坷，他从一个贵族子弟而沦落为“举家食粥酒常赊”的落魄文人，特别是他的晚年在经历了失去独子的悲伤后，不数月即撒手人寰，正是“平生遭际实堪伤”。曹雪芹只在世上度过了40年或40多年的生活，他的人生是不幸的，正因他经历了人生的不幸，从而对社会、对人生有了深刻的认识。他的不幸的人生经历加上他的天才，也从而造就了旷世奇书《红楼梦》。从这个意义上讲，曹雪芹的不幸而成就了中华民族的万幸。难以想象，如果我们没有曹雪芹和《红楼梦》，中华民族将蒙受多大的损失。因为有了曹雪芹和《红楼梦》，中国人面对着莎士比亚、巴尔扎克、普希金、托尔斯泰等等世界文学巨匠，而不会不好意思。因为曹雪芹的《红楼梦》以其深邃的思想、精湛的艺术和永恒的魅力，可以与世界上任何一部文学经典相媲美而毫不逊色，它永远矗立在世界文学的珠穆朗玛峰上，是中华民族的骄傲。

我们今天纪念曹雪芹，当然是因为他是《红楼梦》的作者。在纪念这位伟大作家的隆重场合，我们还要谈《红楼梦》作者是不是曹雪芹，不免令人感到遗憾和无奈。我们提倡学术上百家争鸣，尊重任何一位学者在学术探讨上的追求。但学术争鸣要在学术的范围内进行，要有严谨的治学态度和实事求是的精神，一句话，论证《红楼梦》著作权要靠材料说话，而不是靠“猜想”立论。曹雪芹是《红楼梦》的作者，这是一个不争的事实。需要特别指出的是：在《红楼梦》产生的时候，《红楼梦》最初在亲朋好友中传阅评点的时候，《红楼梦》作者不存在问题，《红楼梦》作者就是曹雪芹，这有《红楼梦》书中记载的证明，有脂砚斋批语的证明，有曹雪芹同时代的亲朋好友圈子里的人记载的证明。这些材料的可靠性是毋庸置疑的。曹雪芹的著作权不可动摇！任何否定曹雪芹著作权的人都必须把《红楼梦》书中的记载、把脂砚斋的批语的铁证、把明义永忠记载的证明等等都否定了才行。

我们今天纪念曹雪芹，不仅仅是为了表达我们的崇敬与缅怀，更是为了进一步推动红学的发展。《红楼梦》研究能成为一门专学，这本身就证明了《红楼梦》的价值。或许有人对《红楼梦》研究能成为一门专学表示不解，或者对红学的“学”产生质疑。但红学的发展历程及其成就，无可争辩地证明红学存在的合理性及其价值。任何文学大师和文学经典，都不是谁恩赐和命名的，而是一个历史的自然形成过程，又是一个接受、阐释、发现文学经典价值的过程。而决定性的因素是文学经典的价值，是文学经典提供的对社会、对人生、对人的认识价值和审美价值。曹雪芹和《红楼梦》就是这样的能经得起历史检验的文学大师和文学经典。《红楼梦》作为文学经典，正是在一代一代读者的阅读、阐释和价值发现中形成并逐渐完善的。红学充满了希望和魅力。

200多年来，《红楼梦》研究取得了世人瞩目的成就，产生了广泛而深远的社会影响。《红楼梦》研究需要做的事情还有很多，诸如对作者曹雪芹及其家世的研究、对《红楼梦》版本的研究、对脂砚斋批语的研究，我们既期待新的材料的发现，也寄希望于对已有材料的深入挖掘与研究。这方面仍有着研究的空间，尤其是注重科学的研究方法，注重已有材料的互证，注重对材料的去伪存真的探讨，这些都是红学的重要组成部分。不了解作者及其家世，不了解作者创作《红楼梦》的时代背景，不懂得《红楼梦》的版本，你就不可能对《红楼梦》有更深入的认知。当然，《红楼梦》毕竟是一部文学作品，阐释和发现《红楼梦》对社会、对人、对人生的认识价值与审美价值，是我们研究《红楼梦》的主要目的。因此，对《红楼梦》的研究，不是回归文本的问题，而是立足文本的问题。立足文本，深入认识《红楼梦》的思想艺术价值，是红学的主要任务与方向

《红楼梦》已经成为中华民族的文化符号，成为中华民族的文化象征。我们今天纪念曹雪芹当然是对大师的缅怀，而更是为了传诵经典，为了继承和弘扬中华民族的优秀文化，树立民族文化的自信，为了今天的文化发展和明天的文化追求。因此，在中国社会发展的转型时期，在中国经历了改革开放的历史巨变之后，我们这个社会、我们这个时代更需要大师和经典。因为我们这个社会太缺少传统气息了，太缺少古典意蕴了，太缺少对历史和传统的敬重、敬畏了。而影响中华民族文化进程的文学大师及其经典如曹雪芹与《红楼梦》，对于我们今人、今天，就如同我们拥有了一座取之不尽的文化宝库，它对我们民族文化的发展具有不可估量的作用，具有不可替代的认识价值和审美价值。因此，纪念曹雪芹，在今天更具有重要的意义。

十年前，中国红楼梦学会曾举办过纪念曹雪芹逝世240周年活动，我记得冯其庸先生写过一篇《伟大作家曹雪芹逝世240周年祭》，他是这样说的："曹雪芹所深沉叹息的'谁解其中味'的'味'，这就是我们现在能够探索到的，我深信，这也就是曹雪芹最希望人们能理解到的。……对未来社会的全新理想，对人类的伟大的爱"，他还说："我们怀着虔敬的心情，谨以此点，作为香花之荐，祭告于伟大作家曹雪芹在天之灵！《红楼梦》是中华传统文化的瑰宝和新的升华！《红楼梦》永远和未来的时代在一起！"冯老十年前的祭告，也说出了我们每一个人的心声：缅怀大师，传诵经典，文化自信，梦圆中华！

最后，我要借此机会特别感谢文化部恭王府管理中心、感谢北京曹雪芹学会、感谢新绎集团。举办此次纪念伟大作家曹雪芹逝世250周年大会暨学术研讨会，是由中国红楼梦学会发起的，准备了很长时间，得到了其他三家主办单位的鼎力支持。如果没有他们的支持，我们

是不可能搞起来的。

我要特别感谢文化部恭王府管理中心展览部冯令刚主任和他的工作团队。从开始筹备纪念活动，他们就积极参与，并为本次会议的筹备特别是会议的各项细致的设计制作和展览的设计、布展等等，做了大量的精心细致的工作。

我要非常感谢新绎集团的鼎力相助，我要当着王玉锁主席的面，表扬一下你的部下，表扬一下新绎爱特艺术发展有限公司，特别是两位热情而能干的女将张杏兰总经理和张利娜副总经理以及他们的工作团队，在筹备工作中，他们表现出的热情、真挚、敬业、认真、干练，都给我留下了深刻的印象。

我提议，请大家用热烈的掌声向为本次纪念活动付出心血的各有关方面和朋友们，向所有支持帮助红学事业发展的朋友们表示衷心的感谢！

尊敬的各位，此时此刻，在即将结束我的致辞的时候，我最想说的话就是：伟大的曹雪芹，不朽的《红楼梦》！

谢谢大家！

| 本文作者：中国红楼梦学会会长，原中国艺术研究院党委书记、副院长、研究员

红学的回顾与展望

——在纪念伟大作家曹雪芹逝世250周年大会暨学术研讨会开幕式上的讲话

冯其庸

今天来参加这次盛会，感觉非常高兴。我们现在处在一个新的世纪、新的时代，让我们一起来回顾一下从新中国成立以来，《红楼梦》研究的发展情况。

我觉得1954年李希凡、蓝翎发表的那篇文章——《评〈红楼梦研究〉》是新中国新的红学的一个起点、一个标志。这是一篇学术性的文章，后来中央发起了规模很大的批判运动，那是另外的原因。我觉得从历史的角度来讲，从这篇文章开始，《红楼梦》研究就已经进入了新的时代，即用马克思主义作为理论指导研究《红楼梦》的时代。1954年的批判运动持续了很久，对《红楼梦》研究当然起到了一定的宣传作用，但更进一步深入的研究却没有继续下去。直到1975年，国务院文化组成立《红楼梦》校订组，由袁水拍同志担任组长，由李希凡和我担任副组长，同时聘请了全国各地的研究专家，一大批人都集中到北京，这样《红楼梦》的研究就进入了一个新的阶段。校订工作持续了7年。到1982年新的校订本由人民文学出版社出版，直到前几年，已发行500万套。这是《红楼梦》出版史上一个十分重要的阶段。

在此之前，1980年，在哈尔滨召开了全国红楼梦研讨会，在这个会上成立了“中国红楼梦学会”，这又是一个《红楼梦》研究的新进展。1979年，创办了《红楼梦学刊》，是又一次《红楼梦》研究的重大发展。记得在创刊会上，俞平伯、顾颉刚等老前辈都来了，中宣部的领导也来了，真是一次空前的盛会。由于当时我们所处的时代是文化大革命后文化非常沉寂的时代，所以《红楼梦》的研究活动一发展起来，就受到了整个社会的重视。当时《红楼梦学刊》的发行量第一期是7万册，后来连续多期，都是7万册或6万册，在那个时期，一本书能够发行到7万册，实在是不容易的。

我们再来回顾一下当时主要研究的三个重大问题：曹雪芹的家世、《红楼梦》的抄本、《红楼梦》的后四十回。关于曹雪芹的家世，当初我本人以及一起研究的同事，并没有怀疑“丰润说”，只是觉得“丰润说”的资料不够、证据不足，所以我们就想方设法想为“丰润说”找一些可靠的资料。结果丰润曹氏的宗谱找到了，上面没有曹家一个人的名字。再找《丰润县志》，也没有曹家一个人的名字，而修《丰润县志》和《曹氏宗谱》的是曹鼎望，他的儿子曹鋡、曹鈖是曹雪芹祖父曹寅的老朋友，这就令人非常怀疑，老朋友把自己的同宗兄弟排除在外，这是不可想象的。因此，我们开始对“丰润说”产生了疑问。也正在这时候，我们找到了《五庆堂曹氏宗谱》，同时辽阳发现了“大金喇嘛法师宝记碑”，上面有曹振彦的名字，我赶到辽阳验看这个碑，一看一点没错。我们非常高兴，说不定曹家与辽阳有关系。我顺便说了一句，再看看辽阳是不是还有别的碑，他们说在一个小学门口还有一块大碑，很高，看不清楚。我就去看了，碑非常高，我从小学里借了两张课桌垒起来，我爬到课桌上去看，碑名叫“弥陀寺碑”，碑上的署名，一连看到碑上有三个姓曹的人的名字，当时我高兴得不得了，因为这三个人的名字都在《五庆堂曹氏宗谱》上。我回到北京不久，他们又找到一块“重建玉皇庙碑”，碑已经残了，但是曹振彦的名字完完整整，包括他的职称都有。我又赶到辽阳，看了原碑。同时，我们又查了《职官志》，顺治年间的，都写道“曹振彦，奉天辽阳人”。这一下，曹雪芹的祖籍是辽阳可以证实毫无疑问了。随后，我们又找到了《曹玺传》，《曹玺传》里写的曹玺“著籍襄平”，襄平就是辽阳。这是曹家自己写的材料，与《职官志》里有关曹家的记录都是完全一致的。所以我们确定，曹雪芹的祖籍应该是辽阳而不是丰润。丰润的毫无记载和辽阳的丰富记载成了一个相当鲜明的对比。这是我们当时讨论的第一个问题。讨论的第二个重大问题就是抄本的问题。校订组经过反复争论、讨论最后确定了用庚辰本。第三个就是后四十回问题。大家反复看了其他的一些《红楼梦》续书，比较下来，程甲本的后四十回可以说比上不足，比下有余，比曹雪芹的原作差，但比起其他同类的续书要高明很多。所以，我们觉得还是应该适应读者的要求，把后四十回也重新校订一下，与前八十回合印在一起。此外，我们还编了一部规模较大，内容丰富的《红楼梦大辞典》，这是由所内外同志协力完成的，这是《红楼梦》研究极为有用的书，也是那一时期《红楼梦》研究的成果总汇。这是在上世纪，大家共同努力做的工作。

现在已经进入新世纪，我们党刚开完十八大，创造了崭新的新气象，我们的《红楼梦》研究从上一个世纪到今天，也进入了一个新的研究时期，我相信在座的许多专家，在新的时代新的世纪一定会为《红楼梦》的研究作出新的贡献。我的不少同事和老朋友今天都来了，我们都年龄大了，自然规律不可抗拒，所以我们今后只能做各位忠实的读者。你们的新作出来，我们一定会认真拜读。我相信今天的会就是我们新的红学发展的新起点，今后希望《红楼梦》研究进入更广阔的境界，更深入的境界。我们的研究应该不拘一格，拓展思路和研究领域，总而言之，我们要围绕《红楼梦》本身来做深入的研究。当然，研究有个共同规律，就是一定要实事求是、有事实依据，想入非非不是学术研究。中国红楼梦学会成立以来，各位红学专家尽管有许多不同看法，但是都是实事求是、非常认真地做学问。我祝愿今后的《红楼梦》研究会有更辉煌的成果，有更大的发展。谢谢大家。

2013年12月4日据讲话记录整理

| 本文作者：中国艺术研究院终身研究员、中国红楼梦学会名誉会长

在纪念伟大作家曹雪芹逝世250周年大会暨学术研讨会开幕式上的讲话

李希凡

今天，红学界在这里隆重开会纪念《红楼梦》的伟大作家曹雪芹逝世250周年，并不是因为他的《红楼梦》写的是他自己家族的“精裁细剪的生活实录”，也不是胡适博士所说的“《红楼梦》只是老老实实地描写这一个坐吃山空树倒猢狲散的自然趋势。因为如此，是一部自然主义的杰作”，写生也好，自然主义杰作也好，无非都讲的是《红楼梦》写的是“曹家的家事”，不是小说创作。

同样的，更不是因为《红楼梦》里隐藏着一门秦学，有待我们去发掘清王朝的宫廷秘事，因为“秦学”虽然吵嚷了30年了，至今还看不见她长的什么模样，而且《红楼梦》第十三回，原来写的是秦可卿“淫丧天香楼”。《红楼梦》没有写她和贾珍怎么从小相爱，只写了他们怎么“乱伦”，连老奴才焦大都给贾珍行为的定性是“爬灰”，可见那所谓“秦学”，最多也只能像鲁迅说的“流言家看到宫闱秘事”。否则，“秦学”就无话可说。

我们所以要纪念曹雪芹，是因为他对中华文化、中国文学作出的杰出贡献。《红楼梦》不仅对于封建社会的生活及其上层建筑有着真实、深刻和生动的反映和描写，更为新人耳目的，是它塑造了被誉为如过江之鲫的形象丰满、个性鲜明的各类人物的艺术形象，仅仅从这方面的成就来看，曹雪芹不只是中国小说的第一人，甚至可以称之为世界小说的第一人。

用一句时髦的文学语言来说，叫做“文学是人学”，那么曹雪芹的《红楼梦》则是人学中的人学，他开掘的是社会生活中的真的人物，用马克思主义的文学语言来说，即“典型环境中的典型性格”，可以说《红楼梦》的男女主人公们，每个人都是“熟悉的陌生人”和“独特的”这一个。这在世界小说史上，也是极少见的。

自然，《红楼梦》的贡献，又不只是写实，所谓现实主义的艺术成就，《红楼梦》还是中华艺术民族传统的集大成者。

中华艺术历史形成的有很多富于民族特点的审美理想、审美情趣的追求，如形神、情理、虚实、气韵，以及艺术上的委婉曲折、含蓄深沉等，这在中国传统绘画、乐舞、戏曲，以至诗歌领域，取得了很高的成就，而小说《红楼梦》却是以它的整体的艺术形象的创造，丰富而深刻表现了这种中华艺术精神和审美理想的追求，因而《红楼梦》也代表着中华艺术富于民族特色的传统。

今天，我们隆重纪念曹雪芹逝世250周年，也是因为我们不接受那些否定曹雪芹创作《红楼梦》的并无真凭实据的主张。

我不相信《脂砚斋评本石头记》是胡适假造出来的这种太离奇的说法，谁也没有本事造出那么多手抄本，同样，谁也没有本事造出曹雪芹同时代人和他的亲友对他创作《红楼梦》的确证。红学的确需要百家争鸣，以便我们更好地继承和发扬这份最珍贵的遗产，但不同观点的切磋，不是制造奇谈怪论给学术研究增加乱象。

同时，我还有一个不成熟的建议。我们都是《红楼梦》的爱好者，很遗憾“书未成，芹为泪尽而逝”。我以为遗憾也不必非续写不可，历史新时期以来，少说也有五六本，因不满所谓程高本后四十回续书而竭尽心力要根据脂评提供的线索，按曹雪芹的原意，另外写了后几十回续书，每一次报刊总是先宣传一番，或者最初出版社印数很多，赚了一笔，但是有哪一本还能重印，或者超过程高本，能同前八十回一起流传开来。

记得周汝昌先生，曾批评程高本是狗尾续貂，这批评未免太过，因为程高本毕竟存在200多年，为广大读者所接受，即使从续书来看，续写者虽远逊于曹雪芹的思想艺术才能，但在章回小说作家中间，仍然可以进入大作家的行列。

既然我们的续书，还赶不上程高本，今天何必再费这个力气，因为《红楼梦》既然是貂，它缺的也是貂尾巴，程高本续不好，别的什么尾巴也一样续不好。

曹雪芹是一位稀世天才，《红楼梦》是中华文化的珍品，我记得毛泽东主席曾经说过“中国地大物博，人口众多，历史悠久，还有一部《红楼梦》，但科学不发达，生产落后，骄傲不起来”。

《红楼梦》作为中华文化的代表，的确值得我们骄傲，胡适博士虽然写过好几万字的《红楼梦》考证，却始终没有读懂《红楼梦》，他直到晚年，在给高阳和张爱玲的信中还说：曹雪芹是个“破落户的旧王孙”，他的家庭环境、社会环境、往来朋友、中国文学的背景，都没有使他得到文学训练培养的机会，所以他写的《红楼梦》思想和文学都不高明。为什么倾倒全体中国人的伟大文学杰作，在胡博士心目中，却如此不堪呢？只要读过他的半本《白话文学史》和那些白话诗，以及那个他自称“游戏的喜剧”的《终身大事》就会搞清楚，像那样缺乏真正文学修养的浅薄文人，怎么可能读懂真正的中华文化经典？“都云作者痴，谁解其中味”，红学之所以成为红学，就是因为我们必须为真正读懂《红楼梦》而不懈努力。

| 本文作者：中国艺术研究院终身研究员、中国红楼梦学会名誉会长

在纪念伟大作家曹雪芹逝世 250 周年大会暨学术研讨会上的讲话

胡德平

各位专家、各位朋友，大家上午好！

我经常在想，现在这么丰富的历史，过了 500 年之后，不也就是一页纸、几行字的记录吗？不过话又说回来，曹雪芹逝世了 250 年，为什么人们对曹雪芹还有说不完的话，还有说不完的感情想表达呢？他的书为什么还和现代很多问题互相联系呢？我觉得文化确实是一个民族的基因，一个民族总有着无法割舍的传承。我认为我们欣赏《红楼梦》，研究曹雪芹，和我们民族和我们国家的文化息息相关，有一种东方文化的情愫存在。在此我想讲四个问题。

第一，百年红学。

百年红学更精确地说是红学的一百年，当然，对《红楼梦》的评论已经远远超过 100 年，但从王国维先生的《红楼梦评论》开始，用一个新的观点来解读《红楼梦》，也就是 109 年吧。109 年，随着我们近代史到现代史、当代史，我们对《红楼梦》的认识，对曹雪芹的研究，真是越发掘，收获越多。这和物质生产是两回事。我们生产钢铁，生产煤炭，是在消耗资源，是越消耗资源越少。但是文化财富不同，是越发掘越消费成果越多。

100 多年来，有过 1954 年、1975 年、1980 年等重要年头，还有 1983 年中国曹雪芹研究会成立。我们经常面临这样的问题：既然我们热爱文学，热爱曹雪芹，那么我们怎么面对现实，我觉得我们应该想想，现在的年轻人，80 后、90 后的人群，对我们的传统文化有多少感情，愿意花费多少时间去阅读经典？是“红学”、“曹学”成为将要死亡的绝学了呢，还是我们的工作太脱离现实？

11 月 20 日，腾讯公司举办了一个颁奖会，对过去一年来公开发表的文章进行了评选。整个活动也是年轻人组织的。没有想到，我的一篇关于改革的文章也被评上奖了。发言的时候我说了几句话：“80 后的年轻人不仅对上世纪 80 年代兴起的改革有兴趣，而且还组织评奖活动。这样的活动，让我打消掉了或多或少的一些寂寞感，我原以为和当代的 80 后对话是很困难的，但现在发现尽管我是七十岁的人了，可是我们的一些意见，80 后也关心。”当时主持会议的杨锦麟也说到，他也有这种或多或少的寂寞感。既然对话是可以的，交流是相通的，那么百年红学到了一个新的阶段，怎样面对现在的年轻人，顺应时代的潮流，如何采用一些新的方法，用一些新的形式，用一些新的思维去普及红学、曹学就是一件非常重要的任务。

再比如说 11 月初，两场《红楼梦》的昆曲折子戏在北大演出时几乎爆满，昆曲《续琵琶》昨天在苏州上演时也是爆满。所以我们还是要多做工作，我们要相信未来，相信《红楼梦》和曹雪芹的力量。我觉得过于焦急，所谓人心不古，世风日下，过于忧虑，对有些很繁琐的问题耿耿于怀，这些都不可取。我觉得我们还是要用更开阔的眼界看未来。

第二，百科全书。

毛泽东同志也是《红楼梦》的研究者，他的观点也能自成一说。他说《红楼梦》是一部百科全书。既然是百科全书，我觉得就是应该进行跨学科的研究。不但是专家、学者，就是干部、军人、企业家现在也加入了，方方面面的人都可以结合自己的专业、兴趣进行跨学科的研究。

比如说，在《红楼梦》书中爱情当然是主题，写年轻一代怎么反对礼教，成为封建社会的叛逆。但是《红楼梦》中对商人的描写，也是跨学科中的一个领域。从冷子兴开始，一直写了那么多商人，薛蟠是皇商；倪二、蒋玉涵、柳湘莲是民间商人，商家和官家是猫鼠同眠的关系，就是一个很好的话题。再比如说《红楼梦》成书的程甲本、程乙本，程伟元的贡献就相当大。他就是商人，他是书商，没有他的努力和配合，活字本的书就出不来，这就是商人的力量。

说到清代的商人，有位年轻的作者罗三洋写过《当中国的商人主宰地球时》，我觉得文章写得很好。他写到1814年，那是鸦片战争前26年，广东十三行的总会长潘有度，一位和英国等欧洲国家做贸易的商人，写过一首诗。反映了他听到拿破仑退位下台之后的欢悦的心情，这让我们很惊讶。毫无疑问，那时中国的商人就在关心欧洲的战局，就关心拿破仑的命运。他的诗是这样写的：

“廿年角胜日论兵”，20多年，每天都关心着某个地方的战争，每天都研究战争的形势。

“望断遐方结好盟”，这个地方是个很远的地方，遥望这片地方，翘望结盟的好友胜败如何。

“海水不扬依画日”，现在战争结束了，海波很平静了，我们可以依旧画葫芦似的重整商业买卖；画日，有人称为皇帝的旨意。

“玉门春到自输平”，春风又重回玉门关，海上的丝绸茶叶、贸易又可以重新开展了。

广东十三行与曹雪芹家的姻亲李世桢家有密切关系。如果能作为时代背景与《红楼梦》结合起来，那么对于曹雪芹所处的时代，对书中说的洋货，对海外贸易就会产生更深刻的理解。

第三，如何看待百家争鸣。

我觉得我们现在学术风气不好，学风不好对社会风气、对党风也是不利的。我觉得在真理面前要摆事实、辨是非、争自由。现在《红楼梦》这本书已经有了37名作者，这种情况到底是应该争鸣呢，还是不值得来争鸣呢？我认为在没有很有力的证据之前，争鸣都没有必要。但是我们曹雪芹学会应该有个明确态度。如果他真是有新的史料、事实发现，那我们就应该认真开展研究。而绝不能仅凭一两首含义不清、暧昧不明的诗，再加上自己猜想，就很狂妄地推翻曹雪芹著书之说，这证明我们的学术学风不好啊！我们要百家争鸣，但不要没有学术价值的大鸣大放！

不管是清理复建“曹雪芹西山故里”也好，还是对曹雪芹家世的研究也好，第一，我们应秉承一定要有真实的文化遗存，供人纪念凭吊，搞的文化遗存都是假的，那是骗人；第二，一定要有真正的文物文献，以供专家考证研究；第三，一定要有文化产品以供社会消费。我觉得老在书斋里面皓首穷经，对我们的研究和普及工作也是不利的。真正的文化产品，像与“曹”和“红”有关系的文化产品，应该大力开发，以供社会消费。另外也要有一定的文化活动，让群众喜闻乐见，愿意参加。最后一点是要积极开展学术活动。我们敢于上台，不怕别人来打假。

第四，百川入海。

现在一个学术团体，到底是一个小河、小湖泊还是汪洋大海呢？我觉得还是要海纳百川，有容乃大。现在曹雪芹学会愿意与各种研究《红楼梦》的学会都成为好朋友。我们认为红学和曹学的关系，说句不甚恰当的话，就像音乐创造的“对位法”，就是两个以上的旋律，能够演奏起来形成对应的和声，形成相辅相成的不同乐部，这个乐章才算形成。只有一个旋律，只有一种声音，没有对位法的合奏，那只是无伴奏乐的独唱！

另外我对于曹雪芹和《红楼梦》研究，这种文化活动是充满信心的。我觉得曹雪芹本人也是充满信心的。他的书《红楼梦》也叫《石头记》。《石头记》中说到三生石。什么是三生石呢？这块石头的前世是女娲补天弃而不用的一块顽石，以后降落在荣国府化为贾宝玉，然后演绎成一部感人肺腑的小说。他的后世，就是石头又回归青埂峰，萧然而卧躺在大荒山下，石头刻有他历历在目的人生记录，永远矗立人世。什么叫现世呢？现在，我们的读者谁在捧读《红楼梦》，石兄就生活在谁的身边。曹雪芹对自己的事业，对自己的创作，充满这样的信心，有这样的坚信，我觉得他对人生、对文学、对历史，是一个有坚定的信念，热爱生活的人。

最后我希望，各位老一代的专家和新一代的继承人，把我们的学会、学术事业完成得更好。我就说到这里，谢谢各位！

| 本文作者：全国政协经济委员会原副主任、北京曹雪芹学会会长

在纪念伟大作家曹雪芹逝世250周年大会暨学术研讨会开幕式上的讲话

孙旭光

尊敬的各位专家、文艺界同道、媒体朋友们：

大家上午好！

时值伟大的作家曹雪芹逝世250周年之际，我们在此隆重纪念，我谨代表文化部恭王府管理中心对“纪念伟大作家曹雪芹逝世250周年大会暨学术研讨会”的成功举办表示热烈祝贺！

早在1963年，在周恩来总理的亲切关怀下，故宫举办了“纪念曹雪芹逝世200周年展览”等系列大型活动，成为轰动一时的文化盛事。而在更早一点的1961年10月24日，周总理和进京演出的越剧《红楼梦》剧组以及相关人士一起参观了恭王府花园。因为之前有不少人认为《红楼梦》中大观园的“原型”就是恭王府在明清之际的前身，这种说法已经在红学界引起广泛争论，周恩来总理此番带领主演徐玉兰、王文娟等“红楼梦中人”在萃锦园的游览，可以说是一次有的放矢的“解梦”之旅。周总理饶有兴趣地聆听了随行专家对恭王府到底像不像大观园的讨论，最后叮嘱说：要好好地保护恭王府和花园。1975年，周总理在病床上嘱托谷牧副总理务必办好的三件事，其中之一就是对社会彻底开放恭王府。

恭王府花园与曹雪芹《红楼梦》中大观园的相像，府邸与小说中贾府的雷同，还只是恭王府和《红楼梦》关系密切的情缘之一。在新中国成立后，人民政府将恭王府收回，府邸由中国艺术研究院和中国音乐学院等单位使用，恭王府花园成为红楼梦研究所的所在地，这就造就了恭王府和《红楼梦》的第二段情缘。恭王府因缘际会，在众多红学大家熠熠众星的照射之下，成为现代红学研究的重镇，新时期红学发展的许多重要事件就发生在这里。文化部《红楼梦》校注组是在这里成立的，中国红楼梦学会、《红楼梦学刊》也是在这里筹备成立，今天台下不少老师们最宝贵的人生记忆都留在了这里。恭王府非常珍惜和红学的这一段历久弥深的渊源，我们在府邸东路多福轩设有“《红楼梦》与恭王府”的特展，在恭王府艺术系列展中组织了“金延林绘红楼梦人物画展”，2013年5月20日，周汝昌先生纪念馆也落户恭王府。当然，这一切的发生是历史的自然延续，但也蕴含着我们作为当代《红楼梦》研究者和爱好者的积极努力和时代担当！

恭王府和《红楼梦》的第三段情缘是我们所倡导的王府文化与《红楼梦》研究的密切关联。《红楼梦》里所描绘的宗教礼制、节庆习俗、饮食衣着等与王府生活十分接近，是我们研究同一时代历史文化的重要依据。恭王府自北宋徽宗时期便有皇家园林，历经宋、金、元、明、清五代的辗转变化，建筑格局及周边的建筑群落与《红楼梦》的描述有诸多牵涉。“一座恭王府半部清朝史”，曹氏宗族的几代家世、身份和皇家、王府的纵横交集，恭王府和《红楼梦》在诸多历史文化起承转折中有着太多的契合之处。譬如，大观园里贾宝玉怡红院中多植海棠，而恭王府的海棠以“西府”之誉冠于昔日。恭王府的“海棠雅集”在清代王府宗室内本是定制，这个诗社在溥心畬花园居住时再度兴起，到辅仁司铎书院时期又有延续。2011年我们与多方共同努力，恢复了这一历史悠久的雅集诗社，现在“海棠雅集”已经成为国内诗词学界的一项重要文化活动，中央政治局委员、国务院副总理马凯同志于2012年和2013年两次发来贺信，并创作诗词领唱雅集。这些高雅与精致的生活方式在《红楼梦》中多有描述，和恭王府倡导的王府文化更是密不可分，也是现代中国人念兹在兹，所向往、所追求的。今天在场的许多红学家，同时也是诗人、书画家、艺术家，就曾经参加过我们的“海棠雅集”。

今年，恰逢恭王府文物流失100周年，恭王府花园开放25周年，恭王府管理中心成立10周年和恭王府全面开放5周年，在这样一个特殊的年份里，恭王府和中国红楼梦学会、北京曹雪芹学会、新绎集团又共同组织了“纪念伟大作家曹雪芹逝世250周年大会暨学术研讨会”这样一个活动，意义非同一般。抚今追昔，继往开来，让我们共同努力，为中华文化的继承与发展贡献力量，为中华民族的伟大复兴而努力！

| 本文作者：文化部恭王府管理中心主任、研究员

纪念伟大作家曹雪芹逝世250周年大会暨学术研讨会闭幕词

张庆善

尊敬的各位专家学者、各位代表、各位朋友：

此时此刻，我的心情是高兴、是激动，我的心可以放下来了，放心了，如释重负。因为我们刚刚开了一次成功的学术研讨会，我和我们的工作团队可以向各位前辈老师交差了，可以向红学界诸多朋友们交差了。

此时此刻，我非常感谢所有为本次纪念大会暨学术研讨会付出心血的各有关方面和各位朋友！我非常感谢王玉锁主席、新奥集团、新绎集团为本次纪念活动和学术研讨会提供的各种支持和帮助。非常感谢新绎贵宾楼精心、周到、热情的服务，我相信各位专家学者都会对新绎贵宾楼高水平的服务留有深刻的印象。

举办一次大型的学术研讨会非常不容易。我不知道今后我是否还有精力、能力，再开一次这样规模、这样层次、这样条件的学术研讨会。我们真是尽心尽力了，我们的工作团队是尽心尽力地想为大家服务好。尽管如此，也难免有一些不足和失误，如有什么不周到的地方，还望各位给予理解、谅解。今后如果还有机会，我们一定会努力做得更好。

这次研讨会的成功，主要体现在学术发言质量高、学术收获多、学术氛围好。刚才沈治钧教授已作了很好的学术总结，我不赘述。我只想强调这次研讨会宽松而严谨的会风，大家各抒己见，畅所欲言，彼此尊重，坚持学术规范，很是令人感动和欣慰，这正是我们期待和需要的学术氛围和学术环境。当然，一次学术研讨会，不可能承担更多的责任，但我们希望这次研讨会能有力地推动红学的发展。我们寄希望于各位的学术成就，寄希望于红学界的团结，寄希望于前辈学者给予我们更多的关照和指导，寄希望于年轻学者的不懈努力，长江后浪推前浪，勇挑学术重担。一句话，寄希望于红学的发展与明天。

我们开了一次很好的学术研讨会，但我不敢说这次纪念大会和学术研讨会在红学史上能有多大的影响和怎样的地位，但我敢说“纪念伟大作家曹雪芹逝世250周年大会暨学术研讨会”不会轻易地被人们忘记，因为它已经浓重地写在红学的史册上。

此时此刻，我们更深深地感受到历史赋予我们的责任，缅怀大师，传诵经典，立足传统，走向现代，这就是时代的要求，历史的责任。让我们共同努力，为红学的发展，为中华民族文化的发展与繁荣作出新的贡献。

再一次向各位专家学者表示衷心的感谢，并祝各位健康幸福愉快！

现在我以轻松的心情宣布“纪念伟大作家曹雪芹逝世250周年大会暨学术研讨会”已完成全部议程，圆满闭幕！

谢谢大家！

2013年11月24日于廊坊

缅怀大师　传诵经典

——纪念伟大作家曹雪芹逝世250周年大会暨学术研讨会综述

李　虹

2013年11月22—24日，“纪念伟大作家曹雪芹逝世250周年大会暨学术研讨会”在河北省廊坊市新绎集团贵宾楼隆重召开。这次由中国红楼梦学会、文化部恭王府管理中心、北京曹雪芹学会和新绎集团联合主办的研讨会，邀请了来自中国艺术研究院、中国社科院、中国第一历史档案馆、北京师范大学、首都师范大学、北京语言大学、中央民族大学、复旦大学、武汉大学、山东大学、上海师范大学、安徽师范大学、温州大学、香港浸会大学、台湾清华大学等全国各高校和研究机构大约120余名专家学者，以及新华社、《光明日报》、《文艺报》、《中国文化报》、《腾讯文化》等几十家媒体前来参加。中国红楼梦学会名誉会长、中国艺术研究院终身研究员冯其庸先生，中国红楼梦学会名誉会长、中国艺术研究院终身研究员李希凡先生，中国红楼梦学会会长、中国艺术研究院研究员张庆善先生，全国政协常委、北京曹雪芹学会会长胡德平先生，文化部恭王府管理中心主任孙旭光先生，新奥集团股份有限公司董事局主席王玉锁先生等在纪念大会上发表了极富热情与感染力的讲话。

此次纪念活动分纪念大会、学术研讨会和《红楼梦》书画展等三个部分。《红楼梦》书画展展出了60余幅书画作品，特别值得指出的是，这些参展的绘画作品均出自在《红楼梦》题材创作中卓有成就的艺术家，而书法作品几乎都出自当下著名的红学家之手，这是极为难得的。纪念大会前首先由胡德平先生、张庆善先生、孙旭光先生和王玉锁先生为清华大学创作的“曹雪芹雕像”揭幕，胡德平先生发表了即兴讲话，继而举行了纪念大会和学术研讨会。在两天共计六场学术研讨会上，与会的专家学者主要就三个方面的内容进行了热烈的研讨：一是对以往关于曹雪芹与《红楼梦》的研究与纪念活动的回顾；二是围绕作者与文本所进行的考证与辨析；三是对《红楼梦》当代传播的文化研究。

一、回顾·追忆·展望

《红楼梦》是中国最伟大的古典小说。对《红楼梦》的研究始自乾嘉年间，几经转变，在新中国成立后愈发兴盛。其中关于小说作者及其生平家世的研究是红学的重要内容。大致而言，学者们普遍认为小说作者曹雪芹，生卒年均无明确记载，仅能从敦敏、敦诚等友人的诗文中推测，故而有三种说法：壬午说（卒于壬午年除夕，1763年2月12日）、癸未说（卒于癸未年除夕，1764年2月1日）和甲申说（卒于1764年春天）。三种说法各执一说，论者甚多。1963年8月17日到11月17日，在周恩来总理的关怀下，由文化部、全国文联、中国作协和故宫博物院在文华殿联合筹办了“曹雪芹逝世200周年纪念展览会”。在50年之后的本次研讨会上，中国红楼梦学会会长张庆善先生和北京师范大学教授张俊先生都特别回忆了当年的盛况。张庆善先生在开幕式上说，虽然当时周总理不能亲自前来参观，但曾委托陈毅副总理在8月11日参观了预展，并对筹备工作作出了肯定。8月12日，周总理又观看昆剧《晴雯》，并与王昆仑、王金陵父女长谈。展览正式开始之后，轰动一时。如今，50年过去，当年的文华殿盛事依然历历在目，令许多前辈学者难以忘怀。张俊先生也回忆了当时参观展览时一些感受与心得。特别是在50年之后回想起那次“有红学史以来，最隆重、规模最大的一次曹雪芹纪念活动”，深深感到它对后来红学的研究和发展有其积极的推动作用。抚今追昔之际，那些为展览提供展品的单位和个人，尤其是阿英先生提供的83件展品，令人尤其感动。

不过，1963年的纪念展览只是纪念曹雪芹、研究《红楼梦》中一次比较重大的活动，冯其庸先生在开幕式上还回顾了新中国成立以来，红学领域发生的其他重大事件。他说，从李希凡、蓝翎同志发表《评〈红楼梦研究〉》开始，红学就进入到一个以马列主义为指导的新阶段。1979年在哈尔滨召开的国际学术研讨会上成立的中国红楼梦学会，1979年在中国艺术研究院创刊的《红楼梦学刊》，都是红学发展的重要成果。尤其是在当时那个文化相对沉寂的年代，《红楼梦》研究的发展曾经受到全社会的关注。

正是在这样的社会环境下，红学在曹雪芹家世、钞本以及后四十回等三个问题的研究上取得了重要发展。谈到曹雪芹家世，冯先生说，最初他们并不是抱着否定“丰润说”的态度才去寻找资料的，只是后来在追寻《丰润县志》以及职官志等文献资料时才渐渐发现，“丰润说”存在着无法自圆其说的漏洞。而随着越来越多历史文物与档案的发现，尤其是辽阳若干碑志的发现，才使曹雪芹与辽阳之间的关系慢慢浮现在研究者面前。这种质疑求实的态度不仅在家世研究中十分必要，在其他学术问题的研究中也应该贯彻始终。换言之，无论哪一个问题产生的何种争论，都希望学者同仁能秉承实事求是的朴素学风，尊重文献资料，拓展研究思路和视角，从而进一步推动红学研究的发展。

回顾历史，红学在新中国成立后取得了很多成绩，学者们对此均有肯定。而中国红楼梦学会顾问、原民革中央宣传部长蔡义江先生则着眼于未来的红学发展。早在2001年时，他就曾经在全国政协会议上提出建一座国家级曹雪芹纪念馆的建议。而在此次研讨会上，蔡先生说，红学也应该在十八届三中全会深化改革开放的精神指导下，依据现时材料与方法，综合对各问题的研究，努力在文化研究领域开拓出新的方向。

二、家世·版本·文本

《红楼梦》是中国古典小说的顶峰之作，集中而细致地展现了传统文化的神髓与精华。李希凡先生在纪念大会上说，《红楼梦》是中华文化的稀世珍宝，它既不是一部单纯描摹曹雪芹家族“精裁细剪的生活实录”，也并不是如胡适所言，仅仅是描写一个家族坐吃山空树倒猢狲散的自然主义杰作。写生也好，自然主义杰作也好，都没有意识到小说的艺术创作。《红楼梦》是一部凝结着中国传统审美理想、审美情趣追求的伟大作品。

但由于小说在文学史中的角色变迁，以及在创作与传播过程中产生的遗憾，使《红楼梦》在进入学术研究领域时遭遇到各种困境，从而产生种种问题与争论。大致而言，红学是围绕作者与作品进行的文献考证与文化分析。

在对小说作者问题的研究中，以著作权与家世最容易引发争论。关于小说作者是谁，在小说进入学术研究范畴之后争论有很多。除了曹雪芹之外，还有吴梅村、李渔、洪昇以及明末清初的革命志士等说法。尤其是近年来由土默热提出的洪昇说，也在相当范围内引发了争议。在此次研讨会上，来自第一历史档案馆的张书才研究员、台湾清华大学的黄一农教授分别从小说中元春省亲的情节所反映出的清代礼仪、历史记载中元春省亲的原型以及与曹雪芹之间可能存在的联系等问题进行了文献考证。通过对清代官书档案的记载，张书才先生考察到，元春省亲中所提到的“曲柄七凤黄金伞”始置于乾隆十年；八人抬“金顶金黄绣凤版舆”始置于乾隆十四年或稍后；“协理军机”始置时间在乾隆二十一年前后；“时宪书”则是乾隆皇帝继位后为避讳而由“时宪历”改称的。这些资料证明，《红楼梦》的写作时间上限在乾隆十年前后，其作者不可能是在那之前早已作古的吴梅村、李渔、洪昇等。黄一农先生则根据满汉文档案如《小玉牒》以及台北国家图书馆收藏的《惠爱录》等文献的记载，一路追寻纳兰、傅恒家事乃至康熙朝的夺嫡事件，以及乾隆时期第一位可出宫省亲的嫔妃与曹振彦、曹寅之间隐约可见的关系，从而推断出小说著作权的最大可能性依然是曹雪芹的观点。

不过，复旦大学的陈维昭教授却认为从版本演变与叙事学研究的角度来看，《红楼梦》的叙述者或者说作者还是值得商榷的。他说，《红楼梦》的确是一部经典，但从叙事的角度来讲却是混乱的。他认同俞平伯先生在晚年谈到戴不凡先生关于原始作者时的看法，即曹雪芹做的就是“披阅十载，增删五次”，这十个字一个字不多，也一个字不少。他认为，《红楼梦》是一部存在缺点与瑕疵的经典，故而希望研究者在考察文本尤其是以西方理论进行论述时，持谨慎态度，不要忽略小说成书的独特性。

与会的研究者除了从清代的典章制度、历史档案，以及文人笔记、书画题记等文献资料入手，对作者的家世乃至著作权等问题进行探讨之外，还对作品中以各种艺术手法如时间与空间中分割与同在的艺术表现、对涉外物品的考证辨析以及小说中女性物品所影射的文化内涵等进行了深度分析。

上海师范大学教授詹丹先生认为曹雪芹在创作《红楼梦》时，采用了各种艺术手法，不仅使时空跟随小说人物的步履转变，如周瑞家的对熙凤与李纨生活的侧面体现、宝玉挨打时贾政对王夫人与贾母的不同态度，同时，小说人物也在艺术性地创造不同的时空概念，以符合人物身份，展现当时潜在的文化伦理概念，如莺儿与春燕妈在河边的争吵、刘姥姥对王熙凤与贾蓉对话的旁观等。正是这些细节描写的存在，才使《红楼梦》展现出小说人物言行中隐约表现出的错综迷离的文化背景。

中国社科院副研究员夏薇女士也同样选取了小说中女性睡鞋这一细节描写，通过对几十种明清小说中“睡鞋”的考索，论证了古代小说的史料价值，使尚无定论的“《红楼梦》中女子到底是否小脚问题”得到初步解决。“晴雯之死”事件，从原因到结果之间缺少一个联结点，“睡鞋”的发现，使晴雯的命运发展由不合逻辑变得情理兼备。作者曹雪芹把“睡鞋”这一极具性的私密性的物件独送给晴雯，恰是要表现她对理想的追求及理想在现实中不能实现的悲剧，要表达自己对红楼纯真女儿的无限同情。

三、翻译·改编·传播

《红楼梦》开始流传之后，很快被改编为昆曲、京剧等戏曲形式，并作为重要的绘画题材进入美术创作领域，产生一大批其他艺术形式的作品。同时，小说文本也被翻译成各国文字，陆续传播到海外。这些改编与翻译的作品在红学中同样受到研究者关注。此次研讨会上，北京语言大学的段江丽教授、西南交通大学的唐均副教授、首都师范大学的詹颂副教授、广东韩山师范学院的孔令彬副教授和《美术世界》执行主编轩宗武即对《红楼梦》的早期传播、海外传播与戏曲美术改编作了精彩发言。

段江丽教授说，由于特殊的历史、文化以及地缘关系，日本中国学是“国际中国学”中成就最高、影响最大、性质也最特殊的部分，“红学”庶几亦不例外。自1882年年末松谦澄的《支那古文学略史》以降，日本学者撰写了近30部《中国文学史》，绝大多数都有对《红楼梦》的介绍和评论。其中，笹川种郎通过“帝国百科全书”之一种《支那文学史》，第一次让《红楼梦》走进日本千千万万普通读者的视野。可以说，笹川种郎借助影响巨大的帝国百科全书，使《红楼梦》开始在日本普及。

与段江丽关注东亚文化圈有所不同的是，唐均副教授关注的是斯洛伐克翻译家黑山。他说，黑山女士翻译《红楼梦》开始于1978年，译本中增加了春、夏、秋、冬四个副标题，以表达她对小说叙事的感受。从译本的插图与译文的词语选择上，可以看出译者严谨的态度和对原本比较准确的理解。由此提醒我们在考察任何一种译本时，都要跟底本做细致的比对。

《红楼梦》的传播最早开始于清代八旗圈中。关于八旗人士的《红楼梦》评论虽然早已得到学界关注，但尚有不少颇有价值的材料，学界研究很少，甚至还没有涉及。詹颂副教授以发掘被遗落在历史角落里的文献入手，全面梳理八旗人士的《红楼梦》评论，考察其评论形式与内容及其在红学史上的贡献与价值，探讨了八旗人士的族群意识对其《红楼梦》评论的影响。八旗人士的《红楼梦》评论形式主要包括诗词题咏、专著、小说序跋与正文中的《红楼梦》评论，以及小说、诗文、诗话等的批语，清代笔记及其他史料中亦记录了不少八旗人士的评红言论。其评论主要有以下内容：人物评论，版本比较，本事索隐，对《红楼梦》的创作动机与作品主旨、题材与内容选择、道德寓意与道德功能以及历史地位与成就、传播效果与作品影响的研究。从现存文献看，八旗人士是清代《红楼梦》评论的开创者。早期在人物评论以及作者创作动机与作品主旨方面的研究颇为深入，尤其是某些评论者所见的早期钞本与现存脂本有所不同，对《红楼梦》的成书与版本研究有十分重要的价值。中后期评论者更在评论的广度、深度与系统性方面有所突破，在评论方式上亦有所创新。作为一个特殊的群体，八旗有其族群意识。八旗的盛衰以及族群意识的变化在八旗人士的《红楼梦》评论中打下了历史烙印，评论者在八旗群体中的归属与处境、自身与家族的经历、本人的族群意识等往往影响到他们对《红楼梦》的态度与评价。

《红楼梦》的戏曲改编也在小说出版后不久就开始了，陈钟麟即是其中一位。他是清代中晚期著名的时文大家，改编了长达80出的昆曲剧本《红楼梦传奇》。孔令彬教授的会议发言即着眼于这部《红楼梦传奇》的创作年代。根据苏州图书馆藏的陈钟麟手稿本、中山大学图书馆古籍部藏的刻本、梁廷枏的《粤秀书院志》以及《翁心存日记》的记载，他认为《红楼梦传奇》应该完成于道光十五年，在陈钟麟由杭嘉湖道至接任粤秀书院掌教之前，而不可能更早。

而从晚清即开始以《红楼梦》为题材的绘画艺术，随着近年来美术创作的繁盛，也受到很多研究者与创作者的关注。轩宗武先生即以《当代红楼梦绘画研究》为题，从清代改琦创作《红楼梦图咏》谈起，对“红楼”题材的绘画创作进行了画风画派等方面的介绍与评析。此外，以创作者身份参加研讨会并发言的当代“完全美学主义绘画艺术创始人”虹鸣先生也阐述了自己对“红楼”美术的理解和盼望。

此外，改革开放以后，以《红楼梦》与曹雪芹为创作素材所进行的文化产业开发已经颇具规模，并在近年来成功组织了许多兼具创新与传统的文化活动。研讨会上，文化部恭王府管理中心主任孙旭光、北京曹雪芹学会秘书长李明新、北京大观园管理委员会主任马俊潼和新绎集团李耀宗先生也分别介绍了他们根据曹雪芹与《红楼梦》的故事进行的文化产品衍生与开发。

概而言之，不论是对作者家世、著作权以及小说文本所进行的深入学术考证，还是戏曲美术影视等其他艺术门类的改编分析，以及对《红楼梦》与曹雪芹故事所进行的文化开发，都是对《红楼梦》与中国传统文化的热爱。正如胡德平先生在纪念大会致辞中说的那样，《红楼梦》是民族文化的基因，历史是民族的传承。研究《红楼梦》，是与民族国家息息相关的。不论现在的年轻人对我们的传统文化究竟有多少感情，都不必过于纠结人心不古，而是应该努力以更为开阔的眼界，对《红楼梦》进行跨专业、跨学科的研究，使小说的学术研究与文化衍生品真正与小说本身百科全书式的特点相吻合。中国红楼梦学会副会长、北京语言大学教授沈治钧先生也在闭幕式总结发言中说，实事求是是《红楼梦》研究的基本准则，是我们继续努力的目标。具体观点或有不同，但基本的学术态度与学术规范却是所有学者必须遵守的准则。学术研究应该讲求百家争鸣，但百家争鸣需要有真凭实据，学术发展需要研究界与全社会一起遵守。

此次研讨会获得了新绎集团的热情款待与周到服务，让与会学者在严重雾霾的天气下，依然感觉如沐春风。在中国艺术研究院红楼梦研究所所长、中国红楼梦学会副会长孙玉明先生的主持下，中国红楼梦学会、恭王府文化管理中心与新绎集团签署了共同发展战略协议。北京语言大学教授沈治钧先生在闭幕式上作了总结发言。

张庆善先生在闭幕式上说，这次研讨会会风宽松而严谨，与会学者彼此尊重，坚持学术规范，这正是我们期待和需要的学术氛围和学术环境。虽然一次学术研讨会不可能承担太多的责任，但我们希望每一次研讨会都能有力地推动红学的发展。我们寄希望于各位的学术成就，寄希望于红学界的团结，寄希望于前辈学者给予我们更多的关照和指导，寄希望于年轻学者的不懈努力，长江后浪推前浪，勇挑学术重担。

| 本文作者：中国艺术研究院红楼梦所助理研究员

五十年前事

——围绕着“曹雪芹逝世200周年纪念展览会”

刘世德

1962年和1963年，离开今天已经半个世纪过去了。

50年前事，有的已经忘怀，有的至今犹然点点滴滴保存在我的记忆里。

关于50年前已举行的“曹雪芹逝世200周年纪念展览会”和未举行的“伟大作家曹雪芹逝世200周年纪念大会”，我已写过三篇有关的回忆文章（《回忆陈毅同志谈〈红楼梦〉》、《旧事杂忆——关于曹雪芹逝世200周年纪念展览会》和《辛苦的种树人——怀念何其芳同志》)①，有兴趣的读者可一并参阅。

一、一张照片引起的回忆

---

① 三篇拙文均见于《红学探索——刘世德论红楼梦》，文化艺术出版社2006年版。

这是我保存的一张珍贵的照片，它摄于1962年夏，是“曹雪芹逝世200周年纪念展览会”筹备小组成员的合影。

且介绍一下这张照片上的人员。

从左到右——第一排：王遐举、丁聪、杜继琨、阿英、王露、黄苗子；第二排：刘世德、周啸邦、曹孟浪。

地点：北京，故宫博物院文华殿前。当时正在这里筹备举办“曹雪芹逝世200周年纪念展览会”。展览会筹备小组的工作地点就在这里。

筹备小组的成员还有杨乃济和一位故宫博物院的工作人员（我只记得他仿佛姓许或徐，但已忘记他的大名），拍照时正巧他们二人不在场。

展览会由中华人民共和国文化部、中国文学艺术界联合会、中国作家协会、故宫博物院主办。筹备小组的组长是阿英。组员则来自中国文学艺术界联合会、人民美术出版社、人民画报社、中国戏剧家协会、北京电影制片厂、文化部文物局、故宫博物院、中国古代建筑研究院以及中国科学院文学研究所等单位。筹备小组的上级领导人先后换过三次，依次是文化部副部长齐燕铭、文化部副部长林默涵和中国作家协会党组书记、副主席邵荃麟。展览会的推动和倡议者则是两位著名的红学家，北京市副市长王昆仑和中国社会科学院文学研究所所长何其芳。

在王昆仑的领导下，动员北京市的文化、文物部门的人力和物力做了两件事：一是派人在北京西郊各地探寻曹雪芹墓地的痕迹，迄无所获。《北京晚报》对此作了连续的报道。王副市长曾亲口告诉我：“难啊，旗人的风俗是死后不立碑，难找啊！”二是派人广泛搜寻曹雪芹的家谱，终于从北京曹姓后人家中找到了《辽东曹氏宗谱》，里面列有曹雪芹上世从曹锡远到曹颙、曹頫等人的名字。经过一些红学家和文物专家的鉴定，确认这就是真实可靠的曹雪芹的家谱。

在何其芳的支持下，在《光明日报·文学遗产》、《文汇报》等报刊上连续地展开了关于曹雪芹卒年问题的讨论，一时成为红学界的热点。

他们这样做，都是在为1963年在北京举行大规模的“伟大作家曹雪芹逝世200周年纪念大会”做准备。

举办展览会之事，我事先略有所闻，但没有想到自己会参与其中。那是在一天的上午，何其芳同志（在文学研究所，人们都是这样称呼他的）把我叫到他的办公室，对我说：“王昆仑同志和我商量过，要在北京举办一个‘曹雪芹逝世200周年纪念展览会’，这已经获得了上级领导的批准。筹备小组也已经组成，由阿英同志领导。现在阿英同志点名要你参加。你如果没有意见，就准备一下，到故宫文华殿去报到。”

于是我赶往文华殿，和阿英同志见了面。

在筹备小组，黄苗子负责全面的工作，相当于“副组长”。丁聪负责展览、陈列的设计、规划，曹孟浪负责资料收集，王遐举负责物品的登记、保管，王露负责摄影，杜继琨是秘书，我主要负责撰写展览会的全部说明文字。另外，在预展期间，我还负责陪同当时一些中央领导同志陈毅、陈伯达、康生、李雪峰、胡乔木等参观并在旁解说。

筹备小组的成员来自文艺界的四面八方，有的是文艺界的领导人，有的是美术史研究家，有的是漫画家，有的是戏曲文物收藏家，有的是古代建筑史研究家，有的是书法家，有的是摄影家。他们大多并不以研究红学闻名。但他们都对《红楼梦》十分喜爱，大多是读了不止四五遍的热心读者。我认为，以他们为筹建“曹雪芹逝世200周年纪念展览会”所付出的辛勤的努力而论，以他们为此所作出的贡献而论，红学史家应该永远记住他们的名字。

在参加展览会筹备工作之前，我和他们并未谋面，只闻其名，而没有任何来往。

这里暂谈我和阿英、黄苗子二人的交往。关于其他人，有的我已在其他回忆文章中谈过，这里不再重复；有的准备另写，此处限于篇幅毋需旁涉。

阿英同志平易近人，对我热情而又亲切。尤其在对古代、近代小说的研究上，我们有很多共同的语言。我读过他的许多著作。他的《小说闲谈》，以及《晚清小说史》、《晚清戏曲小说目》等，都是我的案头必备书。他不把我当外人，无私地把他所珍藏的稀见小说借给我看，并亲笔签名赠送新出版的《红楼梦版画集》、《杨柳青红楼梦年画集》二书。

那时，我们的工作忙碌、紧张而有序地进行着。中午有时顾不上回家，就叫来盒饭，集体用餐。饭后稍事休息，各自继续干着各人的活儿。

一开始，我们是上班、下班、回家。后来，一度又借住在附近的翠明庄中组部招待所。

阿英同志常常在中午拉上我和杜继琨到文联餐厅去吃饭。那时文联还在王府大街旧址，在大楼地下一层有一个内部的餐厅。我们三人就变成了那里的常客，服务员见了我们，口口声声的“阿老”，使我有一种新奇感。

小杜（组内都这么称呼她）私底下对我说：“老头儿（指阿英同志）近来跟家里的老伴儿闹点儿别扭，心情郁闷。他和你谈得来，你要多和他谈谈，让他心情爽快一些，开朗一些。”

我接受了她的暗示，尽可能地和阿英同志畅谈有关《红楼梦》和古代小说、小说史的种种问题，其他非我所长，不敢旁涉。我是后辈，又是书生，抱着虚心讨教的态度，他也热心地在治学途径、处世经验等方面对我进行了细致的指点。我自己感到，在这将近一年的时间里，我完成了小杜交给我的“任务”。

展览会正式开幕后，我回到了文学所。

世事变化，我最后一次见到阿英同志是在文化大革命中。那种凄凉、伤心的氛围，使我不忍再下笔描述，姑且援引另一篇拙文的回忆于下：

> 我打听到阿英同志病重，赶忙到棉花胡同去看望他，那是我最后一次见到阿英同志，一间简陋的小屋，他孤独地躺在病床上，破旧的棉被，憔悴的脸庞，模糊不清的语言，他紧紧地抓住我的手，我没有说更多的话，只是哽咽地祝福他早日恢复健康。

组内另一位重要的人物是黄苗子，他负责全面的工作，实际上起着“副组长”的作用。我们一致地亲切地叫他“苗子”。他对《红楼梦》很熟，其熟悉的程度几乎超过了当时的我。他对红学界的情况也有所了解。他对红学界的争论也很关心，并有自己的看法和判断。他尤其是对个别红学家的见解深不以为然。他的手边放着一本红色封面的小开本《曹雪芹》，里面用圆珠笔画了许多红色的杠杠，还潦草地写了不少的批语，批语都是针对该书作者的质疑和反驳。和组内其他成员比较起来，他应当够得上是“红学家”的水平，使我大为折服。

后来，展览会后，我还保持着和他的联系。

当时，他住在朝阳门内南小街的芳嘉园胡同。而我住在朝内大街，每天上下班骑车，南小街都是必经之路。更巧的是，我的女儿正在上总工会办的芳嘉园幼儿园，每天由我接送。这样，我隔三差五地造访苗子的家，我们经常喝茶聊天，海阔天空，几乎无所不谈。他打听古代文学研究界的情况，我也向他了解文艺界的动态。有时在晚上造访，郁风的兴致很高，穿上和服，端着茶杯，一再热情邀请我常到中国美术馆去参观。

有一次，我突然接到了团结报社的邀请，去参加一个座谈会。到了那里，才发现苗子也在座，原来是他建议邀请我的。于是每期的《团结报》都赠送给我，并约我写稿。遗憾的是，一因业务工作忙，二因一时找不到合适的题目，终于爽约，辜负了苗子的好意。

苗子约请我为广州《羊城晚报》和香港《文汇报》的副刊开辟专栏撰写短文。我又转约了周绍良、沈玉成共同参加。专栏由苗子定名“三鱼小札”并亲笔题写。“三鱼”谐音“三余”，取《三国志·魏书》王肃传“三余”之义。我们前后在该专栏发表了一二十篇文章，我写的主要是和曹雪芹、《红楼梦》、《三国志演义》、元好问等有关的内容。

我家有一幅祖传的赵孟頫的《桃园图》，不知是什么原因，也可能是保管不善，此画已遍体鳞伤。我拿去请苗子鉴定，是真是假，有无可能装裱还原？他说，你放在这里，待我仔细验看和研究，你明天来取。次日，我如约而至，他告诉我，“画可能是真迹，但装裱不合算，很贵，你还是放起来吧，以后再说。”我听从了他的劝告。可惜的是，在“十年动乱”中，这幅画竟不翼而飞，至今下落不明。

在文化大革命中，我和苗子仅见过一面。那是在南小街上，他走在路东的人行道上，由南向北，我走在路西的人行道上，由北向南，由于人所众知的原因，我们没有停步上前交谈，只是各自点点头，扬一扬手，打了个招呼。

最后一次和苗子见面是在四五年前。

我和浙江富阳的华宝斋主人蒋放年有过交往，他曾将华宝斋影印的古籍多种赠送给我，其中我认为最宝贵的是《红楼梦》庚辰本。2006年，他去世，他的女儿继承了他的事业。

那一年，华宝斋在北京举行座谈会，蒋放年的女儿邀请了黄苗子、冯其庸等人参加，我也叨陪。我因迟到，坐在末排，只见老态龙钟的苗子端坐在主席台上。休息时，我上前去见苗子寒暄问候，谁知这时竟然发生了他和我之间的一番奇怪的对话：

刘：苗子，你好！

黄：你是哪个单位的？

刘：中国社会科学院文学研究所。

黄：我有一个朋友，在你们单位，叫刘世德，你认识吗？

刘：我就是刘世德。

黄：啊？

由于会场上人多，正好这时有人上主席台来找苗子说事，我只好离开。散会后，一群人簇拥着苗子等人走了，我没有机会再接近他。

苗子的迟钝、衰弱、健忘，使我大吃一惊，莫非是由于“十年动乱”对他的身体和头脑造成的伤害？

这感觉用“可怕”二字形容，一点也不过分。我回家后陷于沉思，一夜无眠。

二、另一张照片引起的回忆

照片上有10人，可称为首都红学家合影。

时间：1962年夏。地点：故宫博物院文华殿门前。

这10人（从左至右）是：周汝昌、吴恩裕、陈毓罴、周绍良、吴世昌、朱南铣、俞平伯、刘世德、邵荃麟、阿英。其中9位已然仙去，目前还留在尘世的只剩了在下一人，重新检出这张照片，细审各位师友的容貌、神态、衣着，不禁感慨系之。

这是在一次“曹雪芹卒年问题座谈会”会后的合影。

记得与会者还有两位，一位是吴组缃师，他因家住远在西郊的北京大学，会后匆匆离去；另一位是邓绍基，会后也因有事而先行离去，所以照片中没有他们二位。座谈会还邀请了何其芳，他因要参加别的重要会议而缺席。

座谈会的地点在中国作家协会的会议室举行，由邵荃麟主持。会后聚餐，有人提议摄影留念，又有人建议拍照的地点改在故宫文华殿门前更佳，于是就有了这张照片。

当时为什么要开这个座谈会呢？

在筹备展览会期间，因需在文字说明中向参观者介绍曹雪芹的生平，首先就躲不开四个一时难以确定的问题：曹雪芹生于哪一年？死于哪一年？他的祖籍是哪里？在社会上流传的所谓“曹雪芹小像”是真是假，要不要摆进展览会？

经过筹备小组反复的、细致的讨论和研究，得出了一致的意见，并报请领导批准，在文字说明中确定：曹雪芹生于康熙五十四年（1715）；曹雪芹的籍贯是辽阳，不是丰润。至于画像问题，筹备小组认定曹雪芹生前没有画像流传下来，所谓王冈《幽篁独坐图》和陆厚信《雪芹小像》的像主均非曹雪芹。展览会另行约请当代画家刘旦宅、贺友直、林锴绘《曹雪芹画传》陈列。

但是卒年问题比较麻烦。红学界在当时的报刊上争议不断，主要是“壬午除夕说”和“癸未除夕说”的对立。

壬午为乾隆二十七年（1762），除夕则是1763年2月12日。癸未为乾隆二十八年（1763），除夕则是1764年2月1日。当时发表论文参加争论的学者，主张“壬午说”的有俞平伯、王佩璋、周绍良、陈毓罴、邓允建（邓绍基）等；主张“癸未说”的有周汝昌、曾次亮、吴恩裕、吴世昌等。在文学研究所的同事中，赞同“壬午说”的占绝大多数，除俞平伯、王佩璋、陈毓罴、邓绍基外，还有何其芳、胡念贻、曹道衡和我；赞同“癸未说”的也有，除吴世昌外，还有蒋和森（蒋荷生）。

红学界的争议比较大，如何取舍，使筹备小组感到为难。于是就由邵荃麟同志出面召开了这次座谈会，希望能在会上取得一致的意见和谅解。

座谈会上散发了作协铅印的朱南铣未公开发表的论文《关于〈辽东曹氏宗谱〉》。

我根据邵荃麟同志的指示，首先在会上发言、汇报。我在发言稿中对曹雪芹卒年问题的争议作了比较全面的详细介绍：

> 以时期而言，论辩的发展过程可以分作三个阶段。
>
> 第一阶段是在解放以前。1928年，在“甲戌本”《红楼梦》发现后，有人提出“壬午说”。1947年，周汝昌首创“癸未说”。
>
> 第二阶段是1953年至1957年。1953年，周汝昌在《红楼梦新证》一书中重申“癸未说”。同年，作家出版社整理、重印《红楼梦》，编辑部在书前所附的《关于本书的作者》一文中采用了“癸未说”。1954年3月，俞平伯在《曹雪芹的卒年》（《文学遗产》第1期）一文中首先反对“癸未说”，仍主“壬午说”。这时，他还在香港《大公报》上发表了《读红楼梦随笔》，其中的第14节是《曹雪芹卒于一九六三年》。4月，曾次亮在《曹雪芹卒年问题的商讨》（《文学遗产》第5期）一文中反驳俞平伯的意见。1957年5月，王佩璋在《曹雪芹的生卒年及其他》（《文学研究集刊》第5册）一文中同意“壬午说”，继续反驳“癸未说”。
>
> 第三阶段则自1962年3月开始。为了筹备纪念曹雪芹的逝世200周年，人们重又开始探讨这个问题。在这以前，已有一些新的材料发现。因此，大家对于这些材料进行了细致的考察，提出了一些新的论点。参加论辩的人较前增多了。这场论辩正朝着更细致、更深入的方向发展。

接着，我介绍了和曹雪芹卒年问题有关的原始资料：脂砚斋的批语、敦敏和敦诚的诗。然后又逐一地介绍了论辩双方对这些原始资料的不同的解释，以及由此而产生的不同的结论。

在这个会上，我还引用了1949年之前天津报纸上刊载的胡适致周汝昌公开信以及俞平伯在1949年之前某些文章中的提法，证明他们二人当时曾一度接受周汝昌的看法，同意“癸未说”。只不过二人后来又改变过来坚持“壬午说”了。此语一出，令与会者大吃一惊，感到意外。因为胡、俞二人后来绝口不提此事，以致知者甚少。

对我的发言，会上无人表示异议。

与会的红学家纷纷发言，论争很热烈，他们全都坚持各自的原先的论点。

最后由邵荃麟作总结发言。他说：

曹雪芹卒年问题是个学术问题。大家未能取得共识，这是很自然的。不能强求一致。

但是，在展览会的说明文字中，又必须要有比较明确的说法，不能含糊了事。现在筹备小组的初步意见是：“曹雪芹卒于乾隆二十七年除夕（1762年2月12日），一说卒于乾隆二十八年除夕（1763年2月1日）。希望大家对这种安排发表意见。

对邵荃麟的提议，会场上齐声表示赞同，没有异议。

三、一个笔记本引起的回忆

我有一个旧笔记本，里面记载了和“曹雪芹逝世200周年纪念展览会”、“伟大作家曹雪芹逝世200周年纪念大会”有关的两件事。一件是记载：展览会开幕之前，1963年8月11日陈毅同志来文华殿参观预展的情况，以及他在参观之后和筹备小组有关人员座谈时的谈话；另一件是记载：1963年8月5日邵荃麟同志和我在中南海胡乔木同志家中，向胡乔木同志、周扬同志汇报曹雪芹逝世200周年纪念展览会筹备进展情况，并听取他们对展览会的意见，以及关于“伟大作家曹雪芹逝世200周年纪念大会”的指示和大会报告的内容。前一件事，已见于拙文《回忆陈毅同志谈〈红楼梦〉》。这里只谈后一件事。

胡乔木同志在前后三次参观展览会预展之后，约我们到他家中谈话。于是邵荃麟同志携我前去。落座不久，周扬同志也来到。

这次会见主要谈到了三件事。一是谈对“曹雪芹逝世200周年纪念展览会”的预展的意见；二是谈关于筹备“伟大作家曹雪芹逝世200周年纪念大会”的事宜；三是谈一些机构调整的事。

【关于展览会】

邵荃麟同志首先汇报了展览会筹备工作的进展：展览会已经在内部预展，在听取领导和专家学者的意见后，正在作进一步的修改。

胡、周二位接着谈他们看了“曹雪芹逝世200周年纪念展览会”预展之后的意见。我根据当时的记录，依次引述于下，供参考：

周：袁水拍的文章要摆放到展览会上。争论部分，摆许多刊物，说不出什么名堂。

胡：批判部分有很大问题。那天因为闭馆，没有细看那一部分。《红楼梦》出书以后，有社会舆论，说要禁止的不少，又流传开了，出现了续书等等。现在展览会没有什么思想。续书是庸俗化的表现。读者看了，可能会引起好奇心，有女学生读《红楼梦》，成天学林黛玉。消极面不能不估计到。续书的陈列没有意思，不足以证明《红楼梦》的影响，属于反面的现象。这说明，封建社会的作者不能认识到《红楼梦》的价值。趣味恶劣，最后到了《花月痕》，线索一路下来，直到鸳鸯蝴蝶派。这也是一种歪曲，妨碍读者认识《红楼梦》的真相。索隐派认识它的价值，与鸳鸯蝴蝶派不同。胡适派不能说没有一点功劳（弄清了曹雪芹的家世），用一部分不充分的材料，片面强调自传，影响很大，直到现在。胡适派看到了它的文学价值。

周：肯定写实，估价低。

胡：没有看到社会意义。

周：大大缩小了它的意义，写了没落。

胡：仅仅是惋惜。展览会差一点也可以，将来还可以改。郭老建议搞纪念馆。展览会要多一点思想才好。

……

胡：生年最好要落实些。

周：生年打问号，不好看。有新证据，再改正也可。请红学专家来谈一下，看生年有无分歧。

胡：可以两条腿走路。

周：挂了好几幅大画，说明当时的服装，只是注重趣味。

胡：在卒年讨论中，“癸未说”文章写得好，“壬午说”写得差，文章拖沓。

周：展览会我再去看看。

胡：我也参加。

胡、周二位的意见和指示，我回到文华殿后，向筹备小组全体成员作了传达。

【关于纪念会】

在20世纪50年代，1950年成立世界和平理事会以来，连续几年有纪念“世界文化名人”的盛举。我国文化界当时积极参与了这项活动。每届纪念的对象有四人至十人不等。我国被列名纪念的文化名人，先后计有李时珍（1951）、屈原（1953）、吴敬梓（1957）、杜甫（1962）等。

于是国内的学术界拟议在1963年纪念曹雪芹。“曹雪芹逝世200周年纪念展览会”的举办正是为“伟大作家曹雪芹逝世200周年纪念大会”开路。

在这次谈话中，胡乔木、周扬、邵荃麟三位所谈的内容主要是关于纪念会的事。他们花了更多的时间，议论纪念会的报告怎样写，有些什么内容，以及他们对曹雪芹和《红楼梦》等作品的见解和评价。当时我作了详细的记录。现根据当时的记录，依次引述于下，供参考：

胡：纪念会要开。否则日本也要开。找毛主席汇报一下，听听他的意思。他对《红楼梦》的兴趣始终不衰。

周：最近见到毛主席。毛主席说，已看到吴世昌等人写的文章了。我说，纪念会没有多大意思，主要还是写文章纪念。毛主席说，纪念会由你们商量。我们不偏袒一方。纪念诞生更好一些。生年意见也不一致。现在大家相当紧张，气氛也不十分谐调。除非文章很有战斗性。

胡：少奇同志在讲话中提到了何其芳的文章，指的是消极方面。其他文章，如李、兰等，都没有提到消极性。

周：主席说，《红楼梦》是四大家族兴亡史，应按这线索去看。一般文章对这点注意不够。一般人都对爱情注意。如果有人写一篇文章比过去进一步，有点新见，还可以。

胡：毛主席说，《红楼梦》的主题就在“红楼梦曲”之中。一般人只看到贾宝玉、林黛玉的爱情，许多人被作者蒙混过去了。过去写爱情的比较多，真正用批判的眼光写盛衰、兴亡的少。《金瓶梅》在这方面有一定的反映。

周：面写得宽，写市民社会。

胡：《红楼梦》是自觉的批判。

周：甲戌本批语有些值得注意。有些话比较清楚，后来删去了。再三辩护不是毁谤朝廷之书。

胡：抄家，恩将仇报，为先朝做了许多工作，一下子来此一手，有愤慨。

周：个人遭遇，可以看到很多缺点。看问题就不同了。从敦氏兄弟的诗可以看出曹雪芹的傲岸，尤其在遭受打击之后。《红楼梦》反对才子佳人。书中佳人很多，才子不少。要和历史上的才子佳人小说作对比，有革新。曹雪芹可能接受了李卓吾的影响，但没有材料证明这一点。“大事记”不好，很大，第一条就说是顾炎武死了。看了茅盾的文章。总要讲点新意见，“唯陈言之务去”。

邵：李希凡写了一篇，不见得比1953年水平高。张天翼写了一篇，谈年轻人如何看《红楼梦》。其余都是红学专家写的。要创新，但找不到马克思主义的东西，又不满足老意见。研究文章中，其芳那篇还不错，翻成外文，反映还不错。

周：《红楼梦》中，牺牲的人，丫头、黛玉、可卿。四大家族的人没有牺牲。在封建势力统治下，被折磨死的，还是丫头死得多。

胡：王凤姐如果是被休，最后也是牺牲。

邵：开头是秦可卿，是第一个被折磨死的，后来归结到黛玉，遥遥相对。有的付出生命，有的被折磨。

周：文章有两点要求：第一，马克思主义，化点力气，要有新意见，过去没有讲过，阐扬伟大作品的意义。第二，对《红楼梦》批判的意义，现在还有意义。这几年古典文学研究和戏曲改革在走回头路。

胡：还要讲：用无产阶级观点评价《红楼梦》。除去看到积极面，也要看到它的消极面。不可以把它当作不可动摇的典范，亦步亦趋。世界上，对待资产阶级文艺遗产，马克思主义与非马克思主义有区别。苏联对托尔斯泰不讲缺点。有人说，普希金在过去不能发挥上层建筑作用，要到社会主义时代才能发挥。话不能说得太多，不能骂曹雪芹，但需要把我们的态度与资产阶级、修正主义态度对照。

邵：1957年至1958年青年读古典作品，这几年有了发展。

胡：旧时代作品的伟大，相对于它的时代。一般读者没有分析能力。有个反革命集团，学的是《水浒》。有的作品能起意想不到的作用。报告要写得提纲挈领，听了使人有所得。过去主要是论战，面向群众不够。把《红楼梦》与历史上其他作品作对照，如那些小说对那些问题采取什么态度，《红楼梦》采取什么态度，包括阶级斗争，提出几个大题目。有个骨架，比较容易写，听后也比较容易使人认识《红楼梦》。鲁迅以来，很少人如此考虑。这也适合郭老性格。可找出几个题目，说它怎样与众不同。例如，它和才子佳人小说是怎样的对立。也可以拿来与《金瓶梅》对照。《金瓶梅》没有愤慨，只是网开四面的暴露。《水浒传》有个缺点，反映了农民运动的弱点，没有一贯的社会观点，如对妇女、恶霸，昨天是恶霸，投到梁山泊，就是另一回事了。过去的如民国时期的孙美瑶就是这样。要成为那个局面，有各种人物。

周：《水浒传》中，真正的农民并不多。《水浒传》写集团、圈子写得好，面不广。人民生活没有写到。小庄主被人欺负，则有。

胡：没有写普通老百姓，这是缺点。很多英雄好汉都是骑在百姓头上的。孔明、孔亮是大坏蛋，浪里白条是恶霸。历史上的农民革命免不了如此。朱元璋、刘邦等都要利用他们。《水浒传》把卢俊义搞得如此重要，有人说是出于后来的插入。这是大弱点。卢俊义是大地主，上山，有何目的？好似没有卢俊义，就不能十全十美。这些问题如不讲清楚，很难使后一代得到正确的教育。

周：现在提纲讲的问题太多了。贾宝玉是否新人，涉及曹雪芹的估价问题。这可以研究一下。他有些新的思想，新的东西。如对待妇女、奴隶的态度，是平等。

胡：李卓吾对妇女也有平等的。

周：李卓吾、汤显祖比较彻底地反封建。强调真实，像欧洲的启蒙主义。

胡：李贽没有接触到土地问题。《红楼梦》用焦大一类人的目光批判贾府。过去的小说，吴敬梓也不能到这一步，他心目中的劳动人民只能是王冕和隐士，不能用反抗对待。焦大的摧毁的态度，对封建制度不可调和。新人问题，有困难。《红楼梦》在后世没有继承，不成为思潮。曹雪芹是大思想家，但是孤立的，与其说是先声，不如说是尾声。在乾嘉时代，没有继响。

周：恩格斯评但丁，既是先声，又是尾声。

胡：龚自珍、魏源离得远一些。

周：古代，全国的手段差些。又遭到禁止，恋爱又写得多。

胡：《红楼梦》有虚无的观点，不可能不如此。

周：富贵闲人就是浪子，多余的人。

邵：恩格斯评巴尔扎克，以婚姻反映全社会。

胡：封建社会人人对恋爱有兴趣。

周：纯粹写恋爱，不会成为伟大的作品。

胡：《红楼梦》超过《西厢记》、《牡丹亭》。后者没有社会内容，女主人公也没有思想，如崔莺莺。《西厢记》的人物，张生去考状元，宝玉坚决不考，黛玉坚决反对。不怕不识货。这种讨论比较通俗，一般人会有兴趣。曹雪芹如受过庄子影响，但曹雪芹与庄子完全不同。如真是色空，他就不会写此书。他并不是玩世不恭、齐物论。虚无主义仅是他思想的限制，而不是思想基础。既不是出发点，也不是终局，只是找不到出路。

邵：曹雪芹有何新的思想？这是过去没有谈过的问题。还有，他的消极思想是什么？斗争中的绝望的悲观主义，找不到出路，又不妥协。

周：但丁的《神曲》，拉伯雷、薄伽丘等早期的民主主义到底怎样？

胡：外国有宗教的背景，中国则有礼教的背景。《十日谈》的社会意义不可能与《红楼梦》相比，主题不断重复，而且说故事的都是以此为消遣的贵族。对但丁，我没有研究。也可以考虑，但需要时间。跑不出大观园的围墙，所以有悲观主义。挨打后，只能找黛玉求安慰。是弱者，不是战士。晴雯也不能说是战士，叛逆也有限。

邵：和过去的戏曲小说，对批判的深度作对比。二是新的东西。三是消极的东西。贾宝玉做和尚和一般人不同，是一种抗议。

胡：是否定。

邵：鸳鸯、司棋比晴雯更强烈。

胡：曹雪芹并不肯定宗教。外壳不能当做他的真的东西。妙玉没有当作理想人物来刻画，描写她的虚伪。

周：好几处提到毁谤僧道。

邵：另外讲一下批判，及对遗产的马克思主义态度。艺术性问题，把现实主义发展了一步。“三言二拍”中，倾向强烈，道教思想强。有明一代的小说比较倾向于自然主义，尤其是《金瓶梅》。

胡：小说的艺术，为何《红楼梦》是最伟大的？在这方面，除了从思想艺术说以外……（按：被打断）18世纪，《吉尔·布拉斯》是那时的小说。《堂·吉诃德》很难说有多少批判，虽是伟大的小说。

周：社会上出现什么现象，带有普遍性，给作家抓住了。马克思把温莎估价得那么高。现实主义是基础。

胡：浪漫主义离开现实主义，也就没有意思。首先只有认识现实，才可能比现实高。

周：《红楼梦》写到激烈的斗争：维护封建制度与破坏封建制度。而且曹雪芹没有简单化。宝钗、黛玉是有一些优点，相互之间有一定的友情。现实主义厉害在这些地方。

胡：黛玉依附四大家族，她追求的目标是和宝玉结婚，无非还是加入四大家族。毕竟不是大观园以外的人，她的限制就在这里。

周：探春厉害，也写了许多优点，母亲也不认，很讨厌。袭人……

邵：薄一波说，有些人看起来是正面人物，实际上是反面人物。黛玉有缺点，但是正面人物。

周：写出了人的复杂性。

胡：宝玉的基本群众只有黛玉。这就是限制。曹雪芹十三岁抄家，到北京后，如即写作，也记不起许多东西。吴世昌的解释有道理，宝玉是他和脂砚斋的混合。曹雪芹不可能有这些经历。自传说在这些地方讲不通。与丫环发生性的关系，在十岁左右也不可能。脂砚斋是书中主人的一部分，或大部分，这是重要的发现。曹雪芹破产，脂砚斋也应破产。如是这样，故事还是发生在南京。有些事，一个记不起来，一个不知道。

……

胡：不开会不行。

周：还有比较的问题。明年莎士比亚要纪念。

胡：纪念，只有展览会，也不好。

周：关键在于要有一篇文章。

邵：纪念会的文章不要太长。

胡：有骨架，就有声势。

周：五六千字。

邵：对作品的思想如何估价，是主要的。艺术是次要的。

周：曹雪芹有民主思想。现在一谈，就牵涉资产阶级、资本主义萌芽。

胡：这问题要研究，现在的经济情况，我担心会上溯到明初，甚至南宋。如官场手工业很难说明代中叶以后才会有。只是在明末找到这些材料，不能说以前没有。

邓拓的文章没有逻辑。现在提出的证据不是强有力，也没有什么人反驳。

邵：找些具体东西来谈民主性。

胡：反对什么，要求什么，这就是民主性。这方面不算是困难。四大家族，要讲多方面的罪恶，有系统地讲一下，要第一、第二、第三，有些列举。含糊地说，就不会给人印象。对统治集团的罪恶要一条一条地分析。书中的内容、特点、地位、价值，无产阶级如何对待。消极面，要用陪衬的话来说。提纲不够清楚。轮廓要分明一些。文章本身不安小标题，写时，心目中要有清楚的段落。否则会与茅盾的文章差不多。茅盾的文章，如“锦衣玉食”一段，不够通俗。个人的身世之感，这是文学作品中长久以来的主题。《红楼梦》的作者并未掉入这个套子，他是透过自己的经验，作了一般的批判、控诉。这样，才不是个人身世的感伤。它不是什么什么作品（如才子佳人小说），这要说得清楚。这就从原则上说清楚了“自传说”的错误。如能把这些方面写进去，这个报告是可以发表的。

周：可以把过去的批判中没有讲清楚的有些重要的问题现在讲清。这就是提高。

胡：马克思主义者也可以写自传。高尔基也写了自传小说。自传说者是：曹雪芹感伤，看破红尘，一切只是红楼一梦，色即是空。王国维说，文学价值在于把个人的变成一般的。这是唯心论的说法。《红楼梦》把自己亲身经历的变成一般的主题，这并不错。不能以此作为叔本华悲观主义的例证。他不是写才子佳人小说，也不是看破红尘。他又确实有这些东西。但这不是重要的。

周：这，一来是思想矛盾，二来是摆的迷阵。

胡：这就是说，要破三个：自传、才子佳人、悲观主义。话要说得好。要有辩证法，不然就变成绝对的否定。他破产，不可能没有感伤。但是，他做了这许多工作，为了什么呢？这是最重要的内证。描绘、纪念闺阁中人，这只是伪装，否则不需要其他人物来否定整个大观园的生活（糜烂，黑暗）。

邵：先从三破开头。接着讲作品通过大观园生活对四大家族作了批判。

胡：一定也要包括恋爱观。政治，文化，家庭。

周：上层建筑都批判了，就是基础没有批判。

邵：通过恋爱批判社会，与巴尔扎克相似。他追求的是什么？

胡：个性解放。他追求的东西，可以说。男女平等也是。追求个性解放，男女平等，婚姻自主，家庭民主，人与人的平等关系，要求政治上的民主，就是说，对贪污专权暴露了很多。

周：最中心的是要求个性自由。宝玉不欣赏人为的东西。错误的论点，举些来谈。

邵：最后讲批判遗产的问题。这样，共三部分。

胡：还有，文学史上的地位，与过去的作品的区别，特殊的成就。

周：即总结，概括。结构可以再研究。

胡：报告文章要轮廓分明。不然，听了以后，不知说些什么。

邵：一、三破。二、批判什么？追求什么？三、54年批判的意义。

胡：单独有独立的一段讲“地位”。批判，站在无产阶级的立场，如何看待曹雪芹与《红楼梦》，再说到历来的评价及53年批判，这样，容易展开。

邵：再搞一个提纲。曹雪芹的时代等等可以不讲。否则，可能陷入泥坑，拔不出来。

周：我原来主张后年纪念，茅盾偏向于今年纪念。十一月也可以。我觉得还是写文章的问题。有一个比较的问题，明年要纪念莎士比亚。

胡：只有展览会，没有纪念会，也不好。

周：关键在于要有一篇好文章。

胡：由郭老致开幕词，何其芳作报告，茅盾演讲。

经过交换意见，最后决定：“伟大作家曹雪芹逝世200周年纪念大会”明年在北京举行。

归途，邵荃麟同志命我根据三人谈话记录写出纪念大会报告的新提纲，转交何其芳同志，最后请他写出全文。我立即赶往北戴河中国作家协会疗养所去见正在那里度假的何其芳同志，作了详细的汇报。

遗憾的是，当时由于国内外政治形势的种种原因，“伟大作家曹雪芹逝世200周年纪念大会”未能得到机会举行。而何其芳同志亲自执笔为纪念会撰写的报告《曹雪芹的贡献》则作为一篇独立的论文在《文学评论》1963年第6期公开发表了。

【其他】

在这次谈话中，胡、周二位还谈到了成立外国文学研究所和《文学遗产》改版的事。

周扬同志先说，其芳主张成立外国文学研究所，请冯至负责。邵荃麟同志接着说，作协有个《世界文学》编辑部，如果成立外国文学所，可以把《世界文学》编辑部的编制拨给他们。胡乔木同志对此表示赞同。

五十年沧桑，物是人非，回忆前事，不胜怆然。应《红楼梦学刊》编辑部之约，遂写下了以上的回忆片断，供红学史家参考。

| 本文作者：中国社会科学院荣誉学部委员、中国红楼梦学会顾问

“曹雪芹逝世200周年纪念展”参观记忆

张 俊

4月10日，中国红学会副秘书长张云同志曾与我通电话说，为纪念曹雪芹逝世250周年，红学会计划出一册“纪念文集”，由她负责组稿、编辑；她已拟定几个题目，约我写点文章。我没有思想准备，一时不知写什么好。闲话中，我不经意间提及一件往事：50年前，在故宫文华殿举办“曹雪芹逝世200周年纪念展览会”时，我曾一边参观，一边摘记，断断续续，抄录成一份近百页的展览说明，敝帚自享，一直保存至今，不舍得丢弃。想起来，有几分执迷，也带点傻气。谁知，张云听后，倒觉得有些意思，嘱我就写写此事。我虽有点踌躇，但又不便推却，乃姑妄应之。现在这篇东西，就是遵其所嘱草成的，免致食言。

那是1963年，我于北京师范大学中文系毕业，留校任教，刚刚三年。我的教学任务，是给本科生讲授元明清文学。对明清小说，我比较喜欢《水浒传》、《金瓶梅》和《红楼梦》；而对后者，似尤情有独钟。但因参加工作不久，工资微薄，购书不多，红学研究资料，手边仅有周汝昌先生的《红楼梦新证》、俞平伯先生的《脂砚斋红楼梦辑评》、一粟先生的《红楼梦书录》和《红楼梦卷》等寥寥几种。至若早期脂批传抄本，如甲戌本、庚辰本、梦稿本等，虽已影印出版，然价格不菲，我辈不敢问津，望洋而已。所以，得知要举办大型“曹雪芹逝世200周年纪念展”的消息，乃欣喜不已，期待通过参观展览，增长红学知识，收集红学资料，以充实和丰富自己的红楼教学内容。

那次展览，是由文化部、文联、中国作协和故宫博物院联合主办的，时间由8月17日至11月17日，长达三个月。据称，展品多达2000件，是有红学史以来，“最隆重、规模最大的一次曹雪芹纪念活动”。

记得我第一次去参观展览，是8月5日下午。同去的有我们教学小组的启功先生、李长之先生、聂石樵先生，还有唐宋文学小组的邓魁英先生等。当时，展览尚未对外正式开放，我们是持介绍信去的。走进展厅，我不禁为展览规模之大、展品之丰富而惊叹。参观中，我们不时停下来，听启先生简要介绍；或大家围拢一起，议论几句。当然，短短一个下午，实难仔细观览，只能走马看花。在我，则是一次“探路”，为后来的参观选定了重点和路线。

此后，但凡我不讲课、不开会，得闲便匆匆赶往文华殿，参观展览。依事先计划，我将“曹雪芹的生平及家世”、“《红楼梦》的时代背景”及“《红楼梦》的版本”等部分作为参观重点，对其中的相关年表、世系表、稀见文献资料、红楼版本介绍等，都照式依样、尽量抄录下来。而对“《红楼梦》时代的参考文物”所展出的50余件相关实物和绘画，如服装头饰、日用器物、园林建筑等，虽感兴趣，但条件所限，实在无法抄录和描述，只能割爱。10年后，我在注释《红楼梦》时，忆及这些文物，尤觉其珍贵。

我已记不得究竟用了多少时间，始将展览参观完、摘记完。之后，乃比对相关资料，将潦草的参观记录补漏订讹，整理誊清，装订成一本小册子。其间，我曾从展会上索得一份“曹雪芹逝世200周年纪念展览会简要说明”（1963. 北京）；20年后，又获赠一本由中国艺术研究院红楼梦研究所、《曹雪芹与红楼梦》摄制组翻印的“曹雪芹逝世200周年纪念展展品目录及说明”（1987年11月20日）。三种资料，互为补充，或可视作较为完备的关于“曹雪芹逝世200周年纪念展”重要资料汇编。

冯其庸先生尝称道，这次展览，“实际上是一次‘红学’和‘曹学’的大展览”；并据“展品目录及说明”摘要举出50余件展品名录，以说明其文献价值（见其《曹学叙论》一书，1992年光明日报出版社版）。现再列举数例，以见其展览丰富精彩之一斑。这些例证，“简要说明”及“展品目录及说明”两份材料，囿于编写体例，大多仅列展品名目，而略去具体内容，我则尽可能将其摘录下来。

1. 两种卒年说

展览第一部分“曹雪芹的生平及家世”有一大会根据《辽东曹氏宗谱》、《八旗满洲氏族通谱》及有关诰命、满文档案等资料制成的年表，其中关于曹雪芹的卒年如下：

1762　乾隆二十七年　除夕（1763年2月12日）曹雪芹卒

1763　乾隆二十八年　除夕（1764年2月1日）曹雪芹卒

这一表述，颇费主办者的心思。因为，关于曹雪芹卒年，胡适以降，至展览筹办，近半个世纪以来，一直争论不断。雪芹200周年忌日前夕，达到高潮。据统计，40余年间，发表两种观点相互驳难的文章，约计32篇。其中包括首提“壬午说”的胡适先生，力主此说的俞平伯、王佩璋、周绍良、陈毓罴、邓允建等先生；也包括首创“癸未说”的周汝昌先生，以及同意此观点的曾次亮、吴世昌、吴恩裕等先生。两说各持己见，势均力敌，互不相下。

当有鉴于此，主办者不偏不倚，将两说并列，并巧妙将展览会开幕时间定于8月17日。按“壬午说”，推后半年；而依“癸未说”，则提前半年。这样处理，态度非常慎重，体现了主办者对学术问题的包容。

众所周知，此后不久，“文革”风雨席卷全国，正常的科学研究被迫中断。直至上世纪70年代末，始又展开一场曹雪芹卒年问题大讨论。先是香港梅节先生重提“甲申说”（1764年春），其后，徐恭时、鲁歌、蔡义江、宋谋玚等先生纷纷表示赞同。自此，雪芹卒年之争，遂由双峰并峙而成鼎足之势。

这种争论，或将继续下去。关键是，“期待出现新材料”（裴世安先生语，见其所集“红学论争专题资料库第四辑”《曹雪芹生卒年资料》“前言”）。

2. 一部曹氏宗谱

展览第一部分陈列有一部新发现的《辽东曹氏宗谱》，因其提供了若干研究曹雪芹家世的新材料，因而颇受学界关注。展品藏北京市文化局，其文字说明云：“这是最近在北京发现的曹氏族谱。据原叙称：始祖是明代开国功臣曹良臣，第三子曹俊，先守御金州，后调沈阳，即入辽之始祖。曹雪芹一系，是辽东支的四房。”

在此之前，曹雪芹祖籍问题，亦如其卒年，各说不一，难以定论。先是1931年，李玄伯先生最早提出雪芹“原籍可能是丰润”之说（见其《曹雪芹家世新考》一文）。1953年，周汝昌先生在其《红楼梦新证》一书中更明确指出，雪芹原籍为“丰润咸宁里”。此后，一些通行工具书，如《辞源》、《辞海》等曾一度采用此说。然1957年，贾宜之先生则认为，曹雪芹祖籍不是丰润，而是辽阳（见其《曹雪芹的籍贯不是丰润》一文）。而1962年8月29日，又有李西郊先生在《文汇报》上发表《曹雪芹的籍贯》一文，不同意贾文观点，其结论是：曹雪芹家“原籍丰润，寄籍辽阳”。一时各执一词，争论不休。

60年代初，为筹备这次展览，北京文化局组织了一个“曹雪芹家世、故居和坟墓调查组”，对相关问题进行了广泛调查。在近两年时间里，他们先后收集到《浭阳曹氏族谱》和《辽东曹氏宗谱》两种重要曹氏家谱（见马希桂《记〈辽东曹氏宗谱〉和〈浭阳曹氏族谱〉的发现》）。据云，《宗谱》是在著名红学家、时任北京市副市长的王昆仑先生关怀下征集到的。因为谱系中有若干关于曹雪芹一支世系和事迹的新线索，故引起研究者的高度重视。朱南铣先生曾撰有《关于〈辽东曹氏宗谱〉》一文，申说展出此谱的理由，文载《红楼梦研究集刊》第一辑（1979年11月）。文后有编者语云：“此文是朱南铣同志的遗稿，写于1963年。当时，茅盾同志和邵荃麟同志主持的曹雪芹卒年问题座谈会正在举行，此文曾由中国作家协会排印、分发座谈会的参加者和有关同志参考。后来，朱南铣同志又曾略作补充、修改。”《宗谱》的发现和展出，是展会的一大贡献。70年代末，冯其庸先生对《宗谱》作了系统研究，并于1980年7月出版了《曹雪芹家世新考》一书，曹雪芹祖籍“辽阳说”由此确立。

与《宗谱》同时展出的，还有《八旗满洲氏族通谱》和“康雍两朝颁发给曹雪芹祖辈的诰命”等。我当年只是一个普通《红楼梦》爱好者，对《宗谱》的重要价值并不甚了解。因之，在参观时，只摘录了《通谱》所载曹雪芹先代曹锡远（世选）一支十一人的“世系表”，而对《宗谱》只摘记了展品介绍，其中所列曹锡远以下人数和名字，则与《通谱》所载全同，故略而未记。

3. 一副五言联

在第一部分之十二“曹雪芹祖父曹寅在文化方面的活动”栏中，除陈列有张纯修的《楝亭夜话图》、恽寿平等的《楝亭图》、曹寅的《楝亭诗钞》等展品外，还展出一副“曹寅书对联”：

砥行碧山石

结交青枀枝

此联原为周绍良先生所藏，1966年周先生已将其捐给故宫博物院。按“枀”即“松”字，曹立波博士见告，联语当出自唐诗人孟郊《答友人》一诗。查《全唐诗》第378卷孟郊此诗，其下两句云：“碧山无转易，青松难倾移。”结末两句说“愿存坚贞节，勿为霜霰欺”。道出诗人正道直节之志。曹联书孟诗句，或有借以自勉之意。

4. 一方小石砚

脂砚斋是谁，限于史料，说法不一。为此，展会上展出的一方所谓“脂砚斋藏砚”，便引起人们极大兴趣。据说，时任副总理的陈毅同志在参观展览时曾用放大镜仔细观察了这方小石砚。

原砚藏吉林省博物馆，陈列于第一部分之七“脂批”与“脂砚”栏展柜中。展品文字介绍说：“这是明代王穉登万历癸酉年（1573）制赠名妓薛素素的调脂小砚。有边款云：‘脂砚斋所珍之砚，其永保。’从字体上看，大约是乾隆年间刻的。可能即批《红楼梦》之脂砚斋所藏，但无旁证。”对石砚与脂砚斋关系的介绍，措辞颇为谨慎。

我对石砚比较关注的，还有其背面的题诗。字作行草体，当时因隔有展柜玻璃，其中有三个字，不易辨认，只能照猫画虎，依样描摹下来。后找来资料对比，始知全诗为：“调研浮清影，咀毫玉露滋。芳心在一点，馀润拂兰芝。”下署“素卿脂研”、“王穉登题”。并得知薛素素小字润娘，号素卿，苏州人，是万历时期名娼。善画兰竹，著有《南游草》，王穉登为之序。

后来，又看到一些文章，乃知此砚原为张伯驹先生购得，藏于长春吉林省博物馆。至若其真伪，尚存争议。初见石砚，张先生认为“此乃脂砚斋所藏薛素素砚，对红学研究极有价值”（见任凤霞《一代名士张伯驹》）。周汝昌先生“叹为二百年来罕遭之异珍”（见其《献芹集》），吴恩裕先生亦以为系“素素砚无疑。入清，此砚为脂砚斋所获”（见其《曹雪芹佚著浅谈》）。反对者则视作赝物，如郭若愚先生即斥之为“假古董”，认为“事实上‘脂研’是不存在的”（见其《红楼梦风物考》）。“文革”中，几经辗转，石砚遗失，红学史上又添一疑案。

5. 一件宫女自杀档案

读过《红楼梦》第十八回“皇恩重元妃省父母”的读者，都会对贾妃所说宫里是“不得见人的去处”一语留下深刻印象。展会第二部分“《红楼梦》的时代背景”之六“人身自由的剥夺”一栏陈列有“宫女二格自缢档案”、“宫女常格等自尽奏折”、“宫女王妞供状”三件自杀档案。兹选其第三件

王妞案如下，以见其余。

宫女王妞供状（原件无标点）

（上缺）王妞供称：我是原都虞司栢唐阿领催沈常韶之女，今年十八岁，进宫五年了。我从前进宫时，与太监赵国宝原无甚好，他也不过不折磨我。他的衣服等物，原叫官官女子巴颜珠替他浆洗。至巴颜珠年满出宫后，他就叫我给他浆洗衣服、袜子，脚布、裤子等物，我若稍有不是，他就骂我。……再从前，官女子七格，是他告了偷了主子的白蜡，将那女子打了八十板子，撵出宫了。他新近又谎告我做贼咒人，我所以甚是害怕，恐也就撵出去，才要寻死。九月初五日二更时候，我在西所的东墙跟下，就台阶放了马杌子一张，上又放小板凳一个，接脚爬上墙去，那边有棵枣

> 树，我顺着树溜下去，到赵国宝屋内抹了脖子。并无别的缘故，实因赵国宝平素折磨，不过情急要自尽是实等语……

这一“供状”，从一个侧面反映出清代宫女的悲惨生活，对认识第十八回贾妃语不无意义。

6. 一纸卖身契

除三件“宫女自杀档案”外，在“人身自由的剥夺”栏中，还展出乾隆二十六年、乾隆九年、康熙四十三年的三张卖身契。这些契约纸面泛黄，有的字迹较为模糊，留着岁月的痕迹。我依样葫芦，一一照抄下来。现选其乾隆九年一件于下（原件无标点）：

> 二十都八图，立卖女契人刘王氏。今因患病在床，又无食，央媒将生女刘菊花，年十五，卖与黄姓名下为婢，听凭使用。如宗族人等干涉，归（?）承值。当经三面言定，九八色银二十八两一併收足，此女当日过门。如逃走，归氏找回，以后生病死亡，天命所注，决无异言。恐口无凭，立此卖身契存照。
>
> 乾隆九年十二月初八日
>
> 刘王氏
>
> 媒人　　程倬沄

周汝昌《红楼梦新证》卷首亦载有“雍正二年香河县高三并妻子卖身契”及“清代卖儿之妇女”影印件各一。展览文字说明云：“由于封建地主阶级的剥削，广大人民倾家荡产，卖儿鬻女。这就是《红楼梦》贾府内的家奴与婢女的由来，他们的命运全都掌握在主子手中。”金钏、晴雯、司棋、鸳鸯等人的悲惨境遇，便有现实社会生活的影子在。

回忆50年前的那次展览，无疑它对后来红学和曹学的研究和发展有其积极的推动作用。北京曹雪芹学会会长胡德平先生称之为“文化工作的典范”（北京曹雪芹学会编《曹雪芹逝世250周年纪念特刊》卷首语，2013年9月）。而展览所以能够成功举办，我深深感到是和中央领导的亲切关怀分不开的，是和全国各地有关单位的大力支持分不开的，是和学界诸多专家的齐心协力分不开的。仅举一例：据“展品目录及说明”大略统计，注明原收藏单位或个人的展品，约计460余件，北京有关单位提供约250余件，外地50余件；北京个人提供藏品约160余件，其中提供最多的是阿英先生，共83件。抚今追昔，实实令人感动。今天全社会都在呼唤文化复兴，那次展览成功举办的经验，值得重视，值得借鉴。

| 本文作者：中国红楼梦学会常务理事、北京师范大学中文系教授

大观园营建始末

——追记赴日“红楼梦展”的大观园模型

杨乃济

一、扮演了“山子野”

1964年春节后，我正在西安为刘敦桢教授主编的《中国建筑史纲要》收集补充资料，往来于古都长安附近的汉唐遗迹之间。走遍了咸阳、临潼、兴平的古道阡陌，又在永泰公主陵渡过了元宵夜后，才踏着残雪从乾县返回西安。那知刚回到旅舍就收到建筑科学研究院打来的电报：要我尽快地结束在西安的工作，返回北京接受为赴日的“红楼梦展”制作大观园模型的新任务。

3月初，我到故宫东华门内的文华殿（红展办公处）报了到，阿英同志亲自向我交代了任务，要在6个月内盖起这座大观园，赶在十一以前送到日本展出。

制作一个大观园模型原不是什么新鲜事，早在距今四五十年前，在北方，天津一位龚老太太就以纸、绢等材料，做过两张八仙桌大的大观园，在天津轰动一时。在南方，又有女画家杨令茀用铁皮、纸浆等材料做了一个大观园，送陈国际赛会，据说也获得好评。可惜这两次都没有留下可供今日借鉴的形象资料，此时此地还得白手起家。而且现在要制作的大观园是作为“红楼梦展”的一件展品，是解放后制作的第一个大观园模型，它应该体现新中国红楼梦研究的成果。在设计的科学性和制作的工艺水平上都应超越前人。

对我来说这无疑是一副千斤重担。我是从事中国建筑史研究的，虽说对于古典园林、对于《红楼梦》中描写的大观园都基于个人兴趣做过一些探索，但眼前这个新课题，对我来说毕竟是太艰巨了。更何况工程浩大，时间要求又如此紧迫呢。所幸者，主持红展的阿英同志和在红展工作中充任阿英同志左辅右弼的两位智多星——黄苗子和丁聪同志不仅在精神上不断地给我支持和鼓励，而且特聘了我的两位老师，梁思成教授和戴志昂教授充任设计指导。在这一工作中，戴公为总图设计勾画了原始蓝图，而梁公更于工作中的每一进程都亲自审查、拍板、定案。有了这两位老师为我这个过河卒子压阵，我终于在阵阵鼓乐声中硬着头皮粉墨登场，扮演起“山子野”的脚色了。

二、绘制大观园图

要建造大观园首先要绘制详尽的施工蓝图。在前人绘制的许多幅大观园图中大多是写意的。尽管有些也够得上恭笔界画，但那毕竟不是一幅可据以施工的建筑图。而且从平面关系、走向位置上看，主观想象的成分太多，对于《红楼梦》一书中作者笔下的大观园缺乏认真的探索和必要的依据。只有近年来戴志昂教授绘制的那幅“大观园想象图”（曾在1963年“曹展”中展出，后发表于清华学报），从平面关系、建筑群、组的相对位置上看，和书中第十七回大观园落成后，贾政、贾宝玉等游大观园，第四十、四十一回刘姥姥、贾母等人游大观园，以及第七十四回凤姐儿率众抄检大观园时所走过的路线次序都大体相符。因此，当时决定以戴公的图作为绘制大观园模型总平面图的基础。

在我着手绘图前，首先花了相当大的工夫就《红楼梦》前八十回中对大观园景物、建筑和建筑群间的相对位置、走向关系等的描写文字摘录了一套卡片。同时就大观园走访了王昆仑、俞平伯、启功、朱家溍等专家。通过了卡片上的核对，又集采众家之说，对戴公的总平面图进行了若干修正，而后绘制了几个不同的方案。并在梁公的主持下召开了两次讨论会。经过不断地推敲、对比后，才确定了最后方案，并据以绘制模型施工图。可惜这些方案图和那一套大观园卡片，都与我存放在北京寓所中的全部家当一起，在十年浩劫中丧失殆尽了。现在还能找到的一张图是我在1964年年底为香港《文汇报》绘制的（刊于1965年元月香港《文汇报》）。这张大观园图是在模型完工后绘制的，因而它相当准确地反映了模型的面貌，从中可以看出当时的构思特点如下：

1. 与戴图相仿，基本上符合《红楼梦》第十七回、第四十回、四十一回、第七十四回中描写的路线关系。

2. 不拘泥于书中的描写，在建筑群规划、配置和建筑物的形象、造园意境上，着重抓环境特征与性格特征，着意于体现曹雪芹用他那出色的笔所塑造的情景交触的境界。

3. 缩小了戴图园中央的水面，因书中描写的大观园建造于城内，傍依宁、荣二府，城内的园林无自然山水可依，那种千顷汪洋与万寿山昆明湖相类的大水面，对大观园来说是不相宜的。

4. 为施工便利，减少制作模型的工作量，凡在书中属于虚写的，以及与人物故事关联不多的建筑，一律加以削减，不纳入模型内。

5. 建筑形式皆取北式，采用雍乾时期清宫式园林建筑的标准做法。

6. 整个大观园模型东西长约5米、南北长3米多（详细尺寸已记不清了），面积约15平方米。呈长方形。用七十五分之一比尺。折算其实际占地面积约130市亩，实际围墙周长约两里半。虽然《红楼梦》第十六回中描述大观园的规模时说它“一共三里半大”，但是我们考虑这个依附于宁、荣二府的大观园，形状不一定是很规整的，而外形越曲折，围墙也越长，因此模型的周长并未拘泥于三里半的说法。

这样一个大观园，一个具有独特身份的省亲别墅，从占地面积上看，它比清代康熙、雍正、乾隆三朝在北京西北郊营建的皇家苑囿——畅春园、圆明园、长春园、绮春园、清漪园、静宜园、静明园都要小。而比北京城内任何一个宅园、府园都大。

三、百工献技、锦上添花

经历了一个多月的时间，绘图基本就绪，5月3日这一天，大观园正式开工了。建筑科学研究院建筑理论与历史研究室模型组的老师傅们，是营造这一工程的主力，他们都是制作古建筑模型的专家。一应亭台楼阁、廊榭轩馆皆以细木工精制，材料用的是北京民族乐器厂和故宫博物院支援的黄杨木和楠木。而屋面的瓦陇、脊兽，外檐装修的支摘窗、横楣子、游廊的坐凳等都用铅锡合金翻铸。模型制成后按照实物施色，梁枋上的彩画是几位彩画老师傅按照乾隆朝彩画的格局一笔一笔画上去的。可以设想这按照七十五分之一比尺缩绘的彩画又是一项多么艰巨的工程。园内的叠石，选用了京郊房山县周口店龙骨山上的天然石料，这来自北京猿人家乡的天然石料自有天生的纹理，无论用肉眼看，还是通过望远镜放大来看，有的若大斧劈，有的若芝麻皴，有的玲珑透剔，有的巍峨壮观，经过历史室陆楚石同志堆叠以后，更显得顺势得体，画意盎然。

园中的花木，若稻香村的桑榆，怡红院的蕉棠，潇湘馆的翠竹，栊翠庵的红梅，以及池岸的垂柳，山峦上的青松，也都依七十五分之一缩尺制作。那竿竿青欲滴的翠竹是用海篙做枝条，又以手工粘上一片片绿油纸剪成的竹叶，它摇曳于潇湘馆的幽窗之前，洋溢着几分板桥画意。那山峦间散植的松柏，皆以烧丝拧做枝干，又以染色的天然海绵缀为叶冠，显现得苍劲古拙，又恰似倪云林写下的丹青。整个大观园内的花容树姿，都不受固定的时间约束；这里，沁芳溪畔正值落红成阵的暮春景色，那里，栊翠庵前却又是红梅竞开飞雪迎春。这大胆的浪漫主义手法，使万紫千红的大观园再现着与最动人的红楼故事相关联着的最绚丽的场景。这独具匠心的花木制作与配置，都是由特约的人民美术出版社的老画家陈鹂同志精心监制下取得的成绩。

更值得一提的是大观园中的200多个人物，再现了红楼人物的群像，都是由已故的“面人曹”——曹雪芹的本家、五庆堂的同谱后辈曹宜策同志精心塑造的，七十五分之一缩尺的面塑人物实高20～22毫米，一个个神采奕奕，眉目情深。沁芳溪畔正上演着黛玉葬花，怡红院内又是一幕晴雯撕扇，滴翠亭前是宝钗扑蝶，芍药裀又有湘云醉卧。人物的配置同样采取浪漫主义手法，不为固定的时间所拘束。

这样一个百工献技，锦上添花的大观园，自非龚老太太和杨令茀女士单枪匹马力所能及。当然只有在新中国才能集中这么多人的智慧，这么多的人力、物力，把大观园这样真实地、创造性地再现出来。

四、大观园的第一批游人

1964年9月17日大观园终于落成了，从3月初我到文华殿报到算起，不过6个月时间。而从5月3日正式开工算起，则只有168天。总计动用了两千多个工日，这座大观园的建成的确是高速度的。

这一个新落成的大观园，园中的一草一木，一处处房舍庭院，都基本符合《红楼梦》书中的描写，大体上说得圆、走得通，可据以解说红楼梦故事，使看过的人感觉“是那么回子事儿”。

这样一个大观园，充分地反映了《红楼梦》诞生的那个时代的园林艺术特征；它河网交错，园中有园，集锦式的布局正充分反映了清代雍乾时期，以营建北京西北郊皇家苑囿为中心的造园艺术，它娴熟地运用了清代造园家所惯用的虚实对比，曲折变幻，楼台掩映，花木扶疏，移情换景，曲径通幽的造园构景手法，真实地再现了小说《红楼梦》中所刻画的典型环境——一个上演着悲金悼玉的红楼梦的大舞台——大观园。

大观园终于接待游人了。9 月 17 日这一天，主持“红楼梦展”的国务院外办、全国文联以及有关的对外文委、文化部的领导同志，包括全国文联主席郭老，副主席老舍先生，外办的李一氓副主任，文化部的齐燕铭副部长，北京市的王昆仑副市长，以及俞平伯、吴世昌、梁思成、周汝昌、朱南铣、林林、邵宇、张仃等同志都是大观园的第一批游人。新华社图片部还特派了研究室主任黄次石同志为模型拍摄了彩色照片。

预展进行了一天，18 日模型开始装箱启运。因此，这个大观园接待的第二批，也是迄今为止在国内的最后一批游人，比起《红楼梦》第十七回接待的首批游人来，并多不了多少。要知道这 1964 年的 9 月对于中国文艺界来说已是大雷雨的前夕，已是山雨欲来，气压低得使人透不过气的时刻！生不逢时的大观园又怎么能与更多的群众见面哪！以后国内的报刊也从未对它做过只字报导。只是 1965 年元月的香港《文汇报》曾刊登过一篇《大观园落成记》，内中记叙了那次预展后一位红学家的观感。现在把它抄录一段作为本篇的结束语吧：

> 模型完成以后，在北京的一位红学家看到了，曾感慨地说：这座模型真正能够体现书中描写的精神，首先在于它的设计思想是成功的，把那座代表了封建统治权力的省亲别墅放在最高地位和中轴线的尽头，使人感到封建统治的压力。其次，怡红院等一个单元一个单元的建筑，看来富丽，但是分别隔以高墙深院，仍然使人看出它们之间，只是一座一座高级监牢，这就是贾宝玉这个自由天地的幻想终于破灭，黛玉为什么终于死在这里而宝玉最后不得不出走，离开了这座美丽的囚笼的原因。此外，园子越表现得美丽豪华就越叫人想到贾府这些大地主贵族荒淫享乐的钱财是从哪里来的，剥去了大观园的繁华表层，我们就可以看出其中有多少穷苦人民的白骨和鲜血。
>
> “红楼梦展览会”在日本展出，首先以其丰富的内容和动人的资料吸引了千万观众。大观园模型只是陈列品之一，可是由于构思精细，设计上的科学性以及制作认真奇巧，使这座 200 年来人人心目中存在想望的著名园林活现在观众眼前，无怪乎它引起了日本人士异常热烈的兴趣了。

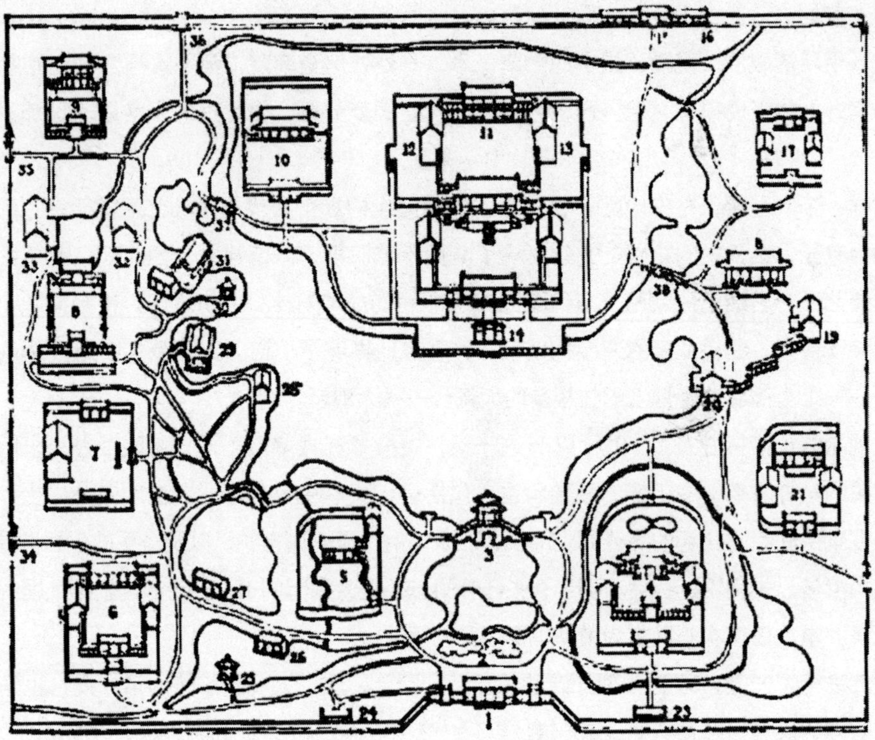

1. 大门　2. 曲径通幽　3. 沁芳亭　4. 怡红院　5. 潇湘馆　6. 秋爽斋　7. 稻香村　8. 暖香阁　9. 紫菱洲　10. 蘅芜院　11. 大观楼　12. 含芳阁　13. 缀锦阁　14. 省亲别墅　15. 后门　16. 厨房　17. 佛寺　18. 嘉荫堂　19. 凸碧堂　20. 凹晶馆　21. 栊翠庵　22. 角门　23. 班房　24. 议事厅　25. 滴翠亭　26. 柳叶渚　27. 荇叶渚　28. 芦雪广　29. 藕香榭　30. 牡丹亭　31. 芭蕉坞　32. 红香圃　33. 榆荫堂　34. 角门　35. 角门　36. 后角门　37. 朱栏折带板桥　38. 沁芳闸桥

后 记

写完了这篇《大观园营建始末》，还想借此回答一些同志多次向我问讯过："大观园哪里去了"的问题。的确自1964年9月18日以来我再也没见过它，十年浩劫中更是提都不敢提了。1973年曾听阿英同志说："红展回国后东西又运回了文华殿。"因此近来我向故宫的同志们打听，承一位同志见告说，她曾在文渊阁见到过这个模型，现在可能还摆在那儿。当然我希望大观园别来无恙，更希望能有一个单位把它收容下来，再拿出点儿钱把它修一修，如果有一天办起曹雪芹纪念馆，它将是一件有吸引力的展品。大观园果能重生，也算我做下一件功德事，否则这就算是我为它撒下的一把纸钱吧！

1979年11月

| 本文作者：北京旅游学院教授

曹雪芹逝世250周年祭断想

李希凡

一、回忆50年前往事

今年又临近《红楼梦》的伟大作家曹雪芹逝世250周年的日子了，所以说它是“临近”，因为那时这逝年究竟是癸未（1763）还是壬午（1764），红学家们各有根据和主张，争论了多年，并无定论。为此，在确定纪念前，还曾开展过一次热烈的讨论，各报刊，主要是《光明日报》的《文学遗产》专刊，曾发表几十篇文章，开展讨论，仍难确定。于是，决定在1963年8月开展纪念活动。

如果说1954年的那场大辩论，确认了曹雪芹创作的《红楼梦》是一部伟大的文学作品，不是个人经历的写实“自传”，1963年的纪念活动则是向世界推荐一位中华民族的文化名人。

我记得先是我的《人民日报》同事刘群同志的《京华何处大观园》在文化界搅起了波澜。周恩来总理曾有指示给中国文联和作协，请文艺界人士去参观一下恭王府萃锦园，作协领导刘白羽同志嘱托我陪同梁思成、欧阳予倩、田汉、阿英几位老人一起去，我知道白羽同志的意思，无非认为我总是熟悉《红楼梦》的，老人们问起什么来，我能答几句茬儿！实际上是高估了我，我对恭王府萃锦园一无所知，也不大赞成在京都寻找“大观园”，何况这几位老同志对《红楼梦》之熟悉，一点不比我差。而且其中还有一位建筑学家梁思成先生，他一过“王府夹道”，就指着“九十九间半”（恭王府后楼）开玩笑说：“你们看，这就是王凤姐拿缎子的地方”；进了园门，梁先生又指指点点，那是潇湘馆，那是栊翠庵……他们老几位，大概在重庆大后方，就有交往，一路上谈谈笑笑，我却半信半疑，因为我只看到了那所谓“潇湘馆”种有几棵竹子，那有《红楼梦》中潇湘馆“千百竿翠竹遮映”的气势，何况那几间房子，那个小院落，也使我感受不到“凤尾森森，龙吟细细”的氛围……自然，梁先生也并没有确认这里就是《红楼梦》中写的荣国府和大观园，他只根据他的观察，这里的建筑确实大多是200多年前贵族府第的格局和模式。当然，这次“视察”并没有完全满足周汝昌先生的愿望，确认恭王府就是过去的曹雪芹家的旧居。周总理听取了汇报，确实说过，不管是不是，这府第花园，将来可作为曹雪芹纪念馆。梁思成先生虽然说了很多笑话，而当他与戴志昂、杨乃济先生合作，为纪念曹雪芹逝世200周年展览制作大观园模型时，翠锦园并没有成为创作素材的样本。他们的构思依然是以《红楼梦》中“文学大观园”为蓝本。在20世纪80年代，我写《虚实隐显之间——论大观园的艺术创造》一文时，曾做过这样的评价：“曹雪芹逝世200周年之际，梁思成先生、戴志昂先生和杨乃济同志合作，制作了一个十五平方公尺的大观园模型，曾荟萃了古园林工人、彩绘工人、模型工人的世家子弟三十多位共同施工，其构思的精细，设计的科学以及制作之认真奇巧，又是其他模型制作者所不及的。”（见拙著《红楼梦艺术世界》第84页）到了20世纪80年代，又有两位天津青年竞相创作了两座大观园模型，在京津两地展出，并不断改进，我不止一次观览过，总有一种不满足，后来又读过已故顾平旦同志编的《大观园》论集，看了京沪两座实建的大观园，我逐渐体会到，无论模型和实建，都远不如曹雪芹纸上大观园的引人入胜，其原因在于：《红楼梦》中的大观园并不是孤立的存在，它不是一般的园林，它是《红楼梦》整体艺术形象的有机组成部分，它是小说人物的活动的背景。可以说，从第二十三回贾妃“颁旨”以后，大观园便成了《红楼梦》主要人物的活动舞台的中心，贾宝玉、林黛玉、薛宝钗们在这里演出了他们离合悲欢的故事。大观园是曹雪芹用文学语言创造的一座色彩绚丽的古典园林，它广泛联系着小说主人公们的生活、感情以至命运。它是曹雪芹匠心独运创造的满蓄着诗的境界的艺术形象，而这却是人们无论实地寻求，还是实地建造，都难以达到的境界！

自然，1963年曹雪芹逝世200周年，不只是讨论过曹雪芹卒年是“癸未”或“壬午”，萃锦园是不是大观园，故宫还有个大展览，也举行过纪念会，何其芳同志作过主旨报告《曹雪芹的贡献》，《文艺报》长篇连载过茅盾同志论《红楼梦》，注解比原文还长。我也奉命写了一篇《悲剧与挽歌》的纪念文章，发表在《人民日报》1963年10月7日的评论版上，而影响最为深远的是越剧《红楼梦》被搬上银幕，还上了电视。那时电视尚未普及，我记得在电视开播前，电视台曾邀请我做个简要的介绍。尽管在抗日战争时期，上海曾拍过一部《红楼梦》电影，王引导演，袁美云女扮男装饰贾宝玉，周璇饰林黛玉，王丹凤饰薛宝钗。也许那时正处于大部分国土沦陷在日本侵略的铁蹄下，人民饥寒交迫，这部影片影响不大，只有越剧《红楼梦》搬上银幕，确实在中华大地普及了《红楼梦》，至少宝黛的爱情悲剧在影片里得到了充分的描写，或者因为它还有独创的艺术处理，如“天上掉下来个林妹妹”的剧词，以至贾宝玉哭祭林黛玉的问紫鹃，都更强烈地表现了《红楼梦》的“儿女真情”和悲剧冲突。自然，它是以后四十回续书为蓝本的，并不为多数红学家所认同。

到了20世纪70年代末至80年代中，不只有了电视剧连续剧和电影系列片的新改编，还有了《红楼梦学刊》专门发表红学研究的刊物出版，已延续25年，先为季刊，现为双月刊。至于研究《红楼梦》，也包括曹雪芹家族研究的专著，再加上《红楼梦》“揭秘”的喧闹，“更是不可胜数”……

二、创作《红楼梦》的确证

鲁迅在《中国小说史略》序言中说：“中国小说自来无史。有之，则先见之于外国人所作之中国文学史上，而后中国人所作中亦有之，然其量均不及全书之什一，故于小说仍不详。”意在说明，小说在中国文学史上历来不受重视，也可以说，小说被排斥在正统文学的范畴之外。所以，直到1930年《中国小说史略》再版《题记》时，鲁迅仍不无感慨地说：“此种要略，早成陈言，惟缘别无新书，遂便尚有读者，复将重印，义当更张……余则以别无新书，大率仍为旧文，大器晚成，瓦釜以久，虽延寿命，校讫黯然，诚望杰构于来哲也。”

其实，被忽视的，不只是小说史研究，更是小说的作家。所谓四部古典小说虽然都有署名——《三国演义》罗贯中、《水浒》施耐庵、《西游记》吴承恩、《红楼梦》曹雪芹，但除去《三国演义》有“晋平阳侯陈寿史传，后学罗贯中编次”的题名，其他三部都有“存疑”。我想，这在《三国》、《水浒》，都是可以理解的。因为它们曾长期流传在口头艺术（“古话”或平话）中，后来由一位作家整理再创作成书，何况《三国》、《水浒》至今仍活在说书人的口头讲述中，它们本就源于“街谈巷议”，“小说家言”。过去不入正史，不见经传，甚至有的作家都不愿署真实姓名。因此，即使《三国演义》有罗贯中自称的“编次”，《水浒》作者施耐庵，在山东、江苏有不少传说，却还是搞不清他们的身世。尽管小说史的这种缺憾在近代中国已经得到补偿。可以说从清末改良派一些政治家，就已开始注意到小说的影响力，对中国几部古典小说有较高的评价，有好几位还论及《红楼梦》，到了老同盟会员、大教育家蔡元培先生，则已把《红楼梦》的故事情节全解释为反清复明的“隐射”，虽是新说，却是自《红楼梦》问世以来“索隐”抉微的老传统。或许因为《红楼梦》对社会生活的“写实”太深刻了，占主流的红学研究，总是想求索出它究竟是隐写的哪一家的真事。于是，顺治、董小宛说，纳兰家说，以至康熙朝政治说，莫衷一是：直到胡适的考证，才有了新红学的“自传说”，虽确认了作家曹雪芹，却否定了小说是一部伟大的文学杰作。胡适称之为“平淡无奇”的写实自传，周汝昌先生甚至说它是精裁细剪的生活实录，于是，小说《红楼梦》变成了曹家的家事“索隐”，于是从“贾政即曹頫”、“贾宝玉即曹雪芹”到了近几年，又有以周先生为师，从“红学”发展出了一个支脉——“秦学”，虽未见详说，却演化成“流言家看见宫闱秘事”（鲁迅语）……

确证《红楼梦》作者是曹雪芹，虽是胡适和新红学派考证的一大功绩，其实有文献确证，又并不始于他们。

首先，在《石头记》开卷的楔子（现在出版的《红楼梦》已并入第一回）就留下了作者这样的“自云”：“此开卷第一回也，作者自云：因曾经历过一番梦幻之后，故将真事隐去，而借通灵之说撰此《石头记》一书也。”这“自云”的最后又有充满自豪地自报“家门”：“虽今日之茅椽蓬牖，瓦灶绳床，其晨夕风露，阶柳庭花，亦未有妨我之襟怀笔墨者。”这两段文字已清楚地表明，小说后面叙述的一僧一道携大石头幻形入世的《石头记》，也包括甄士隐、贾宝玉太虚幻境的入梦。都不过是“假语村言”。至于谁是这“自云”的作者，小说第一回只写到“后因曹雪芹于悼红轩中披阅十载，增删五次，纂成目录，分出章回……”，这不过是虚晃一枪，“甲戌本脂评”在此曾有一眉批明确揭示：

若云雪芹披阅增删，然则开卷至此这一篇楔子，又系谁撰？足见作者之笔狡猾之甚，后文亦如此处者不少，这正是作者用画家烟云模糊处，观者万不可为作者瞒蔽了去，方是巨眼。

随后在“自题一绝”：“满纸荒唐言，一把辛泪，都云作者痴，谁解其中味！”诗句上甲戌本又有一则眉批：

能解者方有辛酸之泪，壬午除夕，书未成，芹为泪尽而逝。余尝哭芹，泪亦待尽……

《石头记》手抄本脂砚斋评语很多，也并非出于一人之手，但这两段评语，显然是知根知底的曹雪芹亲人所作，说得很清楚，小说就是曹雪芹写的，并明白地提醒读者不要为作者那些“假语村言”，“瞒蔽了去”。《石头记》的各种手抄本，已发现的，均已影印、排印出版，这是曹雪芹写作时期的文献证据有谁能造得出这么多假来？所谓“悼红轩”，所谓“茅椽蓬牖，瓦灶绳床”，也正是“没落王孙”曹雪芹落魄生活的写照。像这样的铁证，罗贯中、施耐庵、吴承恩，就都没有。

这是内证，至于外证，也是言之凿凿！据已发现的曹雪芹亲友的文字遗留，《石头记》手抄本，首先在曹氏亲族间传抄阅读，这才有了脂砚斋的一评，再评《石头记》，而根据小说中的评语看来，其中可能还有曹雪芹的长辈，如署名畸笏叟者，就是命令曹雪芹改写秦可卿的长辈，那主意很馊，致使曹雪芹在秦可卿形象性格上出现了败笔，但这也说明作者就是曹雪芹。

除去曹氏家族，手抄本也在亲友间流传。现在广泛流传的乾隆时皇室贵族爱新觉罗·永忠赞美曹雪芹《红楼梦》的诗：“传神文笔足千秋，不是情人不泪流，可恨同时不相识，几回掩卷哭曹侯……”这是对曹雪芹《红楼梦》“解味”者的真情流露，永忠和曹雪芹一样，在幼年时代都经历过政治风云的变幻，所以才有共同的脉搏跳动。永忠是康熙第十四子胤禵的孙子，胤禵是雍正的同胞兄弟，却又在那场夺嫡斗争中给他和他的子孙带来禁锢和苦难。所以，永忠对曹雪芹在《红楼梦》表现的“情”感同身受。也正因如此，永忠的那位堂叔弘旿，却如惊弓之鸟，连《红楼梦》看都不敢看，只在永忠这三首咏《红楼梦》诗上做了批语：“此三章诗极妙。第《红楼梦》非传世小说，余闻之久矣，而终不欲一见，恐其中有碍语也。”弘旿应是乾隆的堂弟，而且应是近族，对能否阅读《红楼梦》，尚有如此深重的顾虑，也可见那时的文字狱尚有余威了。永忠的诗又有题为“因墨香得观《红楼梦》小说吊雪芹（姓曹）三首”，据考证，这墨香是曹雪芹好友敦诚、敦敏的叔父；又是富察·明义的姐丈。明义是读过《红楼梦》的，也可能与曹雪芹有交往，有题《红楼梦》诗二十首，自注云：“曹子雪芹出所撰《红楼梦》一部，备记风月繁华之盛，盖其先人为江宁织造，其所谓大观园者，即今随园故址，惜其书未传，世鲜知者，余见其抄本焉。”无论是永忠的诗还是明义的诗，都已是红学研究中确证曹雪芹是《红楼梦》作者的最早的文献资料。

而曹雪芹的挚友爱新觉罗·敦诚、敦敏与他的交往更是密切，尽管他们时相唱和的诗句中并没有直接讲到《红楼梦》，但敦诚的《四松堂集》、敦敏的《懋斋诗钞》的不少诗句也依然透露出有关曹雪芹谈到或在写金陵旧事的信息。所谓“秦淮旧梦人犹在，燕市悲歌酒易醺”（敦敏），“衡门僻巷愁今雨，废馆颓楼梦旧家”（敦诚）；“燕市哭歌悲遇合，秦淮旧梦忆繁华”（敦敏）；“所谓劝君莫扣富儿门，劝君莫弹食客铗，残杯冷炙有得色，不如著书黄叶村”，这不都在暗合着曹雪芹在写作《红楼梦》的信息吗？敦诚、敦敏，也包括曹雪芹在西山附近的好友张宜泉《春柳堂诗稿》的几首诗，不只反映了曹雪芹当时“瓦灶绳床”的贫苦生活，如“于今环堵蓬蒿屯，扬州旧梦久已觉”、“满经蓬蒿老不华，举家食粥酒常赊”（敦诚），“阿谁肯与猪肝食，日望西山餐暮霞”（敦诚），“寻诗人去留僧舍，卖画钱来付酒家”（敦敏），总之，在朋友们的笔下，这时曹雪芹的贫困确已到了“饔食有时不继”的境地！尽管如此，留在好友们心目中的，曹雪芹的顽石般的一身傲骨和才华横溢的个性风神，依然跃然纸上！“爱君诗笔有奇气，直追昌谷破篱樊”；“接䍦著容君傲，高谈雄辩虱手扪”；“司业青钱留客醉，步兵白眼向人斜；曹子大笑称快哉，击石作歌声琅琅，知君诗胆昔如铁，堪与刀颖交寒光”。“傲骨如君世已奇，嶙峋更见此支离，醉余奋起如椽笔，写出胸中磈磊时。”（敦敏）“爱将笔墨逞风流，庐结西山别样幽。门外山川堪入画，堂前花鸟入吟讴。羹调未羡青莲宠，宛召难忘立本羞，借问古来谁得似，野心应被白云留。”（张宜泉）张宜泉的诗也是描述和怀念曹雪芹在西山这段晚年生活的，像敦诚、敦敏一样，他们都十分赞赏曹雪芹的出众的才华，很钦佩他在贫苦中不屈于现实的“孤标傲世”的个性风神。

我以为，在小说不能入正统文学之列，而《红楼梦》又对封建贵族阶级的腐朽及其政治的风云变幻，有那样深刻地揭露和批判，作者生前也并未想让它“传世”，即使如此，还用了假语村言，尽管比较起史传记载的伟大诗人屈原、杜甫、李白，这点文献资料，确实太少了，但比起其他三部古典小说的作家罗贯中、施耐庵、吴承恩，他，曹雪芹，是《红楼梦》八十回《石头记》的真正的作者，却是内证、外证俱全，无可置疑的。至于因为《石头记》是一部未完成的杰作——“书未成，芹泪尽而逝”，以致小说情节和人物性格还存在着若干欠缺和矛盾，就非给《红楼梦》另外找一个有才能写出《红楼梦》作者，不管那些遐想出来的“论证”，说得多么天花乱坠，看来都远不如曹雪芹亲友们的这些文字确证更有力、更有信任度。

三、《红楼梦》的杰出贡献——“如实描写，并无讳饰”——“真的人物”

我们所以要纪念曹雪芹逝世250周年，决不是因为他的《红楼梦》是一部写了自己贵族之家的精裁细剪的传记，也不是因为《红楼梦》现在已经成了特殊癖好者关于清雍正王朝夺嫡斗争的“索隐大全”，而是因为《红楼梦》是中国文学史上最伟大的小说杰作。它深广地概括和表现了中华文化的深厚底蕴，即使是从小说的艺术成就来看，鲁迅早在70年前就给予《红楼梦》以崇高的评价：“至于说到《红楼梦》的价值，可是在中国底小说中是不可多得的。其要点在敢于如实描写，并无讳饰。和从前的小说叙好人完全是好，坏人完全是坏的，大不相同，所以其中所叙的人物，都是真的人物。总之，自有《红楼梦》出来以后，传统的思想和写法都打破了。——它那文章的旖旎和缠绵还在其次的事。”（《中国小说历史的变迁》）

虽然已时过70余年，鲁迅的评价仍然具有“经典”的意义。“文革”前有很长一段时间，我们对古典文学的研究，特别突出它们的批判现实主义的成就，这是受苏联文学的影响。60年代有所变化，实际上中国古典文艺遗产极富民族个性特征，有多彩多姿的艺术成就，既富有浪漫精神，又颇有象征意趣，现在有的外国文艺研究者，甚至从《红楼梦》的艺术创作中解读出如现代派的行为艺术，我以为，在一位天才的文学家的创作中，这也是可能有的现象，不足为奇。

不过，我仍然认为，“如实描写，并无讳饰”“都是真的人物”，即现实主义地深广地反映了封建社会及其上层建筑，如毛泽东同志所说的“不读《红楼梦》，就不懂得什么是封建社会”，我们曾誉之为“封建末世的百科全书”，仍然是曹雪芹《红楼梦》对中国文学史的杰出贡献。《红楼梦》的中心情节虽然写的是宝、钗、黛的婚恋悲剧以及大观园众少女的不幸命运，但他们又是生活在已渐衰败的荣宁贵族或贾史王薛四大贵族的末世繁华的统治下，因而封建社会的阶级矛盾、政治斗争、经济困窘，贵族生活的奢华靡费，道德沦丧，自然是得到了充分的描写。更可贵的是，它虽以高雅华贻、桂殿兰宫为生活主调，却也充溢着特定历史氛围中的社会风习、乡情野趣，市井风光。清人诸联就说过：“作者无所不知，上自诗词文赋，琴棋唱曲，下至医卜星相，叶戏陆博诸杂技，言来悉中肯綮，想八斗之才，又为曹家独得。”(《红楼评梦》)清末民初的洪秋藩则称赞《红楼梦》是“独一无二之书”，“家常琐细，儿女私情，靡不极人事之常备记之”(《红楼梦抉微》)。这也就是说，《红楼梦》写出了封建末世的世态人情的真境界，人的命运遭际的真境界，人在复杂矛盾生活中的思想、意绪、感情的真境界，而只有这样的“如实描写，并无讳饰”，也才写出了“真的人物”。用文艺学术语来说，这就是“典型环境中的典型性格”。

典型问题既不是某红学家所谓的苏联拉普的理论，也不是马克思主义的发明，而是早在亚里斯多德就已加以论述的艺术形象创作的规律性的概括，只是到了近现代的美学家和文艺理论家的论著中，如德国的黑格尔、俄国的别林斯基、杜勃罗留波夫，直至马克思、恩格斯、列宁、高尔基、鲁迅、毛泽东，都有过愈来愈深刻、愈来愈系统的论述。用别林斯基最通俗的解释，即“在一个有才能的人写来，每一个人物都是典型，每一个典型对于读者都是似曾相识的不相识者”(《别林斯基论文集》第120页)，在中国文学史上能写出这样典型的有才能的作家，只有曹雪芹；能写出每个人都是典型的作品，也只有一部《红楼梦》。我读过的外国作品不多，但以个性化的典型形象给我留下深刻印象的，只有果戈里《死魂灵》的主人公乞乞科夫、冈察洛夫《奥勃罗摩夫》里的奥勃罗摩夫、巴尔扎克《欧也妮・葛朗台》里的葛朗台老人、托尔斯泰《安娜・卡列尼娜》里的卡列尼娜……那都只是小说主人公“个体”给我留下的印象。而曹雪芹《红楼梦》的典型形象的创造，却不是集中在一两个主人公身上，而是着力塑造同一生活环境中众多的个性鲜明的真的人物的艺术形象，这曾被誉为“如过江之鲫”(据说鲫鱼过江是结成一团滚游过去的)！

《红楼梦》的魅力无垠，首先是在人物创造上个性化的描绘与刻画。在《红楼梦》里有名有姓的就有三四百人，可以说，他们的出场，只要有活动，有对话，就会有个性化的表现，都是“真的人物”。可谓纷繁多姿，决无重复。如焦大（第七回）醉骂，不过一个镜头，几句醉话，就活画出一个忠心奴仆的灵魂，并以小见大，隐示了宁府贵族多少乱伦的败象。曹雪芹笔下也写了三姑六婆、市井人物，如水月庵的静虚，只是同王熙凤的一席对话，就活脱脱地揭示了她的损人利己的丑恶的精神面貌。在贾芸眼里，倪二本是个市井无赖，而却是和他的偶然相遇，出手相助，才使他有了晋见王凤姐的机遇（第二十四回），曹雪芹只写了他们的两次短暂的会面，就把这个重义的江湖人物刻画得入木三分。而村妪刘姥姥，虽只写了她的两次出场，则完全可以称得上曹雪芹淋漓尽致地创造了富有特殊社会意义的典型性格。

自然，这都是小说写到的次要人物，或者只有一次露面，但从作者简洁的笔墨中，也能窥见鲁迅所赞誉的作家塑造人物个性的高超艺术手腕。不过，成功的文学典型，自非一两个生活镜头的投影，几个细节的个性描写所能完成的。特别是像《红楼梦》这样的作品，它是以雍容华贵的贵族上层的家族生活和社会生活为主要描写对象。其中多数人物又是生活在末世繁华的膏粱锦绣的贵族府第，但在曹雪芹的笔下，却各有各的身世经历，各有各的命运遭际，各有各的个性风神，各有各的审美意义。金陵十二钗，虽然都是生活在大观园的同一环境，年龄和生活方式也大体相同，可个性、气质、言谈、风采，以至音容笑貌，却决无雷同的描写，也包括各房的大丫头们，如鸳鸯、平儿、袭人、晴雯、麝月、秋纹、小红、司棋、紫鹃、莺儿，她们虽然都是生活在大观园。她们深印在读者心目中的，既是熟悉的陌生人，又是独特的这一个，特别是处于情节中心的婚恋悲剧的主人公贾宝玉、林黛玉、薛宝钗，借用“脂评”的一句评语都应当是“亘古一人，并无二致”的“真的人物”，“典型环境中的典型性格”。

《石头记》手抄本脂砚斋评语中对艺术形象有很精彩的分析和评论，譬如对贾宝玉艺术形象的创造就有一段这样的评语：

> 据此书中写一宝玉。其宝玉之为人，是我辈书中见面知有其人，实未目曾亲睹者。……合目思之，却如真见一宝玉，真闻此言者，移之第二人万不可，亦不成文字矣。(《石头记》己卯本第十九回夹批)

一芹一脂，关系何等密切，连脂砚斋都“实未目曾亲睹”“其宝玉之为人”，哪来的“贾宝玉即曹雪芹”的“自传写生”？当然，“脂评”作者也没有看过别林斯基和马克思主义的典型论（因为那时它们尚未产生），但他的这番议论，不也隐约地道出了“熟悉的陌生人”与独特的“这一个”的个性化艺术典型的创作规律吗？

然而，对曹雪芹笔下《红楼梦》的林黛玉和薛宝钗这两个形象性格、个性风神完全不同的文学典型，脂砚斋却又有把她们合而为一的评语：

> 钗、玉名虽二个，人却一身，此幻笔也。今书至三十八回时已过三分之一有余，故写是回，使二人合而为一。请看黛玉逝宝钗之文字，便知余言不谬矣。

这是《石头记》庚辰本第四十二回的“回前批语”。此回书的前半回是写薛宝钗听了林黛玉行酒令随意说了两句《西厢记》和《牡丹亭》的戏文，就捏着了这个短儿，对林黛玉循循善诱地讲了一番“女子无才变是德”的大道理，小说也的确写到了林黛玉“心下暗服”，并消除了对薛宝钗“藏奸”的误会，但这怎么就成了“钗玉名虽两个，人却一身”了呢？俞平伯先生据这几句“脂评”是这样进一步发挥了所谓“钗黛合一”论。

> 这最后一条四十二回前的总评，戚本是没有的，却特别重要。这对于读《红楼梦》的是个新观点。钗黛在二百年来成为情场著名的冤家，众口一词牢不可破。却不料作者要把两美合而为一，脂砚先生引后文作证，想必黛玉逝后，宝钗伤感得了不得。他说：“便知余言之不谬”，可见确系作者之意。咱们当然没缘份看见这后半部，即在这前半部也未尝没有痕迹，前五回写一女子，“其鲜妍妩媚有似宝钗，其袅娜风流则又如黛玉”。又警幻说：“再将吾妹一人乳名兼美，字可卿者许配与汝。”这就是评书人两 美合一之说底根据，也就是三美合一。（《红楼梦研究》第213页）

我真弄不懂，林黛玉即使完全信服薛宝钗的说教，即使薛宝钗的“鲜妍妩媚”，林黛玉的“袅娜风流”，同为曹雪芹或贾宝玉理想中的美人，这怎么就成了两个完全不同的典型性格、个性形象“钗黛合一”的理论根据？钗、黛是《红楼梦》中两个活生生的“真的人物”，她们的身世经历、命运遭际大不相同，在读者心目中，也决没有“二美合一”的感受，更不用说，《红楼梦》写了贾宝玉在梦幻中与可卿有过一番性爱，就算曹雪芹有意借贾宝玉的幻觉写出可卿这种“兼美”的意象，这种幻笔怎么就把薛宝钗、林黛玉、秦可卿变成“三美合一”？如果按照这样的逻辑，“淫丧天香楼”的秦可卿，岂非在现实生活中也和贾宝玉有了瓜葛？这些假语村言居然还能在现代红学研究中继续发酵！要知道，林黛玉、薛宝钗、秦可卿都是曹雪芹笔下的“真的人物”，宝、黛还是小说情节中婚恋悲剧的两位女主人公，她们是现实生活中典型环境中的典型形象，她们的悲剧性格，内含着不同的社会意义和思想意义，她们虽不是对立的两极，却也决不是可以混同的“合一体”。在小说情节里，确实曾写到贾宝玉艳羡薛宝钗的“雪白一段酥臂”，那也不过很遗憾它没有生在林妹妹身上！尽管过去左黛右钗之说（包括我的最早的文章）过分在思想观念上从消极面贬低了宝钗的形象和性格，而轻视了她也是曹雪芹成功地塑造的另一种悲剧典型，人们称之为《红楼梦》中的“薛林双绝”则可以理解，而因此非把钗黛合成一个人，那她们还算是什么“真的人物”！

即使仅就《红楼梦》宝黛钗的婚恋悲剧来看，钗黛也无法合一，作者倾心力描绘的是宝黛的爱情悲剧，而二宝的婚姻终究也还是贾宝玉出走的冰冷结局。对这场婚恋悲剧的两位女主角，作者确实都有同情。贾宝玉在太虚幻境金陵十二钗册辞里，也看到了所谓的宝黛合写：

> 可叹停机德，堪怜咏絮才。
> 玉带林中挂，金簪雪里埋。

但这也分明写的是两种不同的美质，不同的悲剧，何况在《红楼梦》十二支曲里，作者却是接连写了悲悼宝黛儿女真情的两首哀歌：

（终身误）都道是金玉良姻，俺只念木石前盟。空对着山中高士晶莹雪，终不忘世外仙姝寂寞林。叹人间美中不足今方信，纵然是齐眉举案，到底意难平。

（枉凝眉）一个是阆苑仙葩，一个是美玉无瑕。若说没奇缘，今生偏又遇着他；若说有奇缘，如何心事终虚化。一个枉自嗟呀，一个空劳牵挂。一个是水中月，一个是镜中花。想眼中有多少泪珠儿，怎经得秋流到冬尽，春流到夏。

我想，即使从这“情”的内涵而言，宝黛也不是“兼美”！何况薛宝钗的那番道理，也并没有真正改变了林黛玉的“性情”。第六十四回《幽淑女悲题五美吟》，前四美为西施、虞姬、明妃、绿珠，林黛玉悲的都是她们的“红颜薄命”，却独独歌赞了红拂巨眼识李靖于穷途，不惜私奔，乃不受“羁縻”的“女丈夫”的行为：“长揖雄谈态自殊，美人巨眼识穷途，尸居余气杨公幕，岂得羁縻女丈夫。”这种充满豪气的言词，是“女子无才便是德”的信仰者敢想敢说的么！薛宝钗是读了这《五美吟》的……

的确，如俞平伯先生所说，曹雪芹并没有把薛宝钗写得“稀糟”，薛宝钗和林黛玉一样，都是《红楼梦》中不朽的文学典型，形象非常丰满，是一个性格复杂的“真的人物”，毫不逊色于林黛玉，但薛林双绝并非“钗黛合一”。钗黛二人性格迥异，所谓“双峰对峙，两水分流”各具特有的人生底蕴和精神内涵，不只她们的音容笑貌，情态各异，就是她们的美丽与智慧，也有着不同的风格和神韵，是曹雪芹的如实描写，不是实为一人的幻笔。她们活在作品的情节里，也是读者心目中的客观存在。

如上所说，所谓“脂评”确有不少精彩的艺术见解，但有些看法实在不高明，特别是对“宝卿”那些并不符合作品实际的赞誉，而把这两个形象性格大不相同的宝黛的“真的人物”，视为“幻笔”，并合二为一，就是他对《红楼梦》的误读误解。

我们纪念曹雪芹逝世250周年，是由于他创作了一部伟大的文学杰作《红楼梦》，而《红楼梦》的成就又在于它深刻地反映了封建末世的错综复杂的社会生活的真貌，如实描写，并无讳饰地塑造了如“过江之鲫”的个性各异的——典型环境中的典型性格——“真的人物”。

曹雪芹《红楼梦》是以深厚的文化蕴涵，高超的艺术手腕贡献于中国文学史的巅峰之作，可与鲁迅同在，至今尚无“来者”！

文化名人的厄运和幸运

——写在曹雪芹逝世250周年之际

吕启祥

一

曹雪芹和比他早200年的莎士比亚同为世界文化名人，生前皆寥落，身后境遇亦颇多相似之处。在中国，能读莎翁原著的人如凤毛麟角，大多只能读一些翻译的代表作品，笔者亦属此列；然而，对莎学倒有所关注。那原因，恐怕由于文化名人不论是倒霉还是走运，都折射出世道学风，更印证了他们的长存不朽。

近日读报，看到在莎士比亚的故国，质疑莎士比亚著作另有其人的疑莎、反莎之风甚嚣尘上。据英国老牌周刊《观察家报》今年2月报道，自19世纪50年代以来，被推定为疑似莎翁者已有77人之多，包括某著名哲学家、某牛津伯爵、某最受追捧的诗人和剧作家、乃至最不靠谱的候选人伊丽莎白一世女王。而且此种风气通过流行的影视传媒俘惑大众，蔓延到了学界，大有撼动以至掀翻莎士比亚地位之厄。① 乍读之下真感到不可思议，怎么会有这种事？很自然的联想到了曹雪芹。曹雪芹不如莎士比亚资深，疑似的《红楼梦》作者到不了77位之多，大约也不过一二十人。如若《红楼梦》的作者不复是曹雪芹，那么纪念云云也就无从说起了。认真想来，莎学的此种现状真令人大开了眼界，领略了文化名人身后的种种厄运几乎是不可避免的，面对红学的种种芜杂现状不必大惊小怪，名人巨匠自有其不可磨灭的永恒价值，是一种真实可考的历史存在，当代学人应有沉潜致远的文化定力。

红学和莎学的相似之处还在于谜团之多。莎学行家谓莎士比亚浑身上下都是谜。“学术”一点的包括他到底创作了多少部作品？他的戏剧里有没有含沙射影地针砭时弊？他到底是天主教徒还是基督教徒？“八卦”一点的包括他的性取向到底如何？他和太太的关系是否融洽？他十四行诗里出镜率很高的美少年到底是谁？此外，当然还有一些基础性的谜团如他的名字该如何拼写以及上述那个最大的谜团：他名下的作品是否为他所写。人们慨叹“满身是谜的莎士比亚养活了一代又一代的学术人，连带着也有文学文艺人、戏剧电影人、学校教书人，当然还有出版商和媒体从业人。但一代又一代的学者轮番穷钻细研，到如今这些谜仍然多半无解——准确地说是解释太多，让人眼花缭乱，难做取舍，加之一种解释常带出更多的疑惑，故等于无解。”② 上述这样的话，我们太熟悉了，不止听熟了，简直听腻了。曹雪芹何尝不是

---

① 康慨：《没有马翁，不是牛翁：莎翁就是莎翁》，《中华读书报》2013年4月3日第4版。

② 陈星：《也谈莎士比亚长什么样》，《中华读书报》2012年5月9日第17版。

浑身谜团！举国上下学界内外充斥着上述那样的议论，是慨叹、是嘲讽，其实也是一种描述。在当今的《红楼梦》普及本前言中开篇即谓关于曹雪芹处处都存在争议：诸如他卒于何年、生于何时？他父亲是谁？祖籍何处？都有争议。甚至连他的“字”、“号”也不能十分确定。较莎士比亚更其不幸的是曹雪芹的遗迹几近淹没，莎士比亚故居斯特拉福小镇至今保存完好，连他后人和邻居的遗迹也翔实可考。而有关曹雪芹的生平则只能在少之又少的史料和传说中追寻，留下了无尽的遗憾和疑问。《红楼梦》为何未完？如何迷失？批书的“脂砚斋”是谁？续弦妻又是哪个？看法都大相径庭。至于著作权的质疑由来已久、于今尤烈；其中后四十回更是一个老大难问题，何人所续、优劣如何，歧见甚多，前不久笔者就此写过一篇文章，坦陈自己心存的诸多困惑。说到《红楼梦》的主旨、意蕴、影射、猜测更是众说纷纭，学者和大众深挖广开，至今真味难解，却欲罢不能。“红学”的风景同“莎学”何其相似乃尔。

无独有偶，同曹雪芹一样，莎士比亚长得什么样也是一个大谜团。“他老人家的生前清名和死后殊荣反差巨大。囿于地位及技术限制，生前未能留下明白无误的标准像；后人在认识到他巨大的文学价值后，就好奇于他的真人之相，穷究至今，依然无解，但依然是个热门话题。”① 同理，曹雪芹时代亦未有照相术，我辈记忆犹新的是上世纪曾有过一场关于曹雪芹两幅画像的大讨论，参与者有胡适之、俞平伯、吴恩裕、吴世昌、周汝昌、陈毓罴等学者名家，发表文章近百篇，终于未能证其为真，令人失望也是无可奈何之事。曹雪芹长得究竟是传说的“身胖头广而色黑”，还是友人诗中嶙峋清瘦的样子呢？20世纪80年代的国际学术研讨会上还争得十分热闹，可见也是个热门话题。然而正如《也谈莎士比亚长什么样》一文结尾所言，“莎士比亚又不是靠脸吃饭的”，他“代表着英国文学的一个高峰，代表着欧洲文艺复兴时期的成就，代表着人类丰富多彩的想象，还代表着无尽严肃研究的可能”。同样，不论曹雪芹长得什么样，都无碍于他作为中华文化优秀代表的巅峰地位，毫不影响他作品的不朽价值。

二

围绕着文化巨人的难解之谜本身，就昭示着探索研究的无限可能性；由此，人们会时时发出“说不尽的曹雪芹”的赞叹，并以此作为自己文章或著作的题目。随意抬头往书架上一望，跳入视野的立刻就有端木蕻良的《说不完的红楼梦》、胡德平的《说不尽的曹雪芹》等等，以此为题的著作和文章真不知有多少。当我在报章上看到《说不尽的莎士比亚》的标题时，立即被吸引住了读下去：“莎士比亚永远是文学界、学术界乃至出版界的永恒的主题。有人做过统计说，莎士比亚作品的总出版量仅次于西方每个家庭必有一册的《圣经》，而关于它们的研究著作则稳居各作家作品的首位，而且在可以预见的将来绝难有其他作家作品能予以撼动。”② 我不知道在中国有没有人做过《红楼梦》出版物的统计，只听出版社的朋友说过

① 陈星：《也谈莎士比亚长什么样》，《中华读书报》2012年5月9日第17版。

② 子雨：《说不尽的莎士比亚》，《中华读书报》2008年3月19日第19版。

《红楼梦》的各种版本时下已达500种之多，仅人民文学出版社的普及本自50年代至今印数约在700万册，北京及全国各地大中小出版社所印总数不得而知，涉“红”书刊和网络“红”文更是不可胜数。笔者孤陋寡闻，只凭感觉而无数据。但我揣想，在当代中国，印数堪比西方《圣经》的大概是“文革”期间的毛泽东著作（包括“语录”），其时出版量仅次于毛著的可能就是《红楼梦》了。至于说关于《红楼梦》及其研究著作居于各作家作品研究的首位，在可以预见的将来，此种地位难以动摇，这样的估计大约不会太离谱。

如此巨大的印量和如此广大的读者对于作家来说到底意味着什么，到底是走运还是走邪呢？总体而言，自然是幸事；然而林子大了，什么鸟儿都有，什么怪事也都会发生。比照较“红学”远为资深的“莎学”，可以得到诸多借鉴和启示。远的不说，只看近几十年来，传统莎学仍在发展，新的理论和方法在不断引人，诸如结构主义、后结构主义、女性主义、叙事学、符号学、接受美学、文化人类学、新历史主义，等等，扩大了学者的视野，作出了诸多富有新意的阐释。红学也大体经历过类似的历程，然而更其匆促和草率，它的深广度远不及莎学。就在这种大发展中，正如资深英国文学研究家王佐良先生所言，到了今天，虽则以莎士比亚之伟大，也不得不听任当今大导演的摆布。“阐释的自由代替了对莎翁原意的追索”，“其实原意固然难追，阐释又何尝自由”？阐释者“仍然受着时代思潮和社会风尚的影响”①，许多顶着创新之名的怪异荒诞之说无不是这个飞速变化焦躁不安的时代的投影。红学视野中对作品的正说、反说、歪说，浅读、细读、误读，杂然并存，固然可以看作阐释的多元多样，而其中某些想入非非的新说并不具备一家之言的品质，多半是吸引眼球崇尚娱乐时风的折射，或者竟是陈年旧货的重新包装。

值得重视的是莎学在传承积累的基础工程方面所下的工夫，真令人惊叹，应当效法。传统莎学的版本学十分兴旺，400多年来，莎士比亚的各种英文版本已经达到1300余种，被陆续甄别为善本和劣本，即使较好的版本也各有长短。随着莎学的日益发展，学者云集，注家蜂起，渐成显学。自1803年起由名家主编的莎学史上规模最大的21卷《第一集注本》产生，集各版本优长及各家注，将所有文本异文列表于后，并附词汇索引。为后来硕大无朋的莎士比亚用语索引大词典开了先河。10年后重版成为《第二集注本》。继起的《第三集注本》规模又有扩大，单是所收17、18世纪莎士比亚各类版本的序言资料就达三卷之多。《第四集注本》又称《新集注本》，启动于1871年，规模更大，历经数任主编，已逾百年，迄未完工。与此同时，出版了多种面向普通读者、校注精良的版本，其中以《阿登版莎士比亚》最负盛名、最具权威，历时数十载，目前已出到第三版，翔实精审、客观包容，吸纳了莎学的新成果。这也是我国近年来首次引进的兼具学术性和欣赏性的原版莎士比亚作品集。② 至于莎士比亚大辞典，笔者10年前已有所闻，出到了40多版。说到莎著的中文版，单行本有数十种之多，完整的《莎士比亚全集》也有四种。

---

① 王佐良：《学府、园林与社会之间》一文中“莎学近况”一节，《读书》1989年第4期。
② 辜正坤、鞠方安：《〈阿登版莎士比亚〉与莎士比亚版本略谈》，《中华读书报》2008年4月16日第11版。

返观我们身处的中国红学，前文提到有500多种版本，乍听之下，真吓了我一大跳，不敢相信自己的耳朵。仔细想来，自出版社改制、面向市场，某些机构或个人在利益驱动下，顶着曹公之名，只要卖得出去，就顺手牵羊、不标出处，或随意拼凑、不加校勘，种种来历不明的本子充斥市场也就是难以遏制的了。若加甄别，此类劣本当不在少数，实在也是作家遭逢的又一种厄运。当然，250年间尤其是近半个世纪以来，《红楼梦》版本的发掘、整理、印行成绩斐然，不容抹煞。各种早期抄本、刻本都得到了不止一次的影印、排印、翻印。同时，经过学人认真校勘、注释、评批的各种版本，包括各种普及的校注本、列出各种版本异文的汇校本、前人和当代人的各种评批本，以及插图本、节缩本、改编本等等，林林总总，相继面世。相关的辅助读物、资料汇编、研究论著也层出不穷，蔚为大观。其中不乏真知灼见，只是良莠难分、泥沙俱下。如果以莎学为镜，深感红学缺少学术定力和操作规范，缺少对于学术基础工作的一代又一代持之以恒的投入。举例而言，像《红楼梦书录》、《红楼梦卷》这样上世纪60年代出版的极其重要的目录和资料书早就应当认真增补了，即使本世纪初的《稀见资料》也需要修订增补。再如有关辞典一类，上世纪八九十年代曾出过《红楼梦鉴赏辞典》、《红楼梦语言辞典》、《红楼梦大辞典》等若干种，《大辞典》曾作增补而殊不理想，旧错未改、新憾丛生。与莎士比亚大辞典和集注本的代代相传、学术接力棒的未曾懈怠相比，距之甚远。至于数量惊人的涉“红”之作，亟待检点、筛汰、整合，虽则已有多种红学史和史论著作，著者个人付出了巨大努力，而此种研究之研究，难度很大，需要相关资料和有深度的专题研究作为支撑，尚有待于更多的关注和付出。而上述所谓基础工作不外是指那些有益当代，功及后世的具备资料性、工具性、知识性也兼具学术性、稳定性的学术工程，它往往难以个人之力短期完成，而需集结力量持久用功方能见效。在这个实用的功利的时代，到处都讲量化、讲等级，成果仿佛指日可待，而资料工作不算成果，这样的学术评估体制不能不逼出急功近利的浮躁学风，而学人自身的学术积累和奉献精神不足也是不可忽视的内因。环顾学界，笔者尝见某些耗资甚巨、参与者甚众的超大型工程，其学术质量却经不起检验。总之，周遭的学术生态和各种非学术因素的干扰掣肘和限制了学术的健康发展。红学的“虚热”招来非议原不足怪，学界有一种不愿以至不屑触碰“红学”的现象，则足以令人深思。归咎客观环境之余，是否也应反躬自省？

笔者尝想，纪念曹雪芹，一打空话莫如做一件实事。退热降温、返璞归真，目下恐怕仍属奢望。

说到做实事，这里要特别提出和感念一位长期专注于搜集整理红学资料的刘晓安老人。刘老于“文革”中退休，之后在京城潘家园设摊收售淘觅旧书，数十年来，他所搜得和辑录的红学资料无人能及。在热心红学版本资料人士的鼎力相助下，刘晓安先生和他的孙女刘雪梅合作编撰的《红楼梦研究资料分类索引》（1630—2009）上下两大册，终于在2012年10月由国家图书馆出版社出版。这是收录时段最长、收集文献最全、内容最丰富、编排较合理的大型专题分类索引工具书。刘老于2013年年初以96岁高龄辞世，这部书的出版成全了他毕生心愿。刘老是出自实践的最富经验和识力的版本鉴定家，他并无教授一类的头衔，更无项目等体制内的优势，却做成了大有益于学术的实实在在的业绩。这里还可以拿莎学来提气。中国莎学界有一位埋头苦干、成就卓著的学者，穷20年之功独力完成了550万字的《英汉双解莎士比亚大辞典》。① 全书据国外第一手资料，搜罗了三个世纪以来大量莎氏词汇，附莎剧原文例句，包括莎氏全部剧本、诗歌共41部作品。他说，20年爬了41座大山，无一处可以省力。这位学者就是河南大学外语学院的资深莎学家刘炳善教授（1927—2010）。他深知在英语世界的普通读者中，尤其在中国一般英语专业的学生，莎士比亚的原著仍是“天书”，障碍在于莎著用语的特殊性。莎士比亚生于400多年前，其语言处于中古英语向近代英语过渡的早期近代英语时期，莎剧中还包含大量伊丽莎白时代的俗语俚词，构成阅读原文极大的困难。这部功力深厚的双解辞典真是功德无量。

《红楼梦》原著对于中国读者自然不是“天书”，但所用的并非现代汉语。它是中国古典白话小说，所用语言距今也有200多年，不必说其中韵文属于古汉语，许多当时社会生活中的名物专词需要疏解，即便看上去并无障碍的叙述语言和人物语言，许多词汇其含义与今天有很大差异，打开原著读下去便可举出一大串，诸如：演说、妥协、便宜、挥霍、作案、淘气、可恶、解释、能着、作法……等等，均不能望文生义，需要注释。可见《红楼梦辞典》包括语言辞典对当今读者是必要的，学界做过一些这方面的工作，但做得很不够。相比莎士比亚各类辞典的几十个版次，还处在初步阶段。比较而言，中国读者对莎士比亚作品的了解，远胜于西方读者对《红楼梦》的了解。尽管《红楼梦》已有了多种外文译本，然而她的读者并不多。红学对于本国读者的帮助尚且不够，遑论外国读者。有识之士最近指出，作为“国礼”在外交场合赠送的大中华文库本《红楼梦》，存在着诸多硬伤和英汉不能对照的失误。② 像这样关系到中国文化声誉、关系到《红楼梦》的海外传播和汉语学习的大事，不知道应当由哪些方面来担当和矫正。在纪念曹雪芹的时候再次提出来，怕不是多余的吧。

三

回望半个世纪前纪念曹雪芹逝世200周年之时，笔者还是一个刚刚从中文系毕业不久的青年，因身在北京又处高校，对当时纪念的隆重氛围和高规格报道是有所感知的，记得也曾去文华殿看过展览，盖因所教的课与曹红无涉，故不甚关注。倒是我所在的北京师范大学学报的一期专栏令人印象深刻，这是学报为纪念曹雪芹精心组织的一组学术文章，共有六篇：依编次为郭预衡的《论宝、黛爱情悲剧的社会意义》、邓魁英的《王熙凤的典型意义》、童庆炳的《论高鹗续〈红楼梦〉的功过》、钟敬文的《近代进步思想与红学》、聂石樵的《论〈红楼梦〉的语言》、启功的《读〈红楼梦〉劄记》。③ 这些文章我曾认真阅读并在以后的岁月里不

---

① 刘炳善：《一个人的二十年——我怎样编纂一部莎士比亚辞典》，见《南方周末》2009年4月22日（www. infzm. com/content/27326），《人民日报·海外版》2002年9月24日第二版有该辞典首发消息。

② 洪涛：《作为“国礼”的大中华文库本〈红楼梦〉》，《红楼梦学刊》2013年第1期。

③ 《北京师范大学学报》1963年第3期。

断重温。在我调离北师大后到了90年代去钟敬文老先生家聊天，他还不止一次地提到他的这篇文章，十分看重其中的观点。此文长逾两万字，是一篇力作，他对《红学三十年》编选此文很感欣慰。启功先生之文不必说是阅读和注释《红楼梦》的必读篇目，常置案头。郭、聂、邓诸先生也拿出了他们的用心之作。其中最年轻的童庆炳是我的学长，今已著作等身，成为国内文艺学领域的首席专家；但一提及这篇论红之文，他仍会深情地称之为“学术处女作”，开启了他的学术生涯，目下正编入其12卷的文集。总之，以当年的北师大中文系，能排出这样的学术阵容来纪念曹雪芹，是够隆重的了，给了我这样的后辈以深刻的教益。这期学报在整个纪念活动中，也留下了深深的学术足迹。如今，其中钟敬文、启功、郭预衡三老已经作古，专辑中的文章分别收入了他们各自的文集，足见其学术分量。

应当说，上世纪60年代初期，围绕曹雪芹逝世200周年，红学有一个相对稳定的发展，结出了弥足珍贵的成果。这是曹雪芹的幸运。然而，好景不长，自1966年起的10年间，曹雪芹和中国人民一道，遭受了空前未有的浩劫。这是由特殊国情造成的不同于莎士比亚的一种特殊的厄运。表面看去，曹雪芹同鲁迅一样走红了，举国上下，无处不在演鲁评红；然而《红楼梦》和鲁迅作品相类，被抬举、被绑架，以至于被曲解、被利用，某些受控之作堕落到被名之曰“帮红学”的可悲境地。这一场噩梦对经历者是刻骨铭心的，可颇有些吊诡的是对于广大百姓尤其是知识分子而言，《红楼梦》由于它自身的精神魅力和深厚底蕴，在黑暗浑浊的年代里对人有一种净化和庇护作用，躲进作品的世界可以得到心灵的慰藉和精神的滋养。

笔者本人就是在那个年代贫瘠的生活和窒闷的空气里触摸到了《红楼梦》的血脉气息，切己的人生感受和作品的意蕴不期而然地相通了。世间的沧海桑田、人事的升沉荣辱原本既可近看也可远观，小说里的一枝一叶、一颦一笑原来同大千世界社会万象连通着，人生世上固然要执着当下，更应寻求超越。反正这部原先只觉琐屑平淡的书现在读下去有无穷兴味诸多感悟。于是，在改革开放的春天来临之时，面对《红楼梦》和周遭的学术环境，我由衷地感叹“形象的丰满和批评的贫困”。这不仅是一篇文章的题目，不仅是对薛宝钗这一艺术形象而言，而是对所有的人物、对作品整体而言。之后，尝试探求林黛玉形象的文化蕴含和造型特色，勾勒史湘云的不羁之态和魏晋风度，寻绎王熙凤的魔力和魅力，开拓秦可卿形象的诗意空间，等等。新世纪前后，着力寻求《红楼梦》的深层意蕴，蠡测它的超验之美和人性深度。总之，在求索艺术真谛和人生真味的路上，永远没有完成时，只有进行时。

如今，来到纪念伟大作家逝世250周年这个节点上，笔者并无什么箴言警语可说，高贤时彦都会说得比我好，这里只想就自身的感受和心愿说一句话，那就是：把《红楼梦》还给小说。

把《红楼梦》还给小说，亦即回归它作为文学艺术的本位。它不是历史、不是哲学，更不是谜语、不是密码。

有许多学者伟人把《红楼梦》当作历史来读，这当然是一种角度，然而《红楼梦》并非历史；有许多智者达人从作品中直接抽绎各种哲思学理，然而《红楼梦》并非哲学。

众所周知“新红学”是以考据为主要特征并取得了丰硕的成果，因而有一种史学的品格。

治史的专家曾锐意搜寻小说的原型，如最近有清史专家著文考查元春省亲的原型，该文在前人基础上作了细致缜密的梳理和追索，举出了若干间接的可资参照闻见的史料。文中实事求是地指出，“查中国历朝历代似无允许当朝妃嫔归省者”，在清代“当朝妃嫔回家归省的情景，在真实世界应不被允许”。① 如此看来，在真实世界不被允许、不可能发生的事，在小说中却发生了，而且呈现得生动饱满、淋漓尽致。200多年来，读者不仅不以为忤，没有质疑、责难，反而服膺、激赏，被打动、被感染。这到底是怎么回事？这显然不是实证范围内的事，不是史学可以解释的。盖因《红楼梦》是小说、是艺术创作，艺术容许虚构、必须虚构，愈是伟大的作品，其虚构的幅度也愈大。何止省亲中的元春，贾、林、薛一干人现实中是不可能有的，只存在于小说之中；何止大观园，偌大荣宁府及一系列社会生活场景都是经过作家重构或曰虚构的。须知艺术之所以为艺术，或艺术之所以有价值，是因为它提供了另一个世界即可能的世界，另一种向度即诗性的向度。

以诗性的向度观之，《红楼梦》的确是一个天才作家艺术虚构的王国。人们习惯认为开篇仰赖古代神话，其实是凭借一点因由而生发，是作家自创的极富想象力的寓言故事。炼石补天固然古已有之，而居然孑遗一块，且顽石美玉、同源异形、叠合映照，实在是匪夷所思的一种构想。同样，三生石、前世缘人们也不陌生，而以泪酬答则是千古未闻的新异想头。即此而言，就奠定了林黛玉第一女主人公的地位，纵然史湘云十分可爱，也不能取而代之。

同古今中外诸如哈姆莱特、堂吉·诃德、少年维特、阿Q等人物一样，贾宝玉也是作家孕育构想的产儿。《哈姆莱特》是莎作王冠上最灿烂的宝石，研究它的著作已万倍于作品本身，至今仍未有穷期。贾宝玉也一样，笔者曾经说过，要理解和欣赏贾宝玉这样的人物并不容易，是需要有一点艺术精神、有一点超越意识的。他不入世、不成熟、不崇尚实用，由此带来的超越态度和人文情怀才是他的可贵之处。② 这个人物或许缺乏建构的热忱，却不乏解构的智慧。他自惭自愧、放下身段、放低姿态，才有了孩童一般的眼光，问出了一连串犯傻的问题，说出了一堆傻话，往往触碰到了人性的底蕴和人生的终极。这些傻话常被视作名言，却是恣情任意、随性而发的，不必拔高，却光彩自现。书中诸如正邪二气、论阴阳、说荣枯、太极图等涉理描写都与人物情节相契，并不能视为成型的哲理学说。曹雪芹无意布道、不愿说教，讨厌理治之书。他不是思想家，却是思想深邃的艺术家；他不是哲学家，所创造的艺术世界却充盈着哲思妙谛。他的艺术疆域远不止于儿女真情、家族兴衰，而是天地宇宙、生命本原。

说《红楼梦》不是历史、不是哲学，并不贬低它，因为在一定意义上，文学大于历史，文学大于哲学。

至于把《红楼梦》当作密码来破解，当作谜语来猜测，把它演绎成推理小说、侦破小说（笔者在电视的读书节目里看到过此种改写），当然有趣得很，迎合了人群中的好奇心和窥探

---

① 薛戈、黄一农：《红楼梦中元妃省亲原型考》，《曹雪芹研究》2012年第2辑。

② 见拙作《作为文化经典的红楼梦》，载《〈红楼梦〉与国际汉学——第六届〈红楼梦〉国际学术研讨会论文集》，马来亚大学中文系2009年版。

欲，博得了收视率和销售量。这只能反映在以时尚为主导的社会文化中，没有深度的精神生活可言。之所以出现这样的风景或曰煞风景，在诸多原因中，或许还同《红楼梦》本身充满着象征、隐喻、关合、谐音有关，这同汉语文字的独特和优长以及作家把这种特点优长发挥到极致有关，是一种地道的中国式表达，值得深入研究。质言之，呈现在人们面前的，正是一个经过精心重构或虚构的艺术天地，在这里经验世界和超验世界的一切自然天成，就像生活本来的样子，空灵之美和写实之真水乳交融浑若一体。对于任何具备正常审美感觉的读者，作品激发起的不是猎奇究底的探秘欲，而是一种提升精神境界的神秘感、超越感。

归根到底，对曹雪芹最好的纪念莫过于阅读他留下的唯一作品。在日益广大的阅读群和阐释者中，会有附庸风雅的、老调重弹的、过度阐释的，当然也会有惊喜的发现。作为其中的一员，笔者愿意重新出发，在众声喧哗中有所持守，守护这个文学的家园。

遐想再过半个世纪，到了曹雪芹逝世300周年之期，我辈早已归于黄土，自己所发的种种红学感想和议论亦了无痕迹；只有《红楼梦》依然鲜活，她的作者依然被人记起、为人纪念。因此，文化名人曹雪芹是幸运的，他的血泪结晶《红楼梦》将与天地日月同在。

| 本文作者：中国红楼梦学会常务理事、中国艺术研究院研究员

寻找“中外文化比较”的共性与个性

——从莎士比亚与曹雪芹的著作谈起

胡德平

一位从事中外文化比较学研究的朋友告诉我：他攻研的这门学科即是研究各国文学作品之间如何相互影响；如何用先进的文艺理论解读各国中的文化现象；对著名作品如何展开跨学科的研究。这么说来，还是王国维先生在1904年发表的《红楼梦评论》揭橥了“新红学”的开端。这种说法对我极有启发，请允许我谈谈在《红楼梦》一书和莎士比亚戏剧的中外文化比较中，有关共性和个性关系的问题。

一、为何会有国际间的文化交流?

国际间的经济交流大家都理解，何以文化也要交流？历史越古老，文化交流就愈被宗教、信仰、政权、意识形态所束缚，国际间的交流就愈困难。但是，就像经济交流是由人们需要所决定的那样，国与国、民族与民族的文化交流也是由人们需要所决定的。人们文化上的需要，反映了人们在精神方面个性对共性的需求，人们在精神方面形成的共性也为个性的丰富发展提供了条件。现在的世界所以日益变为地球村完全是人们进行经济、文化交流的结果。

享誉世界的文化巨匠、文学大师自世界中世纪以后的但丁、莎士比亚、曹雪芹、巴尔扎克、托尔斯泰，他们的著书已刊行全球，对他们生平、思想的研究也打破了国家和民族的藩篱。人们常说文学就是“人学”，如果能在他们的著作中寻找出“人学”的共性和个性，我认为就是为各国的文化交流工作作出了积极的贡献。我们“北京曹雪芹学会”迫切希望能和世界各国的文学巨人的研究会、基金会、博物馆、纪念馆建立密切的关系，经常地交流，共同开发人类精神文明遗产的宝库。

莎士比亚在他《威尼斯商人》的剧本中有这样一句台词：“要是你在没有太阳的地方走路，我们就可以和地球那一面的人共同享有白昼!”莎士比亚生活在哥伦布、哥白尼之后，他有这样的科学知识，说出地球两端人们生活的情况，但何尝不是他对人学共性宏观的认识，我指的共性，就包括在莎士比亚在他的悲喜剧中“画龙点睛”说的许多台词内：剧中的角色都是“时代的缩影”；戏剧的“目的始终是反映人生”；“全世界是一个舞台”；“我从东方到西方……，到处宣扬这地球上所发生的种种事情”。人生真善美的事物，他都颂扬；时代假丑恶的劣行，他都予以鞭挞。

汉末的蔡文姬流落匈奴十几年，她在《胡笳十八拍》中唱道：“胡笳本自胡中出，缘琴翻作音律同。”她切身感到音乐没有民族、国家界线的。匈奴的胡笳、汉族的琴瑟都能表达她复杂的心情。人民在文化中共同的基因、共同的追求是一致的，只是随着时代的不同而有所不同罢了。

再说《红楼梦》一书，《红楼梦》中的石兄，又名神瑛侍者，亦名三生石。何谓三生石？三生石的前世是女娲用来补天的一块顽石，以后坠落荣国府，生为贾宝玉。它的后世是永远立在青埂峰下那块"字迹分明，编述历历"的元宝石。今世何谓呢？现在谁捧读这本《红楼梦》，不分中外读者，石兄、绛珠仙草就生活在谁的身边，这也是曹雪芹试测人性中共性与个性的永恒课题。

实际上，莎士比亚是英国人，但最早对他研究，给予他高度评价的国家并不是他的祖国，而是德国。是德国的歌德、施莱格尔、盖尔维努斯等人为莎学奠定了初期的理论基础，还做了大量的考证勘误工作。文学反映的时代思想，音乐演奏的优美旋律，对体育场中个人的竞技的欣赏都是无国界、无民族领域限制的。

二、《红楼梦》如何纳入中外文化的比较研究之中？

据考证，莎士比亚死于1616年；99年后，曹雪芹才出生，他们生活的时间、空间相隔那么远，但拿莎士比亚的剧本和《红楼梦》进行文学比较是否荒唐？但中外文化比较学却承认这种比较。两人一个是英国人，一个是中国人，这是他们的不同，但两人都是封建中世纪后期充满人文情怀、人道主义的伟大作家。他们的著作中，反映的君主时代，社会生活、历史状况都有其共性可比，但其中的典型人物、具体故事、艺术风格却迥然不同，这是个性的差异。

据我所知，台湾的京剧界就把莎士比亚的《麦克白》话剧移植为京剧，这既是莎剧优秀文化共性的普及，又有利于京剧艺术的个性发展，只要移栽成功，同样有票房价值。在反映社会变化、封建秩序的无常、人伦世态的炎凉上，莎剧和《红楼梦》就有异曲同工的效果。莎剧《哈姆莱特》第三幕第二场还有一幕剧中剧——《捕鼠机》，亦名《贡扎古之死》，伶王吟诵："人世间的哀乐变化无端，痛哭转瞬早变成了狂欢。世界也有毁灭的一天，何怪爱情要随境遇变迁。""这炎凉的世态古今一辙，富有的门庭挤满了宾客；要是你在穷途向人求助，即使知交也要情同陌路。"这些吟诵的诗句和《红楼梦》中甄士隐所唱："陋室空堂，当年笏满床；衰草枯杨，曾为歌舞场"，"蛛丝儿结满雕梁，绿纱今又糊在蓬窗上"的意趣完全无关系吗？我认为其原始旨意是完全一样的。至于甄士隐唱到的"昨日黄土陇头送白骨，今宵红灯帐底卧鸳鸯"，我看简直可以用伶王的这一句话进行直接翻译："你以为你不会再嫁，只怕我一死你就要变卦。"两位伟大作家描写了当时社会生活中，人们命运无常又世态炎凉的一面，其立场态度基本是一致的。

《哈姆莱特》第五幕第一场"墓地"：哈姆莱特、霍拉旭看着两个小丑正为死者挖掘墓穴，也挖出了不少死人骷髅。两个小丑边挖墓穴，边唱歌，边踢着抛着骷髅开玩笑。哈姆莱特说：第一颗骷髅好像是亚当、夏娃的长子该隐，也可能是一个偷天换日的政客，也许是一个颐指气使的朝臣。他们生前受了那么好的教养，死后却像木块一样随人丢着玩耍。第二颗骷髅，生前好像是个律师。他雄辩的如簧之舌哪里去了，他那开口闭口的条文、具结、罚款、证据、赔偿一类名词再也不能吓人了。还有一颗骷髅是宫廷弄人郁利克的，过去逗人的语言，滑稽的表演，还能赢得君王的恩宠吗？哈姆莱特在墓地所见所言不免让他唏嘘不已。他对霍拉旭又说：就是马其顿的亚力山大，罗马皇帝凯撒死后的骷髅也和他们没有什么两样的，但那时却是何等的英雄。这种调侃、幽默不能不使人想起《红楼梦》的铁槛寺和馒头庵："纵使千年铁门槛，终需一个土馒头。"它能概括哈姆莱特对所见骷髅所有的感叹！这些情感文学的描述反映了众人应该平等，就是活着不平等，死后成为骷髅泥土也终会平等。两者都是人文思想的典型反映。曹雪芹的文笔抒写了男女爱情悲剧的共性，但他极其厌恶没有个性的共性，他反对千人一面，千部一腔，满纸才子淑女，子建文君红娘小玉等通共熟套之旧稿。他写的林黛玉、尤三姐、晴雯、司棋之死就是悲剧中的悲剧，共性中的个性。莎士比亚写的朱丽叶比文君红娘写得好，比林黛玉之殉情又如何呢？

这种文学比较对我们认识中国和英国的历史，欣赏两国的艺术作品，开展两国的文化交流都有莫大好处。

三、对莎剧和《红楼梦》著作权的争论说明了什么？

"说不完的莎士比亚！"就是歌德的名言。说不完的莎士比亚，其中说不完的一个问题就是莎剧的作者究竟是谁？至今有人还认为其著作权不是莎士比亚的。但莎士比亚也是幸运的，那时英国已有版权登记制度，他还是"宫廷大臣剧团"的股东。市民阶级已悄然兴起，资本原始积累的活动也遍及世界许多地方。尽管对莎剧的作者，人们也还有许多疑惑，但经过长时间的争论，英国的公众和专家仍把莎剧的著作权授于最初认定的作者莎士比亚，并在心目中将莎士比亚视为英国文化的先驱代表，欧洲文艺复兴的重要代表。莎翁的著作权已在西方文化中得到解决。

但曹雪芹则没有莎士比亚那么幸运，他生活在中国封建社会的后期，欧洲文艺复兴的春风还远在玉门关之外，他不但生活上不如他，曹公作品问世时的命运也不如他，而且曹雪芹著作权问题近年来竟惹上了越来越多的官司。截至目前为止已有37人非自愿地被推上原告的位置。这是百家争鸣吗？我认为这是文化推手们制造出的"市场"，而且仅仅是写手们销售的"卖方市场"。真正的市场必须货真价实，一分钱一分货，真正的学术研究也应秉持有一份事实说一份话的原则。这场著作权之争，绝不是什么百家争鸣，解放思想，红学繁荣的好现象！对学术上的成见定论不是不能质疑、推翻，而是要有真实的论据、事实做根据。否则《红楼梦》的著作权介入的古人越多，对我国曹雪芹、《红楼梦》研究来说越是灾难。

北京曹雪芹学会坚持维护曹雪芹对《红楼梦》的著作权，已有42年的历史。这期间，进行了大量的调查、研究、论证工作。对曹雪芹离开京城后，著书《红楼梦》的居处、环境、墙壁诗、传世书箱，旗营中的朋友、新婚妻子、字画鉴定、《废艺斋集稿》和祖父曹寅的文化传承等方面的新发现，提出了自己的观点，并形成了系列的论据链。

就拿正白旗村39号墙壁诗来说，其中一副对联是："远富近贫，以礼相交天下少；疏亲慢友，因财而散世间多；真不错。"对联是1963年几名红学专家采集的口碑传说，这副对联是朋友拙笔送给曹雪芹的。1971年，该房墙皮脱落，舒成勋、孔祥泽先生最先发现、研究了它。这理应成为研究曹雪芹生活的一个新起点，但被一些专家忽视了，甚至有人认为此联卑俗不堪，完全是无聊文人的涂鸦。对联果真是那么俗气无聊吗？此联表达的敬佩，是一位"远富近贫"、天下少有的高贵的文化人，和那种世态炎凉、嫌贫爱富的伪君子完全不同。这是多高的赞誉。《哈姆莱特》中伶王念的诗句不是也在无情揭露那种世态炎凉的势力小人的吗？伶王有一句诗云："失财势的伟人举目无亲；走时运的穷酸仇敌逢迎。"39号院的墙壁上还有拙笔抄写的另一首诗："富贵途人骨肉亲，贫贱骨肉亦途人。试看季子貂裘蔽，举目亲人尽不亲。"如果我们承认中西文化可以比较，比较之中还有共性，那么莎士比亚的作品，他的文化思想也可以为以后曹雪芹的思想、遗物做证。我们能够接受莎翁为曹公的文物做"考证"的穿越吗？其实"穿越"就是信息技术的蓝牙，没有什么不可以的。曹雪芹的崇拜者明义也把某种信息称为兰芽！明义《题红楼梦》诗云："锦衣公子茁兰芽，红粉佳人未破瓜；少小不妨同室榻，梦魂多个帐儿纱。"否则只能任由人拨乱其间，致使曹雪芹的著作权永远成谜团。

莎士比亚和曹雪芹对贫富对立的社会矛盾，都有篇篇锦绣，字字珠玑的精妙见解，但莎翁倾向批判金钱万能的罪恶，雅典城中的泰门，挥金如土固不可取，但他诅咒金子的语言让马克思也拍案叫绝！而曹公则正面宣传了物尽其用，"生息之物"的财富思想。曹公的《废艺斋集稿》就是他这一光辉思想的集中反映。

结束语

《红楼梦》一书最早传到的欧洲国家是俄国。我国翻译托尔斯泰的《安娜·卡列尼娜》的译者是我国著名的文艺理论家周扬。列宁称它是"俄国革命的镜子"。马克思和恩格斯都是法国巴尔扎克小说的热心读者。他们认为从《人间喜剧》中了解的法国，比历史学家提供的内容更全面、更深刻。中外文化比较学的生命力和亲和力是旺盛有沛然力的，它在我国的繁荣发展，必将为我国倡导的开放、包容、透明、合作共赢的政经改革提供了你中有我、我中有你的软实力；为培养我国胸怀全球，走向世界，平等待人，诚实守信的代代青年提供了人类共同理想、高度文明的精神食粮。希望这次中外学者的交流结出硕果。

2013年10月15日

（该文为北京曹雪芹学会会长胡德平先生在"大师与经典：文化遗产的国内传承与国际传播"会议上的讲话稿）

《红楼梦》研究与科学发展观

蔡义江

前些年，我对《红楼梦》研究必能排除障碍、科学发展还抱着比较乐观的态度。可时至今日，这种乐观心情却越来越被怀疑、悲观和无可奈何所替代。

曹雪芹逝世快250周年了。党的“十八大”也已胜利开过。大家都在谈各式各样的“中国梦”，而我的“红学梦”倒有点像“到头一梦”的《红楼梦》，似乎还看不到漫长隧道尽头的光亮。

倒不是说，现在没有求真务实科学精神的红学学者，这样的人我周边朋友中就有，只是为数太少。在我看来，光凭他们个人的努力，还不足以驱散弥漫于神州大地的学术雾霾，改变红学环境令人忧心的现状。

为什么说红学的现状令人担忧呢?

许多《红楼梦》研究者受“阶级斗争为纲”时期文艺为政治斗争服务思潮中种种文艺理论特别是评《红》普遍模式的影响，思维方式不免趋于僵化，如今尚未从中完全挣脱出来(我属于其中之一)。市场经济的大潮接着又汹涌到来，文化环境也随之而改变，使学术迅速失去其应有的本质——科学性，而蜕变成自由化、商品化、娱乐化的消费性文化。这是最需要党指明方向并正确引导的时候。方向是明确的：落实科学发展观。可是在包括红学在内的文化学术领域里，却未见真正的落实。红学成了重灾区。不知有关部门中有没有人意识到由红学受灾现象所反映出来的问题的严重性。

僵化思维模式的束缚这里不谈，且看看学术研究的自由化吧。关于红学，近年来争奇斗怪、耸人听闻的垃圾出版物比比皆是，已成泛滥之势。读者几乎买不到几本像样的以科学态度来研究《红楼梦》的书，却能找到从曹雪芹是谋杀雍正皇帝的凶手，到《红楼梦》是一部写妓女的书；从10余种早期的脂评本都说是民国时期为迎合胡适考证而伪造的假货，到小说是编造得蹩脚透了的所谓新清宫秘史，无奇不有。还有说贾宝玉不爱林黛玉，林黛玉是上吊、投水或被人下毒死的；自称“老朽”的畸笏叟和脂砚先生二人摇身一变，合成一个史湘云姑娘，嫁给了曹雪芹做新妇……简直就是魔幻小说。有的拉上一帮人，从北到南，来来去去，借开这会那会名义，宴请观光，挥霍国家资源；还出书出刊，成立组织，各立山头，割据一方。大观园被搬来搬去，也迁移到我不久前住了几个月的杭州西溪湿地风景区。

最有代表性的莫过于在人们心目中声望最高的电视台举办《百家讲坛》，请一位小说家来作《红楼梦》讲座。讲座人以“秦学”为标榜，以索隐为利器，编造出最离奇也最离谱的所谓清朝宫闱秘闻故事，以此来充当红学研究，掀起一场震动海内外的轩然大波。播出后，红学家、《红楼梦》爱好者，以及非红学家的资深学者们都因其讲述内容违反历史和文学的基本常识和非学术性而提出有根有据的批评意见，可讲座也得到更多喜欢讲述“有趣”的群众的支持，有的官员，甚至个别高官也听得津津有味，说是听了讲座才知道《红楼梦》原来有那么大的学问。

写到这里，我不想继续说这件事了。因为商务印书馆编辑部正巧送来刚出版的我老友马瑞芳教授所惠赠的两部新著：《红楼梦风情谭》与《金瓶梅风情谭》。在前书中最后一篇叫《刘心武“秦学”争议始末》，占20余页之多，述此场风波始末十分生动、详尽，免去了我再来啰嗦。述者旗帜鲜明，文中涉及红学界，以至非红学界的诸多学者，都一一榜上有名，且言必有据。文章的有些小标题也相当有趣，如《杜春耕、胡文彬、张书才等提出质疑，挺刘者打出“刘心武我们支持你”红幅》、《非红学领域专家评说：“秦学”是新小说不是红学》、《周汝昌“提携后进”，刘心武“借山砍柴”》、《刘心武假手“外援”，红学家戳穿“春秋”》等等。此文印出前，我是部分看过的。这次又重新拜读了两遍，觉得宏观与微观结合得很好，衷心佩服。我以为它将成为文献，以后凡研究这一文化事件的人，恐怕都绕不过它去。下面我引录此文的结尾：

> 刘心武借央视“百家讲坛”自重，红学家借《红楼梦学刊》辩诬，小报摇旗呐喊，网络自由互动，所谓“红学家群殴刘心武”，成了长达两年不大不小的文化事件。而据网络调查，百分之八十的网友支持刘心武，不认同批评刘心武的红学家。于是成了：“红学专家围殴刘心武，民众群殴红学专家。”
>
> 红学专家“围殴”刘心武，是因为刘违犯了学术规范，民众群殴红学家，是因为什么？有位网友这样剖析民众对红学家的“群殴”：“什么叫‘群殴’，这才叫群殴！一群什么都没有看见的跟着打太平拳，也不知打的是谁，也不知为什么打，反正别人喊打，也跟着喊打，别人围攻，也跟着围攻，可是究竟为什么，是一点也不愿费劲去搞清楚的。反正跟着大伙喊没错。这就是今天如此众多的人跟着高呼挺刘，骂红学家的原因。这也是为什么叫群殴的最好注解。”
>
> 百家争鸣的学术研究忽然变成网友口水战，啥也弄不清就打太平拳，是刘心武的悲哀？还是红学界的悲哀，学术界的悲哀？

现在该说红学的现状所引起的对红学未来的展望了。这方面想说的话，我已在不同场合说过多次。不久前，高淮生教授出版了他的《红学学案》一书，曾要求我就红学观感和展望提供书面意见。在这里，我只好把说过的话再重述一遍。

红学的现状确实令人忧虑。越荒谬的东西越走红的怪现象越演越烈，近期也看不出有好转的迹象。我曾经对红学的前途表示过乐观，相信真理终将战胜谬误。从长远看（有生之年，未必一定看得到），必定如此。尤其在今天恶劣的气候下，仍有一批不为逆流所动，坚持走科学发展正道的红学研究者，其中像北京语言大学沈治钧教授、新疆师范大学胥惠民教授，在我看来，可称得上是与红学歪风邪气作斗争的勇敢斗士，还有清史研究功力极深、只凭证据说话的杨启樵教授等，都对维护红学的健康发展作了杰出的贡献。但要在短时间内“拨乱反正”、改变红学现状，恐怕还难以实现。

对此，胥教授归纳四点原因，用我的话来说：一、红学界敢于批评谬论的人太少，能击中要害的更少；二、有关领导误信吹捧，是非不分，对祸首反加嘉许；三、新闻媒体、出版界推波助澜；四、读者多好奇心理，迷信“权威”。这些无疑都是很正确的。但关键在哪里呢？我以为必须改善党对文化学术事业的领导。

“深入贯彻、落实科学发展观”，这句话是非常非常重要的，且已讲了多年。但不能只流于口头禅、套话。在最该有科学精神的学术领域里贯彻、落实了吗？仍以一度“百家讲坛”掀起的“秦学”热来说，在国内掀起轩然大波，还波及海外，损害国家形象，至今未总结教训。有哪位领导出来强调过要有科学精神呢？不懂红学不要紧，总可以开个座谈会，做些调查研究，广泛听听意见。是非标准在于是否实事求是、尊重科学、追求真理。然后要求媒体正确引导。有些领导将“百家争鸣”作为不作为的挡箭牌，放弃领导，说既是学术问题，就让他们“争”去好了，要“海纳百川”嘛！把“双百”方针当成可以不加管理的放任自流的自由市场。殊不知百川若成臭水沟，大海是要受污染的。目前许多刊物都内定不登书评，怕惹是非，找麻烦，批评与自我批评还能顺利开展吗？总之，大环境的改变，风气的清正，要靠改善党的领导。倘若掌管文化学术领域的领导，不是只停留在作报告、看演出上，也像许多走基层、深入群众、做调查研究、解决实际问题的好干部那样，听意见、动脑筋，把握住科学发展的大方向，那么红学的健康发展就有希望了。

| 本文作者：原民革中央宣传部部长、教授、中国红楼梦学会顾问

面对“死活读不下去”的《红楼梦》

宁宗一

当下，作为“显学”的《红楼梦》研究可以说是朱紫交竞、异说相腾，这一态势，表明“红学”研究已深入到一个新的层面，若继此轨辙以往，必大大有助于“红学”的新发现和大突破。

然而也是在今日之小说研究界，这又是一个“红学家”满天飞的年代，形形色色的“红学家”犹如过江之鲫，在各个地方游走。“红学家”的称谓，如五彩缤纷之气球，在天空中眩人眼目。

就在此时此刻，令人尴尬的是，前不久广西师大出版社搞了个“死活读不下去排行榜”，在对近3000名读者的意见进行统计之后，得出了一个令人瞠目结舌的结论，《红楼梦》竟高居榜首，是读者吐槽最多的“死活读不下去”的经典小说！看了这样的报导，我倒也不十分惊讶，读书一道从来有时代性，更有高度的个人化，如西谚所说：“趣味无争辩。”

然而面对《红楼梦》“死活读不下去”的尴尬与困窘，一切从事“红学”研究的人应当深长思之，并须严肃面对和回应。当然，一般地说，进行《红楼梦》的通俗性而又有意味的解读，把普及与提高恰到好处地结合起来，庶几可以使那些“死活读不下去”《红楼梦》的朋友，逐步把握《红楼梦》的精髓，从而能够真正“读下去”。但是，窃以为，针对“死活读不下去”的朋友，是否更应考虑如何为读者构建一条心灵通道！根据我长期从事古典文学的教学经验，对于《红楼梦》这样难于读下去的经典文本，我曾试着从三个层面去解读，现不妨把浅见呈献给“红学”研读者，以供参照。

诗性叙事一：回到青春期。曹雪芹十年书写，其言说方式首先是从“青少年视角”，即通过十几岁的“孩子们”的眼睛观察世界，以青少年的口吻对人生作出符合他们年龄段的思维方式和价值取向以及审美标准的解读。这不仅容易把握生活中曾经美好的青春期的诗意，同时必会对青年读者产生共鸣效应。

诗性叙事二：进入心灵世界。心灵世界就是“感情、思想、才具、本能，一层一层叠起来的次序”（丹纳《艺术哲学》第256页）。《红楼梦》即以心理描述形式剖析人物复杂的内心世界，以及情愫、意念流动的轨迹；通过人物的心路历程在艺术视屏上的显影，创构心理型形象，即如作家王蒙所言：“追踪、记录人的精神活动。”（《漫话小说创作》）

诗性叙事三：回归人性。曹氏以如水之目光，宽厚的胸怀发掘隐蔽在人生苦难和生命缺憾背后的那份令人感动的温情，发掘实实在在的生活中流淌的人间真情。曹氏认知人性的复杂多变，但又看到人性之向善，他以审美的力量，阻遏住人类良知的堕落，激发人们向善的心性，最后“以身殉书”，书写了青春的挽歌，道出了人生的永恒遗憾。

写到这里，一个令人振奋的好消息吹到我耳边：天津红楼梦学会在消歇沉寂了10多年以后，重获新生！这是天津文化界一件大事，是红学界的一件可喜可贺的大事。天津确实有一支不可小觑的“红学”文化研究的队伍。从《红》书的文本研究，到《红》书的书画、雕塑、工艺一直到红楼风习研究，我们都有著名的艺术家，乃至大师级的艺术家，他们的“独活”、“绝活”享誉海内外。而另一方面，在天津，正应了天时地利人和之说，我们拥有令人艳羡的津沽文化。于是“红学”与“津沽文化”的交融契合，大大壮大了也调动了红学文化的创新者、爱好者的智性和灵性。这就是我们的优势，一笔不可低估的价值财富。

机缘凑巧，我们正好面临着“红学”研究的挑战，我们有必要放下身段应对这一挑战，我们有必要用集体之力，回应这一挑战。作为“红学”研究的一员，趁此机会略陈敝见，供精神同道参照，并给予批评指正：

一、保持学者和艺术家的求真求实的态度，不玩五花八门的“流行色”，贯注以科学的实证性，熟练地把传统的重意会和现代的阐释学重言传有机地结合起来，阐释《红楼梦》文本及其他文化现象。

二、对《红》书不作居高临下的裁决，把重心放在建设上，以立为中心。在与作家与文本进行对话和潜对话时，处于平等地位，同时又保持适当的审美和理性情感距离。以自如而又清醒的态度面对《红》书，为读者构建一条心灵通道。

三、绝然排斥用凝固的死板的艺术教条，先验地框住鲜活的经典文本的艺术生命，进行严谨而有序的美学的历史的透视。

四、尊重“红学”的微观研究，但不赞成把《红楼梦》“碎片化”，进行无谓的考索。呼唤“红学”的大气象格局，从而将《红楼梦》的气韵之生动，天纵之神思，幽光之狂慧，真正体现出来。

五、大力提倡“亲自读书”（北京大学陈平原教授语），不全靠电脑的检索成文成书，努力把握曹雪芹至微至隐之文心。

六、不回避《红楼梦》的负效应，对《红楼梦》的消极面，也应以不虚美不隐恶之态度待之。

| 本文作者：南开大学东方艺术学院教授

书里和书外

——关于曹学与红学的断想

周先慎

我们为什么要研究曹雪芹？因为他写了一部《红楼梦》；要不是写了这部《红楼梦》，谁去研究他？研究他又有什么意义？更不用说研究曹家的其他人了。就拿曹寅来说，他本人虽是一个有一点名气的文化人，也是一个有作品传世的作家，但如果不是因为他是写了《红楼梦》的曹雪芹的祖父，又有多少人愿意去关注他？因此可以说，在实际意义上，研究曹雪芹也就是研究《红楼梦》，或者说得更准确一点，研究曹雪芹是为了研究《红楼梦》。

“红学”之名，清代早已有之；“曹学”则是近几十年才出现的。但究其实，“曹学”、“红学”原本是一家子。所有的研究都是因一部《红楼梦》而生，无论“曹学”、“红学”，《红楼梦》都是（或者说应该是）研究的中心。如果学者们（不论“曹”、“红”哪一家）真把《红楼梦》当作研究的中心，那么“曹学”与“红学”的目标应该都是一致的，只是路径和取向不完全相同。“曹学”主要是在书外做功夫，方向却是朝着书里去的。把曹雪芹的祖籍、家世、生活、思想、性格、学问、修养等方面，都确确实实、有根有据地搞清楚了，那么曹雪芹为什么要写这部《红楼梦》，又是怎样写出来这部《红楼梦》，《红楼梦》因此而具有了怎样的特点，也就都比较清楚了，这是从书外做到书里。与“曹学”相对的“红学”（如果不是在相对的意义上，则“红学”应该就包括了“曹学”）则主要是在书里做功夫，眼睛却是既看着书里，也看着书外。仔细研读《红楼梦》原著，眼光深入一点，同时也开阔一点，我们就会从书里看出一个世界，看出曹雪芹生活的那个时代的社会生活，包括政治、经济、文化面貌，以及人与人之间的真实关系，都会活生生地呈现在我们的面前；而且我们还会从小说的字里行间，处处发现作者本人的思想性格，学问才情，他的理想，他的欢乐与痛苦，以及他的人生感悟与追求，等等。这样，我们就不仅能正确地阐释《红楼梦》本身的思想艺术价值，确立它在中国乃至世界文学史上的崇高地位，而且还会打开一部宏阔的、气象万千的形象史，其中包含了政治、文化、艺术、风俗等诸多方面。显然这里的总体路径是从书里做到书外。路径不同，却是殊途同归，归到阐发《红楼梦》的思想与艺术上。

照此说来，所谓的“曹学”，原本也姓“红”。且看如今被视为“曹学”的代表性著作，其书名几乎都清一色的以“红”字打头，如胡适的《红楼梦考证》、俞平伯的《红楼梦辨》和《红楼梦研究》，还有被公认为“曹学”大家的周汝昌的《红楼梦新证》等，无不如此。我因此长时间纳闷，既然本来就是一家子，为什么要在“红学”之外，另立一个“曹学”的名目呢？初以为可能是某一位专事考证曹雪芹家世的学者，为了自炫、甚至自神其学，用以提高身价而有意创造出来的。后来才知道，原来是余英时先生对脱离了正轨的考证派红学一种批评性的称谓。余先生在《近代红学的发展与红学革命》一文中说："这个新红学的传统至周汝昌的《红楼梦新证》(1953）的出版而登峰造极。在《新证》里，我们很清楚地看到周汝昌是把历史上的曹家和《红楼梦》小说中的贾家完全地等同起来了。其中《人物考》和《雪芹生卒与红楼年表》两章，尤其具体地说明了新红学的最后归趋。换句话说，考证派红学实质上已蜕变为曹学了。"他还说："试看《红楼梦新证》中《史料编年》一章，功力不可谓不深，搜罗也不可谓不富，可是到底有几条资料直接涉及了《红楼梦》旨趣的本身呢?"也就是说，这些考证基本上和真正的《红楼梦》研究已经没有什么关系了。

原来是蜕变了的"红学"（这里是专指考证一派）才叫"曹学"。这是个带贬义的称谓不值得，也不应该有人拿它来标榜和炫耀。余英时先生点出了"曹学"（特指蜕变了的考证派"红学"）的要害，正在于它脱离了"红学"，亦即原本与"红学"是一家，而因现在这么一种研究法竟变成了两家。这个批评虽然不免近乎尖刻，却应该引起所有严谨、谦逊的红学研究者们的深思和自省。如果我们不是把《红楼梦》当作小说来研究，甚至不是真正把《红楼梦》当作研究的目标，而只是在书外做与《红楼梦》实际并不太相干的纯历史的考证；或者更进一步，又拿一些历史材料来和书里的内容做生硬的比附，说小说里所写的谁谁就是历史上真实的谁谁，不仅不能对《红楼梦》研究的深入作出贡献，反而会制造混乱，因自己的误入歧途而引领读者也跟着误入歧途。

我当然不会因此而主张废止使用"曹学"这一称谓（实际上叫开了的称谓就无法废止），而只是希望不要忘记这个称谓得来的缘由，从而大家都有所反省，即使仍叫"曹学"，但在研究指向和研究方法上要回归到"红学"。

"红学"和所有的学术一样，当然可以分门别派，可以有不同的研究重点、不同的路数和方法。但不论何门何派，如果是在真实的意义上研究《红楼梦》，也就是不从"红学"中"蜕变"或脱离，鄙意以为有几点是必须共同遵从的：第一，必须直接或间接地以《红楼梦》为研究对象，或者说以《红楼梦》为研究的中心。不论着眼、着力于书里或书外，最后都要落脚到《红楼梦》本身。也就是说，路子可以不同，但《红楼梦》都应该既是我们研究的出发点，也是我们研究的归宿。第二，《红楼梦》是小说，不是历史，这个界限必须非常清楚。小说是作家的艺术创造，是在他生活体验的基础上经过集中概括而虚构出来的。即使是真的有原型，书中人物和原型也会有很大的差异。把书里书外的人和事生硬地做比附，甚至完全等同起来，是违背文学的基本常识的。第三，必须遵守基本的学术规范，即遵循科学的实事求是的原则，任何结论都必须建立在事实（历史事实和小说艺术描写的事实）的基础之上。

我们的曹雪芹研究是坚持以上三点原则和规范的曹雪芹研究，固不必以"曹学"作标榜，但即使直称"曹学"实亦无妨。因为我们无意于与"红学"分庭抗礼，我们就是正宗"红学"的一部分，跟"红学"原本就是一家子。

| 本文作者：北京大学中文系教授

红学流派批评若干问题的思考

赵建忠

一

在曹雪芹逝世250周年后的今天①，作为中华文化“全息图像”的《红楼梦》研究早已成为一门显学而为世人普遍关注。从红学流派发展史的角度看，《红楼梦》的研究大致经历了三个最重要的阶段：一、古典红学，这个阶段从曹雪芹创作《红楼梦》起步，包括他的亲密合作者脂砚斋在早期钞本上作的自赏型评语及程本面世后形成的导读型评点，还有探究《红楼梦》“真事”的索隐派红学。之所以称为“古典红学”，主要原因是清代红学以评点、索隐为主，而评点、索隐均是以文本为依托的传统解经模式；二、近、现代红学，从王国维引入西方哲学及文艺理论为《红楼梦》的评论树立新典范为始，而胡适改造乾嘉学派建立的“新红学”成为这个阶段《红楼梦》研究模式的主流；三、当代红学（含新时期红学），以1954年泛政治化语境下出现的社会历史批评派红学取得正统地位为标志。新时期以来，红学在全球化文化语境下形成了活力四射的新局面：文献研究空前繁荣及文本研究多元化格局，从而进入了当代红学中的新时期阶段。

上述三个阶段的红学研究，成果丰硕，不少红学代表作可圈可点。新时期以来，从学术史的角度科学地总结红学的渊源流变、学科特点的红学史研究也就应需而生。研究者对这200多年取得的红学成果进行过系统梳理，以专著的形式作红学史专论，不外乎以红学历史分期为本位、以红学人物为本位、以红学方法论为本位和以国别红学为本位等几大类别，体例不一，论述侧重点有异，都从各自的视角总结了其视野所及之红学，但多少也都出现了由材料和方法所带来的缺陷及盲点。目前已出版的红学史方面专著主要有：郭豫适先生的《红楼研究小史稿》、韩进廉先生的《红学史稿》、白盾先生主编的《红楼梦研究史论》、陈维昭先生的《红学通史》等。应该说，他们的著作对200年来红学的发展做了系统的描述，保存的红学史料也不算少，特别是总结出了很多带有规律性的东西，嘉惠红学，厥功甚伟。但郭、韩二著由于成书时间较早，未能反映出1980年以来红学的进一步发展，而红学研究者都知道，进入20世纪八九十年代以后，红学出现了很多“热点”问题，如赵国栋先生发表了《红楼梦作者新考》，认为《红楼梦》的作者、脂砚斋都是曹頫一人，曹雪芹只是进行了整理增删的工作，这

---

① 纪念曹雪芹去世250周年取的是卒年“壬午说”（即1763年），根据是：一、甲戌本脂批“壬午除夕，芹为泪尽而逝”；二、北京通州张家湾“曹雪芹墓石”上所镌刻文字。这两条证据颇受到持另两说（癸未、甲申）研究者的质疑，好在卒年争议与本文探讨的宏观问题关系不是很大，为免枝蔓和行文方便，本文取“壬午说”。

是20世纪70年代末戴不凡先生引起的《红楼梦》著作权问题争论的继续；此外还有诸如“曹雪芹墓石之争”、《太极红楼梦》、《红楼解梦》的评论、“程先脂后说”、“二书合成说”争论、周汝昌先生《还红学以学》的争论以及曹雪芹祖籍方面的新论争、作家刘心武“秦学”的论争、新旧两版《红楼梦》电视剧评论等等；白盾先生主编的《红楼梦研究史论》对某些新的“热点”问题有所反映，尤其难能可贵的是，对一百二十回《红楼梦》的整体性提出了系统、独到的见解，本书体例采用“史论”模式，这是一个新突破，但就侧重于红学的历史分期对红学现象进行横向考察、去描述一定历史时期的重大红学现象而言，体例同郭、韩二著大同小异，因为还不是从纵向做红学流派本体源流的追溯；陈维昭先生的《红学通史》关注了红学研究的古今流变及其地域文化上的差异，新见迭出，发人深思，体例方面也仍是以时间为线索，应该指出的是，红学史的“写法”还不仅是一种写作策略，不同红学史模式的背后总是有不同的观念和思路，新的红学史也可以理解成历史记忆的重新诠释或再度重构，终极目标还是追寻红学史的真正脉络和精神。

除了以上几部红学史专著，还有一些断代红学史或具有红学史论性质的著述，如杜景华先生的《红学风雨》，概括了红学在20世纪里走过的风雨历程：从20世纪初蔡、胡论战到王国维的美学探索，直到20世纪70年代的政治红学，从绵延不断的红学索隐到多元的红学歧说……从而将《红楼梦》这一迷人的文化奇观展现在人们面前，为读者打开了一扇步入红学殿堂的方便之门。此书缺陷是对红学史的丰富性注意不够，忽略了一些按照学术常规却不一定能呈现“高潮”形态的研究的重要意义；梁归智先生的《独上红楼》“百年红学争鸣述要”一章，能抓住具有红学本质性的争论，特别是将原著与续书两种格局的《红楼梦》作为“焦点问题”的论述颇具思辨色彩，思想穿透力也相当强，但置“探佚派”红学以压倒一切的地位，则明显表现出某种偏执和学术旨趣的“自恋”情结，乾嘉学派著名的皖派代表人物戴震曾主张“学者不以人蔽己，不以己自蔽”，治学能臻此境者洵为难得；欧阳健先生等著的《红学百年风云录》也有类似问题，尽管此书指出的以往红学史料存在着“诸说衲凿难合”的现象也颇有学术眼光，但涉及到20世纪90年代以来的红学版本大讨论，作为论争的当事人在执笔时还是没有力戒“绝对性的断语”，得出了程先脂后、程优脂劣的倾向性结论。红学版本问题是比较复杂的，由于目前掌握材料有限，而且对现有材料的解释又是众说纷纭，现在下结论恐怕为时过早；孙玉明先生的《红学：1954》则从另外的视角，详细地展现了20世纪50年代那场划时代“红楼梦研究批判运动”的全过程，挖掘了那场运动由学术研讨转为“思想改造”的成因，涉及的红学领域内许多重大问题令人深思，对泛政治化语境下的社会历史批评派红学的研究颇为深刻，但受“截面式”红学史体例所限，该书也就不可能勾勒红学史的全貌。

首次从流派的角度检验红学得失，系美籍华裔学人余英时先生的著述《近代红学的发展与红学革命》，这虽是篇论文，但其视野之宏阔于治红学史者甚有启发，只是他为建构红学“新典范”而提出的《红楼梦》研究模式中的“两个世界”理论似显得牵强，需要补充论证；刘梦溪先生的《红楼梦与百年中国》对一些影响大的红学流派进行了探讨，见解超群，但将红学流派仅概括为“考证派”、“索隐派”、“批评派”有以偏概全之嫌，且过多篇幅投注在考证派红学的论争，对《红楼梦》精神向度和艺术构思这些最关键的本体性问题反而缺乏鞭辟入里的分析，该书还有一个缺陷，就是视野局限于20世纪的红学流派，因此属于“断代”红学流派史，自然未能呈现红学流派发展的全息图像；黄毅、许建平先生合著的《20世纪中国古代小说研究的视角与方法》一书虽非红学专著，但该书附个案篇“《红楼梦》研究方法论”，归纳出了10种主要视角和方法比较契合红学史实际，只是分梳的“文本分析派”、“形象论析派”、“形式分析派”等应该合并，而“考据派”与“文献学视角”则不必强行分开，倒是该书未列标题的“红学探佚派”似应单列一章充分论述；此外，香港洪涛先生所著的《红楼梦与诠释方法论》也颇具新意，其援引的理论范畴主要是作者功能理论、文本批评、读者反应批评，贯穿各章的主线是寻绎诠释活动以什么方式进行，并追踪意义衍生的过程和规律，但对传统文论重视不够，诚如作者自序所云该书特点“是以西方文学理论为架构”。

二

通过对红学史盲点的探索而发现新的学术增长点，进而从红学流派批评的新视角切入并结合文化渊源系统考察其源流，应该属于红学史的“推进型”研究，而这正符合学术史的发展趋势。有鉴于此，笔者联络了红学界几位中青年同仁计划完成一部专著《红学流派批评史论》，为此还申报了2013年国家社科基金项目，目前课题已成功获批。如前所述，红学史写作模式的改变还不能简单理解为仅仅是一种写作策略，因为不同模式的背后总是有变化了的红学观念。

着眼于红学流派在诠释活动中对《红楼梦》的接受以及对作者意图的理解并追踪各种意义衍生的过程，本课题“导论”部分从红学形成入手介绍该学科研究的现状、盲点和发展趋势，然后分十章具体剖析红学诸流派，一、“评点派红学的源流嬗变及批评功能”，这部分将评点派红学放到清代特定的文化语境中进行考察，重点评析书商导读型程评本的品红模式及符号功能；二、“题咏派红学的缘起、衍化及价值新估”，这部分勾勒题咏派红学的创作概况及兴衰原因，并挖掘题咏派体系中蕴含的曹雪芹及《红楼梦》版本史料；三、“《红楼梦》杂评派的批评特征及研究价值”，这部分首先对《红楼梦》杂评派著作进行界定，进而探索《红楼梦》杂评派向红学批评派过渡的桥梁意义；四、“索隐派红学的兴衰及治学方法反思”，这部分重点考察索隐派红学与今文学派的文化渊源，并进而条分缕析地描述索隐派红学的历史分期及各阶段特征，在此基础上，比较索隐、考证红学的异质同构现象及文史合一研究模式的误区；五、“考证派红学的形成、发展及历史功过”，这部分重点考察考证派红学与古文学派、乾嘉学派的文化渊源，概括新红学以来曹学所取得的巨大成就，并总结教训，指出曹雪芹研究问题上研究者的意图谬见，并探讨红学研究中科学主义回归与人文精神的失落这个二律背反问题；六、“探佚派红学的兴起、演变及经验教训”，这部分首先研究20世纪80年代以降探佚派红学的产生原因，并客观评价其研究成果，在此基础上，对探佚派红学的末流走向及方法论进行反思；七、“文本分析派红学的构建、拓展及发展态势”是本课题重点部分，包括

《红楼梦》研究中的形象论析视角、《红楼梦》研究中的形式分析模式、全球化视野下的《红楼梦》跨文化比较研究等诸方面，对这部分进行重点探索是“回归文本”不可绕行的步骤；八、“泛政治化语境下的社会历史批评派红学”，这部分首先追溯社会历史批评派红学与宋学的文化渊源，进而辨证评价社会历史批评派对红学空间的拓展的历史功绩及该派在背景研究中的起源谬见；九、“《红楼梦》文化研究模式”，这部分主要归纳《红楼梦》所体现的文化及研究成果，还重点论述《红楼梦》文化研究中的泛文化倾向；十、“《红楼梦》影响研究模式”，这部分描述《红楼梦》在内地的传播研究及域外红学状况，在史料还原的基础上，探讨《红楼梦》的受众期待、接受效果问题，并着重论析了影响研究中读者的“感受谬见”问题。

研究红学流派的发展史，首先应该把各个时期重要的各学派全数网罗，不可以爱憎为去取。这就需要占有各个流派的大量资料，尤其需要对过去红学史不常涉及的畛域和文献进行关注，在钩沉、爬梳、整理这些资料的基础上，将各个流派的特点提契出来，令读者有明晰的观念，并客观地评价他们在红学史上的地位；但重视资料并不意味着可以让资料淹没观点，而是应力求处理好“史料还原”与“思辨索原”之间的关系。为了避免那种“资料长编”式的写法，本课题不去过多复述红学研究者早已熟识的史料，而尽可能吸收近年红学研究的新成果和新史料；对材料的处理，原则上只摘引与论题相关者，点到为止，特殊需要的长篇资料放到注释中去分解，或在注释中提示线索，以供研究者覆按；为使文气畅通，正文中可能枝蔓的某些问题也放到注释中做处理。为使读者清晰了解200年红学诸流派的脉络流变，本课题还编制有《曹雪芹与红学流派史事系年》作为全书附录，也是为日后研究同一课题的学人保存相关文献。

三

以往出版的红学史虽有助于了解《红楼梦》200多年的研究状态，但难以把握《红楼梦》被读者接受的真正脉络。本课题主要运用现象分析、系统分析、历史批评与美学批评相结合的研究方法，打破传统红学史模式，从红学流派的新视角切入并结合文化渊源考察其源流演变。应该承认，红学中的流派的确都有各自的源流谱系，红学中无论是较为注重史料钩沉的索隐派、考证派，还是偏向于思辨分析的批评派，就其根源上讲，它们与中国传统经学史上的三大流派“西汉今文学派”、“东汉古文学派”、“宋学派”一脉相承。如果我们广开思路，再做些横向比较研究，就不难发现，西方的“传记式文学批评”与我们红学中指向作品的索隐及指向作者的考证方法颇有异曲同工之妙；然而这样的描述也还只是线性描述，而人文科学中的某些现象往往呈现着非线性嬗变，因为学术流派的嬗变沿革还有其更为深刻的时代价值观念、集体无意识的影响渗透。应该看到，红学流派都是与特定时期的文化思潮相呼应的，各种流派的研究方式只不过是一些人文表征，它们的背后隐含着深厚的历史底蕴。200年来《红楼梦》的“寻梦之旅”对这部旷古奇书进行了艰辛的求索，然而正如庄子“言不尽意”那个古老哲学命题所揭示的，我们一方面看到的是红学研究模式的不断转型，曾几何时它们各领风骚，有的研究模式还成为在一个相当长的时期内红学的“典范”，但同时我们也看到另一方面可悲的现象，即红学中的无论哪一派，它们在《红楼梦》这株永不凋谢的“长青树”前，都因为远离文本或诠释过度而沦为了僵化甚至是灰色的理论，应该指出的是，红学研究中的不同流派对《红楼梦》的解读都有自己独特的视角，为其他流派所无法完全替代，但同时也因自己的立足点而导致偏差。正因为如此，研究者从不同的价值尺度、评判标准出发，往往就会造成对同一红学现象褒贬悬殊、抑扬失实的情状。通达点说，我们不能指望某个流派所承担的任务超过它的功能极限，因为有所恃就必然有所失。其实，简单地指出某些红学流派的长处与缺陷，还仅是停留在表浅的研究层面，更重要的是应在不同学派的冲突与磨合、影响与反影响、渗透与反渗透的张力中寻求红学突破的契机。本课题力争走在学术前沿，对当前红学界集中讨论的问题进行探索，如对《红楼梦》著作权问题衍生的意义与文本诠释立场联系起来考察并探讨《红楼梦》作者研究中的“意图谬见”及《红楼梦》背景研究中的“起源谬见”、《红楼梦》读者接受研究中的“感受谬见”等。本课题还充分注意到了红学史的当代阐释性，对于那些虽已成为历史陈迹，但其原典精神仍扎根于现代人文化心理结构的红学流派，努力去寻找传统与现代沟通的衔接点，对传统红学流派体现的核心价值观用现代学术视野去观照。在此基础上，我们还尝试去探讨新时期以来全球化文化语境下红学的多元格局形成的意义，整合传统红学资源不仅能对以往的红学史研究进行总结，而且对其他古典小说的研究也会起到一定启示作用。应该看到，在文化开放、价值多元的全球化文化语境下，“红学”这一东方显学研究的起点已经被垫高，如何开辟新的方向是红学界共同关心的问题。“辨彰学术，考镜源流”也正是为了全面了解红学各个流派的特征，研究方法总是在对峙、摇摆、反拨中发展的，在冲突对垒与磨合重构的张力中，正是为了实现红学批评范式的有益转换。

| **本文作者：中国红楼梦学会常务理事、天津红楼梦研究会会长、天津师范大学中文系教授**

《大陆杂志》与《红楼梦》研究

陈维昭

台湾大陆杂志社创办的《大陆杂志》创刊于1950年，于2003年停刊，前后维持了53年。该刊的创办当然是在特定的政治意识形态的背景下进行的，但在实际操办的过程中，该刊始终把“纯学术研究”作为办刊的宗旨。该刊在《发刊词》中说：“我们责无旁贷的应该把学术的空气和自由研究的空气在这个宝岛上发扬光大起来”，“我们所谓学术，包括着文、史、哲学、艺术、政、法、经济、社会和自然及应用科学，凡是对于一门学问、一个问题、有研究、有心得的论著，我们都要。”“我们这一场园地，希望形成一个已往的中国大陆上各项学术研究的缩影。”①

《大陆杂志》并不是台湾第一个发表论红文章的刊物。它于1959年第19卷第6期上始发表第一篇红学论文。此后，其发表的论红文章主要集中在1965年至1982年之间的近20年的时间段里。53年间共出版104卷，发表红学论文共36篇，其主要作者是赵冈、潘重规、严明、翁同文、那宗训诸先生。这些文章内容大致分三个方面：一是作者问题，二是版本问题，三是其他。

发表在《大陆杂志》上的红学论文并不能反映台湾红学的全部，也不能代表赵冈等学者个人红学成就的全部。台湾的红学阵地，除了《大陆杂志》之外，还有很多其他的重要报刊。赵冈等学者的论红文章有很多是发表在其他的报刊上。本文选取《大陆杂志》上的红学论文为讨论对象，把它们作为辐射台湾红学的节点。同时，《大陆杂志》上的一些红学论文仍有其代表性或开拓性。一些论文，或延续着作者的前期研究成果，或回应着此前学界的前沿问题，或引发了此后的相关论争。它是一段学术史的缩影。

一、作者研究

关于曹雪芹的生平，敦诚的《四松堂集》里有几则重要的记载。其中，《寄怀曹雪芹》里的两句诗曾引起研究者的高度重视：“当时虎门数晨夕，西窗剪烛风雨昏。”关于“虎门”，历来有两种解释，一是俞平伯先生的，二是周汝昌先生的。俞平伯认为，“虎门”指宗学，他说：“我们只知道他（指曹雪芹——引者）和敦诚同学读书”，俞先生的根据是：“《周礼》：‘师氏以三德教国子，居虎门之左。’敦敏所作‘敬亭（敦诚）小传’说他‘入宗学’。宗学

---

① 《发刊词》，《大陆杂志》1950年第1卷第1期。

的制度名称见大清会典卷一，虎门疑即指此。”① 所以他认为曹雪芹和敦诚当年曾在宗学内同学读书。周汝昌指出，“虎门”有两解，指国学国子监或指侍卫值班的宫门处所。他倾向于侍卫一解。吴恩裕先生指出，清宗室有以“虎门”指宗学之例，敦氏亦曾用指宗学，向来之疑遂解。② 学界也把这一考证视为吴恩裕主要的红学成就之一。吴恩裕最后的结论：“既非同学，也非师生，却又同在右翼宗学，那么他们到底是什么关系呢？关于这个问题，有两个可能，但都不能肯定：一个是雪芹在右翼宗学中担任一个位置不太大的职务；另一个是雪芹是他们的助教，按当时各学都是有助教之设的。”③

赵冈先生于1959《大陆杂志》第19卷第6期上发表了《有关曹雪芹的两件事》一文。赵冈写此文时可能还没读到吴恩裕的书。他认为俞、周二说皆有误。俞平伯的“同学说”无法解释曹雪芹与敦氏兄弟之间的年龄差距，而周汝昌的“同事说”也是错的。

相比之下，赵冈的独特之处在于他把“数晨夕”乃至下句“西窗剪烛风雨昏”与“虎门”合在一起全面考察，指出如果是同学，当然不会只有“数晨夕”在一起。

同样翻阅《四松堂集》里与“虎门”相关的地方，但赵冈注意到了与“虎门”相关的“宗室岁试”问题。于是他作出推断：曹雪芹与敦诚“是在某一次的宗室岁试中相逢”。在此基础上，赵氏进一步推论：叶德辉的《书林清话》说曹雪芹为“孝廉”，英浩说曹雪芹曾官“堂主事”，这些说法也许不是空穴来风；敦氏兄弟于乙亥年（1755）参加宗室考试，前一年脂砚斋已重评《石头记》，此时曹雪芹还参加宗室岁试，或许由于生活拮据，或许出于一显身手，可见雪芹并非鄙视科举与功名。

关于曹雪芹的生卒年问题也是历来红学家所极为关注的。胡适、俞平伯以来，大都认为曹雪芹卒于“壬午除夕”，但周汝昌提出“癸未说”，根据《懋斋诗钞》中癸未年所作《小诗代柬寄曹雪芹》，可见脂砚为误记。赵冈则认为，“‘癸未说’根本不能成立”。周汝昌说《懋斋诗钞》是“按年编的，有条不紊”。赵冈于《懋斋诗钞》、《四松堂集》之外，又搜集到许多有关《懋斋诗钞》原本的记载和资料，指出：“《懋斋诗钞》中所有有关年月的记载是一份乱得无可再乱的乱帐。”《懋斋诗钞》为残本，共有诗232首，注明年月的只有两首，三首可以大概推出年月。赵冈指出，有一位“在‘燕野顽民’以后动手贴改”《懋斋诗钞》的人，“癸未”二字便是贴上去的。其贴改不是为了校勘，而是“挖改”，把原字挖去。赵冈说：“不能饶恕的是这位故意更改年月淹灭证据的人。当然我不愿意相信周汝昌先生会如此无聊，为了创立新说，而出此下策。”尽管言词委婉，但赵冈对周氏的谴责溢于言表。

12年后，赵冈在哈佛燕京图书馆的善本书库里的《八旗丛书》中读到了恩丰手抄本《懋斋诗钞》，这正是当年周汝昌看到并据以提出“癸未说”的《懋斋诗钞》过录本（原抄本是吴恩裕1954年发现的那一本）。赵冈对该书的流传情形进行了一番追踪。原抄本曾经后人整删，且残缺，是由人剪贴粘接而成。据统计，剪接共有51处，粘接时或者在中间补上自一行

① 俞平伯：《红楼梦八十回校本》序言，《新建设》1956年第5期。
② 吴恩裕：《有关曹雪芹八种》，古典文学出版社1958年版，第38～44页。此文写于1957年。
③ 吴恩裕：《有关曹雪芹八种》，第46页。

至一面不等的空白纸张。原抄本有“燕野顽民”的题识，他只看到懋斋诗的一卷，诗从戊寅年起到庚辰年止。原抄本上的“癸未夏”原是“庚辰夏”，被人贴改成“癸未夏”，过录本照抄“癸未夏”。《古刹小憩》诗下所注“癸未”二字也是经人挖补改写而成，过录本此处也照抄“癸未”二字。赵冈论证：1922年时，原抄本贴改“庚辰夏”之事已发生（这也算是还周汝昌一个清白）。在燕野顽民之后，另有人得到这部《东皋记》，以及敦敏在庚辰以后的诗，才将它们合并一起，成为较完整的《懋斋诗钞》，并且挖改了两外“庚辰”，补上“癸未”字样。恩丰即据此抄本过录成《八旗丛书》中的《懋斋诗钞》过录本。赵冈最后的结论是：《懋斋诗抄》不是敦敏亲手按年编订，有条不紊。“因此，曹雪芹卒于癸未年的说法，到此可以完全取消了。”①

脂批的研究自是红学的重要内容，它涉及《红楼梦》的作者、版本、艺术等方面的问题。赵冈在《大陆杂志》1960年第20卷第2、3、4期连载了《脂砚斋与红楼梦》，探讨两个问题：一、脂砚斋主人究竟是谁？此人与曹雪芹的关系如何？二、今本红楼梦后四十回的著者是谁？关于第一个问题，当时比较流行的说法有二，一是认为脂砚斋就是“爱吃女人嘴上胭脂”的贾宝玉，脂砚是作者曹雪芹的化名；二是周汝昌的观点，脂砚斋是史湘云。

当时靖藏本批语还没出现，所以赵冈认同周汝昌的观点，脂砚与畸笏是同一个人，此人在壬午（1762）年以前号“脂砚”，此后始改称“畸笏叟”或“畸笏老人”。由于这一点，畸笏于1774年尚有批语，尚在人间，也即脂砚尚在人间，曹雪芹却死于1763年2月，可见脂砚不是曹雪芹。且脂批常有“作书人如何如何，批书人又如何如何”等句法与字法，可见批书人不等于作书人。脂砚也不可能是史湘云，甚至不是女性。脂砚可以大谈《金瓶梅》，黛玉却因提及《牡丹亭》而被宝钗教训。②

那么脂砚斋到底是谁？赵冈归纳出脂砚的几个特点：一、脂砚是男性；二、脂砚自幼父母双亡；三、脂砚没有兄弟，自幼由其大姐教读；四、脂砚是曹家人，不是外姓亲戚；五、脂砚斋比雪芹大三四岁；六、脂砚的身世与“西”字有密切关系。再从曹寅对“西”字的特别爱好，赵冈指出，脂砚一定是曹寅的直系后代。于是，赵冈的目光落到了曹颙的遗腹子身上。雪芹有弟棠村，雪芹曾受严父之训，所以遗腹子不会是雪芹。赵冈引张云章《朴村诗集》卷十页九中的《闻曹荔轩银台得孙却寄兼造入都》一诗，指出张云章所闻的曹寅之孙应是孙女，则此人为遗腹子之姐，遗腹子即是脂砚。③ 赵冈具有一定的逻辑合理性，可视为一说。但他推出了一个更大胆的推测：脂砚叫“曹玉峰”（玉峰也是号）。这一推论的合理性近乎零。④

严明的《曹雪芹身世辨说》⑤ 对曹雪芹身世的诸多问题进行考辨，比如祖籍问题，他认同辽阳说，而反对丰润说。因为不管曹端广是否为辽东曹之始祖，丰润之于曹端广及其后人都

① 赵冈：《懋斋诗钞的流传——再论曹雪芹的卒年》，《大陆杂志》1973年第46卷第1期。
② 赵冈：《脂砚斋与红楼梦》（上），《大陆杂志》1960年第20卷第2期。
③ 赵冈：《脂砚斋与红楼梦》（中），《大陆杂志》1960年第20卷第3期。
④ 赵冈：《脂砚斋与红楼梦》（下），《大陆杂志》1960年第20卷第4期。
⑤ 严明：《曹雪芹身世辨说》，《大陆杂志》1961年第23卷第1、2期。

谈不上是祖籍。又如对于诸多文献称曹家本汉军旗籍，严明指出，汉军无包衣之属，曹家实是满军包衣。遗腹子问题是李玄伯首先提出来的，王利器、吴恩裕相继支持此说。对此，严明指出，“遗腹子”说的唯一根据是“马氏夫人，怀孕七月”一事。此事见于曹頫于康熙五十四年三月初七的奏折中，曹頫承祧曹寅为子，并继曹颙袭江宁织造，于康熙五十四年三月初六日到任视事，次日上奏呈明接印事。同日另有代母（曹寅李氏夫人）陈情一奏。奏折中提及“奴才之嫂马氏，因现怀妊孕，已及七月，恐长途劳顿，未得北上奔丧。将来倘幸而生男，则奴才之兄嗣有在矣”。但马氏怀孕事未有下文。究竟生男生女，却未提及。康熙于同年七月十四日之曹頫某一奏折中批示：“你家中大小事，为何不奏闻?”此时马氏当已分娩，生男生女，有否夭折，确未上奏。否则康熙不会有此批示。曹頫于御批次二日（即七月十六日）有奏折，折中曾提及蒙御批“你家中大小事，为何不奏”之语，故知此奏，为补陈家中之事，然奏折中只陈述查检遗存产业数目，及私债还完等语，未曾提及马氏分娩之事。不仅如此，就连马氏夫人此后是否存在，亦不得而知。

严明提出三点反面证据：“一、遗腹子必须无父，但以脂批所示雪芹幼年，曾受严父之训。二、遗腹子必无胞弟，惟雪芹有弟名棠村。红楼梦中宝玉亦有同父异母之弟名贾环。”三、雪芹如系遗腹子，其必须生于康熙五十四年四五月间，曹頫承嗣时为“黄口无知”、“无知小孩”，大约不超出20岁，而《红楼梦》中宝玉13岁，王夫人将近50之年。曹雪芹不是曹颙的遗腹子，曹寅则不是雪芹的祖父。

就职于德国鲁尔大学东亚学院的翁同文在《大陆杂志》1966年第33卷第1期上发表论文《补论脂砚斋为曹颙遗腹子说》，对赵冈的观点进行补充。如补充了关于脂砚的一些材料，如程瑶田在其《纪砚》一书中的记述。翁同文又结合小说人物关系对赵冈的脂砚为遗腹子一说进行补充。翁同文此文较有独立思考价值的是“脂砚斋为曹颙遗腹子说的功能”一节。说赵冈这一观点的功能首先是推翻曹雪芹为曹颙遗腹子说，断定曹雪芹年寿最高限（雪芹必生于1716年或稍后)，可以证明翁同文的观点：甄宝玉即脂砚斋。

美国的那宗训先生于70年代末开始研究《红楼梦》，曾在《大陆杂志》上发表红学论文共10篇，占《大陆杂志》红学论文总数的三分之一。曾著有《京本通俗小说新论及其他》、《红楼梦探索》等书。他于1982年在《大陆杂志》第65卷第5期发表论文《曹雪芹的生年》参与讨论。

关于曹雪芹的卒年，那宗训基本赞同胡适、周汝昌等人（尤其是周）的说法，即曹雪芹享年四十，约出生于雍正二年（1724)。虽然没有创见，但那宗训并不先入为主，而是直面问题的难点。

由于张宜泉《春柳堂诗稿》的发现，胡适的看法因而产生动摇。相信此说者主张雪芹活到48岁。关于《春柳堂诗稿》,《八旗艺文编目》说：“春柳堂诗稿，汉军兴廉著。兴廉原名兴义，字宜泉，隶镶黄旗，嘉庆己卯举人，官侯官知县，鹿港同知。”嘉庆二十四年己卯，为公元1819年，距雪芹之卒已五十五年。王利器说：“兴廉当是十五六岁左右，已作曹雪芹的忘年之交了。”对此，那宗训说，15岁加55年，则宜泉中举时70岁，“如此高龄，他还有兴致中举，然后选官，令人可疑”。

但那宗训指出，一个48岁的人与十五六岁的孩子有了忘年交，也属罕见。

《春柳堂诗稿自序》说：“昔丁丑礼部试我皇上钦定乡会小考。”丁丑应指乾隆二十二年(1757)，嘉庆二十二年（1817）也是丁丑。再由诗稿前面贵贤及延茂所写的序看，那宗训指出，这部诗稿是光绪己丑（1889）由其“嫡孙张介卿”整理出版的。光绪己丑距嘉庆丁丑，七十二年，宜泉有孙为其出诗集，还有可能。但乾隆丁丑到光绪己丑，有132年。如果宜泉有孙在光绪己丑为其编诗集，则其祖孙相距太远了，就不可能了。“如果张宜泉是到嘉庆丁丑小考，距雪芹在世的时候，又远了。”

那宗训只好用一个推论来解释，说是张宜泉是没见过曹雪芹的，因而其“年未五旬”只是一种“泛词”。

那宗训在《大陆杂志》上发表的另外几篇论文，从一些小角度考察《红楼梦》的作者问题。《枣窗闲笔中的红楼梦作者问题》（1981年第62卷第1期）一文对裕瑞作为证人的资格表示值得怀疑，他说：“笔记一类东西，有其一定的限制，拿来作为研究资料，并不一定合适的。裕瑞的七篇‘书后’绝对不能拿来作为‘作者是谁’的证据。”①

《从押韵看曹雪芹的语音》（1981第63卷第5期）一文试图从《红楼梦》中的诗歌的押韵情况考察曹雪芹究竟使用了何种方言。他发现，《红楼梦》里，除了近体诗照诗韵之外，别的韵文，有许多地方，与通行的韵书不同。最显著的是诗韵、词韵、曲韵中的阳声韵，在诗以外的韵文中，特别是曲，就发生了跟“京音”完全不同的现象，“这说明了作者曹雪芹的口音并不是纯粹的‘京片子’”。在此基础上，那宗训进而考察后了四十回，得出了一个谨慎的结论：“我并没有找出任何证据，证明后四十回是跟前八十回的押韵情形相同，但是，并不是互相冲突的。”那宗训由此更加确信曹雪芹是《红楼梦》的作者。

二、版本研究

台湾的《红楼梦》版本研究显然有着严重的先天不足，1949年以后新发现的《红楼梦》版本绝大多数出现于大陆。由于当时的政治原因，两岸交流隔绝，一些大陆新发现并影印的本子，要在香港影印出版后，台湾方面才能见及。比如梦稿本，1959年在大陆发现，1963年影印，台湾于1977年始有鼎文书局的影印本。但赵冈、潘重规等学者还是通过特定的渠道及时读到了影印本，并撰文作出回应。

1959年，中国科学院文学研究所买到一部一百二十回抄本的《红楼梦》，收藏者杨继振说，是高鹗手定的《红楼梦》稿本，他把书名题为《红楼梦稿》，在此书的扉页上题上“兰墅太史手定红楼梦稿”。1963年该书影印时则题名为《乾隆抄本百廿回红楼梦稿》。其后，台湾鼎文书局、联经出版文化公司、广文书局等相继据此影印本翻印，因此该版本被发现后的几

① 那宗训：《枣窗闲笔中的红楼梦作者问题》，《大陆杂志》1981年第62卷第1期。

年时间里便引起了海内外研究者的广泛兴趣和深入研究，出现了一大批有深度、有分量的研究论著，在海内外形成了几次学术讨论热潮。《大陆杂志》一共刊出7篇论文（其中，宗德岗的小文《评〈红楼梦稿本〉》算不上是学术论文）对此进行了深入的讨论。

赵冈的《论〈乾隆抄本百廿回红楼梦稿〉》①一文认为："这个百廿回本前八十回的'正文'是来源于一个特殊的脂评本。它既不同于现在已发现之各种脂评本，也不同于程高两次排印的本子。"后四十回的正文也与程高本不同，其中有二十一回文字甚为简短，被大改特改，另外十九回基本同程乙本。一百二十回的改文全部与程乙本相同。

通过对后四十回的改文与正文的比较，赵冈认为："此改稿人与原来正文的作者决非一个人。"

前八十回中，曹雪芹在语言使用上是"南北互用"，而后四十回改文作者把后四十回彻底改成北京口语，"这表示这个抄本后四十回的'正文'及'改文'都不是出于曹雪芹的笔下。而这后四十回的'正文'作者与'改文'执笔者又是两个不同的人。曹雪芹是南北兼用，虽然利用了一些北京口语但并未过份强调此点。后四十回'正文'的作者则完全忽略了前八十回的此一特点，根本未曾利用北京口语。而这位'改文'的执笔者，却是土生土长的'老北京'。"在此基础上，赵冈否定这是高鹗手稿。但此抄本仍与高鹗有关：可能有人持此抄本让高鹗鉴定（其时因程高本的出版，高鹗已成《红楼梦》版本专家），于是高鹗在抄本上写上四字"高鹗阅过"。

潘重规认为这抄本虽不是高鹗的创作手稿，但它是高鹗的整理稿，即此抄本出现在程本之前。他说："我读了此抄本后，我认为此抄本可确信是高鹗手定的红楼梦稿本。此抄本首页次游题签是'红楼梦稿本'，次页杨继振题记为'兰墅太史手定红楼梦稿百廿卷'。我认为杨继振此一鉴定是正确的。他据此抄本的流传渊源和七十八回'兰墅阅过'的题字，断定此一抄写的红楼梦稿，是经过高兰墅亲手整理的稿本。也即是说，此一抄本经高兰墅亲手整理过，并不是说这一抄本是高兰墅的创作手稿。……此一抄本，正是程小泉所谓'乃同友人细加厘剔，截长补短，抄成全部'的抄本，也即是高兰墅整理过程中的'全本''定本'。"②潘重规自50年代初就反对胡适、俞平伯关于高鹗续后四十回的说法，现在得见这个本子，他认为这更证明了他的观点。实际上，这一观点范宁在其跋文里已经给予初步的表达。

1966年，林语堂认为梦稿本上的题签应是"红楼梦稿己卯秋月堇堇重订"，就认为"倘是这抄本里面所改的不是出于高鹗，而是出于曹雪芹的手笔，其价值更不待言了"。由此引出了关于梦稿本题签的一大讨论。③

潘重规认为，曹雪芹的时代，奉行的辞书应该是《康熙字典》，因据《康熙字典》，指出"堇"字并不具有"旱芹"的意义。因原抄本此数字是行草，潘重规认为林语堂的鉴定有误，其中的时间应是"乙卯秋月"，而不是"己卯秋月"。"堇堇重订"似乎是"莲公重订"。"莲

① 赵冈：《论〈乾隆抄本百廿回红楼梦稿〉》，《大陆杂志》1964年第28卷第6期。
② 潘重规：《读〈乾隆抄本百廿回红楼梦稿〉》，《大陆杂志》1965年第30卷第2期。
③ 林语堂：《平心论高鹗》，台北文星书店1966年版。

公”是杨继振的号；乙卯是咸丰五年（1855）。①

构成对林语堂说法的最有力的否决的是潘重规发表在1967年《大陆杂志》第35卷第4期上的《续谈〈乾隆抄本百廿回红楼梦稿〉中的杨又云题字》一文。关于扉页所题“据摆字本抄足□记”。由于此字写法特别，一开始潘重规按文意和体例推测是一个“振”字，即杨继振。后又对字形细辨，推测是“候”字，借以替“後”字，即“据摆字本抄足后记”。不久，潘重规在自己所收藏的明人王敬美手写《法书要录》中找到答案。此书也是杨继振旧藏，卷首保存杨氏旧藏两个书签。此书跋文中有“□又按”，这个“□”字正是梦稿本扉页上的“□记”的“□”字。再据杨氏印章“□振”、“□辰”，潘氏认为，这个难猜的字其实是“□辰”的合写。这是一个令人信服的推证。

潘重规在杨继振的题字上发现一个满文文字，他向满文专家询问后，得知此满文字意为“二篇”或“第二回”，他认为这正可以证明此抄本不是出自汉人的伪造。② 他又根据梦稿本上杨继振的四处题字作出了五点推论：一、杨继振得到此一抄本时，并非十足完整；二、杨继振获得此一抄本时，曾经怀疑过此抄本是否出于汉人的伪造，待到发现抄本中的满文文字后，他断定此抄本出于旗人；三、杨继振得到此抄本时，发现原文有缺叶，附粘签条有脱落，他加以整理和补抄；四、己卯年的题字有可能是杨继振补抄重订以后所写记的；五、杨继振获得此抄本后，补抄的时期大概在清文宗咸丰五年己卯。

那宗训发现，梦稿本前八十回与庚辰本大体上相同，但有些地方不同于庚辰本，涂改之后竟与庚辰本相同，这说明原文并非根据庚辰本抄录的。很多字、词不见于梦稿本的原文，却见于改文，也见于庚辰本、程甲本。对此，那宗训认为：“我觉得这只有说《梦稿》是早于庚辰本的一个府本抄下来的。”他认为这是曹雪芹的“庚辰秋定本”以前的一份底本。就第二十二回的末尾有关谜语的一段，还有第十七、十八两回分回的情况来看，梦稿本比较接近程刻本，与庚辰本不同，所以有人认为梦稿本属于较迟的本子。那氏反对这种说法，而把这归因于曹雪芹多次的修改稿。③

1959年，毛国瑶先生在南京发现靖藏本，原为靖应鹍所藏，毛国瑶将其中不同于正本的150批语抄出。当他准备再校录正文的时候，适值靖氏外出，该本子被其家人售给了鼓担，从此迷失。1964年，毛国瑶将所抄批语寄给了俞平伯、吴恩裕、周汝昌以供研究。靖本有不见于他本的作批记年；靖本还提示了《红楼梦》八十回以后已佚残稿的若干情节。靖藏本的批语引发出三个问题：第一，佚稿问题；第二，脂砚与畸笏的关系问题；第三，“夕葵书屋”夹条问题。这三个问题分别与佚稿研究、脂砚斋研究和曹雪芹生卒年研究相关。1965年，周汝昌在香港《大公报》上发表文章《红楼梦版本的新发现》④，介绍了靖藏本。

靖本批语的出现引发了新一轮的红学热潮，问题涉及《红楼梦》的作者、版本、脂砚斋

---

① 潘重规：《〈乾隆抄本百廿回红楼梦稿〉题签商榷》，《大陆杂志》1967年第34卷第9期。

② 潘重规：《论〈乾隆抄本百廿回红楼梦稿〉的杨又云题字》，《大陆杂志》1967年第35卷第1期。

③ 那宗训：《谈红楼梦稿》，《大陆杂志》1978年第57卷第4期。

④ 周汝昌：《红楼梦版本的新发现》，香港《大公报》1965年7月25日。

等问题。赵冈于1968年在《明报月刊》上发表《谈红学考证的新问题》，对他在《大陆杂志》1964年第20卷上所发表的《脂砚斋与红楼梦》所作出的论断进行修正。在《脂砚斋与红楼梦》一文中，赵冈的论证的一个前提是脂砚与畸笏是同一个人。这是当时学界的共识。但根据靖本批语，则脂砚与畸笏分明是两个人。赵冈首先要修改的是"脂砚是谁"的问题。日本学者伊藤漱平提出脂批中的"余二人"不是以往学界所理解的是指"一脂一芹"，而是指畸笏与另一个还活着的人。赵冈进一步指出，这里分明是四个人，一脂、一芹、畸笏和第四个人。畸笏丁亥年批语有"芹溪、脂砚、杏斋相继别去"（原文查），可见这第四个人是杏斋。此四人是曹家至1760年仅存的硕果。如果脂砚是曹天佑，畸笏是曹頫，则杏斋就是曹雪芹之弟棠村，号"棠村"、"梅溪"、"杏斋"。

1979年《大陆杂志》第58卷第5期发表了那宗训的《谈所谓靖藏本石头记残批》一文，怀疑靖藏本的真实性。首先，靖本批语的发现过程就甚为蹊跷，令人生疑。再从批语本身看，那宗训指出它一些怪现象：抄的错误百出，尤其是字句颠倒，简直不成一句话。"这种错误百出的情形看，并不是抄手中文程度太低，而是'故意'弄错。"但涉及一些关键问题时则又不错。那宗训说："除了解释作'别有企图'之外，就不容易说了。"那宗训对靖批独有的50条（其他100条见于甲戌本或庚辰本）进行分类，第一类是完全不通的长批；第二类是十分简单的赞语（如"果然"）；第三类是追怀旧事或提到佚稿，数量不多，但其中有的是打算对现在红楼梦研究上已有的问题给出证据。如秦氏故事的批语，在甲戌本的"因命芹溪删去"后加上"遗簪更衣诸文"、畸笏与脂砚是否为一个人、西帆楼、妙玉等问题。

庚辰本有批语："前批书者聊聊，今丁亥夏，只剩朽物一枚，宁不痛乎?"靖批是："前批知者聊聊，不数年，芹溪、脂砚、杏斋诸子，皆相继别去。今丁亥夏，只剩朽物一枚，宁不痛杀?"

那宗训提醒："在目前的情形之下，靖批并不能用来作为研究红楼梦的材料。"

1961年，台湾青石山庄影印了一套《古本小说丛书》，其中有一部程刻本，主持人是号称"胡天猎叟"的韩镜塘，书名为《影印乾隆壬子年木活字本百廿回红楼梦》。胡天猎藏本的出版，有力地推动了以台湾为中心的海外程本研究。胡适认为，胡天猎所藏程本，确是乾隆五十七年壬子（1792）程伟元"详加校阅改订"的第二次木活字排印本，即是他所说的"程乙本"。他的根据是程甲本第二回说贾政的王夫人"第二胎生了一位小姐，生在大年初一，就奇了。不想次年又生了一位公子"，而程乙本此句则是"不想隔了十几年，又生了一位公子"，胡天猎所藏本也如程乙本。①

但一些研究者发现，胡天猎藏本并不像胡适所说的"胡天猎先生影印的这部百廿回红楼梦，确是乾隆五十七年壬子（1792）程伟元'详加校阅改订'的第二次木活字排印本，即是我所谓'程乙本'。"而是与程甲本、程乙本都不相同。于是，研究者推测，这可能是甲、乙

---

① 胡适：《胡天猎先生影印乾隆壬子年活字版百廿回〈红楼梦〉短序》，《胡适红楼梦研究论述全编》，上海古籍出版社1988年版。

之外的第三种程刻本，有人提出了“程丙本”的说法。海外的研究者围绕着这一问题展开了集中的讨论。

胡天猎藏本出版后，金作明给胡适写了一封信，他发现该本子与程甲、乙二本在文字上不尽相同。接着，赵冈、潘重规和日本的伊藤漱平都对这一版本进行了深入的研究，研究集中在胡藏本与程甲、程乙两本的关系上。赵冈注意到了胡天猎藏本既不同于程甲本，也不同于程乙本，认为这是程甲本与程乙本之外的第三个程本。他把胡天猎藏本与程甲本、程乙本进行比较，指出胡适的判断并不符合事实。他认为，胡天猎藏本与当年胡适所藏程乙本颇不一样。汪原放在校读后记中所举的许多条程乙本改动之处，胡天猎藏本的影印本却绝大多数原封未改，它只改动了前十几回若干处，改动了几个目回中的字，后四十回几乎全部未改。赵文指出：胡天猎藏本与程甲本、程乙本是三个不同的排印本。赵文又从胡天猎藏本的24幅绣像中元春的绣像特点，指出胡天猎藏本早于程乙本。① 鉴于对这三个本子的关系的这种看法，赵文把胡天猎藏本称为“程乙本”，把胡适所说的“程乙本”称为“程丙本”。

潘重规则不同意赵冈的说法，他说：“我知道伊藤漱平先生曾将所藏三个本子对校，影印本（指胡天猎藏本——引者）有七十五回同于程乙，有四十五回同于程甲，恐怕是一个混合本。大概程刻每次印刷不多，或随刻随改，倘再有程本发现，仍旧会有文字不同，又将变成程丁程戊本也未可知。”② 他以“混合本”和“随校随改”等说法解释各程本之间的歧异，而不是把这些歧异解释为不同的版本。

周汝昌在谈到胡适的程乙本的时候解释说：“此仍照旧日通行称呼法据最近的证据，此所谓‘程乙本’实当系‘程丙本’，因另有一个真‘程乙本’，内容与程甲本分别较小。程甲本刊于乾隆辛亥，程乙本刊于次年壬子。而程丙本实刊于壬子以后某年。另据周绍良先生的意见，认为程乙本仍旧应称‘程乙’，在它之前的两次印本，则当称‘程甲A本’‘程甲B本’，AB之间所差甚微。”③ 由于当时中国大陆的很多研究者未能亲睹胡天猎藏本，故不能进行较为深入的讨论。文雷亲睹了胡天猎藏本之后说：“至于‘程丙本’问题，我们经过调查研究，已获得了新的认识，证明胡适和赵冈的考证是完全错误的。因甲乙丙三个程高排印本的同异、先后、优劣，情况很复杂……1791年，程伟元、高鹗校印的‘程甲本’，成为后来一百三十年间各种翻印本的祖本，为数有限的‘程乙本’只在很小的范围内流传，社会影响不大。直到1927年，胡适捧出‘程乙本’来，大吹特吹，这个篡改修补得相当厉害的本子，才取‘程甲本’而代之，广泛流行了四十五年。1961年，胡适再次吹捧程乙本，由于……考证的谬误，实际上他是在推销一个越改越糟的程丙本。”④

广文书局的《红楼梦丛书》中有三种不同于程甲本的程本。那宗训《谈广文新刊三种程

---

① 赵冈：《程高刻本红楼梦之刊行及流传情形》，《大陆杂志》1969年第38卷第8期。

② 潘重规：《今日红学》，潘重规《红楼梦新辨》，台北：文史哲出版社1974年版。

③ 周汝昌：《红楼梦新证》，人民文学出版社1976年版，第997页。

④ 文雷：《程伟元与红楼梦》，《文物》1976年第10期。文雷于1980年发表了《论程丙本》，正面讨论这一问题。

伟元本红楼梦》[①] 一文（下称“那文”）对这三种程伟元本进行对比研究。那文把这三种程本称为“广乙本”、“广丙本”、“广丁本”。“广丙本”即胡天猎藏本，“广丁本”即程乙本，实际上是亚东版的程乙本，由汪原放所句读，是程乙本的排印本。“广乙本”则是另一个程本。那文从序文的不同、回目前面总目与后面正文不一致，以及一些内容问题等的比较，指出亚东排印本一定是程乙本，而广乙本和胡天猎藏本既非程甲本，亦非程乙本，因为它们有时候同程甲本，有时候则同程乙本。对此情况，那文作出两种推测：一、这两个版本都是程甲本到程乙本之间的过渡版本；二、也许这是后来的拼凑本，刻书者或藏书者买了半部程甲，半部程乙，凑成一本的。

几年后，那宗训进一步明确他的观点：程刻本只有两种。他认为到目前为止，我们还没有证据证明程、高有过三次刻本。他把程甲本、程乙本、胡天猎藏本和亚东本、东观阁本放在一起进行比较。通过比较第三十九回和第六十回回目，指出这几种本子之前不存在顺序。那宗训提出：“我们不可以轻易相信代替品。我们用东观阁本来代替程甲本，亚东本代替程乙本，多少有些问题。”因为东观阁本与程甲本也不尽相同。“东观本之回目，与现有各本不同。这样一来，东观阁本就不是仅仅订正舛误了。”从正文看，并没有出现三种不同的情形（个别字、词不同除外）。“程刻本只有两个系统，印过多少回，与我们无关。”[②]

1949 年以后，由于政治的原因导致海峡两岸文化交流的长达 30 年的隔绝。由于不同的政治体制，台湾显示出它另一方面的优势，那就是对西方文化的接纳，在文本研究方面引入了大量西方思想与方法，拓展了《红楼梦》的文本研究。很多后来在中国大陆盛行的“新方法”，其实在台湾的六七十年代就已经开始兴起。同时，在文献研究方面，一些就职于西方国家的学者也参与到《红楼梦》研究中来，如赵冈、那宗训、翁同文等，台湾的报刊成为他们发表红学成果最直接的平台，《大陆杂志》即是其中之一个重要阵地。这批学者也利用他们所在国家的图书馆去寻找红学研究的拓展之路。那宗训在美国国会图书馆查阅到五种《红楼梦》本子：《新增批评绣像红楼梦》（东观阁本）、《新评绣像红楼梦全传》（王希廉评本，两种）、《绣像批点红楼梦》（三让堂本）、《增评补像全图金玉缘》。谈到东观阁本时，那宗训把它与此前他见过的东观阁本相比，指出国会图书馆藏本不是最早的东观阁本，因为它上面已经有批语，而最早的东观阁本是没有批注的。他说：“东观阁本近来常被人拿来作程甲本的代替品，但东观阁本有它自己的特征。”并提醒“东观阁本的回目，是后来《金玉缘》的祖本”。他在多篇论文中对东观阁本进行了初步的研究。

此外，那宗训还讨论了甲戌本“凡例”的问题，注意到吴玉峰与孔梅溪两个名字，并对他们进行一番考证。那宗训认为，《红楼梦》中的人名，尤其是贾府之外的人名，大都用谐音法。他便用此法解读吴玉峰和孔梅溪。解读的结果是：吴玉峰就是“无遇逢”，孔梅溪就是“恐没兮”，“无遇逢”表示此人即作者自己，读者到哪里都碰不到；“恐没兮”则表示此人恐

---

① 那宗训：《谈广文新刊三种程伟元本红楼梦》，《大陆杂志》1978 年第 56 卷第 6 期。
② 那宗训：《谈程伟元刻本只有两种》，《大陆杂志》1982 年第 64 卷第 5 期。

怕是没有的，子虚乌有。而批语中两条署名“梅溪”的批语只表明它们是曹雪芹自己的批语。①

在1981年第63卷第1期《大陆杂志》上，那宗训发表了《谈红楼梦的回末联语》一文，选取回末联诗的角度对三脂本的版本源流进行辨析，试图由此析出哪些是曹雪芹的手笔。

三、其他研究

除了作者和版本问题外，《大陆杂志》还发表了一些其他方面的论文，如赵冈的书评《评陈庆浩撰〈新编红楼梦脂砚斋评语辑校〉》一文发表于《大陆杂志》1972年第45卷第3期，对陈庆浩的成绩作出肯定，同时赵冈此文用更大的篇幅讨论陈著存在的问题，这使脂批的诸多方面问题的探讨走向了深入。陈庆浩先生于20世纪60年代中期参加了潘重规先生主持的红楼梦研究小组，著有《红楼梦脂评研究》，红学界对脂评的研究，除了俞平伯、周汝昌之外，一般研究者只是为了论证某一问题时引用了脂批，而没有对脂批进行全面的研究。70年代初，陈庆浩有感于此，编写了《新编红楼梦脂砚斋评语辑校》② 一书。

文本研究方面则有李祁的《林黛玉神话的背景》，它探讨了《红楼梦》中黛玉诸名号的来源，认为“绛珠”来自《山海经》，而潇湘妃子则指天帝之女。虽然《山海经》上只有“□草”的记述，但李祁通过《山海经》所记“□草”的特点与《红楼梦》的绛珠草进行比较后再进行诠释。这篇论文通过实证的方式去达到训解、阐释的目的。③

陈铁凡则注意到了《红楼梦》的外文翻译问题。他在《大陆杂志》1965年第31卷第7期上发表论文《红楼梦外文迻译述略》，介绍了日文迻译、英文迻译、德文迻译、意文迻译和俄文迻译。据陈铁凡统计，日本翻译的《红楼梦》有16种之多，其中有两种是一百二十回全译本，一种是八十回译本，其余为节译本。该文还有一个附录，选录了一些外国人的研红文章。

那宗训于1977年第55卷第1期《大陆杂志》上发表论文《“一从二令三人木”新解》，讨论小说中“一从二令三人木”的谜底。这一问题，海外的周策纵先生、严明先生都曾于1961年撰文讨论过。那宗训的“新解”，其“新”之处在于他归纳出，《红楼梦》中的14首判词，大都是前两句描述怎样一个人，后两句是其最终命运的判词。因此，“一从二令三人木”应该解作“最初贾母对凤姐是言计听‘从’；继而贾母发现许多家务上未处理的事，只好亲自替凤姐发号施‘令’；最后，凤姐因病早逝，即所谓‘休’了”。把判词理解成凤姐与贾母的关系。其解虽新，但似乎未能阐发凤姐命运的悲剧性质。

1982年之后，《大陆杂志》就很少发表有关《红楼梦》的论文了。直到1987年，始有王

---

① 那宗训：《吴玉峰与孔梅溪》，《大陆杂志》1979年第59卷第6期。

② 陈庆浩：《新编红楼梦脂砚斋评语辑校》，巴黎第七大学东亚出版中心、香港中文大学新亚书院红楼梦研究小组，1972年版。

③ 李祁：《林黛玉神话的背景》，《大陆杂志》1965年第30卷第10期。

润华、刘宝珍的论文《红楼梦对中国现代文学之影响》。① 王润华先生立足于现代文学，考察《红楼梦》对现代作家的影响。

7 年之后，王润华在《大陆杂志》第 89 卷第 3 期发表了论文《论大观园暮春放风筝的象征》，这是一篇在曹学成果和《红楼梦》版本研究成果的启发下产生的论文，也是试图借助《红楼梦》的文献研究成果去对《红楼梦》的文本意义阐释作纵深探讨的一次尝试。

王润华借助据称是曹雪芹所作的《南鹞北鸢考工志自序》，逐一分析风筝在《红楼梦》中的七次出现。在分析中，王润华对不同版本的不同描写给予关注，如庚辰本和程本在第七十回的风筝描写，庚辰本或戚序本比程本多出 500 多字，（这是邓云乡 1962 年发现的）关于这种差异的成因，不少学者认为程高本所以简略，是被程、高删改得支离破碎的结果。

王润华的观点："其实这两种不同的写法，正说明曹雪芹对风筝在小说中所创造的角色与注入的意义，真是费尽苦心。大概有二种可能。第一，如果程高本的底本比脂评本早的，那表示作者把放风筝的情节，在后期手稿中，加以复杂化，以期放出更高层次的象征性。"第二种可能，"如果曹雪芹先写详细的，后来再缩短，也不是没有可能的"。邓云乡说脂本的相关描写有不少风筝的专业术语，读者一般难懂。王润华进而解释，为了便于阅读，程本把它简化、通俗化了。

台湾《大陆杂志》所发表的红学论文对《红楼梦》相关问题进行集中的实证性讨论，它们往往起因于新文献的发现。1959 年梦稿本的发现，1961 年台湾《古本小说丛书》的印行，1965 年靖本批语的出现，1977 年广文书局《红楼梦丛书》的印行，都推动着海外红学新一轮的研究热潮。这些研究或者独具慧眼、别有心得，或者回应着大陆的红学成果。今天学界的一些关注热点，如程高本之前的一百二十回本《红楼梦》，其作者是谁，尤其是后四十回的作者是谁，曹雪芹是不是曹顒的遗腹子，等等，这些问题在 20 世纪六七十年代的海外已经有了较为深入的探讨，《大陆杂志》为我们留下了一份可贵的历史记录。

| 本文作者：复旦大学中文系教授

---

① 王润华、刘宝珍：《红楼梦对中国现代文学之影响》，《大陆杂志》1987 年第 75 卷第 1 期。

日本“中国文学史”中的《红楼梦》

——以笹川种郎为中心

段江丽

由于特殊的历史、文化以及地缘关系，日本中国学是“国际中国学”（Sinology，一译“国际汉学”）中成就最高、影响最大、性质也最特殊的部分，“红学”庶几亦不例外。《红楼梦》在日本的传播、接受与研究情况，近年已受到中国学界的一些关注，孙玉明先生的力作《日本红学史稿》尤具借鉴和启发意义。① 另一方面，自1882年末松谦澄的《支那古文学略史》以降，据不完全统计，包括古城贞吉、儿岛献吉郎、笹川种郎、盐谷温、狩野直喜、吉川幸次郎等众多名家在内的日本学者，撰写了近30部《中国文学史》，其中大多数都有对《红楼梦》的介绍和评论。这些资料对于研究日本红学史来说具有重要的意义，至今尚未受到应有的关注。因此，笔者选择了这个课题，拟在尽可能占有完整资料的基础之上，达成两个互相关联的研究目的：通过系统梳理相关内容，一方面从历时性比较中，从一个重要侧面呈现日本一个世纪以来“红学”的发展轨迹；另一方面从共时性比较中，看中日红学相互影响情况。在此基础上，进一步从一个重要侧面探析中日之间的学术交流情况以及日本学者的中国观变迁情况。研究的重要内容之一为个案分析，本文为个案研究系列之一，介绍和讨论明治末年笹川种郎《支那文学史》对《红楼梦》的介绍及其重要意义。

“帝国百科全书”与笹川种郎的《支那文学史》

据不完全统计，在1882—1898年期间，日本学者撰写的“支那文学史”共5部，按时间先后依次包括：末松谦澄的《支那古文学简史》②、儿岛献吉郎的《支那文学史》③、藤田丰八的《支那文学史稿》（先秦文学）④、古城贞吉的《支那文学史》⑤ 和笹川种郎的《支那文学史》⑥。其中末松谦澄的《支那古文学简史》被认为是俄国人瓦西里·巴甫洛维奇·瓦西里耶

① 孙玉明：《日本红学史稿》，北京图书馆出版社2006年版。

② 末松谦澄：《支那古文学略史》（先秦断代文学史），（东京）丸善书店刊行，明治十五年（1882）版。

③ 儿岛献吉郎：《支那文学史》（上古部分）、杂志《支那文学》第1～9、11号连载，明治二十至二十五年（1891—1892）。《支那大文学史》（古代篇），明治四十二年（1909）3月，（东京）富山房刊行。《支那文学史纲》，明治四十五年（1912）7月，昭和三年（1928）4月再版。

④ 藤田丰八：《支那文学史稿》（先秦文学史）。

⑤ 古城贞吉：《支那文学史》，（东京）富山房明治三十年（1897）5月出版，三十五年（1902）12月订正再版。

⑥ 笹川种郎：《支那文学史》，《帝国百科全书》第9编，（东京）博文馆明治三十一年（1898）8月；明治三十六年5月三版发行，明治三十六年12月四版发行。

夫的《中国文学史纲要》之外最早的中国文学史著作。① 在内容上，前三种都是先秦断代文学史，并且文学观念相当宽泛。② 古城贞吉的《支那文学史》，一般认为是日本第一部真正意义上的中国文学史，最早从世界文学史的视野观照中国文学，而且是自上古至清代的文学通史。在古城贞吉的文学史出版一年三个月之后，笹川种郎的《支那文学史》作为《帝国百科全书》系列之第九种隆重登场。

笹川种郎（1870—1949），字临风，1896 年从东京帝国大学毕业之后，曾任职以末松谦澄为总裁的毛利家编辑所，1924 年以《东山时代的美术》一文获文学博士学位。汉学造诣深厚，跨编辑、学术以及文学创作等多个领域，著述丰富，代表作有《近世文艺史》、《日本绘画史》等。③

要讨论笹川的《支那文学史》的意义，除了著作本身的特点之外，还需要关注一个重要的背景资料，那就是它所依托的《帝国百科全书》这个重要的出版平台。

《帝国百科全书》是由博文馆于 1898—1909 年间出版的一套百科丛书，共 200 卷。笹川种郎的《支那文学史》于明治三十六年（1903）12 月第 4 版发行时附有该丛书的征订广告以及"既刊百册总目录"等资料。根据这些资料可知，当时，该丛书已出版 100 卷。其征订广告介绍出版目的以及丛书价值时说：这套丛书的出版是"帝国"出版界空前盛事，卷帙浩繁、内容丰富，作者全部是当代各学科领域的第一流学者，专业领域横跨政治、经济、法律、文学、理学、工学、农学、林学等，囊括了当今世界思想领域与物质领域最进步发达的理论层面与事实层面的成就。如果说大英百科全书是网罗世界万事万物的最完全的图书，《帝国百科全书》至少堪称日本"帝国"的"百科全书"。该套丛书出版之后，好评如潮，每卷都重印数版乃至十数版。④ 事实上，这套丛书给博文馆赢得了很高的声誉，日本《世界大百科事典第 2 版之解说》在介绍博文馆时，特别强调《帝国百科全书》的出版提高了博文馆的声价。⑤

顺便提及，据《既刊百册总目录》，在这套影响巨大的百科全书前 100 卷中，"文科书类"共 20 种，其中有关中国的 3 种，分别为第 9 编《支那文学史》、第 52 编《支那文明史》、第 93 编《支那哲学史》，而《支那文学史》为 100 种著作中唯一的文学史，当时中国文学以及中国文化在日本的影响由此可见一斑。事实上，笹川种郎在《支那文学史・例言》中说："今や支那文学の研鑽漸く盛ならんとす。又学界の慶事に非すや。"笹川说，当时中国文学研究渐

① 俄国人瓦西里・巴甫洛维奇・瓦西里耶夫（В. п. ВасилъеВ，1818—1900）曾于 1880 年出版过《中国文学史纲要》，为世界范围内的第一部中国文学史，注意到了小说戏曲并对一些作品有高度评价。参见赵春梅《简论瓦西里耶夫的〈中国文学史纲要〉》，《西北大学学报》（哲社版）2005 年第 5 期。

② 关于明治、大正年间日本界的"中国文学观念"，笔者将另撰专文讨论，在此不赘。

③ 关于笹川种郎生平，参见李庆《日本汉学史》，上海外语教育出版社 2002 年版，第 570 页。

④ 笹川种郎：《支那文学史》，（东京）博文馆明治三十六年 12 月四版附录第 2 页"第壹百卷迄既成！续刊壹百卷新规发行"广告词编译。

⑤ 《世界大百科事典第 2 版の解説》："（前略）全書・双書類を中心とする書籍出版にも進出，《実地応用・技芸百科全書》全 61 巻（1889—1893）をはじめとして，《日本文学全書》全 24 冊（1890—1891），《帝国文庫》正続 100 巻（1893—1902）などを連続的に出版したが，とくに博文館の声価を高めたのは《帝国百科全書》全 200 巻（1898—1909）で，10 年の歳月をかけた大出版であった。" http：//kotobank. jp/word/博文館。

成鼎盛之势，此乃学界幸事。笹川种郎的《支那文学史》挟《帝国百科全书》之势能，再加上其本身言简意赅，并且是通史等特点，其影响力自然远超同侪。

此前古城贞吉的《支那文学史》虽然是从先秦至清代的通史，却并未关注小说戏曲，并斥小说多出于“性行卑劣之徒”。笹川的文学史与古城一样，为自先秦至清代的通史。与古城版文学史相比，最突出的特点之一就是将即使在中国本土也向来被轻视的小说戏曲写进了文学史，在叙述金元、明、清各代文学时均有专节介绍小说戏曲，其介绍的作品主要包括“金元时期”的《水浒传》、《三国演义》、《西厢记》，“明朝时期”的《西游记》、《金瓶梅》、汤显祖的作品，“清朝时期”的《红楼梦》、《桃花扇》、李渔的作品等等。笹川在“例言”中提到了藤田和古城的作品，并特别强调，他的文学史内容包括了经、史、诗、赋、古文辞以及小说戏曲，暗含挑战古城的意味。从日本红学史的角度来看，笹川第一次将《红楼梦》写入“中国文学史”，其意义自然非同小可。

笹川《支那文学史》对《红楼梦》的介绍与评价

笹川在《支那文学史》中有关《红楼梦》的内容并不长，全文抄录如下：

小説戯曲は清朝に於て優に出色の作を出しき。即ち曹雪芹の作と伝ふる紅楼夢の如き、李笠翁が十種曲の如き、洪昉思の長生殿伝奇の如き、孔云亭の桃花扇伝奇の如き、蒋藏園の孔雪楼九種の如き是れ豈当朝に於て伝ふべきものに非ずなり。紅楼夢は作者未だ詳ならず。蓋し小説を蔑視したる支那に在ては作者其名を匿すもの多く、故に傑作名篇の作者茫乎として遂に知られざるもの少しとせず。独り水滸伝のみに非ず、独り三国志のみに非ず。紅楼夢に至ても亦実に然りとなす。然れども余は曹雪芹の作なりと云ふに於て寧ろ信ずべきの理あるを知る。一百二十回の大篇は二百三十五人の男子と二百十三人の女子を錯雑配合し、賈宝玉及び金陵十二釵の情話を経とし、栄国寧国二府の盛衰を緯として一篇を成せるなり。其結構の大にして局面の複雑なる、作者縦横其藻思と才筆を運用して漏らず所なし。多少の褻気ありといえども未だ金瓶梅の甚しきが如くならず。人情の微に渉て精緻なる観察を下せるの点に至ては支那稀に有る大作なりとす。水滸は雄壮を以て優り、紅楼夢は幽艶を以て優る。若し其作の妙なるに至て二者相比して譲らざらん。①

译文：小说戏曲在清代出现了杰出之作，如相传为曹雪芹所作的《红楼梦》、

① 笹川种郎：《支那文学史》，（东京）博文馆明治三十六年12月版，第310~311页。本文日文中译，除特别注明之外，乃为笔者所译。

李笠翁的《十种曲》、洪昉思的《长生殿传奇》、孔云亭的《桃花扇传奇》、蒋藏园的《孔雪楼》(应为《红雪楼》之误——译者注)之类，均为传颂一时之作。《红楼梦》作者未详，盖因在轻视小说的中国，著者多自隐其名，所以佳作名篇著者无从查考者不在少数。非惟《水浒》、《三国》、《红楼梦》亦然。尽管如此，笔者认为作者为曹雪芹之说有宁可信其有的道理。煌煌一百二十回之大作，二百三十五名男子和二百一十三名女子，构成错综复杂的关系，以贾宝玉和金陵十二钗之情事为经、荣宁两府之盛衰为纬，敷衍成篇，结构宏大、关系复杂，著者纵横藻思、驰骋才笔，殊无遗漏。尽管被认为多少有些亵气，却不似《金瓶梅》之为甚。而对人情之妙的精细观察方面，实乃中国罕有之巨著。《水浒》胜在雄壮，《红楼梦》胜在端丽，若比较其文之妙，二者不相上下。

在这段近400字的文字里，笹川就《红楼梦》涉及到了以下五个问题：第一，《红楼梦》乃清代小说代表作。笹川的"清朝文学"一共只有三小节，包括"总说"、"诗人与文章家"、"小说与戏曲及批评"等，其对小说戏曲的重视由此可见一斑；而戏曲列举了笠翁"十种曲"等四种，小说则仅列举了《红楼梦》一种，其对《红楼梦》的重视由此亦可见一斑。第二，《红楼梦》的作者为曹雪芹。尽管《红楼梦》的作者尚存疑问，不过，笹川认为曹雪芹之说比较可信。第三，认同全书"一百二十回"、448人之说。关于《红楼梦》前八十回与后四十回是否出于同一人之手的问题，在"日本红学奠基人森准南"① 的《红楼梦评论》中已有讨论，结论是全书"首尾贯通、前后一致"，应为一人所作。② 笹川径言"百二十回大作"，相当于间接否定了续书说。《红楼梦》中所描写的人物，按不同的标准统计有不同的说法。清嘉庆年间，姜祺的统计结果为448人，其中男235人，女213人。日本学者多采用此说，笹川亦不例外。第四，《红楼梦》的内容：宝玉与金陵十二钗的爱情故事为经、荣宁两府盛衰故事为纬。第五，《红楼梦》的艺术特点：结构宏大，人物关系复杂，最大的成就在于对人情之妙的精细观察与描写，风格"端丽"，与《水浒》之"雄壮"形成对比。要之，除了一些客观情况介绍之外，笹川还对《红楼梦》的结构、文采、风格特点等作出了高度评价，尤其强调其人情观察之细、描写之妙，为中国文学所罕见，其在中国小说史上的地位，与《水浒传》相当。

笹川的文学史全文不过300余页，限于篇幅，对《红楼梦》只是高度概括式的介绍和评价。事实上，笹川是日本学界较早关注《红楼梦》的学者之一，曾于明治二十九年（1896）11月在《江湖文学》创刊号上发表介绍一百二十回《红楼梦》梗概的《金陵十二钗》；该文经过增补，收入次年出版的《中国戏曲小说小史》，成为"第四篇第二章"专谈《红楼梦》，占了10页的篇幅，基本观点与上引文学史的说法一致，不过引用原著的相关内容对观点有具体的分析、论证，引用的内容主要包括开篇女娲补天的神话、宝玉梦游太虚幻境以及结尾处

---

① 孙玉明：《日本红学史稿》，第17页。

② 森槐南：《红楼梦评论》，《早稻田文学》，明治二十五年第27号，明治二十五年（1892）11月15日。

甄士隐与贾雨村关于贾府未来兰桂齐芳、家道复初的对话等等。此外，还论及了归锄子所撰续书《红楼梦补》。可以说，笹川在《支那文学史》中关于《红楼梦》的内容基本就是《支那小说戏曲小史》中“《红楼梦》”一章的概括性复述。不过，值得注意的是，在《支那小说戏曲小史》中对《红楼梦》的复杂结构似乎略有微词：

> 紅楼夢の結構は甚だ大にして複雑なり局面の複雑なるは自ら多岐亡羊の趣ありて読むもの多少の倦怠を生ずるの嘆なくんばあらず。然れども（中略）清朝に生産したる小説中に在ては即ち是を以て第一となす。①

这里说，《红楼梦》的结构和人物关系非常复杂，其多歧亡羊之情形多少会令读者生倦怠之叹。可是笹川并未将这一消极性的评价带入文学史中，不知是对此前观点的有意修正，还是因为两部著作的不同读者对象所致。《支那小说戏曲小史》无疑是以专家为对象的学术专著，而作为《帝国百科全书》之一的《支那文学史》则是以大学生和普通读者为对象的普及性著作，正如作者在“例言”中所说，“要するに其入門の指導たるに過ぎざるのみ。”亦即他的文学史只不过是中国文学方面的入门书而已，虽是谦辞，却的确道出了该文学史的大众读物性质。专著需要尽可能深入的学理探讨和分析，大众读物则更重视知识的普及。

笹川对日本红学的意义和影响

在笹川之前，在日本虽然已有像大河内辉声那样狂热的“红迷”②，但是真正撰文介绍、评论《红楼梦》的大概只有森槐南一人，其《红楼梦评论》乃日本红学奠基之作。③ 因此，要评价笹川对于日本红学的意义，首先需要了解森槐南的红学成果。

森槐南《红楼梦评论》第一段总体上介绍了《红楼梦》的性质，然后分列“红楼梦的作者”、“红楼梦的作意”、“红楼梦的系图”三个小节。第一段可以说是“总论”，主要针对《红楼梦》为“淫书”之说提出辩驳意见，并给予《红楼梦》极高的文学史地位：“清朝に至りて始めて世に出でたるは、上は歴代に対し下は後世に対し、将た世界萬国に対して清朝の特有として誇説すともをさをさ異辞あるべくも思はれざるものなるを（后略）”即：清朝问世的《红楼梦》，上溯历代，下至后世，即置之世界各国，毫无疑问，都堪称清朝独有之值得夸耀的巨著。“作者”部分，森槐南首先指出，根据原著中关于创作缘起的说明“曹雪芹批阅十载增删五次”等语，作者为曹雪芹之说已成一般性的通论。然后指出，因为

---

① 笹川临风：《支那小说戏曲小史》，（东京）东华堂明治三十年（1897）6月，第111页。

② 关于《红楼梦》早期在日本的流传情况，参见伊藤漱平《日本における「紅楼夢」の流行——幕末から現代までの書誌的素描》，见古田敬一编：《中国文学の比較文学の研究》，汲古书院1986年3月；成同社译：《〈红楼梦〉在日本的流传——江户幕府末年至现代》，《红楼梦研究集刊》第14辑，上海古籍出版社1989年10月。

③ 森淮南：《红楼梦评论》，《早稻田文学》，明治二十五年第27号，明治二十五年（1892）11月15日。

袁枚《随园诗话》的原因，反而使作者为雪芹之说似乎又成了问题：“此に據りても雪芹が著なりと云ふは疑なきものの如し。”理由是，《随园诗话》关于《红楼梦》的记载不可信，因而难保其《红楼梦》为雪芹所撰云云非为杜撰之言。最后的结论是，采取“让步”的说法指出，对于像他自己那样痴迷《红楼梦》的人来说，作者问题清楚与否丝毫不影响小说本身的价值。对于森槐南这一段论述，孙玉明先生的翻译和分析很有参考价值。不过，孙先生说：“森槐南被袁枚的谎言所迷惑，居然得出了《红楼梦》的作者不是曹雪芹的说法。”①这一判断似有商榷余地。如上所述，森槐南由袁枚《随园诗话》中相关内容的不可信进而类推到“《红楼梦》作者为曹雪芹之说”的可信度，但作者到底是不是曹雪芹则未下断语。在“作者”部分，还提出了续书问题。森槐南认为，全书以宝黛钗的爱情故事为纬，以荣宁两府的骄奢淫逸及衰败为经，各种错综复杂的人际关系从头至尾、一以贯之，如此非“一书”所能做到，因此，各种续书伪作之说均可一笔勾销。“作意”部分，森槐南由宝玉原型为纳兰性德说起，强调指出，作品虽然隐含了一些纳兰性德现实生活的内容，但作者是以想象中的情化为人物的灵魂，别做一种谈情的书，描绘天地间亘古以来缠绵悱恻郁结难解之至情。总之，强调《红楼梦》之至情乃作家的创作，并非现实中某人的“秘事”。“系图”部分，森槐南指出，一百二十回的《红楼梦》，卷帙浩瀚，人物众多——男子 235 人，女子 213 人，头绪纷繁，中国虽然有《红楼梦谱》一卷，虽然细大无遗、疏密俱举，但是仍有眉目不清之虞，所以绘制了荣宁两府的人物关系简图。值得指出的是，森槐南在论述中三次以《源氏物语》与《红楼梦》进行类比，有“紅楼夢は彼の国の源氏物語なり”之说，即《红楼梦》就是中国的《源氏物语》。事实上，《红楼梦》与《源氏物语》的比较，至今仍是一个受到关注的话题。

参照森槐南的《红楼梦评论》可以发现，笹川对《红楼梦》的介绍和评价具有几个特点：第一，总体上继承了森槐南之说。第二，在作者问题上，比森槐南更明确地肯定曹雪芹说。第三，将《红楼梦》的风格特点概括为“端丽”，并与《水浒传》的“雄壮”并举。第四，对《红楼梦》的总体评价虽然也很高，但是相对于嗜“梦”（《红楼梦》）成“癖”的森槐南来说，用语相对平实。要之，在日本红学奠基人森槐南的基础之上，笹川种郎以简洁而且平实的语言，对《红楼梦》的基本情况做了相对全面的介绍。从日本红学发展的脉络来看，笹川于日本红学的贡献不在于观点的创新，而在于第一次将《红楼梦》写进文学史，借助影响力巨大的《帝国百科全书》的平台，让《红楼梦》走进日本千千万万读者的视野，从某种意义上起到了普及《红楼梦》的作用。如果说森槐南是日本红学奠基人的话，那么笹川种郎无疑是日本普及红学第一人。

笹川文学史的影响力不仅为《早稻田文学》这样的学术杂志难以企及，即使同时期其他“中国文史学”作品亦无法望其项背，这一点从出版、销售情况可见一斑。古城贞吉的文学史自 1897 年 5 月出版，至 1902 年 12 月才有第二版，而笹川的文学史自 1898 年 8 月出版至 1903

① 孙玉明：《日本红学史稿》，第 25 页。

年12月已是第四次再版。事实上，这种影响力也扩展到了中国。笹川的文学史虽然较末松、古城等人的作品后出，却最早被翻译到中国，从而成为中国早期中国文学史编写的范本①，并因此曾经被误以为是日本最早的中国文学史。②

另一方面，可以说笹川对戏曲小说的重视也影响到了此后日本学界的“中国文学史”书写。日本学者伊藤漱平先生曾经指出，笹川的文学史本来就有挑战古城贞吉文史学的意味。也许是受了笹川的刺激，古城的文学史在明治“三十九年の訂正版”的篇末加了“余论”，言及戏曲小说，并评价《红楼梦》应为小说魁首。③ 古城的原话为：“清人の白話小説に於ては、何人も紅楼夢を推して第一位に置くを憚らざるべし。”④

笹川之后，明治、大正年间的中国文学通史基本上都涉及了小说，而且大都沿袭《红楼梦》为清代小说第一的说法，代表作如久保天随分别于明治三十六年（1903）、明治四十三年（1910）出版两个不同版本的《支那文学史》⑤ 和儿岛献吉郎于明治四十五年（1912）7月出版的《支那文学史纲》⑥，等等。久保天随在《红楼梦》的作者、结构、文采、风格特点等方面基本上因袭笹川之说。值得注意的是，久保天随在1903年的版本中，于《水浒传》之外，引入了《西游记》，将《红楼梦》与它们的成就相提并论，而1910年版则又删除了《西游记》⑦；同时，久保天随在他的两版文学史中均将《红楼梦》与《儿女英雄传》做了对比论述，并论及《红楼梦》故事隐射满洲某贵族因而遭禁乃至改名为《金玉缘》之说。儿岛献吉郎的《支那文学史纲》对清代小说的论述比较简单，认为清代小说当推《红楼梦》

---

① 李群：《早期中国文学史写作中的日本影响因素》，《苏州科技学院学报》（社会科学版），2009年第2期。

② 笹川文学史于1904年在上海中西书局出版中译本；古城文学史则直到1913年才为上海开智公司铅印出版。参见赵苗《20世纪初期日本的中国文学史》，《洛阳师范学院学报》，2010年第3期。

③ 伊藤漱平：《日本における「紅楼夢」の流行——幕末から現代までの書誌的素描》，见古田敬一编：《中国文学の比較文学の研究》，汲古书院1986年3月；成同社译：《〈红楼梦〉在日本的流传——江户幕府末年至现代》，《红楼梦研究集刊》第14辑，上海古籍出版社1989年10月。伊藤说古城的文学史在“三十九年の改訂版”篇末加了“余论”，“三十九年”应为“三十五年”之误，古城贞吉文学史于明治三十五年（1903）12月“订正再版印刷”。

④ 古城贞吉：《支那文学史》，（东京）富山房明治三十五年（1902）12月订正再版，第584页。

⑤ 久保天随：《支那文学史》，（东京）人文社明治三十六年（1903）11月，全书1册，共12讲，包括三代、周末（之一、之二、之三，共三讲）、两汉、魏晋、六朝、唐代、宋代、元代、明代、清代；久保得二《支那文学史》（封面署久保得二，正文第一页署久保天随），早稻田大学出版部藏版，未署出版时间。京都大学图书馆藏文献信息标示出版年为1910年，但是书中“讲述者识”语署“马年九月”，马年为1930年。全书分上下两册，将中国文学史分为四期：上古文学（三代—周末）、中古文学（两汉—魏晋—江左）、中世文学（唐代—宋代）、近世文学（金元—明代—清代）。国内学者在介绍久保天随的文学史时多有将两者混淆的情况。

⑥ 儿岛献吉郎：《支那文学史纲》，明治四十五年（1912）7月初版，昭和三年（1928）4月12版，第372页。

⑦ 久保天随：《支那文学史》1903年版第427页：《红楼梦》“錦簇花團の大文字、支那小説中の絶品、はるかに武を水滸、西遊に接することが出来る。水滸は雄壮、西遊は奇宕、紅楼は幽艷”；1910年版，第360页：《红楼梦》“花團錦簇の文字、燦爛人目を奪ふ。水滸の雄壮に対し、此は華艷を以て秀で、ともに其勝を擅にす。”

为第一，《儿女英雄传》次之；并以《红楼梦》比《金瓶梅》，以《儿女英雄传》比《水浒传》。① 儿岛献吉郎的《支那文学史纲》自1912年7月出版，至1928年4月已发行至第12版。可以说，在笹川之后，在日本先后出现的多种中国文学史对包括《红楼梦》在内的中国古代文学作品在日本的普及，同样起到了重要的作用。

在文学史之外，学术论文方面，狩野直喜发表于1909年1月的论文《关于中国小说红楼梦》为这一时期的代表作，主要讨论了作者、宝玉原型以及成书年代等问题。可以说，关注成书年代是狩野对日本红学的一个贡献，他推断"大概成书于十八世纪后半期"②，这一观点也大致不错。

如果说，明治末年，笹川种郎以及后来的久保天随以及儿岛献吉郎等人的中国文学史让成千上万的日本人初识《红楼梦》，那么大正年间，盐谷温在《支那文学概论讲话》中对《红楼梦》的长篇大论，则可以说将日本的红学研究推向了一个新的台阶。对此，笔者另有专文论述，此处不赘。

| 本文作者：中国红楼梦学会常务理事、北京语言大学文学院教授

① 儿岛献吉郎：《支那文学史纲》："もし紅楼夢を金瓶梅に比すべしとすれば、児女英雄伝を水滸伝に比すべきなり。"（东京）富山房出版，明治四十五年（1912）7月出版，昭和三年（1928）4月12版，第373页。

② 狩野直喜：「支那小説紅楼夢に就て」、原载『大阪朝日新聞』明治四十二年（1909）1月17日，原文为："其の年代は恐らく十八世紀の後半期に出来たものであらうと言って居る。"『支那学文藪』、みすず書房1973年。

何炳棣对《红楼梦》“爱”的阅读

李 虹

《红楼梦》自流传以来曾经在各种不同的读者圈内流行，并受到各时期学者以不同视角与研究方法进行解读。尤其是王国维以西方哲学探讨小说美学意义和胡适以科学考证规范小说研究，对《红楼梦》进入现代学术研究领域之后的研究方向，产生很大影响。20世纪70年代以后，红学进入新时期研究。西方文艺思潮受到当时许多学者的关注，并开始积极运用于传统小说的研究领域。由于东西方文化形态的差异，以及学者在阅读《红楼梦》时的主观选择，两种文化之间往往存在概念上的界限不清。如何厘清文化形态中存在的共同与差异，诚恳地将两种文化作为文本互证的依据，是当时学者们的共同目标。著名历史学家何炳棣即是其中一位。

何炳棣，浙江金华人，1917年生。1934年入清华大学历史系就读，师从蒋廷黻、刘崇鋐、雷海宗、陈寅恪、冯友兰等著名学者。1938年毕业，旋任西南联合大学历史系助教及教员。1944年考取第六届庚款留美公费并于次年赴美，进入美国哥伦比亚大学专攻英国史及西欧史，1952年获该校博士学位。1963年起在美国芝加哥大学任教，1965年荣任该校历史学讲座教授。1966获选为“中央研究院”院士，1979年获选为美国艺文及科学院院士，1975—1976年被公推为美国亚洲学会（The Association for Asian Studies）会长，成为该学会的首位亚裔会长。这样光辉灿烂的履历，放在任何一个时代背景下都值得关注。何炳棣以及何氏家族在文化教育中的独特传承尤其值得研究。

何炳棣对历史的关注辗转于少年求学之时，确定自己对历史的执着兴趣之后，研究领域纵横开阖，视野宽阔，被公认为用近代方法研究中国史的世界第一人。20世纪五六十年代，他在美国开始致力于明清两朝中华帝国的人口问题、社会结构及流动，并旁及会馆制度的研究，所著《明初以降人口及其相关问题》及《明清社会史论》两书是国际学术界奉为经典的著作。六七十年代以后，何炳棣的兴趣转移到中国古代史，特别是中国文化的起源。《黄土与中国农业的起源》详细论述了中国文化的特征，为中国文明的起源提出全新的看法。正是这种对东西方文化差异的深刻关注，成为他研究《红楼梦》中关于爱的起源以及意淫本质的学术背景。

《从爱的理论评价〈红楼梦〉》撰写于1994年1月，最初发表于《中国文化》1994年春季号，原名《从爱的起源和性质初测〈红楼梦〉在世界文学史上应有的地位》，后来中央研究院中山人文社会科学研究所得到《中国文化》编辑所的许可，以单行本刊印，于1994年冬天出版。

作者自言，60余年来专治史学，对中西文学从未受过专门训练，但第二次退休之后，不时翻检西方文哲典籍自娱，无意中发现古今中外言情文学虽浩如烟海，然其意蕴内涵能深达抽象理论层次，如爱的起源这样基本问题的，中西总计不过三部著作而已。西方文学中有弥尔顿的《失乐园》，哲学中有柏拉图的《酒谈会》，中国只有曹雪芹的《红楼梦》。

这篇论文一经发表，很快得到了学术界的认可。李敖曾在《李敖书启集》中说：

> 今早起来，读尊作《华北原始土地耕作方式：科学、训诂互证示例》（《历史地理》，第十辑，第33~36页，1986年版），读后赞叹，深觉体大思精，此乃真正"大历史"，余英时、许倬云、黄仁宇之流鬼画符耳，纵张光直、李惠林、Keightley、Pearson等"游耕制"者之"大历史"，在尊作面前，亦灰头土脸矣，佩服之至！佩服之至！（其实张光直等如肯认真从古代气候学上探讨，即该早知"黄土"之肥矣。）至于尊作《从爱的起源和性质初测〈红楼梦〉在世界文学史上应有的地位》（《中国文化》第10期，1994年8月），越界渊博，自更令丁邦新之流傻眼矣。①

李敖以"大历史"的眼光与态度极力赞扬何炳棣，同时鄙夷余英时、张光直、丁邦新等学者，个人之见，不免有失公道，但《爱的起源》一文的确引起了红学研究界的极大关注。刘梦溪在《红楼梦与百年中国》里说："旅居北美的历史学家何炳棣先生，也对红学发生了兴趣，撰写了一篇近三万字的论文，汪荣祖先生推荐给我，已发表在《中国文化》第10期，今年7月即可与读者见面。我初步印象，这是近年来《红楼梦》研究领域难得一见的重要文章，相信出来后红学界会有相当的反响。何炳棣先生主要治中国经济史和人口史，退休以后转而注意思想与文化，前不久曾在香港《二十一世纪》双月刊与杜维明先生讨论新儒学，这次又来涉足红学，确不乏精彩之见。文章尝送钱钟书、夏志清两位先生看过，都有相当肯定。"②

而陈维昭稍晚也在《红学通史》中说："历史学家何炳棣于1994年发表了《从爱的起源和性质初测〈红楼梦〉在世界文学史上应有的地位》一文，从形而上学意义上的爱的角度考察《红楼梦》在世界文学史上的意义。……这种心理学分析比起夏志清、柯庆明、宋淇、余英时、刘小枫、李劼等来，显然更符合《红楼梦》的实际。这种分析的深刻之处在于它揭示了贾宝玉对待少女的那种萌自性的本能又往往不具有明确的性意向或性行为的特点。"③ 另外，段江丽则在《贾宝玉性格的心理学阐释》（1999年《红楼梦学刊》）、《〈红楼梦〉对爱的起源的探索》（《理论与创作》1999年）两篇论文中，引述申发了何炳棣关于《红楼梦》的观点。

东西方文化形态不同，但在长远来看，各种文化形态之间又在差异中存在共同的意识。作为一个历史学家，何炳棣接受了来自两种不同文化的教育，对中西方文哲典籍的熟悉与思考，是他撰写这篇具有人文精神的论文的基础。《从爱的理论评价〈红楼梦〉》分为上下篇，以近代心理分析学的理论与原则，阐释了《红楼梦》中关于爱的起源与爱的性质的问题。本

---

① 李敖：《李敖书启集》，中国友谊出版公司2010年版，第89页。
② 刘梦溪：《红楼梦与百年中国》，河北教育出版社1999年版，第7页。
③ 陈维昭：《红学通史》，上海人民出版社2005年版，第521页。

文由其观点分析入手，结合红学研究的发展，以及何炳棣先生的师承渊源，试作分析。

一、“爱情说”之众说纷纭

《红楼梦》开始流传后，关于小说主旨的说法有很多。早期当然是家事说占据天下，许多王公贵族的家事，都曾经被拿来比附于《红楼梦》。最有名的有纳兰家事、傅恒家事、明珠家事等，这些家事说中并不是没有爱情，但这些爱情多半是才子佳人的附庸，是家事说中的点缀而已。到民国时期王梦阮、沈瓶庵提出“清世祖与董小宛的爱情故事说”，或许可以视为对小说中爱情故事的明确侧重。然而他们认为，《红楼梦》隐喻了明末清初开国时期的一段史事，其中关涉到陈圆圆与吴三桂、董小宛与冒辟疆、顺治等人之间的爱情故事。可见，王梦阮对《红楼梦》的态度，依然是一种历史实用主义态度。不论是陈圆圆还是董小宛，他们依然是一种对史实的承载，所谓爱情故事依然只是一种故事的描述，并不涉及爱情的本质，更不用说爱的起源这种抽象问题。

正如陈寅恪认为“中国古人素擅长政治及实践伦理学，与罗马人相似。其言道德，惟重实用，不究虚理，其长短处均在此”① 一样，中国古典小说中往往缺乏对抽象意义中爱的探索，而在小说研究中同样缺乏。王梦阮沈瓶庵之外，其他研究观点中虽然同样会有对小说爱情故事的涉及，但也多为一种本事的比附。更有自小说中索隐本事者，将其比附为一种政治关系，以期寻找更为深刻的历史意味。即使进入新红学时期之后，胡适先生对曹雪芹家世的追踪考察，尽管是他力图实现的一种科学而规范的学术样本，然而他对小说中的爱情意义却是忽视甚至是抛弃的。

在进入新时期红学研究之前，只有王国维运用叔本华的理论观点，对小说的哲学意义进行思考，在理论上与探索爱的本质有所靠近。尤其是他认为生活之本质不过是“欲而已矣”，“欲之为性无厌，而其原生于不足。不足之状态，苦痛是也”，已经接近于探索爱的起源。不过，他认为“生活之欲之先人生而存在，而人生不过此欲之发现也”。人要从这种不满足的痛苦中解脱出来，不是要寻找另一半，而是寻求出世，所谓“出世者拒绝一切生活之欲者也。彼知生活之无所逃于苦痛，而求入于无生之域”②，却是拒绝承认甚至认为最好能否定爱的存在的观点。

新中国成立以后，红学研究被政治观点所裹挟，很少触及小说哲学意义的话题。即使俞平伯等学者对宝黛钗的爱情故事有所探讨，也多为人物形象的艺术塑造范畴，而少有哲学宗教范畴的讨论。不过随着“文革”结束，对小说在社会政治方面的话题渐渐被取代。尤其是在西方文艺思潮的影响下，海外红学首先开始了对《红楼梦》在文艺美学与文化观念上的探讨。如夏志清的《〈红楼梦〉里的爱与怜悯》、裔锦声的《红楼梦：爱的寓言》、陈炳良的

① 吴宓：《吴宓日记》，生活·读书·新知三联书店1998年版，第100页。
② 王国维：《王国维学术经典集》，江西人民出版社1997年版。

《红楼梦中的神话和心理》、崔炳圭的《红楼梦贾宝玉情案研究》等。叶嘉莹、王润华、余国藩、夏志清、柯庆明、宋淇、余英时等都曾以现代西方哲学思想，对以《红楼梦》为代表的传统文学进行人文思想与个体价值方面的思考。

而进入新时期以后的大陆，尤其是在20世纪八九十年代前后，许多学者开始反思传统小说中的人文思想。比如李劼在1993年到1994年间，从文化的角度，尤其是以西方文艺美学的方法分析《红楼梦》，最终以《历史文化的全息图像》为名，阐述了他对《红楼梦》中蕴含的文化意味的思索。

“他把《红楼梦》放在对于中国文化命运的思考语境之下，认为以《红楼梦》为基点，往上追溯，可以进入诸子百家以及先秦文化和文学的重新考察，从而理清汉语文化的历史脉络；向下展开，可纵观中国晚近文化历史的大致走向，从而着手一系列的文化著述；横向展开，则可以基于《红楼梦》所提供的历史文化全息图像去观照西方文化。”① 基于这种“文化意味”的角度，李劼将中国历史划分为“帝王将相的历史”和“大背于吾国吾民之传统的历史”，《红楼梦》则是这两段历史的分界点。由此，他以海德格尔存在主义的角度阐释了《红楼梦》中人物的存在状况。尤其在对林黛玉的爱情期待与薛宝钗的生存策略的分析阐述中，从哲学的角度探讨了钗、黛二人不同的人生选择背后所蕴含的文化意义，是红学研究中继王国维之后，对这一主题进一步的研究与尝试。

二、何炳棣：神话视角下对《红楼梦》“爱的起源”的探讨

在上述林林总总的研究中，多数学者对宝黛爱情中的人物心理、性格、文化背景等方面进行了分析，而这些分析基本都是建立在对宝黛爱情承认并接受的前提下。换言之，宝黛爱情因为志同道合，展示出对人生志趣的一致追求，容易在读者心理唤起的认同度很高，往往使人忽略掉其本身存在的缘由。这同时也是其他古典小说所未能涉及的问题。关于爱以及爱的起源，似乎仅仅是一种事实的存在，而不是一个值得探讨的问题。

何炳棣说《红楼梦》是中国言情小说中唯一一部涉及到这个抽象问题的著作，同时也是世界文学中为数不多的讲述爱的起源的小说。他说，中国传统文学虽在元明两代已不乏言情的戏剧和小说，但都以词藻艳丽称，缺乏生动的个性描写。中国古代神话照例是平铺直叙，就事言事。所以中国古代的神话和文学都没有，也不可能提出，像爱的起源这样高度抽象理论性的问题。那么，究竟爱起源于什么呢？

何炳棣认为，西方宗教与文学中关于爱的描述来源于《圣经》中对亚当夏娃故事的描述，但《圣经》关于这个故事的描述显然存在叙事上的逻辑断裂。而要到17世纪弥尔顿创作的《失乐园》时，才将这种断裂弥合起来，将人性之爱诠释得清楚。在《失乐园》中，夏娃是上帝为帮助亚当克服寂寥而专门创造出来的，但由于夏娃为满足求知的欲望偷吃了知识之树的

① 陈维昭：《红学通史》，第511页。

果实，违反了上帝禁食的命令。亚当为了与夏娃在一起，才决定也吃禁果，从而与夏娃一起被赶出伊甸园。也就是说，爱起源于寂寞感，并且亚当想到夏娃一旦被赶出伊甸园之后的悲惨处境，也去吃了智慧之果，是亚当坚信自己对夏娃爱的真挚，因此宁愿冒死亡之险也要与她同命运。

至于柏拉图的《酒谈会》（或称《飨宴篇》），则认为由于人最初是圆柱形，后来由于天神震怒，决定将圆柱人的能力削弱，将其一分为二。被分开的一半人由于身体上缺失了另一半，从此开始无休止的渴望与原来的另一半重逢，由此而产生爱。何炳棣说，这个寓言类似于古印度寓言，都说明最初的人是因为不甘孤寂才有对已失原我之半的重新结合的渴求，这种渴求可以解释最初的人对“爱”的需要。

而对《红楼梦》中所描述的爱，何炳棣先生认为同样起源于寂寥，这一点除了在开头神话色彩的描述以外，【红楼梦曲】中也有十分明确而集中的表达，所谓“开辟鸿蒙，谁为情种？都只为风月情浓。奈何天，伤怀日，寂寥时，试遣愚衷。因此上演出这怀金悼玉的《红楼梦》”，可见作者同样认为爱起源于寂寥。

然而，何先生特意点明的是，《红楼梦》的指导思想是东方的“内在”宗教和哲学，认为神灵寓于宇宙万物之中。因此石头幻化成人形之前（此处，何先生应该是认为石头、宝玉和神瑛侍者三位一体）已具有强烈的求偶意识。这一点与《失乐园》和《酒谈会》相同，但与《失乐园》略有不同的是，以石头为象征的男性在渴望求偶的同时对仙草即抱有无条件的“自我奉献”。在尚不确定是否能得到仙草的回应时，已经毫无保留、不计功利地给予了仙草甘露的灌溉。这与《失乐园》在确定亚当的权力地位乃至品格均高于夏娃之后，以丈夫的体贴施展对夏娃的尊重还是有所不同，依然是一种“回报”。与《酒谈会》中半柱人因失去从前的一半，单纯因为情感的不足而渴望重逢更为不同。

三种起源的说法均认为人类的爱起源于寂寥，只是追究这种寂寥产生的根源还是略有区别。特别是考虑到三种文本产生的年代或许较晚，但均选择了自己文化中象征源头的神话与传说，从而可以展现出三种文化在本质上存在的差异。柏拉图的时代对男性的推崇以及男同的认可，借助希腊哲学可以对照来看则是，古希腊人认为男人优秀，男性之间的爱高于异性之间的爱。异性之爱主要是为了传种接代，使人类得以不朽。弥尔顿的时代在认同男性优于女性的心理基础上，又十分微妙地给予女性一定程度的尊重。而《红楼梦》与之相比，肯定了女性值得尊重，并认同了男性可以不计功利地给予奉献，从而成为三部作品中独具的高贵成分。

这种高贵成分是《红楼梦》具有的独特的现代性特质，也使它在近200年左右的传播过程中，一再被读者学人以各种不同手法与不同角度进行解读和再发现成为可能。当然，《红楼梦》中，具有这种高贵思想的人物也并不多见。鲁迅先生说，“悲凉之雾，遍被华林，然呼吸而领会之者，独宝玉而已”，这固然是从贾宝玉对社会与生活之不可回避的悲剧领悟来讲的，但从整部小说来讲，也只有宝玉一人发现并试图去领悟爱的起源与意义。或许也是因为这个原因，何炳棣进一步选择贾宝玉来分析整部小说中爱的性质与存在意义。

三、心理分析基础上"爱的存在"与"意淫"

何炳棣认为，宝玉性格的形成是一个独特的过程。由于宝玉在贾府中的地位及其女性化的成长环境造成他对女性一种理想化的认识，这种理想化的认识使他在性格的形成过程中，"自我"的生长远远早于"超我"，也致使他的性格作风有部分女性特征，并对女性的情感与需要有深刻的了解与同情。这种对女性的眷恋已经不是所谓的恋母情结，而是更普遍地存在于宝玉生活中所有的年轻未婚女性。

正是由于这种在与女性广泛接触中产生的了解与同情，贾宝玉才会超越一般的皮肤滥淫，产生对"知己"的寻求。由此，他与黛玉之间的感情也就同时超越了当时传统社会里对男性特权的允许和女性个性的压抑。何炳棣以叔本华之爱的理论分析了宝黛爱情，认为宝黛之间正符合了叔本华所阐述的爱的定义，即：双方都相信对方是世界上最理想的、独一无二的不可替代的；如果不能得到对方的爱将是世界上最痛苦的事；两个相爱的人渴望无限靠近。

对此，何炳棣认为，康雍乾时期是汉化极深，严格以程朱意识结合礼教、宗族以统驭全民的时代。在这样的局面下，宝黛爱情不但是他们本人，即使在当时以及近现代的读者心目中也是真挚与专情的。

当然，宝玉的独特性不仅在于他同黛玉之间超越传统时代的真挚知己之情，更在于他对其他女性的礼仪规范之内的爱慕和同情。何炳棣自小说中选取六个文本例子，分别以袭人之妹、宝钗、傅秋芳、平儿、邢岫烟和香菱为例，阐释了所谓意淫的含义。他认为宝玉的意淫并不纯然是感情高尚的、纯洁的，而是有具体对象的，并具有吸引力的；可以驱使本我追求快乐与满足的；但同时又是伦理道德所不允许的，因而被超我所压抑的；是有远近轻重的，并视远近轻重而有不同心理投入的；最重要的是，意淫最终一定会受到心理的防御机制干预而受到转移代替的。也就是说，所谓的对女性的同情、体贴和怜悯，是由本我产生的近于原始的、粗暴的、充满欲望的行为，在超我意识的控制下，对欲望的一种升华与净化，而这种净化总是趋向高尚纯洁的。

不过，他并不认同余英时以"两个世界"来分割宝玉生活的世界和宝玉完整的性格。他认为，从心理分析的角度来看，意淫并不是超我的完成，而是由本我到超我的完整过程，而宝玉的性格也不可能十分清晰的一分为二，即使是大观园内的姑娘们也并不绝对是毫不知情的。陈维昭对此表示赞同，认为"它揭示了贾宝玉对待少女的那种萌自性的本能又往往不具有明确的性意向或性行为的特点"，比起其他人对贾宝玉性格纯洁化或高尚化的理解，更符合实际。

四、何炳棣的治学方法：人文与科学并重

何炳棣以对西方哲学与宗教的认识为基础，围绕着"爱"这一抽象概念，探讨了《红楼

梦》中“爱”的哲学意义，并对赋予在贾宝玉身上的爱的特质进行了逐一分析。既观察到产生于东方宗教心理下的《红楼梦》，在爱的起源问题上，与柏拉图和弥尔顿时代的相通之处，也意识到其中独特的不计较功利得失，甚至不奢求回报的自甘奉献的高贵色彩，并由此点出宝黛爱情中所具有的爱的现代性至今令读者感动。尤其是他对宝玉“意淫”心理的分析，以不断得到修正的精神分析法，对宝玉与诸女性构成冲突的文本层层分析，从而对“意淫”究竟指什么作出了确定的定义。这种定义突出表现出宝玉在当时文化环境下与众不同的一面，不论是在追求知己之爱的痴情专一，还是在本我受到性诱惑时，超我对本我冲动的转移，都是与当时社会环境对男性权利默许的一种有意识的选择与反叛。特别是他没有像夏志清、余英时以及李劼等人那样，过度纯洁化人物的情感心理，而是客观地指出，虽然意淫的结果看上去是高尚的，但同样是经过原始粗暴的过程。正是这种过程的存在，才使宝玉的性格塑造正常而丰满，没有落入以往对小说人物在某些品质上过度拔高而带来的不真实。

这种对精神分析法的科学运用，以及建立在尊重人物性格真实基础上的观点，从另一方面反映出他以往由历史考证而得来的学术素养。忻平在《治史须重考据　科学人文并重——南加利福尼亚州何炳棣教授访问记》① 一文中提到，何炳棣说，“考证虽是治史必要的方法和手段，治史的最终目的是综合”。所谓综合，即是“文学、艺术、宗教都不受科学的约限。但是历史、社会科学以及大部分的哲学都必须不违背逻辑、常识和业经证实了科学知识”。“人文”如文学、哲学之类的东西，可以很深奥，但最后不能不受到理性的制约，也不能违反逻辑。就方法而言，20世纪后，历史的潮流是运用大量的史料作分析研究，这些史料虽然往往是微观的、个案的研究，却可以修正并改善宏观的历史。

杨振宁也曾说，看何炳棣的文章，会觉得科技和人文有密切的关系，历史与科学的精神与方法最接近。以一种科学的精神辨析宝黛之间的知己之情，尤其是还原宝玉“意淫”这一概念真实的发生过程，可以使读者更能理解小说作者在人物身上注入的艺术魅力。或者说，建立在心理分析理论上的探讨，是历史之外，另一种寻求真相的方式。

何炳棣在清华读书时曾经受到蒋廷黻、雷海宗等大师的教诲。陈文新在《胡适的“科学情结”与新红学的“科学方法”》一文中曾转述过何炳棣对胡适与雷海宗对科学精神的不同坚持与主张的看法：

> 1960年8月18日，在纽约胡适公寓，晚年的胡适曾严肃地对美籍华裔史家何炳棣说过一番话，从那番话可以知道，胡适先生所说的“科学”是不包括“社会科学”在内的，这严重地限制了他的学术视野，也使他的“科学方法”其实不够“科学”。1980年，何炳棣曾就30年代的清华历史系的学术风格作了如下概括：“系主任蒋廷黻先生专攻中国近代外交史，考据与综合并重，更偏重综合。蒋先生认为治史必须兼

① 忻平：《治史须重考据　科学人文并重——南加利福尼亚州何炳棣教授访问记》，《史学理论研究》1997年第1期。

> 通基本的社会科学，所以鼓励历史系的学生同时修读经济学概论、社会学原理、近代政治制度等课程。在历史的大领域中，他主张先读西洋史，采取西方史学观点和方法的长处，然后再分析综合中国历史上的大课题。”以雷海宗为例，“他强调真正的史学不是烦琐的考证或事实的堆砌，于事实之外须求道理，要对历史作深刻透彻的了解。有价值的史学著作应为科学、哲学和艺术的统一，要作审查、鉴别与整理材料的分析工作；以一贯的概念与理论来贯穿说明史实的综合工作；用艺术的手段以叙述历史的表现工作。三者之间，分析是必要的历史基础，综合为史学的主体，艺术则是装饰”。以胡适先生的“科学”方法与雷海宗先生等人的“考据与综合并重”的方法相比，其偏颇也是显而易见的。在历史研究中排斥“社会科学”而一味向“自然科学”认同，胡适先生的基本立足点当然是错的。①

胡适对《红楼梦》的考证虽然是小说现代学术研究的开山之作，但究其初心，却并不认为社会科学是“科学”的，对《红楼梦》的考证，也不过是他希望能借学界乃至普通读者对《红楼梦》的熟悉度来推广科学考证的，故而其偏颇是显而易见的。相比之下，不论是蒋廷黻还是雷海宗，都主张科学考据要与综合并重，认为应该分析是必要的历史基础，综合是史学主体，艺术是装饰，有价值的史学著作应该是科学、哲学和艺术的统一。何炳棣显然更加接受并认同这一点。

尤其是雷海宗，他认为真正的史学不是繁琐的考证或事实的堆砌，而是于事实之外须求道理，要以哲学的眼光，对历史作深刻透彻的了解。他曾受德国史学家施本格勒提出的“文化形态史观”的影响，认为历史是多元的，是各个不同的文化在不同时间和地域独自产生和自由发展的历史。他掌握丰富的史料，重视史实的准确性，对清代乾嘉学派的考据训诂和19世纪德国朗克学派的档案研究均颇推崇。这些对何炳棣的影响十分明显。

何炳棣认为，治学不可被似有创意而数据不足的社会科学理论所迷惑，必须从大量多种史料的考订、诠释、控制入手，并指出坚实的史料根据乃为史家养命之源。以方法言，因一向研究基本性的大课题，他不依赖孤证，而是强调论证的积聚。他晚近的著作和前期相较，表面似乎偏重微观的细致考证，然而深入细究以后，仍然呈现他原有作品的一大特色，亦即强调宏观的通识综合。这一点即使在他对《红楼梦》做抽象课题的研究中，也同样有所表现。

| 本文作者：中国艺术研究院红楼梦研究所助理研究员

① 陈文新：《胡适的“科学情结”与新红学的“科学方法”》，《广州大学学报》2013年第2期。

曹雪芹家世生平研究述评

樊志斌

一、引言

曹雪芹的家世生平研究是近现代“红学”研究中的一个重要课题。

实际上，自乾隆五十六年（1791）程伟元、高鹗完成百二十回《红楼梦》的整理补缀工作，《红楼梦》在中国社会大规模传播开来的同时，《红楼梦》及《红楼梦》作者的研究作为一种潮流也就随之悄然兴起了。如此计算，曹雪芹家世生平的研究已有200年的历史。

清人对曹雪芹家世生平的记载和研究以随笔为主，从近现代逻辑式、论文化的学术研究模式看来，这些“研究”只能算作研究资料，还不能纳入近代学术意义上的“曹雪芹家世生平研究”范畴下。

1904年，王国维在《教育世界》杂志第八、九、十、十二、十三期上连载《红楼梦评论》一文，结合叔本华哲学，指出《红楼梦》系揭示人生悲剧和解脱之道的哲学化文学作品；又云：“作者之姓名与其著书之年月故当为唯一考证之题目”，在“近代学术史”上正式提出了研究《红楼梦》作者（曹雪芹）生平（包括家世）的课题。

1921年3月27日，胡适作《红楼梦考证》（初稿）一文。在文中，胡适指出：

> 我们只须根据可靠的版本与可靠的材料，考定这书的著者究竟是谁，著者的事迹家世，著书的时代，这书曾有何种不同的本子，这些本子的来历如何。这些问题乃是《红楼梦》考证的正当范围。

从此开启了曹雪芹家世生平的系统研究。基于历史的情况，本文所谓的“曹雪芹家世生平研究”指从胡适《红楼梦考证》诞生以来近百年对曹雪芹家世生平进行的系统考证与阐释。

二、胡适、顾颉刚对曹雪芹家世生平的研究

（一）胡适《红楼梦考证》对曹雪芹家世生平的研究

胡适的《红楼梦考证》（初稿）一文是“红学史”上第一部系统研究曹雪芹家世生平的近代学术论文。文中，胡适引袁枚《随园诗话》“康熙间，曹练亭为江宁织造……其子雪芹撰《红楼梦》一书，备记风月繁华之盛，中有所谓大观园者，即余之随园也”一段文字，指出，

"我们因此知道乾隆时的文人承认《红楼梦》是曹雪芹做的"。这看似不起眼的一条材料和一句不起眼的论断其实意义重大，正是由此在近代学术史上第一次"确定"了曹雪芹对《红楼梦》的著作权①，并由此揭开了"学界"100年来对《红楼梦》作者曹雪芹家世生平研究的大幕。

胡适又引吴修的《昭代名人尺牍小传》，李斗的《扬州画舫录》，韩菼的《有怀堂文稿》，章学诚的《丙辰札记》、《耆献类征·陈鹏年传》等书籍中关于曹寅（字子清，号楝亭、荔轩）的文字，指出"楝亭"系康熙时代长期担任江宁织造一职的曹寅，曹寅能诗，著有《楝亭诗抄》、《楝亭诗集》②，与同旗李煦于康熙四十三年（1704）到康熙四十九年间轮代为两淮巡盐御史，任职江宁期间，曾参与四次接待康熙皇帝南巡的任务。③ 由此，胡适初步了解了曹雪芹的"家世，家庭环境，与大略的时代"。

胡适指出，《红楼梦》第一回《甄士隐梦幻识通灵　贾雨村风尘怀闺秀》中有"作者自云：'曾历过一番梦幻之后……'"一段文字，说明"《红楼梦》明明是一部将真事隐去的自叙的书……曹雪芹即是《红楼梦》开端那个深自忏悔的'我'，即是书里的甄贾（真假）两个宝玉的底本！懂得了这个道理，便知书中的贾府与甄府都只是曹雪芹家的影子"。

顺着《红楼梦》系作者"自传"的思路，根据曹寅及其家族资料，胡适指出，曹雪芹大概生于康熙三十五六年，家中极其富贵，身经极度繁华绮丽的生活，带有文学与美术的遗传和环境；曹家衰败后，于雍正末乾隆初曹雪芹在贫困中写作出《红楼梦》一书，记载自家的盛衰故事。

（二）顾颉刚、胡适对曹雪芹及家族新资料的发掘

为了考证《红楼梦》、曹雪芹的家世，胡适委托顾颉刚为之留意曹家资料。其后，顾颉刚陆续查得《诗人征略》、《四库全书提要》、《楝亭书目》、《有怀堂集》、同治本《上元江宁两县志》、嘉庆本《扬州府志》、《八旗满洲氏族通谱》、嘉庆本《江宁府志·拾补》、《仪真县志》等文献中关于曹寅及其家族的资料④，为胡适研究曹雪芹的家族奠定了坚实的基础。

就在顾颉刚在北京搜罗曹家资料的同时，胡适在天津发现了曹寅的《楝亭全集》。由其中的《舅氏顾赤方先生拥书图记》、《重修二郎庙碑》、《词钞别集》等资料，胡适考出，曹寅生于顺治十五年（1658）九月七日；任巡盐期间，"奇"年十二月任职，"偶"年十二月卸任，死于康熙五十二年闰五月前；曹家在宝坻之西、武清之东北有"受田"。

根据上述资料，胡适指出，曹家有明确文字记载的祖先为曹锡远，明清之际，被满人俘

---

① 曹雪芹是：《红楼梦》的作者，在清代诸多旗人中有着广泛认知，我们用以研究曹雪芹的很多资料都是旗人笔记提供的。本文所谓"确定了曹雪芹对《红楼梦》的著作权"，是从学界论文考证的角度而言的。

② 胡适：《红楼梦考证》（初稿），宋广波《胡适红学研究资料全编》，北京图书馆出版社2005年版。按，本文引用的胡适、顾颉刚关于曹雪芹家世的生平资料如无具体注释，皆本宋广波《胡适红学研究资料全编》。

③ 胡适认为《红楼梦》系作者的"自传说"，故而《红楼梦》中"当年太祖皇帝仿舜巡的故事"就是康熙南巡的反映。

④ 1921年4月4日—26日，顾颉刚与胡适通信，见《胡适红学研究资料全编》。

虏，成为正白旗包衣；子曹振彦，曾任浙江盐法道；孙曹玺原任工部尚书，于康熙二年到康熙二十三年任江宁织造；曹玺之子曹寅，曹寅之子曹颙、曹頫继任江宁织造，直到雍正六年（1728）。[①]

5月7日，胡适在天津直隶图书馆翻阅《楝亭书目》，结识南阳名士张中孚（名嘉谋，住北京宣武门以西象来街西草厂）。张中孚闻悉胡适正在搜求曹雪芹家族事迹，云："杨钟羲的《雪桥诗话》里有关于雪芹的事迹。"次日，张中孚写信给胡适，提供了《雪桥诗话》中有关曹雪芹的资料，云：

> 宗室敦敏字子明，号懋斋，英王裔，有槐园在太平湖侧，能诗。《赠曹雪芹》云："寻诗人去留僧壁，卖画钱来付酒家。"其弟敦诚，字敬亭，别号松堂，亦有诗集。

查《耆献类征》，胡适知道敦敏诗集名《懋斋诗钞》，敦诚诗集名《四松堂诗文集》。[②]

5月16日，北大哲学系讲师单不广[③]给胡适送来《雪桥诗话》，20日送来《雪桥诗话续集》[④]。在《雪桥诗话续集》中，胡适又查到一条关于敦诚记载曹雪芹的资料：

> 敬亭……尝为《琵琶亭传奇》一折，曹雪芹霑题句有云："白傅诗灵应喜甚，定教蛮素鬼排场。"雪芹为楝亭通政孙，平生为诗大概如此，竟坎坷以终。敬亭挽雪芹诗有"牛鬼遗文悲李贺，鹿车荷锸葬刘伶"之句。

胡适高兴地宣称："我们有许多假设，都经不起这一条的推翻！"胡适指出，根据这条材料，我们知道："（1）曹雪芹名霑；（2）他是曹寅之孙；（3）《四松堂诗文集》与《鹪鹩庵笔麈》与《懋斋诗钞》必有关于他的材料。"[⑤] 至此，学界才知道《红楼梦》的作者曹雪芹是曹寅的孙子，正名"曹霑"。

6月9日，胡适购得铁保编《八旗人诗钞》[⑥]，其中收录有曹雪芹友人敦敏的《赠曹雪芹》、《访曹雪芹不值》，敦诚的《佩刀质酒歌 有序》、《寄怀曹雪芹》，由其中的诗句知道曹雪芹能诗会画，其诗有李贺之风；晚年贫穷，很是抑郁，不免纵酒狂歌；大约生于康熙末叶，逝世于乾隆三十年（1765）左右，约50岁。同时，胡适以《红楼梦》写贾府之败的原因推曹家

---

① 石中琪：《浅议顾颉刚在新红学创立中的贡献》，《红楼梦学刊》2008年第2辑。

② 1921年5月8日胡适日记。

③ 又作不厂，名丕，字诒孙，号伯宽、角优，祖籍萧山城厢镇，生于海宁硖石。1920年应聘任北京大学国文系讲师兼图书馆主任，不久升任教授。时与鲁迅、张宗祥往来，校勘古籍。1924年南归浙江，深研宋理学，重考据，长训诂，1930年1月13日逝世。

④ 《诗话》作者杨钟羲为清朝遗老，集中多有清朝掌故。

⑤ 1921年5月20日胡适日记。

⑥ 该书经嘉庆帝赐名，以《熙朝雅颂集》名义刊行。

之败的原因，认为《红楼梦》“只是老老实实的描写这一个‘坐吃山空’‘树倒猢狲散’的自然趋势”①。

1921年11月12日，胡适写出《红楼梦考证》（改订稿）一文，在《考证》（初稿）的基础上，综合介绍了上述资料，系统论述了上述观点。

（三）胡适对《四松堂集》抄本的研究

1922年4月19日，经营杂志生意的“松筠阁”将敦诚的《四松堂集》付刻底本送到胡适处。

胡适发现，其中《寄怀曹雪芹霑》与《八旗人诗钞》中的《寄怀曹雪芹》文字有数处不同，且复有《赠曹芹圃 即雪芹》、《挽曹雪芹 甲申》两诗写及曹雪芹，复知曹雪芹一号“芹圃”。《挽曹雪芹 甲申》云：“四十年华付杳瞑，哀旌一片阿谁铭？孤儿渺漠魂应逐（前数月，伊子殇，因感伤成疾），新妇飘零目岂瞑？”由此，胡适认为，曹雪芹逝于乾隆甲申（乾隆二十九年，1764），死时年约40（余），原有一子已先他而殇，死后有新妇飘零。

《四松堂集》卷五为《鹪鹩庵笔麈八十一则》，其第五十则云：

> 余昔为白香山《琵琶行传奇》一折，诸君题跋不下数十家，曹雪芹诗末云：“白傅诗灵应喜甚，定教蛮素鬼排场。”亦新奇可诵。曹平生为诗大类如此，竟坎坷以终。余挽诗有“牛鬼遗文悲李贺，鹿车荷锸葬刘伶”之句，亦驴鸣吊之意也。②

这一材料的发现不仅证明杨钟羲的《雪桥诗话》、《雪桥诗话续集》关于曹雪芹的记载是有根据可信的，也对了解曹雪芹的交游、诗风、学养等问题提供了直接确切的证据。

5月3日，胡适以《四松堂集》付刻底本资料为基础，作《跋〈红楼梦考证〉》一文。

（四）对“甲戌本”《脂砚斋重评石头记》的研究

1927年8月，胡适从胡星垣处收得“甲戌本”《脂砚斋重评石头记》。在对“甲戌本”进行阅读、研究的基础上，胡适于1928年2月16日写出《考证红楼梦的新材料》一文。

文章对甲戌本的来源、情况进行了介绍，根据其中“壬午除夕书未成芹为泪尽而逝”的“脂批”，胡适指出，曹雪芹卒于乾隆壬午（乾隆二十七年）除夕，即“西历一七六三年二月十二日”；根据文中“至脂砚斋甲戌抄阅再评，仍用《石头记》”，指出乾隆十九年《红楼梦》已有“抄阅再评”的本子，“也许其时已成的部分只有这二十八回”；根据书中“雪芹旧有《风月宝鉴》之书，乃其弟棠村序也。今棠村已逝，余睹新怀旧，故仍因之”的“脂批”，指出“《风月宝鉴》乃是雪芹作《红楼梦》的初稿，有其弟棠村作序”；根据“作者今尚记金魁

---

① 胡适：《红楼梦考证》（改定稿）。
② 1922年4月19日胡适日记。

星之事乎？抚今思昔，肠断心摧”等“脂批”，指出“评者脂砚斋是曹雪芹很亲的族人，第十三回所记宁国府的事即是他家的事，他大概是雪芹的嫡堂弟兄或从堂弟兄”等等。

系统考察胡适的曹雪芹家世生平研究过程和结果，可以看出以下两个问题：

曹雪芹家世生平研究说到底属于历史学（考证学）的范畴，而这种研究是建立在材料搜集基础上的学问。发掘新的材料，就会在一定程度上推动学术的前进——胡适作《跋〈红楼梦考证〉》到作《考证红楼梦的新材料》间隔了7年之久。正是从这个角度上说，胡适的曹雪芹家世生平研究提出和解决了近现代曹雪芹家世生平研究的诸多问题，奠定了近现代曹雪芹家世生平研究的基础。其次，文献学不等于历史学。有了材料还需要丰富的历史背景、严密的逻辑思维、科学的阐释模式。胡适在面对材料的矛盾时，没有进行仔细深入的辨析，找出各材料“面似矛盾”的原因，作出合理的阐释，而是轻率的采取了回避或者以个人情感否定某一材料的做法，如对敦诚、“甲戌本”《脂砚斋重评石头记》“脂批”关于曹雪芹卒年的矛盾记载，袁枚、敦诚等关于曹雪芹和曹寅的相关记载等，这就影响了他对曹雪芹家世生平研究的深入。

另外，胡适由《红楼梦》第一回“作者自云：‘曾历过一番梦幻之后……’”一段文字，认为“书中的贾府与甄府都只是曹雪芹家的影子”的解读也极大地影响了民国时期“新红学”贾曹互证的研究思路。

三、李玄伯和李辰冬的曹雪芹家世生平研究

（一）李玄伯对曹雪芹家世生平的研究

1930年，时任故宫博物院秘书长的李玄伯在故宫懋钦殿发现一个装满朱批奏折的小匣，其中有“曹寅折百十八件、曹颙折十七件、曹頫折四十六件”①。

利用这批曹家资料，结合尤侗《艮斋倦稿》中相关曹寅诗文等资料，李玄伯写出了《曹雪芹家世新考》一文，发表在1931年5月的《故宫周刊》第八十四期（1931年5月16日版）、第八十五期（5月23日版）上。

李文分11节：曹氏非旗人而是汉人，曹玺及曹寅之妻，曹寅之子颙及其嗣子頫，曹颙之妻及其遗腹子，曹寅之女，曹寅之弟、侄及甥，曹氏与康熙之密切，曹寅及曹頫的亏累，曹氏之产业，曹頫之末路，曹氏之亲戚李煦。

李玄伯引尤侗《艮斋倦稿》“文”第十三卷《松茨诗稿序》中“司农曹子荔轩与予为忘年交……今致乃兄冲谷薄游吴门，因得读其《松茨诗稿》……予既交冲谷，知为丰润人”等文字，指出曹寅与“河北丰润之曹冲谷为同族弟兄”。冲谷名鈖，丰润人，理藩院知事，“曹寅实系丰润人而占籍汉军”。

---

① 1930年11月至1931年5月间，故宫博物院将这批奏折整理编纂发表在《文献丛编》第9至11辑上。

据《艮斋倦稿》"文"卷四《曹太夫人六十寿序》"曹母孙太夫人者，司空完璧先生之令妻，而农部子清、侍卫子猷两君之寿母也，于今辛未腊月朔日，年登六褰"，知曹玺之妻姓孙；又据康熙四十五年八月初四曹寅折："惟是臣母冬期营葬，须臣料理，伏乞圣恩准假"，证明孙氏之卒前此当不甚远。康熙四十五年（1706）上去辛未（康熙三十年，1691）15 年，孙之寿约亦七十四五。

据康熙五十四年三月初七曹頫折"本月初二日，奴才母舅李煦前来传宣圣旨"及李煦父李士桢《墓志》有一女适周承诏佐领的记载，可知曹寅之妻李氏系李煦族妹。

据康熙五十一年九月初四曹连生折"先臣止生奴才一人"，康熙五十二年正月初三曹颙折内"复奉特旨，改换奴才曹颙学名"，知曹颙为曹寅之子，小名"连生"；又据康熙五十四年七月十六日曹頫《覆奏家务家产折》"复荷蒙天高地厚洪恩，传令承嗣父职"中不只曰"袭职"，且曰"承嗣"，知曹頫为奉旨过继，而非曹寅生子，于康熙五十四年三月初六接任。

康熙五十四年三月初七曹頫折复云："奴才之嫂马氏，现因怀妊孕已及七月……将来倘幸而生男，则奴才之兄嗣有在矣"，知曹颙死于北方，其妻马氏怀妊已七月，则其遗腹当生于五六月间。康熙五十四年下去乾隆二十七年有 47 年，"若其遗腹系男子，证以敦诚诗'四十年华付杳冥'句，或即雪芹耶?"

也就是说，李玄伯认为曹雪芹是曹颙的遗腹子，生于康熙五十四年（1715），卒于乾隆二十七年（1762），享年 47 岁。

康熙四十五年八月初四曹寅折云："今年正月，太监梁九功传旨，著臣妻于八月船上奉女北上"，同年十二月初五折："前月二十六日，王子已经迎娶福金过门"；康熙四十七年七月初五曹寅折："臣接家信，知镶红旗王子已育世子"，知曹寅一女由皇帝指婚嫁于镶红旗王子，并诞有世子，"观此，则贾元春实有其人。曹氏虽无贵妃，然有王子福金矣。"

李文还根据康熙四十七年四月初三曹寅折"今本月初三日，臣家人先回报称，孙文成与臣弟曹宜送至南海，于闰三月十四日到普陀山"，知曹寅有弟名曹宜；根据康熙五十一年曹连生折，知曹寅有侄名颀，年长于颙。又考得，曹寅甥名昌龄：

> 刑部尚书傅鼐长子，仕至学士，楝亭藏书多归于彼……李南涧《琉璃厂书肆记》："延庆堂刘氏，夏间从内城买书数十部，每部有曹楝亭印，又有长白敷槎氏堇斋图书记，盖本曹氏物而归于昌龄者。昌龄官至学士，楝亭之甥也。"

李文还指出："曹氏与康熙关系，可谓甚为密切。曹寅在江苏地方，大小事件，苟有所闻，必立奏闻。观熊赐履及科场案两事可知。"又据康熙五十七年六月初二曹頫奏折尾康熙批："朕安。尔虽无知小孩，但所关非细，念尔父出力年久，故特恩至此。虽不管地方之事，亦可以所闻大小事，照尔父密密奏闻，是与非朕自有洞鉴。就是笑话也罢，叫老主子笑笑也好"，知"他们的密切，真像家人了"。

李文还考证了曹家的亏空与家产，并据雍正六年（1728）七月初三日隋赫德奏曹頫代塞思黑（雍正四年初，更康熙皇九子允禟名为“塞斯黑”）藏匿金狮折，指出“塞思黑弟兄等案牵连甚众。曹頫而代其藏金狮，曹氏或者为塞思黑党，则受宠四代之织造，忽然抄家，亦不为无因也”。提出了曹氏抄家原因中的政治说。

李文末节为“曹氏之亲戚李煦”，引《碑传集》卷六杜臻《广东巡抚李士桢墓志》：“公本姜姓，世居东莱之都昌……壬午从龙辽左，继正白旗佐领西泉李公，即以李为氏……子六人：长煦，文氏出，前内阁中书，随征，补广东韶州知府，改补浙江宁波府知府，今授督理苏州织造府事”，知李煦任苏州织造前曾任广东韶州府知府、浙江宁波府知府；并据张贞《朱公弘祚行状》“壬寅秋，特遣内务府营造司员外郎董君殿邦、畅春苑总管李煦至粤，传旨褒嘉”，指出李煦任职苏州前还曾任畅春苑总管。①

总之，李文依靠可信的档案和文献资料，在胡适曹雪芹家世生平研究的基础上，涉及并开启了百年来曹雪芹家世生平研究的众多领域，许多问题如曹雪芹家族与丰润曹氏的关系、曹雪芹与曹颙遗腹子的关系等则成为百年曹雪芹家世生平研究中的争论焦点。

（二）李辰冬对曹雪芹家世生平的研究

1934年，法国巴黎大学比较文学及文学批评专业博士李辰冬用法文撰写了他的博士论文《红楼梦研究》。1937年7月，李辰冬在上海《光明》杂志第3卷第3期上发表了《曹雪芹的生平及其哲学》一文。1942年2月，李辰冬的《红楼梦研究》（以其博士论文为基础修订而成）中文版由重庆正中书局出版。

依靠胡适等人对曹雪芹及其家世资料的发现与研究，在承认“自传说”的基础上，结合清中叶的时代背景、《红楼梦》的内容及对世界文学名著“写实”方式的比较，李辰冬对曹雪芹生活的时代、曹雪芹的个性和人生观进行了有益的分析：

> 要说曹雪芹以他的家庭为根据则可，要说贾府就是他自己的家庭就有语病……老实地抄写摹效，是绝不会成功的。我们能以考证的，仅系真人物与理想人物之性格关系。以前考证《红楼梦》的影射法固属可笑，即胡先生也不免有太拘泥事实之嫌。

关于曹雪芹的人生观，李辰冬指出：

> （曹雪芹）的目的只在观察并搜集一种人生的生活资料，把这种生活资料直接地

---

① 胡适“1935年5月16日日记”载：“看《文献丛刊》9、10、11、12辑（故宫出版）中的曹寅父子奏折（凡一百八十多件），其中很有不少的材料，其中如曹颙死后曹頫一折，说曹颙死后，其妻马氏怀孕七月，倘幸而生男，则臣兄有嗣。此遗腹子似即是雪芹，其年为康熙五十四年。曹寅只有一子，名连生，后改名颙。曹頫是承嗣袭职的，似是曹寅之侄……又曹寅有一女奉旨嫁于镶红旗王子，典礼隆重，此即是所谓贾妃也。”日记仅提《文献丛刊》曹寅父子奏折，而未及《故宫周刊》第84、85期上的李玄伯《曹雪芹家世新考》一文，或者胡适未见此文。

表现出来罢了，因此，《红楼梦》可说是一种宇宙的缩写。他对这种人生就有相当的认识与了解，有意地又把他的见解表现到作品里。这种留下有系统之思想的痕迹，人们称之为曹雪芹的人生观……一位艺术家表现人生范围愈广大，认识人生的意义愈深刻，则其哲理也愈超绝，此其所以但丁、莎士比亚、歌德、塞万提斯、曹雪芹既为伟大的文学家，又为哲学家的缘故……

但曹雪芹的态度是极端写实主义的，他的目的只在客观地、冷静地创造人物……因此，很难决定他的人物里哪一位是他的代言者……

曹雪芹即由经验里认识了人生不过一梦而已，自然而然产生达观的思想……他既看穿了人生，所以他现在站到相当的距离。换句话说，就是旁观者清的态度来创造他的人物。

由于李辰冬既精通欧洲文学，又精通《红楼梦》等中国传统文学，所以他对《红楼梦》与欧洲文学名著异同、水准、写作技法等方面的对比就较一般研究者显得更加真切、高明、实在；加之李辰冬深通西方文学理论，知道作者文学描述对象是对自己、他人、社会的广泛观察和提升，这就使得他虽然相信《红楼梦》系曹雪芹的“自传”，但对《红楼梦》与曹雪芹家世生平关系的理解却不像胡适、俞平伯等人那般拘泥，显得更加平和理性一些。

因此，李辰冬虽然对曹雪芹家世生平的研究并没有资料发掘和文献考证上的成绩，但因他文中对曹雪芹家世生平（人生观、创作材料）的理性分析，仍然值得我们给予他在曹雪芹家世生平研究上应有的地位。

四、周汝昌的曹雪芹家世生平研究

（一）缘起

1947 年，天津人周祜昌偶读亚东图书馆排印本《红楼梦》，见卷首胡适的《红楼梦考证》，知道雪芹友人敦敏有《懋斋诗钞》，怀疑该诗集尚存世间，其中可能存有关于曹雪芹的资料，于是，写信给在燕京大学读书的五弟周汝昌，要他进行查找。

果然，周汝昌在燕京大学图书馆顺利找到了《懋斋诗钞》①，发现 6 首诗涉及曹雪芹：《芹圃曹君霑别来已一载余矣，偶过明君琳养石轩，隔院闻高谈声，疑是曹君；急就相访，惊喜意外！因呼酒话旧事，感成长句》、《题芹圃画石》、《赠芹圃》、《访曹雪芹不值》、《小诗代简寄曹雪芹》、《河干集饮题壁兼吊雪芹》。由此开始他一生的曹雪芹家世生平研究。

---

① 据燕大历史学者邓之诚说，胡适在搜得敦诚《四松堂集》后，还向他询问是否见过敦敏《懋斋诗钞》一书，因邓讨厌胡适半个洋人的作风，而未告知。

（二）周汝昌对曹雪芹生卒年的研究

据《懋斋诗钞》提供的曹雪芹资料，周汝昌写出了《曹雪芹生卒年之新推定——〈懋斋诗钞〉中之曹雪芹》一文，发表在1947年12月5日天津《民国日报》副刊“图书”上。

周汝昌指出，敦敏《懋斋诗钞》的诗“都以时序排列得很清楚，总是春夏秋冬四季的景物事情在循环着，可以断定这些诗是以作成先后而编排的，并没有错乱。”

基于这个认识，周汝昌按照《懋斋诗钞》中某些诗歌的纪年和相关信息，对敦敏写及曹雪芹的6首诗进行了排列，并进行了简单的分析：由《芹圃曹君霑别来已一载》一诗知“雪芹和敦敏的交情，并非泛泛”；由《题芹圃画石》云：“醉余奋扫如椽笔，写出胸中块垒时”，知曹雪芹“一腔愁愤，无计抒写，都借了酒杯和笔墨来排遣”。

周汝昌认为，《小诗代简寄曹雪芹》一诗作于乾隆癸未（乾隆二十八年，1763），同年十月二十日一诗自注云：“先慈自丁丑见弃，迄今七载。”自乾隆丁丑（乾隆二十二年，1757）下计7年，知该诗作于乾隆二十八年二月下旬。

据此，周汝昌认为，不能根据“甲戌本”《脂砚斋重评石头记》中“壬午除夕书未成芹为泪尽而逝”的脂批，认定曹雪芹逝世于乾隆二十七年（壬午）。在他看来，敦氏兄弟的诗早于“脂批”，敦氏兄弟记载的信息可信性比“脂批”更大，因此，曹雪芹应死于乾隆二十八年。

周汝昌又指出，敦氏兄弟直呼雪芹字、号，因此，雪芹的年龄应与敦氏兄弟相差无几，敦敏吊雪芹时不过36岁，则敦诚“四十年华”的诗句表明，曹雪芹卒于乾隆二十八年除夕（1764年2月1日），生于雍正二年（1724）左右。这一认识成为左右周汝昌曹雪芹生平研究的一个重要根基。

（三）周汝昌的曹氏家族年表

周汝昌同样认为，《红楼梦》是曹雪芹家族的自传，因此，致力于将《红楼梦》中时间、事实与历史上“相关”时间、事实进行对照。1948年3月18日，周汝昌撰就《再论红楼梦作者曹雪芹的生年——答胡适之先生》一文，中云：

> 我觉得他（俞平伯）排列年表的结果很好，同时这也是讨论红楼作者年代的唯一合理办法。我如今做了一件更傻的事情，就是把红楼从头翻过一下，凡是有关时序日期和年龄的句子，都摘录下来，列成一个长表，才发现此书叙时叙事的有条不紊。首尾吻合，“科学化”的程度，实在惊人！除了一、二处不重要的小参差，无不若合符契。①

以上是周汝昌最初发表的关于曹雪芹家世生平研究的两篇文章。从中可见，曹雪芹生于

---

① 载《民国日报·图书》（天津）1948年5月21日。

雍正二年、《红楼梦》是曹雪芹的自叙传、《红楼梦》中时间事情能与曹家历史互相印证，是周汝昌一贯的观点，这支配了他后来半个世纪的曹雪芹、《红楼梦》研究方向。

（四）裕瑞《枣窗闲笔》的公开与利用

1948年，小说家孙楷第到燕京大学授课，周去旁听，“真是巧极了，他正讲到《红楼梦》的事，涉及曹雪芹，便讲出一段鲜为人知的雪芹轶事，说其人的相貌、性情、口才、风度、饮食等等，皆前所未闻。我高兴极了，课后便向孙先生探询他写在黑板上的那部书《枣窗闲笔》的所在。他告知我，书在北平图书馆，他有录副摘抄本。我不揣冒昧，又向人家借阅。他也慨然惠诺”①。

《枣窗闲笔》系裕瑞后代裕颂庭所藏，后归北平图书馆，其中载雪芹事颇多：

> “雪芹”二字，想系其字与号耳，其名不得知。曹姓，汉军人，亦不知其隶何旗。闻前辈姻戚有与之交好者。其人身胖头广而色黑，善谈吐，风雅游戏，触境生春。闻其奇谈娓娓然，令人终日不倦，是以其书绝妙尽致。闻袁简斋家随园前属隋家者，隋家前即曹家故址也，约在康熙年间。书中所称大观园盖假托此园耳。其先人曾为江宁织造，颇裕，又与平郡王府姻戚往来。书中所托诸邸甚多，皆不可考，因以备知府第旧时规矩。其书中所假托诸人皆隐寓其家某某，凡性情遭际一一默写之，唯非真姓名耳。闻其所谓宝玉者尚系指其叔辈某人，非自己写照也。所谓“元迎探惜”者隐寓“原应叹息”四字，皆诸姑辈也……又闻其尝作戏语云：“若有人欲快睹我书不难，惟日以南酒烧鸭享我，我即为之作书”云。

“闻前辈姻戚有与之交好者”说明裕瑞对曹雪芹的了解来自家庭亲戚的讲述和转述，有相当的可信性，因此《枣窗闲笔》的发现和利用在曹雪芹家世生平研究史上具有相当的意义。

《枣窗闲笔》还记载了裕瑞对曹雪芹创作《红楼梦》过程的解读。裕瑞指出：“旧有《风月宝鉴》一书，又名《石头记》，不知为何人之笔。曹雪芹得之，以是书所传述者与其家之事迹略同，因借题发挥，将此部删改至五次……曾见抄本，卷额本本有其叔脂研斋之批语，引其当年事甚确，易其名曰《红楼梦》。”

（五）关于《红楼梦新证》

1953年，在搜集曹家、《红楼梦》资料和排比曹家、《红楼梦》年表的基础上，周汝昌撰就《红楼梦新证》一书，由棠棣出版社出版。

《红楼梦新证》对自胡适、顾颉刚以来发现的各种曹家资料，如曹家祖上的三轴诰命，四轴《楝亭图》，《永宪录》、《枣窗闲笔》关于曹雪芹的记载，《吉州全志》、《大同府志》、《重

---

① 周汝昌著，周丽苓、周伦苓编：《我与胡适先生》，漓江出版社2005年版。

修两浙盐法志》等方志中关于曹振彦任职吉州知州、大同府知府、两浙都转盐运使司盐法道的记载等进行了系统的收集、梳理和总结。

根据曹寅兄弟起名的用典，周汝昌指出，曹寅字“子猷”、号“荔石”的兄弟名“宣”，而非学界通常认为的“宜”。这一结论被后来发现的《上元县志·曹玺传》所证实。

在第五章《雪芹生卒与红楼年表》和第六章《史料编年》中，周汝昌对有关曹雪芹生平及其家族的历史资料和相关历史史实、背景进行了汇集和分析，并就《红楼梦》内容和清代史实进行比附，用以证明《红楼梦》为曹雪芹的“自叙传”。

（六）周汝昌对曹雪芹传记写作的探索

1964年，周汝昌出版了《曹雪芹》一书（作家出版社1964年版）。该书“只有十三万多字，规模很小，但从出版史上看，系统地研究介绍曹雪芹的学术论著，这却算是第一部了”①。

不过，与《红楼梦新证》一样，《曹雪芹》更多的集中于对曹雪芹生活时代社会背景、家族情况的介绍，对曹雪芹本人的直接介绍不多，对曹雪芹的介绍也多以推测性的描述为主。尽管如此，因该书是第一部正式出版面世的“曹雪芹传记”，该书的出版曾引起极大的轰动。

周汝昌后复有《曹雪芹小传》（百花文艺出版社1983年版）、《曹雪芹新传》（外文出版社1992年版）等多部曹雪芹传记作品问世，路数与《曹雪芹》一书一脉相承。

五、王利器、吴恩裕的曹雪芹家世生平研究

王利器、吴恩裕都曾对曹雪芹家世生平资料收集和研究投入极大的精力。

（一）《春柳堂诗稿》的发现与研究

1954年，王利器在文化艺术局购买的《八旗艺文编目》中发现了“宜泉”著《春柳堂诗稿》，其中《怀曹芹溪》、《和曹雪芹西郊信步憩废寺原韵》、《题芹溪居士 姓曹名霑，字梦阮，号芹溪居士，其人工诗善画》、《伤芹溪居士 其人素性放达，好饮，又善诗画，年未五旬而卒》4首诗涉及曹雪芹，且知曹雪芹有“梦阮”的字、“芹溪”的号，“素性放达，好饮，又善诗画，年未五旬而卒”等信息。

王利器指出，据《八旗艺文编目》作者恩华的介绍，知宜泉“原名兴廉，镶黄旗汉军，官侯官知县，鹿港同知，嘉庆己卯举人”②。

4月，王利器将他发现《春柳堂诗稿》的消息和他的推测告诉吴恩裕。吴恩裕借读《春柳堂诗稿》，“细审全书”后，认为：“作者为张宜泉，不必名兴廉，终身无功名，晚年以教官课徒为生。”③

---

① 周汝昌：《曹雪芹小传》“后记”，百花文艺出版社1983年。
② 恩华：《八旗艺文编目·别集五》。
③ 吴恩裕：《有关曹雪芹十种》，上海中华书局1963年。

（二）永忠《延芬诗稿》的发现与研究

1954年，吴恩裕发现了清代宗室诗人永忠的《延芬诗稿》，并介绍给文化部买下（该书后归北京图书馆，即今国家图书馆）。

《延芬诗稿》中有《因墨香得观〈红楼梦〉小说吊雪芹三绝句 姓曹》诗，作于乾隆三十三年（1768），诗中有“可恨同时不相识，几回掩卷哭曹侯”句。

9月7日，吴恩裕在《光明日报》上发表了《永忠吊曹雪芹的三首诗》，对永忠吊曹雪芹三诗的内容及反映的问题进行了介绍，文中，吴恩裕还引明义《绿烟琐窗集》中的《题红楼梦二十首》诗序“曹子雪芹出所撰《红楼梦》一部，备记风月繁华之盛：盖其先人为江宁织府……余见其抄本焉”，进一步确定了曹雪芹对《红楼梦》的著作权——所有反对《红楼梦》作者为曹雪芹的“异说”，都不敢直面这一条材料。吴恩裕还指出，可以通过考察曹雪芹的交友与活动，进而了解曹雪芹的友人，间接研究曹雪芹的个性与风采①，为曹雪芹家世生平研究指出了一条可行的新路。

（三）吴恩裕的《关于曹雪芹》、《曹雪芹的生平》及其引发的新资料

1954年八九月间，吴恩裕在《新观察》第16、17、18期上发表了《关于曹雪芹》一文，其中《曹雪芹生平二三事》一节叙及曹雪芹在北京西郊的情况。

与此同时（8月12日至10月5日），吴恩裕还在香港《大公报》上连载《曹雪芹的生平》的长文，结合曹雪芹友人诗，对曹雪芹的家世、今昔、性格、思想、才能、爱好、家属、友人等一系列情况进行了分析和探讨。该文共24篇，5万多字，相当于一部简略的“曹雪芹传”，较周汝昌的《曹雪芹》一书早出了10年。

吴恩裕的《关于曹雪芹》一文发表后，上海的曹未风、承德的赵常恂先后致信吴恩裕，向他讲述早年听闻的曹雪芹口碑资料。9月28日，上海曹未风函云：

> 记得在一九三零年曾在北京西郊到过一个村子（在颐和园后过红山口去温泉的路上附近），名叫“镶黄旗营”，曾听到一位当地人士谈到，曹晚年即住在那里，并死在那里。

10月18日，承德赵常恂致吴恩裕函云：

> 我幼年（清末）在北京读书时（满蒙文高等学校，在西城丰盛胡同），有一个同舍生是北京西郊健锐营人……他常说，郊外骑驴如何有趣。偶谈起《红楼梦》来，

---

① 根据永忠诗，结合其他资料，吴恩裕认为，永忠与曹雪芹并不相识（他与敦诚的相识在乾隆三十一年），他是通过敦诚的叔叔墨香才看到《红楼梦》的——墨香在西郊有抱瓮山庄别墅，雪芹可能有所往来。

他又说作《红楼梦》的曹雪芹就住在他们那里，后来也死在那里。雪芹的旧居房屋，犹有痕迹可指。也还有人收藏着雪芹所写的字画，此外，并说了些雪芹的轶事。①

这些传说都出现于红学家和香山百姓互相了解之前，且可与吴恩裕、老舍等人了解到的其他传说互相证明，应该说，具有相当的可信性，吴恩裕对这些资料的记载和传播，为后人研究曹雪芹的京西生活作出了重大贡献。

（四）王利器、吴恩裕关于曹雪芹生平的探讨

1755年7月3日，王利器在《光明日报》上发表了《重新考虑曹雪芹的生平》一文。

王利器利用《春柳堂诗稿》中雪芹"年未五旬而卒"的文字，结合曹颙死后其妻马氏怀有遗腹子的事实，提出曹雪芹即是这个遗腹子，他生于康熙五十四年，卒于乾隆二十七年，享年实为48岁。曹雪芹在江南生活了13年，深受江南社会的熏陶。雍正六年，曹家被抄，曹雪芹随即同"家属回京"，曹雪芹亦当于是年来到北京，曹雪芹是在江宁生活了13年才离开的。如此，敦敏兄弟诗中"秦淮风月忆繁华"、"扬州旧梦人犹在"等文字也"都有了着落"②。

1957年，吴恩裕在文史专家张次溪那里看到敦诚《鹪鹩庵杂志》的清人抄本③，其中有敦诚《挽曹雪芹》诗2首。据首诗中"肠回故垄孤儿泣（前数月，伊子殇，因感伤成疾），泪迸荒天寡妇声"，吴恩裕指出，与流传的敦诚《四松堂集》中"孤儿渺漠魂应逐"对看，可知曹雪芹唯一的儿子是前妻所生，儿子死后，曹雪芹感伤成疾，不久伤逝（时在癸未），且死后即葬于附近。

敦诚《寄怀曹雪芹》诗中有"当时虎门数晨夕，西窗剪烛风雨昏"句。对于"虎门"何指，学界向无定论。

吴恩裕作于1957年、定稿于1973年的《曹雪芹和右翼宗学——"虎门"考》一文，引《四松堂集》、《懋斋诗钞》及《四松堂诗钞》乾隆甲辰（四十九年，1784）抄本中涉及"虎门"的诗文数首，如敦诚《先妣瓜尔佳氏太夫人行述》中"乙亥，宗学岁试，钦命射策，诚随伯兄试于虎门"等，果毅亲王允礼《宗学记》中"念我宗室子弟，尤教育所宜先，特谕立东西二学于禁城之左右……即《周官》立学于虎门之外以教国子弟之意也"等文字，指出："敦诚所用'虎门'一词即指宗学，且指右翼宗学。"④

此论有理有据，与1963年张永海提供的曹雪芹传说中曹雪芹曾任职右翼宗学的说法一致，

---

① 吴恩裕：《曹雪芹佚著浅探》，天津人民出版社1979年版。

② 王利器：《马氏遗腹子·曹天佑·曹霑》，《红楼梦学刊》1980年第4辑。王启熙：《曹雪芹即曹颙遗腹子的几点确证》，《红楼梦学刊》1983年第3辑。

③ 吴恩裕：《曹雪芹丛考》云："《鹪鹩庵杂诗》是一九五七年六月张次溪先生借给我的……抄本第一页署'鹪鹩庵杂志'……但实际上却连一条'志'也没有，全是诗。因此我后来引用时，即署'鹪鹩庵杂诗'。"上海古籍出版社1980年版。

④ 吴恩裕：《曹雪芹丛考》。

得到了学界的普遍认同，解决了曹雪芹生平研究中的一大难题，也极大地扩展了曹雪芹生平、交游研究的空间。

（五）吴恩裕对有关曹雪芹口碑资料的搜集与研究

1963年3月17日，受《文学遗产》编委会的委托，吴恩裕到香山正黄旗采访知晓曹雪芹传说的蒙古族老人张永海，一同前往者有吴世昌、周汝昌、陈迩冬、骆静兰等人。

据张永海说，曹雪芹在乾隆十六年（1751）正式定居香山正白旗，乾隆二十年春天，从正白旗搬到镶黄旗营外的北上坡居住，并最终死在这里，葬于地藏沟。其正白旗的故居位于"四王府的西边，地藏沟口的左边、靠近河的地方，那儿今天还有一棵二百多年的大槐树"。后面是正白旗存放档案、发放钱粮的档房。张永海还提到，曹雪芹在正白旗的时候，一位叫鄂比的朋友曾经送他一副对联，云："远富近贫，以礼相交天下有；疏亲慢友，因财绝义世间多。"

此采访经吴恩裕整理，曾在北京作协内部印发。1963年4月18日，《北京日报》"北京春秋"版发表了张永海口述、其子张家鼎整理的《曹雪芹在西山的传说》一文，向社会大众披露了张永海讲述给吴恩裕的曹雪芹传说内容。

又，吴恩裕著《曹雪芹红楼梦琐记》一三一节《雪芹早年在苏州之见闻》云："余于一九七四年五月去沪，初识陈从周同志。从周告以吴中故老传说，谓雪芹曾游拙政、狮子林诸名园。"又云，舅祖李煦见小雪芹"聪明伶俐，非常喜爱"，因此，长留他在苏州居住。"曹寅任苏州织造时购买拙政园的一部分，到南京后将这部分产业转给李煦，当时园中除李家少数主人外，尚有仆妇丫鬟甚众，雪芹一度住过此园。""雪芹好问，因此，李煦闲暇时每向他说曹、李家事，如四次接驾、外国商人等事情。"

吴恩裕对早期民间关于曹雪芹口碑资料的搜集、整理与公布，极大地丰富了学界、社会对曹雪芹家世生平的认知。

除以上对曹雪芹家世生平的相关研究外，吴恩裕对曹雪芹"文物"的搜集和研究亦不遗余力，除他在《曹雪芹佚著浅探》中提到的曹雪芹的"画石"、曹雪芹书简等"文物"外，对"芹溪处士"款书箱、"曹雪芹著"《废艺斋集稿》的研究也占据了他很大的精力，而对书箱、《废艺斋集稿》的研究，还一度引发了学界对曹雪芹家世生平中的又一股热潮。

六、学界对"曹雪芹文物"与"故居"的研究和争议

在"曹雪芹文物"研究中，影响最大、也最具争议的当属由孔祥泽提供、吴恩裕披露的"曹雪芹著"《废艺斋集稿》。

（一）《废艺斋集稿》的研究与讨论

据孔祥泽说，1943年，他在北平北华美术专门学校读书时，曾见到一部《废艺斋集稿》，

《集稿》第二卷《南鹞北鸢考工志》前有董邦达序，序中有“曹子雪芹”字样。当年，参与鉴定众人曾抄录《集稿》部分文字，孔还曾铅笔双钩过《南鹞北鸢考工志》前的“曹霑自序”。1972年，孔祥泽将当年抄录《废艺斋集稿》的情况告诉正在从事曹雪芹研究的吴恩裕，吴据之作《曹雪芹的佚著及其传记材料的发现》一文，发表在《文物》1973年第二辑上。

由于《废艺斋集稿》是除《红楼梦》外“现存”的唯一成规模的“曹雪芹作品”，因此，吴文发表后，《集稿》真伪和价值就引起了学界和社会各界的极大重视与争论，学界先后发表不少相关论文，如文雷的《曹雪芹佚著〈废艺斋集稿〉析疑》（《文物》1974年第7期），陈毓罴、刘世德的《曹雪芹佚著辨伪》（作于1974年，发表于《中华文史论丛》，上海古籍出版社，1979年）、吴恩裕的《论〈废艺斋集稿〉的真伪——兼答陈毓罴、刘世德两同志》（《中华文史论丛》，1979年）、朱家溍的《漫谈假古董》（《红楼梦研究集刊》，1980年6月）、郭若愚的《三难〈废艺斋集稿〉为曹雪芹佚著说》（《红楼梦研究集刊》，1982年5月）等。

以上文章基本都是针对《废艺斋集稿》的真伪发表意见，各有自己的逻辑和论证。但是，仔细通读各文章，发现这些文章多少都存在误会事件细节、进而导致认识误会的情况，比如，对孔祥泽与吴恩裕交往的过程和细节不清楚（在认识吴恩裕之前，孔祥泽即告诉跟自己学风筝的费保龄、冷世祥等人，他们学的是曹雪芹的风筝，有费保龄、冷世祥的文字为证，这就有力的驳斥了相应专家认为孔祥泽伪造曹雪芹著《废艺斋集稿》用以欺骗吴恩裕的推测）、将吴恩裕《发现》一文中某些推测和误会当作孔祥泽的原话，误认为《瓶湖懋斋记盛》中某些事物和文字不应出现在曹雪芹的时代、将西山地区的天气等同于京师天气，等等。

通过否定孔祥泽个人的信用否定《南鹞北鸢考工志》、《废艺斋集稿》为曹雪芹所作，是关于《废艺斋集稿》研究的又一条重要路径，最有代表性的当属吴晓铃的《试揭所谓曹雪芹佚诗〈自题画石诗〉之谜并以“回向”故吴恩裕先生》一文（《上海师院学报》，1983年第1期）。

1974年9月，吴晓铃在中国书店买到富竹泉《考槃室诗草》，中有《自题画石诗》，据云书中还有一散页，云：“先外祖富竹泉”字样。①

据此，吴晓铃指出，提供给吴恩裕《自题画石诗》的孔祥泽以外祖父富竹泉诗冒充曹雪芹诗，其人信用不可靠，其提供的一切信息也都不可信（陈毓罴、刘世德《曹雪芹佚著辨伪》用以否定《废艺斋集稿》的核心证据即吴晓铃收藏的《考槃室诗草》及其中的《自题画石诗》）。

该文发表后，学界对《废艺斋集稿》的态度发生了一面倒的否定。问题似乎全部解决了，但是仍有很多问题需要正视和解答：

1. 孔祥泽的舅舅富德荣患有精神病，有时清醒，有时疯颠，他手中有不少富竹泉的笔记，曾抄录孔祥泽外祖和母亲的诗文出售。

---

① 吴晓铃：《试揭所谓曹雪芹佚诗〈自题画石〉之谜——并以“回向”故吴恩裕先生》，《红楼梦研究集刊》第十辑，上海古籍出版社1983年版。

根据富德荣邻居的回忆和朱冰对首都图书馆藏富德荣售书联系方式的考察，知道富确有精神病，也有售书的行为，孔祥泽至少在这一点上没有说谎。如此，则吴晓铃收到的《考槃室诗草》是出自富竹泉之手，还是出自富德荣之手尚难确定。

2. 既然《考槃室诗草》中有孔祥泽所写的“散页”，何以首都图书馆藏吴晓铃捐赠的《考槃室诗草》不予以附录，却添上了售书给吴晓铃的中国书店应耆龄一篇相应叙述文字？

3. 孔祥泽根本否认他曾写过任何有“先外祖富竹泉”等字样的散页，中国书店副经理郑宝瑞也说从来没有收到什么所谓的证明。

4. “自题画石诗”五字是吴恩裕给该诗的命名，如该诗确为富竹泉所作，应题“题自画石诗”，如何《考槃室诗草》中题作“自题画石诗”？吴晓铃对吴恩裕此一质疑始终没有给以正面的回应。

5. 售书给吴晓铃的中国书店应耆龄所述的“孔祥泽作散页”内容与吴恩裕发表于1973年的《曹雪芹的佚著和传记材料的发现》一文相关资料几乎全同，据吴晓铃介绍，应某曾读过《曹雪芹的佚著和传记材料的发现》一文，这种情况应该如何解释？

6. 应耆龄或吴晓铃有富竹泉（或富德荣）《考槃室诗草》完全相同的纸张，故而《考槃室诗草》与其中收录的被吴恩裕命名为“自题画石诗”的诗文之间到底是怎样的关系，还值得做进一步的讨论。

7. 即便能够证明孔祥泽以外祖父富竹泉的诗文冒充曹雪芹诗文，也只能说明孔之私德有亏，也不能证明其提供给吴恩裕的所有资料皆为编造或者与曹雪芹无干，毕竟其提供的《南鹞北鸢考工志》“曹霑自序”双钩文字，经相关文物专家、公安部文检专家对书箱原件、题壁诗原件鉴定，与乾隆时期“题芹溪处士”款书箱盖儿内侧文字、正白旗39号院题壁诗同出于一人之手——而很多否定三者与曹雪芹关系的学人根本就没见过书箱和题壁诗的原物。

（二）关于正白旗“曹雪芹故居”的研究

1971年4月4日，香山正白旗39号院房主陈燕秀挪床时不慎碰落了西墙壁上的墙皮，墙皮的下面出现了诸多墨迹。陈不识字，当晚，从城里办事回来的丈夫舒成勋在墙壁中央发现一写作菱形的文字：

> 远富近贫，以礼相交天下少
> 疏亲慢友，因财而散世间多
> 真不错

文字与1963年张永海讲述的友人赠曹雪芹对联主体内容完全一致，仅有三字之差。

4月5日，舒成勋将墙壁上发现诗文的事情报告给海淀房管所、香山街道、香山派出所，并让自己的外甥郭文杰为题壁诗拍了照片。

4月9日，北京市文物管理处委派专人到正白旗查看，作出了否定的看法；5月27日，应

《文学遗产》的委托，吴世昌先生到正白旗39号院考察题壁诗，回去后写出调查报告，认为诗写得不好，字也俗，还有错别字，大概是清末小吏所为。

吴世昌的鉴定为同样反对正白旗39号院为曹雪芹故居的赵迅所驳。经赵查找，题壁诗文多抄自《唐六如居士全集》、《西湖志》、《东周列国志》、《水浒传》等①，可见诗不能说写得多么不好。

至于题壁诗上所谓的“错别字”，到底是因为作者不通文墨还是别有用意的修改，没有证据，不好妄测，但从其中某些诗文称“录”，却与原诗文字多异的情况来看，有意修改的可能性会更大些。

1975年八月二十九日（农历），著名文物鉴赏家张伯驹携夏承焘、钟敬文、周汝昌等人到正白旗39号老屋访问。舒成勋将当年照下的“题壁诗”的照片拿给张伯驹等观看。张伯驹后有《浣溪沙》记载当日之事，词注中写道：“按，发现之书体、诗格及所存兔砚断为乾隆时代无疑。”

墙壁题诗中一诗落款为“岁在丙寅”。张伯驹断定题壁诗文书体为乾隆时代，则此“丙寅”应为乾隆十一年（1746）。

（三）“曹雪芹书箱”的研究与争论

1976年，北京城内发现一对书箱，一只盖上写有“题芹溪处士句”，这让本已因“题壁诗”、《废艺斋集稿》不平静的红学界再次涌动起来。

书箱为一名叫张行的工人所有，是祖上传下来的。书箱盖面上绘有兰草、怪石图案，其中一只上刻《题芹溪处士句》：“并蒂花呈瑞，同心友谊真。一拳顽石下，时得露华新。”另一书箱则有“拙笔写兰，乾隆二十五年岁在庚辰上巳”字样，该只书箱盖后面有墨笔题写的“为芳卿编织纹样所拟诀语稿本”等五行书目及一首悼亡诗。

故宫博物院明清木器专家王世襄曾陪同文化部原副部长袁水拍、红学家吴恩裕到张家看过，认为书箱子确为清代乾隆中期之物。②

根据书箱内容和孔祥泽提供的《南鹞北鸢考工志》“曹霑自序”双钩，1978年吴恩裕写出了《曹雪芹手迹和芳卿悼亡诗的发现及其意义》一文。③

在文章中，吴恩裕对书箱的情况进行了介绍，就书箱后盖上的墨迹与《南鹞北鸢考工志》“曹霑自序”双钩笔迹进行比较，认为两者同出一人之手，书箱既然为乾隆二十五年（1760）旧物，则《南鹞北鸢考工志》“曹霑自序”亦为乾隆时期旧物，出自曹雪芹之手断然无疑。

朱家溍《漫谈假古董——曹雪芹的佚著和遗物》认为清中叶没有“纹样”一词，论证书

---

① 赵迅：《“曹雪芹故居”题壁诗的来源》，《红楼梦研究集刊》第1辑，上海古籍出版社1979年版。

② 吴恩裕：《曹雪芹佚著浅探》云：“一位研究木质年代的专家看过这两个书箱，认为就书箱的木质来看，它们是二百多年前的东西。”冯其庸《曹雪芹书箱补论》载，1978年2月1日，冯其庸、林默涵、王世襄也曾到张家观看书箱，王再次确认“箱子是乾隆时期的，箱上所画和刻的兰花和刻字，也是乾隆时期的刻工，这可以肯定无疑”。《红楼梦学刊》2011年第3期。

③ 吴恩裕复有《新发现的曹雪芹佚著和遗物》一文，发表于《红楼梦学刊》1979年第1辑。

箱非雪芹之物，但为近年严宽从雍正、乾隆年代的圆明园档案中查到“纹样”一词所驳。①

近年，曹雪芹纪念馆、北京曹雪芹学会邀请公安部文检专家、嘉德拍卖公司木器专家、颐和园小器作修复专家对题壁诗原件、书箱原件进行鉴定，认为书箱为乾隆年代旧物没有问题、五行数目与题壁诗出自一人之手亦无问题。

（四）崇文门外十七间半的研究

除正白旗39号院外，还有一处“曹雪芹故居”也曾引起学界的关注，那就是崇文门外的十七间半院。

张书才《曹雪芹蒜市口故居初探》一文（《红楼梦学刊》1991年第2辑）据1983年发现的雍正七年（1729）《刑部移会》中“京城崇文门外蒜市口地方房十七间半、家仆三对”，“给与曹寅之妻孀妇度命”文字和《乾隆京城全图》中对蒜市口地区房屋的描绘，认为崇文门外16号院（今广渠门内大街207号院）为蒜市口大街外唯一的一套十七间半房，应为曹氏故居。学界多数人认同此一观点。

当然，也有人提出异议，如“蒜市口地方”是否等同于现在的蒜市口大街，现今指出的十七间半房是不是一套独立的院子，等等。

（五）两幅曹雪芹像及曹雪芹佚诗问题

20世纪60年代，在曹雪芹家世生平研究中引起激烈争论的还有两幅分别发现于上海、河南的“曹雪芹画像”。该画像一佚失，一当事人言语前后反复不定，难以考辨，兹不具论。宋谋玚曾作《雪芹画像争鸣亲历记》（《黄河》1997年第6期）记载事情因由颇详。

另外，70年代引发巨大争论的还有曹雪芹题敦诚《琵琶行传奇》的“全诗”。

众所周知，敦诚《鹪鹩庵笔麈》载曹雪芹题敦诚《琵琶行传奇》诗末云：“白傅诗灵应喜甚，定教蛮素鬼排场。”

1971年冬，身在皖北濉溪五铺镇参加劳动改造的吴恩裕收到周汝昌发自北京的信函，其中写道，收到他人转送的曹雪芹题敦诚《琵琶行》传奇诗全文，云：

> 唾壶崩剥慨当慷，月荻江枫画满堂。
> 红粉真堪传栩栩，渌樽那靳感茫茫。
> 西轩鼓板心犹壮，北浦琵琶韵未荒。
> 白傅诗灵应喜甚，定教蛮素鬼排场。

又云：“此诗来历欠明，可靠与否俱不可知。”据吴称，该信发于1971年12月26日。

该诗的出现引发了学界的轰动，早在1972年，吴世昌在吴恩裕处知道了该诗内容。吴世

① 陈传坤、严宽、朱冰（执笔）：《有关“纹样”一词新发现的文献及其本事考》，《红楼》杂志第100期纪念号，2011年。

昌表示：“就诗论诗，认为此诗在思想性和艺术性方面，在韵律和技巧方面，都达到了一定的高度。此诗句句切题，无一句空泛之语……因此，我认为此诗可信是雪芹原作。”随后，吴世昌又在不同的时候把此诗分别抄给一些老先生看，其中包括王伯祥、顾颉刚等人，“他们一见此诗，毫不犹豫不约而同的说：‘这是曹雪芹的原诗无疑，别人是做不出来的。’”

1974年，徐恭时、吴世昌合撰《新发现的“曹雪芹佚诗”》，在南京师院《文教资料简报》1974年8、9月号增刊上发表，认为该诗意境一气呵成，确为曹雪芹所作。

其后，周汝昌称此诗非出自曹雪芹手。《南京师范学院学报》1977年第4期上刊发了陈方《“曹雪芹佚诗”辨伪》一文，指出“考辨材料的真伪……基本的一条，是必须首先弄清它的来历。”引周汝昌《红楼梦新证》（人民文学出版社1976年4月版）中的按语，认为该诗出自“聊资想象”的玩笑而已。

因陈文对吴世昌多有语言攻击，吴世昌作《曹雪芹佚诗的来源与真伪》（《徐州师范学院学报》，1978年12月）一文作为回应，吴对该诗的研究思路与陈方完全相反，他认为评价诗文首先看水准而不是惟来历，并且提出，谁自称“曹雪芹佚诗”为自己所补，“请你再作一首或前六句同样的诗，让大家看看，在各方面是否够得上这首佚诗的水平。”

1979年5月，周汝昌在镇江师范专科学校主办的刊物《教学与进修》第2期上发表了《曹雪芹的手笔能假托吗》一文，称该诗系其于1970年秋从湖北干校调回北京无聊中拟作，时共作3首，并在文中展示了他所作的其余2首。

周汝昌的回应和出示的另外两首补诗，使学界对“曹雪芹佚诗”的态度一下子发生了极大的改变，从当初绝大多数人认为该诗非曹雪芹莫属，变成了绝大多数人纷纷认定此诗为周汝昌所补。

不过，学界也有人对第一首全诗与周汝昌后来出示的两首全诗的水准差异和周汝昌在此事中的态度反复表示怀疑，以至于多年以后张良皋还专门作《曹雪芹佚诗辨》一书（中国建筑工业出版社2009年12月版）对此诗的真伪和情况进行辨析。

（六）关于《龙之帝国》

1982年，黄龙作《曹雪芹与莎士比亚》一文，介绍了他所见的一份关于曹雪芹的资料，云：

> 当我（《龙之帝国》作者）祖父菲利普经营纺织商业而居留中国时，他有幸结识了当时的江宁织造监督曹頫先生，并在曹先生的邀请下担当了纺织工艺的技术传授人。这位东道主人极其慷慨好客，常常即席赋诗，以展情抱。为了酬答盛意，我祖父就宣讲《圣经》并为之详述莎士比亚戏剧的情节故事，讲得绘声绘色，十分生动。然而作为听众的，儿童和妇女是不得在其列的，而曹先生的娇儿爱子，竟因偷听之

故而受了责打训教。①

有专家认为，文中提到的曹先生的“娇儿爱子”可能就是少年雪芹；但也有人认为，由于找不到《龙之帝国》一书，黄龙所叙故事的真实性值得怀疑。对于《龙之帝国》的真伪，严中有过详细的采访与记录：

> 我于1985年1月24日去黄龙寓所访问了他。黄对我说，据南京师范学院赵国璋副教授说，南京有两位老先生曾看到过《龙之帝国》，一位叫章诚望，一位叫杨长春。
>
> 1月26日，我到章诚望先生寓所访问了他。章时年82岁，系著名学者柳诒征的女婿。章先生对我说，1927年蒋介石统治南京后，他开始收集图书，曾在旧书摊购到一本英文版《龙之帝国》，黄面，封面上有黄龙图式。开本大于32，小于16，厚约30毫米……
>
> 2月7日，我又去杨长春先生（南京图书馆老馆员）寓所访问了他。杨先生对我说，1982年他在馆内西文库内曾见到英文版《龙之帝国》一书，看的实际开本大小和厚度和章诚望先生所叙吻合。②

由严中对当事人的采访信息可知，《龙之帝国》关于曹頫和其“娇儿爱子”的记载应该有相当的可信性，不过学界对此材料的使用并不广泛。

七、冯其庸的曹雪芹家世生平研究

冯其庸先生是建国后对曹雪芹家世生平用力最勤的研究者之一。冯其庸之所以特别重视曹雪芹家世生平的研究基于两个原因：

（一）曹雪芹家世生平研究是理解《红楼梦》的重要前提

冯其庸在《曹雪芹家世新考》“自序”中云：

> 知人论世，要对一个作家及其作品有较为确切的了解，首先要了解作家的历史（包括他的家庭的历史）和他的世界观、他的社会关系等等，可以说这是研究一个作

---

① 金陵大学研究生黄龙为了研究莎士比亚，到中央图书馆（今为南京图书馆）查阅书集，发现了一本叫作《Dragon’s Imperial Kingdom》英文书，内中有一处写到莎士比亚、曹頫和他的“娇子”，就辑录了一张卡片。事隔三十几年，无意中又找着了这个卡片，遂作《曹雪芹与莎士比亚》一文，发表于1982年7月31日的《南京日报》增刊《周末》上。

② 严中：《红楼丛话》载：“人民出版社的金敏之也说，50年代他曾在旧书铺为本单位资料室买进一本《龙之帝国》，但经过十年内乱，如今遍寻无着。”南京大学出版社1991年版。

家所不可逾越的第一步。

可见了解曹雪芹的历史、世界观、社会关系，以之作为确切、深入理解《红楼梦》的切入点和途径，是冯其庸《红楼梦》研究的一个重要思路。这一点在他和李广柏合著的《红楼梦概论》（北京图书馆出版社2004年版）第一部分《红楼梦概论》及冯的一些散落文章中都有反映。

（二）对考据本身的喜好

冯其庸在《关于当前研究中的几个问题》中指出：

> “红学”的内容既如此广泛，我们就不可能要求一个“红学”研究者去研究“红学”的一切，而应该向专门化的方向发展。比如说，有的研究者有兴趣研究曹雪芹本身，有的研究者有兴趣研究《红楼梦》本身，有的研究者又喜欢研究《红楼梦》的版本，有的研究者又喜欢研究曹家上世的历史，如此等等。对于研究中的这种各人的爱好和专长，应该尽量各尽所好，扬长避短，而不要强人所难，不要指责他为什么老爱研究这个而不爱研究那个。我们可以评论研究者的成果，指出他的得失，却无权规定他只能研究什么，不能研究什么。①

也就是说，冯其庸之所以在“红学”研究中很重视曹雪芹家世生平的研究，原因即在于他本人对考据的爱好与专长。

冯其庸对曹雪芹家世生平研究用力最勤的是曹雪芹的家世问题，当然有些文章也涉及李煦、曹雪芹等相关问题研究。

（一）对曹家资料的搜集与研究

1975年，冯其庸在《清太宗实录》“天聪八年”（1634）条下发现有“墨尔根戴青贝勒多尔衮属下旗鼓牛录章京曹振彦，因有功加半个前程”的记载。至是，学界知道至晚到天聪八年曹振彦已归多尔衮旗下，为旗鼓牛录章京，并因功“加半个前程”。

同年，吴新雷在南京大学图书馆发现了乾隆十六年（1751）刊本《上元县志》，卷十五《曹玺传》为研究曹雪芹的曾祖曹玺、曹雪芹的上世等提供了宝贵的历史材料。吴有《谈红楼梦研究中的两个问题》一文，载《南京大学学报》1975年第3期上，文中节引了乾隆《上元县志》中的《曹玺传》部分文字。

1976年，李华和冯其庸发现了于成龙纂修的康熙二十三年（1684）稿本《江宁府志》中

---

① 冯其庸：《梦边集》，陕西人民出版社1982年版。

的《曹玺传》和唐开陶纂修康熙六十年刊本的康熙《上元县志》中的《曹玺传》。[1] 冯有《曹雪芹家世史料的新发现》，发表在《文艺研究》1976 年第一期上。

吴新雷也在其后发现了《道光上元县志》和《康熙上元县志》中的《曹玺传》，作有《关于曹雪芹家世的新资料——〈康熙上元县志曹玺传〉的发现及探究》一文。

数篇"曹玺传"的发现，证明曹氏著籍"襄平"，至曹宝（世选）宦沈阳时，遂家于是；对曹玺、曹寅生平绩业，二传也有较清楚的记载；又知曹寅之弟名宣，印证了周汝昌关于曹寅弟名曹宣的推测；对曹頫性格记载虽只有"好古嗜学"4 字，却对曹氏家风、曹氏之败族等的研究有相当的意义。

（二）对曹雪芹祖籍及家世的研究

除对曹玺祖、父、子、孙资料的发掘外，冯其庸还对曹玺祖父曹锡远以上世系的研究投入了极大的精力。

自 1931 年李玄伯《曹雪芹家世新考》指出"曹寅实系丰润人而占籍汉军"以来，曹雪芹"祖籍丰润"成为影响甚大的学说。1953 年，周汝昌《红楼梦新证》第三章第一节《丰润县人》，云：

> 《楝亭诗钞》很有几首关于冲谷的诗……《诗钞》卷二叶七又有一诗，题曰《松茨四兄，远过西池，用少陵"可惜欢娱地，都非少壮时"十字为韵，感今悲昔，成诗十首》第二首说："况从丱角游，弄兹莲叶碧。"第三首说："恭承骨肉惠，永奉笔墨欢。"……试看"丱角"、"骨肉"、"伯氏"、"仲氏"、"夜雨床"等，无一不是兄弟行的字眼……

1962 年，为 1963 年纪念曹雪芹逝世 200 周年，北京文物局马希桂征集到两部曹氏族谱：《浭阳曹氏族谱》、《五庆堂重修辽东曹氏宗谱》。

同治《五庆堂重修辽东曹氏宗谱》载，曹雪芹家族上祖（曹世选）与五庆堂上祖是同一始祖，即曹俊，曹世选一支为曹俊第四房，而五庆堂曹氏上祖是曹俊的第三房。曹家籍贯为辽阳，而不是原在河北丰润，后迁铁岭、沈阳。

1963 年，朱南铣作《关于〈辽东曹氏宗谱〉》（该文后发表于《红楼梦研究集刊》第一辑，1979 年），认为该谱不伪。

其后，冯其庸作《曹雪芹家世新考——〈五庆堂重修辽东曹氏宗谱〉考析》，发表于《社会科学战线》1978 年第 2 期，也对该谱的真实性给予认可。冯其庸认为，《五庆堂重修辽东曹氏宗谱》对曹雪芹家族一支的记载可信，后据该谱作《曹雪芹家世新考》（上海古籍出版社 1980 年版），对谱中各房的情况进行了考证。

---

① 乾隆：《上元县志·曹玺传》转录自康熙六十年刊《上元县志·曹玺传》。

由于《五庆堂重修辽东曹氏宗谱》中关于曹雪芹家族一支的记载与《八旗满洲氏族通谱》中关于曹振彦家族的记载太过相似，且曹世选以上数代缺载，故而从此谱问世那天起，学界就有不少人对其中曹雪芹家族一支记载的可靠性存有怀疑。

20世纪70年代末，辽宁辽阳发现了《大金喇嘛法师宝记碑》、《重建玉皇庙碑记》、《东京新建弥陀禅寺碑记》，前二碑碑阴有曹雪芹高祖“曹振彦”题名，后者有《五庆堂辽东曹氏族谱》上“曹得先”、“曹得选”、“曹世爵”等人的题名。

冯其庸认为，《大金喇嘛法师宝记碑》记载“驸马总镇佟养性”为该工程的“钦差督理”，则碑阴题名诸人包括曹振彦都属于佟养性管辖的旧汉军；而曹振彦题名在“教官”（周汝昌认为，此二字为“敖官”，为一人名）项下，故曹振彦彼时为“教官”。

冯其庸还与杨立宪主编了《曹雪芹祖籍在辽阳》（辽海出版社1997年版）、《曹雪芹祖籍在辽阳续集》（辽宁人民出版社2004年版），收录研究曹雪芹家族与辽阳关系的文章数十篇，力主曹雪芹祖籍在辽阳。

（三）对“芹溪处士”款书箱的研究

对张行家藏的有“芹溪处士”款的书箱，冯其庸也进行过专门研究，撰有《二百年来的一次重大发现——关于曹雪芹的书箧及其他》（《红楼梦学刊》1980年第1期），在王世襄鉴定该物为乾隆时期旧物的基础上，冯其庸从书法和逻辑两个方面对《废艺斋集稿》“曹霑自序”双钩、书箱上的五行书目与曹雪芹的关系进行研究，认为《废艺斋集稿》、松木书箱都是曹雪芹的遗物，而正白旗39号院西墙壁上文字笔体与《废艺斋集稿》“曹霑自序”双钩、书箱上的五行书目相同，很可能是曹雪芹西山故居之一处。这就将曹雪芹“文物”、曹雪芹生平的研究领域扩大了。

2009年，陈传坤在《全唐诗》中发现唐人张籍《酬浙东元尚书见寄绫素》中有“越地缯纱纹样新，远封来寄学曹人”句，知早在唐代中国即有“纹样”一词，作《有关“曹雪芹书箱”问题考两则》一文，发表于《寻根》2010年第5期上，认为朱家溍所谓“芹溪处士”款书箱盖后的“纹样”二字来自于近代日本不能成立。

文章发表后，一直对“题芹溪处士”款书箱抱支持态度的冯其庸先生认为其说可信，可证书箱应为曹雪芹遗物无疑，并作《曹雪芹书箱补论》，发表在《红楼梦学刊》2011年第3期上。

（四）关于曹雪芹与怡王府的关系研究

冯其庸曾与吴恩裕先生一同前往北京图书馆对国家博物馆藏《石头记》与北京图书馆藏“己卯本”《脂砚斋重评石头记》进行版本核对，发现北图藏“己卯本”与国博残本《石头记》为同一个本子，出自怡王府，为曹雪芹的交游情况和生平研究扩展了新的空间。

（五）曹雪芹葬地的研究

关于曹雪芹的葬地，20世纪50年代前后香山一带传说俱云，曹雪芹卒于香山镶黄旗外公主坟，葬于附近。曹雪芹友人敦诚《挽曹雪芹》称："肠回故垄孤儿泣"（数月前，伊子殇，因感伤成疾）、张宜泉《伤芹溪居士》云"多情再问藏修地，翠叠空山晚照凉"，故学界也多认为曹雪芹死后葬于香山地区。1992 年 7 月，北京通县张家湾发现"曹雪芹墓碑"，又引发了关于曹雪芹葬地的争论。

冯其庸认为张家湾碑确为曹雪芹墓碑，其《曹雪芹墓石目见记》（载 1992 年 8 月 16 日《文汇报》）云：

> 墓碑平躺在房子里，约 1 米左右高，40 多厘米宽，15 厘米左右厚，墓碑质地是青石，做工很粗糙，像是一块普通的台阶石……碑面上凿刻"曹公讳霑墓"五个字，也不像一般碑文的写刻，就像是用凿子直接凿的……总之给人以十分草率的印象……在碑文的左下端有"壬午"两字，"午"字已剥落左半边，但还能看出确是"午"字。
>
> 我们对着这块石碑，反复仔细观察，并拍了照片，觉得石碑和碑上所刻字迹，都是旧的原有的，并非后来新凿的。

不过学界（文物界、红学界）对此物真实与否的意见异常分裂：周汝昌、秦公、苏天钧、顾平旦等人认为，石碑刻画不合清代墓葬碑文规制，认为"漏窦重重，大可疑议"；而傅大卣、史树青、王利器、邓绍基、刘世德等人则认为，曹雪芹逝世时，家境窘迫，友人为之作碑仓促，不合规制是正常的，此碑"不是伪造"。

冯其庸将正反两方观点编为《曹雪芹墓石论争集》（文化艺术出版社 1994 年版）一书。

纵观正反两方观点，可以发现各有其理，但都是在情理上论，而不是从文物，也就是说碑刻新旧的角度来讨论，即便支持墓石为真的傅大卣、史树青也只是说墓石不像近十几年的东西而已。如果连墓石是不是 200 年前的东西都不确定，只论其是否合乎清代制度和为什么不符合清代制度规定，关于墓石争论的前提就不确定，讨论自然也不能产生确定的结果。另外，1987 年秋，侯刚、王娟、李莽、严宽等人曾前往张家湾拍摄《曹雪芹的足迹》，碰到碑石的捐献者李景柱，李景柱称，碑石主人是曹頫，让侯刚等人疑惑的是，为何过了 5 年曹頫碑忽然变成了曹霑碑？

（六）关于李煦研究

冯其庸的《关于李煦》一文（《红楼梦学刊》1996 年第 4 辑）就李煦与康熙、曹家的关系进行了分析，并利用李鼎的供词，对李煦抄家一事进行了专门的研究。

该文还记述了 20 世纪六七十年代自己到苏州时，苏州父老提供的曹雪芹口碑资料，如曹生于苏州，曾住织造府，李煦很喜欢他，常接曹雪芹到苏州，不仅印证了陈从周等人对曹雪芹生于苏州传闻的记载，也将曹雪芹早年江南生活的研究领域从南京扩展到苏州。

（七）《曹雪芹家世〈红楼梦〉文物图录》、《红楼梦大辞典》

冯其庸还编著有《曹雪芹家世〈红楼梦〉文物图录》（三联书店香港分店1983年版），收集有关曹雪芹家世生平的文物图片如碑刻拓片、地方景物、塑像、砚台、笔山、书箱、谱牒等共计700余件，为后人保存了极为珍贵的资料。冯其庸还与李希凡主编《红楼梦大辞典》（文化艺术出版社1990年版），其中设立专门章节收录有关曹雪芹家世生平的相关词条，为学界了解曹雪芹家世生平的现状提供了极大的方便。

八、关于曹雪芹生卒年的研究

曹雪芹生卒年的研究从来就是曹雪芹家世生平研究的热点，至今学界对此问题也未达成一致意见。

（一）曹雪芹的卒年研究

曹雪芹的卒年有三说，一为乾隆二十七年壬午（1762）说，系胡适提出，所据为“甲戌本”《脂砚斋重评石头记》“壬午除夕书未成芹为泪尽而逝”的“脂批”；一为乾隆二十八年癸未（1763）说，提出者为周汝昌，所据为敦敏《懋斋诗钞》之《小诗代简寄曹雪芹》作于乾隆癸未；一说卒于乾隆二十九年甲申（1764），也是胡适提出来的，所据为敦诚的《挽曹雪芹 甲申》。

壬午说、癸未说争执的焦点在于《懋斋诗钞》是否严格编年，《小诗代简寄曹雪芹》是否作于乾隆癸未。

1954年4月26日，历法学家曾次亮在《光明日报·文学遗产》发表《曹雪芹卒年问题的商讨》一文，指出敦敏请曹雪芹于“上巳”（三月三日）前三日到家饮酒，则其诗歌必作于二月底；诗歌中又谓：“东风吹杏雨，又早落花尘”，则其时应是“落花时节近清明”。乾隆壬午二月小，二月廿五日春分，三月大，三月十二日清明；癸未年则二月小，二月二十二日清明，故诗中云此时杏花已落，该诗只能作于乾隆癸未年。

曾次亮的研究思路和结论为研究曹雪芹卒年打开了一扇新的大门，即用《小诗代简寄曹雪芹》中描述的情形判断该诗的写作时间即可，至于《懋斋诗钞》是否严格编年倒是其次的事情。

关于“甲戌本”上的“壬午除夕”，著名文物学家郭沫若曾在1963年提出，“甲戌本”《石头记》“脂批”上的“壬午”二字远小于其他文字，似应为上一句的落款，与下一句“除夕……”似无关系。

吴世昌认同郭沫若的说法，指出《懋斋诗钞》系敦敏本人的抄摘（《诗钞》中《戏赠敬亭山居》上有眉批“谑我亦佳”，字迹与其他评赞、“抄”、“选”字迹一致等），其可靠性远大于后来历经剪贴的《四松堂集》。按照《懋斋诗钞》基本编年的原则和癸未春敦敏《小诗代简寄曹雪芹》的内容，乾隆壬午年曹雪芹绝然不会逝世，故而，曹雪芹的卒年只能在乾隆癸未年。

至于癸未说和甲申说，实际上并无绝对的矛盾。《挽曹雪芹》云："四十萧然太瘦生，晓风昨日拂铭旌。"可知敦诚参与了曹雪芹的丧事，若曹雪芹卒于癸未年除夕，则此挽诗即应作于甲申年初，而敦诚《挽曹雪芹 甲申》是从《挽曹雪芹》修改而来，署"甲申"并借前诗"牛鬼遗文悲李贺，鹿车荷锸葬刘伶"二句入诗，并无难解的地方。

（二）关于"四十年华赴杳冥"的理解

学界之所以重视曹雪芹的卒年，是因为曹雪芹的生年更没有明确的资料可供研究，只能先确定其卒年，再按照曹雪芹友人诗中提到的曹雪芹享年信息，推导曹雪芹的生年。

因敦诚称曹雪芹"四十年华赴杳冥"，周汝昌称曹雪芹享年 40 岁，生于雍正二年；而张宜泉《伤芹溪处士》序云："其人……年未五旬而卒"，结合康熙五十四年三月初七曹頫折："奴才之嫂马氏，现因怀妊孕已及七月……将来倘幸而生男，则奴才之兄嗣有在矣"，李玄伯、王利器称曹雪芹生于康熙五十四年，享年 48 岁。

所以，研究曹雪芹的生年必须要解决的一个前提就是，如何理解敦诚称曹雪芹"四十年华赴杳冥"的诗句。

既然敦、张皆为曹雪芹的生前好友，他们都应该比较清楚地知道曹雪芹的相关信息，研究者更应该关注和阐释的是二者何以不同，而不是根据自己的感情和需要简单地取一弃一，称敦、张其中之一不了解曹雪芹逝世的情况。那么，敦、张对曹雪芹享年的记载为什么会出现如此巨大的差异呢？这就要涉及对敦诚"四十年华"这一用法的理解。

或者以为，古人为诗时不可能为亡友减寿，故而敦诚二挽曹雪芹，诗中"四十"始终不改。

实际上，诗是写意的文字，言志达意才是第一位的，是否写实在作者眼里倒不是那么重要，这就是诗中多夸张和虚称的原因，如李白的"白发三千丈"、敦诚的"日望西山餐暮霞"等都是。

按，纪昀《四松堂集》序云："敬亭……天不假年，甫五旬余而奄化"。众所周知，敦诚卒于乾隆五十六年（1791），享年 58 岁。何以纪昀称其"甫五旬余而奄化"呢？

实际上，这不过是古人对逝者英年早卒表达惋惜的一种用辞而已。不惟文章，诗词也是如此。明白了这一点，就能够理解何以曹雪芹享年 48 岁，而敦诚却称其"四十年华赴杳冥"了。

（三）关于曹雪芹的生年研究

关于曹雪芹的生年，有康熙五十年（1711）说、康熙五十四年（1715）说、雍正二年（1724）说。

康熙五十年说是吴新雷先生提出的，证据是康熙五十年张云章有《闻曹荔轩银台得孙却寄兼送入都》①。

如果曹雪芹生于康熙五十年，至乾隆二十八年去世，他应该52岁。这一点不管与敦诚的证言，还是与张宜泉的证言都对不上。

在历史学考证中，亲近者提供信息的可靠性远大于其他信息，多个一致信息的可靠性又远大于孤证，何况张云章的诗句中根本就没提到曹雪芹呢？那么，又该怎样理解张云章诗中“天上惊传降石麟（时，令子在京师以充闾信至），先生谒帝戒兹辰”的说法呢？令子，即对他人儿子的美称，但在传统社会，同父的兄弟之子，皆可作己子而视，故有“犹子”的说法。

按照康熙五十四年三月初七日曹頫折中“奴才之嫂马氏，现因怀妊孕已及七月……将来倘幸而生男，则奴才之兄嗣有在矣”的说法，康熙五十年末曹寅在京生有一“石麟”的“令子”要么不是曹颙，要么是曹颙，而其所生之子并未能成活。总之，此“石麟”与曹雪芹无干。

九、关于曹寅、李煦资料的发现与研究

曹寅、李煦是曹雪芹家世生平研究中的两个重要人物，一来他们参与了康熙皇帝南巡的接驾活动，而这成为后来曹雪芹《红楼梦》中创作元妃省亲的原型，二来二人的图书收藏和经历、家风、遭遇对曹雪芹的成长和创作有着潜移默化的影响。因此，对曹寅、李煦资料的收集和研究也就自然而然地成为曹雪芹家世生平研究中的一个重要课题。

（一）档案中曹家、李煦资料的整理与研究

1975年，故宫博物院明清档案部编纂出版了《关于江宁织造曹家档案史料》一书、1976年又编纂出版了《李煦奏折》一书。

《关于江宁织造曹家档案史料》一书收录清代内阁、宫中、内务府奏折、题本档案中有关曹家（含曹玺、曹寅、李煦、曹颀、曹颙、曹頫等）资料200件（汉文档案139件，满文档案汉译61件），时间起自康熙十六年十月二十日，至乾隆九年三月。

《李煦奏折》收录李煦奏折413件，其中包括部分与曹寅联名具奏者、涉及曹家事宜者；由于雍正初年的李煦抄家、审拟档案收录到《关于江宁织造曹家档案史料》一书，本书未予再行收录，故而本书资料时间上自康熙三十二年六月，下至康熙六十一年十月。

1976年，台北故宫博物院、故宫文献编辑委员会编辑出版了《宫中档康熙朝奏折》，辑入汉文奏折3154件、满文奏折810件，其中有115件曹家奏折为《关于江宁织造曹家档案史料》所未见，经易管选编，以《江宁织造曹家档案史料补遗》为题刊登于《红楼梦学刊》1979年第2辑至1980年第2辑上。

---

① 吴新雷：《〈朴村集〉所反映的曹家事迹——兼考曹雪芹的生年和生父》，《红楼梦研究集刊》第6辑，上海古籍出版社1981年版。

以上700余件曹家、李家档案资料的披露与整理，为清史研究、曹雪芹家世生平研究提供了极为丰富的历史资料，引发了学界对曹雪芹家世生平研究的又一个热潮。

2002年，张书才在中国第一历史档案馆藏内阁、内务府全宗档案及已编译出版的《雍正朝汉文朱批奏折汇编》、《雍正朝满文朱批奏折全译》中，陆续查到13件有关审理李煦罪案的档案史料，作《李煦获罪档案史料补遗》一文，发表于《红楼梦学刊》2002年第2辑上，为学界深化对李煦的研究提供了新的资料。

（二）关于曹寅研究

关于曹雪芹家族的旗籍（实际上也是曹寅的旗籍）问题，因清代文献记载有别，学界颇有满洲、汉军的争议。

张书才的《曹雪芹旗籍考辨》一文（《红楼梦学刊》1982年第3辑）通过对清初满洲、汉人、汉军、内务府、内务府汉军等相关概念及其沿革、表述的分析，指出曹雪芹家族为内务府正白旗汉人包衣，其他相关说法或为汉人不知旗籍区别或者为清中晚期概念沿革所致。该文对曹雪芹及其家族旗籍归属、身份的认定有理有据，在学界影响很大。

朱淡文《曹寅小考》（《红楼梦学刊》1982年第3辑）指出，曹寅系顾景星妹所生，孙氏应为曹玺续弦。吴美渌《曹寅生卒年考》（《红楼梦研究集刊》第5辑，1980年），考察了曹寅的生卒年。吴新雷关注了曹寅与江南的关系，有《苏州织造府与曹寅、李煦》（《红楼梦学刊》1982年第4辑）、《〈香林寺庙产碑〉和曹寅的〈尊胜院碑记〉》（《红楼梦研究集刊》第2辑，1980年）；关嘉禄则根据档案指出，曹寅从江宁回京后先为慎刑司员外郎，后迁会计司郎中，再后方为广储司郎中，关撰有《曹寅与皇庄》（《清史研究》1986年第4辑）、《曹寅理财刍议》（《清史研究》1994年第3辑），对曹寅的活动和思想进行了探讨。

宋铁铮、顾平旦则注意到曹寅剧作《续琵琶》，作《曹寅〈续琵琶〉传奇初探》（《红楼梦研究集刊》第2辑，1980年）、顾平旦还作有《曹寅〈太平乐事〉杂剧初探》（《红楼梦学刊》1986年第4辑）；胡文彬则发现了邵锐手抄曹寅的《北红拂记》，作《邵锐手抄曹寅〈北红拂记〉的发现及其内容》（《红楼梦学刊》2004年第4辑）。

敏成的《曹寅家的几位亲属问题》（《红楼梦研究集刊》第5辑，1980年）将曹寅家族的研究范围进一步扩充了。

1983年，在南京举办的纪念"曹雪芹逝世220周年学术讨论会"上，第一历史档案馆展示了《总管内务府为曹顺等人捐纳监生事咨户部文》。该咨文记载中，曹顺为曹寅之子，曹颙为曹荃之子，与曹家奏折中的相关记载互相矛盾，成为困扰学界多年的学术谜题。11月24日，该咨文刊登于《光明日报》上。

顾平旦、向彪、刘上生则关注到曹寅对曹雪芹的影响。顾有《作为戏曲家的曹寅——兼谈曹雪芹的家学渊源》（《红楼梦学刊》1984年第4辑），向有《曹寅与西学的接触及其对曹雪芹的影响》（《红楼梦学刊》2002年第2辑），刘有《秦淮风月忆衾缘——曹寅的"情"与曹雪芹的"情"》（《红楼梦学刊》2000年第3辑），等等，刘上生甚至专门著有《曹寅与曹雪芹》一书（海南出版社2001年版）；而胡绍棠则更是致力于曹寅《楝亭集》的笺注与研究，出版有《楝亭集笺注》（北京图书馆出版社2007年版）。

对曹寅交游的研究也是曹寅研究的主要题目之一，刘长荣有《玄烨和曹寅关系的探考》（《红楼梦学刊》1981年第2辑）、何崇恩有《曹寅与陈鹏年》（《红楼梦学刊》1983年第3辑）、朱良志有《石涛与曹寅交往事实考略》（《红楼梦学刊》2005年第3辑）、王利民有《朱彝尊与曹寅交游考》（《红楼梦学刊》2007年第2辑）等文章。目下，学界对曹寅研究的势头仍在继续，且有广阔的空间可以发掘。

（三）关于李煦研究

李玄伯开启了曹雪芹家世生平研究课题中有关李煦研究的大幕，但是，其后关于李煦的研究并没有引起学界太多的重视，直到20世纪70年代这种局面才有改观。

1. 李煦研究与曹雪芹在苏州的口碑资料

徐恭时作《芹红新语》，载《上海师范大学学报（哲学社会科学版）》1979年第1期，除对曹雪芹的一些相关资料进行分析外，还记载了他所了解到的李煦与苏州、曹雪芹一些传说，称曹雪芹出生于苏州，在拙政园一部分（时归李煦）生活过，欣赏戏曲等事。

1980年，徐恭时作《那无一个解思君——李煦史料新探》（《红楼梦集刊》第5辑，1980年），对李煦的家族、交游、《楝亭诗钞》中涉及的李煦诗、李煦的儿子李以鼎、李以鼐等问题进行了探讨。

1983年，王利器的《李士桢、李煦父子年谱》由北京出版社出版。这是第一部系统收集考察李士桢、李煦父子生平资料的著作，大量使用了《李煦奏折》及李煦友人诗文中的相应资料，为后人的李士桢、李煦父子研究奠定了坚实的基础。

值得注意的是，徐恭时、吴恩裕、冯其庸在谈及李煦的文章时，都曾提到道光、咸丰年间至20世纪60年代一直流传在苏州的有关曹雪芹在苏州出生和生活的传说。

程宗骏《苏州织造行略考》（《上海师范大学学报》1992年第4期），对李煦的苏州寓所、在苏期间的活动等问题进行简单的考索。

2. 《虚白斋尺牍》的发现与研究

由杜臻《行状》，学界知道李煦老家原为山东昌邑。冯其庸很早就关注到这一点，他曾到昌邑考察，并拍摄有“曹雪芹祖母李氏（曹寅之妻）母家今貌”的照片。

2011年，北京曹雪芹学会从昌邑收购到原昌邑姜氏藏李煦《虚白斋尺牍》的影印件。《尺牍》收录李煦各种文字318件（书289件，启27件，文2件）。樊志斌有《虚白斋尺牍述论》一文（《曹雪芹研究》2011年第2辑）对《虚白斋尺牍》的基本情况进行了介绍，复通过对《尺牍》笔迹与抄录者成达可《彭麓诗钞》笔迹的互证，证明《尺牍》确为康熙时人成达可抄录，确定了《尺牍》的可信性，并对其价值进行分析。其后，曹雪芹学会委托张书才先生负责《尺牍》的整理与注释，并将整理成果陆续发表在《曹雪芹研究》上。

王伟波在《昌邑所见李士桢李煦父子史迹与文物》（《曹雪芹研究》2011年第2辑）中介

绍了昌邑现存的李士桢、李煦父子相关史迹和李煦堂弟姜焯家族后人收藏的李士桢、李煦父子文物，如《李士桢暨配王氏影像》、《李煦生母文氏行乐图》、《李煦射猎图》、《李煦春游晚归图》、《李煦暨配韩氏、詹氏影像》、《李煦四季行乐图》以及康熙三十六年《姜氏世谱》中收录的李士桢、李煦父子所撰6篇文字。

关于曹寅与李煦的关系，雷广平有《曹寅、李煦与宋荦》一文（《红楼梦学刊》2005年第6辑），《虚白斋尺牍》披露后，他又撰有《李煦与曹寅、康熙的关系——由〈曹雪芹研究〉新披露的李煦资料谈起》一文（《曹雪芹研究》2012年第1辑）。樊志斌《曹寅和李煦》一文①结合《楝亭集》、《虚白斋尺牍》相关内容及曹李两家档案，对曹、李二人的交往进行了系统地探索。

总而言之，近年来，李煦资料的大量发掘，为李煦研究提供了广阔的空间，不仅丰富了曹雪芹家世生平研究的内容，也推动了清代政治史、盐业史、社会史的研究。

十、关于曹家抄家原因的研究与争论

曹家抄家原因的研究历来为人们所重视，这是因为，学界相信曹家抄家对曹雪芹的影响巨大，甚至影响到他对《红楼梦》中抄家的设计与描写，因而曹家获罪的原因是探讨曹雪芹生平、思想的关键内容之一，也是学界争论的学术焦点之一。

（一）曹氏抄家原因三说

周汝昌为代表的一批学人主张，曹家抄家系政治斗争失败说，认为曹家属于皇八子党，雍正继位后受到打击而一败涂地②，与李玄伯的主张一脉相承；而以张书才为代表的一批学人则主张，曹家因骚扰驿站而被罢斥；黄进德等人则认为，曹家因接驾等拉下的经济亏空而被革职。

1982年大连“辽宁省第四次红学讨论会”上，张书才据雍正七年（1729）七月廿九日《刑部移会》“查曹頫因骚扰驿站获罪，现今枷号”内容，作“曹頫被抄家枷号的真正原因”的发言，认为曹頫因骚扰驿站、多索夫马而被革职。张书才在1983年《历史档案》第2期上发表《新发现的曹頫获罪档案史料考析》一文，正式提出“曹頫获罪是经济原因”的论断。

1984年夏，魏鉴勋在大连图书馆发现了雍正六年六月廿一日内务府总管的《曹頫骚扰驿站获罪结案题本》，其中曹頫云：“我受皇恩，身为职官，不遵定例，多取驿马、银两等物，就是我的死罪，有何辩处？”1986年，魏鉴勋在《社会科学辑刊》第3期上发表《曹頫骚扰驿站获罪始末》一文，认为骚扰驿站是曹家被抄的直接原因，背后并没有政治阴谋。

不过，关于曹頫革职到底是因为政治上站错了队，还是骚扰驿站，并没有随着两件档案

---

① 载《曹寅、红楼梦与镇江》，当代中国出版社2013年版。
② 周汝昌：《曹雪芹》，作家出版社1964年版。

的发现而终结。

王若的《曹頫获罪原因浅析》(《红楼梦学刊》1987年第1辑)、马国权的《论曹頫被革职的历史背景和原因》(《红楼梦学刊》1989年第3辑)都认为，不能脱离雍正初年的政治背景看待上述两件档案的内容。

黄进德的《曹雪芹家败落原因新探——曹家被抄纯系政治罪案说商榷》(《红楼梦研究集刊》第4辑，1980年)、《曹頫考论》(《红楼梦学刊》2000年第4辑)认为，经过康熙皇帝的直接干预和李陈常、李煦的努力赔补，至康熙五十六年(1717)，曹、李两家已“补完盐课亏欠”①；至于康熙末、雍正初的亏空都是因为办差和寅吃卯粮新拉下的，在雍正初年整顿政府财政的背景下，曹頫之抄家仍系经济亏空所致。

(二) 如何理解雍正“原不成器，岂止平常而已”的朱批

不过，曹頫革职原因争论的关键在于如何解读雍正二年曹頫《请安折》上“你是奉旨交与怡亲王传奏你的事的……”大段朱批和雍正五年正月十八日《巡视两淮盐课臣噶尔泰奏折》中“曹頫年少无才，遇事畏缩，织造事务交与管家丁汉臣料理。臣在京见过数次，人亦平常”及皇帝“原不成器，岂止平常而已”的朱批。

主张曹家败落属于政治原因的，认为两件文字口气凶狠，充满威胁。黄进德的《曹雪芹家败落原因新探》、《曹頫考论》结合雍正初年皇帝以怡亲王允祥查处亏空的历史背景和康熙、雍正二帝对人才不同的观点，指出:“忠厚老实者未必就是循吏明官”，“按照雍正帝的用人标准，有德无才的官员在他手下是很难保位成全的”。

在充分考虑康熙、雍正二帝用人思路的前提下，黄先生对曹家系政治抄家说的反诘点到了关键，即曹頫的为官风格不合雍正的用人思路，这才是曹家革职的根本原因。关于雍正的用人之道，郭成康在《宁用操守平常的能吏，不用因循误事的清官——雍正对用人之道的别一种见解》一文中有详细的剖析(《清史研究》2001年第4期)，可与黄先生对雍正、曹頫关系对看。

(三) 关于曹頫骚扰驿站案

驿站是清代国家紧急信息传递的机构，康熙晚期，吏治混乱，驿站秩序亦遭破坏，过往官员骚扰驿站成为惯例，但是随着雍正初年党争的解决、亏空的清理，在朝廷秩序日趋正常的情况下，雍正对驿站秩序整顿提到日程上来。雍正四年，清廷重新规定了来往官员驰驿的程序和违例处罚举措。②

曹頫家人骚扰驿站就是在这种背景下发生的。本来对曹頫为官能力即有所不满的雍正皇

---

① “康熙五十六年十月十九日，上驻跸汤泉，巳时，上御行宫……大学士马齐等以折本请旨，覆请户部议覆李煦所奏江宁、苏州织造衙门所欠银两今已照数全还，此后商人但交正项钱粮及织造所用额银，并无欠项等因。”《关于江宁织造曹家档案史料》，中华书局1975年版。

② 《清会典事例》第696卷。

帝趁机革去了曹頫江宁织造的职务。

实际上，我们从曹家回京之后雍正皇帝对曹頫一家的后续处置措施也能够从反面看出曹家革职抄家的根本原因并非政治原因。

雍正六年，曹雪芹一家返回京师，被安置在崇文门外一处17间半的房子内，不仅如此，皇帝还给予6个仆人用以照顾曹家老幼。对照一下雍正初年皇帝对待政治犯、经济犯动辄发往打牲乌拉的举措，或者即以雍正对李煦的处置为例，曹家之被革职抄家也不可能是因为政治上站到了皇八子党一面。

总之，曹頫为政能力不足，不堪雍正皇帝之用，是曹家得罪的根本原因，而在整顿驿站秩序的关头，家人骚扰驿站则成为曹家得罪的直接原因。

十一、100年来曹雪芹家世生平研究的反思

总结、反思100年来曹雪芹家世生平研究的问题，理清学术的前沿，避免在研究中作重复劳动，同时整理相关学术争论存在的纠结点和解决的思路，是推动曹雪芹家世生平研究的重要工作。纵观100年来的曹雪芹家世生平研究，笔者认为存在以下问题。

（一）曹雪芹家世生平研究的根本在于材料的发现和逻辑的研究

不管是《红楼梦》的著作权问题，还是曹雪芹的生平及家世研究，新问题的提出和讨论多是伴随着新材料的发现而出现的。

没有《八旗满洲氏族通谱》和康熙《江宁府志》、《上元县志》的发现，我们不可能了解曹雪芹上代世系；没有曹家奏折的发现，对曹家的历史和抄没的原因就不可能得出真实的结论；没有《虚白斋尺牍》的发现，对李煦的研究就不可能打开如此巨大的空间；没有曹雪芹友人诗、“己卯本”《石头记》的发现，我们就不可能了解曹雪芹的性格与交游……

因此，在未来的研究中，如何加强对曹氏家族新材料的发掘和研究是未来曹雪芹家世生平研究的关键。

（二）曹雪芹家世生平研究中的“祖籍”“民族”等概念问题

近代“红学史”上，曹雪芹的祖籍研究是一个热点，曹雪芹的民族属性也是一个存在巨大分歧的研究课题，至今尚未能达成一致意见。

曹雪芹的祖籍研究，除周汝昌、冯其庸等人的专著外，刘世德有《曹雪芹祖籍辨证》（中国大百科出版社1998年版），王畅有《曹雪芹祖籍考论》（河北教育出版社1996年版），王畅、冯保成主编有《曹雪芹祖籍论辑》（对外贸易大学出版社1998年版），李奉佐有《曹雪芹祖籍铁岭考》（春风文艺出版社1997年版），河北曹雪芹研究会编有《曹雪芹研究》（河北教育出版社1995年版），唐山市政协、丰润县政协合编有《曹雪芹祖籍在丰润》（天津人民出版社1994年版）。

《涇阳曹氏族谱》和江西南昌县武阳镇发现的《曹氏族谱》则将丰润曹氏始祖曹端明的上世追溯到江西武阳曹孝庆。政协江西南昌县委员会编有《曹雪芹南宋始祖发祥地武阳渡》（内部刊物）等，收录数十篇相关论文；而江西南昌进贤县发现的《曹氏族谱》则将武阳曹氏祖曹孝庆的身世追溯至进贤，曹雪芹家族文化研讨会编有《曹雪芹家族文化探究》（当代中国出版社 2011 年版）。

曹雪芹的民族问题也是如此，王钟翰主满族说、李广柏主汉族说，至今仍有相关的争论。

之所以造成这种现象，就学界而言，在于对既有概念的认识往往存在先入的观念，如何谓"祖籍"、何谓民族。笔者认为，如果舍弃曹雪芹生活时代的概念原意，而以曹雪芹生活时代根本不存在的概念去强加解释历史上的事物和人物，恐怕难以作出合乎历史的正确判断与解释。

关于什么是"祖籍"，李广柏在《何谓祖籍——向周汝昌先生请教》一文中指出，《初刻拍案惊奇》卷一四叙于大郊故事，"要人到祖籍讨这一项钱粮"，光绪《钦定大清会典》卷十《吏部》"督抚以下，至杂佐，皆回避本省……如系寄籍者，祖籍、寄籍一体回避。盐场、河工之员不回避祖籍"，证明"祖籍"即是原籍。①

我们知道，曹雪芹是内务府正白旗包衣佐领下人，而这正白旗又原是从镶白旗转换过来的，如按照祖籍即原籍的说法而论，相对于曹雪芹现籍的正白旗而言，镶白旗即是曹雪芹家族的原籍。②

综上，如单论曹雪芹的祖籍并不复杂，学界关于曹雪芹"祖籍"的研究实际上是对曹雪芹家世的历史研究。而关于曹雪芹家世的研究，关键又在于《五庆堂辽东曹氏宗谱》对曹雪芹上世记载是否可靠。

关于曹雪芹的民族问题也是如此，即清代乾隆年代并没有民族这个概念。在谈这个问题之前，首先应将满洲、旗人、包衣、汉人、民族等相关概念的内涵、来历辨析清楚，否则只能落入自说自话的境地。

其他如曹雪芹的生活习惯、精神世界、创作目的等问题也都需要做符合历史的认真辨析，只有如此，我们的相关探讨才可能是有价值的。

（三）如何运用诗文进行曹雪芹研究

曹雪芹家世生平研究，尤其是生平的研究，诗歌是主要的依据之一。诗言志，诗歌往往存在艺术的夸张，那么如何理解诗文要表达的"原意"是一个非常困难的事情。

比如，敦诚谓曹雪芹"举家食粥酒常赊"。学界经常引之论证曹雪芹晚年生活困顿。

实际上，从清代制度或旗人习俗而言，旗人有固定的收入和政府补贴，赊账是旗人的习惯，是旗人对"铁杆老米树"固定收入来源的自信；从逻辑上说，酒既可常赊，则说明曹雪

① 李广柏：《谁懂红楼梦》，太白文艺出版社 2007 年版。
② 杜家骥：《清初两白旗主多尔衮与多铎换旗问题考察》，载《清史研究》1998 年第 3 期。

芹有固定的收入，在酒肆有很好的还款信誉；从事实上来说，从敦氏兄弟的诗文中我们可以发现，敦诚有佩刀质酒、典貂质酒的经历，而其笔下有老将军售棺椁为食的事情发生，我们能够认为敦诚生活贫困到要典当过活吗？

若以该句为写实之作，反映了曹雪芹真实的生活，则应如何看待“日望西山餐暮霞”之句呢？因此，对诗歌用典用词的理解一定要谨慎，这一点也适用于曹雪芹家族关系（如曹寅兄弟感情、曹寅与孙氏感情等）及曹家上世与丰润曹氏关系的探讨。

又如，对敦诚所谓曹雪芹“四十年华赴杳冥”一句的理解，不去考虑敦诚何以要作“四十年华赴杳冥”一句（要表达怎样的情感），而只是执着地考察清人能否在诗文中为逝世的友人“减寿”，自然也非解决问题的根本之道。

（四）应把曹雪芹的研究放到他生活的时代背景中去

人是特定历史环境下的人，他们的生活、喜好、思想都要受到历史发展阶段的影响。因此，对历史人物的研究，首先要关注他所生活的时代，对曹雪芹的研究自然也不例外。

比如，对曹家抄家问题的研究，学界之所以多年来流行政治迫害说，基本上只考虑了康熙末、雍正初的党争问题，而对雍正其人、继位之初的改革不甚了解，没有把曹家的研究放到这一关键背景下。

比如对曹雪芹生平的研究，学界或者以为，曹雪芹最终脱离了旗籍，丧失了固定的收入来源，从而导致“举家食粥酒常赊”的局面。

实际上，学界所举的“出旗”例子中的“出旗”往往作“出到某旗”讲，即所谓的“抬旗”；而乾隆初年的出旗为民的对象主要是汉军，而非内务府包衣，内务府包衣出旗为民则在乾隆中叶（30年以后），此时曹雪芹已经逝世。① 因此，在乾隆初年曹雪芹这种身份的人根本不存在“出旗”为民的可能。

比如，曹家的旗籍问题，在清代制度中有明确的记载，如以某些个别不了解情况的误记为据，对其内务府包衣人的身份提出质疑，即违背了材料可信度选择的基本原则。

又如，秦可卿与允礽的关系问题。清代圈禁制度主要对犯法人限制其行动上的自由，并不涉及家人。允礽之子弘皙尚被康熙养育宫中，女儿又何需藏匿？了解这一点，又怎么会有秦可卿系允礽之女，为曹家所藏匿这种近乎笑话的解释。

另外，关于曹雪芹的思想和《红楼梦》创作题材的研究，如果能够结合18世纪中国传统学术集大成的特点及当时妇女教育的现实，也许能够作出相对清晰的理解。正如张书才先生在1982年全国红学讨论会上发言所说的那样：“研究一下历史有好处。”

（五）应该重视某些口碑资料的历史价值

在历史的发展过程中，曹雪芹（家族）的某些信息通过文献记载而为我们所知，而有一

---

① 刘小萌：《清代北京旗人社会》，中国社会科学出版社2008年版。

些信息则通过口碑、文物的形式被保留下来，比如曹雪芹身胖头广色黑的传闻是裕瑞的姻戚传给其家族的；曹雪芹早年在苏州拙政园的生活问题，早在道光、咸丰年间即在苏州传播；曹雪芹娶李煦寡居的孙女是光绪年间齐白石听旗人朋友讲的；香山旗人知道曹雪芹的居所、有曹雪芹的字画是清末香山旗人告诉赵常恂的，等等。

固然口碑资料存在着夸大、牵强、不够准确等一系列问题，但是这也是历史文献记载的通病，尤其是文人笔记中的记载更是如此。史学研究有赖于研究者对资料（包括文献资料、口碑资料、文物资料）各个方面反映信息进行系统的比对、深入的思考、逻辑的链接，进而寻求出接近历史真实的本相，获得历史经验。在这个角度上说，并不存在文献文字就一定比口碑资料更加可靠的问题。前文已多叙述，兹不赘叙。

（六）如何对待可信材料中的矛盾

所谓可信资料是指研究对象最亲近、直接的记载，至于曹雪芹研究主要指敦诚、敦敏、张宜泉、明义等友人诗文对曹雪芹相关信息的记载。

但是这些人提供的可信信息存在矛盾，最著名的即是敦诚、张宜泉对曹雪芹享年的记载不同；此外，敦诚《寄怀曹雪芹霑》诗注“雪芹曾随其先祖寅织造之任”，告诉后人曹雪芹是曹寅的孙子，但是其后半句又明显与其谓雪芹“四十年华赴杳冥”的说法矛盾。

在这样的情况下如何取舍？不能轻易地说，敦诚记错了或者敦诚领会错了，如果这么说，首先要有确实的材料证明某人记错了。

从一般历史学考证的原则而言，时人记载的可信性高于后人记载，多重证据的可信性高于孤证等等，因此，在面对材料的矛盾时，既要从材料可信性的方面考察，也要从多个角度、多个证据对照进行考察，进而得出可信的论断，而不是只讲一点，不及其余。从这个角度上说，历史学不等于文献学。

（七）如何看待“脂批”

“脂批”是曹雪芹的友人、亲属在阅读《红楼梦》时写下的评论，属于早期出现的比较可信的资料，其对曹雪芹的家世、经历、思想的分析比较合乎曹雪芹本意的审美，有助于今人深入了解曹雪芹的思想。

需要注意的是，批评者毕竟只是曹雪芹的友人、亲戚，而不是曹雪芹本人，而且我们对从《风月宝鉴》到《红楼梦》的修改过程，《红楼梦》创作过程，曹雪芹与脂批诸人的关系、批改的程序一无所知。在这种情况下，就不能以“脂批”作为唯一标准考察曹雪芹的活动与《红楼梦》的创作。

也就是说，《红楼梦》早期的12个抄本和一百二十回本的程甲本、程乙本《红楼梦》的全部文字在“一定程度”上“一起”代表曹雪芹的创作过程与原意，而“脂批”则是除此之外的重要证据，而不是相反。以引起极大争议的“情榜”为例。

《红楼梦》第十八回《隔珠帘父女勉忠勤　搦湘管姊弟裁题咏》妙玉出场时，“脂批”

云："前处引十二钗总未的确，皆系漫拟也。至末回警幻情榜方知正、副、再副及三、四副芳讳。壬午季春。畸笏。"因此，有学者指出，《红楼梦》末回应有"情榜"，中列《红楼梦》群芳名讳，或以为共计60人，或以为共计108位，争论不止。

实际上，《红楼梦》第五回《游幻境指迷十二钗　饮仙醪曲演红楼梦》记叙得非常明确：

> 宝玉问道："何为金陵十二钗正册?"警幻道："即贵省中十二冠首女子之册，故为正册。"宝玉道："常听人说，金陵极大，怎么只十二个女子？如今单我家里，上上下下，就有几百女孩子呢。"警幻冷笑道："贵省女子固多，不过择其紧要者录之。下边二厨则又次之。余者庸常之辈，则无册可录矣。"宝玉听说，再看下首二厨上，果然写着"金陵十二钗副册"，又一个写着"金陵十二钗又副册"。

可见，警幻仙姑"薄命司"中大柜共藏金陵十二钗名册3厨，涉及人36位，根本没有108钗之说。

这种问题也存在于关于《红楼梦》后四十回中宝玉与诸钗的结局研究中，所谓红楼"探轶学"如果不能从总体上对《红楼梦》的主题、结构、故事、人物进行考量，而仅凭一两句所谓"符合雪芹原意"的"脂批"对《红楼梦》进行剖析和解释，很可能作出完全违背曹雪芹原意的无谓思考和研究。

总之，过去的100年间，学界发现了大量与曹雪芹家世生平相关的资料，研究取得了许多骄人的成绩，为后人的进一步深入研究奠定了坚实的学术基础，但也存在诸多问题。

作为学术的承接者，总结过去、展望将来，需要全方位、多角度的考虑学术问题，在曹雪芹家世生平研究的学术空间中探索，做出相对客观的研究，将曹雪芹生活时代的方方面面比较系统地展现出来，这对了解曹雪芹的生平、素养、习惯、喜好、思想，了解《红楼梦》中描写的方方面面、主旨思想、养分来源等都是不可或缺的前提工作。

| 本文作者：北京植物园曹雪芹纪念馆馆员

《红楼梦》是曹雪芹苦难童年的梦

蔡义江

为什么要说这个题目

今年春节，我受母校浙江大学副校长罗卫东之邀，在该校作了一次红学讲座，主题就是本文的题目。

为什么要说这个题目？因为对《红楼梦》写的究竟是什么尚有认识上的分歧。有的同志认为它写的是作者童年幸福生活的回忆，与我的看法恰好相反。这关系到小说创作基础的重大理论问题，是很有必要谈一谈的。

首先是曹雪芹生卒年这一客观事实。我认定是公元1725—1764年，享年40岁（清代是按虚岁算的）。但现在最流行的说法是他生于1715年（等于承认他是曹颙的遗腹子，其实那是不可能的），比我所说的早10年。这样就遇到了一个问题，就是雍正五年（1727）年底下旨查抄，到雍正六年（1728）元宵节前实际抄家时，雪芹多大？按我的说法，他是三四岁（与小说中甄英莲被拐的岁数恰巧一样）；按生于1715年算，是十三四岁，一则是尚未到懂事、记事的年龄；一则已是很懂事、且有许多记忆的少年了。

卒年有“壬午说”（1763年2月12日）、“癸未说”（1764年2月1日）、“甲申说”（1764年2月2日以后不久）三说，若按公元计，只差一年或多一点时间。20世纪60年代，为准备纪念曹雪芹逝世200周年，遵周恩来总理指示，学术界展开了一场曹雪芹卒年的大讨论。当时“甲申论”尚未提出，“壬午说”与“癸未说”争得不可开交，势均力敌，谁也说服不了谁，因为双方都各有所恃也都各有所失。中央只好采取折中方案，在两说的中间，即1963年下半年纪念。2013年下半年纪念曹雪芹逝世250周年，也就是遵照了旧例。

雪芹卒于甲申春是对的。“壬午说”、“癸未说”都与误读一条脂评有关，此脂评在甲戌本中被割裂、连抄已非原样。幸有“夕葵书屋《石头记》卷一”残页发现，可基本恢复原貌，只是二条连抄评未分开，今将其分开抄录如下：

> 此是第一首标题诗（满纸荒唐言），能解者方有辛酸之泪哭成此书。
>
> ——壬午除夕。
>
> 书未成，芹为泪尽而逝。余常哭芹，泪亦待尽。每思觅青埂峰，再问石兄，奈不遇赖（通“癞”）头和尚何？怅怅！今而后愿造化主再出一脂一芹，是书有幸，余二人亦大快遂心于九原矣！
>
> ——甲申八月泪笔。

前后两条评都是畸笏叟加的。前者评标题诗，意谓能解者怕不多吧！只有像作者那样历尽辛酸，又能流着泪把这番经历撰成书的人，才能真正地解味。语言是机智的，情绪是平静的，性质是解说性的。显然加于作者在世之时。后者则完全是记叙性的，是痛悼芹、脂相继逝世，终使此书成了残编。又不能再起他们于地下而问个究竟，遂生“造化主再出一脂一芹”以弥补此大憾恨的幻想，情绪是十分激动的，从“泪笔”二字亦可见。你想，以泪笔痛悼时，怎么可能用“此是第一首标题诗”的话开头呢？这是可以想象的吗？

畸笏是雪芹生父曹頫的化名。评语中“余二人”即“我们做父母的”意思。他署年月的后期批评特多，从壬午批看，署为“壬午春”、“壬午季春”、“壬午孟夏”、“壬午九月”、“壬午重阳”等，不计这条“壬午除夕”在内，已多至42条，且形式上短短的一句话即署年月的就不少，如“实表奸淫尼庵之事如此。——壬午季春”等，故没有理由不认为“壬午除夕”也像“壬午重阳”之类那样是批评所署的年月。这也与靖本第二十二回的一条畸笏批完全合榫：“前批知者寥寥，不数年，芹溪、脂砚、杏斋诸子皆相继别去，今丁亥（1767）只剩朽物一枚，宁不痛杀！”凡此种种都说明壬午、癸未年雪芹还活着。

为什么雪芹卒年说相差不算大，而从其享年去推算时，许多研究者不取敦诚挽诗中“四十萧然太瘦生”、“四十年华付杳冥”的最确实的指认（殡殓时有讣告）而总喜欢采用未及时获知噩耗的张宜泉较笼统的说法“年未五旬而卒”（《伤芹溪居士》诗注），尽量往大的算，以至主张他生于1715年，是曹颙的遗腹子呢？

我想其中有相当一部分人是有预设立场的，即让雪芹能赶上过一段贾宝玉式的风月繁华生活。他们用过于简单、机械的思维模式去理解“生活是艺术的源泉”这句话，以至于在他们看来，倘若曹雪芹出生太晚，抄家时年纪太小，没有那种钟鸣鼎食的生活经历，《红楼梦》就写不出来。这实在是进入了一个极大的误区。

我常常感慨历史上有些重大事件的发生，往往有其偶然性，好像差了那么一点，情况就完全不同了。我也常常在想，如果曹雪芹早出生十年，也就是说，在曹頫获罪被抄家时，他已经十三四岁了，那情况会是怎么样？想的结果让自己都吓了一跳：那就是也许这么一来，世上就没有一部《红楼梦》了，或者说谁也不知道这世上曾经有个人的名字叫曹雪芹。

来之不易的《红楼梦》

情况果真有如此严重吗？曹寅的过世，在曹家是个重大的转折，境况改变之大，超乎想象。如李煦奏折称“曹寅应完二十三万两零，而无赀可赔，无产可变，身虽死而目未瞑……曹寅寡妻幼子，拆骨难偿”。曹颙袭职后再病死时，其母尚因“舟车往返，费用难支”而未能亲扶其子灵柩暂厝祖茔。雍正二年，曹頫上折请求将织造补库巨额银两分三年补完，有“奴才实系再生之人，惟有感泣待罪，只知清补钱粮为重，其余家口妻孥，虽至饥寒迫切，奴才一切置之度外，在所不顾。凡有可以省得一分，即补一分亏欠”等语，此皆有档案史料记载。

可知自雪芹出生后（不论早迟），都已无荣华家庭的影子了。他能过上的充其量是中等地方官员家庭的生活。再看曹頫被抄家时真实的窘境，更令人难以置信。据隋赫德上报的奏折说，除房屋、土地、人口外，“余则桌椅、床杌、旧衣零星等件及当票数百余张外，并无别项”。故《永宪录续编》亦称曹頫“因亏空罢任，封其家赀，止银数两，钱数千，质票（即当票）值千金而已。上闻之恻然”。

如果曹雪芹在这样的家境中度过十三四年的话，那么像他在《红楼梦》中所写的荣国府那种的生活是体验不到的。但有一种机会是必定会有的，即延师教读或入塾接受正规教育，为将来参加科举考试，进入仕途做准备。如启蒙读本、对对子、熟读《四书》及朱熹集注、深通经义、做好八股文等。聪慧的孩子此时已有相当基础，做好应试准备了。可曹雪芹是这样的吗?

胡适说：“雪芹是个有天才而没有机会得着修养训练的文人。”“他有天才而没有受到相当好的文学训练，是一个大不幸。”（《胡适红楼梦研究论述全编》，上海古籍出版社2012年版第289、292页）说的就是正规教育。这是“大不幸”呢，还是幸运？我的看法相反。那样的“文学训练”，实在是出不了人才的。试看贾政对宝玉的要求“什么《诗经》、古文，一概不用虚应的故事，只先把《四书》一齐讲明背熟是最要紧的。”不难想见，连楚辞、乐府、唐诗、宋词已不在重视之列，何论小说、话本、戏曲、传奇！这样的教育能培养出真正的文学家吗?

我们说，雪芹在遭家变时，年纪尚小，才三四岁，失去了这种可能，也就少了管教、约束，有了更多凭自己兴趣爱好来选读各类书籍的机会。对于一个要反映广阔生活画面的小说家来说，具备博识多见的杂学知识，远比能写一手漂亮时文重要得多。人们常惊讶雪芹三教九流无所不晓，不能不说正得益于此。

童年是最富于幻想的多梦年代，而且最好发问，什么都想知道。适逢此际，家遭巨变。这真是老天爷的安排！大众们内心都有巨大的伤痛，也正想有个可以谈谈的地方，于是这个半懂不懂事的可爱的孩子，便成了他们倾吐的唯一对象。其中数奶奶经历最丰富，她会绘声绘色地给小孙子讲述往昔他爷爷时代的种种有趣的故事；母亲当然也能说出不少来；还有为“赡养两代孀妇”而发还的老婢仆，也会“闲坐说玄宗”地给他谈谈往事。这一切在他幼小的心灵中所产生的影响是难以估量的。他会时时神游于早已失去了的石头城里的伊甸园，而想象会不断地填补记忆的缺失，让通常的楼堂馆舍、庭院小景都逐渐幻化为巍峨的宫殿和奇妙的仙境。

幼小的曹雪芹随家人迁至北京崇文门外蒜市口的平民生活区后，生活是困苦的。但因他祖上与康熙有着特殊关系，故与京城高层有姻戚关系或世交旧谊者必定不少。虽说曹頫获罪，在京不能或不便走动，尚为孩童的雪芹，是无须避嫌地被人领着进那些王府侯门豪华的大宅深院的。眼前所见，竟是自家的昨天了。也许他会想，我爷爷时比你还阔得多呢，又谁知道?感受刺激定会很深。再看他后来交往的周边人物，不乏没落的天潢贵胄，如敦敏、敦诚兄弟便是努尔哈赤十二子、被赐死的阿济格五世孙；永忠是康熙十四子、被雍正长期禁锢的胤禵的孙子，如此等等。今昔的巨大荣枯变化，雪芹是知之甚多、看得不少的。这些都会给他的小说创作提供极丰富的素材。

《红楼梦》的“虚幻性”

现实生活是无法复制的，小说家能表现的只是其幻想中的图景。《红楼梦》的虚幻性充分证明了这一点。

首先，《红楼梦》是现实基础上最大胆的艺术虚构。这一点脂砚斋是知道的，他说：此书原系空虚幻设。（第十二回评）曹雪芹自己也明白地告诉读者说“满纸荒唐言”，“荒唐言”就是虚构；请特别注意“满纸”二字，那就是从头到尾的意思。可知不但石头幻形入世，一僧一道，警幻仙子，鬼判官索命是虚构，连甄、贾宝玉和钗、黛、湘、元、迎、探、惜等群芳，或者刘姥姥，还有名园花柳、亭榭楼阁等也都是虚构的。小说中的人物你不必去找原型，那是找不到的。什么谁是贾宝玉的原型，是作者自己还是他的叔叔，黛玉是哪位苏州姑娘，湘云是不是作者的续弦……那都是枉费心机。写小说人物不同于插花，插花可以把长在不同地方的花折下来，聚到一起插入瓶中供人欣赏。现实中的人都有他所处的环境、身份、思想、言行，你无法将他分离出来，安到谁的故事中去。离开原来的种种条件，就不是那个人了。只能是拼凑、改变、重塑，眉眼像甲、口鼻像乙、说话像丙、性情像丁……全凭你的生活经验积累和艺术想象的能力。

脂砚斋谈到贾宝玉形象时说：

> 按此书中写一宝玉，其宝玉之为人，是我辈于书中见而知有此人，实非目曾亲睹者。又写宝玉之发言，每每令人不解；宝玉之生性，件件令人可笑；不独于世上亲见这样的人不曾，即阅古所有之小说传奇中，亦未见这样的文字……合目思之，却如真见一宝玉、真闻此言者，移之第二人万不可，亦不成文字矣。（第十九回评）

你看，对雪芹很熟悉的脂砚斋一点也没有觉得书中的宝玉有像作者其他什么人的地方。此评极其深刻地阐明了宝玉只是作者所成功创造的一个全新的艺术形象而已。这一点好比鲁迅创造了阿Q。

宝钗、黛玉的形象也是如此。脂评说：

> （宝）钗、（黛）玉名虽二个，人却一身，此幻笔也。……故写是回，使二人合而为一。（第四十二回评）
>
> 将薛、林作甄玉、贾玉看出，则不失执笔人本旨矣。丁亥夏，畸笏叟。（第二十二回评）

“合二人而为一”指钗、黛“互剖金兰语”，前嫌尽释，不再猜忌，成为知己。此说评红者并不认同，那是另一回事。至少在评者眼里，钗、黛并没有什么真人原型，而是作者虚构出来的，即所谓“幻笔”，正如宝玉有完全相同的一甄一贾两个一样。这几乎已成了“魔幻”手法。宝玉与钗、黛这样的男女主角尚且如此，其余就更不必说了。

人物是虚构的，故事情节也同样。书中最经典的画面如黛玉葬花、宝钗扑蝶、湘云卧裀、刘姥姥进大观园等也都可以细加辨析。

黛玉葬花可找出其继承的渊源来，可以不谈。宝钗扑蝶是作者在修改过程中，后来重新构思插进去的。在明义读到小说早期抄本时还不是如此。其《题红楼梦》二十首绝句之四说：

追随小蝶过墙来，忽见丛花无数开。
尽力一头还两把，扇纨遗却在苍苔。

小说中写到扇子蝴蝶的只有第二十七回，但书中写的是“一双玉色蝴蝶，大如团扇”，非“小蝶”；是“过河”，非“过墙”，是往滴翠亭去，当然没有“丛花无数开”景象；三句费解，大概总是说扑蝶或采花举动；末句很明白，也最奇怪，我们何曾读到过“扇纨遗却在苍苔”情节？故知现见情节是后来的改笔。

湘云醉眠的故事在第六十二回，书中写道：

果见湘云卧于山石僻处一个石凳子上，业经香梦沉酣。四面与芍药花飞了一身，满头脸衣襟上皆是红香散乱。手中的扇子在地下，也半被落花埋了。一群蜂蝶闹嚷嚷地围着她。又用鲛帕包了一包芍药花瓣枕着。众人看了，又是爱，又是笑，忙上来推唤搀扶。湘云口内犹作睡语说酒令，唧唧嘟嘟说：“泉香而酒洌，玉碗盛来琥珀光，真饮到梅梢月上，醉扶归，却为宜会亲友。”

这幅充满诗情画意的极美画面，绝非现实中所能有，哪有这么多的芍药花瓣！可谁也不会去责怪作者的夸张太离谱，就像无人去责怪李白的“燕山雪花大如席”诗句一样。

刘姥姥初入荣国府的情景更能说明问题。第六回写道：

才入堂屋，只闻一阵香扑了脸来，竟不辨是何香味，身子如在云端里一般。满屋中之物都是耀眼争光的，使人头悬目眩。刘姥姥此时惟点头咂嘴念佛而已。……

刘姥姥只听见咯当咯当的响声，大有似乎打箩柜筛面的一般，不免东瞧西望的。忽见堂屋中柱子上挂着一个匣子，底下又坠着一个秤砣般一物，却不住的乱幌。刘姥姥心中想着：“这是什么爱物儿，有啥用呢？”正呆时，陡听得当的一声，又若金钟铜磬一般，不防倒唬的一展眼，接着又是一连八九下。方欲问时，只见小丫头子们齐乱跑，说：“奶奶下来了。”

这一段精彩的描写不在于对环境的熟悉而全在于感受的真切。早已熟知这一切的贾宝玉、贾蓉能有这种感受吗？对他们来说，室内焚过香，有各种陈设，挂着的自鸣钟，都是再平常不过的事，只会闻而不觉、视而不见，早就麻木了，不新鲜了。所谓"入芝兰之室，久而不闻其香"，即此理。否则世上纨绔子弟千千万，有谁能再现他们的荣华生活呢？曹雪芹如果从小也生活在荣国府式的环境中，我以为他是写不出《红楼梦》来的。

请注意，小说中许多繁华的场景都是通过旁人的视角来表现的，即使只是虚拟的此书记述者石头，也必加以点明，这实在不单纯只是表现技巧问题。从这一点上说，刘姥姥的眼睛、耳鼻，其实就是曹雪芹的眼睛、耳鼻。

曹雪芹的不幸童年实在是他的大幸，苦难造就了这位伟大的文学家。莫言在一次谈到童年与作家创作关系时引用了两段很有意思的话说：

> 如康·巴乌斯托夫斯基说："对生活，对我们周围一切的诗意的理解，是童年时代给我们的最伟大的馈赠。如果一个人在悠长而严肃的岁月中，没有失去这个馈赠，那就是诗人和作家。"（《金蔷薇》）
>
> 最著名的当数海明威的名言："不幸的童年是作家的摇篮。"（《超越故乡·故乡是"血地"》）

这些话是非常值得我们深思的。所以，我希望我们今后看待曹雪芹和《红楼梦》时，一、不要把熟悉生活看得比感受生活、梦想生活更重要；二、不要把小说看成是写生画、肖像画，处处去寻找小说人物和故事情节的"原型"；三、要突破时代社会环境造成的某些僵化的思维模式对我们的束缚。这样，我们就能在对这一伟大作家、作品的理解上大大地前进一步。

曹公史料矛盾多

——为纪念曹雪芹逝世250周年而作并兼与蔡义江先生商榷

孙玉明

为纪念曹雪芹逝世250周年，今年春天，在中国艺术研究院影视研究所所长丁亚平兄的荐引下，著名导演丁荫楠先生约我撰写一部《曹雪芹》的电影剧本，我犹豫再三，还是勉强接受了这项任务。动手写作之时，却一个字也敲不出来。其主要原因就是因为现存有关曹雪芹的一些史料，彼此间存在着诸多难以调和的矛盾。尤其是关于曹雪芹的生卒年问题，实在令我难以抉择。沉思犹豫了一个多月，最终还是选择了生年“乙未说”和卒年“壬午说”。直到5月上旬，方才草草写了三万五千字，通过邮箱发给丁荫楠老师，算是勉强交了差。本来我在完成这个剧本后，就想写一篇文章谈谈有关问题，但思考数月，还是不能成文。前不久，因王小宁女士约我写一篇纪念曹雪芹逝世250周年的文章，再加拜读了蔡义江先生《红楼梦是曹雪芹苦难童年的梦——纪念曹雪芹逝世250周年》（《人民政协报》2013年7月29日）一文，颇有感触，遂草就此文，谈一谈在心中蓄积已久的一些想法，并兼与蔡义江先生商榷。

在此需要首先声明一点，蔡义江先生是我非常尊敬的老师，虽然我们私交甚笃，但对有关《红楼梦》的一些学术问题却存在着不同的看法，因而也经常面对面地展开争论。诸如有关明义那首“威仪棣棣若山河”的“咏红诗”究竟是咏薛宝钗还是咏王熙凤？脂砚斋是谁？他与曹雪芹是什么关系？曹雪芹的生卒年究竟应该选择哪种说法等等。多次口头争论的结果，最终还是谁也没有说服谁。但撰写文章进行辩论，这在我与蔡先生应该尚属首次。

先说曹雪芹的卒年问题。众所周知，有关曹雪芹去世于那一年的问题，目前学术界主要存在三种看法：一、壬午除夕，乾隆二十七年，公元1763年2月12日，简称“壬午说”；二、癸未除夕，乾隆二十八年，公元1764年2月1日，简称“癸未说”；三、甲申春，乾隆二十九年，公元1764年春，简称“甲申说”。

“壬午说”是由胡适先生提出来的。在“甲戌本《石头记》”第一回中有一则眉批，胡适如此断句并据此提出了这一说法：

> 能解者方有辛酸之泪，哭成此书。壬午除夕，书未成，芹为泪尽而逝。余尝哭芹，泪亦殆尽，每忆觅青埂峰再问石兄，（余）奈不遇（赖）癞头和尚何？怅怅！
>
> 今而后，惟愿造化主再出一芹一脂，是书何（本）幸，余二人亦大快遂心于九泉矣。甲午八（日）月泪笔。

“癸未说”是由周汝昌先生提出来的。1947年，他从敦敏的《懋斋诗钞》中发现了《小诗代简寄曹雪芹》一诗按年编在癸未年，遂对“壬午说”提出异议。他认为，曹雪芹既然在“壬午除夕”就已去世，他的好朋友敦敏如何在癸未年春天还约他去喝酒呢！这肯定是脂批的作者记错了曹雪芹去世的年份，但因除夕是一个特殊的日子，不会记错。于是，周汝昌先生便将脂批中的“壬午除夕”从中截断，以“癸未”代“壬午”并取其“除夕”，将曹雪芹的卒年定在了“癸未除夕”。

“甲申说”则于20世纪80年代初由梅挺秀先生提出，徐恭时先生即时跟进力挺。梅挺秀先生认为，甲戌本中的那条批语“是一条‘复合批’”，“壬午除夕”四字应属上文，它并非曹雪芹卒年之“明文”，而是畸笏叟“加批所署之日期”。按照梅挺秀先生的观点，这则脂批就应该这样句逗并分段：

> 能解者方有辛酸之泪，哭成此书。壬午除夕。
>
> 书未成，芹为泪尽而逝。余尝哭芹，泪亦殆尽，每忆觅青埂峰再问石兄，（余）奈不遇（赖）癞头和尚何？怅怅！
>
> 今而后，惟愿造化主再出一芹一脂，是书何（本）幸，余二人亦大快遂心于九泉矣。甲午八（日）月泪笔。

实际上，以上三说都与这则脂批关系密切，既有一定道理，也存在着难以解决的矛盾，因而也都很难令人信服。

确切地说，“壬午说”就是由脂批提出来的，胡适只是发现了这条批语而已，并且“壬午除夕”四个字说得也很清楚。无论这则批语是出自脂砚斋之手还是畸笏叟之手，以他们与曹雪芹关系之密切，是绝对不可能记错他去世的年份的。然而，由于这是一条孤证，再加现存脂评本存在着许多错讹之处，更因后来发现了《懋斋诗钞》中的《小诗代简寄曹雪芹》一诗编排在癸未年，所以该说受到质疑也是非常自然的事情。

那么“癸未说”又如何呢？首先，此说既利用脂批又随意割舍脂批，舍“壬午”而取“除夕”，就证明此说先天底气不足！脂、畸二人是无论如何也不会错记曹雪芹去世年份的；其次，现存《懋斋诗钞》并非严格按年编排，其中存在着剪接、拼凑、错装等现象。《小诗代简寄曹雪芹》诗也许是“壬午”年的而错编到“癸未”年了；第三，在曹雪芹的那个时代，交通及通讯联络都极为不便，更何况曹雪芹隐居西山一带，他已经去世两个多月，但其朋友并不知情也在情理之中。即在今日中国的农村，有人去世后一般都不通知死者的朋友，而只通知同族和亲戚——此谓之“报丧”。在曹雪芹的那个时代，也许跟中国现在的农村一样，而不是像城市那样有单位和家属共同成立治丧小组亲戚朋友同事全部通知。更何况曹雪芹的族人们有可能不认识他的朋友们呢！比如他那位“飘零”的“新妇”，就不一定认识敦诚、敦敏及张宜泉等人！即在交通及通讯联络极为便捷的今天，有朋友去世了也未必很快就能知道。比如我大学的一位同学，还有金瓶梅研究会的一位师友，都是在他们去世数月后我才听到噩耗。这是因为他们的家人或者单位与我并不认识，所以自然也不会通知我。

“甲申说”出现最晚，反对者少而拥护者渐多。其驳论立论均立足于上引那则脂批。与蔡义江先生一样，梅挺秀先生也是我所敬仰的一位老师加朋友，其为人学识尤其是思辨能力每每令我叹服。但对于他所倡导的曹雪芹卒年“甲申说”，我却不敢苟同。其不合情理之处，有如下几条：首先，梅先生认为“壬午除夕”四字是畸笏叟“加批所署之日期”，这便极不合乎常理。在中国，尤其是在曹雪芹所生活的那个时代，春节或称新年，是一年中最大也是最受重视的一个节日。自腊月二十之后，大人们便开始“忙年”。“除夕”更是极为重要的一个日子。贴春联、贴年画、摆供、迎家堂（即迎接祖先的魂灵）、祭祖（祭宗祠）、拜祭神灵、守岁……我坚决相信，不会有人无聊到在除夕那天撰文、著书、评书甚至读书！即使在娱乐活动极为丰富节日观念十分淡漠的当今中国，恐怕也不会有人在这个日子干这些事情吧？请问提出此说的梅挺秀先生及拥护此说的蔡义江先生，你们曾在除夕写过书或者评过书吗？是否生活在洋化了百年香港的梅廷秀先生这样干过？若果如此，我真为你们的治学精神所感动！惭愧得很！我活了五十多岁，从来都没在除夕那天读过书，甚至连复习高考和考研之前都是如此，更不要说是著书评书了！其次，曹雪芹去世后，朋友们在“甲申春”悼念他，也是十分合情合理的。其主要原因亦如前所说，在交通及通讯联络极为不便的时代，在朋友去世后许久才得到消息也是很正常的，更何况众人来到昔日朋友们共同游玩的地方，睹物思人，共同悼念逝者也在情理之中。在当今中国的许多地方，有人去世后其亲族还是要上三日坟、七日坟、五七坟、百日坟、一年坟、二年坟、三年坟，然后是五年坟、十年坟。越往后越稀疏。而今年 7 月底，当我们在济南举行大学同学毕业三十周年聚会时，在得知某同学半年前就已经去世的消息时，同学们也为她举行了默哀悼念仪式。所以，曹雪芹如果真是在“壬午除夕”去世，一年多后，他的朋友们来到他们从前共同游玩的地方作诗悼念他，不也是很自然的事情吗？

卒年既然无法确定，那么生年问题又如何呢？众所周知，关于曹雪芹出生于哪一年的问题，学术界居然提出了 10 多种说法，其中最重要者有二：一、“乙未说”，康熙五十四年，公元 1715 年；二、“甲辰说”，雍正二年，公元 1724 年。

“乙未说”又称“遗腹子说”。20 世纪 30 年代由李玄伯先生首先提出，后王利器先生撰文补充并力主此说。其主要依据有二：一是康熙五十四年三月初七日《江宁织造曹頫代母陈情折》；二是张宜泉的《春柳堂诗稿》。曹頫在《陈情折》中说：“奴才之兄嫂马氏，因现怀孕，已及七月……将来幸而生男，则奴才之兄嗣有在矣。”倡导此说者遂据此认定曹雪芹乃是曹颙的遗腹子，生于康熙五十四年乙未。从 1715 年出生至 1763 年去世，曹雪芹正好活了 48 岁，这与张宜泉在《春柳堂诗稿》中所说曹雪芹“年未五旬而卒”一语也恰好吻合。20 世纪 60 年代，《五庆堂重修辽东曹氏族谱》的出现，使此说发生了动摇，因为在此谱中明确记载着：“十三世，颙，寅子……十四世，天佑，颙子，官州同。”对此，王利器先生又于 20 世纪 80 年代初发表文章，经过一番论证后指出，“马氏遗腹子就是曹天佑，曹天佑就是曹霑”。

“甲辰说”是由周汝昌先生于 1947 年年底提出来的。他首先将曹雪芹卒年定在癸未除夕，然后再依据敦诚诗中两次提到的“四十年华”一语，将曹雪芹的存世之年定为四十岁，然后上推四十年，恰好是雍正二年甲辰。因此时曹寅唯一的儿子曹颙已经去世，故曹雪芹只能是曹寅过继子曹頫的儿子。

“乙未说”的主要依据是康熙五十四年曹頫上康熙皇帝的《陈情折》和张宜泉的《春柳堂诗稿》。但此说也存在着明显的矛盾之处：一、曹頫所奏马氏身孕，并不能肯定就是“遗腹子”，因为生男生女，其可能性与或然性都是百分之五十，如果是“遗腹女”，则不可能是曹雪芹；二、《五庆堂谱》中明明记载曹颙之子是曹天佑，这就必须有可靠的证据证明曹天佑即是曹雪芹；第三，如系“遗腹子”，则其母亲姓马，而在《红楼梦》中，却出现了一个反面人物马道婆。中国有那么多姓氏，作者为何偏偏选择一个母亲的姓氏！第四，如系曹颙之子，则《红楼梦》中不该出现一个坏小子贾蓉！因为在许多人口中，“颙”、“蓉”二字是分不清的。更为致命的是，根据档案史料，曹颙小名“连生”，而《红楼梦》中却又出现了一个花花公子贾琏。“连”与“琏”同音，曹雪芹难道不避讳吗?!

相比而言，“甲辰说”的证据则更为薄弱：第一，此说没有任何有关曹雪芹出生于那一年的直接或间接材料作为依据；第二，此说以卒年为基点，再根据敦诚的“四十年华”上推而得。本来卒年就不准确，那么依此上推所得的生年也必然有误！第三，敦诚诗句“四十年华付杳冥”和“四十萧然太瘦生”中的“四十”是否是定数？如果只是举其“成数”而言，那么曹雪芹的存世之岁亦必不对；第四，敦诚和张宜泉都是曹雪芹的朋友，而他这两个朋友所说的“四十年华”和“年未五旬”相矛盾；第五，敦诚一方面说曹雪芹“四十年华付杳冥”，一方面又说曹雪芹“曾随其先祖寅织造之任”。也就是说，在曹寅在世并任江宁织造时，曹雪芹就已经出生，否则不会用一个“随”字。既如此，曹寅去世于康熙五十一（1712）年，那么曹雪芹最晚也应该出生于这一年。既如此，则无论是按照卒年“壬午说”、“癸未说”还是“甲申说”来计算，曹雪芹的年龄岂止“四十”！岂止“年未五旬”！最少不也是50多岁吗？

实际上，无论是“乙未说”还是“甲辰说”，除去自身各自的矛盾之处外，还存在着共同的难以解决的矛盾：一、如果曹雪芹真是曹寅的孙子，那么在《红楼梦》中，有时候行文特意回避“西”字、“寅”字，这似乎是在避曹寅讳！但有时却又故意拿“寅”字开玩笑。如让薛蟠将“唐寅”说成“庚黄”等；二、据某些学者考证，曹寅应为曹玺之妾顾氏所生。既如此，曹雪芹就不应该在《红楼梦》中将赵姨娘和贾环写得那样不堪；三、根据史料，曹雪芹应该有一个叔父辈的人，名叫珍儿，但《红楼梦》中却又出现了一个败德丧伦的衣冠禽兽贾珍！四、曹玺的嫡配姓孙，《红楼梦》中却又出现了一个十分不堪的人物孙绍祖；五、曹寅兄弟二人，曹寅年长，为长房；其弟名曹宣，后改名曹荃，行二。但在《红楼梦》中，行二者往往人品较好，比如贾政、贾宝玉等。即使是贾琏，除了纨绔子弟的花花肠子之外，心地也还是很善良的。但长房却都不怎么样！诸如宁国府、贾珍、贾赦等等。

我举这些例证只是要说出心中的困惑，与诸位老师同好进行讨论。这也充分证明有关曹雪芹的史料本来就不算很多，但其间却又充满了种种矛盾之处！因此，我们在使用这些史料时一定要谨小慎微，不能肯定的事情千万不要按照自己的主观意愿妄下断语。

蔡义江先生在文章中认定曹雪芹卒年“甲申说”及生年“甲辰说”后又进一步论证说：

为什么卒年说相差不大，而从其享年去推算时，许多研究者不敢取敦诚挽诗中“四十萧然太瘦生”、“四十年华付杳冥”的最确切的指认（殡殓时有讣告）而总喜欢采用未及时获知噩耗的张宜泉较笼统的说法“年未五旬而卒”（《伤芹溪居士》诗注），尽量往大的算，以至主张他生于1715年，是曹颙的遗腹子呢？

我想其中有相当一部分人是有预设立场的，即让曹雪芹能赶上过一段贾宝玉式的风月繁华生活。他们用过于简单的思维模式去理解“生活是艺术的源泉”这句话，以至于在他们看来，倘若曹雪芹出生太晚，抄家时年纪太小，没有那种钟鸣鼎食的生活经历，《红楼梦》就写不出来。这实在是一个极大的误区。

关于“四十年华”的问题，蔡义江先生曾经和沈治钧先生在《红楼梦学刊》你来我往地展开过辩论，孰是孰非，有兴趣的读者可以参看，此不赘。在此我倒要借用蔡先生的反问方式请教一番，既然敦诚的“四十年华”与张宜泉的“年未五旬而卒”相矛盾，您又凭什么取敦诚的而不取张宜泉的说法呢？若按照敦诚“曾随其先祖寅织造之任”的说法，曹雪芹应该活了五十多岁！敦诚岂不是自相矛盾了吗？同一个人，您为何在不加任何说明的前提下舍此而取彼呢？是否您也是“有预设立场的”？也就是要把曹雪芹的年龄“尽量往小了算”，以便让曹雪芹圆了那个“苦难童年的梦”呢？回答应该是肯定的。因为蔡义江先生接下来便说了这样一段话：

如果曹雪芹早出生十年，也就是说，在曹頫获罪被抄家时，他已经十三四岁了，那情况会是怎么样？想的结果让自己吓了一跳：那就是也许这么一来，世上就没有一部《红楼梦》了，或者说谁也不知道这世上曾经有个人的名字叫曹雪芹。

这话说的确实够吓人的！不仅蔡先生“让自己吓了一跳”，而且把我也吓了一跳！作家的人生经历，对其作品有着一定的影响，这是不容否认的事实。然而，这种影响并不是作品得以产生的唯一的决定性因素！有些时候，作家的创作因素甚至可以说是无规律可循。享尽荣华富贵者如曹操、曹植、谢灵运、李煜、宋徽宗、晏殊、晏几道、纳兰性德等等，照样留下了不朽的传世之作。而穷困潦倒如杜甫、蒲松龄者，也写出了光耀千古的文学佳作。按照蔡先生的说法，难道三四岁时的记忆比十三四岁时的记忆更清晰?，一个人在十三四岁时惨遭被抄家的家庭巨变，其印象难道不比三四岁时更为深刻？更加令人刻骨铭心?

在文章中，蔡义江先生还说：

童年是最富于幻想的多梦时代，而且最好发问，什么都想知道。适逢此际，家遭巨变。这真是老天爷的安排！大众们内心都有巨大的伤痛，也正想有个可以谈谈的地方，于是这个半懂不懂事的可爱的孩子，便成了他们的唯一对象……这一切在他幼小的心灵中所产生的影响是难以估量的。他会时时神游于早已失去了的石头城里的伊甸园，而想象会不断地填补记忆的缺失，让通常的楼堂馆舍、庭院小景都逐渐幻化为巍峨的宫殿和奇妙的仙境。

这是蔡先生一贯的看法！为此我们曾经面对面地争论过许多次。我承认《红楼梦》有一定的虚幻性，但若不是亲身经历过的人，绝对写不出如此真实细腻的作品。例如第三十三回，宝玉挨打之后，众人抬他到贾母住处疗伤。袭人“见自己插不下手去，便越性走出来到二门前，令小厮们找了焙茗来细问”宝玉挨打的原因。袭人为何要来到二门前？因为她是女性，不能随便走出二门。而焙茗又是男性，也不能随便走进二门。没有大家贵族的生活经历，当然就不会写得如此真实细腻！诸如此类的细节描写，在前八十回中比比皆是。而后四十回的作者因为没有这种生活经历，所以经常在细节上闹出笑话。如第九十七回，紫鹃得知宝玉定亲的消息后，前往怡红院找宝玉问罪。“正在那里徘徊瞻顾，看见墨雨飞跑，紫鹃便叫住他”。这位作者不知大观园是女眷们居住的内宅，作为小厮的墨雨是进不去的！蔡先生一再强调“不要把熟悉生活看得比感受生活、梦想生活更重要”。然而蔡先生可曾想过：十三四岁的人既能“感受生活、梦想生活”，也曾经经历并“熟悉生活”。而三四岁的人，却只能“感受生活、梦想生活”。如若不信，蔡先生生长在江南的城市，我18岁以前生活在山东的山村。我把我的经历详详细细地讲给蔡先生听，蔡先生也把您的经历详细地讲给我听，看我们能否互相写出一部真实细腻的作品来！

为了证实自己的观点，蔡先生还拿《红楼梦》中甄英莲被拐的岁数恰好是三四岁来作证，这实在让人觉得不可思议。甄英莲与曹雪芹有什么关系？她只是他所塑造的一个人物形象而已。难道蔡义江先生也要像蔡元培先生那样化男为女吗？若将小说人物与现实人物或历史人物来进行比附，那么小说中十三四岁的例证恐怕更多。诸如宝玉等人的主要年龄都是在十三四岁，第二十五回癞头和尚所说“青埂峰一别，展眼已过十三载矣”等等。

蔡先生还说：

尚为孩童的雪芹，是无须避嫌地被人领着进那些王府侯门豪华的大宅深院的。眼前所见，竟是自家的昨天了。也许他会想，我爷爷时比你还阔得多呢。

江宁织造是多高的品级？居然会比“王府侯门”“阔得多”？别说是一个被抄家的织造后人，就算是在曹寅时代，织造府的人会面对着“王府侯门”产生这样的“阿Q精神”吗？请问蔡义江先生，曹雪芹这种“精神胜利法”的产生，是面对着他的亲戚家——显赫的平郡王府和富察氏家族呢？还是面对复斋、墨香、敦诚、敦敏等英亲王的后裔呢？文中诸如此类的可商榷之处，还有很多，因篇幅所限，点到为止。若有谬误之处，还请蔡义江先生及各位同好批评指正。

| **本文作者：中国艺术研究院研究员、中国红楼梦学会副会长、红楼梦研究所所长**

敞开追思伟大文学家曹雪芹的窗口

——再读敦诚、敦敏诗札记

袁世硕

《红楼梦》是中国古代最伟大、影响最深巨的小说，作者曹雪芹也随之成为一个极响亮的名字。然而，其人其事在当时就鲜为人知，淹没在历史的尘封中。20世纪20年代，通俗小说进入了文学的大雅之堂，红学家发掘了曹雪芹同时代的闲散宗室敦诚、敦敏赠挽曹雪芹的几首诗，确认了他是声名籍籍的江宁织造曹寅的裔孙，随之引发了对曹氏祖籍、家世的文献的发掘，稽考得相当深细，而伟大作家的事迹，仍没有超出敦诚兄弟的诗提供出来的约略情况，仅知道他在江南的繁华之家覆灭后回到北京，工诗善画，穷困潦倒，移居西郊，坎坷以终。由于文献的极度缺失，难免生出种种附会，乃至有臆造其生平，质疑、转嫁其《红楼梦》的著作权的说法出来。这对曹雪芹来说，实在是他身后极可悲的事情。

2013年是曹雪芹逝世250周年，怀着对这位饮誉世界文学之林的大文学家的追思心情，再次阅读确凿无疑的他生前友好敦诚、敦敏的诗，更加感到他们两兄弟诗之至为宝贵，它们的被发掘出来不仅拨开了历史的重雾，使曹雪芹在近世现出其真实的身影，他生命最后十数年落拓穷困的状况，嗜酒，狂放，一肚子牢骚，死得十分凄凉，而且其中还蕴含着许多深层的意思，辐射开来可以看出《红楼梦》创作与最初流传的一些情况。

一

敦诚、敦敏是觉罗宗室，天潢贵胄，曹雪芹是旗下平民，身份是有别的，但交往有年，甚是诚笃，有始有终。这从敦诚《寄怀曹雪芹霑》[①] 诗便可见其端倪。诗作于乾隆二十二年(1757)，敦诚"时在喜峰口"，在做山海关税务官的父亲管辖的税点上收税，念及好友，有诗寄怀。诗题下注明曹雪芹名"霑"，他们兄弟二人后来写给曹雪芹的诗的题目，也往往注出，这才使现代人知道了曹雪芹的本名。诗意层次非常清楚：先感叹曹雪芹昔盛今衰的身世，表同情之意，次说喜爱曹雪芹"诗笔有奇气，直追昌谷披篱樊"；是称赞，随之追忆昔日同在"虎门"——右翼宗学期间——"西窗剪烛"的温馨，"高谈雄辩"的快意，是叙旧；最后由怀念而劝勉曹雪芹不要奔走富贵之门，说那些"富儿"们给了点"残杯冷炙"便以为对人有多大的恩德的样子，让人难受，还是安心"著书黄叶村"吧！不是知交，是不好说这样的话的。

---

① 《四松堂集》卷一，文学古籍刊行社1955年影印本。

敦诚的这首诗从杜甫题曹霸画马诗《丹青引》起句："少陵昔赠曹将军，曾曰魏武之子孙，君亦无乃将军后，于今环堵蓬蒿屯。"令读者颇感突兀，"将军后"三字颇费斟酌。如果"将军"指画马的曹霸，谓曹雪芹依如曹将军一样，如杜甫所说"于今为庶为清门"，取喻不为完全不切近，但曹雪芹不以画著称，这样取喻便似乎没实际意义。如果再推延到魏武帝曹操，谓曹雪芹也算是"魏武之子孙"，那就扯得太远，真是有点像有人特撰文考证曹雪芹果是曹操后裔一样，没有什么意思。问题在于敦诚何以要说曹雪芹"无乃将军后"？个中或有不便明白说出的隐情。

敦诚虽为觉罗宗室，却也怀有与沦为旗下平民的曹雪芹类似的家世创伤之痛。敦诚的五世祖、敦诚自称始祖的阿济格，战功卓著，封英亲王，却居功自大，在平大同姜瓖之乱期间，权势更大的多尔衮视师，病卒于军中，诸王奔赴哭陵，他独不到场，还让欲谋夺多尔衮的部下归已，丧后返京，顺治皇帝出迎，他竟不依礼法解去佩刀，被议处削爵赐死，坐罪赐死的还有他儿子劳亲，结局甚惨。① 敦诚兄弟嫡亲一支，没有坐罪削宗籍，却也失去了王侯的权势富贵，成为日益庞大的宗室中弱势支脉，祖上这种惨剧，自然成为他们心头的一大恨事。乾隆继位后，为安抚庞大的宗亲，为前三代遭罪被诛被囚被削爵削籍的祖父辈人平反，追复爵号，恢复其子孙的宗籍，阿济格也追复爵号，饬照亲王园寝式重修墓园。敦诚谒陵恭纪诗除了不能不表示的感激"圣主""九泉施恩到宗臣"的话，便只有两句无言的悲哀："惆怅诸孙秋上塚，西风吹叶潞河滨。"② 同病相怜，所以敦诚兄弟对曹雪芹怀有一种深切的同情心，赠诗总是要说到曹雪芹的身世之悲，敦敏在赠诗中更直接说出"新愁旧恨知多少，一醉毷氉白眼斜"（《赠芹圃》），连曹雪芹酗酒、狂放也归因于他的身世之悲，可谓知人知心。

敦诚诗说曹雪芹"无乃将军后"，就曹雪芹家世实际说，是绕过了曹家最富贵繁华的曹寅一代，上追到以军功发达的曹雪芹的曾、高祖曹玺、曹振彦了。曹振彦扈从顺治皇帝入关，累迁浙江盐法道；曹玺袭侍卫，随师征山右有功，康熙二年（1663）特简督理江宁织造。③ 称之为将军虽不甚相宜，却是强调了曹家在清王朝平定天下中也是有战功的。这里面就融入了敦诚自已的感情因素，这也成为敦诚兄弟对曹雪芹怀有特别深切的同情心，能容忍他的傲慢，与之保持了持久的友情，宗学分散后还时过访，有诗寄怀；偶然相遇不惜解佩质酒话旧；曹雪芹逝世，挽诗歌哭情深，深以"一病无医竟负君"④ 愧疚不已；许多年后还时而念及，动闻笛思友之悲。兄弟二人的诗集里都保留了多首为曹雪芹而作的诗篇，不只是表明对曹雪芹的契重，更有意义的是使他们契重的伟大小说作者冲出历史的尘封，在现代露出其一段身影——对后世读者最有意义的一段身影。

---

① 《清史稿》卷二百十七《阿济格》，中华书局 1976 年排印本，第 9014 ~ 9018 页。

② 《四松堂集》卷一，文学古籍刊行社 1955 年影印本。

③ 《上元县志》（康熙刊本）卷十六《曹玺传》，据朱一玄编《红楼梦资料汇编》，南开大学出版社 1995 年版，第 2 页。

④ 敦诚：《挽曹雪芹》第二首，《鹪鹩庵杂记》抄本，据一粟编《古典文学研究资料——红楼梦卷》。

二

敦诚《寄怀曹雪芹霑》诗，末段劝勉曹雪芹不要游走“富儿门”，不如安心“著书黄叶村”。著书不是作诗，诗是他们寻常要做的，不必特别提示，书不是他们都要著的，至今不知曹雪芹除了一部《红楼梦》，还著有别的什么书。所以，早就有研究者意识到，敦诚这里说的“著书”似乎就是指作《红楼梦》。其实，在敦诚作此诗时，即乾隆二十二年（1757），依照现存几种脂砚斋评本《石头记》正文、评语标识出的年代情况，如“至脂砚斋甲戌（乾隆十九年，1754）抄阅再评”，“乾隆二十一年（1756）五月初七日对清，缺中秋诗，俟雪芹”等等，曹雪芹早已在著《红楼梦》了。这件事与曹雪芹有深交的敦诚兄弟应该是知道的。此前他们在宗学“西风剪烛，高谈雄辩”中，至少该是有所闻知，甚或看到过部分书稿，知道曹雪芹在写的是什么内容、意思。研究者的推断并非望风捕影，甚至可以谓之过于谨慎。

敦诚兄弟赠挽曹雪芹的诗及有关文字，凸显的是曹雪芹酗酒、诗奇（诗追李昌谷）、狂直（“狂于阮步兵”），而这都是从往昔富贵中跌落下来的苦闷愤激心情的表现，似乎此外再没有别的什么事情可说了。如果说敦诚《寄怀曹雪芹霑》“扬州旧梦久已觉，且著临邛犊鼻裈”二句，还只是说曹雪芹昔日富贵风流已逝，今日贫穷堪怜，那么几年后敦敏《芹圃曹君（霑）别来已一载馀……呼酒话旧事感成长句》“秦淮旧梦人犹在，燕市悲歌酒易醺”① 句就切入了曹雪芹的心灵世界，“旧梦”“悲歌”云云，可能就意味着作《红楼梦》的事了。

再后一年，敦敏有《赠芹圃》：

碧水青山曲径遐，薜萝门巷足烟霞。
寻诗人去留僧舍，卖画钱来付酒家。
燕市哭歌悲遇合，秦淮风月忆繁华。
新愁旧恨知多少，一醉酕醄白眼斜。②

敦诚亦有《赠曹雪芹》诗一首：

满径蓬蒿老不华，举家食粥酒常赊。
衡门僻巷愁今雨，废馆颓楼忆旧家。
司业青钱留客醉，步兵白眼向人斜。
问谁买与猪肝食，日望西山餐暮霞。③

---

① 敦敏：《懋斋诗钞》抄本，据文学古籍刊行社1955年影印本。
② 敦敏：《懋斋诗钞》抄本，据文学古籍刊行社1955年影印本。
③ 《四松堂集》抄本诗集卷上，据一粟《古典文学研究资料·红楼梦卷》，中华书局1963年版，第1页。

兄弟二人的这两首诗，同时——据诗集编年，同为乾隆二十六年（1761）辛巳，同题——敦诚《四松堂集》抄本亦作《赠曹芹圃》，同韵——共用的“华”、“家”、“斜”、“霞”，各异的“遐”、“赊”，都为六麻韵，同境同意——“薜萝门巷”与“衡门僻巷”，“酒常赊”与“钱来付酒家”，“忆繁华”与“忆旧家”，“白眼斜”与“白眼向人斜”，只是字句稍有点变化。可以想象得出：那年一天，敦诚、敦敏二人一起去了京西山村曹雪芹的家，饮酒叙谈多时，诗像命题限韵似的描写了曹雪芹村居萧索，家境贫寒，他内心身世沦落的苦情，都是就实景实情写的。他们相交有年，彼此是深切了解的，曹雪不会与敦诚兄弟见面便谈家世，敦诚兄弟也不会只想着曹雪芹的家世，个中必然有个使他们每每要这样说的事情。他们二人诗里所说“忆繁华”、“忆旧家”，就不仅仅是指曹雪芹心想口谈身世之悲，而是隐指他们早已知道、这次相晤必然要谈到的曹雪芹“著书”——作《红楼梦》的事，他们在那里必然看到了《红楼梦》稿，甚至他就是为此而来借抄《红楼梦》的。一年多后，曹雪芹逝世，敦诚挽诗有“开箧犹存冰雪文”之句。虽不必是专指《红楼梦》，因为敦诚还存有曹雪芹写给敦诚的诗、书札，但肯定是包括《红楼梦》抄本的，因为数年后就从其家传出了《红楼梦》。

三

敦诚注曹雪芹作《红楼梦》，也最早获得了《红楼梦》抄本，从其《四松堂集》里也可以看出他与曹雪芹在《红楼梦》开头几回书里表露的思想的契合处，但却始终没有明白说出有关《红楼梦》的一个字。曹雪芹逝世，敦诚有诗致哀思，初稿原为二首，到《四松堂集》刊本里便只保留了改得更为整饬的第一首，删弃了以“开箧犹存冰雪文”起句的情意更为深切的第二首，这都表明敦诚是有所避忌的。这样，他也将曹雪芹亲属圈外的《红楼梦》的“第一读者”的称号，让给了另一位闲散宗室永忠。

永忠是名载史册的清宗室诗人，他的《延芬诗稿》第十五册有《因墨香得观红楼梦小说吊雪芹三绝句（姓曹）》：

> 传神文笔足千秋，不是情人不泪流。可恨同时不相识，几回掩卷哭曹侯。
>
> 颦颦宝玉两情痴，儿女闺房语笑私。三寸柔肠能写尽，欲呼才鬼一中之。
>
> 都来眼底与心头，辛苦才人用意搜。混沌一时七窍凿，争教天不赋穷愁。①

永忠是康熙十四子、雍正同母弟允禵的孙子。康熙晚年很爱重允禵，命为绥远大将军，统军驻西宁、兰州。雍正继皇帝位，深感是一种威胁，诏令驰驿返京，禁锢起来，只是没有像对他继位有所不满、抗争的兄弟允禟、允禩那样除掉。乾隆继位后，允禵方才被释放出来，也就

---

① 永忠：《延芬室集》戊子稿，据上海古籍出版社1990年影印本，第778页。

意气尽消。① 永忠是在乃祖晚年身边长大的，言传身教，养成他不问政事远害避祸的人生观，靠宗室爵位薪俸消遥度日，肆力文艺，诗作得极好。现代潜心发掘有关曹雪芹的历史文献的吴恩裕，在《延芬室集》第六册的封面上，看到永忠在后来封为国将军时随手写的诗："过去的事过去了，未来何必预商量。只今只说只今话，一枕黄粱午梦长。"② 语句十分通俗明白，而意思却是极幽深：满腹心事，又无可奈何，谁能料得以后的事呢？由此不难领会，永忠读《红楼梦》第一首诗里"不是情人不泪流"一句的意思，是他由自己的身世感读出了《红楼梦》特别是小说开头第五回"红楼梦曲"的悲情，所以才会如此动情地"几回掩卷哭曹侯"。

永忠诗题表明他是通过墨香读到《红楼梦》小说的。墨香名额尔赫宜，是敦诚兄弟的三叔，比敦诚还小9岁，那年26岁，前年刚选授三等侍卫，风流倜傥，喜读情诗，应当是读过《红楼梦》。敦诚与永忠原来没有交往，也是前年宗学考试优等，补宗人府笔帖式，开始相识，以诗相质、赠答，甚相契合。永忠读了敦诚的《四松堂集》诗稿，大为称赞，随即为之作序。永忠自然会由敦诚赠挽曹雪芹的诗篇，在交谈中了解到曹雪芹其人其事，知道他在作《红楼梦》小说，这便成了永忠得以读到《红楼梦》的契机。墨香可能是充当了传书人。永忠读其书，知其人，知道了曹雪芹是昔日老祖宗康熙皇帝的亲信侍臣之后，现今却落入贫困，空负才艺，坎坷以终，不免增重了同情惋惜之情。或者还获悉了与自家事更贴近的情况，譬如曹寅女儿，也就是曹雪芹的姑姑，经康熙亲自过问，出嫁给平郡王子纳尔苏，纳尔苏袭爵后，从绥远大将军允禵西征，允禵返京，"权大将军事"，雍正即位也诏令返京，不久以"贪婪"罪削爵，命运与允禵一样，更是心有同悲了。③ 所以，他读到《红楼梦》，对曹雪芹特有一种"可恨同时不相识"之感，禁不住"几回掩卷哭曹侯"了。

永忠堪称《红楼梦》的"第一读者"，不仅写出了读后感，而且写出的是他的读小说的心理感应，全诗首句称作者"文笔足千秋"，第二首称扬小说的核心情节——林黛玉和贾宝玉的"痴情"，叙写得深细入微，令人绝倒，"一中之"犹人常说的当浮大白为快④；第三首又陡然荡开，谓作者心灵里装进了许多世态人情，一起观照出来，怎不让人感到人世的悲哀。确如其宗叔弘旿在诗稿此诗眉间所评："此三章诗极妙。"

此后十多年，敦诚与永忠同声相应，同气相求，相交甚密，屡有诗文相质、赠答，但永忠显然比敦诚少顾忌，不讳言儿女闺房私情，也更懂得《红楼梦》小说的意义、价值。

四

永忠读了《红楼梦》，题诗盛赞之，还曾与人谈《红楼梦》。吴恩裕《曹雪芹佚著浅探》

---

① 《清史稿》卷二百二十《允禵传》，中华书1976年排印本，第9081~9083。

② 《延芬室集》甲戌稿，据上海古籍出版社1990年影印本，第559页。

③ 《清史稿》卷二百十六《岳托传》附，中华书局1976年排印本，第8984页。

④ 永忠吊曹雪芹诗中"一中之"三字，有研究者认为当是"一申之"。吴恩裕引苏轼诗，解"中"为"中酒"，即喝醉了之意，"欲呼才鬼一中之"，就是觉得文章太好了，想把曹雪芹呼出一起痛饮为快。此解甚确当。参见吴恩裕《曹雪芹佚著浅探》，天津人民出版社1979年版，第127页。

书中有一节“益斋谈东皋与红楼”，揭出益斋有寄臞仙诗，云：“《红楼》一任说，我说在东皋。”随之按云：“敦诚诗注有云‘潞河之东皋，宗室问亭将军博尔都园。’则东之地可知。《红楼》之记，又多一说。”紧后一则又引出曹寅有《东皋草堂记》，记言仕宦为古今“畏途”，“竞竞惟或坠”，唯愿日后解官，归东皋读书自乐，作为前一则之参考文献。[①] 按，东皋为当时北京东郊地名，敦敏有《过东皋吊问亭将军》。问亭将军为康熙朝著名宗室诗人，《清史稿·文苑一》有传。敦敏、敦诚一支的茔地也在东皋，依亲王制重建的阿济格陵园是他们兄弟们时常游居的处所，“东皋”二字也就成为他们兄弟诗集中出现频率最高的语词，敦诚还作有《东皋竹枝词》。益斋为明仁，臞仙即永忠。明仁寄永忠诗全文未见，对其中所说“《红楼》一任说，我说在东皋”是什么意思，难于作出比较确切的解释，但却可以认为在永忠题《红楼梦》的时候，曹雪芹未完成的《红楼梦》便在敦诚兄弟交往的圈子里传开，引出了议论。明仁，字益庵（斋），权门富察氏子弟。乾隆十五年（1750）做驻藏大臣的父亲傅清殉难，他大约刚成年，袭子爵授侍卫，小弟明义也赏戴花翎。乾隆三十六年（1771），赴金川军营，后卒于军。[②] 此前他与敦诚、永忠都是有交往的。敦诚后来有《忆昔行·挽嵩山兄五首》，其二是就嵩山宗室诗人永奎发悲思：“忆昔豪游风火生，酒间结客少年行。杜陵老去花卿死，夜夜空斋剑自鸣。”前联后自注：“一夕集神清室，主人与明益庵、仁怡斋诸子谈兵说剑，至烛再灺不辍。”[③] 后联“杜陵老去”是挽永，“花卿死”是追思明仁前已逝世。这证明明仁有寄永忠谈到《红楼梦》的诗，是在他赴金川军营之前，他也应当是读到过《红楼梦》的。明仁的弟弟明义有《题红楼梦》二十首，也就不足为奇了。

明义，字我斋，以勋臣子弟授上驷院侍卫，用他自己的话说，“专执鞭之职”，后晋参领，终身未改官。他生于将门之家，堂兄弟多人从军边疆，而他却一副纨绔习性，不思进取，用袁枚的话说：“虽官参领，司马政，而意思萧散，不希荣利。”他能诗，有一册《绿烟琐窗集（诗选）》抄本存世，所录基本上是乾隆三十六年即其兄明仁出赴金川军营的那年前后数年的诗，《题红楼梦》在其中，也当是这期间作成的。明仁曾读过《红楼梦》，明义的《题红楼梦》诗前小序说：“曹子雪芹出所撰《红楼梦》一部，备记风月繁华之盛……惜其书未传，余见其抄本焉。”[④] 当非虚语。

明义的这本《绿烟琐窗集》中有送别、寄怀几位兄长出征的诗，也有执鞭扈从皇帝出幸天津等地方的诗，更多的是他寄情声色的诗。他为一位在张家湾相遇的“姿态绝伦，琴诗兼妙“的苏州伶官，竟作了数题二十多首诗，还有题为《小花烛诗》、《丽情词》、《闺词》的数十首艳情诗，描摩鲜活入俗，也至为鲜活地反映出了袁枚所称赏的这位才子的风流格调。

不过，明义的《题红楼梦》二十首却写得比较雅正。诗中写到“怡红院”、“潇湘馆”、

---

① 吴恩裕：《曹雪芹佚著浅探》，天津人民出版社 1979 年版，第 100 页。
② 《清史列传》卷十九，上海中华书局 1932 年刊印本。
③ 《四松堂集》卷二，文学古籍刊行社 1955 年影印本。
④ 明义：《绿烟琐窗集》抄本“七言绝句”，文学古籍刊行社影印本。

“葬花词”、“芙蓉诔”，所题就是当时所传的曹雪芹未完成为《红楼梦》。有几首，如其十二詠《红楼梦》第三十五回“白玉钏亲尝莲叶羹”一节：“小叶荷羹玉手将，诒他无味要他尝。碗边误落唇红印，便觉新添异样香”；其十七咏林黛玉初入荣国府，贾母让她与贾宝玉同住其房中事：“锦衣公子茁壮芽，红粉佳人未破瓜。少小不妨同室榻，梦魂多个帐儿纱”，不免肤浅熟俗，但无伤大雅。有的如其十六咏晴雯：“生小金闺性自娇，可堪折磨几多宵。芙蓉吹断秋风狠，新诔空成何处招?”其十八咏林黛玉：“伤心一首《葬花词》，似谶成真自不知。安得返魂看一缕，起卿沉痼续红丝”，其十九就小说叙事倾向说：“莫问金姻与玉缘，聚如春梦散如烟。石归山下无灵气，总（纵）便能言亦枉然。”明义是感悟出了《红楼梦》流淌着悲情。只是由于他年方及壮，性喜安乐，没有经历过什么人生患难，读《红楼梦》也就只喜其情节层面儿女情场的悲欢，对小说寄寓的幽愤便缺乏兴趣和感受了。后来颇赏识明义的袁枚，只是就《题红楼梦》诗小序称《红楼梦》“备记风月繁华”一语，便以为明义所咏是“红楼”中的“某校书”，诚如郭沫若所断：“看来袁枚并没有看过《红楼梦》，他只是看到明义的诗而加以主观臆断而已。”①

五

在敦诚心目中，曹雪芹工诗，《寄怀曹雪芹霑》诗中说：“爱君诗笔有奇气，直追昌谷披篱樊。”敦诚笃于友情，后来将昔日所得故人诗文书翰手迹，录辑成编，取山涛闻笛思友之意，题名《闻笛集》，并以此为题与友人联句，中有“诗追李昌谷”之句，自注“谓曹雪芹”，集中肯定有曹雪芹若干首诗。惜乎《闻笛集》不存。敦诚《鹪鹩庵笔麈》记曹雪芹为其所作《白香山琵琶行》传奇题诗，“末云：‘白傅诗灵应喜甚，定教蛮素鬼排场’，亦新奇可诵。曹平生为诗大类如此。”② 他为曹雪芹保存下来两句诗，非常宝贵，也为他称扬曹雪芹“诗追李昌谷”做了一个精当的注脚。曹雪芹这两句诗想象奇异，似从李贺《秋来》“雨冷香魂吊书容”，“秋坟鬼唱鲍家诗”句意化出，出语不直不涩，亦俗亦雅，更有蕴藉的韵致。当时闲散宗室多有学习汉诗者，敦诚叔父恒仁曾就教于诗坛大家沈德潜，《国朝诗别裁集》选其诗两首。敦诚自谓在宗学中“操觚耽吟讴，雕虫矜小技，抚卷恣冥搜”，后来赋闲居家依然吟咏倡酬，“酒饮阮步兵，诗梦康乐侯”（《岁暮自述五十韵寄同学诸子》）。③ 与之往来倡酬较密者就有《清史稿·文苑》所载著名宗室诗人永忠（有《延芬室集》）、永𢢞（有《神清室诗稿》）。大学者纪晓岚曾应敦诚从弟宜兴之请为敦诚的《四松堂集》作序，序中称其诗“古体胜今体，古体七言又胜于五言，高者摩韩、苏之垒，次亦与剑南、遗山方轨”，虽有过谀之嫌，但也说明敦诚诗是有一定水平的，如若不然，纪晓岚岂肯为之作序。敦诚屡屡称扬曹雪芹“诗追李昌谷”，大有服膺之意，绝非虚比浮辞，说明曹雪芹诗风格奇特，造诣甚高，赢得

---

① 郭沫若：《读随园札记》六“谈林黛玉”，人民文学出版社1961年版，第10页。

② 《四松堂集》卷五，文学古籍刊行社1955年影印本。

③ 转引自吴恩裕《曹雪芹丛考》，上海古籍出版社1980年版，第319页。

了工于诗的敦诚的爱重。名位限人，身世凄凉，曹雪芹“新奇可诵”的诗没有得以传世，不能不说是一大憾事。如果曹雪芹的诗能够流传下来，我们将会知道这位伟大小说作者生平的一些状况，深切理解他那颗“燕市哭歌悲遇合，秦淮风月忆繁华”的心灵，对《红楼梦》也许就不会生出那么多的附会、误解了。

自然，知道曹雪芹工诗，现在没有必要追赠给他一顶诗人的桂冠，但却不无意义，这不仅可以理解《红楼梦》里何以那些少女少妇都是诗人，经常吟诗倡酬，写了那么多诗，还时而评诗论诗，而且那些诗都中规中矩，有诗之韵致，远比前出之才子佳人小说中的“平山冷燕体”高超，以致有人竟以为作者是意在传诗，而且还像获得了一束红外线，可以由之透视曹雪芹小说创作的诗性特征。

譬如说，“大观园”的建构是《红楼梦》的特大关节，从情节说是为贾妃省亲建造的接待别墅，自然要十分繁华，连同事后让主人公贾宝玉和几位妹妹们进住其中，都是合情合理的，夸张而不失其真。而从小说构思的角度说，却是为表现进住其中的人物设置的一种特别的生活环境。那里不是与世隔绝的理想世界，进住其中的人依然有苦有乐，有喜有悲，有和气也有争斗，更抵抗不住外来的干涉。曹雪芹是用现实中诗人触景生情、托物言志的诗性思维，融入小说写实叙事中，甚可以说他像当时那些富贵文人造园林亭台以寄兴适性一样，为他的小说创造了一种意象化的活动场景。潇湘馆、蘅芜院、稻香村等处院落房屋不同格调，都承担着象征各自主人性情、品格的叙事功能。寓意最深切的是林黛玉自选的潇湘馆，小小院落有“千百竿翠竹掩映”，幽静清冷，正合她那孤直孤僻的性情，个中还隐伏着一个古老的湘妃以涕挥竹竹尽斑的美丽传说，富有幽深的文化底蕴。把人物放在优美的自然环境中，俗情俗事也构成了美丽图画，史湘云豪爽似男儿却有身不由己的苦恼而醉酒失态的样子，显现于芍药花丛中，优美而有韵致。薛宝钗滴翠亭扑蝶，图画是美丽的，个中表的是推诿嫌疑于他人的机智。黛玉葬花，衬托着飞燕飘絮，落花流水，具有诗一般的意境，释放出浓郁的青春易逝、红颜薄命的悲哀，直是以诗笔作小说了。

大观园里地上的花花草草，枝头的青杏红梅，空中的莺燕蜂蝶，水上的栖鸭鹤影，都成为主人公触物兴怀的缘机，释放内心隐衷情思的传感器。林黛玉的《风雨词》、《葬花诗》释放的是她孤苦无依青春难驻的凄苦心情，贾宝玉的《芙蓉诔》表达的是小说主人公也是作者难以用散文表达的幽愤。几位姊妹们结社倡酬竞诗才，其实是让她们用诗各言其志，取代小说的散文叙述，像贾宝玉倡、薛宝钗和咏螃蟹诗，贾宝玉为林黛玉咏菊诗夺魁，欢喜得有点忘乎所以，大赞螃蟹壳美肉香，大讲吃螃蟹痛快；薛宝钗和诗则反唇相讥，馋嘴公子不要张狂，小心沾腥积冷，吃出病来；螃蟹心险横行，落到锅里，不就呜呼哀哉，一倡一和就成了一段微妙的妒情醋意的细节。让人物的吟诗抒情，融入散文叙事中，也就是一种特殊方式的心理描写，将平直叙述变为意象、意境化的表现，也增强了叙事的抒情性，增重了传统文化的素质，提升了通俗小说的文化品位。这是没有较深厚的传统文化素养、不具有相当诗才诗艺者是难以达到如此境界的。

《红楼梦》创作的突出成就诚然如鲁迅所论：“全书所叙，虽不外悲喜之情，聚散之迹，而人物故事，则摆脱旧套，与在先之人情小说甚不同”，“盖叙述皆存本真，闻见悉所经历，正因写实，转成新鲜。”而曹雪又是在“如实描写，并无讳饰”的写实叙事中，又融合进中国诗的审美思维，调动他秉赋的诗才，小说便具有了深度的情蕴和耐品读韵味。

| 本文作者：山东大学文学院终身教授、中国红楼梦学会顾问

曹雪芹拥有《红楼梦》著作权的又一新证

——周春致吴骞一封书信的解读

董志新

清代乾嘉时期的经史考据家周春是目前所知著有红学专著的第一人，他的《阅红楼梦随笔》很知名。笔者手头的五部红学史著作都给予此人此著以专节大段评论位置的殊荣。① 周春的《阅红楼梦随笔》对《红楼梦》的作者曹雪芹以及其先人曹寅做了一些研究。

新近披露的周春致大藏书家吴骞的一通书札影印件，使人们对周春研究曹雪芹及其先人曹寅的认识有所转变，前进了一大步。在曹雪芹逝世250周年的时候，发现他拥有《红楼梦》著作权的又一新证，这是献给这位举世知名伟大小说家的一份最好祭礼。

本文结合《阅红楼梦随笔》的记载和评论，从曹雪芹拥有《红楼梦》著作权的角度，试解《周春致吴骞》信札的价值。

曹楝亭墓铭行状及曹雪芹之名字履历

毛泽东的秘书田家英曾有研究清史写作史著之宏愿，收集清人书札信件颇丰。其婿陈烈先生将其编成《清代学者书札》一书，刚刚出版。书中收入周春致吴骞信札16通，其中一件涉及《红楼梦》作者曹雪芹。为不至混淆，暂将此通《周春致吴骞》信札称为“周春涉红书简”。现将全信逐录于此，并将涉及《红楼梦》作者曹雪芹处加重标出：

昨接翰教，具稔道履佳胜为慰。

今科榜发，我邑如此寂寥，魁卷亦极草草，盛衰依伏，当倍偿于来年，转瞬为期，不敢以客套语为令郎兄称屈也。此榜除禾中王君仲瞿外，无一人相识者。王君天才超绝，诗字并工，若以时文论之，不免为修罗外道矣。

殿版《十三经》，倘令侄孙买就得借，感激何如！日内又将拙著增删改订一过，必阅此书方好，所以急于访寻也。

拙著《题红楼梦》诗及《书后》，绿（渌）饮托钱老广抄去，但**曹楝亭墓铭行状及曹雪芹之名字履历皆无可考**，祈查示知。

今夏偶念近来谈经者多尚汉学，而宋学渐微，弟雅不喜言古文《尚书》之伪，

---

① 这五部红学史著作分别为：郭豫适《红楼研究小史稿》，上海文艺出版社1980年版；韩进廉《红学史稿》，河北人民出版社1981年版；陈维昭《红学通史》，上海人民出版社2005年版；白盾、汪大白《红楼争鸣二百年》，天津人民出版社2007年版；李广柏《红学史》，广东教育出版社2010年版。

因费半月功夫成《古文尚书冤词补正》，现在家耕厓孝廉处，闻丁小疋大不以为然，拾阎百诗之唾馀，殊不可解也。容日奉政。

家泰三兄得生入玉门，实为大幸。今年恰七十。舍侄远馆滇南，虽有节相照应，然归家未卜何日也。

新宪书坊间已有刻本，弟所见者疑有刻讹，未知尊处有否？如有，乞便中将正月望时刻分秒见示，未知可否？

续刻《论印绝句》第二张后页第七行"郎"字缺一点，讹为"即"字，未改。又亡友陈谁园亦有此题十二首，顷从其郎处见之，自注内有云："晁克一赐国姓赵。"未知其说何本？甚矣，考订之难也。

堇甫先生《词科掌录》闻已刻成，此系未成之书，老广经手校雠，未知能尽美尽善否？

《道古堂诗文集》被西颢、大川两人刻坏，恐亦先生生前骂人之报也。

匆匆走笔，语无诠（伦）次，聊代面谈。并候槎客七兄先生日安。不既，九月十八日，愚弟周春顿首。

别纸附政。①

原信并不分段，为一目了然，这里分段抄录。

解读此信，要弄清受信人吴骞的身份。据《中国藏书家辞典》记载：吴骞（1733—1813），字槎客，号兔床，浙江海宁人，贡生，是清代藏书家、文学家。尤嗜典籍，遇善本图书，倾囊相购，校勘精审。又得藏书家马氏"道古楼"、查氏"得树楼"的部分图书，多有宋元精椠，建"拜经楼"收藏。先后得书5万余卷。所藏善本书，多由名家如杭世骏、卢文弨、钱大昕、周春、鲍廷博等人作题跋。请好友黄丕烈、丁杰写题记。子寿旸取"拜经楼"中有题跋之书，手录成帙，作《题跋记》。辑刻有《拜经楼丛书》，初名《愚谷丛书》。晚年，撰有《拜经楼书目》，卒后由寿旸编辑刊行。著有《愚谷文存》、《拜经楼诗集》、《论印绝句》等书。传世的周春《阅红楼梦随笔》即依据吴骞拜经楼抄本影印。

解读此信，还要了解周春阅读和评论《红楼梦》的情况。这里据周春《阅红楼梦随笔》、程伟元《红楼梦序》以及李广柏先生《红学史》的记述，罗列其简史如次：雍正七年（1729），出生于浙江海宁。乾隆十九年（1754），科考中进士。乾隆三十一年（1766），授广西岑溪知县。第二年，以父死丁忧离任。从此不再仕进，以读书撰著为业，直至嘉庆二十年（1815）离世。

乾隆五十五年（1790）秋天，杨畹耕告诉周春，表弟徐嗣曾（雁隅）"以重价购钞本两部：一为《石头记》，八十回；一为《红楼梦》，一百廿回；微有异同。爱不释手，监临省试，

① 陈烈主编：《清代学者书札》，人民文学出版社2013年版，第164~167页。

必携带入闱，闽中传为佳话”。[①] 徐嗣曾（雁隅），浙江海宁人，本姓杨，杨姓是周春的舅家。故其为周春的表弟。乾隆二十八年（1763）进士，历任户部主事、郎中，福建布政史和巡抚，曾督学陕甘，做过顺天乡试的房考官。《清史稿》卷三百三十二有传。杨畹耕，名芬，字九滋，号畹耕，是徐嗣曾的堂兄弟。

乾隆五十六年（1791）冬，程伟元、高鹗于北京萃文书屋用木活字摆印《红楼梦》（世称“程甲本”）。

乾隆五十七年（壬子，1792）春，程伟元、高鹗于北京萃文书屋摆印出《红楼梦》修订版（世称“程乙本”）。“壬子冬，知吴门（今苏州）坊间已开雕（《红楼梦》）矣”。[②]

乾隆五十九年（甲寅，1794），周春从“苕估”（书贩，苏杭间贩书商贾多苕人）手里买到新刻本《红楼梦》，得以“阅其全”[③] 书。“甲寅中元日”（七月十五日）撰成《红楼梦记》。《题红楼梦》、《再题红楼梦》八首七律亦为本年所作。

乾隆六十年（乙卯，1795），“乙卯正月初四日”撰成《红楼梦评例》。《红楼梦约评》亦为本年所作。《红楼梦评例》为《红楼梦约评》的例言。《阅红楼梦随笔》应于此时或此后结集，书中除收入了周春上举红学著述外，还附有友人俞思谦（秉渊）、钟晴初的《红楼梦歌》和钱塘人徐凤仪的《红楼梦偶得》。[④]

嘉庆二十年（1815），86岁，卒。

结合周春的“研曹治红”经历，可分三个层次解读“周春涉红书简”的涉红内容：

“拙著《题红楼梦》诗及《书后》”。《阅红楼梦随笔》的记载表明：“《题红楼梦》诗”即周春所撰《题红楼梦》、《再题红楼梦》七律八首；“及《书后》”即指“《题红楼梦》诗”后附载的友人俞思谦、钟晴初《红楼梦歌》七言歌行各一首。周春于《题红楼梦诗》书后两则小序说：

> 余作此记成，以示俞子秉渊。亦以为确寓张侯家事。翌日即集古作歌一首题之。包括全书，颇得翦绡著绵之巧，因录存于此。
>
> 又钟子晴初虽病废，不辍吟咏。亦拟《红楼梦》一章，缠绵悱恻，堪与前作颉颃，因并存之。

这表明此信写于“《题红楼梦》诗”七律八首和俞思谦、钟晴初《红楼梦歌》七言歌行创作之后。小序的“此记成”，应指《红楼梦记》写成；俞思谦“亦以为确寓张侯家事”，因周春在《红楼梦记》中大段阐述了“张侯家事”说。这两件事都发生在乾隆五十九年（1794）。信中署款处标明“九月十八日”，信首“昨接翰教”之“昨”，应为九月十七日。也

① 周春：《阅红楼梦随笔·红楼梦记》。
② 周春：《阅红楼梦随笔·红楼梦记》。
③ 周春：《阅红楼梦随笔·红楼梦记》。
④ 周春：《阅红楼梦随笔·红楼梦评例、红楼梦约评》及书后。上海古籍刊行社1963年影印拜经楼藏抄本。无卷数页码。下同。

就是说周春于乾隆五十九年（1794）九月十七日接到吴骞的来信，第二天即写下此封回信。

另外，渌饮与钱老广抄书，只抄“《题红楼梦》诗及《书后》”，并不涉及作于乾隆六十年初的《红楼梦评例》与《红楼梦约评》，也证明此信写于乾隆六十年初春之前。

《清代学者书札》卷首有陈庆庆所撰《翰札集萃——“小莽苍苍斋”藏清代学者书札评述》一文，其中也考证了“周春涉红书简”的写作时间：“周春在此信的开头提到：‘今科榜发，我邑如此寂寥，魁卷亦极草草……此榜除禾中王君仲瞿外，无一人相识者。’据《王仲瞿墓表铭》记载，王氏为浙江秀水（今属嘉兴市）人，乾隆五十九年举人。由此可知，这通信应写于乾隆五十九年（1794）。这是与曹雪芹同时代学者留下的有关《红楼梦》的墨迹，非常难得。”

三者合计，可知周春此信写于乾隆五十九年（1794）九月十八日。即写于《红楼梦记》《题红楼梦》诗之后，而在《红楼梦评例》、《红楼梦约评》之前。

这提供了“周春涉红书简”写作的准确时间证据。

“绿（渌）饮托钱老广抄去”。据《历代藏书家辞典》记载，“绿（渌）饮”为鲍廷博（1728—1814）之号。鲍廷博，清歙（在今安徽省）人，字以文，号渌饮。以商籍生员寄居杭州，后徙桐乡。家富藏书，尤喜搜罗散佚。乾隆时开四库馆，献书七百种。旋刻秘籍数百种，曰《知不足斋丛书》。著有《花韵轩咏物诗存》。他托人抄“《题红楼梦》诗及《书后》”，也是一时世风所致。周春在《红楼梦评例》中记载：

> 余所作七律八首、记一篇，杭越友人多以为然，传抄颇广。

看来，周春的《红楼梦记》与“《题红楼梦》诗及《书后》”，在“杭越友人”中影响很大，“传抄颇广”。这个传抄队伍当中，即有渌饮和钱老广。周春的《记》与诗，都主张《红楼梦》为曹雪芹所作，并提出“张侯家事说”，一时得到杭越舆论认可——“杭越友人多以为然”。周春也与“杭越友人”讨论《红楼梦》中的具体问题，《红楼梦约评》中记载：

> 杭友人以《分骨肉》一支曲为专指探春，此误于俗说也。夫放风筝者何止探春一人？画册明云两人矣，一人又指谁乎？

这里讨论《红楼梦曲》中《分骨肉》是“专指探春”一人还是指“两人”。观点对错且不论，从中可见“杭越”学界、书界的“红楼热”。以周春为核心，与《红楼梦》沾点边儿的人有杨畹耕、徐嗣曾、俞思谦、钟晴初、徐凤仪、钱竹汀、吴骞、鲍廷博（渌饮）、钱老广和不知名的苕人书商（苕估）等一大群“杭越友人”。

关于抄书的钱老广，身份还不十分清晰。信中还有一处提到他：“董甫先生《词科掌录》闻已刻成，此系未成之书，老广经手校雠，未知能尽美尽善否？”据此判断，此人能书法，会校雠，也是“杭越友人”圈子中一位乡邦文人；大约水平不甚高，周春对他校勘的《词科掌录》能否尽美尽善没有信心。但是，这不等于他的字写得不好。他的存在，至少说明“《题红楼梦》诗及《书后》”还有一份抄件在藏书家鲍廷博（渌饮）之处。更主要的，两人的抄书提供了周春继续考察《红楼梦》作者的念头和契机。

这构成了“周春涉红书简”的历史背景和文化氛围。

“但曹楝亭墓铭行状及曹雪芹之名字履历皆无可考，祈查示知。”信中这句话提供了三个层面的历史信息：第一，周春虽然读过全本即一百二十回程本《红楼梦》，写过《红楼梦记》和“《题红楼梦》诗”，略知曹寅生平梗概（还有错误之点，下详），对《红楼梦》作者曹雪芹的生平则一无所知。他承认自己手头的资料对曹雪芹、曹寅的生平“皆无可考”。第二，“可考”“祈查”用语表明，周春提出了用考据的办法来了解曹雪芹及其先人曹寅。他已经不满足于只从《红楼梦》文本中猜测作者及其先人历史活动的做法，而要求从碑刻文献、传记文献和履历档案中来考证作者生平。第三，“考”什么？“查”什么？周春在信中非常明确也非常准确地提出：考证查找“曹楝亭墓铭行状及曹雪芹之名字履历”。也就是说，用墓铭、行状、履历等可靠可信文献史料，考证曹雪芹及曹寅的生平。治曹学，即治《红楼梦》作者之学，这个命题是学术之核，理论之基。“祈查示知”，表明他寄希望于大藏书家吴骞的收藏与发现，也表明他对考证《红楼梦》作者身世的热切和努力。

这构成了周春“研曹治红”最新最有价值的学术命题！

《红楼梦》“当以何义门评十七史法评之”

现在还没有见到吴骞的回信，吴骞是否查到有关曹寅、曹雪芹生平的文献史料，我们只好据现有材料判断。

据现有材料判断：周春没有从吴骞那里得到可供进一步“考”“查”的新材料。因为在周春致吴骞“涉红书简”后几个月——乾隆六十年（1795）正月，他即写成《红楼梦评例》、《红楼梦约评》两文，其中对作者的诸多“考信”，继续沿袭了《红楼梦记》和“《题红楼梦》诗”中的“拆字”、“附会”的方法。

把周春《阅红楼梦随笔》中“研曹”的全部实例分类分组考察，可以看出他对《红楼梦》作者曹雪芹研究的整体结果，也可以反衬出“考”“查”“曹楝亭墓铭行状及曹雪芹之名字履历”这个命题的正确性。

先来看一下周春对“研曹治红”方法的表述：

> 阅《红楼梦》者既要通今，又要博古，既贵心细，尤贵眼明；当以何义门评十七史法评之。若但以金圣叹评四大奇书法评之，浅矣。……有欲再用金喟批法付梓，势必尽发阴私，不必增此罪过矣。①

① 周春：《阅红楼梦随笔·红楼梦评例》。

倘十二钗册、十三灯谜、中秋即景联句，及一切从姓氏上着想处，全不理会，非但辜负作者之苦心，且何以异于市井之看小说者乎？一笑。①

此书以双玉为关键，若不溯二姓之源流，又焉知作者之命意乎？故特详书之，庶使将来阅《红楼梦》者，有所考信云。②

盖此书每于姓氏上着意，作者又长于隐语廋词，各处变换，极其巧妙，不可不知。③

何义门即何焯（1661—1722），义门是其字。康熙时期的著名学者，长于经史的校勘考订，曾评十七史。金圣叹，明末清初小说评点家，曾评点《水浒传》等“四大奇书”。

周春明确提出对《红楼梦》当以何义门“评史法”评之，不要用金圣叹那种“浅矣”的小说评点法评之。周春“研曹治红”的基本方法，是主张用史学批评方法（考据法），而反对用文学批评方法（评点法）。正如李广柏先生所说：“周春本是经史方面的考据家。……是以考据眼光读小说，主观意图是以考据的方法评《红楼梦》。”④ 一般说来，这种方法应用到“研曹”上，即考证小说作者生平上，有可取之处；应用到“治红”上，即小说文本评论上，则容易产生牵强附会的弊病。

周春的考据法运用到“研曹治红”上，又有自己的特色，就是一味地强调“一切从姓氏上着想”，“每于姓氏上着意”，如对宝黛二玉就要“溯二姓之源流”。周春以为这样才能懂“作者之苦心”，“知作者之命意”。那么，怎样在姓氏上“着想”“着意”呢？周春认为《红楼梦》作者曹雪芹“长于隐语廋词，各处变换，极其巧妙，不可不知”，读者要从“隐语廋词”中“考信”。曹雪芹也声明过自己用“假语村言”敷演故事，也用过“一从二令三人木”等拆字法塑造形象，但是周春过度的从“隐语廋词”中猜测《红楼梦》本事，考据曹雪芹和曹寅生平，则难免陷入牵强附会的错误之中。这就是后人称这种方法为“索隐”的来由。请看他对《红楼梦》作者曹雪芹及其先人曹寅的“考信”。

周春“考信”曹寅的情况。周春写作完《阅红楼梦随笔》的乾隆六十年（1795），上距曹寅辞世的康熙五十一年（1712），已过去80余年（1712—1795）。细读《阅红楼梦随笔》，我们已知周春从袁枚的《随园诗话》、朱彝尊的《曝书亭集》和《江南通志》等书中，略知曹寅生平。为了证实曹雪芹是《红楼梦》的作者，他从证实曹寅的身份入手做起。《阅红楼梦随笔》有三处“考信”曹寅的生平：

其曰林如海者，即曹雪芹之父楝亭也。楝亭名寅，字子清，号荔轩，满洲人，官江宁织造，四任巡盐。曹则何以廋词曰林？盖曹本作瞽（繁体“曹”字的异体字），

---

① 周春：《阅红楼梦随笔·红楼梦评例》。
② 周春：《阅红楼梦随笔·红楼梦评例》。
③ 周春：《阅红楼梦随笔·红楼梦约评》。
④ 李广柏：《红学史》，广东教育出版社2010年版，第152页。

与林并为双木。作者于张字曰挂弓，显而易见；于林字曰双木，隐而难知也。①

度词隐约姓名传，双木林曹小比肩。廿载江南持使节，一门蓟北写吟笺。

同心栀子当窗艳，并蒂芙蓉出水鲜。试踏石头城外路，蘼无涨绿起寒烟。②

林如海即曹楝亭。案楝亭非科甲出身，由通政使出差外任。此曰探花者假也，曰兰台寺大夫者真也。书中半真半假，往往如此。汉时兰台令史，主章奏。③

应该说，周春关于曹寅名、字、号、籍贯、官职、出身的记载基本是正确的。诗中说“廿载江南持使节，一门蓟北写吟笺”，也是曹寅任织造、曹氏一门善吟咏的写实。这是他正确使用考据法的结果。学者专家们考证到今天，对曹寅的认知，大致还是在这个框架之内。他对曹寅生平的记载也有两点不准确：曹寅不是雪芹之父，而是雪芹之祖；“由通政使出差外任”一语的记载也与史实有误。曹寅是于康熙二十九年（1690）由内府郎中“出差外任”苏州织造的；康熙四十四年（1705），曹寅因康熙帝南巡接驾有功赏赐京衔通政使司通政使，而后“四任巡盐”。如果说他“由通政使出差外任”巡盐，倒还说得过去。

但是，为了证实曹雪芹把他的先人曹寅写入小说中，周春却使用“拆字法”，推导出曹、林两字“并为双木”，证明“其曰林如海者，即曹雪芹之父楝亭也”。接着，周春又用“附会法”，把《红楼梦》中描写林如海被“钦点巡盐”与曹寅“四任巡盐”相附会。说曹寅“非科甲出身”，因此描写林如海高中“探花者假也”；又因曹寅被赐衔通政使司通政使，这个京衔在汉代相当于主章奏的“兰台令史”（也称“兰台寺大夫”），所以小说中称林如海为“兰台寺大夫者真也”。周春由此得出结论：《红楼梦》中描写曹寅（林如海）是“半真半假”。这就把文学人物坐得太实，把文学形象等同生活原型了。试看《红楼梦》（程甲本）第二回的描写：

那日，（贾雨村）偶又游至维扬地方，闻得今年盐政点的是林如海。这林如海姓林名海，表字如海，乃是前科的探花，今已升兰台寺大夫，本贯姑苏人氏，今钦点为巡盐御史，到任未久。原来这林如海之祖，曾袭过列侯，今到如海，业经五世。起初只袭三世，因当今隆恩盛德，额外加恩，至如海之父，又袭了一代；至如海，便从科第出身。虽系世禄之家，却是书香之族。

周春主要是从这段描写中作出判断的。如果周春从生活原型、创作素材与文学形象相互关系的角度，阐述曹雪芹创作林如海的盐官形象身上有曹寅盐官生活的影子，那又当别论。可惜，周春没有这种文学观念，这使他在考证曹寅时是非混淆，正误杂陈，此处陷入“索隐”的泥潭。

---

① 周春：《阅红楼梦随笔·红楼梦记》。
② 周春：《阅红楼梦随笔·再题红楼梦》其二。
③ 周春：《阅红楼梦随笔·红楼梦约评》。

周春"考信"曹雪芹的情况。曹雪芹辞世于乾隆二十七年（1762）除夕（壬午说）或乾隆二十八年（1763）除夕（癸未说），下距周春写作《阅红楼梦随笔》时三十年左右。按说生于雍正七年（1729）的周春，与雪芹是同代人，曹雪芹逝世时他已36岁。但在见到《红楼梦》一书时，他对曹寅略有所知，对曹雪芹却毫不知晓。也难怪，周春一生活动于江南，雪芹虽然生于江南，但少年时即因家被抄而北返，是钦犯罪囚后人，没有社会地位，也无从闻名于世。只是《红楼梦》一书因程伟元、高鹗的摆印而流传到江南，"人以书传"，周春才从书中知道曹雪芹：

此书曹雪芹所作，而开卷似依托宝玉，盖为点出自己姓名地步也。曹雪芹三字既点之后，便非复宝玉口吻矣。①

又将孔梅溪题曰《风月宝鉴》，陪出曹雪芹，乃乌有先生也。其曰"东鲁孔梅溪"者，不过言山东孔圣人之后，北省人口语如此。②

偷鸡戏狗爬灰养小叔，借焦大口中痛骂，又借宝玉口中一问，不待明言而知矣。故曹雪芹赠红楼女校书诗，有"威仪棣棣若山河"之句，初怪美人词料甚多，何以引用不类？今观此，方知其用如山如河之为有意也。③

此中前两条，显然是从程甲本《红楼梦》第一回的描写中得出。请看小说原文：

空空道人听如此说，思忖半晌，将这《石头记》再检阅一遍，因见上面大旨不过谈情，亦只是录其事，绝无伤时淫秽之病，方从头至尾抄写回来，闻世传奇。从此空空道人因空见色，由色生情，传情入色，自色悟空，遂改名情僧，改《石头记》为《情僧录》。东鲁孔梅溪题曰《风月宝鉴》。后因曹雪芹于悼红轩中披阅十载，增删五次，纂成目录，分出章回，又题曰《金陵十二钗》。

程甲本《红楼梦》第一回，从"此开卷第一回也"到"此便是《石头记》的缘起"，扼要叙述了《红楼梦》的创作成书过程，曹雪芹有意顺势把自己安排其间。周春读后，体会出曹雪芹这样写"似依托宝玉""点出自己姓名地步"。同时他注意到，曹雪芹点出自己姓名之后叙述口吻就变了。周春还认为孔梅溪是乌有先生，让他出场只为"陪出曹雪芹"。周春据前两点判断："此书曹雪芹所作。"这个判断是很有眼力的，至今也是不易之论。从小说第一回曹雪芹的自白来考证《红楼梦》的著作权归属，至今还有人采取这个办法。

关于《红楼梦》作者的"考信"，南方的周春与此时在北方的程伟元，思路不谋而和。乾隆五十六年（1791），程伟元在《红楼梦序》中说："《红楼梦》……作者相传不一，究未知

---

① 周春：《阅红楼梦随笔·红楼梦约评》。
② 周春：《阅红楼梦随笔·红楼梦约评》。
③ 周春：《阅红楼梦随笔·红楼梦约评》。

出自何人，惟书内记雪芹曹先生删改数过。”这里的“书内记雪芹曹先生删改数过”的话，也是根据《红楼梦》第一回的叙述得知。程伟元的话，先游疑而后肯定，说得不如周春干脆。但是很显然，两人把作者的指向都聚焦于曹雪芹。

这里第三条材料评小说中“焦大痛骂”情节，周春误信了袁枚《随园诗话》中的错误记载。“威仪棣棣若山河”之句，本是明义《绿烟琐窗集》《题红楼梦》二十首七绝第十五首中的一句，并非“曹雪芹赠红楼女校书诗”。周春据此推许“焦大痛骂”是雪芹“用如山如河之为有意也”，则张冠李戴，判断失误。不过，从此事可看出周春在手头没有材料又急于“考信”时，陷入盲目信奉不实材料的窘境。因为对袁枚关于《红楼梦》的记载，他本来就不太信实。就在《红楼梦约评》中，他说：“袁简斋云：‘大观园即余之随园。’此老善于欺人，愚未深信。”袁简斋即袁枚。周春“未深信”袁枚“大观园即余之随园”的说法，但是他“深信”了所谓的“曹雪芹赠红楼女校书诗”。周春随着袁枚把“考信”的材料搞错了，但这也证明他主观上仍相信“焦大痛骂”有曹雪芹的用意，也就是此书为雪芹所作。

周春“考信”曹姓的情况。周春不但“考信”曹寅、曹雪芹，而且“一切从姓氏上着想”，用各种办法“考信”曹姓，作为《红楼梦》为曹雪芹所作的佐证：

> “黛玉”二字，未详其义。或云即“碧玉”之别，盖取偷嫁汝南之意，恐未必然。案香山《咏新柳》云：“须教碧玉羞眉黛，莫与红桃作麴尘。”此“黛玉”两字之所本也。我闻柳敬亭本姓曹，“曹”既可为“柳”，又可为“林”，此皆作者触手生姿，笔端狡狯耳。①
>
> 湘、黛中秋联句，著书者多寓深意。……“分曹争一令”，借点“曹”字。“骰彩红成点，传花鼓滥喧”，六博分曹，说骰子暗点“曹”字。②
>
> 曹子建的谎话，六字眼目。③
>
> 灯谜儿，……至薛小妹“怀古灯谜”十首，第一《赤壁怀古》，拟猜走马灯之用战舰水操者，内“徒留名姓载空舟”，暗藏“曹”字。④
>
> 如今兄弟，又自为曹唐再世了。唐诗人不少而独及尧宾，可见作者之姓曹矣。⑤

周春是相信曹雪芹“触手生姿，笔端狡狯”的。此处五条材料，或用拆字法，或用附会法，谜底都是揭出“借点‘曹’字”、“暗点‘曹’字”、“暗藏‘曹’字”，目的在于证明《红楼梦》“作者之姓曹矣”！

---

① 周春：《阅红楼梦随笔·红楼梦约评》。
② 周春：《阅红楼梦随笔·红楼梦约评》。
③ 周春：《阅红楼梦随笔·红楼梦约评》。
④ 周春：《阅红楼梦随笔·红楼梦约评》。
⑤ 周春：《阅红楼梦随笔·红楼梦约评》。

周春“研曹治红”方法的检讨及其对推进红学发展的价值

周春提出了正确的学术命题，但并没有解决和完成这个命题。他的这封“涉红书简”与他的“研曹”命题被尘封了220年后，始被世人所知。那么，这个命题还有价值吗？

有的！如果我们把“考”“查”“曹楝亭墓铭行状及曹雪芹之名字履历”这句话，放在周春探求《红楼梦》作者全部活动中来考察，如果我们把这句话放在今天曹学红学的整体发展中来考察，就会看到周春这个提议、这个命题，无论对当时的“研曹治红”，还是对今天的曹学红学推进来说，都是不凡之论，可谓价值连城。

周春“研曹”（包括“治红”）的方法值得全面检讨，以便是其所是，非其所非。他主张阅《红》用何义门的“评史法”，反对用金圣叹的小说“评点法”。他本是经史考据家。他的“考信”，主观上用的是乾嘉考据学的治学方法，这使得他的“研曹治红”取得一些真理性的成果。但是，周春误把“拆字法”“附会法”当成了考据的具体办法，这就开了“索隐”的先河。

实际上，周春生活的乾嘉时代，考据家们手中的考证法，使用对象往往文史不分；也没有考据、索隐的严格界限。周春也是考据、索隐不分家，两种方法混着用。红学史家有的称他是考据家，有的称他为“索隐派”的鼻祖，有的说他考据、索隐两法都用，原因也在这里。

因此，周春“研曹”时所表现出的方法论特点是：有时方向对头，但是方法偏离；有时论点正确，但是论据错误。当然，他也有方向与方法、论点与论据相一致，两者都正确的时候。这导致了他的“研曹治红”有谬论，也有真理。不能因为他有“索隐”的弊端，有的题诗格调不高，就否定他真理性的认识和结论。

检讨周春的“研曹”，有两个彼此联系最可宝贵的学术观点：

其一，是《红楼梦》“此书曹雪芹所作”！他的书中，三次“考信”曹寅，三次“考信”曹雪芹，五次“考信”曹姓，他为证明曹雪芹拥有《红楼梦》著作权可谓煞费苦心。从乾隆五十五年（1790）与闻《红楼梦》两种抄本，到乾隆六十年（1795）写出《阅红楼梦随笔》一书，六年时间，他为证明曹雪芹拥有《红楼梦》著作权不懈努力！一个不容否定的事实是：对《红楼梦》的作者，除了曹雪芹，周春没有再提过任何人，他的这个信念是如此坚定执着。

其二，就是此信提出的“考”“查”“曹楝亭墓铭行状及曹雪芹之名字履历”！考证“曹雪芹之名字履历”是“曹学”的核心命题，是中国“知人论世”学术传统在《红楼梦》作者研究中的具体体现。考证“曹楝亭墓铭行状”是“曹学”必然外延，因为世上曹雪芹文献太少，曹寅的文献可资利用；因为曹寅不只“持使节”，而且“写吟笺”，体现着曹家的文学传统。从曹寅到曹雪芹、从《楝亭集》到《红楼梦》有着清晰的不可分割的文学发展脉络。研究《红楼梦》作者曹雪芹就要研究他的先人曹寅，或以研究曹寅为切入点，这为特殊的历史条件所限定，是《红楼梦》作者研究不同于其他古典小说作者研究的特殊性。周春勾勒出“曹学”的大致框架，是真理性的学术观点。

战国初期大思想家庄子说："其始简，其毕也必巨！"① 现在，研究曹雪芹"履历"、曹寅"行状"和《红楼梦》的著述不断出现。溯观周春阅《红》论曹这个学术命题，生命力何其强大！

| 本文作者：原白山出版社总编辑

① 庄周：《庄子·人间世》。

读张云章贺曹寅得孙诗

李广柏

康熙年间文人张云章（1648—1726）的《朴村诗集》① 卷十有七律《闻曹荔轩银台得孙却寄兼送入都》。这首诗作为曹雪芹家世的史料，是周汝昌先生发现的。1953年出版的《红楼梦新证》第六章《史料编年》和1976年出版的《红楼梦新证》增订本第七章《史事稽年》，在“康熙五十年”条下全文引录这首诗，并加按语，指此“孙”系曹颙之子，出生后“旋即夭殇”。美籍华裔学者赵冈先生在1975年出版的《红楼梦研究新编》中提出：张云章贺曹寅得孙诗中的“孙”是曹颙之女，并未夭殇。南京大学的吴新雷先生在《〈朴村集〉所反映的曹家事迹——兼考曹雪芹的生年和生父》一文中对《闻曹荔轩银台得孙却寄兼送入都》全诗作了详细的诠释，根据诗中使用的典故，肯定这个“孙”是个男孩。吴新雷先生并指出，这个“孙”并没有死，是曹颙在康熙五十年所生之子，可能就是《红楼梦》作者曹雪芹，但吴新雷先生也承认“各项材料之间还存在矛盾抵触”。吴新雷先生的这篇文章先后收入《曹雪芹江南家世考》（福建人民出版社1983年版）和《曹雪芹江南家世丛考》（黑龙江教育出版社2000年版）。

近年，胡文彬先生在《书带小同开叶细——珍儿“遗腹子”摭说》（见书海出版社2004年版的《读遍红楼》）中提出张云章诗中之“孙”是曹寅次子“珍儿”的遗腹子，极可能就是曹雪芹。“遗腹子”之说是胡文彬先生从张云章诗中的用典悟出来的，因为张诗第五句“书带小同开叶细”的“小同”（郑小同），是郑玄之子郑益恩的“遗腹子”。典出《后汉书》卷三十五《郑玄传》。胡文彬先生为弥合“各项材料之间还存在矛盾抵触”，找出了一个解释。

新雷、文彬都是我的好友，他们对这个问题热心与认真的探讨激起了我的兴趣。不揣谫陋，且把我数年来对这个问题的思考写出来，以就正于新雷、文彬及广大红友。

此“孙”不是遗腹子

《闻曹荔轩银台得孙却寄兼送入都》全诗及云章自注如下：

天上惊传降石麟（时令子在京师，以充闻信至），先生谒帝戒兹辰。俶装继相萧为侣，取印提戈彬作伦。书带小同开叶细，凤毛灵运出池新。归时汤饼应招我，祖砚传看入座宾。

① 《朴村文集》二十四卷，《朴村诗集》十三卷，有康熙年间刊本，收入北京出版社影印本《四库禁毁书丛刊》集部第167～168册。

根据这首诗在《朴村诗集》中排列的位置，可知这首诗作于康熙五十年（辛卯）冬。曹寅第四次任两淮巡盐御史至本年十月十二日任满，任满后曹寅“在扬州造具钱粮销引各款清册，料理事竣，即星驰入都，叩覲天颜”①。云章的贺曹寅得孙诗做于曹寅为进京述职做准备的期间。

张云章诗的题意是贺曹寅得孙并送曹寅进京。首联“天上惊传降石麟，先生谒帝戒兹辰”，大意是曹公准备进京拜见皇上的时候，从北京传来“令子”得子的消息。这可以说是诗的破题。对于“天上惊传降石麟”一句，张云章特地加了一注：“时令子在京师”，注明得孙的消息是从天上（京城）来的；“以充闾信至”就是“令子”报告得子的消息。“充闾”，出自《晋书》卷四十《贾充传》：“贾充，字公闾，平阳襄陵人也。父逵，魏豫州刺史，阳里亭侯。逵晚始生充，言后当有充闾之庆，故以为名字焉。”又，《世说新语．惑溺》“贾公闾”下刘孝标注：“《充别传》曰：充父逵，晚有子，故名曰充，字公闾，言后必有充闾之异。”后世文人即以“充闾”称人得子，贺人得子。如苏轼《贺陈述古弟章生子》：“郁葱佳气夜充闾，始见徐卿第二雏。甚欲去为汤饼客，惟愁错写弄麞书。参军新妇贤相敌，阿大中郎喜有馀。我亦从来识英物，试教啼看定何如。”② 元好问《贺威卿徐弟得雄》：“利市金钱四座俱，阿卿新喜到充闾。跨牛杨朴空颠酒，秣骥王良已问途。桂出孙枝知秀发，凤离丹峤亦舒徐。明年别作飞黄句，来贺君家第二雏。”③

“充闾”为称人得子、贺人得子的用语。张云章明白写出“令子”“以充闾信至”，当然是指“令子”得子的消息。如果“令子”的信讲的是寡嫂（或守寡的弟媳）生了一个遗腹子，“令子”作为小叔子（或大伯），怎么能说有“充闾”之喜、“充闾”之庆呢？张云章不至于这样糊涂。所以笔者以为，“令子在京师，以充闾信至”这句注，已清楚表明诗中之“孙”不是遗腹子。

“书带小同”一句不能证明此“孙”是遗腹子

《后汉书．郡国志四》“东莱郡”下的注引《三齐记》曰：“郑玄教授不其山，山下生草大如薤，叶长一尺馀，坚韧异常，土人名曰康成书带。”郑玄（康成）孙名小同。张云章的诗句“书带小同开叶细”即由此而来。文彬先生首先注意到郑小同是郑玄之子郑益恩的“遗腹子”，因而悟出张云章诗中小同所影射的曹寅之“孙”为遗腹子。吴新雷、胡文彬两位曾引录《后汉书》卷三十五《郑玄传》的一段文字：“玄唯有一子益恩，孔融在北海，举为孝廉，及融为黄巾所围，益恩赴难陨身，有遗腹子，玄以其手文似已，名之曰小同。”此外，我在《三

---

① 曹寅康熙五十年十一月初一日《奏料理文册事竣即将入覲折》，《关于江宁织造曹家档案史料》，中华书局1975年版，第93页。又，曹寅康熙五十年十一月初三日《奏请圣安并进呈晴雨录折》，《红楼梦学刊》1980年第1辑，第332页。

② 《苏轼诗集》第二册，中华书局1982年版，第521～522页。苏诗中也用了“汤饼”。“徐卿第二雏”出自杜甫《徐卿二子歌》。“错写弄麞书”是旧唐书上李林甫的故事。

③ 《元遗山诗集笺注》卷九，人民文学出版社1989年版，第455页。

国志》卷四还看到裴松之的一条注："小同，郑玄孙也。《玄别传》曰：玄有子，为孔融吏，举孝廉。融之被围，往赴，为贼所害。有遗腹子，以丁卯日生，而玄以丁卯岁生，故名曰小同。"①

郑玄之孙小同确实是遗腹子。但我以为，我们不能据此证明张云章的"书带小同"一句暗示曹寅此"孙"为遗腹子。这牵涉到如何理解典故的问题。

"书带小同开叶细，凤毛灵运出池新"一联，是用郑玄与郑小同、谢灵运与谢超宗两祖孙的故事，来称颂曹寅与其"孙"在学问和文才上将后先辉映。我们知道，郑小同有祖风，时人称他"学综六经，行著乡邑"。② 谢超宗（谢灵运之孙），《南齐书》卷三十六、《南史》卷十九有传（《南史》上的传附于《谢灵运传》后）。史称"好学有文辞，盛得名誉"。南朝宋孝武帝（刘骏）爱妃殷淑仪死，超宗为作诔文，宋孝武帝大为嗟赏，说："超宗殊有凤毛，灵运复出。"③ 此即是张云章说的"凤毛灵运出池新"。张云章借郑玄与郑小同、谢灵运与谢超宗的故事，以为比喻和影射，是就学问和文才上的卓异而言。凡是用典故作比喻或影射，只取其某一方面，并非各个方面都要相似。对于典故，我们读者不能作过甚的推求与联想。过甚的推求与联想，便显得牵强，难以讲通，或不能自圆其说。

如果因为郑小同是遗腹子，便推想张云章诗中曹寅之"孙"是遗腹子；那以同样的思路，我们又可以从"凤毛灵运出池新"一句推想出张云章诗中曹寅之"孙"不是遗腹子。据《宋书》卷六十七和《南史》卷十九的《谢灵运传》，谢灵运不满代晋而立的刘宋，肆意山水，傲视朝廷，在宋文帝（刘义隆）元嘉年间竟至"兴兵叛逸"，以至被流放广州。元嘉十年（433）"文帝诏于广州弃市"。《南史》卷十九《谢灵运传》又记云："灵运子凤，坐灵运徙岭南，早卒。凤子超宗随父凤岭南，元嘉末得还。"由此可以看到，因谢灵运的牵连，谢凤被流放到岭南，谢超宗随父亲也到了岭南。超宗祖父（谢灵运）在流放地被杀，父亲（谢凤）死于流放地，超宗滞留岭南至元嘉末才得以回到内地（元嘉共30年）。从超宗的身世看，无论如何联想，都不能联想到"遗腹子"。这就是说，用同样的思路和逻辑，从"书带小同开叶细"看，曹寅之"孙"是遗腹子；从"凤毛灵运出池新"看，曹寅之"孙"又不是遗腹子。一联的上下句自相矛盾。

不仅自相矛盾，如果用这样的思路去联想，张云章的诗简直是在咒曹寅此"孙"不得好死。因为郑小同是被司马昭毒死的，谢超宗则被齐武帝（萧赜）"赐自尽"，两人皆遭杀身之祸。《三国志·魏书·三少帝纪》"关内侯郑小同温恭孝友，帅礼不忒"句后裴松之注引《魏氏春秋》云：

---

① 陈寿：《三国志》卷四，中华书局1985年版，第142页。

② 《三国志》卷四《三少帝纪》裴注引《魏名臣奏》中华歆语。《三国志》卷四，中华书局1985年版，第142页。

③ 《南史》卷十九《谢灵运传》附《谢超宗传》。《二十五史》，上海古籍出版社、中国书店1987版，第2730页。

小同诣司马文王，文王有密疏，未之屏也。如厕还，谓之曰："卿见吾疏乎?"对曰："否。"文王犹疑而鸩之，卒。①

《南齐书》卷三十六《谢超宗传》记载：

（永明元年）诏徙越州，行至豫章，上敕豫章内史虞悰曰："谢超宗令于彼赐自尽，勿伤其形骸。"②

郑小同和谢超宗两人的结局如此。我们当然不能据此认为张云章贺曹寅得孙诗，是居心不良。对于典故，作过甚的推求与联想是靠不住的。

"珍儿"不可能有遗腹子

曹寅《楝亭诗别集》卷四，有《辛卯三月二十六日闻珍儿殇，书此忍恸，兼示四侄，寄西轩诸友三首》。其第一、第二首：

老不禁愁病，尤难断爱根。
极言生有数，谁谓死无恩。
拭泪知吾过，开缄觅字昏。
零丁摧亚子，孤弱例寒门。

予仲多遗息，成材在四三。
承家望犹子，努力作奇男。
经义谈何易，程朱理必探。
殷勤慰衰朽，素发满朝簪。

辛卯为康熙五十年。从诗题和诗的内容可知，这年三月，曹寅的儿子"珍儿"死去。根据《楝亭诗钞》、《楝亭诗别集》同时期的诗作以及曹寅当年的活动来推测，曹寅这首哀珍儿殇的诗是在扬州写的，珍儿则死于江宁织造署住处。

胡文彬先生提出：张云章诗中所言曹寅之"孙"，就是这个珍儿的遗腹子。文彬认为，这个珍儿已经长大成人能够生子。

我斟酌再三，认为这个"珍儿"死的时候，还是个幼儿，理由如下：

---

① 陈寿：《三国志》卷四，中华书局1985年版，第142页。
② 《二十五史》，上海古籍出版社、中国书店1987版，第1978页。

1. 康熙二十八年曹寅生儿子曹颙（小名连生）。这个曹颙，康熙皇帝“眼看自幼长成”①，后来继曹寅任江宁织造。曹寅在康熙五十年哀珍儿殇的诗中，说“珍儿”是“亚子”（次子），那“珍儿”当然是比曹颙小的儿子。

2. 康熙四十八年曹寅遣嫁次女。这一年二月初八日曹寅为婿移居并报米价的奏折：“臣愚以为皇上左右侍卫，朝夕出入，住家恐其稍远，拟于东华门外置房移居臣婿，并置庄田奴仆，为永远之计。臣有一子，今年即令上京当差，送女同往，则臣男女之事毕矣。”② 奏折中所言“臣有一子”，即曹颙。曹寅说，曹颙上京当差，“送女同往”，“则臣男女之事毕矣”，那就意味着曹寅这时候没有比曹颙小的儿子了。曹寅在康熙五十年三月失去的“珍儿”，必定是在康熙四十八年以后出生的。

3. 曹寅诗中称“珍儿殇”，此处的“殇”只能解释为“未成人而死”。“殇”的意义是明确的。《仪礼·丧服》“长殇中殇”郑玄注：“殇者，男女未冠笄而死可伤者。”③《礼记．丧服小记》“庶子不祭丧”句孔颖达疏：“殇者，未成人而死者也。”④《吕氏春秋·察今》“今为殇子矣”句高诱注：“未成人夭折曰殇子也。”⑤ 我国古籍中“殇”的基本含义就是这样。我们看商务印书馆出版的《古训汇纂》汇集古代经典中关于“殇”的注释三十多条，除个别特殊意义和一两条难以判断是非的旧注之外，其他注释的意义都可以概括为“未成人而死”。

古籍中“殇”字的特殊用法，一是《楚辞·九歌》中的“国殇”，王逸注：“谓死于国事者。《小尔雅》曰：‘无主之鬼谓之殇。’”“殇”作为“死于国事者”的意义只用于“国殇”，后世还这样用。如鲍照《出自蓟北门行》中的“投躯报明主，身死为国殇。”李善注：“国殇，为国战亡也。”⑥ 这里笔者要指出的是，“国殇”之“殇”是名词，同“珍儿殇”的“殇”作动词使用迥不相同。事实上，王逸在《楚辞·九歌》的多条注释中，“国殇”都是指人的名词。如“操吴戈兮被犀甲”句王注：“言国殇始从军之时，手持吴戟、身披犀铠而行也。”“诚既勇兮又以武，终刚强兮不可凌”句王注：“言国殇之性诚以勇猛，刚强之气不可凌犯也。”

古籍中“殇”的另一个可能的特殊用法，见于南朝宋谢瞻《张子房诗》的“力政吞九鼎，苛慝暴三殇。”此诗收入《文选》，李善对“三殇”未注释，李周翰注云：

> 力政谓秦以力为政也，吞取九鼎而伐周也。横死曰殇。孔子过泰山有妇人哭于墓者而哀，使子贡问之，曰：“吾舅死于虎，吾夫又死焉，今吾子又死焉。”曰：“何不去也？”曰：“无苛政。”孔子曰：“小子志之，苛政猛于虎也。”秦之苛法天下怨之，其暴甚于此三殇也。

---

① 康熙皇帝曾说：“曹颙系朕眼看自幼长成”。《关于江宁织造曹家档案史料》，中华书局1975年版，第125页。

② 《关于江宁织造曹家档案史料》，第63页。

③ 《十三经注疏》，中华书局1987年影印，第1111页。

④ 《十三经注疏》，第1496页。

⑤ 《吕氏春秋》（《诸子集成》）本，中华书局1986年版，第178页。

⑥ 萧统编：《文选》，上海古籍出版社1986年版，第1321页。

李周翰是注《文选》的“五臣”之一。他解释“殇”为“横死”，并将谢瞻诗中的“三殇”解释为“吾舅”、“吾夫”、“吾子”死于虎之事。李周翰对“殇”的这个解释，虽也算得上是个说法，但颇有表示反对的。如传为苏东坡著的《仇池笔记》中说：

> 李善注《文选》，本末详备。所谓五臣者，其俚儒荒陋者也。谢瞻《张子房诗》云“苛慝暴三殇”，此《礼》所谓上中下三殇，言秦无道，戮及幼稚；而注乃谓苛政猛于虎，吾父、吾夫、吾子皆死——谓夫谓父为殇。此类甚多。①

《礼》所谓上中下三殇，即《仪礼·丧服》所言“年十九至十六为长殇，十五至十二为中殇，十一至八岁为下殇。不满八岁以下皆为无服之殇”②。《仇池笔记》将“三殇”仍解释为“未成人而死”。

除“国殇”这一特别用法外，后世诗文中一般场合的“殇”都是“未成人而死”的意思。这里不妨举几个清代的例子：

方苞《兄子道希妇岳氏墓志铭》：“岳氏有子曰仁，生十年而殇。其生及殇，余皆未之见也，而闻其聪明淳笃，秀出于众。”方苞《兄孙仁圹铭》：“仁生于康熙五十三年三月，以雍正元年八月殇，葬于江宁南门外。”③

张惠言《先妣事略》：“先妣年十九，归我府君。十年，凡生两男两女，殇其二，唯姊观书及惠言在。而府君卒，卒后四月，遗腹生翊。是时先妣年二十九，姊八岁，惠言四岁矣。”④

曹雪芹友人敦诚的《先祖妣瓜尔佳氏太夫人行述》，记瓜尔佳氏守寡后以裕庵公季子宁仁“为己子”，“时方弥月，提携顾复，相倚为命。至三岁，痘疹殇”。⑤

曹寅主持刊刻的《佩文韵府》卷二十二（中）的“殇”，亦注云：“式羊切，殇夭。”

曹寅诗中“珍儿殇”的“殇”，如果不是常用的“夭折”的意义，而是某种极特殊的含义，那曹寅一定会加个注，叫大家不要按普通的意义去解读。曹寅没有对他笔下的“殇”另作交代，那这个“殇”字就要解释为“夭折”。

4. 珍儿是在康熙四十八年以后出生的。曹寅生于顺治十五年（1658），到康熙四十八年（1709），曹寅52岁。考虑到古人有妻有妾，曹寅这个年龄完全是有可能生孩子的。我们知道，袁枚63岁才生儿子，取名阿迟；敦诚长子早丧，到55岁才又生儿子。⑥

总之，曹寅诗中的“珍儿”，死的时候，还是幼儿，不可能有遗腹子。

---

① 《东坡志林》《仇池笔记》（合刊），华东师范大学出版社1983年版，第204页。
② 《十三经注疏》，中华书局1987年影印，第1111页。
③ 《方苞集》（下），上海古籍出版社1983年版，第506～508页。
④ 张惠言：《茗柯文编》，上海古籍出版社1984年版，第93页。
⑤ 《懋斋诗钞》《四松堂集》（合刊），上海古籍出版社1984年影印，第358页。
⑥ 袁枚：《随园诗话》，人民文学出版社1999年版，第381、411页。敦敏《敬亭小传》，《懋斋诗钞》《四松堂集》（合刊），第138页。

张云章诗中“令子”必是曹颙

张云章贺曹寅得孙诗中所说“时令子在京师”的“令子”，必是曹颙。

张云章贺曹寅得孙诗作于康熙五十年（辛卯）冬。康熙五十一年七月二十三曹寅病逝于扬州。康熙五十一年九月初四，曹颙奏曹寅故后情形折写道：

> 奴才故父一生叨沐圣主浩荡洪恩，出管江宁织造二十馀年，复四差盐务，遭逢异数，叠加无已。方图矢诚报效，上答高厚，不意寿命不延，遽辞圣世。奴才年当弱冠，正犬马效力之秋，又蒙皇恩怜念先臣止生奴才一人，俾携任所教养，岂意父子聚首之馀，即有死生永别之惨，乃得送终视殓者，皆出圣主之赐也。①

曹颙说，皇上“怜念先臣止生奴才一人”。除女儿以外，就儿子说，曹寅还生了珍儿，在生曹颙之前曹寅还生过儿子，为什么曹颙说“止生奴才一人”呢？按中国人的说话习惯来理解，这里是说，曹寅的儿子只有曹颙抚养成人了，其他都没有拉大。曹颙于康熙四十八年上京当差。康熙五十年冬曹寅进京述职，五十一年二月曹寅携带曹颙返回任所。② 在康熙五十年冬张云章写诗贺曹寅得孙的时候，在京师的“令子”只能是曹颙，诗中所谓“孙”只能是曹颙之子。

如果康熙五十一年九月曹颙写奏折的时候，他有个侄儿（兄弟的遗腹子），而且前一年他这个兄弟还活在世上，那曹颙在奏折中怎么会说“先臣止生奴才一人”呢？若“止生奴才一人”，何来侄儿？

曹寅在康熙五十年三月二十六日“闻珍儿殇，书此忍恸”的诗中说“零丁摧亚子，孤弱例寒门”，称珍儿为“亚子”，当然是相对于长子曹顒而言。一“长”一“亚”，表明曹寅这时候没有比曹顒更大的儿子；珍儿一死，曹寅当然也没有比曹顒更小的儿子了。

各种迹象表明，在康熙五十年，曹颙不可能有长大成人的兄弟；除曹颙外，曹寅当时不可能另有一个儿子“以充闾信至”。

还应说明的是，张云章在康熙五十年冬贺曹寅得孙的“孙”，也不可能是曹頫所生。曹頫是曹寅弟曹宣的第四子。曹宣于康熙四十四年去世后，曹頫由曹寅带在江南抚养。康熙五十四年七月十六日曹頫奏折：

> 窃奴才自幼蒙故父曹寅带在江南抚养长大，今复荷蒙天高地厚洪恩，俾令承嗣

---

① 《关于江宁织造曹家档案史料》，第102~103页。

② 曹寅奏陈商议刻书并审科场事折（柏按：应为康熙五十一年三月初二日折），《红楼梦学刊》1980年第1辑第332页。另见《楝亭诗钞》卷八《正月二十九日随驾入侍鹿苑二月初十日陛辞南归恭纪四首》。

父职。①

曹寅作于康熙五十年的“闻珍儿殇，书此忍恸”诗，题目内有“兼示四侄”一语，“四侄”即曹頫。这也表明，康熙五十年曹頫在江南，与张云章诗中“在京师”“以充闾信至”的“令子”不是一个人。再者，曹頫是康熙五十四年曹颙病故后奉旨给曹寅之妻为嗣的；此前，曹頫不是曹寅之子，张云章也不得称曹頫为“令子”。

张云章所“闻”之孙不是曹雪芹

如上所述，张云章诗中“在京师”“以充闾信至”的“令子”，必是曹颙。而康熙五十四年曹颙病故、曹頫承嗣袭职以后，曹頫“代母陈情、恭谢天恩”的奏折写道：

> 奴才之嫂马氏，因现怀妊孕已及七月，恐长途劳顿，未得北上奔丧，将来倘幸而生男，则奴才之兄嗣有在矣。②

“奴才之嫂马氏”即曹颙之妻。③“将来倘幸而生男，则奴才之兄嗣有在矣”，可见曹颙死的时候没有儿子。这是曹頫本人写的奏折，错不了的；奏折是给康熙皇帝看的，也来不得半点虚假。由此可以肯定，康熙五十年冬张云章所“闻”之“孙”，在曹颙死的时候不存在；当然不可能是后来写作《红楼梦》的曹雪芹了。

周汝昌先生认为，此“孙”出生后“旋即夭殇”。这是一种可能。

另一种可能是讹传或张云章误听。张云章诗的题目是“闻曹荔轩银台得孙却寄兼送入都”。“闻”字，表示张云章是听说曹寅得了孙子，不是曹寅亲口告诉他自己得了孙子。张云章这首诗，也不是当面呈送给曹寅的，是写好后“寄”给曹寅的，还不知道曹寅的反应如何。《楝亭集》里没有同张云章唱和的诗。这种种情况便存在讹传或误听的可能性。如曹寅可能得的是孙女，或是侄孙，张云章误以为是“得孙”；也可能曹寅根本没有“得孙”这回事，张云章完全弄错了。

新雷先生提出，康熙五十年冬张云章所“闻”曹寅之“孙”，“可能就是曹雪芹”。新雷先生的主要根据是敦诚《寄怀曹雪芹》“扬州旧梦久已觉”的注：“雪芹曾随其先祖寅织造之任。”敦诚说曹雪芹曾同曹寅一起生活过。新雷先生认为，云章贺曹寅得孙诗证明敦诚的诗注是“确实的”，可以“两相印证”。

实际上，正是敦诚在曹雪芹去世后一再用“四十”称说雪芹的年寿，这就是敦诚《挽曹雪芹》诗初稿的“四十萧然太瘦生”和改定稿的“四十年华付杳冥”。雪芹另一位诗友张宜泉

---

① 《关于江宁织造曹家档案史料》，第132页。
② 《关于江宁织造曹家档案史料》，第129页。
③ 李煦的奏折有“曹颙之妻马氏”等语，见《关于江宁织造曹家档案史料》，第130页。

《伤芹溪居士》题下注："其人素性放达，好饮，又善诗画，年未五旬而卒。"与敦诚的诗相印证，再结合其他有关材料来研究，我们可以确定曹雪芹只活了40多岁。如果敦诚认为曹雪芹生于康熙五十年冬，那敦诚当然知道曹雪芹死的时候已经52岁（依"壬午说"）或53岁（依"癸未说"）。这样的话，敦诚《挽曹雪芹》诗就应该用"五十萧然"、"五十年华"。"五"和"四"都是仄声字，可以换用（其实，七律每句的第一个字可平可仄）。敦诚坚持用"四十"，表明他很清楚曹雪芹只活了40多岁，不可能在康熙五十年出生。

曹雪芹是敦诚的诗友。一般朋友交往，彼此的年岁是会打听清楚的，至于祖父什么时候死的，同祖父生活了多少年，等等，不会打听得很清楚。像我们现在一个单位多年的同事，年龄、籍贯、什么时候毕业，彼此是知道的；至于人家祖父如何如何，彼此都不清楚。敦诚知道曹雪芹"其先人为江宁织府"，而"为江宁织府"最有名的是曹寅，所以，敦诚就想当然地以为"雪芹曾随其先祖寅织造之任"。这样一句注，实不能否定敦诚自己说的雪芹"四十萧然"、"四十年华"。

"雪芹曾随其先祖寅织造之任"，是敦诚为"扬州旧梦"句加的注。这个注，是不确切的。大家知道，不仅敦诚说曹雪芹的"扬州旧梦"，敦敏也说到雪芹的"梦"与"忆"："秦淮旧梦人犹在"，"秦淮风月忆繁华"。曹雪芹自己也说"曾历过一番梦幻"。这"梦幻"，就是留在他记忆中的少年时期的繁华靡丽的生活。我们细算一算便明白，雪芹少年时期的繁华靡丽的生活是在曹頫任江宁织造的期间。雪芹所梦所忆，不可能是曹寅任江宁织造的岁月。也就是说，雪芹的"扬州旧梦"，不可能是"随其先祖寅织造之任"时期的生活。不要说只活了40多岁的那个真实的曹雪芹，即使张云章诗中那个生于康熙五十年冬的"孙"，曹寅于康熙五十一年七月去世的时候，此"孙"才半岁，还没有记事，他对曹寅时期有什么"扬州旧梦"可言，有什么风月繁华可忆！

顺带说明一下，从《四松堂集》付刻底本上看，敦诚《寄怀曹雪芹》诗中"雪芹曾随其先祖寅织造之任"一注是用小纸片写着贴在诗句旁的。很清楚地表明这句话是编诗集时加注上去的。①《熙朝雅颂集》首集卷二十六（敦敏、敦诚卷）所选《寄怀曹雪芹》诗中就没有这个注。因此，我们可以认为，曹雪芹当年读到这首诗时，是没有这个注的。当然，敦诚写给曹雪芹看的诗也不会注上"雪芹曾随其先祖寅织造之任"。

20世纪90年代我撰写《曹雪芹评传》时，曾认真思考过张云章的贺曹寅得孙诗，因为我觉得此"孙"与曹雪芹无关，所以《评传》中未提及此诗。

| 本文作者：中国红楼梦学会常务理事、华中师范大学文学院教授

---

① 《四松堂集付刻底本》，北京图书馆出版社2006年影印。

析探《春柳堂诗稿》作者宜泉之交游网络

黄一农

一、前言

在先前学界的研究基础之上，笔者曾对《春柳堂诗稿》（后文简称《诗稿》）的体例、用语以及作者宜泉的家世生平，做了较详细的稽索。① 发现宜泉自编的这本诗集乃以诗体区分，先是42首五言排律，次接70首五言近体及55首七言近体，其中七言近体诗除大致依时间先后排序外，还将涉及同一人的诗均放在一起。粗估宜泉的年纪应与曹雪芹相近，惟晚卒数年，两人均艰于科名，或曾分别考入官学任教习，但宜泉于期满后可能还获授县训导或县丞之类的低阶职位，且历升江东（此指九江至南京这段长江以东的地区，分隶江苏、浙江、安徽、江西四省）某地之地方官（如县令）。②

然为更进一步确定宜泉的生活时代及其与曹雪芹的关系，我们仍有必要对宜泉的交游圈做较深入的掌握。先前许多红迷曾努力查找此书中所提到的三十几个人名，然或因宜泉的朋友往往名不见经传，且其又常用李四兄、李二甥婿、吴三兄、刘二弟、洪九兄、夏公先生、董先生、孟二先生、王公先生世兄、欧阳先生等略称，以致皆徒劳无功。笔者在下文则尝试置入历史事件与地理位置的框架，再透过对旗人生活方式与出仕过程的了解，以提出一些新的看法。

二、宜泉滇游考

《诗稿》七言近体第四十三首有《和龙二府，在滇游螳螂川，赠空谷先生原韵》（图1），其中"二府"乃同知的别称，螳螂川则是滇池唯一的出水，流向西北，经昆明注入金沙江。诗内之"宦游何幸逢高士，一曲阳春兴不孤"句，乃称羡龙二府即使宦游云南仍有幸与空谷先生这样的高士倡和。此行或是宜泉一生当中最远且最久的一次出游，他究竟在何时并因何入滇，又与何人往还，先前均未见任何论述。由于龙为罕姓，且知其任职之省名与官阶，笔者因疑这有可能是打开理解宜泉其人其事的关键钥匙。而除了第四十三首外，紧接的七言近体第四十四首《九日题糕兼呈穆县令、段卜士》、第四十五首《和穆县令题糕诗原韵》、第四十六首《寓宿卜云庵，席间闻卜府君在任凶讣即时》、第四十八首《和景星四兄初春郊游原韵》、

---

① 虽作者的汉姓原为张，但因他似循满人有氏无姓的传统，故下文统一称其为"宜泉"。

② 此段参见黄一农《宜泉先生及其所撰〈春柳堂诗稿〉新考》，《曹雪芹研究》，审稿中。

第五十一首《读周鲁瞻诗戏题有赠》等诗中所提及的一些人及事，是否亦是此行所赋，就成为下文耙梳时的重要考量。

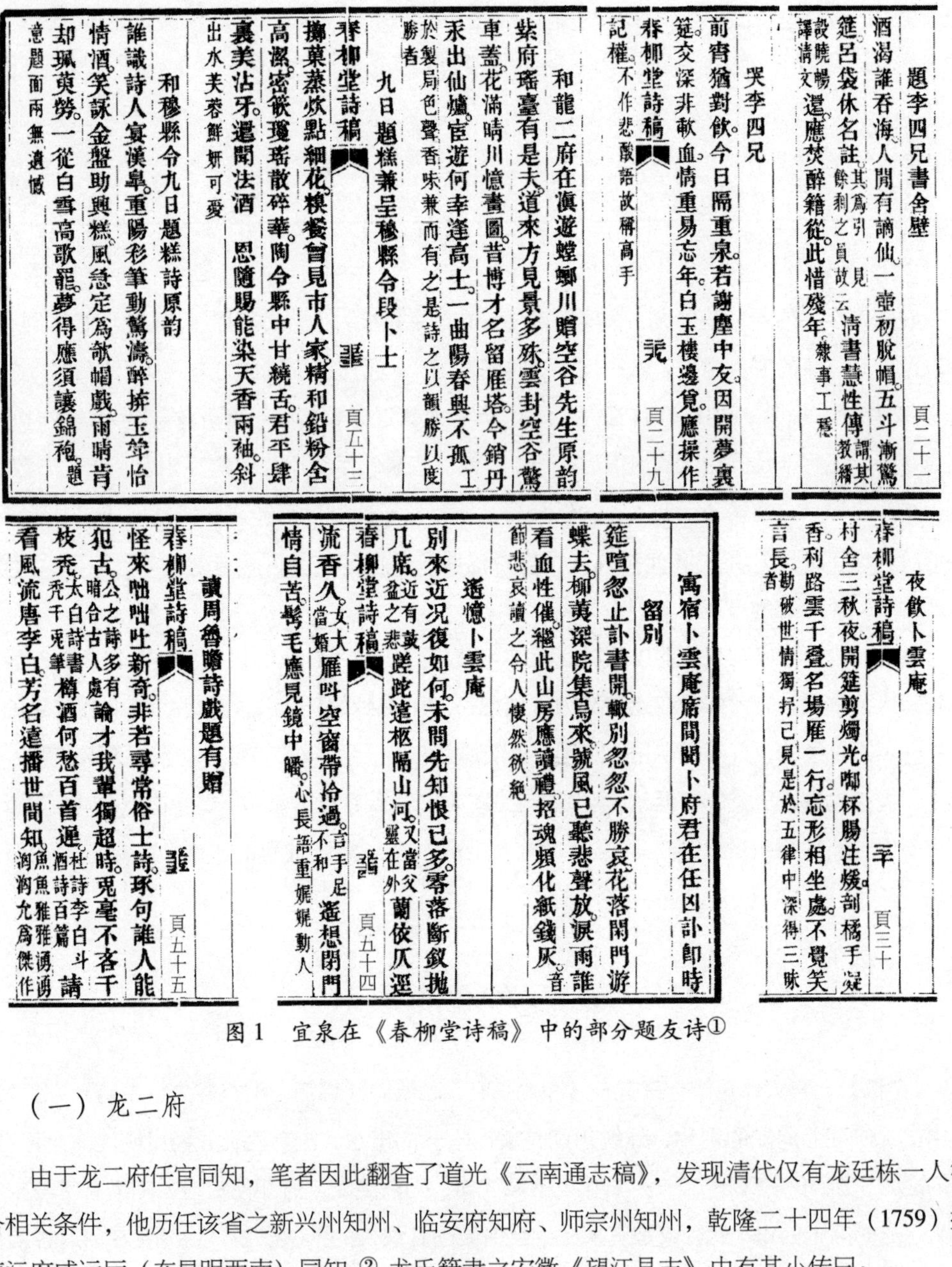
題李四兄書舍壁
酒渴誰吞海。人間有謫仙。一壺初脫帽。五斗漸驚筵。呂袋休名註。其爲引見餘剩之員故云 清書慧性傳。謂其教繙設曉暢譯清文 還應焚醉籍。從此惜殘年。隸事工穩
頁二十一

哭李四兄
前宵猶對飲。今日隔重泉。若謝塵中友。因開夢裏筵。交深非歃血。情重易忘年。白玉樓邊覓。應操作記權。不作悲酸語故稱高手
春柳堂詩稿 頁二十九

和龍二府在滇遊螳螂川贈空谷先生原韵
紫府瑤臺有是夫。道來方見景多殊。雲封空谷鶯車蓋。花滿晴川憶畫圖。昔博才名留雁塔。今銷丹汞出仙爐。宦遊何幸逢高士。一曲陽春與不孤。工於製局色聲香味兼而有之是詩之以韻勝以度勝者

九日題糕兼呈穆縣令段卜士
擲菓蒸炊點細花。糗餐曾見市人家。精和鉛粉含高潔。密嵌瓊瑤散碎華。陶令縣中甘繞舌。君平肆裏美沾牙。還聞法酒恩隨賜。能染天香兩袖斜。出水芙蓉鮮妍可愛
春柳堂詩稿 頁五十三

和穆縣令九日題糕詩原韵
誰識詩人宴漢皋。重陽彩筆動驚濤。醉揮玉斝怡情酒。笑詠金盤助興糕。風急定爲欹帽戲。雨晴肯却珮萸勞。一從白雪高歌罷。夢得應須讓錦袍。題意題面兩無遺憾

夜飲卜雲庵
村舍三秋夜。開筵剪燭光。啣杯腸炷燄。剖橘手凝香。利路雲千疊。名場雁一行。忘形相坐處。不覺笑言長。勘破世情獨抒己見是於五律中深得三昧者
春柳堂詩稿 頁三十

寓宿卜雲庵席間聞卜府君在任凶訃卽時留別
筵喧忽止訃書開。輒別忽忽不勝哀。花落閑門遊蝶去。柳黃深院集烏來。號風已聽悲聲放。淚雨誰看血性催。繼此山房應讀禮。招魂頻化紙錢灰。音節悲哀讀之令人悽然欲絕

遙憶卜雲庵
別來近況復如何。未問先知恨已多。零落斷釵拋几席。近有鼓盆之悲 蹉跎遠柩隔山河。又當父靈在外 蘭依瓜逕流香久。女大當婚 雁叫空窗帶冷過。言手足不和 遙想閉門情自苦。鬢毛應見鏡中皤。心長語重娓娓動人
春柳堂詩稿 頁五十四

讀周魯瞻詩戲題有贈
怪來咄咄生新奇。非若尋常俗士詩。琢句誰人能犯古。公之詩多有暗合古人處 論才我輩獨超時。兎毫不吝千枝秃。太白詩書秃千兎筆 罇酒何愁百首遲。杜詩李白斗酒詩百篇 請看風流唐李白。芳名遠播世間知。魚魚雅雅湧湧洵洵允爲傑作
春柳堂詩稿 頁五十五

图1 宜泉在《春柳堂诗稿》中的部分题友诗①

（一）龙二府

由于龙二府任官同知，笔者因此翻查了道光《云南通志稿》，发现清代仅有龙廷栋一人符合相关条件，他历任该省之新兴州知州、临安府知府、师宗州知州，乾隆二十四年（1759）授镇沅府威远厅（在昆明西南）同知。② 龙氏籍隶之安徽《望江县志》中有其小传曰：

龙廷栋，字宇一。由监生考授州同，借补直隶清河县丞，以卓荐升授云南新兴

① 张宜泉（宜泉）：《春柳堂诗稿》（文学古籍刊行社1955年版，景印光绪十五年刊本）。

② 阮元等修、王崧等纂：《云南通志稿》（台湾大学图书馆藏道光十五年刊本），第119卷，第6页；第120卷，第27页；第121卷，第19页；第122卷，第16页。

州牧，晋威远司马，旋升广东广州府太守。①

但并未提供他卸任威远厅同知（即所谓“威远司马”）的时间，我们只能从其后任张逷龄的历官情形略推。查《大清职官迁除全书》，知张氏在乾隆二十五年九月授“威远清饷同知”②，而龙廷栋亦于同月升授广州知府。③ 也就是说，宜泉应是在二十四、二十五年间与龙廷栋会面，并赋《和龙二府……》诗。

稽考龙氏的生平事迹，知廷栋之子龙承祖自幼随父住在顺天府永清县，并寄籍族叔龙梁材家，乾隆十一年因捐谷一百四十五石而准作监生，二十一年中顺天举人，后被发现冒籍应考，廷栋因此遭罚俸九个月。承祖于二十五年以捐输屯饷银一千两而获授刑部四川司主事，二十八年出任刑部郎中，至三十九年七月始外放为江苏按察使。④

目前尚不知龙廷栋与宜泉之间有何交情，但巧合的是，龙承祖在京时的寓所位于宣武门外的珠巢街，与王文治（1730—1802）乃同街近邻⑤，而王氏与曹雪芹交游圈中的陈本敬（1729—1778）、周于礼（1721—1779）、傅雯、朱孝纯（1732—1801）等均相熟。⑥ 当中最值得注意的是周于礼，因其籍贯之云南嶍峨县恰紧邻龙廷栋所任职的威远厅，他于乾隆二十三、二十四年间认识敦诚之父瑚玐（1710—1772，又作祜玐），两人堪称莫逆⑦，宜泉游滇时，或有可能向时任御史的周于礼索取荐函，而获龙廷栋招呼游览滇池和螳螂川。

（二）穆县令

《诗稿》在《和龙二府……》之后紧接着有《九日题糕兼呈穆县令、段卜士》、《和穆县令九日题糕诗原韵》二诗（图1），此两首应赋于同一重阳节之诗，或亦是宜泉此次滇游途中所作。前诗的“陶令县中甘绕舌，君平肆里美沾牙”，乃用晋代田园诗人陶潜以及汉代知名卜士庄遵（字君平，后人因避汉明帝刘庄之名讳，将其姓改为严）之典，形容穆氏在该县任父

---

① 郑交泰等修，曹京等纂：《望江县志》（成文出版社，《中国方志丛书》景印乾隆三十三年刊本），第7卷，第23页。

② 《（乾隆二十六年）大清职官迁除全书》（Washington, D. C.: Center for Chinese Research Materials, Association of Research Libraries,《搢绅录》微缩卷片），第278页。唯编目者据前序之系年误定此书为乾隆二十二年之缙绅录，其实内容乃记乾隆二十六年事。

③ 瑞麟等修，史澄等纂：《广州府志》（《中国方志丛书》景印光绪五年刊本），第23卷，第8页；《（乾隆二十五年冬）缙绅全本》（大象出版社，2008，《清代缙绅录集成》景印清刊本），第190页。

④ 杜受田等修，英汇等纂：《钦定科场条例》（上海古籍出版社，《续修四库全书》景印咸丰二年刊本），第35卷，第65~66页；《（乾隆三十年春）缙绅全书》（《清代缙绅录集成》景印清刊本），第23页；《清高宗实录》（中华书局1986年版），第963卷，第1068页；中央研究院历史语言研究所藏明清史料登录号080049-001，http://140.109.18.158/digiarch3/content/repository/resource_content.jsp?oid=2590288。

⑤ 王文治：《梦楼诗集》（《续修四库全书》景印道光二十九年补修乾隆六十年刊本），第4卷，第1页；纪昀《阅微草堂笔记》（《续修四库全书》景印嘉庆五年刊本），第9卷，第10页。

⑥ 王文治：《梦楼诗集》，第5卷，第11~12页；第14卷，第11页。朱孝纯：《海愚诗钞》（北京出版社，《四库未收书辑刊》景印乾隆五十九年刊本），第5卷，第2页。黄一农：《试探曹雪芹在乾隆朝书画界的人际网络》，《台湾大学美术史研究集刊》，出版中。

⑦ 朱桂昌：《试述敦敏敦诚兄弟与云南文士之交往》，《云南民族大学学报》（哲学社会科学版）1991年第2期，第70~73页。

母官的心情就像陶潜归隐前所任的彭泽令，并以今之严君平称呼段氏。宜泉与算命为业的段氏为好友，先前曾为其赋有《书慰卜士段纯一》诗（第44页）。

唯翻查《云南通志稿》，乾隆年间并无穆姓之人当过知县，倒是在方志中发现邻近之四川有顺天大兴拔贡穆元章符合条件，他于乾隆二十一年至二十四年任兴文（泸州之南直线距离约60公里）知县。①考量宜泉的家境并不特别优渥，故他远赴昆明应非单纯游历，又因云南乃清代铜的主要出产地，令笔者颇疑他乃参预运送滇铜入京之事。然依乾隆十四年户部所定的办法，当时每年数次之铜运皆由云南委派该省的府佐（指知府的佐贰官）或知州、知县一员为正运官，并派佐杂（指县丞、主簿、巡检等低阶官吏）一员为协运官②，唯宜泉应非云南官员，很难理解他有何身份可从外地去协办此京运之事。

但由于宜泉晚年似在江东地区任官，而低阶官吏通常都是在同一省内迁转，故他很有可能曾以佐杂的身份被其所属省分派往云南采买铜斤。查乾隆后期江、浙两省运送滇铜的路线，乃东出滇、桂交界之剥隘→桂林（沿湘江）→长沙→岳阳（沿长江）→汉口→九江→铜陵→丹徒，再经由大运河至苏州或杭州。③ 然而先前的路线并非如此，如江苏和浙江于乾隆五年因钱价昂贵等理由，而分别请买滇铜50万及60万斤以开铸时，两省所派之办员即奉旨至四川永宁（毗邻兴文县）领铜④，其起运后的路径应与京运的前半段相同，先利用永宁河之水路北上至泸州，再顺长江而下。⑤

滇铜入京每年均起运好几次，此与各省在有需求时才采买的情形颇异。《铜政便览》中详记乾隆朝上半叶江苏购买滇铜只有五、七、十二、二十七等年，江西是七、十、十一、十八、十九、二十、二十六等年，浙江是五、十、十四、二十四、二十六等年，安徽则无⑥，而在宜泉赴滇那年江东诸省只有浙江刚好买铜，此很难视作纯属巧合，故宜泉奉派于乾隆二十四年至云南买铜回浙的可能性颇高。也就是说，他所任职的江东或指浙江，唯具体之地点和职衔仍待考。

查浙江在此之前已有10年不曾采买滇铜，该年欲购40万斤，需给银约4万两，另得支付数千两之运杂费，宜泉若担任运员，则在运送所需的半年多期间可有每月约数十两之养廉银（京运之运员可得约68两）。⑦ 只要不遇铜船沉溺等运员需赔偿之重大意外，此一正当收入相对于其先前在京所得，可谓极丰，因他早先当教习的待遇每月只不过“银二两、米二斛”⑧，这趟差使应让宜泉的经济状况大为好转。

至于《和穆县令九日题糕诗原韵》首句“谁识诗人宴汉皋”的地点，则不能实读；“汉

---

① 光绪：《兴文县志》，第2卷，第5页。
② 川胜守：《清乾隆云南铜の京运问题》，《九州大学东洋史论集》第17辑（1989），第1~94页。
③ 马琦：《清代各省采买滇铜的运输问题》，《学术探索》2010年第4期。
④ 《清高宗实录》，第119卷，第752页、第120卷，第763~764页。
⑤ 川胜守：《清乾隆云南铜の京运问题》；蓝勇《清代滇铜京运路线考释》，《历史研究》2006年第3期。
⑥ 吴其浚等：《铜政便览》（《续修四库全书》景印清代刊本），第7卷，第12、16、19页。
⑦ 吴其浚等：《铜政便览》，第3卷，第25~30页；第7卷，第16页。
⑧ 素尔讷等《钦定学政全书》（《续修四库全书》景印乾隆三十九年刊本），第70卷，第2页；第71卷，第5页。

皋”在湖北襄阳附近，绝壁临江，山水相依，雄奇俊丽，唐代陆龟蒙即有“汉皋古来雄，山水天下秀”之誉，宜泉此句应指“诗人”穆县令宴饮处的风景可与汉皋相比拟，但却少有人知。的确，位于今兴文县城南的石海洞乡风景区，就是中国喀斯特地貌发育最完善的地区之一，地面石峰林立，地下溶洞纵横，2005 年还被联合国教科文组织评为世界地质公园，光绪《兴文县志》记此景曰：“千石岩，县南六十里，崖石林立，若屋宇，若虬龙，若虎豹，或起或伏，或群或散，千态万状，望之奇绝。”①

若宜泉滇游之任务确是运铜，则其回程应是先至永宁领铜，次循永宁河水路至泸州，再接长江航道。他很可能会在起运之前，抽空一游永宁附近雄奇俊秀的千石岩等风景，那他与兴文知县穆元章间的倡和就可清楚理解。更何况敦敏在与黄克显（敦诚极亲近之从弟宜孙的业师）话旧的诗中有“虎门绛帐遥回首，深愧传经负郑玄”句，知黄克显应曾以拔贡考入敦敏读书的右翼宗学（所谓之“虎门”）担任教习②，而黄氏于期满授职后就一直在四川迁转，先于十二年十二月署垫江县事，十五年知綦江县，十七年补岳池知县，二十四至二十五年更担任紧邻兴文县的叙永直隶厅（领永宁县）同知③；虽然黄氏的职掌与运铜无关，此因负责收兑铜斤的永宁店是由云南昭通府（位于叙永西西南约 100 多公里）的大关同知管理④，但宜泉若有必要，应不难透过黄克显的介绍而得到穆元章的特别招呼。

三、宜泉的其他友人考

（一）“卜云庵”父子

《诗稿》五言近体第四十首《夜饮卜云庵》以及七言近体第四十六首《寓宿卜云庵，席间闻卜府君在任凶讣……》、第四十七首《遥忆卜云庵》均提及卜云庵（图 1），知卜氏之父应为官吏，于乾隆二十四年之后未久卒于任。稍后，宜泉在《遥忆卜云庵》一诗中指出卜云庵的景况甚差，除新丧妻（“近有鼓盆之悲”）外，且女大未嫁、兄弟失和，父亲棺柩也还未运返家乡（“父灵在外”）。

鉴于卜姓并不常见，而敦诚有《怀卜宅三邻二首》：

沈郎瘦去亦何堪，零落当年夜雨谈。

---

① 江亦显等修，何子芳等纂：《兴文县志》（《中国方志丛书》景印民国二十五年重印光绪十三年刊本），第 1 卷，第 10 ~ 11 页。

② 敦敏在与黄克显话旧之诗中有“虎门绛帐遥回首，深愧传经负郑玄”句。参见敦敏《懋斋诗钞》（文学古籍刊行社，1955，景印清代稿本），第 97 页；恒仁，《月山诗集》（《四库未收书辑刊》景印乾隆间刊本），第 3 卷，第 16 页；吴恩裕《曹雪芹丛考》（上海古籍出版社，1980 版），第 80 ~ 99 页。

③ 《（乾隆十三年春）缙绅新书》（《清代缙绅录集成》景印清刊本），第 176 页；冯兰森等修、陈卿云等纂《上高县志》（《中国方志丛书》景印同治九年刊本），第 8 卷，第 17 ~ 18 页、第 12 卷，第 11 页；杨芳灿等撰《四川通志》（台北：华文书局，《中国省志汇编》景印嘉庆二十一年重修本），第 105 卷，第 65 页。

④ 吴其浚等《铜政便览》，第 4 卷，第 2 页。

闲咏小桥明月句（宅三有“两部蛙鸣新雨后，月明人立小桥头”之句），故人家在大江南。

得意翻成潘令悲（宅三登贤书后即有悼亡之痛），残香遗挂悼亡时。

红奁泪尽归来晚，买得金钗赠阿谁?①

令人不能不联想卜邻与卜云庵之间有无关系。卜邻，字宅三，武进人，寄籍顺天，乾隆十五年为贡生，二十一年中举。② 此诗应是敦诚怀念人在江南之好友所作，从“登贤书后即有悼亡之痛”小注，知卜邻在中举后不久丧妻，遂哀毁异常，诗中”沈郎瘦去”乃用南朝风流才子沈约身腰消瘦之典，“潘令悲”则用西晋潘安因仕途不顺且妻女病亡导致鬓发初白之典。

敦敏亦有《吊宅三卜孝廉》（宅三有“两部蛙鸣新雨后，月明人立小桥头”之句）：

昔年同虎门，联吟共结社。
月明新雨句，岂在樊川下?
无何游浙东，飘然竟我舍。
昨岁遇燕市，酒楼频系马。
嗟君泣路穷，谁属知音者?
逆旅艰游子，竟去修文也。
招魂赋楚些，辞哀不能写。
大暮安可醒，一痛成千古!
岂真记玉楼，果为芙蓉主。
青枫照夜寒，薤露悲吟苦。
想君深闺梦，念切题名簿。
（宅三因会试驰赴京师，入闱前三日而卒）
呜呼埋玉痛，暂寄他乡土。
仰天忽大叫，俯首泪如雨。③

敦敏和敦诚兄弟对卜邻所赋“两部蛙鸣新雨后，月明人立小桥头”句均极称赏，而从“昔年同虎门，联吟共结社”句，可判断非宗室的卜邻应曾任职右翼宗学，丧妻后则“飘然游浙东”，却因放不下功名，又赶往京师参加会试。敦敏即在他于“昨岁”回京后，多次与其宴饮，没想到卜邻竟卒于考前三日。

若依《懋斋诗钞》原注之系年推算，敦敏此一悼诗应作于乾隆二十六年。但由于通常逢

---

① 敦诚：《四松堂集》（文学古籍刊行社1955年版，景印嘉庆元年序刊本），第1卷，第6页。

② 王其淦、吴康寿修，汤成烈等纂：《武进阳湖县志》（凤凰出版社，《中国地方志集成》景印光绪五年刊本），第19卷，第34页；第20卷，第8页。

③ 敦敏：《懋斋诗钞》，第48～49页。

辰、戌、丑、未年始举行会试，而最接近者乃二十五年庚辰科，先前遂有学者认为此诗乃错简，应系于二十五年。① 其实，二十六年三月曾因皇太后万寿而开恩科，② 且据光绪《常州卜氏宗谱》，卜邻确卒于二十六年（图2）。③

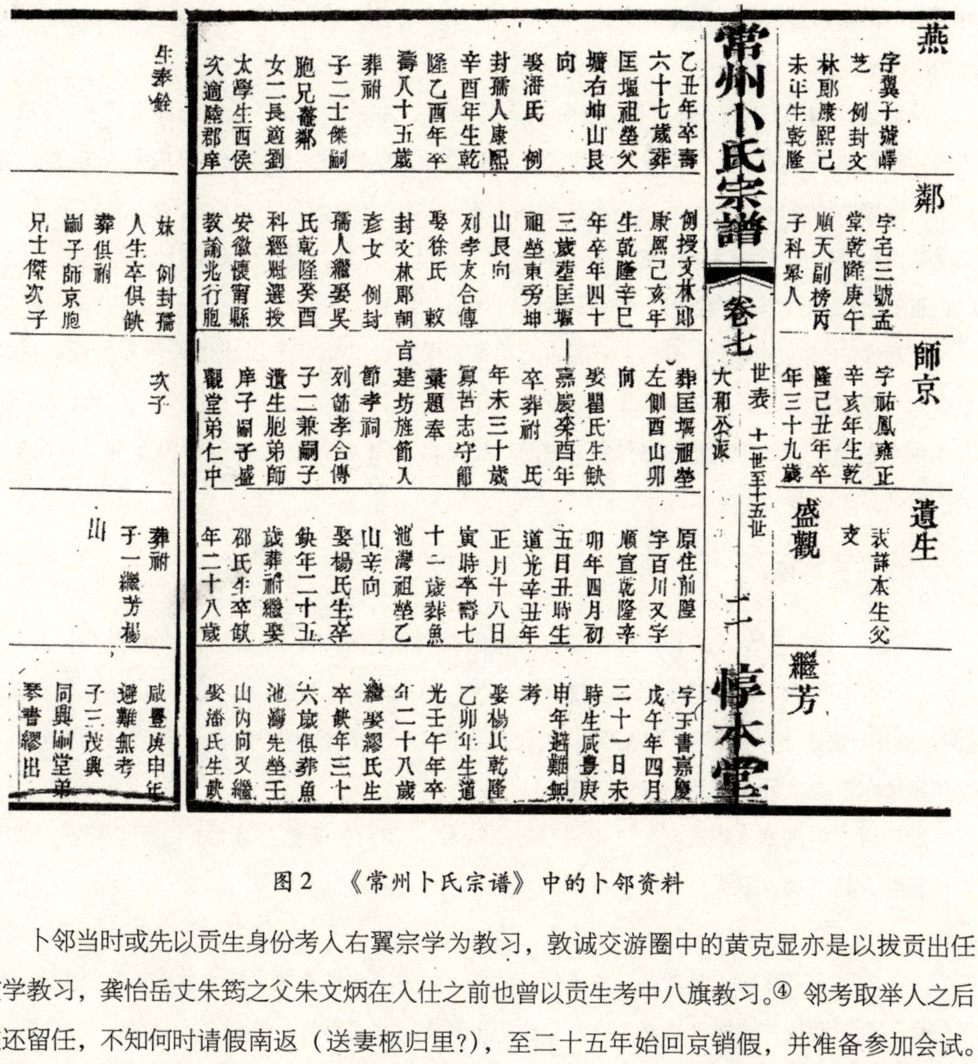
常州卜氏宗譜 卷七 世表 十一世至十五世 大和公派 二 惇本堂

燕 字翼子號嶧芝例封文林郎康熙己未年生乾隆乙丑年卒壽六十七歲葬匡堰祖塋父壙右坤山艮向娶潘氏例封孺人康熙辛酉年生乾隆乙酉年卒壽八十五歲子二士傑嗣胞兄盛鄰女二長適劉太學生西侯次適臨郡庠

鄰 字宅三號孟堂乾隆庚午順天副榜丙子科舉人例授文林郎康熙己亥年生乾隆辛巳年卒年四十三歲葬匡堰祖塋東旁坤山艮向列孝友合傳娶徐氏敕封文林郎彥女例封孺人繼娶吳氏乾隆癸酉科經魁選授安徽懷甯縣教諭光行胞妹例封孺人生卒俱缺葬俱祔嗣子師京胞兄士傑次子

師京 字祜鳳雍正辛亥年生乾隆己丑年卒年三十九歲葬匡堰祖塋左側酉山卯向娶瞿氏生歿嘉慶癸酉年卒葬祔氏年未三十歲冥苦志守節彙題奉旨建坊旌節入節孝祠列節孝合傳子二兼嗣子遺生胞弟師庠子嗣子盛觀堂弟仁中次子

遺生 衣詳本生父 盛觀 支 原住前壂字百川又字順宣乾隆辛卯年四月初五日丑時生道光辛丑年正月十八日寅時卒壽七十二歲葬魚池灣祖塋乙山辛向娶楊氏生卒年二十五歲葬祔繼娶邵氏生卒歿年二十八歲葬祔子一繼芳

繼芳 字玉書嘉慶戊午年四月二十一日未時生咸豐庚申年避難無考娶楊氏乾隆乙卯年生道光壬午年卒年二十八歲繼娶繆氏生卒歿年三十六歲俱葬魚池灣先塋壬山丙向又繼娶潘氏生歿咸豐庚申年避難無考子三茂典同興嗣堂弟琴書繆出

图2 《常州卜氏宗谱》中的卜邻资料

卜邻当时或先以贡生身份考入右翼宗学为教习，敦诚交游圈中的黄克显亦是以拔贡出任该学教习，龚怡岳丈朱筠之父朱文炳在入仕之前也曾以贡生考中八旗教习。④ 邻考取举人之后应还留任，不知何时请假南返（送妻柩归里?），至二十五年始回京销假，并准备参加会试。类似经历也可见于乾隆三十五年举人顾宗泰的自述，其文有云："余试秋闱，自壬申始，九试至庚寅，始获乡荐。是秋留都，适考景山教习，钦取第一，即入官学教多士。辛卯春，试礼闱未第。是年，暂假南归省亲。"⑤

由于宜泉对卜云庵家中的状况颇了解，故若卜云庵就是卜邻，则他在《诗稿》中不应不注记云庵去世之事，且卜云庵与卜邻两人丧妻的时间似亦差数年。但若卜云庵乃卜邻之子，

① 甄治国：《〈懋斋诗钞〉编年研究》，《古籍整理研究学刊》1994年第4期，第36~42页。
② 《清高宗实录》，第604卷，第779页；第634卷，第77页。
③ 卜起元等纂修：《常州卜氏宗谱》（台北故宫博物院藏光绪六年木活字本微卷），第7卷，第1~2页。
④ 黄一农：《宜泉先生及其所撰〈春柳堂诗稿〉新考》。
⑤ 顾宗泰：《月满楼诗文集》（上海古籍出版社，《清代诗文集汇编》景印嘉庆八年刊本），第15卷，第1页。

则《寓宿卜云庵，席间闻卜府君在任凶讣即时》诗题之记事，恰与乾隆二十六年卜邻卒于右翼宗学教习任内之生平相合。且宜泉《遥忆卜云庵》中所称"蹉跎远柩隔山河（原注：又当父灵在外）"（第54页），又恰同于敦敏《吊宅三卜孝廉》中所描述卜邻死后"暂寄他乡土"的遭遇。再者，宜泉与卜云庵的交往，亦可很自然地透过卜邻、敦敏、敦诚等人交游圈的重迭而加以理解。

然翻查《常州卜氏宗谱》，虽见卜邻其人其事，却发现卜邻无子，其承继子师京（1731—1769）字佑凤，乃胞兄士杰（后出继伯父鳌）之次子，而师京之妻瞿氏在嘉庆十八年过世，此与卜云庵妻卒于乾隆二十四年之后不久的情形颇差，知卜邻应非卜云庵之父。又，同谱之卜邻父辈当中，亦尚未发现有乾隆二十四年之后不久卒于官者，至于卜邻与卜云庵是否为远亲（如同前述之龙廷栋与龙梁材），则待详考。

虽然我们仍无法判断卜邻与卜云庵有无关系，但透过《常州卜氏宗谱》中新发现的材料，至少已对敦敏、敦诚交游圈中的卜邻增多一些理解：知其号孟堂，康熙五十八年生，乾隆十五年顺天副榜，二十六年参加恩科会试之前三日卒，享年43岁，其嫡妻徐氏及继妻吴氏的生卒年俱缺。

（二）周鲁瞻

《诗稿》七言近体第五十一首有《读周鲁瞻诗，戏题有赠》一诗曰："兔毫不吝千枝秃（原注：太白诗书秃千兔笔），樽酒何愁百首迟（杜诗李白斗酒诗百篇）。"（图1）典出李白《醉后赠王历阳》的"书秃千兔毫"以及杜甫《饮中八仙歌》的"李白一斗诗百篇"句，形容周氏著作等身，且像好酒的李白一样，饮后诗才敏捷。

经爬梳"中国基本古籍库"、"中国方志库"和"读秀"等资料库后，共可查出五位清代的周鲁瞻，其中《直隶太仓州志》记曰：

> 周岱，字鲁瞻，父孝逸，名诸生，能文、任侠。岱幼奇颖，恃才放诞，屡应童子试，两艺竟辄作诗或画花草于卷，以故，卒不售，然益知名。尝遇友人作醵，岱涉笔成画，令人持易，市争购之，得钱共饮为快。久之，欲游京师，适卫弁有转漕北上者，邀与偕，途中频索画，乃厌苦之，登岸觅寓，不复入舟。比至京，某王府闻其名，延之赏菊，座多名流，分韵赋诗，席未终，岱百韵俱成，一座皆惊。无何，疾作，归至沧州，语同伴曰："疾驱之，某日过州，吾乃生；否则，死矣。"不及至而卒，年四十。①

指称太仓周岱的诗画俱佳，尤长于花草，入京时曾在某王府的宴会中，最快赋成百韵咏菊，才惊四座，此似与宜泉所描述"斗酒诗百篇"之周鲁瞻相类。下文即尝试追索周岱其人其事，

---

① 王昶等纂修：《直隶太仓州志》（《续修四库全书》景印嘉庆七年刊本），第41卷，第5页。

析探他是否就是宜泉的这位友人。

由于明末名士张溥（1602—1641）之妻曾于顺治十七年（1660）请托亲友对其受辱于家仆一事主持公道，当时参预者当中有张家姻亲“周云骧孝逸”①，知周岱之父孝逸或名云骧。因顺治十二年周云骧之父敏成（1583—1655）过世时，云骧为40岁②，推得云骧应生于万历四十四年（1616）。故若周岱之父确为周云骧，周岱就不太可能与宜泉生活在同一时代。事实上，《明清江苏文人年表》中即直指太仓周岱（1658—1697）生于顺治十五年。③

笔者继而在扬州八怪之一黄慎（1687—1772）的《蛟湖诗钞》中发现一首《怀武进周鲁瞻》五律：

缆解兰陵雨，离心折棹歌。
长江千里去，一剑十年磨。
夹口黄天荡，裙腰宝带河。
送君回首望，白发更如何？④

黄慎此诗约作于乾隆十六年至二十二年春在扬州鬻画访友期间（1751—1757）。他当时所结交之人，包括年轻的张宾鹤（1724—1790）与王文治⑤，其中张宾鹤后曾馆于弘晓府邸十余年，他不仅是明义最好的朋友，亦与李世倬、敦诚、永忠、明仁等人交好，这些人大多是曹雪芹极密的亲友。知黄慎所题赠的“武进周鲁瞻”，至少已间接进入了曹雪芹的交游圈。⑥

再者，龚景瀚（1747—1802）知平凉时，曾于乾隆五十五年赋诗送“周鲁瞻昆仲”入都廷试，其诗有云：

堂堂二陆出云间，一日文名震帝关。
莫便疏狂多眼白，须知謡诼为眉弯。
陈词宣室应前席，回首崆峒是故山。
闻道兰陔无小草，知君心不慕朝班。⑦

“堂堂二陆出云间”乃用西晋云间文士陆机和陆云之典，因陆氏兄弟在入京之后声名大噪。但

① 吴伟业著，李学颖点校：《吴梅村全集》上海古籍出版社1990年版，第609页。
② 钱谦益：《牧斋有学集》（《续修四库全书》景印康熙三年序刊本），第35卷，第12～14页；陆世仪：《桴亭先生诗集》（《清代诗文集汇编》景印光緒二十五年刊本），第6卷，第6～7页。
③ 该书称此乃据《娄水文征》，惟笔者尚未能查得出处。参见王宝仁等辑《娄水文征》（台北中央研究院傅斯年图书馆藏道光十二年刊本）；张慧剑：《明清江苏文人年表》，上海古籍出版社1986年版，第684页。
④ 黄慎：《瘿瓢山人蛟湖诗钞》（《清代诗文集汇编》景印乾隆二十八年刊本），第2卷，第12页。
⑤ 丘幼宣：《一代画圣黄慎研究》，福建教育出版社2002年版，第359～392页。
⑥ 黄一农：《〈红楼梦〉早期读者间之亲属关系辨误》，《红楼梦学刊》2012年第3辑；黄一农：《试探曹雪芹在乾隆朝书画界的人际网络》。
⑦ 龚景瀚：《淡静斋诗钞》（《续修四库全书》景印道光二十年刊本），第6卷，第4～5页。

从“回首崆峒是故山”句，知该“周鲁瞻昆仲”应为平凉人，因崆峒山即位于平凉以西。此外，乾隆五十一年江西举人周坦升以及嘉庆二十三年（1818）山东举人周如岱，亦皆字鲁瞻。①

综前所论，前述之太仓周岱、武进周鲁瞻（名待考）、平凉周鲁瞻（名待考）、铅山周坦升以及金乡周如岱，乃生活于不同时空，只不过恰好同姓同字，其中武进周鲁瞻才最可能是宜泉的朋友！

（三）李四兄

宜泉的《诗稿》共有两首题给李四兄的诗（图1），《题李四兄书舍壁》称：

> 酒渴谁吞海，人闲有谪仙。
>
> 一壶初脱帽，五斗渐惊筵。
>
> 吕袋休名注（原注：其为引见余剩之员故云），清书慧性传（原注：谓其教翻设晓、畅译清文）。
>
> 还应焚醉籍，从此惜残年。

首句出自南宋洪适的“酒渴思吞海”，次句谓其酒量近似“谪仙”李白。至于“惊筵”则典出唐代诗人焦遂，因杜甫在《饮中八仙歌》有云：“焦遂五斗方卓然，高谈雄辩惊四筵。”

有关“吕袋”的用典，先前学界一直未解，此应指北宋丞相吕蒙正用来注记人才名册之夹袋，《佩文韵府》中即称：“宋史吕蒙正为相，夹袋中有册子。客谒见，必问其有何人才；客去，随即疏之，悉分门类。朝廷求贤，即取之囊中，故文武各称职。”② 宜泉应是慨叹兼通满汉两种语言的李四兄无缘因受荐举而入仕，“引见”则通常指为授官之目的而被安排面见皇帝。

另一首《哭李四兄》诗则谓：

> 前宵犹对饮，今日隔重泉。
>
> 若谢尘中友，因开梦里筵。
>
> 交深非歃血，情重易忘年。
>
> 白玉楼边觅，应操作记权。

其中“交深非歃血，情重易忘年”句，或指李四兄是年纪较宜泉大一截的忘年交。并称在李氏死前不久，两人还曾一块对饮。而“白玉楼”乃用唐代李贺临死前昼见一绯衣人对曰“帝

---

① 张廷珩等修，华祝三等纂：《铅山县志》（《中国方志丛书》景印同治十二年刊本），第12卷，第20页；李垒纂修：《金乡县志》（《中国方志丛书》景印同治元年刊本），第9卷，第15页。

② 张玉书、陈廷敬等撰：《御定佩文韵府》（台湾商务印书馆，《文渊阁四库全书》本），卷1之1，第45页。

成白玉楼，立召君为记”之典，后因指文士早死。①

由于《诗稿》中并未提及李四兄的字号，且李为大姓，故很不容易核实其人其名，只有试从相关人物的诗文别集着手。几经爬梳，笔者在王文治的《梦楼诗集》中发现一首怀“李四琴夫”诗，王、李二人当时乃以诗齐名，洪亮吉更誉李御是“京口词人之冠”。② 下文即从李四琴夫的生活时代、地缘关系与人脉网络出发，尝试追索其为宜泉友人的可能性。

光绪《丹徒县志》中有颇详细的李御小传曰：

> 李御，字琴夫，号萝村，晚号小花山人，邑诸生……屡踬场屋。厥后，同学王文治以第三人及第，官编修，招之入京师。甫至，王亟出其诗示诸同馆，时馆阁诸名家若侍御蒋和宁、修撰毕沅、编修蒋士铨、诸重光、童凤三、宋铣、中书狄继绅、董潮见其诗，极口叹服，相与订交，共输金为之入太学，劝应京兆试，以魁解期之，然终不售。揭榜时，诸公多在棘闱未出，而御已飘然归矣。③

知王文治在登乾隆二十五年进士后，旋即邀请同学好友李御入京，并安排他与自己曾担任西宾的侍御蒋和宁等人认识。李因才气纵横，颇获馆阁诸公称许，于是众人集资替他捐了监生，期许他能在北榜中举，蒋和宁并安排他馆于己家。④

李御在京近三年期间也与王文治的同年陈本敬往还⑤，而笔者先前从陈本敬曾在《种芹人曹霑画册》及《李谷斋墨山水、陈紫澜字合册》两作品上题字等事，证实曹雪芹应与陈本敬相熟。⑥ 李御虽在许多师友的高度期许之下，却于二十七年不幸落榜，旋即出京，自此不再应举。

有关李御的生卒年一直说法不一，赵彦偁（1819—1881）在其道光二十九年（1849）的日记中指友人张崇兰（字猗谷，丹徒人）尝对其曰：“李小花长于梦楼一、二岁，卒在梦楼前。梦楼卒于嘉庆十一、二年间矣。”⑦ 近代丹徒文史专家赵森甫（1852—1928，字勋禾）亦谓其“世丈”柳兴恩（1795—1880，字宾叔，丹徒举人）有云：“李小花长于王梦楼一、二岁，卒在梦楼前。梦楼生于雍正八年，卒于嘉庆七年，年七十三。”⑧ 但他们均未提供任何论证。

任遵时先生则判断“他生于清雍正十三年，约卒于嘉庆二或三年，享寿六十许”⑨，此应

---

① 计有功：《唐诗纪事》（《文渊阁四库全书》本，南宋成书），第43卷，第12页。
② 王文治：《梦楼诗集》，第1卷，第11页；洪亮吉《北江诗话》（《续修四库全书》景印光绪三年重刊本），第3卷，第3页；沈涛：《匏庐诗话》（新文丰出版公司《丛书集成续编》景印道光间刊本），卷上，第9页。
③ 何绍章等修，吕耀斗等纂：《丹徒县志》（《中国方志丛书》景印光绪五年刊本），第33卷，第27～29页。
④ 王文治：《梦楼诗集》，第3卷，第10页；杨钟羲：《雪桥诗话》（辽沈书社1991年版，民国初年成书），余集，第5卷，第37页。
⑤ 李御：《八松庵诗集》（台北台湾师范大学图书馆藏光绪二十五年重刊本），第3卷，第12页。
⑥ 黄一农：《试探曹雪芹在乾隆朝书画界的人际网络》。
⑦ 赵彦偁：《三愿堂日记》（学苑出版社，《历代日记丛钞》景印清代钞本），第247页。
⑧ 赵勋禾（赵森甫）：《丹徒掌录》（赵吉士自印，1973版），第5卷，第45页。
⑨ 李御著，任遵时编：《八松庵诗集》桂冠图书公司1995年版，重刊序，第1页。

根据的是李御一诗册上的跋文，因其中有云：

> 仆生十五年，始受诗法于嘉善胡季诺师，八载方能捉笔成章句，师之言曰：“辞繁情减，篇多杂瑕，戒之哉！”计今四十有一年矣……乾隆四十年乙未十月十二日小花记于雁影居。①

任氏或以李御此跋乃作于距其出生“四十有一年”时，故回推生年为雍正十三年（1735）。

然因李御赋有《题灌花楼四首并叙》，称已于十五年前尝登此楼，当时该楼乃属张氏，十五年后却已三易其主，成为朱家所有，而在李御所留下的一跋中则指明“《灌花楼诗》辛未客泰兴朱西堂家作”②，知他乃于乾隆二年初登灌花楼，十六年辛未岁再登时赋诗寄兴。故李御绝不可能生于雍正十三年，否则他初登楼时仅3岁！

事实上，前引文中的李御诗册跋或应理解成他15岁开始学诗，8年之后才有小成，其师当时曾提醒他“辞繁情减，篇多杂瑕”，而此一令其萦绕在心之警语距其作跋已“四十有一年”。亦即，回推其生年当在康熙五十三年（1714）。

又由于张崟在嘉庆十七年为李御之石刻诗帖所撰的识语中，尝称当时“先生殁将二十年”，此应指极接近（不含）二十年，而张、李两家为世交，“小花先生生平与先君交最契，晚年文酒之会，月不下二旬余。崟少时追随杖履，殆无虚日”③，推知此叙述的可信度甚高，故李御卒年必不早于乾隆五十九年，享年则逾81岁，但入嘉庆朝的可能性亦不高，此高寿也可见于其“七十年来高隐情”、“扪心八十年间事”等诗句。④

李御是丹徒“文园六子”之一，文园乃汪之珩（1718—1766，号璞庄）读书处，而所谓六子指汪之珩、李御（曾馆于庄家）、吴合纶（樵月）、刘文玢（樗村）、顾駉（牧原）、黄振（1724—？，号潄石，又号瘦石，为汪之珩妻弟）。⑤ 黄振因屡试不第，遂隐居致力于戏曲创作，与”扬州八怪”中的黄慎、郑燮（1693—1766）交往甚密。⑥ 郑燮有《李御、于文浚、张宾鹤、王文治会饮》诗，称“今日一杯明日别，订盟何得及沙鸥”⑦？郑燮也尝与李御、于文浚等友人下榻陈志枢家的松筠阁，彼此“诗酒林亭，殆无虚日”⑧。亦即李御所属的“文园六子”与较年长的“扬州八怪”两群人之间应颇多互动。

乾隆二十一年，郑燮、黄慎、程廷祚等三老以及李御、王文治、于文浚、金兆燕、张宾

---

① 李御：《八松庵诗集》，第8卷，第5页。

② 李御：《八松庵诗集》，第4卷，第6页；第8卷，第5页。

③ 李御：《八松庵诗集》，第9卷，第7页。

④ 李御：《八松庵诗集》，第1卷，第22页；第2卷，第6页。

⑤ 杨受廷等修，马汝舟等纂：《如皋县志》（《中国方志丛书》景印嘉庆十三年刊本），第21卷，第37～38页。

⑥ 孙书磊：《〈谱定红香传〉传奇及其作者考》，《文献》2002年第2期，第211～224页。

⑦ 郑燮：《板桥集》（《续修四库全书》景印清刊本），板桥诗钞，第3卷，第19页。

⑧ 郑辅东修，王贻牟纂：《续纂泰州志》（江苏古籍出版社，《中国地方志集成》景印民国十三年稿本），第25卷，第761页。

鹤、朱文震（朱孝纯族侄①）等六少，曾在郑燮倡议之下于扬州作“一桌会”，“各携百钱以为永日欢聚”，会上大家合绘《九畹兰花图》并题识。② 翌年，李御住扬州时，郑燮也曾邀游湖上，知李御与郑燮的交情颇密；此故，李御在京时即为其赋有“三年不见苦相思”之诗句。③

“扬州八怪”亦与曹寅家族有一些地缘关系，因江宁织造曹寅（1658—1712）和其姻亲苏州织造李煦（1655—1729）两人，曾于康熙四十二年奉旨轮流以监察御史衔巡视两淮盐课十年④，该衙署设在扬州之差乃肥缺，《红楼梦》主角林黛玉之父林海于小说中即被钦点为此官。查八怪诸人除前述之黄慎和郑燮外，李鱓（1686—1762）曾供奉内廷数载，又师事高其佩（1660—1734），而高其佩的外甥兼弟子李世倬（1687—1770）乃曹雪芹相熟的父执；且高翔（1688—1753）亦与曹寅有曹曰瑛、陶鼎等共同之友人。⑤

李御的交游圈也与敦诚的好友龚怡有许多交集⑥，如汪启淑（1728—1800）在《水曹清暇录》中记曰：

> 梁家园官房一所，中有晴云阁，俯临积水，地颇幽静。甲午岁，澄园程农部世淳曾寓其处，因拉予下榻焉，宛在秦淮河房。予时携歌者吴门华郎、童郎、沈郎，澄园与其妻弟吴君辛策雅善丝竹，每逢良夜，明灯置酒，角韵征歌。西峰张殿撰书勲、雅堂鲍中书之钟、铁箫朴秀才森、紫树龚明经怡、讷旃卫上舍德威，时同唱和，颇得一时之雅。⑦

称己于乾隆三十九年甲午岁曾应程世淳（1739—1824，三十六年进士）之邀小住在晴云阁，并与张书勋（乾隆三十一年状元）、鲍之钟（1740—1802，乾隆三十四年进士）、朴森、龚怡、卫德威等人相倡和。

其中，李御与鲍之钟、卫德威相熟⑧，也曾赠字朴森⑨。此外，程世淳与朱珪（龚怡为其兄朱筠之婿⑩）两人“尤相契”，龚怡的同乡好友黄景仁（1749—1783）或曾以该关系而于乾

---

① 王文治：《梦楼诗集》，第21卷，第13页。
② 郑燮：《板桥集》，板桥题画，第22～23页。
③ 桂敬顺纂修：《浑源州志》（凤凰出版社，《中国地方志集成》景印乾隆二十八年刊本），第10卷，第34页；李御：《八松庵诗集》，第73页。
④ 故宫博物院明清档案部编：《关于江宁织造曹家档案史料》，中华书局1975年版，第22～23页。
⑤ 胡文彬：《感悟红楼：一个红边梦痴的阅读心语》，白山出版社2010年版，第182～183页；黄一农：《试探曹雪芹在乾隆朝书画界的人际网络》。
⑥ 黄一农：《试探曹雪芹在乾隆朝书画界的人际网络》。
⑦ 汪启淑：《水曹清暇录》（《续修四库全书》景印乾隆五十七年刊本），第16卷，第9～10页。
⑧ 王文治：《梦楼诗集》，第6卷，第10页；第12卷，第20页；第21卷，第6页；李御：《八松庵诗集》，第55～56页。
⑨ 在北京东方大观国际拍卖公司2012年春拍中的《江春帖》，即有件墨迹题称“铁箫先生政之，弟李御顿首”，参见 http：//auction. artron. net/showpic. php？ArtCode = art5017870535。
⑩ 黄一农：《试探曹雪芹在乾隆朝书画界的人际网络》。

隆四十五年入程氏之幕。① 鲍之钟工诗，在京师时与洪亮吉（1746—1809）等人被法式善合称为“诗龛四友”。② 洪亮吉则是黄景仁相交多年之挚友，两人皆属“毘陵七子”，三十六年且同被朱筠延入幕中，故景仁临终时不仅嘱请亮吉为其撰行状，还托付以“老亲弱子”。③ 再者，视世交至谊李御为“饮交”的张若筠（张埜之叔），亦以鲍之钟为其“诗交”、王文治为“谈禅交”，而鲍之钟与王文治二人当时且齐名。④

李御卒后其文集乃由汪之珩之子为霖（1763—1822）整理梓成⑤，汪为霖与刘大观（1753—1834）“论交三十载”⑥，而刘大观曾序敦诚的《四松堂集》，且在出知宁远州时，与盛京将军晋昌（1759—1828，曹雪芹好友明仁之甥）及其幕客程伟元（？—1818，曾刊行《红楼梦》最早的活字版）颇多往还。⑦

据前文的讨论，李御显然已进入曹雪芹友人的交游圈。但宜泉诗中的李四兄是否即指李御，则仍存在一些重大疑点。此因李御及其友人从未提及他有“清书慧性传”的特殊表现，且他只于乾隆二十五年至二十七年间短暂在京，而除兼当蒋和宁家的西宾外，主要时间应是用来准备下科的秋试，他有无精力与能力在如此短的时间内精通满文，实令人怀疑。

此外，李御在秋试放榜之前，或自知答卷失常，遂与众师友不告而别。这些欣赏他的“馆阁诸名家”原本应都相信他可以金榜题名，并从正途出身，故不致在试前就已替他安排“引见”，更何况一位才刚捐纳的监生或亦无条件被“引见”。也就是说，无论试前或试后，李御均不太可能被带领面见皇帝。尤其宜泉应卒于李御之前二三十年，《哭李四兄》显然与李御无关。该几乎被张冠李戴的巧合，应为李姓过于普遍所致。无怪乎，李御存世的300多首诗作中无一语涉宜泉或曹雪芹。但此追索过程仍颇有收获，意外发现曹雪芹的人脉网络竟然还与李御有些间接关系。

在无法将李四兄与李御画上等号的情形下，笔者另疑其人有可能是新科的清书庶吉士，遂被宜泉誉为“清书慧性传”。查乾隆朝每科300多名进士当中，通常考选40至60名上下为庶吉士，并由翰林院掌院学士指派5至10位“三十岁以下”或“年力少壮”者分习满文。而在三年后散馆引见时，除少数表现不佳者被处罚留馆再教习一至三年外，成绩较好者分授编修或检讨，普通者则分发各部为僚属，或以知县即用，余则归进士原班铨选。这些归班之进士，可能就是《诗稿》中所谓的“引见余剩之员”，每次皆仅数人，而李姓者只有雍正十一年

---

① 张维屏：《国朝诗人征略》（《续修四库全书》景印道光十年刊本），第43卷，第2页；黄景仁《两当轩全集》（《续修四库全书》景印咸丰八年刊本），附录，第5卷，第10页。

② 张维屏：《国朝诗人征略》，第40卷，第20页。

③ 黄景仁：《两当轩全集》，附录，第2卷，第1～4页；第5卷，第5页；赵尔巽等：《清史稿》（中华书局，1976年点校本，民国十七年成书），第485卷，第13391页。

④ 《丹徒县志》，第33卷，第40～41页；赵文哲《娵雅堂诗续集》（《四库未收书辑刊》景印乾隆五十六年刊本），第1卷，第16页。

⑤ 沈涛：《匏庐诗话》，卷上，第9页。

⑥ 汪为霖：《小山泉阁诗存》（《清代诗文集汇编》景印道光二十年重刊本），第5卷，第22～23页。

⑦ 黄一农：《〈红楼梦〉早期读者间之亲属关系辨误》》。

癸丑科李天秀、乾隆十六年辛未科李方泰以及四十六年辛丑科李铭。① 唯李天秀和李铭是李四兄的可能性不大，因他们获选庶吉士的时间较宜泉的生活时代或过早、或太晚。

虽然《实录》在记庶吉士散馆引见时，对获授编修和检讨的清书庶吉士常会点明，但对“以部属用”、“以知县即用”及“归进士原班铨选”者，则未区别其为清书或汉书。故很难判断李方泰究竟是否被分派习学满文，只知他在翰林院待到二十二年才散馆（疑以丁忧所致，因若表现不佳被罚留馆，则《实录》应会记载）；二十三年四月，其履历曾被敬缮恭呈御览，以求分发任官，但时年38岁的他是否以候选知县的身分获补缺，则不详。②

依照前述对《题李四兄书舍壁》一诗的理解，李方泰很有可能就是宜泉笔下所形容之“清书慧性传”且“引见余剩”的李四兄，又因宜泉称其为兄（《诗稿》中亦有称人为弟者），故宜泉的生年应晚于李方泰的康熙六十年。值得注意的是，李方泰的庶吉士同年周于礼与曹雪芹的挚友敦诚一家交情极深。③ 此外，与其同段期间在翰林院读书的乾隆十九年甲戌科清书庶吉士朱筠，也和曹雪芹同属一交游圈，朱筠之父文炳（乾隆二十九年卒）曾于康、雍之间任八旗官学教习，乃雪芹的教习同行前辈，朱筠之婿龚怡是敦诚的知己。④ 从这些人际关系可以推判李方泰认识曹雪芹的机会颇大，而宜泉与李方泰间的交往也因此更有脉络可循。

四、小结

《春柳堂诗稿》中曾提及三十几个人名，但先前均无法核实，此因宜泉所交往之人大多名不见经传，且其称谓惯用略语。几经爬梳，笔者认为“李四兄”或是乾隆二十二年（1757）散馆时表现不佳的十六年辛未科庶吉士李方泰，并合理怀疑宜泉曾参预二十四年运送滇铜入浙江之事，再透过其可能的交通路线，推判“龙二府”应是该年在云南担任威远同知的龙廷栋，“穆县令”是当时知四川兴文县的穆元章。至于“周鲁瞻”，乃“扬州八怪”之一黄慎的武进籍好友，他或是宜泉在浙江时过访的朋友。再透过黄慎、郑燮、朱筠、龚怡、张宾鹤、王文治、敦敏、敦诚、永忠、明仁、陈本敬、周于礼、傅雯、李御、黄克显等人的交往关系，知李方泰、周鲁瞻、龙廷栋、穆元章均应已至少间接进入了曹雪芹的交游圈。

虽前述关于《诗稿》中个别人名的判定仍有一些不确定性，然因宜泉云南之行来回仅十数个月，途经之处通常还必须邻近水陆要道，况且“龙二府”和“穆县令”之姓氏又均不常见，故要能在时空、交通和人际三方面均有如此高之契合度，实非乱点鸳鸯谱式的臆测可以

---

① 李宗侗：《清代对于年轻翰林习满文的办法》，收入氏着《李宗侗文史论集》（中华书局，2011），第377～422页。

② 有称其历官至宿松知县，但宿松的方志中并无其任官之记载。参见庆阳县志编纂领导小组《庆阳县志：约公元前十一世纪至公元一九三〇年》（自印，1984），第198页；俞庆澜等修，张灿奎等纂《宿松县志》（《中国方志丛书》景印民国十年刊本）；秦国经主编：《清代官员履历档案全编》（华东师范大学出版社1997年版，第18册，第115页。

③ 沈治钧：《读陈浩〈生香书屋诗集〉书后》，《红楼梦学刊》2011年第5辑。

④ 黄一农：《试探曹雪芹在乾隆朝书画界的人际网络》。

达到。尤其须点出的是，龙廷栋与穆元章的核实并不必然得建立在铜运的假设之上，虽然笔者相信此一历史想象与已知的材料较符合。

若再加上学界先前对宜泉生平以及《诗稿》用语的稽索①，宜泉不仅生活的时空与曹雪芹有所重叠，两人且应有许多关系，否则，他怎会有《和曹雪芹〈西郊信步憩废寺〉原韵》之作！且当我们在追索《诗稿》中所提及的李四兄、龙二府、穆县令、周鲁瞻等人时，要能不断浮现与曹雪芹直接或间接相关的人物，其纯属巧合的几率恐怕极小。宜泉远赴云南时，理应会通过曹雪芹及其挚交敦诚等，先请周于礼和黄克显等有地缘关系的友人协助安排，才得以在途中获龙廷栋和穆元章的热情款待。

由于敦敏在《懋斋诗钞》中以曹霑之字号为芹圃，另赋有《访曹雪芹不值》、《小诗代简寄曹雪芹》、《河干集饮题壁兼吊雪芹》等诗；敦诚在《四松堂集》中以曹霑即曹雪芹；宜泉的《诗稿》则以曹霑字梦阮，号芹溪居士，并有《怀曹芹溪》、《和曹雪芹……》诗；知曹霑的字号颇多，但当中屡见"芹"字。而其朋友对他的称谓则同中有异，交集是皆称他为"曹雪芹"，疑其在不同时空或群体中惯用不同的别号，敦敏遂又称其为"芹圃曹君"，宜泉另谓其"芹溪居士"或"曹芹溪"，而他确是红友们所关心的同一主角！

该结果也与涉及《李谷斋墨山水、陈紫澜字合册》和《种芹人曹霑画册》的最新研究若合符契②，因学界现已发现曾替此两作品皆题字的陈本敬，应与曹霑相熟，并印证陈本敬之父陈浩于乾隆二十四年题李世倬画册时，为李氏代索字的"曹君芹溪"就是曹霑，此与宜泉《题芹溪居士》及《伤芹溪居士》之诗题以及小注中之称谓正可相互呼应。

此外，当代许多知名书画家（如李世倬、高其佩、董邦达、陈浩、钱维城、朱伦瀚、傅雯等）出现在曹雪芹交游圈的情形，也与宜泉《题芹溪居士》之"爱将笔墨逞风流……苑召难忘本立羞"以及《伤芹溪居士》之"北风图冷魂难返"的描述相呼应，③ 而敦敏的《赠芹圃》诗中亦称其"卖画钱来付酒家"④，知曹雪芹确善画，且应曾被师友推荐入宫，但未赴。

通过对旗人生活方式及出仕渠道的了解，笔者现将目前已梳理出的宜泉生平事迹，放入合理的历史情境中，重新勾勒如下：他或与曹雪芹一样为内务府的汉姓包衣，年轻时因而入景山学或咸安宫学读书，二十来岁出学后则在宫中当差好些年，并曾参加平金川之役，于乾隆十四年春随军凯旋。30多岁时，一直艰于科名的他，或凭借学力考入官学担任清书教习。

宜泉可能于教习五年期满之后出仕，先担任浙江某县县丞或训导之类的低阶官吏。后或因其较同僚多些西南地区的人脉网络，遂于二十四年被委派至云南买铜回浙。他抵昆明后，先在此与威远同知龙廷栋同游滇池和螳螂川，回程则北经四川永宁至泸州再顺长江而下，途中曾赴永宁附近的兴文游览，而获当地知县穆元章招待。晚年因历升江东某知县之流的正印

---

① 黄一农：《宜泉先生及其所撰〈春柳堂诗稿〉新考》。

② 参见黄一农《试探曹雪芹在乾隆朝书画界的人际网络》及其中所引各文。

③ 后汉刘褒善画，观其所绘的《北风图》时，令人顿感寒意，故以"北风图冷"形容芹溪居士的画风灵动。参见蔡义江《此曹雪芹即彼曹雪芹：〈春柳堂诗稿〉释疑》，《红楼梦学刊》1999年第3辑。

④ 敦敏：《懋斋诗钞》，第54～55页。

官，遂具备上疏请求表彰殉节黄门次女的资格。

有关宜泉的年纪，因其称李方泰为“李四兄”，知其生年应晚于李氏的康熙六十年，且若要符合前段所描述之经历，他于乾隆二十四年奉派购买滇铜时，应至少已35岁，也就是说，宜泉最可能生于康熙六十年（1721）至雍正三年（1725）间。又因其去世时乃稍逾50岁，知卒年上限为乾隆三十五年，但不应晚于三十九年后太久。

杨兴让先生曾用另法推估宜泉的生卒年：他以《诗稿》五言近体第二十二首《哭子女并丧》为基准点，先假设此乃发生于乾隆二十八年北京地区天花大流行之时，再从其后各诗所描述的节候用语逐年前推，而判断宜泉卒于最末第七十首完成后不久之乾隆四十年。①

但此法对节候的判断有时略嫌主观，且《诗稿》中各作品的时距颇零散，若遇某年未收入任一诗时，就易出现误差。如依杨氏的估算，《哭子女并丧》与五言近体第五十七首《见老妻病起作》相隔10年，唯因宜泉在前诗提及天花肆虐时，乃以“慰妻看乳上，犹有一啼娘”形容唯一幸存还在喂乳之稚女（或仅一两岁），并在后诗以“女喜归宁早”描述此女之新嫁归省，考量时人的婚龄通常不小于16岁，知两诗理应相隔至少十四年，故可判断《诗稿》的五言近体中确有一些年从缺。再者，学界对杨氏所选基准点的定年迄无共识，如刘广定教授即认为：“因旧时痘殇的儿童很多，亲戚之间尤易传染，并不限于某一年代。”②

至于刊印《诗稿》的张介卿，虽在出版此书时已距宜泉出生160多年，但他仍有可能如序跋者所描述是宜泉之孙。首先，我们从贵贤（1853—?）光绪十五年（1889）序中的用词，知介卿应较时年37岁的贵贤年长。此外，因介卿之父越晚出生，宜泉与介卿的祖孙关系就愈容易解释，故姑且假设其父就是宜泉在50岁（乾隆三十五至三十九年）或之前一两年所生的季子麟，则介卿刊刻《诗稿》时的岁数a，与他出生时其父的年龄b，需满足 $115 \leqq (a-1) + (b-1) \leqq 121$ 之条件，其中121就是光绪十五年刻书时与张麟生年上限乾隆三十三年（1768）的时间差，115则是与生年下限乾隆三十九年的时间差，公式中的（-1）乃考量虚岁的算法。举例来说，若介卿于60岁刻此书，且其父在55岁至61岁间生他，宜泉与介卿即可符合祖孙关系，而此年纪对部分男性而言，确仍具生殖能力。

至于宜泉与曹雪芹的人脉网络，虽应有些重叠，但因宜泉与敦敏兄弟的诗文集中均未直接言及对方，知宜泉显然不是敦敏和敦诚交游圈的核心分子。该圈之人包含吉元、敏诚、宜孙、敦祺等宗室，明仁等满人世族，黄克显、卜邻、曹雪芹等教习以及周于礼、龚怡、陈本敬等汉族文士③，而右翼宗学是他们多数人所共同拥有的生活经验。宜泉或因出身较低，才气也不够突出，再加上其任教及所住的官学并非右翼宗学，遂遭边缘化。

查《诗稿》在《为过友家，陪饮诸宗室……》（第46页）前后三首诗的诗题均出现曹雪

---

① 杨氏另指脂砚斋就是张宜泉，该假说则需再详考。参见杨兴让《红楼梦研究》，三秦出版社2002年版，第222~249页。

② 刘广定：《再谈〈春柳堂诗稿〉作者的问题》，《红楼梦学刊》2001年第4辑。

③ 黄一农：《试探曹雪芹在乾隆朝书画界的人际网络》。

芹或芹溪居士之名，由于该书七言近体诗的体例是将涉及同一人的诗放在一起①，因疑《为过友家……》中的宜泉友人极可能就是曹雪芹，而邀饮的或不出敦敏、敦诚等宗室，宜泉在此场合就只不过是作陪。

惟孤傲不羁的曹雪芹，很可能会感觉与宜泉相处时较自在，此因他俩的身分和际遇均相近，且又同样好饮如痴；尤其敦敏的先祖阿济格在未被抄家除籍之前还长期是曹雪芹高祖曹振彦的领主②，该主属关系或亦令雪芹在与敦敏等宗室交往时，始终有道难以逾越的心理鸿沟。而宜泉则因与曹雪芹彼此投合，并留下好几首相关的诗，让我们现在仍能对这位文学巨擘的性情与生平增添一些重要的了解。

| 本文作者：台湾新竹清华大学特聘教授、中央研究院院士

---

① 黄一农：《宜泉先生及其所撰《春柳堂诗稿》新考》。

② 黄一农：《曹振彦旗籍新考：从新发现的满文材料谈起》，《文史哲》2012年第1期。

《红楼梦》中的嫡庶亲疏描写与曹雪芹家世研究

胡绍棠

一

《红楼梦》是我国古典长篇小说中以家庭为题材的典型之作。全书情节叙写所展示的人物关系可以说是当时封建贵族之家人物关系的真实反映，而渗透其间的嫡庶观念和人物间的远近亲疏，则颇为值得探讨。尤其值得注意的是，作者叙写所呈露的矛盾性和复杂性。《红楼梦》第二回冷子兴演说荣国府一段比较详细地述说了宁荣二府上下诸人的辈分行次和承传关系。后来说到贾府的女眷：贾赦、贾政之胞妹名贾敏，即林黛玉之母，这一辈的老姊妹四个，贾敏最小，亦已亡故。小一辈的，贾政的长女名元春，被选入宫。二小姐乃赦老爹之妾所出，名迎春；三小姐乃政老爹之庶出，名探春；四小姐乃宁府珍爷之胞妹，名唤惜春。后面又说道：贾政"有衔玉之儿，又有长子所遗一个弱孙"。"玉儿之后，其妾又生了一个（指贾环)"。贾赦也有二子，长名贾琏，已二十来往，亲上作亲，娶贾政妻王夫人的内侄女。贾琏夫妇只在乃叔政老爷家住着，帮着料理些家务。

当然，冷子兴的一段演说，只是对宁、荣二府上下诸人长幼关系的一个简单交待，而众多人物的复杂关系，则展现在全书情节的推进之中。

封建宗法制度，是以家族为中心，根据血统远近区分嫡庶亲疏的一种等级制度。它是维系封建统治体系的工具，也是封建社会人际关系的准则。按这种制度，政治上以君统臣，家族中以兄统弟。讲究父慈、子孝、兄友、弟恭，要求妇女要讲妇道。然而在现实中，由于利益的纷争，这些宗法道德并不可能被严格遵守，甚至杀父、弑君，杀嫡、立庶的事情也史不绝书。封建贵族之家，也绝不象宗法规定的那样尊卑有序，秩序井然。嫡庶之间，长幼之间，常常存在着重重纠葛和矛盾斗争。《红楼梦》中的许多情节写到嫡庶之争，长幼失序，写到父母与子女，乃至长兄与庶弟之间的矛盾纠葛，反映了宁荣二府上下人等的复杂关系。个别情节还表现出作者观念的错位和情感趋向的变异。究其原因，至为宛曲复杂，值得深入探讨。

二

《红楼梦》中人际关系的复杂性主要体现在两个方面：嫡庶之争与母子兄弟失和。我门不妨将相关情节略为缕述，加以分析。

《红楼梦》中涉及嫡庶之争的内容，突出地表现在与赵姨娘、贾环相关的诸多情节。冷子兴演说提到："政公既有玉儿之后，其妾又生了一个，倒不知其好歹。"即指赵姨娘所生贾环。

《红楼梦》第十七、十八回写元妃归省，诸弟妹皆在，写到贾环则说“从年内染病未痊，自有闲处调养”，未曾出场，实已含对庶子的贬抑。

更多的相关情节还在后面。例如第二十回，写正月放年学，贾环闲走到薛姨妈处玩。恰遇宝钗、莺儿赶围棋。贾环要顽，宝钗便让他。贾环赢了一回，接着连输几盘，便耍赖，把钱抓起来。莺儿便说了一句“一个作爷的……”正值宝玉走来，虽然宝玉素来想着“弟兄们一并都有父母教训”，并不严于礼教轨范辖治贾环。只说：“在这里不能取乐，就往别处玩去!”赵姨娘见了便啐道：“谁叫你上高台盘上去了？下流没脸的东西！……”一顿数落，恰被路过的凤姐在窗外听见，便隔窗说道：“大正月又怎么了，环兄弟小孩子家，一半点错了，你只教导他，说这些淡话作什么！凭他怎么去，还有太太老爷管他呢，他现是主子，不好了，横竖有教导他的人，与你什么相干!”

按照封建宗法制度，嫡庶之分，非常严格。正妻为嫡妻，嫡妻之子为嫡子。妾之子为庶子，这是一种区别。长子为嫡子（必须是正妻所生），非长子为众子，这又是一种区别。嫡庶之分，关系到承袭制度。至于妾，在《红楼梦》中被称为“屋里人”，身份是奴才。她连管教自己所生子女的权利也没有。妾所生的子女为庶出，虽然也被纳入了“主子”的行列，但只能尊其父和嫡妻为父母。所以，王熙凤竟然如此喝斥赵姨娘！而且指桑骂槐地数落贾环：“你不听我的话，反叫这些人教的歪心邪意，狐媚子霸道的。自己不尊重，要往下流走，安着坏心，还只管怨人家偏心。”“你明儿再这么下流狐媚子，我先打了你，打发人告诉学里，皮不揭了你的！为你这个不尊重，恨的你哥哥牙根痒痒，不是我拦着，窝心脚把你的肠子窝出来了。”这派言词显然是出于封建宗法制在家族中以兄统弟的轨范。

细心的读者不难发现，《红楼梦》中不时流露一些对贾环的贬抑。如第二十二回写元宵节元春传出灯谜令诸弟妹猜了颁赐礼物，独迎春、贾环未得。贾环所作谜语元妃亦未猜着，贾环便觉没趣儿。第二十三回写贾政召诸子女等好生住进大观园，贾政“见宝玉站在跟前，神采飘逸，秀色夺人；看看贾环，人物委琐，举止荒疏”。第二十四回写宝玉给贾赦去请安，接着贾环贾兰亦到，贾环见邢夫人爱抚宝玉，甚不自在，遂与贾兰告辞，宝玉则被邢夫人留饭。

环境的压抑，内心的嫉妒，终酿成不虞之事。第二十五回写贾环下学，王夫人命其抄写《金刚咒》。而宝玉躺在一边和王夫人亲昵，又与彩霞嬉闹，贾环不禁“怒从心头起，恶向胆边生”，便要用热油烫瞎宝玉眼睛，因而故意装做失手，将一盏油汪汪的蜡灯向宝玉脸上推去，将宝玉脸上烫了一溜燎泡。王夫人又气又急，又骂贾环，又叫过赵姨娘骂道：“养出这样黑心不知道理下流种子来，也不管管！几番几次我都不理论，你们得了意了……”那赵姨娘素日常怀嫉妒之心，不忿凤姐、宝玉两个，不敢表露；如今又因贾环受一场恶气，只好吞声承受。

前面已经说到，嫡庶之分，关系到承袭制度。古代宗法有大宗小宗之别。嫡长子这一系是大宗，其余的子孙是小宗。大宗比小宗为尊，嫡长子比其余诸子为尊。被认为是继承始祖的，称为“宗子”。只有宗子才有主祭始祖的特权，才能继承特别多的财产。据说这可以防止统治阶级内讧，巩固贵族的世袭统治。所以历代封建统治阶级都极力维护和保存宗法制度。

殊不知权力和财产的继承权正是造成统治阶级内部纷争的根本原因。在封建贵族之家，政治地位和财产也往往是嫡庶之间、长幼之间争夺的焦点。

请看第二十五回赵姨娘与马道婆勾结一段。一日，马道婆到荣府打秋风，哄骗了贾母之后，就去与赵姨娘嘀咕。赵姨娘抱怨："也不是有了宝玉，竟是得了活龙……我只不伏这个主儿。"一面伸出两个手指头（指凤姐儿），悄悄说道："了不得，了不得！提起这个主儿，这一分家私要不都叫他搬送到娘家去，我也不是个人。"马道婆就出主意用魇魔法暗害他们。赵姨娘说："……你若果然法子灵验，把他两个绝了，明日这家私不怕不是我环儿的。那时你要什么不得?"接着又拿出私攒的银两，写了欠契，马道婆便授以巫蛊之术，害得宝玉、凤姐儿中邪发狂，而致饮食不进。赵姨娘、贾环等暗自称愿。赵姨娘在旁说了一句："老太太也不必过于悲痛，哥儿已是不中用了……"被贾母照脸啐骂："烂了舌头的混张老婆……你愿他死了，有什么好处？……"又如第二十七回，写到探春求宝玉买些小玩物时顺便说及赵姨娘埋怨探春不给贾环做鞋，攒了钱给宝玉不给贾环。尽管探春本是赵姨娘所生，也不禁动气斥责说：这不过是"阴微鄙贱的见识……我只管认得老爷、太太两个人，别人我一概不管。就是姊妹弟兄跟前，谁和我好，我就和谁好，什么偏的庶的，我也不知道。论理我不该说他，但忒昏愦的不象了!"

不仅如此，双方的斗争还是愈演愈烈。第三十三回，当忠顺王府长史来找宝玉查问"琪官"下落，贾政为宝玉结交此辈愤怒之时，偏贾环走来，火上浇油，说是听赵姨娘说，金钏投井自杀，是因为宝玉欲行强奸未遂，打了一顿。贾政闻听，怒不可遏，对宝玉一阵毒打。三十六回，王夫人欲将袭人月银提至准姨娘，话间问及赵姨娘、周姨娘月例是否按数发放，王熙凤出了门就谩骂："抱怨给太太听，我也不怕。糊涂油蒙了心，烂了舌头不得好死的下作东西，别作娘的春梦……也不想一想是奴几，也配使两三个丫头!"——就这样，赵姨娘、贾环与宝玉、凤姐，双方矛盾越来越深。

至第五十五回，凤姐病弱，探春协理家务之时，赵姨娘弟弟赵国基去世。探春按旧例家生子奴才给丧葬银二十两。赵姨娘嫌少，说连袭人都不如，便走来，鼻涕眼泪地哭闹，说："太太疼你，你越发拉扯拉扯我们。"探春道："叫我怎么拉扯……那一个主子不疼出力得用的人？那一个好人用人拉扯的？谁家姑娘们拉扯奴才了?"赵姨娘气的问道："如今你舅舅死了，你多给二三十两银子，难道太太就不依你？分明是好太太，都是你们尖酸刻薄……等明儿出了阁，我还想你额外照看赵家呢。如今没长羽毛，就忘了根本，只拣高枝儿飞去了!"探春气得脸白气咽，抽咽哭泣道："谁是我舅舅？我舅舅年下才升了九省检点，那里又跑出一个舅舅来？我倒素习按礼尊敬，越发敬出这些亲戚来了……既这么说，环儿出去为什么赵国基又站起来，又跟他上学？为什么不拿出舅舅的款来？何苦来，谁不知道我是姨娘养的，必要两三个月寻出由头来，彻底翻腾一阵，生怕人不知道，故意表白表白……"

这里赵姨娘的惑于偏私，探春的恪守宗法，一脸的堂皇正大，都表现得淋漓尽致！难怪事后凤姐向平儿感叹："好个三姑娘！我说他不错。""虽然庶出一样，女儿却比不得男人，将来攀亲时，有为庶出不要的。"

书至第六十回“茉莉粉替去蔷薇硝”，写蕊官送给芳官一些蔷薇硝，贾环见了便要讨些回去送给彩云。芳官舍不得，便用些茉莉粉代替。贾环拿回去送给彩云，彩云说是茉莉粉。赵姨娘便说：“依我拿了去照脸摔给他去。”“乘着抓住了理，骂给那些浪淫妇们一顿也是好的。”贾环不敢，说：“你不怕三姐姐，你敢去，我就伏你。”赵姨娘就拿了纸包，一径到了怡红院中。芳官正与袭人等吃饭。赵姨娘将粉照芳官脸上撒去，指着芳官“淫妇”、“粉头”骂个不休。芳官回说：“我又不是姨奶奶家买的。‘梅香拜把子——都是奴几’呢!”赵姨娘便打了芳官两耳刮子。芳官那里肯依，便拾头打滚泼哭泼闹起来，撞在赵姨娘怀里让他打。蕊官、藕官、葵官、豆官闻知，一起跑入怡红院，手撕头撞，把个赵姨娘裹住，只待尤氏、李纨、探春带着平儿走来，才算解围。探春也只好说：“那些小丫头……不恕时也只该叫了管家媳妇们去责罚，何苦自己不尊重，大呼小叫失了体统……你瞧周姨娘，怎不见人欺他，也不见他去寻人。”

周姨娘在《红楼梦》的叙述中只不过是作者顺便提及的影子人物。她从未正式出场，更没有她的语言行动描写。她偶而被提及，往往与赵姨娘同列，或作为一个恪守“妇德”、安于侍妾命运的懦弱者成为赵姨娘的反衬。

此外，《红楼梦》中还有多处写及贾母偏爱宝玉，不喜欢贾环，说贾环不成器。

《红楼梦》中关于嫡庶之争的描写，对于赵姨娘、贾环的贬抑之笔，一直延伸到八十回后。如第八十四、八十五回，写巧姐儿有病，贾环去看，因要瞧牛黄，碰翻药吊子，被凤姐诅咒，被赵姨喝骂。贾环在外间屋里竟然说：“我不过弄倒了药吊子，洒了一点子药，那丫头子又没就死了，值的他也骂我，你也骂我，赖我心坏，把我往死里糟踏。等着我明儿还要那小丫头子的命呢，看你们怎么着！只叫他们隄防着就是了。”——积怨越来越深，矛盾越来越尖锐。乃至第一百一十八回，“记微嫌舅兄欺弱女”，亦有贾环参与。

但是，细心的读者也会注意到：《红楼梦》中写到赵姨娘和贾环，除了前面缕述说到的阴微鄙贱、心地偏狭、明争暗斗，也有一些笔墨颇异其趣；有些人物，对于赵姨娘的侍妾地位和贾环的庶子身份，是另一种态度，不是轻蔑，而是怀有同情。如第三十八回，写宝钗、湘云等姊妹在园中作诗吃螃蟹，湘云就“令人盛两盘子与赵姨娘周姨娘送去”。第六十七回，写薛蟠外出回来，带了些东西，宝钗就也将一些小礼物送给贾环。最值得注意的是，四十三回，贾母闲取乐提出凑分子给凤姐过生日。议论中，凤姐提出：“还有二位姨奶奶，他们出不出，也问一声。”尤氏悄骂道：“我把你这没足厌的小蹄子！这么些婆婆婶子来凑银子给你过生日，你还不足，又拉上两个苦瓠子作什么。”凤姐也悄笑道：“……他们两个为什么苦呢？有了钱也是白填送别人，不如拘来咱们乐。”——看其何等贪苛！但后来凑银子时，尤氏不仅把平儿、鸳鸯、彩云的还回，亦将赵姨娘、周姨娘二人的还给本人。他两个还不敢收，尤氏道：“你们可怜见的，那里有这些闲钱？凤丫头便知道了，有我应着呢。”二人不禁千恩万谢，足见尤氏的和善大度。

总之，书中关于嫡庶之争的叙写，既有弘扬封建宗法的堂而皇之的官样文章，即社会语境。特别是像探春那样对赵姨娘的态度，和她那所谓“堂皇正大”、“仗义执言”的几段宏论。

同时，似乎也有作者的独特感慨及心理取向的隐微表达和曲折抒发，即个人情怀。

三

《红楼梦》中涉及嫡庶亲疏的情节，值得研究的另一个侧面是贾赦在荣府中的地位、贾赦与贾母的关系，以及贾赦与贾政的关系。

冷子兴演说荣国府明确说：自荣公死后，长子贾代善袭了官，娶的也是金陵世勋史侯家的小姐为妻，生了两个儿子：长子贾赦，次子贾政。长子贾赦袭着官；次子贾政自幼酷喜读书，原欲以科甲出身，皇上因恤先臣，额外赐了这政老爹一个主事之衔。

封建宗法，有大宗、小宗之别，大宗比小宗为尊，嫡长子称为宗子。《礼记·大传》说："尊祖故敬宗；敬宗，尊祖之义也。"因而嫡长子的地位就显得特别高贵。按着这样的宗法轨范，贾赦乃是荣国公的嫡长孙，他既已袭了世职，则荣国府应以他为主，但书中的叙写却不然！

荣国府家务，虽是尊重老祖宗，唯贾母之命是听，但内外、大小事务实际上均取决于贾政，均以贾政为主宰。王夫人承命掌家，而贾赦之长子贾琏和"男人万不及一"的媳妇王熙凤，也只能住在乃叔家，帮着料理些家务。

从居所看，贾赦与贾母另院别居。过了荣府正门方进入其院中。其房屋院宇，是荣府中花园隔断过来的。而贾政所居，则在荣府正院内；虽不住正室，只在东边三间耳房。

而从书中情节看，贾赦对贾母，许多场合只是尽个礼数，并不亲近；甚或偶有芥蒂。如第二十四回，写及贾赦偶感风寒，贾母命宝玉去请安。宝玉先述了贾母问的话，然后自己请了安。贾赦先站起来回了贾母的话，次后便唤人来带宝玉去邢夫人屋里坐。宝玉退出，进入上房，邢夫人见他来，先倒站了起来，请过贾母安，宝玉方请安。——这一阵看似彬彬有礼，实则有多少真情实感！

再看第四十六回，写贾赦欲讨鸳鸯作小老婆，邢夫人找凤姐商议。凤姐说："依我说，竟别去碰这个钉子去。……况且平日说起闲话来，老太太常说，老爷如今上了年纪，作什么左一个小老婆右一个小老婆放在屋里，没的耽误了人家。放着身子不保养，官儿也不好生去作，成日家和小老婆喝酒。太太听这话，很喜欢老爷呢？这会子回避还恐回避不及，倒拿草棍戳老虎的鼻子眼儿去了！"足见贾母素常对贾赦不满。后来，由于鸳鸯坚决拒绝，贾母只说："我这里有钱，叫他只管一万八千的买，就只这个丫头不能。"终于留下鸳鸯。

再如第五十三回，写元宵夜贾母在大花厅上摆酒唱戏。贾赦略领了贾母之赐，也便告辞而去。贾母知他在此彼此不便，也就随他去了。可见贾赦与贾母总是疏离。

贾母对贾赦、邢夫人的态度，甚至在下人中引发议论。第七十一回就写到邢夫人的陪房费婆子在邢夫人面前搬弄是非，挑拨关系，说："老太太不喜欢太太，都是二太太和琏二奶奶调唆的。"邢夫人自要鸳鸯讨了没意思，见贾母越发冷淡了他，凤姐的体面反胜过自己，听了奴才的话，不免生些嫌隙之心。

最值得注意的是，第七十五回，写中秋夜贾母率家中子孙在凸碧山庄赏月吃酒。席间击鼓传花讲笑话。轮至贾政，贾政讲了个怕老婆的人给老婆舔脚，幽默风趣，引得众人大笑。其次轮到贾赦。贾赦便讲了：一个孝子为母亲治病，请了个针灸婆子。婆子不知脉理，说是心火，须用针灸。儿子慌问："心见铁即死，如何针得?"婆子道："不用针心，只针肋条就是了。"儿子道："肋条离心甚远，怎么就好?"婆子道："不妨事，你不知天下父母偏心的多呢。"贾母听了，心生不悦，吃了半杯酒，半日笑道："我也得这个婆子针一针就好了。"贾赦知自己出言冒撞，忙起身笑与贾母把盏，以别言解释。

接着，花传到贾环手中，贾环见宝玉作诗受奖，便也作了一首卖弄。贾赦看了连声赞好，说："这诗据我看，甚是有骨气，……竟不失咱们侯门的气概。"赏赐了贾环许多玩物，又拍着他的头，笑道："以后就这么做去，方是咱们的口气，将来这世袭的前程定跑不了你袭呢。"贾赦明知贾母素来偏爱宝玉，看贾环不成器。这里却偏灭过嫡子宝玉，说贾环可以承袭世职！贾政听了，连忙劝说："不过他胡诌如此，那里就论到后事了。"

四

通过以上缕述和对全书情节的综合回顾，细心的读者自然会对某些环节颇滋疑窦。

首先，是与贾赦相关的情节。贾赦本是荣公嫡长孙，但他在这个家族中的地位，似与其身份有所"错位"。如前所述，他除了袭任世职之外，似乎并非荣府的主宰。他与贾母另院别居，感情并不亲近。从书中所写的情节看，荣府的主宰表面上看似是贾母，实质上却是贾政。

其次，贾赦长子贾琏（书中并未交待贾赦次子，只在二十四回写到宝玉去给贾赦请安时遇见贾琮，年小于宝玉，从邢夫人言谈看似是贾赦次子，不知是否就是冷子兴说到的贾赦次子，然而又非邢夫人所生——七十三回邢夫人自述一生无生育）却只能和媳妇在贾政处"帮助料理些家务"。

按照宗法制度，在荣国府中，贾琏本是长门长孙，他应该是法定的荣府继承人。而从《红楼梦》全书所写，却一直把贾政嫡子宝玉（因贾珠已死）作为继承人。请看第五回，借警幻仙姑之口说："偶遇宁荣二公之灵，瞩吾云：'吾家自国朝定鼎以来，功名奕世，富贵传流，虽历百年，奈运终数尽，不可挽回者。故遗之子孙虽多，竟无可以继业，其中惟嫡孙宝玉……略可望成。'"再如第二十九回写清虚观张道士见了宝玉便对贾母说："我看见哥儿的这个形容身段、言谈举动，怎么就同当日国公爷一个稿子！"——亦是此类信息的曲折透露。而贾赦固然深知宗法，亦知贾母一向偏爱宝玉，但他却在许多场合故意过分称赞贾环，甚至还说他定能承袭世职前程。——也从反向印证着荣府把宝玉作为继承者的信息。

再者，贾母与贾政的关系，亦颇引人深思。《红楼梦》第三十三回写贾政痛打宝玉时，贾母走来。贾政上前躬身陪笑道："大暑热天，母亲有何生气亲自走来？有话只该叫了儿子进去吩咐。"贾母听说，便止住步喘息一回，厉声说道："你原来是和我说话！我倒有话吩咐，只是可怜我一生没养个好儿子，却教我和谁说去！"接着又说："不如我们赶早儿离了你，大家干净！”说着便令人去看轿马，“我和你太太宝玉立刻回南京去！”表面看这些话好像表示贾母对贾政的极度不满；转而品味，又似不无弦外之音。

最后，是前面我们用大量篇幅谈过的关于赵姨娘和贾环的情节，以及不同人物对于他们的不同态度。

在封建贵族家庭中，人际关系呈现多重复杂情形是常有的现象。但是，通过如上缕述，我们不难看到，如上着重说到的《红楼梦》中的一系列情节和一些相关描写，并不是一般地反映封建贵族家庭常有的父子兄弟、嫡庶亲疏的复杂状况；而是隐约地感觉到，这其中渗透着作者思想观念的错位和情感倾向的变异。我认为作者之所以这样写，与作者特殊的家庭情况不无关系。

笔者一向认为，作家在创作中，从自己的家世经历、遭逢际遇中汲取营养（包括题材、情节、人物，乃至思想）是很自然的。尽管我们认为，《红楼梦》是小说，绝非像新红学派所主张的是什么曹雪芹的“自叙传”，尽管我们现在对作者生平家世的研究还很不全面、不清楚、不到位；根据现在已发现的有关曹雪芹的家世史料，和现有的研究成果，我们还只能确定曹雪芹是曹寅之孙，而尚不能确定他究竟是曹颙的遗腹子，亦或是入继为曹寅之子的曹頫的儿子。但是如上缕述的相关情节所透露出的信息，即人物身份地位的“错位”和作者情感趋向的变异，还是使我们不禁想到曹家祖孙三代相互关系的特殊情形。

这些内容大致可以归纳为如下几点：

首先，是曹寅的身份、地位和终生经历。曹寅为曹玺长子。但他并非曹玺嫡妻孙氏所生。据考，他的生母顾氏为清初著名诗人顾景星妹，且早亡。但曹寅因早年做过康熙帝玄烨的侍卫，很受器重。康熙二十三年曹玺病故于江宁织造任所，康熙帝即暂命曹寅协理江宁织造事务。后于康熙二十四年曹寅又奉命返京任内务府慎刑司郎中，康熙二十九年奉命，自广储司郎中兼佐领出任苏州织造。三十一年兼江宁织造，该年十一月，转任江宁织造。从此，还曾办铜觔、兼巡盐，受命刊刻《全唐诗》、《佩文韵府》等，而江宁织造之任则终其一生。康熙五十一年七月，曹寅病故。当年十月，康熙帝玄烨就又下旨命曹寅子连生（即曹颙）接替曹寅，补放江宁织造。康熙五十四年正月，曹颙病故后，康熙帝玄烨旋即命李煦选定曹荃第四子曹頫入继，给曹寅之妻为嗣，并下旨补放曹颙江宁织造之缺，亦给主事职衔。织造之职，虽然并不是世袭封号，但在曹家，自曹玺至曹頫，三代四任，连续六十余，在历史上也是很少见的，而且，值得注意的是只由曹寅一系连任。

其次，是曹寅与其弟曹荃的关系。曹寅弟曹荃（原名宣），曹玺仲子，曹玺嫡妻孙氏康熙二年（癸卯）生。早年也曾做过康熙帝玄烨的侍卫，亦多诗画才艺。扈从南巡时，曾为南巡图监画。惜于康熙四十七年（戊子）早逝。有曹顺、曹頔、曹颀、曹頫等四子。曹寅对曹荃以二弟相称，经常诗歌唱和。据不完全统计，《楝亭集》中各卷所收诗，仅题目与曹荃（或称二弟、子猷、芷园等）就有26首之多。尤其是从《楝亭诗钞》卷三所收之《支俸金铸酒鎗一枚寄二弟生辰》之类的诗看，则不仅是兄友弟恭，更是手足无间，情深义重！然而，我们又注意到，曹寅生前曾多次编刻自己的诗文集，同时还曾出资帮助刊刻顾景星的《白茅堂集》、施闰章的《学余全集》、朱彝尊的《曝书亭集》……而曹荃亦擅诗文吟咏，所作恐亦不少，但其诗今已散佚不存，看来乃兄并未助其刻集。曹荃亦工书画，从现在仅能看到的聊聊几行手迹看，其书法劲拔秀美，比曹寅有过之而无不及！然而在曹寅《楝亭诗钞》卷五《喜三侄頎能画长干，为题四绝句》其三诗末小注则云："子猷画梅，家藏无一幅。"这些现象似乎又使我们想到曹寅与乃弟关系的又一个侧面。

其三，关于曹寅与嫡母孙氏的关系。孙氏是曹玺正妻，前面已说到，曹寅并非孙氏所生。康熙三十年十二月，孙氏六十大庆，许多文人祝寿。尤侗写有《曹太夫人六十寿序》（见《艮斋倦稿》卷四第二十六页）文章开头说："曹母孙氏夫人者，司空完璧先生之令妻，而农部子清、侍卫子猷两君之寿母也。"后面大多是官样文章。说到孙氏，只云："而予窃听舆人之诵，皆谓太夫人之懿德，相夫教子，实与有助焉。"而说到曹寅，亦云："其事太夫人也，弆韝鞠跽，尽晨夕之欢。"因为孙氏曾做过玄烨幼时的保母，康熙三十八年南巡时，康熙帝曾接见孙氏。冯景在《解舂集文钞》卷四第一页《御书萱瑞堂记》中记载："康熙己卯夏四月，皇帝南巡回驭，止跸于江宁织造臣曹寅之府，寅绍父官，实为亲臣、世臣，故奉其寿母孙氏朝谒。上见之，色喜，且劳之曰："此吾家老人也。"赏赉甚厚。会庭中萱花开，遂御书《萱瑞堂》三大字以赐。"可见曹寅对孙氏，自然出于宗法孝亲之隆礼待之；至于内心情感如何，无其它史料可据，亦不得随意悬揣。

其四，关于曹颙与曹頫。曹寅只有一子连生（即曹颙），曹寅在康熙四十八年二月初八日奏折中曾说："臣有一子，今年即令上京当差……"但据康熙五十一年九月初四日《连生奏曹寅故后情形折》云："又蒙皇恩怜念先臣止生奴才一人，俾携任所教养。"看来当年并未进京。而四十天后康熙即下旨命其接任江宁织造。然而曹颙年寿不永，康熙五十四年正月即去世。不久，康熙即下旨命曹頫入继，并接任江宁织造。康熙五十四年正月十二日《内务府奏请将曹頫给曹寅之妻为嗣并补江宁织造折》对此讲得很清楚："传旨谕内务府总管：曹颙系朕眼看自幼长成，此子甚可惜。朕所使用之包衣子嗣中，尚无一人如他者。看起来生长的也魁梧，拿起笔来也能写作，是个文武全才之人。他在织造上很谨慎。朕对他曾寄予很大的希望。他的祖、父先前也很勤劳。现在倘若迁移他的家产，将致破毁。李煦现在此地，著内务府总管去问李煦，务必在曹荃之诸子中，找到能奉养曹颙之母如同生母之人才好。他们兄弟原也不和，倘若使不和者去做其子，反而不好。汝等对此，应详细考查选择。钦此。"

其五，特别值得注意的是：在前面引录的一段康熙谕旨中说道："他们兄弟原也不和"，这究竟是指曹寅与曹荃，还是指曹荃诸子之间？亦或是指曹荃诸子与曹颙之间？但是，无论如何，都说明了曹家两代人中存在着矛盾纠葛，关系"不和"，——连皇帝老子都知道！

五

通过以上对《红楼梦》相关情节的缕述分析和对曹雪芹家世研究中一些相关内容的回顾和考查，我们对《红楼梦》中所写到的贾赦与贾母的关系疏离，贾赦与贾政并不亲密，荣国府谁居主导地位，贾琏、宝玉谁应是“可继业”者，乃至贾母说可怜我一生没养个好儿子云云，等等“错位”现象，以及在写到赵姨娘、贾环“嫡庶之争”的贬抑笔墨中，时而又通过一些人的言谈举动流露同情，就不再觉得难于理解了；甚至或许还会有些新的认识。

在这里，我们不想，也绝无可能指实贾某即曹某（那就又堕入新红学派的泥潭去了），我们只是想说，小说所写的贾家荣宁二府，特别是荣府诸人的复杂关系中，有可能融入了作者曾经生存于其中的家庭关系深层矛盾的体验和情感取向上的变异！

曹雪芹在《红楼梦》第一回题云：“满纸荒唐言！一把辛酸泪。都云作者痴，谁解其中味？”

我在几篇文章中反复申说过一个观点：“如果没有曹寅和曹寅时代的曹家，中国历史上或许就不会有那样一个曹雪芹；中国文学史上，或许就不会有《红楼梦》。

我从来不同意《红楼梦》自传说的主张，因为小说毕竟是文学创作。但是我认为作者从他的家世生平、人生经历中汲取创作营养，采取创作素材，是很自然的。当然小说的任何情节和内容，都是经过作者艺术加工和提炼的结晶，绝不是原原本本的生活记录的照抄。但是，我认为，深入研究曹雪芹的家世生平、遭逢际遇，对于解味《红楼梦》，是重要的！

今年，适逢曹雪芹逝世250周年，感慨良多！多年来，对《红楼梦》和曹雪芹家世生平的研究都有了许多收获，取得了长足长进！但需要解决的问题，还有很多很多！《红楼梦》这个题目，不管从哪个角度切入，都是不可穷尽的。不论是作者家世、版本承传、思想内涵、艺术精髓、难于企及的艺术传达技巧，还是与中国传统文化千丝万缕的联系……吾师宽堂先生有句云：“大哉红楼梦，再论一千年！”然则，又何止千年而已矣哉！故当此曹公250周年祭，聊作此小文以为纪念！

| 本文作者：中国环境管理干部学院教授

曹雪芹佚诗辨伪的价值与方法论

俞晓红

一

清宗室子弟敦敏（1729—1796后）、敦诚（1734—1791）兄弟俩是清太祖努尔哈赤第十二个儿子英亲王阿济格的五世孙，乾隆九年（1744）始就读于京城右翼宗学。曹雪芹曾在右翼宗学里当差数年，与小自己10多岁的敦敏、敦诚相识，并有较深的交谊。敦诚曾记录下发生在乾隆二十七年（1762）的一件往事：

> 余昔为白香山《琵琶行》传奇一折，诸君题跋，不下数十家。曹雪芹诗末云："白傅诗灵应喜甚，定教蛮素鬼排场。"亦新奇可诵。曹平生为诗大类如此，竟坎坷以终。①

所引诗句，是曹雪芹除了半部《红楼梦》之外仅存的两句残诗。原诗是律是绝，今已无从稽考。20世纪70年代初期，含有残诗的一首七律以"曹雪芹佚诗"的名义流传于世，令学术界顿起风波，海内外一些著名学者都卷入了关于"佚诗"真伪问题的论争，后遂演变成20世纪中国文学研究史上一桩著名的学术公案。直到70年代末，事主公开说明此诗乃自己拟补之作，"佚诗"真伪方始真相大白。然论争并未就此消停，仍有坚持佚诗为真、不容辨伪者。此后20年间，学界曾就"佚诗"流传与辨伪过程作过程度不同的反思，而就公案始末作详细梳理并给予客观公允的析论，则是近年的事。②

检核相关材料可知，"佚诗"公案大致有这样几个特征：其一，拟补者便是始传者，先是刻意回避"佚诗"来历，后则遮遮掩掩、含糊其辞，不得已而吐真相③；其二，"佚诗"未经辨伪环节便以曹雪芹原作之名公开行世④；其三，有学者先是不问来历即作思想艺术的评析鉴定，认为"来历不能决定真伪"、此诗非曹雪芹不能写出，继而不容辨伪，末则以为自道拟补

---

① 敦诚：《四松堂集》卷五《鹪鹩庵笔麈》，上海古籍出版社1984年影印本，第409页。

② 苗怀明：《曹雪芹佚诗公案始末》，《明清小说研究》2009年第2期。

③ 周汝昌：《曹雪芹的手笔"能"假托吗》，《教学与进修》1979年第2期；周汝昌《由楝亭诗谈到雪芹诗》，《内蒙古大学学报》1980年Z1期；文教资料简报：《曹雪芹佚诗真伪问题真相大白》，南京师范学院《文教资料简报》1980年第8期。

④ 参见吴恩裕《曹雪芹题琵琶行传奇一折之全诗》一文对外传经过的说明，吴恩裕：《曹雪芹佚著浅探》，天津人民出版社1979年版，第332～334页。

者乃“冒认者”①；其四，一些学者或质疑、或辨伪，坚持追究其来历②，或专文阐述查考来历的重要性③；其五，亦有学者以“佚诗”构词有其当代痕迹、敦敏题诗与“佚诗”描写内容有差异为据，判定“佚诗”为伪④；其六，若干年之后，更有学者以“一时孟浪之举”释“佚诗”拟补者的外传行为，并转出称道拟补者诗才之高的意思。⑤ 尽管公案始末错综复杂，然学术命题只有两个：1. 作伪；2. 辨伪。

本来，古籍文献之伪作，有有意为之，有无意为之。举凡不知作者而误题妄题、不辨注释而误入正文、不明续补而误为原作、编书过程误辑他人之作等，均属无意作伪；而若出于托古自重、谋私争胜、邀赏射利、嫁祸诽谤、好事焙名、逃禁避嫌等诸般动机之一，均为有意作伪。“佚诗”的拟补者曾追叙其拟补动机为试自己才力，然却将此诗当作曹诗，先以投稿方式公之于世，继而公然录存在正式出版的学术著作中，作为附录资料置于敦敏、敦诚诗作之间⑥；数年后解释其假称雪芹原诗的目的乃为考验某专家识力、因对方不肯录示佚著及二序而以戏补诗为交换条件⑦；后亦曾向人文社古编室同仁自述，当时向该专家出示戏作并宣称是曹雪芹原作，乃出于“有意作弄”⑧，盖因向对方索借资料而每每遭拒，“故以此作为报复”耳⑨。无论出于何种动机，均非无意作伪：技痒戏拟故意示人无异好事，混假于真公开出版不为误辑，以假作真换取资料是为争胜，有意作弄实施报复几近嫁祸，其间亦难免射利、谋私、焙名、自重之嫌。职是之故，“佚诗”有意作伪的性质不难判定。

再说辨伪。辨伪乃是中国传统学术研究的基础研究方法，是古典文献学的重要一科。古籍文献名称、作者、著述年代及其内容的真伪，直接关涉研究对象自身价值的确定。就古典文学文献学而言，厘清文学家的相关文献信息，鉴别考辨其真伪，是研究评价文学家创作思想及成就的重要前提。这也正是文学研究中辨伪的学术价值所在。自有红学以来，有关曹雪芹的文献资料少之又少，一有关乎曹雪芹的文物文献出现，即刻便成为学术界高度关注的对象。敦诚所记的两句诗跋既是曹雪芹的“作品”，无疑又是研究敦诚剧作和曹雪芹思想的“文献”，同时具有其美学价值和文献学价值。以曹雪芹名义行世的诗作，当它为“真”时，则自

---

① 吴世昌、徐恭时：《新发现的曹雪芹佚诗》，南京师范学院《文教资料简报》，1974 年 8、9 月号增刊，《哈尔滨师范学院学报》转载，1975 年第 1 期；吴世昌：《曹雪芹佚诗的来源与真伪》，《徐州师范学院学报》，1978 年第 4 期；《论曹雪芹佚诗——辟辨“伪”谬论》，香港《七十年代》1979 年 9 月号；《论曹雪芹佚诗之被冒认——再斥辨伪谬论》，香港《广角镜》1980 年 3 月号；《再论曹雪芹佚诗质梅节》，香港《广角镜》1981 年 2 月号。

② 陈方（陈迩冬、舒芜）：《曹雪芹佚诗辨伪》，《南京师范学院学报》1977 年第 4 期；宛平人（张友鸾）：《红楼梦专家大争辩——曹雪芹佚诗疑案》，1979 年 3 月 31 日香港《文汇报》。

③ 郭豫适：《考证与真假问题——谈曹雪芹“佚诗”的考辨》，始作于 1979 年，后收入郭豫适《论红楼梦及其研究》，上海古籍出版社 1992 年版，第 388 ~ 395 页。

④ 梅节：《曹雪芹“佚诗”的真伪问题》，香港《七十年代》1979 年 6 月号；梅节：《关于曹雪芹“佚诗”真相——兼答吴世昌先生的〈论曹雪芹佚诗，辟辨伪谬论〉》，香港《广角镜》1979 年 11 月号。

⑤ 梁归智：《红学泰斗周汝昌传》，漓江出版社 2006 年版，第 288 页。

⑥ 周汝昌：《红楼梦新证》（增订本），人民文学出版社 1976 年版，第 750 页。

⑦ 周汝昌：《两律异闻》，《红楼无限情——周汝昌自传》，北京十月文艺出版社 2005 年版，第 290 页。

⑧ 林东海：《躲进红楼——记吴恩裕先生》，林东海：《师友风谊》，人民文学出版社 2007 年版，第 170 页。

⑨ 林东海：《红楼解味——记周汝昌先生》，林东海：《师友风谊》，第 301 页。

然亦成为研究曹雪芹和敦诚的重要文献，这原是不言自明的事。因此，“佚诗”初传时成为学界和社会关注的兴奋点，本不难理解；而诸多学者发出的质疑声音，恰出于一种严肃的研究态度和审慎的学术品质。

古籍文献的辨伪，有其既定的原则和途径。宋朱熹治经而疑经，反对“臆度悬断”的思维方式，而将“以其义理之所当否而知之”、“以其左验之异同而质之”作为辨伪两途①，是从内容和证据两个层面确立辨伪依据。明胡应麟提出辨伪八法，强调查核文献的渊源、流绪、时人之称、后世之述、文体、史事、撰者、传者，以此诸端作为检核文献真伪的标准。梁启超据其治史经验归纳出史料鉴别十二法，其第一至第三分别为：“其书前代从未著录，或绝无人征引而忽然出现者，十有九皆伪”；“其书虽前代有著录，然久经散佚，乃忽有一异本突出，篇数及内容与旧本完全不同者，十有九皆伪”；“其书不问有无旧本，但今本来历不明者，即不可轻信”②。梁启超所言的查核古籍文献曾否被征引著录、考辨其来历，与胡应麟强调的考核渊源流绪、撰者传者，乃出于同一意脉。前贤诸法虽就古籍辨伪而立，然亦适用于文献学层面的“佚诗”辨伪。藉此可知，面对忽然出现的完整“佚诗”，坚持考问来历、查核流传渠道，是辨伪的学术起点；因来历欠明而不肯轻信、撰文质疑，是正确的研究态度。始传者不言来历，初读者不容辨伪，后评者巧言回护，均与传统学术研究的原则和方法大相悖逆，其研究的逻辑起点一开始便发生了错谬。

即今思之，“佚诗”辨伪在方法论上仍有令人困惑之处。信者不问来历，乃以其思想性艺术性高度统一、全诗八句浑成圆融为由，直接判断“佚诗”为真；疑者追究来历，认为思想、艺术、韵律、技巧等未尝不能作为辨伪的根据，但不能扩大其作用。客观来看，追索文献来历为求外证，探讨文本内容为求内证，两种做法均有其合理因素。传统辨伪学强调的是外证内证并举，且重视旁证的作用。朱熹辨伪两途，一重文献题旨，一重材料佐证。胡应麟强调考核文体、史事，兼及文献内证与旁证。梁启超十二法之第八至十二法，亦针对文献所载与史事是否相符、两书同载一事是否矛盾、文体是否符合其时代特征、书中所言时代状态与情理是否接近、书中所表现的思想与其时代是否衔接等内证层面而设。胡适以为审定史料是史学家必下的工夫，他在《中国哲学史大纲》中从五个方面提出审定史料真伪的证据，认为在史事、文字、文体、思想等内证而外，须有旁证。以是观之，来历追索与内容探析均应有助于“佚诗”真伪的确定；在不明来历的情况下，探寻诗作内容的合理与否是必要的。然而，“佚诗”公案中，内容的探讨却显示了它的特殊性。作为“佚诗”公案重要组成部分的“吴梅论战”，正是从“佚诗”内容出发展开交锋的，其思路无非都是寻求文本内证，然一则证伪，一则证真。对象为一，方法趋同，结论截然相反，其间缘由值得反思。“吴梅论战”三个回合以后，由学术争辩滑向个人攻讦，最后证伪一方以沉默面对论争对手的情绪宣泄，论战就此落幕。

---

① 宋朱熹：《朱子全书》卷二十六，清康熙五十三年武英殿刻本。

② 梁启超：《中国历史研究法》，重庆中华书局1944年版，第85页。

二

当诗歌以文献方式呈现时，诗作所涉史事曾否发生、又以何种方式发生，自然成为研究的重要目标。反观“吴梅论战”，其焦点问题有以下几个层面。1. “佚诗”文本的解读：“佚诗”中“慨当慷”之用是古已有之还是当代语汇？前六句与末两句是统一浑成、天衣无缝，还是阴阳相冲、屋上架屋？敦敏《琵琶行》传奇是演出还是脚本？2. 敦敏题诗的释义：“散场”的意思是“散套”、“散乐”还是“收摊、结束”？“乐章”是“谱了新声”还是“按谱填字”？3. 相关史事的理解：敦诚家中有无戏班？他是否可能请戏班来家演出《琵琶行》传奇？其中第1项实为内证层面，第2和第3项均属旁证层面，论争的主体对象是“佚诗”，其目标则指向敦诚《琵琶行》传奇的存在方式，究竟是仅提供书面阅读，还是业已付诸实地演出。在这一层面上，敦诚笔记、雪芹诗跋、敦敏题诗均成为重要的文献资料。

为便于说明问题，兹引相关材料如下。一是所谓“佚诗”：

唾壶崩剥慨当慷，月荻江枫满画堂。
红粉真堪传栩栩，渌尊那靳感茫茫。
西轩鼓板心犹壮，北浦琵琶韵未荒。
白傅诗灵应喜甚，定教蛮素鬼排场。

二是敦敏《题敬亭〈琵琶行〉填词二首》①：

西园歌舞久荒凉，小部梨园作散场。
漫谱新声谁识得？商音别调断人肠。

红牙翠管写离愁，商妇琵琶溢浦秋。
读罢乐章频怅怅，青衫不独湿江州。

论战双方均以诗作文本为内证，原本无可厚非。诗之所以能证史，正是因为诗内含有史的元素；探讨史事发生的方式和样貌，诗的内容自然应成为研究的依据。关键是寻取内证的角度是否科学合理。在这一层面上，对诗作的艺术分析未尝不可进行，但从其用词、艺术、韵律、技巧方面来判断一首诗是古人原作还是今人伪作，是比较困难的事。一是，当诗作明显使用当代语汇时较易辨伪，然今人既是有意拟补，自然存了拟古的用心，会处处回避时代印痕。就“佚诗”而言，如云“慨当慷”在古代诗词中比较少见，尚属谨慎；若言“天翻地覆

① 敦敏：《懋斋诗钞》影印本，文学古籍刊行社1955年版，第82页。

慨而慷”首开其端，则未免绝对。二是，以诗作艺术水平的优劣高下作为判断真伪的依据有一定风险，圆融贴切者未必是真，反之未必为假，尤其在原作者未留下更多诗作的情况下，因为缺乏参照，更难从某一首诗的韵律技巧直接作出真伪判断。三是，对诗作思想艺术高下的评判，会因评判者的立场识见、知识储备与价值判断标准的差异而有其弹性空间，所谓见仁见智。若各执己见，必不能达成一致。细读“佚诗”，其前六句与末两句的确不协调：前者描写红粉演戏、诸君观戏的场面，后者想象乐天诗灵令蛮素鬼魂排演的情景；前者实写，后者虚拟；前者喧闹纷乱，后者轻灵幽冷。① 然从逻辑上说，某一诗作前后句的不协调，亦有可能缘于作者的水平，而未必出于不同作者之手。以此为据辨伪，是风险所在，也是歧见所在。当然，这并不意味着诗歌内容不能作为内证看待。问题是，诗歌内证应从原诗求取，而不是从尚不能确定其真伪的后出文字求取。曹雪芹原诗“白傅诗灵应喜甚，定教蛮素鬼排场”之句，其意涵十分明确：白太傅的诗灵（若读到你写的传奇）应当非常喜欢，一定会令蛮素的鬼魂登台演出。显而易见，残诗明白无误地传达给读者一个信息：敦诚的传奇只写出了脚本，并未付诸实地演出。此其一。

其二，敦诚在《鹪鹩庵笔麈》中记录的文字，为这一理解提供了两个确凿的旁证。一是敦诚自云“为白香山《琵琶行》传奇”，其“为”之一字，足以说明敦诚是“创作”《琵琶行》传奇，而不是自己登台“表演”《琵琶行》传奇。二是敦诚明言“诸君题跋，不下数十家”，雪芹诗跋乃是其中一种。从诗跋的文体功用看，雪芹原作既要遵循“诗”的形式和格律，又应符合“题跋”这一文体的质的规定性。所谓“题跋”，乃古代文体之一类，常用于对他人的诗文书籍、字画碑帖等进行考订记事或品评鉴赏等。明代徐师曾云：“题跋者，简编之后语也。凡经传子史诗文图书（字也）之类，前有序引，后有后序，可谓尽矣。其后览者，或因人之请求，或因感而有得，则复撰词以缀于末简，而总谓之题跋。”② 可知题跋一般写于作品完成或书籍刊行之后，他人读览，或应请求，或发心得，而题写跋语缀后。题跋如系考订金石书画典籍的真伪，其学术意味会比较突出；如系品赏诗文书画、叙写人物情事等，则以称赏艺术、抒发情性为主，当更多文学色彩。明胡曾序《四溟诗话》曰：“若赵王为之刻集，藩邸诸君颇多题跋。然文之所传者少。”③ 清昭梿《啸亭杂录·钱辛楣之博》云：“在上书房时，质庄王尝获元代蒙古碑版，体制异于今书，人皆不识，因询章嘉国师，倩其翻译汉文。因命吾题跋端末。”④ 藉此可知，敦诚所言“诸君题跋”，当指敦诚完成《琵琶行》传奇文本后，诸君读览之余，或因敦诚之请求，或因感怀而有得，为传奇脚本题写跋语，其用意在于称赏敦诚传奇创作艺术之妙，而非观看传奇演出之后赋诗赞赏某戏班表演技艺之高。曹雪芹的两句残诗，正是从题材来源的角度称赏敦诚的传奇创作的，故而不应有描绘演出场景的内容。

---

① 梅文之外，尚有他人作过文本辨析，参见思藻（陈诏）《曹雪芹佚诗辨伪》，《红楼梦研究集刊》第13辑，上海古籍出版社1986年版；林东海：《红楼解味——记周汝昌先生》，林东海：《师友风谊》，第300页。

② 徐师曾：《题跋》，《文章辨体序说 文体明辨序说》，人民文学出版社1962年版，第136页。

③ 明谢榛：《四溟诗话·序》，人民文学出版社1961年版。

④ 清昭梿：《啸亭杂录》，中华书局1980年版，第222页。

如有，则产生情理悖谬。所以，“佚诗”以激越酣畅的前六句与清新玄妙的末两句衔接，不惟情绪抵牾、场景冲突、笔法违拗，其致命弱点是：它完全背离“题跋”这一文体对诗跋内容的质的规定性。确定这一视点，有助于超越诗作技巧高下的层次判别其真伪。

其三，敦敏乃题跋诸君之一，他的两首诗作可以在更多层面上为辨伪提供旁证。敦敏诗题即云“题敬亭《琵琶行》填词”，诗之“题跋”性质无可置疑，其形式与功用当然也限于为传奇脚本题写跋语。题诗之二又明确说“读罢乐章”，是“读”脚本而不是“观”演出，其信息亦相当明确。在这里，“乐章”与“填词”是导致对《琵琶行》存在方式的理解产生分歧的两个关键词，然这两个词的意涵其实并不难解读。“乐章”在今天固然作音乐名词用，如交响曲、奏鸣曲等大型套曲中可以单独演奏的各有机组成部分，然在古代，却用以指配乐的诗词，后亦泛指能入乐的诗词。明谢榛云：“迨苏李五言一出，诗体变矣，无复为汉初乐章，以继《风雅》，惜哉!”[①] 此处“乐章”谓汉乐府诗。宋元之时，词、散曲、剧曲因配乐故，亦称乐府，其词章、曲辞即可称为“乐章”。清郭麐《灵芬馆词话》第2卷：“刘后村跋黄雪舟长短句云：‘十年前曾评君乐章，耄矣复观新腔一卷。’”[②] 显然，此处“乐章”指词（长短句），“新腔”乃谓宋人黄孝迈（雪舟）新填的词作，并非指他新写了乐谱或新创了声腔。由宋元至明清，词已由最初的配乐演唱，渐变为依调填词，词与乐彼此疏离，词牌渐成为作词的定式。清丁绍仪《听秋声馆词话》第12卷：“孙文靖（尔准）论词绝句云：‘作者谁能按谱填，乐章琴趣调三千。谁知万首连成璧，眼底无人识畹仙。’”[③] 绝句为王一元（畹仙）词而作。王一元为康熙四十二年（1703）进士，善作词，所作数万首。显然此处“乐章”还是指词，且明言清时作者之填词，离词谱已相距很远。又元明清三朝，因杂剧传奇亦须按宫调、曲牌创作唱词，故创作杂剧传奇亦称“填词”。清李渔云：“前人呼制曲为‘填词’。填者，布也，犹棋枰之中，画有定格，见一格布一子，止有黑白之分，从无出入之弊。”他以为王实甫和高则诚两大剧作家，“舍填词一无表见”[④]。以是知“填词”即是“制曲”，是填写剧词而非制作乐谱，因乐谱受制于宫调和曲牌、先于填词而存在故。同理相衡，敦诚创作《琵琶行》传奇，自然也仅是填写曲词，因为他可以依照宫调曲牌之有关曲词长短、平仄、韵脚的既定规则来填词，而无须另外制作乐谱或自创声腔。敦敏诗跋其一所谓“谱新声”，等于说“填新词”，而不是另创曲谱、另改声腔。其“商音别调”当指乐曲七调之一的“商调”，因商调音声凄怆哀怨，适宜抒发“天涯沦落”之悲慨故；敦诚按“商调”格律填作曲辞，文字本身亦可谓之“商音别调”，而不必等弹奏演唱出来才有“断人肠”之效果。所谓敦诚率意写的乐谱别人看不懂云云[⑤]，与清时“制曲”（也即创作传奇）的基本规则和实际情况有一定距离。若从文体特征及相关术语的文学史流变过程来审视“填词”与“乐章”的概念所指，有

---

① 明谢榛：《四溟诗话》第1卷，人民文学出版社1961年版，第1页。

② 唐圭璋编：《词话丛编》第2册，中华书局1986年版，第1537页。

③ 唐圭璋编：《词话丛编》第3册，中华书局1986年版，第2720页。

④ 李渔：《闲情偶寄·词曲部》，作家出版社1996年版，第9、1页。

⑤ 吴世昌：《论曹雪芹佚诗——辟辨“伪”谬论》，香港《七十年代》1979年9月号。

利于从旁证层面判断“佚诗”内容的真伪。

导致分歧的另一个关键词是“散场”。“散场”原指说唱、讲史、戏曲演出等活动结束，演员下场，观众散开离去。宋元时期说话、说唱伎艺，开场时用一段诗词或一个小故事作“头回”，用于镇场；行将结束时有散场诗，用于点醒题旨，或直接用“权作散场”表明说话结束。戏曲也用“散场”表示演出结束。元明戏剧脚本往往在结束时标上“（散场）”字样表示完结，如关汉卿《闺怨佳人拜月亭》、狄君厚《晋文公火烧介子推》、杨梓《承明殿霍光鬼谏》等剧，最后一支收尾的曲子之后明标“散场”二字。除用作戏曲曲艺的术语外，“散场”还引申为事情的结束、人物的结局、命运的终结等。宋刘克庄词：“半世惯歧路，不怕唱阳关。朝来印绶解去，今夕枕初安。莫是散场优孟，又似下棚傀儡，脱了戏衫还。”① 此处将官场比作戏场，将官员的解印卸职比作优伶的散场下棚，比喻形象，语兼双关。明冯梦龙传奇《精忠旗》第三十三折之煞尾曲云：“这番严旨非吾想，叹当朝天子也炎凉。始信荣华有散场。”② 此“散场”意为“结束”、“终结”。又《拍案惊奇》第二十二卷：“虽然如此，然那等熏天吓地富贵人，除非是遇了朝廷诛戮，或是生下子孙不肖，方是败落散场。”③ 此“散场”犹言“下场”、“结局”。《二刻拍案惊奇》第三十三卷：“元来他这妻子姓苏……见过的客，他就评论道：‘某人是好，某人是歹，某人该兴头，某人该落泊，某人有结果，某人没散场。’”④ 此“散场”显然义同“结果”。《红楼梦》第二十五回癞僧所念“冤债偿清好散场”之“散场”，自然也是“终结”、“结束”之意。以此反观敦敏诗“西园歌舞久荒凉，小部梨园作散场”之句，以“作散场”对应“久荒凉”，显然是说西园往日的歌舞繁华荒凉已久、不复重现，小班梨园演戏之事早已终结。所以读罢敦诚的传奇脚本，敦敏才会惆怅频仍、泪湿青衫。结合其本义和引申义来看，“散场”一词用在此处，有语意双关之妙。所谓“下句说现在有一个小班来演奏新编的散出（折子戏）”，“敦敏诗的‘作散场’，不是说演完了‘散会’，乃是说正在演一个或几个散出”⑤ 的说法，乃有明显的错谬。“散场”一词，清及以前文献中未闻有作“散出”解；两词中“散”字读音也不同：“散出”之“散”（sǎn）为上声，“散场”之“散”（sàn）为去声。如无书证而解“散场”为“散出”、“折子戏”，无乃太过随意。

三

胡应麟辨伪八法之第五、第六条分别为“核之文以观其体”、“核之事以观其时”⑥。敦诚笔记

---

① 刘克庄：《水调歌头·八月上浣解印别同官席上赋》，《后村集》第187卷，四部丛刊景旧钞本。

② 王季思主编：《中国十大古典悲剧集》（上），上海文艺出版社1982年版，第324页。

③ 凌濛初著，石昌渝校点：《拍案惊奇》，江苏古籍出版社1990年版，第386页。

④ 凌濛初著，石昌渝校点：《拍案惊奇》，第632页。

⑤ 吴世昌：《论曹雪芹佚诗——辟辨“伪”谬论》，香港《七十年代》1979年9月号。该文第9个注视云：“散套是散曲之一种，故亦可称为散曲。它可以独立，也可以构成杂剧或传奇的一部分。‘散’是对比整本剧曲而言。‘作散场’可以是演新编的散套，也可以是演奏前人名剧（如《牡丹亭》）的某一出（如《游园惊梦》），即折子戏，亦称散出。”然散场非散套，散套非散出（齣），本是常识，无须辨证。

⑥ 胡应麟：《少室山房笔丛》丁部《四部正伪》下，明万历刻本。

明言曹诗文体为题跋，敦敏题诗则提供有力佐证，检核以文学术语的内涵及其演变，可证出“佚诗”内容之伪。现不妨以《琵琶行》题材在古代戏曲中的改编及演出情况，来推考敦诚的《琵琶行》传奇付诸实地演出的可能性究竟有多大，令今人在核文观体之上，再建一核事观时的视角。

以白居易《琵琶行》诗之本事敷衍而为戏曲并有脚本留传的，元有马致远杂剧《江州司马青衫泪》，明有顾大典传奇《青衫记》，清有蒋士铨杂剧《四弦秋》、赵式曾杂剧《琵琶行》。《青衫泪》为旦本戏，一本四折一楔子，演绎白乐天与名妓裴兴奴的离合悲欢，矛盾冲突在士、妓、商之间展开。元剧从关汉卿《救风尘》始，多有演绎士、妓、商三角连环关系，《云窗梦》、《百花亭》等剧亦类，以致形成“士妓相恋—商人介入—妓为商妇—士妓重合”的结构模式。元剧宋引章之主动嫁周舍、裴兴奴之肯嫁茶商，反映出元时社会结构的微妙变化与士商地位的此消彼长。借士妓之恋以调节因士子地位骤降而致的内心失衡，渐成为书会才人的集体无意识。《青衫泪》叙白居易遭贬，非政治原因而是做诗文、尚浮华，固然缘于元朝不重文治的时代拘囿，却在更大程度上令这一形象成为普通士子的代表；作品以士对商的胜利告终，亦是元剧士、妓、商三角冲突的经典结局。因为是旦本戏，裴兴奴重情轻钱，先交好乐天、后成就夫妇，品貌心志与蛮素比肩，末由皇帝出面御封夫人，令剧情有较鲜明的世俗化、喜剧化色彩。情节的这种跌宕起伏，与士、妓、商三角结构的行进收束融为一体，令该剧成为优秀的场上之曲。《青衫记》以生旦为主，计30出，基本沿袭了《青衫泪》中士、妓、商三角关系的套路，且加入了小蛮、樊素与裴兴奴之间的感情纠葛，又增设谏臣见逐、战乱骤起等社会政治背景。较之《青衫泪》，《青衫记》篇幅大大增加，蛮素有不妒的妇德，兴奴无寻嫁的自由，乐天以谏遭贬在前，茶客因醉溺亡在后，虽无皇帝断案的热闹，却有偶然巧合的俗套，士商矛盾由此自然消解，理学题旨也得到加强。作者顾大典乃吴江派作家，与该派大多成员一样，他妙解音律，熟悉排场，蓄有家乐且亲教之，《青衫记》是典型的场上之曲，不仅顾氏家班演出过，明清两代梨园子弟多有歌之。《四弦秋》一本四出，写长安名妓花退红嫁九江茶商吴名世，后者重利轻情浮梁买茶去而不返，白居易遭贬后于浔阳江头夜闻琵琶声，共叹天涯沦落。该剧基本依循《琵琶行》原诗构思结撰故事，出离了风流文人狎妓的庸俗趣味。清梁廷枏《曲话》云：“《四弦秋》因《青衫记》之陋，特创新编，顺次成章，不加渲染，而情词凄切，言足感人，几令读者尽如江州司马之泪湿青衫也。”① 正因不袭士、商、妓婚恋纠葛的俗套，故有人物关系松散、情节彼此疏离的缺陷。与《青衫泪》、《青衫记》相较，《四弦秋》并非经典的场上之曲，而更趋于案头化。清中期另一剧作家赵式曾作有杂剧《琵琶行》四折，其情节与前三作均异，写乐天谪居浔阳，得江神怜惜而令与商妇相见，将浔阳官吏比作狐兔之辈，借以抨击世态炎凉、人情冷暖。与《四弦秋》相仿，赵式曾《琵琶行》杂剧以抒发自我的人生感慨为创作目的，堆砌辞藻，情节平淡，缺乏戏剧性、舞台性，亦不适合场上演出，而更适合文人之间习唱赏玩。

杂剧由元而明，已有案头化倾向，很多杂剧作家如徐渭等喜作一折或两折的短剧，结构体

---

① 梁廷枏:《曲话》卷三，上海有正书局1916年版，第14页。

制的简化势必带来戏剧冲突的弱化，故短剧多不适宜场上演出。清初传奇亦如杂剧，其创作的共同趋势是偏于文本审美的文学性而略于舞台演出的伎艺性，曲家往往以诗人的视角和思维写作，将剧作当成抒发自我意绪的载体。这在提升剧作美学层次的同时，淡化了它“剧场性”这一本质功能。作为文学的一种体式，戏剧本该既适宜场上演出，也适宜案头阅读。元、明、清三朝，无论杂剧还是传奇，如《西厢记》、《牡丹亭》、《长生殿》、《桃花扇》这样的杰作，总是场上案头两擅其美的。然并非每种剧作皆能达到这样的境界。倘若作者着意于戏剧的诗化、雅化，则场上剧的意识将更趋于淡薄。清初剧作家吴伟业、丁耀亢等人剧作大抵如是。蒋士铨（1725—1785）乃是与袁枚、赵翼齐名的乾隆三大家之一，明清戏曲创作的最后一位大家，平生以其文采风流结交天下名士，然不乐以文人自见，而以循吏自期，所负的诗文盛名反而拘囿了他循吏理想的实践，又因耿介个性而致宦途顿挫，曾两度辞官黯然南归，以落寞终局。其《藏园九种曲》多作于乾隆二十九年辞官南下后至三十七年（1764—1772）之间，《四弦秋》即栖居扬州盐商江春秋声馆时所作。江春对《青衫记》之写乐天宿娼、蛮素不妒等情节不满，以为游离《琵琶行》诗意且扭曲乐天形象，命意遣词庸劣可鄙，遂请蒋士铨别撰佳作。蒋心余五日写成《四弦秋》，意亦在借他人之酒杯浇心中之块垒，虽设计“茶别”、“改官”、“秋梦”、“送客”四出，然前三出乃由琵琶女花退红和白居易交替上场，第四出以“浔阳江头夜送客，枫叶荻花秋瑟瑟”原诗入曲，两人方始相遇，既非旧识，也无情爱，因为戏剧的冲突安排和关目设计原非创作的既定目标，琵琶女的琵琶声在白居易心中所唤起的“同一样天涯愁惫”、“教那普天下不得意的人儿泪同洒”的感慨，方是作者抒情的主体内容。由此可知，该剧突出的是读书人怀才不遇、泪湿青衫的本旨。梁廷枏《曲话》云：“蒋心余太史九种曲，吐属清婉，自是诗人本色，不以矜才使气为能。”① 谓其剧作是“诗人本色”，则其剧作的诗意化、抒情化倾向，当在较大程度上盖过了戏剧应有的故事化、情节化特质。

清初尤侗曾题曹寅杂剧《北红拂记》云：“案头之书，场上之曲，二者各有所长；而南北因之异调……荔轩游越五日，倚舟脱稿，归授家伶演之，予从曲宴，得寓目焉。既复示余此本，则案头之书，场上之曲，两臻其妙。”② 这意思很明显，是说曹寅剧作既适宜场上演出，又适合案头阅读，场上案头两擅其美；而不是说尤侗仅凭观看演出是听不懂唱词的，哪怕他也是内行却仍然要通过读脚本来帮助理解。③ 尤侗的称扬固然难免拔高曹寅剧作艺术成就之嫌，但他并不是称扬曹寅既会填曲词又会写曲谱，却是显而易见的事实。

敦诚以白居易《琵琶行》诗意为题材创作剧本，今人未睹其文本样貌，情节如何设计本不得而知。不过，敦诚声称只写了“一折”，无论敦诚所作《琵琶行》是“传奇”还是杂剧④，总之他只写了个“一折”的短剧——以前述四种同题材剧作为参照可知，倘若要以一折

---

① 梁廷枏：《曲话》卷三，上海有正书局1916年版，第13页。

② 尤侗：《艮斋倦稿诗集 文集》，清康熙三十年刻本。

③ 原文为“尤侗和曹寅都是剧作家，曹寅请尤侗喝酒听戏时还得同时请他读脚本，否则连内行也听不懂，不能‘两臻其妙’。”参见吴世昌《论曹雪芹佚诗——辟辨“伪”谬论》，香港《七十年代》1979年9月号。

④ 作为戏曲情节单元的名称，“折”用于杂剧，“出（齣）”用于传奇。清时传奇亦用“折”表示结构单元。

的结构和篇幅，来营构一个故事曲折、情节集中、冲突明显的场上剧作，几乎是不可能的事。换言之，以一折之短剧，无论是演绎士、妓、商婚恋纠葛，还是单纯讲述天涯沦落者的命运，要将琵琶女和江州司马之间的故事演绎为扣人心弦的戏剧化情节关目的可能性，是不存在的。所以敦诚之作，当更青睐于意境的营造，借助特定的情境抒发"同是天涯沦落人，相逢何必曾相识"的人生感慨。果如此，则敦诚的《琵琶行》传奇，其性质更接近于仅提供给好友书面阅读的"案头剧"，其文学欣赏的目的会比较明显，而舞台演出的功能必定大大弱化。梁启超辨伪法第十条云："各时代之文体，盖有天然界画，多读书者自能知之。"① 古代戏曲体制有诸多流变，清时案头化趋势较为明显，敦诚之作虽不至归于"天然界画"之列，亦有相关案底可助比勘。"佚诗"所写红粉渌尊同感、琵琶鼓板齐鸣的热闹场景，不过是忽略了敦诚剧作体制关目特征之后一厢情愿的想象罢了。

既然敦诚剧作是案头之书而非场上之曲，则有无戏班演出似成无谓之争。敦诚的祖父辈确曾养过家班，但这支日渐破落的宗室后裔，到了敦诚一代，家班早已不复存在；且祖母瓜尔佳氏在其祖父定庵公逝后"终身不闻乐"②，敦诚不至于瞒天过海，不顾忌祖母喜好，暗招戏班回家演戏宴客。相关史事甚明，此不赘言。

曹雪芹"佚诗"公案始发迄今已40载，对"佚诗"辨伪的方法及其价值的认识是否到位，从相关著述看并不明朗。清章学诚所谓辨章学术、考镜源流，意谓辨识学术使之彰显、考察源流使之明晰，其适用性早已超出目录学范畴，对举凡文史类的学术研究均有去伪存真的指归性意义。将传统辨伪学的诸种方法贯彻于曹雪芹"佚诗"的辨伪工作，正是本着这样一种去伪存真的原则，溯源考流、取法求真，力求复原文学史实的本真样貌。尽管曹雪芹残诗蕴涵的历史信息不过是文学史上一个特殊的"点"，要求证其发生的真实情状较难，但以前贤诸法作多方观照，这一特殊之"点"可以放大并呈现其多棱状貌。问题的关键在于今人能否拥有明晰的学理意识，自觉运行辨伪成法来考察辨析那些令人困惑的文献、文物乃至浮华的现象，从而获得超越事件本身价值的理性认知。即如"佚诗"公案，在其逶迤行进的过程中，辨伪者多从直观感觉出发，或激烈驳难，或冷面嘲讽，或斜刺出马，或单向挺搠，较少从辨伪学高度对公案作理论思考，致有偏颇孱弱之弊。纵观辨伪学史，从朱熹、胡应麟到梁启超、胡适，对文献文物的态度，无不强调来历与内容并重、内证和旁证兼举。在举文献内证以辨伪的层面上，胡适辨伪法简明适用，时间亦较为晚近，惜"佚诗"涉案诸君，彼时多以胡适为非，弃而不用。而今学理既明，红学史遗留的诸多悬案宜重新审视，如系伪作当适时清理。回思"佚诗"一案，作伪者潜水不语、以巧观拙，以陷吴始而以笑吴终，至多不过以"孟浪"饰非。在悬案迭起的当下，红学史料的辨伪工程尤有展开的必要。

| 本文作者：中国红楼梦学会常务理事、安徽师范大学文学院教授

---

① 梁启超：《中国历史研究法》，重庆中华书局1944年版，第87页。

② 敦诚：《先祖妣瓜尔佳氏太夫人行述》，敦诚《四松堂集》影印本，文学古籍刊行社1955年版，第233页。

三论庚辰本

冯其庸

曹雪芹生前最完整的抄本

现存十多种《石头记》或《红楼梦》的抄本中，有三种抄本署年是在曹雪芹逝世（乾隆二十七年壬午除夕，公元1763年2月12日）之前，这三种抄本是：

一、甲戌本（乾隆十九年）。此本现存十六回，即一至四回，五至八回，十三至十六回，二十五至二十八回。

二、己卯本（乾隆二十四年）。此本现存一至二十回，三十一回至四十回，五十五回至五十九回（五十五回、五十九回均残剩半回），六十一回至七十回（七十回末残）。总数是四十一回又两个半回。

三、庚辰本（乾隆二十五年）。此本现存七十八回（一至八十回，内缺六十四、六十七两回）。

但以上三种珍贵抄本，还有不同情况，简要点说“甲戌本”虽署“甲戌”年（乾隆十九年），但此“甲戌”只是原底本的年份，现存的“甲戌本”不是甲戌年原抄本，而是乾隆后期据原抄本重加“整理”后抄成的，它已是《石头记》风行以后书贾抄卖的一种抄本（详见予“论甲戌本”论文①）。“己卯本”是乾隆二十四年或稍后怡亲王府的原抄本，但己卯本只抄了原本上的墨抄部分，凡原本上的墨笔抄写部分，“己卯本”都抄了，包括用墨笔抄写的批语部分（详见予《论己卯本》的论文②）。此时曹雪芹尚健在。“庚辰本”，“庚辰”是乾隆二十五年，此时雪芹亦健在。经研究“庚辰本”是据“己卯本”抄的。③ 其抄定年代，虽不能完全确定，但总在乾隆二十五年以后若干年，因此本的用纸与“己卯本”完全一样，“己卯”“庚辰”两本都是多人合抄本，其中参加抄“己卯本”的人，有两人又参加了抄“庚辰本”，“己卯”“庚辰”两本，都是私家抄藏本，不是书贾抄卖本，一是因“己卯本”有避怡亲王允祥和弘晓的讳；二是两本都是多人合抄本，字迹美丑相差悬殊，不合书贾抄卖的要求；三是乾隆二十四年和稍后，此时《石头记》（或《红楼梦》）尚未传世，尚无书贾抄卖本行世。

所以以上三种抄本，“甲戌本”是乾隆末年书贾抄卖本，且只残存十六回，虽然其珍贵价值仍存，但终究残损过甚。“己卯本”是乾隆二十四年略后怡亲王府的原抄，极其珍贵，但可惜也只残存一半稍多一点，令人遗憾。只有“庚辰本”，其抄定年代当在庚辰以后若干年（也

---

① 冯其庸：《冯其庸文集·漱石集》，青岛出版社2011年版，第241～264页。

② 冯其庸：《冯其庸文集·漱石集》，第183～190页。

③ 冯其庸：《冯其庸文集·漱石集》，第1～136页。

包括有可能在曹雪芹逝世之前，即乾隆二十六至二十七年)，特别是它是据怡府己卯本抄的，等于是己卯本的复抄本，现己卯本所残缺的文字，庚辰本都保存己卯本的未缺原貌。且庚辰本后来又陆续增加了大量脂批。最可喜的是这个“庚辰本”，是当时的原抄本，尚存七十八回。其所缺六十四六十七回，己卯本有补抄本，也有可能是嘉庆年间人补抄的，且是据曹雪芹原本抄补（见《论庚辰本》)。故庚辰本补上这两回，便成为曹雪芹生前《石头记》早期抄本中最完整的一个本子。

庚辰本与己卯本的关系及其底本的推测

“庚辰本”是据“己卯本”抄的，这是37年前我在研究“庚辰本”时的意外发现，为此我写成了《论庚辰本》一书，由上海文艺出版社出版，出版之前，先在香港《大公报》连载两月，引起了学界的重视。

“庚辰本”是据“己卯本”抄的，有大量可信的证据，详见拙著《论庚辰本》，这里略举数例：

一、庚辰本与己卯本的抄写款式完全相同。己卯本每面十行，每行三十字，每回首行顶格题“脂砚斋重评石头记卷之”等等，庚辰本的款式与己卯本完全相同。

二、庚辰本与己卯本的回目完全相同。现己卯本实存回目四十个，这四十个回目，庚辰本与它完全相同，其余己卯本散失的部分虽无法对证，但按其情理，也必然是完全相同。

三、己卯本全书无一条眉批，己卯本的批语，主要是正文下双行小字批，全书共七一七条，庚辰本与之相同者七一六条，只少一条。这一条，实际只有一个字即“画”字。这个“画”字在庚辰本第十九回“黛玉笑道：再不敢了，一面理鬓”的“鬓”字下，己卯本有一侧写的“画”字，这是一字评，庚辰本的抄手却忽略了这个“画”字。因此少了一条，实际上只少了一个字。

四、己卯本第十九回第三面第二行在“小书房名”下空了五个字，然后接写“内曾挂着一轴美人，极画的得神，今日这般热闹，想那里自然”下，又直空到底，这一行只有开头的“里自然”三字，以下全是空行。庚辰本这两处空行，与己卯本完全相同，稍有不同的是“里自然”三字，“自然”两字被墨点点掉（墨点很可能是后来别人点的)。

五、己卯本十九回末“宝玉见问，便忍着笑，顺口诌道”下是一段空行，直空到底，庚辰本在“顺口诌道”下，也是一空到底。再往下三行，己卯本在“宝玉又诌”下，又是一空到底，而庚辰本又与己卯本完全相同（可查2003年10月北京图书馆出版社影印己卯本)。

六、己卯本第二十回正文第三行下双行小字评的第四行末尾“宝玉之情痴，十六乎，假乎，看官细评”。这个“十六乎”实在是讲不通的，所以后来，己卯本上又被人用粗笔将“十六”两字改为“真”字，因为“真”字的草写，就像“十六”两字，现在看庚辰本，竟仍旧是“宝玉之情痴，十六乎，假乎”。可见庚辰本据己卯本抄时，己卯本还未改，还是“十六乎”，今细检己卯本，这“十六乎”的原来笔迹，还可以看得清清楚楚。

七、大家知道，在己卯本上，有避怡亲王允祥和弘晓的讳，“祥”字被写成“祥”或“祥”。而且这种避讳，在怡亲王府的藏书书目《怡府书目》（抄本，怡府原件。有怡亲王的多种印章。藏国家图书馆）上，也同样有避这两个字的避讳写法。现在在庚辰本的第七十八回《芙蓉女儿诔》的末句，“成礼兮期祥”的“祥”，也与己卯本一样，写成避讳的“祥”字。

八、第十八回前整页题记从文字、行款到笔迹，全部相同。

九、己卯本第五十六回末，有“此下紧接慧紫鹃试忙玉”一行小字。此行小字，并非正文，是本回抄书人抄毕后，嘱咐下回接抄的人，应从“慧紫鹃试忙玉”一回接抄。谁知庚辰本的抄手，不管青红皂白，连这一行小字，也照样全部录入，而且还同样作双行小字侧写。

十、庚辰本第十九回第三面有两处空行，与己卯本完全相同。

十一、己卯本第十八回元春点戏，“第四出离魂”下的批语“伏黛玉死，牡丹亭中”，这八字是四字一行，双行并列写，然后下面一小横划，与下面隔断，然后下面再双行写第二段：“所点之戏剧伏四事，乃通部书之大过节，大关键。”庚辰本在抄写时，不管中间横线隔断，只管右边一行直写到底，然后再左边一行直写到底。变成：“伏黛玉死，所点之戏剧伏四事，乃牡丹亭中，通部书之大过节，大关键。”查庚辰本所抄的文字，一字不错，但字句却完全读不通了。把庚辰本与己印本一对照，就可以看出庚辰本的抄手，忽略了两段中间一短横划，竟一气直行连抄了。但这一错误，恰好证明了庚辰本是照己印本抄的，否则不可能有这种特殊的错误。

根据以上这些实例，可证庚辰本确是据己卯本抄的。我这里当然是说庚辰本的墨抄部分是据己卯本的墨抄抄的（因为当时己卯本只有墨笔抄写部分，没有朱批）。现在大家看到的己卯本和庚辰本，都有不少朱笔的批语，己卯本还有不少陶洙补抄的墨抄正文，其他还有甲戌本的“凡例”等等。这都是近人陶洙在1940年到1950年左右抄上去的，不是己卯本的原始面貌，不能作为研究己卯本的依据。庚辰本上的不少朱批也是在庚辰本据己卯本的墨书抄成后陆续增补上去的，不是庚辰本据己卯本抄时的最初面貌。因为己卯本当时没有抄这许多脂砚斋和畸笏叟的朱批，但庚辰本上这许多朱笔署名和署年的批语，抄录的时间较早，约在乾隆三十二年以后不久，且这些批语十分重要，为别本所无。现存己卯本的墨抄双行小字批里，还残有10多条署脂砚名字的批，可证这是脂砚斋早期的批语，此书名《脂砚斋重评石头记》也是因有脂砚斋的一批再批。这些墨抄的己卯本上的批语也都抄入了庚辰本。

从己卯本和庚辰本，我们可以推测己卯本当时所据的底本，应该是曹雪芹的《石头记》亲笔原本，而且应该就是脂砚斋的两次评本，所以书名用“重评”。再从第二十回正文下双行小字批语“真”字被误抄成“十六”两字，可以推知，曹雪芹的原稿，字迹近于行书或略带草意，否则这个“真”字不会被误认为“十六”两字。① 同时也可推知己卯本所据确是曹雪芹原本，一是因为当时社会上还无《石头记》抄本流行；二是如果是据原稿以后第二手的抄本，从抄书的惯例来看，一般不会用行草来抄写。即以现今流传的10多种《石头记》或《红

① 真字的草写作“𡗗”，粗看起来就是行书的“十六”两字。

楼梦》抄本来说，也都是楷书抄本，只有字迹的优劣之异，还无用行草抄写之例，所以，这个“真”字被误成“十六”两字，也不失为我们推测雪芹原稿笔迹为行书的依据。我们也可以想象，雪芹兴到挥毫之际，也多半应以行书为宜，不大可能一笔一笔用正楷小字的方式来写。这虽然纯属推测，不是考证，但作为一种推想，也或有助于读者的思考。

庚辰本留待再思考的问题

在《石头记》或《红楼梦》的众多抄本中，我特别推重“己卯本”和“庚辰本”，这是因为“己卯本”确是怡亲王府的抄本，证据确凿，而“庚辰本”又是完全据“己卯本”的墨抄部分抄的，连“己卯本”的种种抄写特征，都被照样抄录在“庚辰本”上，现“己卯本”已残缺将近一半，这残缺部分，却可从“庚辰本”的墨抄部分看到，所以实际上“庚辰本”加“己卯本”，可以看到“己卯本”墨抄的原貌，而庚辰本上大量的朱笔眉批和朱笔行间批，其中有不少条署有批书年月，还有若干条墨笔双行小字批和朱笔眉批署名脂砚的，还有更多的是署名“畸笏”的和单署批书年月的，这许多珍贵的批语，只有“庚辰本”的批语，还保存着原批的面貌，其他抄本已经不具备这些珍贵的历史特征了。“甲戌本”上虽也有不少批，但却被删去了署名和批书年月（只剩“甲午八月泪笔”等一二条），有些批语在“庚辰本”上是一整条，到“甲戌本”上却被拆成两条批在两处，有的批语还批错了位置。由于以上种种原因，我特别重视“庚辰本”和“己卯本”，但我要特别说明，我丝毫也不排斥其他抄本，特别是“甲戌本”，作为研究来说，古代的抄本都是有用处的，何况“甲戌本”上还有别本没有，只有它独具的批语和正文，这些都具有特别重要的史料价值，所以在我们特别重视“庚辰本”的同时，也同样重视“甲戌本”。正是因为我们重视“庚辰本”，所以我们还应该正视“庚辰本”存在的诸多值得再思考的问题。

问题之一是“庚辰本”第一回缺少“甲戌本”上独有的429字：

> 俄见一僧一道，远远而来，生得骨格不凡，丰神迥异，来至石下，席地而坐长谈，见一块鲜明莹洁的美玉，且又缩成扇坠大小的可佩可拿。那僧托于掌上，笑道：“形体到也是个宝物了，还只没有实在的好处。须得再镌上数字，使人一见，便知是奇物方妙。然后携你到那昌明隆盛之邦，诗礼簪缨之族，花柳繁华地，温柔富贵乡去安身乐业。石头听了，喜不能尽，乃问不知赐了弟子那几件奇处，又不知携了弟子到何地方，望乞明示，使弟子不惑。那僧笑道：“你且莫问，日后自然明白的”，说着便袖了这石，同那道人飘然而去。

这一段文字明显地存在问题：一是“石”与“玉”是分开的，石是石，玉是玉，一僧一道是坐于“石下”，然后看见一块鲜明莹洁的美玉；二是僧道看见一块鲜明莹洁的美玉，试问僧道看见的玉究竟是大的还是小的？如果是大的，那么是他们看着它缩小的吗？这里没有交待清楚，如果看见的是一块扇坠大小的小玉，那么，他们又怎么知道是缩成扇坠大小的呢？三是按这段文意，应该先看到的是一块大玉，接着又看到这块大玉缩成扇坠大小，若如此，那么是谁把它缩成小玉的呢？这段文字也无交待。特别要注意的是，在这段文字里，石是石，玉是玉，僧道是坐在石边，看见了这块玉，玉与石完全是无关的两件事。四是“美玉”自己并未提出要到富贵温柔乡去，是僧道说：“携你到那昌明隆盛之邦，诗礼簪缨之族，花柳繁华地，富贵温柔乡去安身乐业。石头听了，喜不能尽。”从上面这些情节之间的矛盾不接来看，“庚辰本”这段文字，是明显地存在问题的，特别是玉与石并非一体，这与下面的整个情节完全脱节，这是无论如何说不过去的。

下面我们再看“甲戌本”上的这段文字：

> 一日正当嗟悼之际，俄见一僧一道，远远而来，生得骨格不凡，丰神迥别，说说笑笑，来至峰下，坐于石边，高谈快论。先是说些云山雾海神仙玄幻之事，后便说到红尘中荣华富贵。此石听了，不觉打动凡心，也想要到人间去享一享这荣华富贵，但自恨粗蠢，不得已，便口吐人言，向那僧道说道：“大师，弟子蠢物，不能见礼了。适闻二位谈那人世间荣耀繁华，心切慕之。弟子质虽粗蠢，性却稍通；况见二师仙形道体，定非凡品，必有补天济世之才，利物济人之德。如蒙发一点慈心，携带弟子得入红尘，在那富贵场中，温柔乡里受享几年，自当永佩洪恩，万劫不忘也。”二仙师听毕，齐憨笑道：“善哉，善哉！那红尘中有些乐事，但不能永远依恃……到不如不去的好，这石凡心已炽，那里听得进这话去，乃复苦求再四，二仙知不可强……那僧便念咒书符，大展幻术，将一块大石登时变成一块鲜明莹洁的美玉，且又缩成扇坠大小的可佩可拿。

仔细核对“甲戌本”与“庚辰本”的这两段文字，便可以看出明显的差别：一、“甲戌本”是“来至峰下，坐于石边”，“庚辰本”是“来至石下，席地而坐”。“庚辰本”上此处没有提到这个“峰”（青埂峰）。二、“甲戌本”是“石”头“不觉打动了凡心”，“便口吐人言”，要求“携带弟子得入红尘”，“庚辰本”却是僧道说：“携你到那昌明隆盛之邦……温柔富贵乡去安身乐业，石头听了喜不能尽”。三、“甲戌本”是“那僧念咒书符，大展幻术，将一块大石登时变成一块鲜明莹洁的美玉，且又缩成扇坠大小的可佩可拿。“庚辰本”却是“来至石下”，“见一块鲜明莹洁的美玉，且又缩成扇坠大小的可佩可拿”。这里石头是石头，玉是玉，没有任何关系，这是一，原来这块鲜明莹洁的美玉是大是小，没有交待，但下文又说是“且又缩成扇坠大小”，那么，原来应该是大的，否则用不着“缩小”，这样，是谁来把它缩小的呢？也无交待。所以，实际上细读“庚辰本”的这段文章，从情节上来看，是不通的，与以后的情节无法一致的。因此我认为“甲戌本”的这段文字应是雪芹原文，庚辰本上的这一小段文字是失去了这段原文后补缀上去的，而且可能已卯本就已是同庚辰本的文字了。

“己卯本”和“庚辰本”为什么会失去这段原文的呢？（按己卯本现已失去开头几页）有

的研究者认为是作者故意删去的，我认为此说未妥。这两段文字的差别，上文已经对比得很清楚，作者怎么可能把原来通顺贯串始终的文字改成与下面情节矛盾不贯串的文字呢？还有一种说法，是认为抄书者多翻了一页（两面），因此脱漏了这400多字。这个说法，是以“甲戌本”为依据的。“甲戌本”每行18字，每面12行，一页两面写满共432字，与“庚辰本”所缺的429字只差三字，从表面上看此说好像很合理，但实际上仍是不妥。因为现在我们看到的“甲戌本”，并非是乾隆十九年甲戌原抄本，现在的“甲戌本”是乾隆末年甚或更后的抄本，且明显是书商抄卖的本子，即周绍良先生所说的“蒸锅铺本”。这个本子是经书商作为商品抄卖的，它抄成的时代比庚辰本晚得多。它存在的问题很多（详见我的《论甲戌本》，见《漱石集》），这里择要举数例：一、此本版口署“脂砚斋”，当是脂砚斋的专用稿纸，大家知道，曹雪芹抄家后，穷途落拓，生活无着，哪有可能有专用稿纸，脂砚斋是雪芹最亲近的人，脂砚斋的稿纸也就是雪芹的稿纸，试想曹雪芹当年写《石头记》有可能印专用的稿纸吗？二、既是脂砚斋的专用稿纸，当然是脂砚斋亲笔评写，但此书从正文到批语，错别字甚多，决不可能是脂砚斋的批稿，相反，这是书商借以牟利的一种冒牌手段。三、甲戌本上有不少原是脂砚斋、畸笏叟署名署年的批语，现今这些署年和署名，全被删去，有的批语则被抄错或移位。如“庚辰本”第二十六回“又是谁家有异物”句下，有墨笔双行小字批云：“几个谁家，自北静王公侯驸马诸大家包括尽矣，写尽纨绔口角，脂砚斋再笔。”这段批语，在“甲戌本”里却删去了“脂砚斋再笔”的署名。再如“庚辰本”第二十八回第一页眉批：“不言炼句炼字，词藻工拙；只想景想情事想理，反复推求悲感，乃玉兄一生之天性，真颦儿之知己，玉兄外实无一人。”这段批语，“甲戌本”也抄在同一位置，但却把“真颦儿之知己”抄成“真颦儿不知已，则实无再有者。”第一句的意思与“庚辰本”的批语，完全相反，第二句则另行杜撰。如与上句“不知已”连起来，变成“不知已”到“实无再有者”，等于说宝玉与黛玉“不知已”到极点，这与原批的意思，完全相反到了极点。再有“庚辰本”第二十八回眉批：“前玉生香回中颦云：他有金……”这一大段文字，在“甲戌本”却被移作回后评，且将原批的署年“已卯冬夜”删去。

以上这些例子都说明现存“甲戌本”是经过重编再抄的，它的抄成年代比庚辰本晚得多，它的原底本的行款并不是现在甲戌本的行款（见拙文《论甲戌本》）。因此说“已卯本”或“庚辰本”抄手多翻了一页的推测并不可靠。

我对这个问题的认识：我认为“甲戌本”上这段文字是雪芹原文，决不是作者删去的，而“庚辰本”上的文字，应该是被抄手抄漏的，至于是如何抄漏的，则因资料缺乏，无从确证，现在“庚辰本”上的这段文字，显然是抄漏了这一大段文字后来又经勉强修补上去的，所以文字简单而又上下情节不接。

值得再思考的另一个问题，是关于林黛玉的眉毛的描写问题，下面且看有关各本的描写：

已卯本：两湾似蹙非蹙罥烟眉，一双似笑非笑含露目。

庚辰本：两湾半蹙鹅眉，一对多情杏眼。

甲戌本：两湾似蹙非蹙笼烟眉，一双似喜非喜含情目。

俄藏本：两湾似蹙非蹙罥烟眉，一双似泣非泣含露目。

以上四种抄本，“俄藏本”是正确的，“甲戌本”上句只差一个字，下句差两个字，而且仔细看，上句的“笼”字是后改的，原抄似有“罥”字的上部“四”，后被涂改了，下句有五个红方框，显然是因为不认识这五个字，才预留红框，填成似“喜”非“喜”含情目，“喜”字又是反复涂改，现在的“喜”字与俄藏本上的“泣”字声音相近，很可能是抄手听错了读音致误，故也有可能甲戌本底本的文字与俄藏本是一样的。特别是“己卯本”，上句完全与俄藏本一样，下句只差一个字，把“泣”字抄成“笑”字。最令人不解的是“庚辰本”的两句，与其他各本都不一样，按说“庚辰本”是据“己卯本”抄的，前面列举了大量例证，但偏偏就是这两句，与“己卯本”完全不一样，这就是令人难以索解的问题，也是需要再思考的问题。

需要再思考的另一个问题是“庚辰本”是据“己卯本”抄的，前面已经举了大量的例证。“庚辰本”与“己卯本”的异文，一部分我们从“己卯本”的暗旧朱色的改字中可以看到，在“己卯本”上用朱笔改过的字，到“庚辰本”上已是墨书正文，但这只是部分而不是全部。特别是有一些“庚辰本”上的增文，在“己卯本”上却没有根据，如第三回正文第三行，“庚辰本”上在“忽遇见雨村”句下有“故忙道喜，二人见了礼，张如圭便将此信告诉雨村”这样两句，但这段文字，在“己卯本”上却没有，现在看到“己卯本”上这两句的朱笔增补，是近人陶洙据“庚辰本”转录过去的，不是“己卯本”上的改笔。同样，第五回正文第一行“第四回中既将薛家母子在荣府内寄居等事略已表明，此回则暂不能写矣”，这一行“庚辰本”上的文字，在“己卯本”上也没有，现有的朱笔旁补文字，也是陶洙从“庚辰本”上校录过去的，不是“己卯本”上的改笔。“己卯本”究竟如何成为“庚辰本”的，这一问题，我在拙著《论庚辰本》里虽然作了几种分析，也还不能解决全部问题，仍还存有待解的问题。有的同志认为现在的“庚辰本”是据另一种“己卯本”抄的，其款式等等完全与现存的“己卯本”一模一样，但却多了“庚辰”增补的文字，所以才有现在的“庚辰本”。这一设想，我认为是不可能的，怎么可能有与现存“己卯本”一模一样的另一“己卯本”呢？难道那个本子上也避“祥”字、“晓”字的讳吗？难道在五十六回末也多写一句“此下接慧紫鹃试忙玉”吗？难道十八回前整页的题记也与现在的“己卯本”相同吗？现在“庚辰本”与“己卯本”相同的特征实在太多了，天壤间不可能再有一部与现存的“己卯本”完全一样而又有“庚辰秋月定本”的文字的“己卯本”。这是明摆着的事实。“庚辰本”是据“己卯本”过录的这一事实，是从实证中得出的，不是凭空推想出来的。究竟怎样从“己卯冬月定本”到“庚辰秋月定本”的，中间还有哪些我们未知的环节？还需要求实证，切实地来解决，而不能用空想来解决，空想是不能解决实际问题的。所以从“己卯本”到“庚辰本”，中间究竟还有哪些问题有待搜集资料，做更深一步的研究，这也是值得我们再思考、再研究的问题。

从对学术研究要认真严肃，实事求是，一丝不苟的角度来说，无论是“己卯本”、“庚辰本”、“甲戌本”，还有其他种种本子等等，都还有不少问题有待做进一步的研究，“红学”是不可能止步的。

对“庚辰本”的再认识

“庚辰本”是据“己卯本”抄的，这已有大量的事实作为证据，已为学界的共识。但更重要的是“己卯本”是怡亲王府的抄本，怡亲王允祥是奉旨监管（照顾）曹頫的，这有长篇的雍正朱批为证，而且从雍正朱批说“若有人恐赫诈你，不妨你就求问怡亲王，况王子甚疼怜你，所以朕将你交与王子”，从这些话来看，可见怡亲王允祥与曹家的关系是很亲密的，因此，怡亲王府的《石头记》抄本，其底本只能来自曹家，因乾隆二十四年（己卯）之际，《石头记》抄本尚未外传，其文本也尚在“重定”之际，所以怡府抄的《石头记》，其底本来源只有来自曹家，更无他途。特别是怡府抄写时，是多人合抄的，所以各人抄写只能依据底本的原款式，不能有任何差异，因此，怡府抄本，无意中又保存了曹雪芹《石头记》原稿的真貌。就凭这几点，这怡府抄本（己卯本）独有的珍贵价值就可想而知了。但是，遗憾的是怡府抄本已散失了将近一半，令人意外之喜的是《石头记》庚辰本竟是据怡府本抄的，而且也是多人合抄，因此同样保存了怡府抄本（己卯本）的真貌，而且是己卯本未散失前的全貌（只差六十四、六十七两回），这无异是保存了曹雪芹《石头记》（含最初的脂评）的原稿真貌。仅从以上数点，也就可见“庚辰本”的珍贵价值，更何况“庚辰本”是“己卯”以后又一次的改定本，现在仔细检读，还可以清楚看出“庚辰本”的文字有据“己卯本”的朱笔改文改易之处。虽然还不能从“己卯本”上查出全部改文的文字依据，但它毕竟是“己卯”以后改动的文字，这是不可否认的。

以上就《石头记》（庚辰本）的正文来说的。

“庚辰本”还有一个重大的特点，就是有大量的朱笔批语，还有716条双行小字批，其中署脂砚名字的有14条。朱笔批语中署畸笏名字的有48条，还有一些明显是畸笏的批，但未署名的未计在内，更多的是署“壬午”、“丁亥”、“己卯”等署年的批，还有署“鉴堂”、“绮园”、“玉蓝坡”等的批语，这些批语都保存着它的原始面貌。对研究《石头记》来说，是无比重要的。特别是第七十四回末有批云：“乾隆二十一年五月初七日对清，缺中秋诗，俟雪芹。”第二十二回末批云：“此回未成而芹逝矣，叹叹！丁亥夏，畸笏叟。”第十三回批云：“树倒猢狲散之语，今犹在耳，屈指卅五年矣，宁不痛杀。”第十三回末眉批云：“读五件事未完，余不禁失声大哭，三十年前作书人在何处耶！”读以上这些批，使你感到有如泪渍在纸，悲音在耳，如同看到雪芹的手迹一样！但是现存的抄本中，保存原始面貌的批语的，只有“庚辰本”一种，“己卯本”当时只抄了墨书正文和墨书双行小字批，还有少量的墨书回前评和回后评，没有抄朱批。“甲戌本”上也有不少朱批，而且有的特别重要，如“壬午除夕，书未成，芹为泪尽而逝”条，“甲午八月泪笔”条等等，为别本所无，至关重要。但遗憾的是“甲戌本”只残存十六回，而且所有批语，都删去了名字，所以能真正保存原批原貌的，只有“庚辰本”一种。由于以上这些原因，所以“庚辰本”成为《石头记》或《红楼梦》众多抄本中独具原始面貌的一种，其他各种抄本，从原始性和原样性来说，都不能与之相比。

还有一点，现存“庚辰本”缺“六十四”、“六十七”回，这个缺失是从“己卯本”就开始的，“己卯本”的第六十一回到七十回的总目上就已写明有“内缺六十四、六十七回”，“庚辰本”的这个总目上也同样写有“内缺六十四、六十七回”，所以这两回的缺失是很早的，如果说乾隆十九年已写完八十回的主要文字的话，那么，到乾隆二十四年，只过了四年，还不到五年就开始缺失这两回了，但是今存的“己卯本”中这两回已有补抄本，而且据我的研究，这两回补文，是据曹雪芹的原文补抄的，所以这两回的补入，上下文情节、语言完全如同一气，我在《论庚辰本》里有详论，这里不再重复。按原来的“庚辰本”是据“己卯本”抄的道理，这两回“己卯本”的补文，自应补入“庚辰本”，这样“庚辰本”就成为八十回《石头记》的完璧。尽管，它仍存有若干值得再思考的问题，但这是历史的遗迹，不可能要求历史十全十美，何况，这正好是我们应该再思考的问题。这样，当我们在把卷细读这部书的时候，脑子里预先就有了一些让你深思的问题，这样，你读起来不是就更有意思了吗？

萃文书屋程甲程乙再考

杜春耕

最近几个月，连续见到和得到三种萃文书屋“程甲本”、“程乙本”之影印本与光盘。它们分别是中国书店出版社出版的《程乙本红楼梦》（以下简称程乙本）、《红楼梦·乾隆间程甲本》（以下简称程甲本）影印本及友人从网上下载并赠送的源出于中美学术图书馆，并注明由北京大学图书馆提供的程甲本《红楼梦》。由于笔者曾在2001年第4辑《红楼梦学刊》上刊登过一篇《程甲、程乙及其异本考证》的文章，所以几个月来一直在细读与考证这几套书籍，并得到了不少认知。

一、现存萃文书屋程甲原本均在出售前就有手改之文字

现存的程甲、程乙原本，在图书馆或私人手中的总数总共只有几十套，其中程甲本的数量更少一些。在2013年10月刚出版的中国书店本《程甲本》的书首，在其出版说明中指出：“据著录，《程甲本》公藏仅存四部，《程乙本》公藏仅存十部，读者难得一见。”说明中的公藏《程甲本》，应指国家图书馆本、社科院文学所本、北京大学藏本已改名为“东观阁原本”（曹立波在其专著《红楼梦版本与文本》中有详细介绍）及中国书店藏本。这四套书中，除中国书店本我只看到影印本外，其他三部均看到过原本。但这些书套套都存在着某些问题，这对普通读者来讲关系不大，但对《红楼梦》的研究者来说关系就比较大了，对专门研究版本的人来说，有些问题或许就会带来灾难性的后果。现先对这四套书作一简要说明。

1. 国家图书馆藏本，书中除存在许多用毛笔手改正文外，还存在34处以上的贴改或挖改文字。

2. 社科院文学所本，此书保存比较完好，但亦至少有5处的正文作了贴改。对这两本书的贴改、挖改现象，笔者在北京图书馆出版社之《程甲本》影印本的2005年第三次印刷本已列有两表加以指出。

3. 北京大学图书馆藏本，此书手改，尤其是贴改非常多，对研究刻本与“程甲本”之关系或许很有帮助，但如专对《程甲本》来说，改动似乎大了一些。

4. 中国书店藏《程甲本》，此书早期曾经《红楼梦稿》手抄本的收藏者杨继振收藏。这套书中，有30多面书页上均盖有包含有“杨”、“又云”、“继振章”、“黄氏”、“去尘”、“月嫣妾徐所掌”等文字的红章。据任晓辉告诉我，黄氏就是杨继振的小妾，在杨继振的不少藏书中，均盖着她的章，但“妾徐月嫣”的确切身份至今不详。

笔者逐回核对了中国书店本，发觉此书虽极有价值，但它确是一部程甲与程乙的混装本。

其中有八十回“程甲本”（第一至三十回，第六十六至一百一十五回），另外四十回为“程乙本”（第三十一至六十五回，第一百一十六至一百二十回）。此书影印本订为36册，但从书中的收藏章的所盖位置，可知原书是24册装订，其中16册为“程甲本”，有8册是“程乙本”。由于杨继振在他的藏本中，每册书首及末页均盖有收藏章，而第三十一回至六十五回却一个图章都没有。故可证明，这七册书是杨继振的书流出后有部分散失，而由后收藏者用“程乙本”补入的。第一百一十六回至一百二十回那册书，虽盖有杨继振与他的妾黄氏之章，但这是程乙本。不知是杨收藏时即为混装本，还是他收藏时缺一册而后补入的。

至于由中美学术图书馆网中下载的程甲本，现已查明北大图书馆并不存在这套书。此书倒是与上海古籍出版社出版的“续四库全书”那套大书中所收的《红楼梦》有90%以上是一致的。而此书又是由国家图书馆本与社科院本拼配而成，但有些书页及图章又作了删去。因来路不明，所以在讨论时就得排除这套书。

在勘对这四套书与笔者自藏的程甲残本后发现了一个非常有趣的事情。

所有“程甲本”的第七十三回第9页正面第7行第24字“丁”，是由同一个人用毛笔手写加上去的，笔迹完全相同。观看自藏的书页，可看出由于是用毛笔手写，其墨痕已透过书页渗透到背面去了。细看原书，书上印有一些乱七八糟的少量遗留痕迹。故可以下一结论：萃文书屋程甲本，存在在出售之前已由工作人员在每一册书的此页手改的事情。由于北京大学本，虽经我与陈熙中、任晓辉三人一起验看，与自藏本等一模一样，但我们没有拍下照片。（见图1）

二、萃文书屋在印刷“程甲本”过程中自我改正正文错误之实例

由于“程甲本”、“程乙本”是用木活字排版印刷的，所以有些研究者认为萃文书屋存在在印刷过程中更改某些活字的现象。故笔者在校勘不同程高本时，是比较留意这一点的。

十几年前，笔者在仔细校读国家图书馆藏的“程甲本”时，发现了该书存在至少34处贴改与挖改正文的现象。其改动的技术相当高明，几可乱真，后又发现社科院文学所藏的程甲本亦至少有5处存在贴改（这一工作是与冯其庸、刘世德、殷梦霞三位先生一起最后验证的）。有了这样的经历，笔者在看到某两本有某字有异时，也不敢断然下结论，说“程甲本”存在萃文书屋在印刷过程中改动了活字现象，生怕造成这一现象的原因仅仅因为是贴改或挖改所致。

非常凑巧与幸运，现在可以以实物为证，至少可以举出一个实例来证明萃文书屋在印刷“程甲本”的过程中，出现过中途改动活字的现象。此例为第七回第三页反面第九行的第五、六两个字，把错误的“钏笑”二字改为正确的“金钏”二字。

事情是这样的，在20世纪90年代，可以见到的“程甲本”是国家图书馆藏与社科院文学所的藏本，这处的文句均为：

竟有些象咱们东府里蓉大奶奶的品格，钏笑道我也是这么说呢。

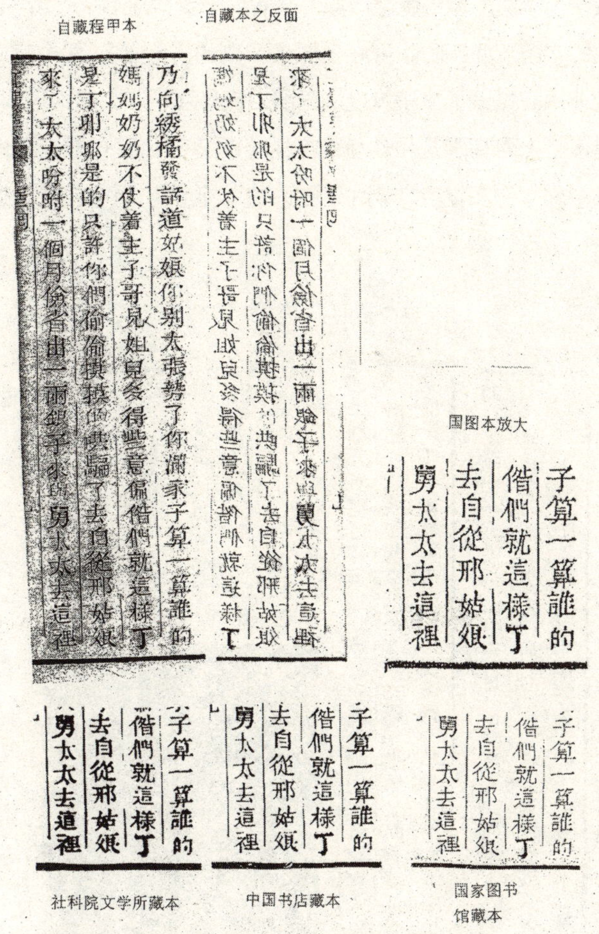

图1　所有程甲本在出售前均有书局自改之“丁”字（为同一人毛笔改动）

显然第二句的头两个字有误，“钏笑道”不通。比对其他文本，“程乙本”为“金钏儿道”；藤花榭本为“金钏道”。当时我又得到了一套台湾广文书局出版的《程乙本新镌全部绣像红楼梦》，对校一看此文是“……的品格，金钏道我也是……”这三套书都改对了，通顺了。经逐页逐字校对，发现台湾广文书局影印的《程乙本》第七回，原来是《程甲本》的书页。但事有凑巧，我当时得到了几组程甲、程乙本原本残缺本，后经整理校勘，发现其中的程甲本第七回中的这段文字，与广文书局本全同，两个书页在灯光下照看，完全重合。由于自藏的程甲是原本，又实物在手，细看毫无贴改或挖改等情况存在。这就说明了，广文程乙本（此回实为程甲）与自藏程甲本是国图与社科院两本的活字版改动了活字后的版本。

2013年10月份，北京中国书店影印了他们店藏的《程甲本》，对比一下，与国图、社科院两本完全一致。这样现在已确知的“程甲本”就剩下一套北大图书馆藏本未校对了。11月18号，陈熙中、任晓辉与我三人结伴去北大查看原书。我们先借了翻拍胶卷本，此书为“……金钏道我也是……”与广文本、杜藏本是一致的。但细看“金钏”二字，似乎与前两本有若干相异之处，故借出萃文书屋的乾隆版原书来看。一看“金钏”二字原来是贴改上去的。在灯光下一照，贴改的字条下面还隐隐可看出原来印刷的“钏笑”两个字。这样，在“程甲本”上进行贴改、挖改改正错误的本子就变成国图、社科院、北大三本了。

北京大学图书馆本，上面写明是马幼渔先生送给胡适的。后有学人把扉页加上“东观阁原本”字样，并在书中作了许多批改。或许这贴改的“金钏”两字，就是这位学人的工作之一部分。（见图2）

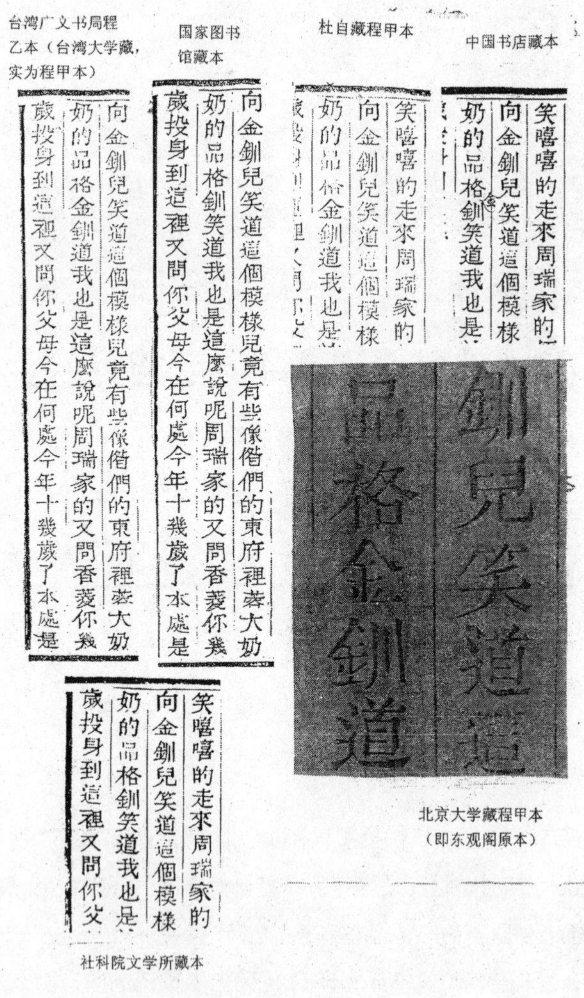

图2　“金钏”二字的改动

三、“程甲本”与“程乙本”的某些统计数字

在乾隆壬子花朝后一日，程伟元与高鹗在新刊的“程乙本”书首，在程序和高叙之后增加了一篇排印的“红楼梦引言”，由小泉、兰墅二人共同署名。文中指明了“程甲本”印行才70余天后，又刊印新本程乙的原因。并明言甲本“初印时不及细校，间有纰缪”，“前八十回抄本各家互异，今广集核勘准情酌理补遗订讹”等缺陷，这些当然是实话，是客观情形的描

述。前文所述之中国书店藏的程甲本，程甲部分的文本虽只有八十回，但已用红笔校勘出了正文纰缪之处300多条。这些改动笔者与程乙本对校了一下，发现其中有70%以上是与乙本的改错相同的（当然乙本亦有数量不少的甲本原正确，而乙本反而排错的）。这些内容当然只是甲本存在纰缪错排印的一部分，故这么快就印了乙本是客观的需要与必须的。当然马上印程乙本，可能存在程、高二人对“各家互异”的抄本正文之取舍有可能不同有关，可能还存在另外一些我们不知道的原因。为了更深入探讨从甲本过渡到乙本的原因及状况，笔者把二本的每一回书正文的字数做了一个统计。这些数字在探讨某些问题时或许是有用的。为了节省诸研究者的时间，现把它列在其后，按每十回一表列之。

回目数	本回程甲字数	程乙字数	程乙比程甲多几字
第一回	6152	6155	+3
第二回	4900	4900	+0
第三回	6376	6378	+2
第四回	4712	4720	+8
第五回	7167	7169	+2
第六回	5980	5986	+6
第七回	5945	5949	+4
第八回	5622	5636	+14
第九回	4165	4175	+10
第十回	4260	4261	+1
总字数	55279	55329	+50

回目数	程甲字数	程乙字数	乙本增字
第十一回	4725	4725	+0
第十二回	3506	3505	-1
第十三回	4161	4163	+2
第十四回	4373	4374	+1
第十五回	4032	4042	+10
第十六回	6089	6111	+22
第十七回	7381	7382	+1
第十八回	5634	5633	-1
第十九回	7548	7562	+14
第二十回	4296	4283	-13
总字数	51745	51780	+35

回目数	程甲字数	程乙字数	乙本增字
第二十一回	4896	4905	+9
第二十二回	6119	6134	+15
第二十三回	4684	4682	-2
第二十四回	6490	6503	+13
第二十五回	5719	5722	+3

（续表）

回目数	程甲字数	程乙字数	乙本增字
第二十六回	6058	6082	+24
第二十七回	5128	5150	+22
第二十八回	7832	7831	-1
第二十九回	7172	7216	+44
第三十回	5160	5160	+0
总字数	59258	59385	+127

回目数	程甲字数	程乙字数	乙本增字
第三十一回	6177	6175	-2
第三十二回	4875	4885	+10
第三十三回	4142	4160	+18
第三十四回	6145	6150	+5
第三十五回	6531	6533	+2
第三十六回	5696	5698	+2
第三十七回	7983	7991	+8
第三十八回	5148	5150	+2
第三十九回	5391	5387	-4
第四十回	7736	7750	+14
总字数	59824	59879	+55

回目数	程甲字数	程乙字数	乙本增字
第四十一回	5537	5546	+9
第四十二回	6342	6343	+1
第四十三回	5729	5726	-3
第四十四回	5554	5569	+15
第四十五回	6604	6609	+5
第四十六回	6895	6894	-1
第四十七回	6102	6102	+2
第四十八回	5619	5619	+0
第四十九回	6190	6190	+0
第五十回	7514	7514	+0
总字数	62086	62114	+28

回目数	程甲字数	程乙字数	乙本增字
第五十一回	6188	6188	+0
第五十二回	6918	6918	+0
第五十三回	6567	6568	+1
第五十四回	7120	7125	+5
第五十五回	6916	6918	+2
第五十六回	7253	7253	+0
第五十七回	8956	8956	+0
第五十八回	5436	5437	+1
第五十九回	3975	3980	+5
第六十回	6296	6296	+0
总字数	65625	65639	+14

（续表）

回目数	程甲字数	程乙字数	乙本增字
第六十一回	5490	5491	+1
第六十二回	9990	9991	+1
第六十三回	8385	8384	-1
第六十四回	8582	8582	+0
第六十五回	6214	6214	+0
第六十六回	4417	4415	-2
第六十七回	7825	7829	+4
第六十八回	6855	6879	+24
第六十九回	5291	5325	+34
第七十回	5716	5710	-6
总字数	68765	68820	+55

回目数	程甲字数	程乙字数	乙本增字
第七十一回	7135	7135	+0
第七十二回	6021	6026	+5
第七十三回	5745	5747	+2
第七十四回	9127	9169	+42
第七十五回	7142	7140	-2
第七十六回	6375	6377	+2
第七十七回	8667	8667	+0
第七十八回	8259	8260	+1
第七十九回	4019	4019	+0
第八十回	5423	5423	+0
总字数	67913	67963	+50

回目数	程甲字数	程乙字数	乙本增字
第八十一回	5382	5382	+0
第八十二回	7017	7017	+0
第八十三回	6447	6447	+0
第八十四回	6764	6764	+0
第八十五回	5644	5644	+0
第八十六回	5644	5644	+0
第八十七回	5772	5772	+0
第八十八回	5662	5662	+0
第八十九回	5084	5084	+0
第九十回	5329	5330	+1
总字数	59963	59964	+1

回目数	程甲字数	程乙字数	乙本增字
第九十一回	4552	4553	+1
第九十二回	5882	6015	+133
第九十三回	5508	5526	+18
第九十四回	7086	7092	+6
第九十五回	5630	5638	+8

（续表）

回目数	程甲字数	程乙字数	乙本增字
第九十六回	5768	5768	+0
第九十七回	8419	8431	+12
第九十八回	5075	5075	+0
第九十九回	5157	5162	+5
第一百回	4892	4892	+0
总字数	57969	58152	+183

回目数	程甲字数	程乙字数	乙本增字
第一百零一回	6833	6833	+0
第一百零二回	4230	4231	+1
第一百零三回	5870	5870	+0
第一百零四回	5294	5294	+0
第一百零五回	4582	4588	+6
第一百零六回	4967	4988	+21
第一百零七回	5410	5430	+20
第一百零八回	5895	5895	+0
第一百零九回	7732	7736	+4
第一百一十回	5806	5811	+5
总字数	56619	56676	+57

回目数	程甲字数	程乙字数	乙本增字
第一百一十一回	6228	6274	+46
第一百一十二回	6951	5955	+4
第一百一十三回	5889	5889	+0
第一百一十四回	4262	4262	+0
第一百一十五回	5894	5894	+0
第一百一十六回	5890	5890	+0
第一百一十七回	6470	6471	+1
第一百一十八回	6531	6532	+1
第一百一十九回	8146	8177	+31
第一百二十回	6730	6730	+0
总字数	61991	62074	+83

以上统计表之数字比对，笔者采用国家图书馆“程甲本”与天津图书馆藏之“程乙本”。每回书的字数是按页面来统计的，即每面正文中如遇有回目、诗赋等含有空白之处，亦一律计算在字数之中。每回结束的那一面，字数按结束那一字前的字数统计，但每回最后之“红楼梦第××回终”这一行的字数，排除在统计数字之外。

全书一百二十回，“程甲本”共有727037字，“程乙本”为727775字，乙本比甲本共多出738字。全书中，仅第二十九回、第一百一十一回与第一百一十九回三回书“程乙本”比“程甲本”多出一页。全书共有三十八回书的字数“程乙本”与“程甲本”相同。

字数最多的三回分别是：第六十二回，9990字；第五十七回，8956字；第七十七回，8667字。字数最少的三回分别是：第十二回，3506字；第十三回，4161字；第十五回，4032字。这项数据指的是程甲系列本。字数最少的第十二回，字数仅占最多的第六十二回的35%。

前八十回，每回的平均字数为6131字，后四十回的每回平均字数为5914字。前八十回平均每回字数比后四十回多出217字。

不知这些统计数字会不会对研究者在工作中偶然有点用处。

| 本文作者：中国红楼梦学会常务理事

从《柳絮词》的抄写形式看《红楼梦》几个抄本的关系

戴永新　曹立波

《红楼梦》中大量的诗词曲赋等韵文，在小说中的特殊地位一直为历代的评论家所瞩目。迄今为止，学界对于《红楼梦》诗词的研究，主要围绕诗词对小说故事发展、人物刻画、主题表达的重要作用等角度展开。而《红楼梦》的诗词除了起到上述作用以外，在版本研究中的作用也不容小觑。诗词属于韵文，因其句式有规律，蕴涵丰富等特点，在抄写的过程中，随意改动的概率比散体文要小。而且，文化水平不高的抄手，很难理解其中的含义，所以在传抄的过程中，一般都遵守其原貌。这样一来，不同版本的诗词文本的差异，为我们了解各种版本之间的关系，提供了很重要的信息。本文尝试从诗词抄写形式的角度来探讨版本之间的关系。

《红楼梦》第七十回“林黛玉重建桃花社，史湘云偶填柳絮词”中有五首《柳絮词》，即《如梦令》、《南柯子》、《西江月》、《唐多令》和《临江仙》，分别由史湘云、贾探春、贾宝玉、薛宝琴、林黛玉、薛宝钗所作，这几首词对上述人物的性格塑造，以及故事发展都起了较为重要的作用，在《红楼梦》诗词中，颇具代表性。在现知的各种抄本中，“己卯本”、“庚辰本”、“蒙府本”、“戚序本”、“杨藏本”、“列藏本”、“甲辰本”等存有这一回的五首词，因此本文选择上述版本为研究对象，对诸版本之间的关系，加以探讨。

一、“己卯本”和“庚辰本”的关系

(一)“己卯本”和“庚辰本”属于同源。

“己卯本”和“庚辰本”是《红楼梦》早期抄本，由于在书中分别题有“脂砚斋凡四阅评过，己卯冬月定本”和“脂砚斋凡四阅评过，庚辰秋月定本”，分别称“己卯本”和“庚辰本”。己卯本，一般认为“己卯”为乾隆二十四年（1759），原存四十回，1959年又发现了三整回并两个半回。庚辰本，一般认为“庚辰”为乾隆二十五年（1760），为八十回抄本，现存七十八回，缺六十四和六十七两回。①

“己卯本”和“庚辰本”五首《柳絮词》的文本有很多相似之处，也有些许差异，无论是异或者同，都显示出一些十分值得注意的特点。

---

① 冯其庸、李希凡：《红楼梦大辞典》，文化艺术出版社1990年版，第919～920页。

1. 格式。在抄写中，“己卯本”和“庚辰本”《唐多令》的句子格式相同，其他抄本的格式都和它们不同。如下表：

版本	正文
己卯	嫁與東風春不管凴尔去 忍淹留
庚辰	嫁與東風春不管凴你去 忍淹留
杨藏	嫁与东風春不管 凴尔去 忍淹留
列藏	嫁与东風春不管 憑尔去 忍淹留
蒙府	嫁与東風春不管 凴你去 忍淹留
戚序	嫁与東風春不管 憑你去 忍淹留
甲辰	嫁与東風春不管 憑爾去 忍淹留

从上表可以看出，“己卯本”和“庚辰本”断为两句，其他各版本都断为三句。

《唐多令》这一词牌，双调60字，上下共12句。每句的字数要求为5、5、7、7、3、3，全词为：

粉堕百花洲，香残燕子楼。一团团逐对（队）成毬。飘泊亦如人命薄，空缱绻，说风流。

草木也只愁，韶华共白头。叹今生谁拾（捨）谁收。嫁与东风春不管，凭尔去，忍淹留。

“嫁与东风春不管”和“凭尔去”本应是下片的第4、5句，“己卯本”和“庚辰本”的“嫁与东风春不管凭尔去”就把两句合成一句了。这种错误的存在表明“己卯本”、“庚辰本”应该不是曹雪芹的手稿，而是过录中由于不注意诗词的格式而产生的讹误。

2. 异体字。

（1）抄写的习惯不同形成的异体字。“己卯本”和“庚辰本”中有一些相同的异体字，有的异体字还是和其他版本完全不同的。

版本	正文		
己卯	空使鵑啼燕妒	鶯愁蝶倦晚芳時	嘆今生谁拾捨谁收
庚辰	空使鵑啼燕妒	鶯愁蝶倦晚芳時	嘆今生誰拾誰收
杨藏	空使鹃啼燕妬	鶯愁蝶倦晚芳时	叹今生谁捨谁收
列藏	空使鹃啼燕妬	鶯愁蝶倦晚芳時	叹今生谁拾谁收
蒙府	豈使鹃啼燕妬	鶯愁蝶捲晚芳时	嘆今生誰捨誰收

版本	正文		
戚序	豈使鹃啼燕妬	莺愁蝶捲晚芳时	嘆今生誰舍誰收
甲辰	空使鹃啼燕妬	鶯愁蝶倦晚芳時	嘆今生誰捨誰收

如上表所示，“妒”字有“妒”和“妬”两种写法；“倦”字则有“倦”和“倦”、“捲”、“捲”的区分；“收”字有“收”、“収”“收”的写法。这三个字，“己卯本”和“庚辰本”都写作“妒”、“倦”、“収”，写法上，完全相同。

（2）简体字和繁体字。已卯本和庚辰本繁简一致。

表1

版本	正文		
己卯	豈是繡绒残（嚼）吐	空掛織〻缕	徒垂 络〻絲
庚辰	豈是繡绒残吐	空掛纖缕	徒垂络〻絲
杨藏	豈是绣绒残吐	空掛纖〻缕	徒垂络絲
列藏	豈是繡绒殘吐	空掛纖〻缕	徒垂络络絲
蒙府	豈是綉絨残吐	玄掛纖纖縷	徒垂絡絡絲
戚序	豈是綉絨残吐	空挂纤纤缕	徒垂络络絲
甲辰	豈是綉絨殘吐	空掛〻縷	徒垂络络絲

表2

版本	正文			
己卯	隋堤点缀無穷	几處落红庭院	几曾随逝水	萬缕千條終不改
庚辰	隋堤点缀無窮	几處落红庭院	几曾随逝水	萬缕千絲終不改
蒙府	隨堤點綴無窮	幾處落紅庭院	几曾随逝水	萬縷千絲不改
戚序	隋堤點綴無窮	幾處落紅庭院	幾曾随逝水	萬縷千絲不改
杨藏	隋堤点缀無窮	几处落红庭院	几曾随逝水	万缕千絲终不改
列藏	隋堤点缀無窮	幾處落紅庭院	幾曾随逝水	萬縷千絲终不改
甲辰	隋隄點綴無窮	幾處落紅庭院	幾曾随逝水	萬縷千絲终不改

“己卯本”和“庚辰本”都使用了共同的字体：绒、残、缕、络、点、几、萬、缕等。表2中，“几（幾）處（处）落红庭院”的句子中，“己卯本”、“庚辰本”为“几處”；“蒙府本”、“戚序本”、“列藏本”、“甲辰本”为“幾處”，“杨藏本”为“几处”。可以看出，其他版本或繁或简，唯独“己卯本”和“庚辰本”的字体繁简一致。

（3）特有文字。己卯本和庚辰本为相同文字，与其他版本有异。

版本	正文
己卯	一團〃逐对成毬
庚辰	一團〃逐对成毬
杨藏	一團團逐隊成毬
列藏	一團〃逐對成毬
蒙府	一團團逐隊成毬
戚序	一團團逐隊成毬
甲辰	一團團逐對成毬

“己卯本”、“庚辰本”，都写作“对”，其他版本分别写成“對”或“隊”。

3. 重复字的处理方法相同。

版本				
己卯	空掛〃缕	徒垂络〃絲	一團〃逐对成毬	蜂團蝶陣乱纷〃
庚辰	空掛纖〃缕	徒垂络絲	一團〃逐对成毬	蜂團蝶陣乱紛〃
杨藏	空掛纖〃缕	徒垂 络络絲	一團團逐隊成毬	蜂團蝶阵乱纷纷
列藏	空掛纖〃缕	徒垂络络絲	一團〃逐對成毬	蜂圍蝶阵乱纷〃
蒙府	玄掛纖纖縷	徒垂絡絡絲	一團團逐隊成毬	蜂團蝶阵乱粉粉
戚序	空挂纤纤縷	徒垂络络絲	一團團逐隊成毬	蜂團蝶阵亂紛紛
甲辰	空掛纖〃縷	徒垂絡絡絲	一團〃逐對成毬	蜂團蝶阵乱紛紛

“己卯本”、“庚辰本”，重复字都用“〃”代替，其他各版本有的字用“〃”，有的用本字。

上面的比对显示，从抄写格式中的错误和繁简字的运用，到抄写中产生的异体字，以及抄写时重复字的处理方法，“己卯本”和“庚辰本”显示出许多共同的版本现象。由此可以看出，这两个本子在版本源流上，有着不同寻常的关系，二者同源的迹象很明显。

（二）“己卯本”上《柳絮词》朱笔校文是据“程甲本”

“己卯本”原经董康收藏，后归陶洙，现藏于国家图书馆。陶洙在“己卯本”上过录了大量的“甲戌本”和“庚辰本”的批语。对此，陶洙在丁亥（1947）和己丑（1949）两年在书上都有题记，己丑的题记说：

> 此己卯本阙第三册，（二十一回至三十回），第五册（四十一回至五十回），第六册（五十一回至六十回），第八册（七十一回至八十回），又第一回首残（三页半），第十回残（一页半），均用庚辰本钞补。因庚本每页字数款式均相同也。凡庚本所有之评批注语，悉用朱笔依样过录。甲戌残本只十六回，计（一至八）（十三至十六）（二十五至二十八），胡适之君藏，周汝昌君钞有副本，曾假互校，所有异同处及眉评旁批夹注皆用蓝笔校录，其在某句下之夹注只得写于旁而于某句下作ㄹ式符号记之，与庚本同者以〇为别，遇有字数过多无隙可写者，则另纸照录，附装于前以清眉目。
>
> 己丑人日灯下记于安平里忆园①

他在另一页题记上说：

> 二十一回至三十回，缺。此十回现据庚本已钞补齐全，并以甲戌本庚辰本互校，所有评批均依式过录，尚未裁钉。②
>
> 四十一回至六十回，缺。未抄补。③

从上述引证中可知，陶洙未提到己卯本七十回。虽然在“己卯本”七十回上面有红笔题有“庚辰本校过”的字样。但是，我们通过“己卯本”和“庚辰本”对比发现，五首《柳絮词》中有几处朱笔旁添的文字，如《如梦令》中“豈是繡绒残（[illegible]）吐”的“[illegible]”字；《南柯子》中“縱（總）是明春再見隔年期”的“總”字；《唐多令》中“嘆今生谁拾（捨）谁收”的“捨”字；《临江仙》中“韶華你（休）笑本無根”的“休”字。在“庚辰本”中找不到原文。

冯其庸在《己卯本上原有朱笔校字的分析》中认为：

> 按己卯本原有的朱笔校字可以分两类，一类是早期的朱笔校字。这类校字，早

---

① 曹雪芹：《脂砚斋重评石头记（己卯本）》，人民文学出版社2010年版，第1页。
② 曹雪芹：《脂砚斋重评石头记（己卯本）》，第1251页。
③ 曹雪芹：《脂砚斋重评石头记（己卯本）》，第1252页。

于庚辰本据己卯本过录时间，也就是我们所说的，在己卯本过录成书以后的若干年内，己卯本的抄藏者又借到了庚辰秋定本，并据以校补己卯本。这些校补的文字，即以朱笔旁加或点改在己卯本的正文之侧。这些朱笔旁改的文字，到庚辰本据己卯本过录的时候，在庚辰本上它们就都成为了正文，不再是写在行侧的旁加文字了……①

己卯本上另一类的朱笔改字，从字体来说，是拙笨的粗笔触，从它的时间来说，我判断它最早只能在嘉庆初年，即乾隆五十六、五十七年程甲、程乙本流行以后。为什么说它是在程甲、乙本流行以后，因为这类粗笔改字，经我核对，绝大部分是程甲本上的文字。这就是说这部分己卯本到了乾隆末、嘉庆初（时间上也可能更靠后一些，如嘉庆中期等）的藏者手里，他并不懂得这个抄本的可贵，相反，他倒是去用当时流行的程甲本来校改它。②

这里，冯其庸先生提到“己卯本”的原有的朱笔校字，第一种成为庚辰本的正文，第二种据“程甲本”校改。

我们从上文“己卯本”和“庚辰本”的对比中发现，“己卯本”旁添的朱笔文字，在“庚辰本”正文中找不到，因此这些朱笔旁添文字不是据“庚辰本”校录的。

我们据冯其庸的“己卯本上另一类的朱笔改字……绝大部分是程甲本上的文字”的说法，把“己卯本”五首《柳絮词》和“程甲本”对照，如下表：

版本	正文
己卯本 程甲本	豈是繡绒残（[illegible]）吐 豈是绣绒纔吐
己卯本 程甲本	落去君你（休）惜 落去君休惜
己卯本 程甲本	縱（總）是明春再見隔年期 總是明春再见隔年期
己卯本 程甲本	嘆今生谁拾（捨）谁收 嘆今生誰捨誰收
己卯本 程甲本	韶華你（休）笑本無根 韶華休笑本無根

可见“己卯本”上的朱笔旁添的文字，除了“[illegible]”字和“程甲本”上的“纔”的写法稍有不同。其他各字均一致。由此可以看出，“己卯本”上的《柳絮词》朱笔旁添的文字，并不是陶洙校改的，而是“己卯本”原有的，是某藏者根据“程甲本”校改的。

---

① 冯其庸：《论庚辰本》，上海文艺出版社 1978 年版，第 40～41 页。

② 冯其庸：《论庚辰本》，第 44 页。

另外，我们翻看了北京师范大学藏《石头记》庚辰抄本，发现它和国家图书馆藏“己卯本”有一些关联。

其中“己卯本”中的朱笔旁添的文字，在北师大藏本中有的变成正文，如“休”、“隊”等字。“韶華你咲本無根”，“庚辰本”中的“你”字用墨笔点改称为“休”字。己卯本上的“休”字，只是有朱笔旁添。而北师本上，则正文变成了“韶华休笑本无根”；“落去君你知”，“庚辰本”把“你”字划去改成了“休”，在北师本上，这两处修改的文字，都变成了正文的内容。即“韶华休笑本无根”和“落去君休知”。第七十回中正文上还有其他的改文，经对比这些墨笔改文在北师本上都已经变成了正文，而且改文的字体和北师大抄本第七十回的字体相同，所以“庚辰本”上第七十回《柳絮词》的墨笔改文应该出自陶洙之手。

版本	己卯本	庚辰本	北师本
正文			

	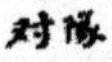		

备注	己卯本的第二字都是朱笔旁添		

二、杨藏本和己卯本、列藏本和庚辰本关系

杨藏本，即杨继振藏本，又称“梦稿本”，前八十回属脂评本系统。此本1959年春发现，藏于中国社会科学院文学研究所图书馆。后来中华书局1963年影印出版，题名为《乾隆抄本百廿回红楼梦稿》。“列藏本”由“苏联科学院东方学研究所列宁格勒分所”收藏，存七十八回，缺第五、六两回。①

我们阅读中发现这样一个现象，五首《柳絮词》在各种抄本中，文字存在的差异主要分三种情况：一是简体字和繁体字的不同，二是抄写习惯不同，三是文本中出现完全不同的文字。“杨藏本”和“己卯本”、“列藏本”和“庚辰本”中存在着大量相似的异文。

（一）简体字和繁体字使用的不同。

第一组：绣：蒙府、戚序、杨藏、甲辰

① 郑庆山：《〈红楼梦〉版本简说》。

繊：己卯、庚辰、列藏

第二组：（纖纖）缕：己卯、庚辰、杨藏、列藏

（纖纖）縷：蒙府、戚序、甲辰

第三组：係：己卯、蒙府、列藏

絲：戚序、杨藏、甲辰

絲：蒙府

第四组：络：己卯、庚辰、戚序、杨藏、列藏

絡：蒙府、甲辰

第五组：残：己卯、庚辰、蒙府、戚序、杨藏

殘：列藏、甲辰

第六组：缱：己卯、戚序、杨藏、列藏

繾：庚辰、蒙府、甲辰

第七组：说：己卯、杨藏、列藏

說：庚辰、蒙府、戚序、甲辰

第八组：点：己卯、庚辰、杨藏、列藏

點：蒙府、戚序、甲辰

第九组：缀：己卯、杨藏、列藏

綴：庚辰、蒙府、戚序、甲辰

第十组：几（處）：己卯、庚辰、杨藏

幾（處）：蒙府、戚序、列藏

第十一组：离（人）：己卯、杨藏

離（人）：庚辰、蒙府、戚序、列藏、甲辰

第十二组：谁：己卯、杨藏、列藏

誰：庚辰、蒙府、戚序、甲辰

第十三组：纷：己卯、杨藏、列藏

紛：庚辰、蒙府、戚序、甲辰

第十四组：几（曾）：己卯、庚辰、蒙府、杨藏

幾（曾）：戚序、列藏

第十五组：岂：杨藏、列藏

豈：己卯、庚辰、蒙府、戚序、甲辰

第十六组：（萬）缕：己卯、庚辰、杨藏

（萬）縷：蒙府、戚序、列藏、甲辰

第十七组：随：己卯、庚辰、列藏、甲辰

隨：蒙府、戚序、杨藏

第十八组：绾：己卯、杨藏、列藏

綰：庚辰、蒙府、戚序、甲辰

（二）抄写者由于抄写习惯不同而产生的异文。

第一组：捲（起）：己卯、杨藏、甲辰

（起）：庚辰、蒙府、戚序、列藏

第二组：：己卯、蒙府、杨藏、列藏

：庚辰

垂：戚序、甲辰

第三组：：己卯、甲辰

鶯：庚辰、蒙府、杨藏、列藏

莺：戚序

第四组：：己卯、庚辰、列藏、甲辰

捲：蒙府、杨藏

：戚序

第五组：：己卯

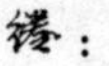：庚辰、戚序、列藏

綣：蒙府

绻：杨藏

第六组：：己卯

風：庚辰、杨藏、列藏

风：蒙府、戚序、甲辰

第七组：凴：己卯、庚辰、蒙府、杨藏

憑：戚序、列藏、甲辰

第八组：蜂：己卯、庚辰、蒙府、戚序、列藏

：杨藏、甲辰

第九组：（得）：己卯、庚辰、戚序、杨藏、列藏

捲（得）：蒙府、甲辰

第十组：（几）：己卯、庚辰、蒙府、戚序、甲辰

（几）曾：杨藏、列藏

第十一组：（千）：己卯

（千）：庚辰、蒙府、戚序、甲辰

（千）絲：杨藏、列藏

第十二组：笑：己卯、蒙府、戚序、列藏、甲辰

咲：庚辰、杨藏

（三）异文或异体字。

第一组：空（使）：己卯、庚辰、杨藏、列藏、甲辰

岂（使）：蒙府、戚序本

第二组：妒：己卯、庚辰

妬：蒙府、戚序、杨藏、列藏、甲辰

第三组：縱：己卯、庚辰、杨藏、列藏

総：蒙府

總：戚序

緫：甲辰

第四组：对：己卯、庚辰

隊：蒙府、戚序、杨藏

對：列藏、甲辰

第五组：你：庚辰、蒙府、戚序

尔：己卯、杨藏、列藏、戚序

爾：甲辰

第六组：圍：杨藏、甲辰

團：己卯、庚辰、蒙府、戚序、列藏

从上文各版本简体字和繁体字比较中，我们可以看出，“己卯本”中多处使用简体字，而且“杨藏本”、“列藏本”中使用的简体字和“己卯本”有很多字是相同的。如：

己卯—杨藏：（纖纖）缕、绾、络、尔、点、缀、几（處）、谁、说、离、几（曾）、纷、（萬）缕、残、缱。

己卯—列藏：缕、络、绾、尔、点、缀、谁、说、纷、缘、随。

“己卯本”和“杨藏本”在14处使用了同样的简体字，而且“离人”的“离”字，唯独“己卯本”和“杨藏本”使用，其他版本皆用繁体字“離”。在抄写中，“己卯本”和“杨藏本”有些字还保存着共同习惯写法，如“垂”写作“埀”，“凭”写作“凴”，“卷”写作“捲”。还有些文本不同的字，如“空使”有的版本作“岂使”、“縱是”，有的做“總使”，“凴尔”有的做“憑尔”或“凴你”，“己卯本”和“杨藏本”则完全相同。

从上文的对照中可以看到“庚辰本”和“列藏本”有共同的异文，如：

简繁字相同：缘、（纖纖）缕、络、缱、点、几（處）、離（人）、随 抄写习惯相同：卷起—捲（起），卷得—捲得，倦—倦，绻—绻

不同文字相同：“空使”、“縱”、“尔”、“團”。

“庚辰本”和“列藏本”有8处使用了相同的繁简字，“卷”为偏旁都写作“巻”。

我们看到，“己卯本”和“杨藏本”、“庚辰本”和“列藏本”《柳絮词》中同时拥有相同的异文，应该不能单纯用传抄中出现的巧合来解释。针对“杨藏本”，郑庆山在《〈红楼梦〉

版本简说》中说“杨藏本前七回是己卯本，其余各回则与戚本、列本、郑本、舒本是相同底本。”① 从上面的异文比较中，异体字的相似度较高等现象，我们似乎可以推知，杨藏本第七十回的底本与“己卯本”比较接近。

虽然“列藏本”和“己卯本”也有很多相同的异体字，不过“己卯本”和“庚辰本”属于同源。另外，郑庆山根据“列藏本”和“庚辰本”第二十二回末，惜春诗迷以下都缺，第七十九回和第八十回尚未分开的现象，认为“列藏本的底本和庚辰本相当”②，而今就从《柳絮词》异文的角度来看，这个观点也是可信的。

三、“蒙府本”和“戚序本”的关系

蒙府本，即《蒙古王府本石头记》。周汝昌先生在《红楼梦新证》中说：“蒙赵万里先生见告，这本子系一清代蒙古旗王府的后人所出。”③ 据以定名为蒙古王府本。此本第七十一回回末总评的背面书有“柒爷王爷”的字样，疑出于清王府旧藏。④ “蒙府本”共一百二十回，目前可知其后四十回，是据程本系统版本抄配的⑤，我们谈论的“蒙府本”，一般是就前八十回而言的。

戚蓼生序本《石头记》，简称“戚序本”，共八十回。戚本的原本是清乾隆时人戚蓼生的收藏本，有“戚沪本”和“戚宁本”，两者的文字有极细微的差别。⑥

在第七十回的《柳絮词》中，“蒙府本”和“戚序本”表现出具有相同的文字，但和其他脂本却不尽相同的现象。

（一）“蒙府本”和“戚序本”的共同异文

1. 异体字

版本	正文		
己卯	豈是繡绒残（[illegible]）吐	捲起半簾香霧	嘆今生谁捨捨谁收
庚辰	豈是繡绒残吐	捲起半簾香霧	嘆今生谁拾谁收
杨藏	豈是绣绒残吐	捲起半帘香雾	叹今生谁捨谁收

① 郑庆山：《〈红楼梦〉版本简说》，《齐齐哈尔市师范学院学报》1992年第3期。
② 郑庆山：《〈红楼梦〉版本简说》。
③ 周汝昌：《红楼梦新证》，人民文学出版社1976年版，第999页。
④ 郑庆山：《〈红楼梦〉版本源流概说》，《红楼梦学刊》1998年第4辑。
⑤ 曹立波、张锐：《关于蒙府本后四十回版本特征的几点思考》，《曹雪芹研究》2012年第2辑。
⑥ 郑庆山：《〈红楼梦〉版本源流概说》。

版本	正文		
列藏	豈是綉绒残吐	捲起半帘香雾	叹今生谁拾谁收
蒙府	豈是綉絨残吐	捲起半簾香霧	嘆今生誰捨誰收
戚序	豈是綉絨残吐	捲起半簾香霧	嘆今生誰舍誰收
甲辰	豈是綉絨殘吐	捲起半帘香霧	嘆今生誰捨誰收

"蒙府本"、"戚序本"的"绣绒"均写作"綉絨"，"捲"写作"捲"。"残"、"簾"、"嘆"等字综合来看，相似度高于其他版本的写法。

2. 特有文字

版本	正文	
己卯	空使鵑啼燕妒	嫁與東風春不管凴尔去　忍淹留
庚辰	空使鵑啼燕妒	嫁與東風春不管　凴你去　忍淹留
杨藏	空使鵑啼燕妬	嫁与东風春不管　凴尔去　忍淹留
列藏	空使鵑啼燕妬	嫁与东風春不管　憑尔去　忍淹留
蒙府	豈使鵑啼燕妬	嫁与東風春不管　凴你去　忍淹留
戚序	豈使鵑啼燕妬	嫁与東風春不管　憑你去　忍淹留
甲辰	空使鵑啼燕妬	嫁与東風春不管　憑爾去　忍淹留

在正文第一栏中，"蒙府本"和"戚序本"均为"豈"，其他版本均为"空"。在正文第二栏中，"蒙府本"、"戚序本"为"凭你去"，除了"庚辰本"，其他版本均为"凭尔去"。"庚辰本"虽和"蒙府本"、"戚序本"相同，但其断句不同。从"豈使鵑啼燕妬"的"豈"字，以及"憑你去"的"你"和断句来看，"蒙府本"和"戚序本"的特征相同，有别于其他版本。

3. 脱文

版本	正文
己卯	萬缕千絲終不改
庚辰	萬缕千終不改
杨藏	万缕千絲终不改
列藏	萬縷千絲不改
蒙府	萬縷千絲不改
戚本	萬缕千不改
甲辰	萬縷千絲終不改

“万缕千丝（终）不改”出自《临江仙》，全文如下：

白玉堂前春解舞，东风卷得均匀。蜂团（围）蝶阵乱纷纷，几曾随逝水，岂必委芳尘。

万缕千丝终不改，任他随聚随分。韶华休（你）笑本无根，好风频借力，送我上青云。

《临江仙》，双调，60字，前后阕各三平韵，每阙5句。另外在双调中，前后阕的各句字数是相同的。本词的上阙第一句为“白玉堂前春解舞”共7个字，下阙的第一句也应该是7个字，因此下阙第一句应该为“万缕千丝终不改”，而蒙府本和戚序本却抄为“万缕千丝不改”成了6个字，明显不符合词作的规矩。但由于抄写中不慎漏掉的一个“终”字，却给它们出于同一祖本，提供了一个重要例证。

4. 抄写格式

“蒙府本”和“戚序本”的“草木也知愁韶華竟白頭”中间没有断句，而其他各版本均有断句。

版本	正文
已卯	草木也知愁　韶華竟白頭
庚辰	草木也知愁　韶華竟白頭
蒙府	草木也知愁　韶華竟白頭
戚序	草木也知愁　韶華竟白頭
杨藏	草木也知愁　韶华竟白頭
列藏	草木也知愁　韶华竟白頭
甲辰	草木也知愁　韶华竟白頭

从上文显示可知，“草木也知愁韶華竟白頭”，出自《唐多令》。《唐多令》，60字，上下片各四平韵。全词为：“粉堕百花洲，香残燕子楼。一团团逐对（队）成毬。飘泊亦如人命薄，空缱绻，说风流。草木也只愁，韶华共白头，叹今生谁拾（捨）谁收。嫁与东风春不管，凭尔去，忍淹留。”其中，上下片应该各有4句押平声韵，上片韵脚为“洲、楼、毬、流”，下片为的“愁、头、收、留”。由此可见，“草木也只愁”和“韶华共白头”应该是两句，而不应是一句。所以蒙府本和戚序本合成一句是抄写中共同出现的舛错。

总之，上面所列现象表明，“蒙府本”和“戚序本”具有较为显著的共同特点。这些特点不仅表现在文字上面，也表现于行款乃至习惯写法上面。在文字方面，“蒙府本”和“戚序本”与其他抄本相比，共同特点十分明显：或者是在其他抄本有不同写法的情况下，此二本却完全一致；或者是各抄本之间并无差异，但这两本则又另有同样的异文。这种现象的出现，说明两本可能拥有共同的祖本。

（二）关于“蒙府本”和“戚序本”中改文的不同

通过和其他脂本比对我们发现，《柳絮词》中“蒙府本”和“戚序本”有一些文字，和其他版本不同。

蒙府本	其他版本
玄掛纤纤缕	空挂纤纤缕
随堤点缀无穷	隋堤点缀无穷
蜂团蝶阵乱粉粉	蜂团（围）蝶阵乱纷纷
戚序本	其他版本
落去君休惜飞来我自知	落去君休惜　飞来我自知
谁知香雪帘栊	谁家香雪帘栊

上表中，“蒙府本”出现了改文“玄”、“随”、“粉”，戚序本“谁”字后边出现了“知”等字，这些字的来源在其他版本中没有出现，应该属于讹误。林冠夫曾经说过蒙府本：“这是一个过录本。这个本子与各脂本的异文中，有相当一部分是属于此本在过录的过程中因传抄的讹误而产生的。”① “戚序本”和其他版本的异文，也应该是抄写错误。“由于抄手的水平不高，加以过录中又马虎草率，以至于产生这种属于过录中的种种问题。”② 从产生的这些不同的错误可以看出，“蒙府本”和“戚序本”的改文是分别进行的。既然“蒙府本”和“戚序本”可能有共同的祖本，而且在抄写过程中又各自修改了文字，所以“蒙府本”和“戚序本”应该是兄弟关系。

要之，本文择取诗词的抄写形式这一视角来研究《红楼梦》版本问题，选择了五首代表人物性格的《柳絮词》作为探讨各抄本之间关系的新材料，并通过版本之间《柳絮词》抄写中字体的写法、诗文中出现的不同的文字、诗词断句以及重复字处理方式等现象的比对与分析，对版本之间的关系又有了新的开掘：“己卯本”上的《柳絮词》朱笔旁添的文字，并非陶洙校改，而是“己卯本”原有的，是某藏者根据“程甲本”校改的。而且从诗文断句中出现的讹误，可以推知“己卯本”和“庚辰本”应非作者手稿，皆为过录本；“杨藏本”第七十回的底本有可能是“己卯本”；“蒙府本”和“戚序本”是兄弟关系等等。上述考辨，给《红楼梦》版本研究，尤其是抄本之间关系问题的探究提供一些新的证据。而这种以诗词抄写形式为切入点的方法是否可以为《红楼梦》版本研究寻求一个新门径？还期待方家指教。

| 本文作者　戴永新：聊城大学文学院副教授

曹立波：中国红楼梦学会常务理事、中央民族大学文学与新闻传播学院教授

① 林冠夫：《论王府本——〈红楼梦版本论〉之一》，《红楼梦学刊》1981年第1辑。

② 林冠夫：《论王府本——〈红楼梦版本论〉之一》。

是“诗魂”不是“花魂”

刘广定

《红楼梦》第七十六回“凹晶馆联诗悲寂寞”一段是写湘云与黛玉赏月联诗的故事。其联句诗的最后一句，近年来一直有所争议，那就是湘云即景吟出“寒塘渡鹤影”后，黛玉对的是“冷月葬诗魂”，还是“冷月葬花魂”？

这原是一个“版本”的问题。有第七十六回的各种版本中，活字排印的“程高本”和其他刻印本，以及“庚辰本”，“甲辰本”和“圣本”（即“俄藏本”、旧称“列藏本”）三种抄本此处皆作：

> ……因对道：“冷月葬诗魂。”
>
> 湘云拍手赞道：“果然好极，非此不能对。好个葬诗魂！”……

两个“诗魂”皆作“花魂”的则有“有正本”、“蒙府本”、“戚宁本”和“杨藏本”。最早发现这一处异文的是宋淇，他以“林以亮”为笔名，1953年在香港的《今日世界》第48期“林黛玉的眼泪”文中指出了两种版本的不同，唯并未加任何评议。1958年俞平伯与王佩璋编《红楼梦八十回校本》时，因乃以“有正本”为底本，故依“有正本”作“冷月葬花魂”，亦无校注说明。到了1967年6月葛建时与严冬阳于台湾的《联合报》“联合副刊”“再谈林语堂先生对红楼梦的新发现”文中，曾表示“杨藏本”作“冷月葬花魂”，比一般本的“冷月葬诗魂”为佳，但未详述理由。1969年宋淇又在香港《明报月刊》第40期发表“谈冷月葬花魂”，认为“庚辰本”此处原抄的是“冷月葬死魂”，后有人将“死”字点去，改作“诗”字，因而推测原即作“花”，误抄成“死”，才改为“诗”。并认为“花魂”比“诗魂”更适合黛玉的身份与口吻。此后又有许多研红人士也认为“冷月葬花魂”是原作，“诗魂”则是传讹。

这个异文问题真的可如此解释吗？笔者1998年9月参加海峡两岸在台北合办“红楼梦文化艺术展”之“学术讨论会”时，曾初次发表拙见，以“庚辰本”错抄处多由“音误”而非“形误”，而推论该本七十六回黛玉的联句诗原抄“冷月葬死魂”应为“冷月葬诗魂”之误。记得当时与会学者表示赞成或反对者兼有之。2001年8月在北戴河举行的“新世纪海峡两岸中青年学者红楼梦学术研讨会”，时笔者虽已年逾花甲，亦获邀参加。乃发表《从庚辰（北大）本〈石头记〉七十一至八十回谈起》论文，举该十回正文为例，讨论我国古籍抄写时产生众多异文之问题。翌年，以“庚辰本《石头记》七十一至八十回之版本研究”为题，刊出于2002年中央大学之《人文学报》第25期，后亦收入2006年台北市大安出版社出版之拙作

《化外谈红》(第197～218页)。

该篇拙文认为抄写时之“音误”及“形误”，是造成我国古籍有异文的两个重要原因。校勘时宜先判定是“音误”抑为“形误”，《红楼梦》自不例外。庚辰本《石头记》第七十一至八十回抄得极差，错误很多。据笔者粗略估计，就其正文而言，因音误而抄错的次数远多于因形误而抄错的。例如第七十六回“音误”总数约是“形误”的三倍。由于各回中抄写人“诗，思”、“使，斯”、“使，死”、“时，似”等音近字多次误用，但这十回中“花”只有一次误抄为“化”（第七十五回），一次误抄为“嬛”（第七十九回），一次误抄为“好”（第八十回），并无抄成“死”之例。故第七十六回原抄的“冷月葬死魂”很可能为“冷月葬诗魂”之音误。后人据他本改“死”为“诗”。

实际上，不仅是正文，“庚辰本”的“双行夹批”误抄亦多。第七十一至八十回虽仅234条，却多有错字，但不像正文，校者很少加以改正。以第七十三回为例，25条“双行夹批”中音误和形误就有

（一）音误：“杂”误为“杀”，“非”误为“飞”，“府”误为“富”，“紧”误为“锦”，“矣”误为“一”，“矣”误为“已”，“又”误为“有”，“子”误为“字”，“纸”误为“之”，“观”误为“官”，“请”误为“敬”，“极”误为“其”；

（二）形误：“贱”误为“贼”，“彼”误为“被”，“文”误为“大”，“平”误为“年”，“持”误为“特”，“例”误为“倒”，“真”因避讳缺末笔（、）而误为“直”；

（三）音形同误：“邢”误为“刑”（多次），“帐”误为“赈”，“节”误为“即”。

第七十三回其他“双行夹批”之误尚多。例如断行错误，将：“麝月笑指著书道……且略对着他些罢”句下的双行批语断为：

此处
况又
岂是读书之处……
是此等时之怡红院……

但应作：

此处
岂是
读书之处……
况又是此等时之怡红院……

其他各回也有此现象。

各本第七十九回写到香菱向宝玉敘述薛蟠与夏金桂定亲的经过时说：“……我也巴（或作

爬）不得早些娶过来，又添一个作诗的人了。”“庚辰本”其下有“双行夹批”云：

> 妙极，菱香口声，段不可少看他，下作死语，知其心中略无忌讳……

按：“菱香口声，段不可少看他”似应作“香菱口声，断不可小看也”，“下作死语……”应为“下作诗语……”以对应正文之“作诗的人”。唯正文之“作诗”不误，夹批误为“作死”，此是“诗”误为“死”的另一例。可证“庚辰本”第七十六回的“冷月葬死魂”是“冷月葬诗魂”之误，而非来自“冷月葬花魂”。

或许有人辩称，固然“庚辰本”作“冷月葬诗魂”，难道不可能是后来曹雪芹因“诗魂”对“鹤影”，稍嫌未工，自己改“诗魂”为“花魂”？浅见不以为然。盖“庚辰本”第七十五回之前有一夹页，上写：

> 干隆二十一年五月初七日对清
> 缺中秋诗俟雪芹

实际上现传世各抄本，排字本及刻本等的第七十五回皆缺宝玉、贾环、贾兰的三首中秋诗，可知曹雪芹到最后也未补上所缺之诗。则其修改第七十六回诗句，易“诗魂”为“花魂”的几率应近于零。

管见以为《红楼梦》或《石头记》原稿在曹雪芹增删之不同阶段各只有一种，现传世者都是复抄本。原抄本可能即有错字，一再传抄中错字更多，甚至有抄者故意改动的。故有可能因为某位读者或评注人因觉以“诗魂”对“鹤影”，不如改为以“花魂”对“鹤影”，即在手中的抄本上改了。之后，传抄者因之，则其再抄本就成了“冷月葬花魂”。“有正本”、“蒙府本”与“戚宁本”三抄本属于同一系统（有人称之为“立松轩本”），皆做“冷月葬花魂”即是一例。“杨藏本”是一“百衲本”，来源复杂。第七十六回底文与“有正本”等三抄本大体相同，故这一回可能与此三抄本同一来源，故亦作“花魂”。

至于“诗魂”与“花魂”两者孰佳？见仁见智，各家看法不同，目前主“花魂”者似占多数，甚至有人引经据典，讲得天花乱坠。但是现在知道曹雪芹用的是“冷月葬诗魂”，故若谈经曹雪芹“披阅十载，增删五次”的《红楼梦》定稿，则必须用“冷月葬诗魂”。否则所谈就不是曹雪芹的《红楼梦》了。

笔者读《红楼梦》多年，常想能够在“正本清源”做些工作，以免研究者误用。现既已证此句应作“诗魂”而非“花魂”，乃不谫陋，抛砖引玉，希望读者先进，不吝指教。

| 本文作者：台湾大学化学系荣休教授

《红楼梦》评点断想

张　俊　沈治钧

在红学发展史上，评点曾经作为一种最早出现而且是应用最广泛的批评方式，风行了200多年。进入现代，西方的文艺理论及其批评方式在红学界渐居主流地位，评点遂告消歇。近些年的情况有了新的变化。随着《红楼梦》文本研究的深入，人们对评点的认识也在逐渐加深。进而，红学界甚至呼吁对作品加以重新评点，并逐步展开了新的实践。正是在这种学术氛围中，我们也应出版社之约初步进行了新评点的尝试，目前全部工作已经基本完成。本文拟结合拙批，就《红楼梦》评点聊为断想。

一、《红楼梦》评点的历史回顾

《红楼梦》评点的出现是比较独特的，曹雪芹的小说正文与脂砚斋的评点几乎同时出现。也就是说，脂砚斋是在曹雪芹的手稿或誊清过录稿上直接加批的。曹雪芹的其他一些亲友，亦可能程度不同地参与了评点，现存的评语中留下了脂砚斋、畸笏叟、棠村、梅溪、松斋、杏斋等名号。有些批语表明，评点者还在一定程度上介入了曹雪芹的创作。如甲戌本十三回写秦可卿病逝，有畸笏叟一条回后评透露，批者“命芹溪删去”了“秦可卿淫丧天香楼”的情节。这就改变了秦可卿、贾珍、贾蓉、尤氏等人物的艺术形象，甚至也改变了故事发展的本来进程，对作品的影响不可谓不大。上述情况表明，曹雪芹对评点是颇感兴趣的，对评点者的意见也是乐于接受的，尽管有时他也许不那么情愿。不难想象，他身边这些热情高涨的亲友给了他的创作以相当多的鼓励，他们的思想情趣和艺术品位对《红楼梦》的面貌也有一定的影响。评点几乎同步作用于创作，这在中国小说史上是极为罕见的。从这个意义上说，红学是从《红楼梦》评点开始的。

乾隆五十六年（1791）辛亥，程伟元和高鹗用木活字摆印了《新镌全部绣像红楼梦》，是为“程甲本”；随后再版，是为“程乙本”。从此，开始了作品广泛流传的新时代。遗憾的是，他们把前八十回原有的批语悉数删除了掉（混入正文的少量批语除外），说明他们对脂批的价值缺乏应有的认识，对评点也缺少热情。然而，此后的情形或许大出他们的意料之外，据“程甲本”重刻的本子几乎都带有评点。现知最早的评点刻印本是嘉庆十六年（1811）辛未东观阁重刊的《新增批评绣像红楼梦》。嗣后，各种评点本纷纷亮相，南北评家各逞思智，形成了一股《红楼梦》评点的热潮，评点者达数十人之多。其中，尤以王希廉、张新之、姚燮三家最富盛名。他们的评本一版再版，可见当时深受读者欢迎的程度。可以说，当时形成“开谈不说《红楼梦》，读尽诗书是枉然”的热烈接受局面，乃至诱导出“红学”这一学科称谓，都与评点家的推波助澜有极大关联。冯其庸曾指出："红学史上的评点派，从时间上说，他们延续了将近二百年。从数量上说，他们留下了大量作品，可以说，有清一代的红学，是评点派的红学。"① 从这个意义上讲，没有评点派，就没有红学的早期发展。

早期"评点派"，广义地说还应当包括"题咏派"、"序跋派"和"杂著派"。他们的批评内容相当广泛，涉及作者生平、家世、时代，作品版本、思想及艺术的各主要方面。这些仅就史料价值而言，也是现代红学的发展基础。相比之下，狭义"评点派"，即附丽于《红楼梦》正文上的评批圈点，主要贡献在于对小说文本的诠释，尤其是对作品艺术特点的阐发。事实上，现代红学中的文学批评派，包括开山人物王国维和吴宓，正是沿着这条路径走下来的。我们现在较多地注意他们融会新知的一面，对其继承传统的一面有所忽略。其实，王国维所不满的主要是走火入魔的"索隐派"，对评点派并无明显恶感；至于吴宓，评点家的气息就更浓了一些。胡适、俞平伯新红学派之兴起，提倡实证，不分良莠地将"评点派"与"索隐派"一起贬为虚妄之谈，才使前者身价大跌。但俞平伯对文艺批评抱有浓厚兴趣，对评点派也就多了几分宽容，到了晚年甚至对青年时代的孟浪还进行了忏悔。民国年间另一位红学家王伯沆穷二十四年之功致力于《红楼梦》评点，成绩斐然，显示了这一批评方式的活力。到了"文革"以后，人们痛感正常的文学批评荒疏已久，迫切需要温故而纳新，于是"细读本文"、"回归文本"的呼声不绝于耳。在这种情况下，评点派被重新"发现"就是势在必然的了。由此可知，从一定意义上说，评点派是现代红学发展的基础。

二、《红楼梦》评点的学术基础与现状

《红楼梦》评点的学术价值取决于评点者的个人修养，也取决于评点的动机和策略。论者或将古代小说评点分为三种类型，即"书商型"、"文人型"、"综合型"，有一定道理。②"书商型"评点的动机在于招徕读者，一般假借名人壮大声势，批语则粗浅率滥，价值较低。"文人型"评点重在发抒性灵，自赏自乐，当评点者的感悟能力较强时，会道出精辟透彻的见解。"综合型"的评点并不完全排斥商业目的，也比较注意调动文士的激情，而以对读者实施导读为旨归，学术价值较高。早期评点派主要不是以学术研究为归趋，却能具有相当可观的学术价值，原因在于评点这种方法的独特性。文学研究的第一步就是文本阅读，继而才是文本诠释。倘若没有读懂研究对象，诠释便是不可靠的，则其他一切研究就都成了空中楼阁。因此，尤其是对《红楼梦》这种容量浩繁、辞旨隐微的作品来说，"细读本文"是对研究者最基本的要求。另外，任何时代都需要对文学经典进行重新诠释。通过学者的创造性诠释以及广大读者的积极接受，经典才能够焕发生机，与时俱新。因此，经典文本的诠释是永无穷尽的。然而，我们却不能以此为借口对经典进行任意的主观发挥，因为随心所欲的诠释势必造成曲解，

① 冯其庸：《重议评点派》，载《红楼梦学刊》1987年第1辑。
② 谭帆：《论中国古代小说评点之类型》，载《文学遗产》1999年第4期。

甚至会摧毁一部经典。“文革”中的“评红”运动就是曲解经典的显例。为了避免曲解及误解经典，提倡“回归文本”是必要的。所谓“回归文本”，我们理解，就是追寻作者的创作本意，亦称“文本原旨”，这是最具有学术可靠性的释义类型，是合乎学术研究的求真精神的。更何况，成功的原旨诠释总能够阐发作者“欲辨已忘”之言，也是具有创造性的。评点的独特性在于，它对评点者有一种显而易见的拘牵，使后者不能够过分远离文本，而自觉或不自觉地以原旨诠释为归趋，从而在很大程度上保证了“细读本文”的实现。《红楼梦》早期评点派的实践就证明了这一点。这是评点具有相当学术价值的主要原因。

毋庸讳言，现在仍有人对评点心存偏见。这主要是由于与现代形态的学术论著相比，评点看起来支离破碎，浅尝辄止，难以构成庞大而严密的理论体系。这不能说全无道理，但多半是囿于本世纪初文化激进派的成见，也疏于历史的关照，因而是缺乏理论上的合理性的。从历史的角度看，中国现代的文化变迁过于急遽，长期以来，人们对西方文化的接受兴趣远远超过了对传统事物的继承热情。于是，评点也像许多其他传统文化因子一样，在尚未经历现代化洗礼之前，就被早早宣判了死刑。从逻辑上说，任何方法都不可能是完美无缺的，缺陷正是某一方法所赖以形成特点的组成部分。其实现代形态的论著，其学术贡献并非必定多于谈言微中的评点式文字。钱锺书说：“许多严密周全的思想和哲学系统经不起时间的推排销蚀，在整体上都垮塌了，但是它们的一些个别见解还为后世所采取而未失去时效。……往往整个理论系统剩下来的有价值东西只是一些片段思想。脱离了系统而遗留的片段思想和萌发而未构成系统的片段思想，两者同样是零碎的。眼里只有长篇大论，瞧不起片言只语，甚至陶醉于数量，重视废话一吨，轻视微言一克，那是浅薄庸俗的看法——假使不是懒惰粗浮的借口。”① 可见，即便评点是零碎的，也同样能够作出不俗的学术贡献。换一个角度看，这未尝不是它在方法上的优势。正因为零碎，它就更灵活、更生动、更细致、更凝练，既有“奇文共欣赏，疑义相与析”的亲切感，又具“鞭皮出血，掴掌见痕”的直截性。当它被赋予现代学术品格之后，也同样能够自成格局，系统严密，变成锋利的思想解剖刀，形成敏锐的艺术穿透力。总之，现代的《红楼梦》评点应当既不同于早期的“书商型”和“文人型”评点，也不完全等同于早期“综合型”评点应是具备现代学术品格的“学者型”评点。

由于文化观念的转变，一些学者不仅已开始重新肯定早期评点派的重要贡献，而且也意识到了新评点的必要性。例如，两位资深红学家就不约而同地就此发出了呼吁。冯其庸说：“我敢断言，现在如果有哪一位红学大家，他确实具有很高的鉴赏力和很高的文字功夫，他对《红楼梦》具备了评批的条件，如果能由他来评批一部《红楼梦》，那末，这部《红楼梦》肯定会受到人们的极大欢迎。”② 周汝昌说：“在高等学府，听一位名师讲授《红楼梦》，那是一种精神文化的大享受，他的心得、体会、欣赏、领悟……都非一般读者所能预想，一聆讲说，真是开心益智，养慧移情。可惜这种享受或福分，并非人人可有，而这一课程若不求指引，全

---

① 钱锺书：《读〈拉奥孔〉》，见《七缀集》，香港天地图书有限公司1990年版，第35～36页。

② 冯其庸：《重议评点派》，载《红楼梦学刊》1987年第1辑。

凭‘自学’，那是困难重重、崎岖步步的。如今却有一个‘妙法’，可以代替课堂受业，可以闭户自修——却获得同样的享受福分。……我指的就是读一部好的评点本。”① 他们一个强调新评点的学术性，一个提倡新评点的导读性，都是有见地的。1995年已有新评点本问世，如出自作家王蒙之手的《红楼梦评点》由漓江出版社印行。王评本笔调活泼风趣，善于借题发挥，深得冯其庸的欣赏。② 由此可知，学界和社会是需要并欢迎新评点本的。

三、《红楼梦》新评点的实践原则

鉴于《红楼梦》新评点是学术发展的需要，我们也尝试着进行了这一工作。以下结合前五回拙批，讨论新评点应当遵循的基本原则。

（一）体例务求完备，探索评点的系统性

评点派过去常遭诟病的一个主要原因是系统性不强，反映在体例上则是各行其是，章法淆乱。如圈点此有彼无，回评或置回前或放回后或前后互见。批于稿本上常用侧批、眉批，刻本则多用双行小字夹批。或仅有夹批而无回评，或相反。同一个本子其回评往往繁简不一，甚至多有缺漏。现在来看，这些问题有的是评点的特殊性造成的，有的可以改良，有的则是可以避免的。依照有话须长、无话宜短的原则，对批语的繁简不必强求一律，但应尽量避免畸轻畸重。眉批、侧批本是草拟于稿本上的批语形式，有很强的随意性，现在似不宜采用。因此，目前可以保留的形式当是夹批和回评。夹批主要针对字句和段落，长可数百字，短可三言两语。当然，批语的内容也应体现系统性原则。如小说第二回“冷子兴演说宁国府”，说贾府“如今生齿日繁，事务日盛，主仆上下，安富尊荣者尽多，运筹谋画者无一。其日用排场费用，又不能将就省俭，如今外面的架子虽未尽倒，内囊却也尽上来了”云云，我们拟夹批评之曰：“此从‘日用省俭’说贾府败象，谓其大者‘恣意奢华’，小亦‘不能省俭’，此乃贯串贾府生活始终。五十五回凤姐、六十二回黛玉、七十三回林之孝、一百六回贾政、一百七回贾母，主仆上下，都曾有‘出多进少’、‘不知省俭’之叹。”《红楼梦》的主要线索之一，是贾府由盛而衰的过程。像此类关乎全局的地方，应随处点明，并要联系内容，前后贯通，揭明隐线。也就是说，作品是浑融一体的，评点也要一气贯通。

至于总评，置于回后似比放在回前更妥当些。采用回后总评，意在对全回进行总结，概括阐明本回的思想艺术特点，揭示本回内容在全书中的地位及其与前后回之间的内在联系。这样既可以引导读者回味刚刚阅读的故事，也能够强化评点的系统性。兹摘引第四回“薄命女偏逢薄命郎，葫芦僧判断葫芦案”回评数则为例，以窥一斑：

---

① 周汝昌：《红楼梦新评点本》，载贵州《红楼》1998年第3期。
② 冯其庸：《快读红楼梦王蒙评》，载《红楼梦学刊》1995年第4辑。

回目下句，戏用“葫芦僧”、“葫芦案”字样，既点明葫芦僧曾居之葫芦庙，又含有糊里糊涂之意，语意双关，故作调侃，恰如甲戌一则眉批所云：“略一解颐，略一叹世。”且看命案所涉之人，辗转勾联，关系微妙。犯案人薛蟠，出身“四大家族”之一薛家，是贾王二府姻亲；而雨村“复职”，又仗二府之力。受害之人，一为英莲，乃雨村昔日“大恩人”甄士隐之女；一为冯渊，为小乡宦之子。知情者门子，系士隐近邻，雨村“故人”。审案人，即夤缘新任应天府尹贾雨村。一命案也，纠合多少人事关系，绾结多少人情世故，写来清清白白，一丝不漏。

此回题面文字，在写宝钗与宝玉相聚之由。上回已叙明，黛玉丧母，贾母惜孤，接其入府，二玉所以会合。此回借葫芦案为引线，带出宝钗，写其随母进京，依傍荣府，转转牵合，二宝遂得相会。甲戌眉批曰：“盖宝钗一家不得不细写者。若另起头绪，则文字死板，故仍只借雨村一人穿插出阿呆兄人命一事……撰成半回。”文章深层之义，则在透过葫芦一案，展示“末世”之世途情态。甲戌“凡例”声言：“此书不敢干涉朝廷。”庚辰首回亦云：《石头记》一书，并无“伤时骂世”之旨。然通书首宗命案，其首尾曲直，本自了了，并不糊涂，不难勘断。而雨村在得知案情隐秘后，则违心行事，“徇私枉法，胡乱判断了此案”，以为进身之阶。一桩人命官司，豪强之横行，仕路之趋炎，吏治之窳败，一派世况，尽隐其间。故甲戌夹批针对“凡例”所云批曰：“可谓此书不敢干涉廊庙者，即此等处也，莫谓写之不到。”

此回叙事，以葫芦案为主线，分作三层。一、二两段为一层，续承上回，以黛玉为过脉，带写李纨来历，引出薛氏一家，导入本回正题；自三段起，至充发门子止为一层，了结葫芦案，夹叙英莲一向行踪，补明前文；由“当下言不着雨村”起，至回末为一层，详述薛家投倚贾府缘由，蒙府回末总评曰：“看他写一宝钗之来，先以英莲事逼其进京，及以舅氏官出，惟姨可倚，转转相逼来。”如此之写，“步步收缩，步步生发”，如水泻地，串纳无痕。

黛玉、宝钗，均为通书之主，但二人家世根基、出身来历，则不相同。两人如何与宝玉聚合，章法亦有别。二玉之相会，描绘入微，何等排场，何等光景。而此回写宝姑娘入府情景，则多用侧笔，写得极其简括，极其闲淡；至若二宝如何见面，如何接谈，更一字未及。张其信《红楼梦偶评》以为此用“双笔”“对待写也”，是“画家阴阳笔法”，而非“宝玉与黛玉情深，而与宝钗情淡”故也。至第八回“识金锁”、“认通灵”，始详写宝玉与宝钗之“缘”之“合”，是笔有繁简、画有阴阳也。

除夹批、回评之外，我们并拟在书前设一篇幅较长的“前言”，对《红楼梦》作综合性的论述。另外，拟设简要校勘、注释和图示，以涵盖评点所不便涉及的内容。这样，前言、夹批、回评、注释、校勘及图示，彼此勾联，相辅相成，构成一个有机的整体，希望可以解决系统性方面的问题。平心而论，早期评点派也并不是完全忽视系统性的，只是做得不够而已。我们当下应当借鉴现代论著的经验，在旧评点原有的基础上，更上一层楼。亦即展其所长，补其所短，使《红楼梦》评点焕发生机。

（二）批语力求细致，发挥评点的方法优势

评点这一方法，最大的优点就是便于“细读本文”，因而特别有助于原旨诠释。这一点前文已有所讨论。这里要强调的是，我们应当欣然接受文本的拘牵，因为它不是对研究者的心智束缚，而是激发接受主体的主观能动性的触媒，能够促成评者与作者超越时空的对话。既然是在从事学术研究，首先就要埋头“细读本文”，意即《红楼梦》首回所谓“细玩”文意，深得“趣味”。拙批于此略有阐发，云：“‘细玩’二字注意，此乃提醒读者，读是书当深切体味之，不可囫囵读过。‘趣味’二字，意同六朝人锺嵘《诗品》所云之‘滋味’，原指诗之‘指事造形，穷情写物，最为详切’者也。小说独标此义，当自雪芹《红楼梦》始。二十三回黛玉听《牡丹亭》戏文，领略‘其中趣味’，‘细嚼’‘如花美眷，似水流年’八字‘滋味’，不觉‘心痛神驰’。二十四回庚辰批云：‘看官闭目熟思，方知趣味。’是知读书也，需‘细玩’，应‘细嚼’，当‘熟思’，方知其‘味’。”对《红楼梦》评点来说，“细读”的表现就是细密的思考和周延的表述。比如小说第四回从黛玉视角写王夫人与凤姐极简略的一问一答，似乎了无深意。我们则以为颇堪“细玩”，拟夹批云：

> 王夫人问“月钱”，似是家常“闲话”，细玩则别有意焉。阅后文十一、十六、三十六、三十九、七十二等回，屡屡写及凤姐迟发月银，放债盘利，引起“抱怨”。王夫人当已风闻此事，如置若罔闻，有失荣府当家人职任；倘若究诘，又恐伤内侄女情面。有此轻轻一问，既显自己身分，又有暗示凤姐不可造次行事之意。再者，凤姐一生，有三欲也，即权欲、贪欲、情欲。上文写其形容，写其口锋，写其情致，未及其欲念；此借“月钱”事，一点其贪欲。是知有此一问，前后摇映，直伏后文。甲戌于此句下批云：“不见后文，不见此笔之妙。”是谓“草蛇灰线，伏脉千里”也。
>
> 凤姐答语“放完了”一句，答王夫人所问，答之迅捷，似有做贼心虚之嫌。且看三十六回，王夫人亦问“月例”，凤姐忙作解释，然甫一转身，即便发作，扬言“要干几件刻薄事”。以此证之，可知此处王夫人所问，绝非无由；凤姐所答，亦非实情。下句借找缎子事，迅疾一转，摆脱窘境，并推说是王夫人“记错了”。机变乃尔，令人可畏。

类似这种地方，最能体现《红楼梦》“无一字闲文闲笔”的特点，评点者有责任静心“细玩”，表而述之，与读者共同提高欣赏口味。“细读本文”的另一个好处，就是能够发现问题，提供研究线索。比如，针对小说第四回有关薛蟠年龄的叙述，拟作夹批曰：

> 薛蟠年龄，诸本歧出。按上文“表字文起”下，甲戌本有“年方十有五岁”一语，庚辰本作“五岁”，蒙府本作“年方一十七岁”。甲辰及程本，均删此语。细审

> 各本，庚辰显有脱漏；而如甲戌，则宝钗小蟠两岁，是年应为十三岁。按时为红之七年，至二十二回，即红之十三年，钗当为十九岁矣，然贾府则为其过十五岁生日，前后相舛。如依宝玉年龄为基点断之，则红七年宝玉七岁，钗大两岁，应为九岁，与二十二回相合。如是，则本回写薛蟠应为十一岁，然则十余岁孩童，便要买丫头作妾，又似违常理也。《红楼梦新证》① 以为“小两岁”云云，是“口语不定之辞”，非指“小二岁”也。

表面看来，《红楼梦》“所写岁时节序，年龄大小”，前后相合，“井然不紊”。但实际情况并非总是如此乐观，其中错讹淆乱之处不少。当我们将各种本子互勘时，问题就会更为明显。出现这种问题的原因是什么，目前红学界还未达成共识。我们以为，这很可能是揭示《红楼梦》成书过程之真相的一个有效突破口。上引批语表明，曹雪芹在“披阅十载，增删五次”的过程中，似乎对人物年龄做了较大的调整，宝玉、宝钗等青年男女的调整趋势是少年化。这个问题十分复杂，长期困扰着红学界，这里也不便展开讨论。评点并不是解答此类学术难题的最佳工具，但它却是揭示问题各项细节的有效手段之一。矛盾揭示得越充分，就越有可能找到解决矛盾的方法。况且，有些矛盾有可能在被揭示的过程中不解而自解。这就是“细读本文”的魅力，是体现《红楼梦》评点的学术价值的一个重要方面。

（三）总结红学成果，推动学术发展

《红楼梦》新评点应适应时代的发展，既要充分考虑读者的接受需求，又要遵守学术规范，使评点能够雅俗共赏，使《红楼梦》研究在普及的基础上有所提高。这就要求评点承担一部分总结红学成果的责任，在更高的起点上推动学术进步。现仅举拙评首回一则夹批为例：

> 甲戌本、庚辰本第十三回有署名梅溪眉批一条，两者当为一人。然究竟为谁？胡适《考证红楼梦的新材料》以为或即雪芹之弟棠村。吴恩裕《早期抄本石头记批语试解》，以为即孔继涵，孔子六十九代孙。周汝昌《红楼梦新证》则以为“也许”是脂砚斋另一化名。三说均难成定论。《风月宝鉴》乃《红楼梦》又一异名。甲戌眉批云：“雪芹旧有《风月宝鉴》之书，乃其弟棠村序也。”其旨在“戒妄动风月之情”。或谓另有一《石头记》原稿，乃“石兄”所作；《红楼梦》一书，即雪芹将《风月宝鉴》与《石头记》两部旧稿糅合而成。今人杜春耕力主此说。俞平伯、周绍良、吴世昌等曾从《红楼梦》中分离出诸多应属《风月宝鉴》旧稿之“风月故事”。

有关梅溪和《风月宝鉴》的问题，历来为红学界所关心。尤其是后者，曾惹出多起笔墨

---

① 周汝昌：《红楼梦新证》，人民文学出版社1976年版，第212页。

官司，目前尚在热烈讨论中。拙著批语撮述其主要的学术观点，于读者或许不无助益。当然，新评点不应仅仅满足于这一学术层面，最好能够有所发明，有所发现。不过我们深知，红学进步到今天，要提出几点值得向方家讨教的新观点不是件容易的事。大家可以看到，谈红说梦者不是没有新观点，而是多到了令人啼笑皆非的地步。或谓《红楼梦》作者为曹颜，或称脂本是赝品，或云雍正实雪芹所弑，耸人听闻，了无实据。这种现象是否显示了红学的繁荣，能否推动学术的真正进步，是令人怀疑的。我们以为，学术新见要言之成理，持之有故，至少要能大致上自圆其说；若能寸积尺进，便是足可聊以自慰的了。以下拙批三则，于学或有微末之助，录以请教：

忆“已往”之奢华，看“今日”之潦倒，反躬自省，负疚亲友，自我反思，深所忏悔。此宝玉一生影子，而作者身世托言，亦隐然其间，是乃雪芹创作《红楼梦》之所谓“原发动因”也。论者或云，此与唐人元微之《莺莺传》“以张生自寓，述其经历之境”同一心境。然微之终“文过饰非”，移罪莺莺；雪芹则袒露自我，忏悔莫名。两者相较，有若天壤。(第一回夹批)

结发垂辫，六十三回写芳官亦如此打扮，二十一回并有一段湘云为宝玉梳头编辫详细描述。姚燮以为大辫小辫，乃“时样妆饰”。按《大金国志》云：“金俗编发垂肩，留颅后发，系以色丝，富人用珠金饰，妇人编发盘髻。”清为金之后裔，或用其制。(第三回夹批)

此语出明人陈眉公之口，后人称为“至言”。六十四回宝钗亦曾云：“自古道‘女子无才便是德’，总以贞静为主。”清人李笠翁《闲情偶寄》卷三则以为此“盖前人愤激之词”，并驳之曰：“吾谓才德二字，原不相仿，有才之女，未必人人败行；贪淫之妇，何尝历历知书?”笠翁之言，进步多矣。(第四回夹批)

(四) 妥善处理继承与借鉴的关系，提高新评点的学术素质

发扬已有的评点成绩，扬弃其糟粕，本是《红楼梦》研究题中应有之义，也是新评点的学术基础。在所有古代小说名著中，《红楼梦》评点的遗产是最丰富的；尤其是，其中还包括作者亲友的批评，当在一定程度上反映了曹雪芹的思想意识与审美情趣。如果我们在原旨诠释时完全无视它们的存在，试图从头做起，那是很遗憾的，也不合学术规范。现代的《红楼梦》评点应当兼顾学术的积累、传播与推进，即以科学的人文研究为旨归。有鉴于此，我们比较重视对旧评点成果的总结和吸收。如小说首回，一僧一道称英莲为“有命无运，累及爹娘之物”，拟夹批云：

“有命无运”一语，为英莲一生断语。此不惟英莲一人也，亦总括诸钗；又非仅指闺阁中人也，多少志士仁人，亦遭此数。甲戌眉批感叹：“武侯之三分，武穆之二

帝，二贤之恨，及今不尽，况今之草芥乎。”于此可知作者“胸中悒郁”之深，故甲戌批又云：“则知托言寓言之旨，谁谓独寄兴于一‘情’字耶?”

此批涉及曹雪芹的创作意图及他是否具有民族意识的问题，红学家历来都极感兴趣。这是一种原旨诠释，事关紧要话题，最易惹起争论，故不得不谨慎从事。中国古诗文历来有藉香草美人兴寄感慨的传统，则《红楼梦》集中表现薄命女子的悲剧命运，显然具有超越“谈情”题旨的延伸意义。联系曹雪芹家世中的特殊变故，说他著书别有感慨也是合乎常情的。甲戌本眉批居然由一个薄命女的“有命无运”而联想到历史上著名的悲剧英雄之“恨”，思维之跳跃，令人惊诧，很值得注意。倘然此语与曹雪芹的思想合拍，无疑可以说明他确有较为强烈的民族意识，因为诸葛亮是象征正统的“汉”相，岳飞则是著名的抗“金”英雄，具有明确的符号意义。曹雪芹先世为汉人，在迭遭家变之后，萌生出对汉民族的某种认同感，和对异族统治的某种敌意，是有可能的。据余英时考证，此批很可能是敦敏、敦诚兄弟所为，他们（敦诚的可能性较大）是在“为阿济格有大功而遭赐死抱愤懑不平”，可备一说。① 无论如何，这种大幅跳跃式的思维联系是令人难以意料所及的，又是特别具有启发性的。像这样的旧批语，理应在新评点中有所继承；若予舍弃，诚为遗珠。当然，旧评点中的某些糟粕，又是必须扬弃的。像张新之那样处处攀扯儒家经典，把《红楼梦》解读为一部“演性理之书”，附会牵强，没有保留价值。除了评点以外，我国其他形式的传统文论也是丰富的理论宝藏，应当为我所用，这是不言而喻的。

《红楼梦》新评点也应当注意吸收消化国外的文艺理论，以增加现代气息。实事求是地讲，西方文论确有其新颖别致的一面，能够给人以有益的启示。此即所谓“东海西海，心理攸同；南学北学，道数未裂”②。从大的方面说，东西方的人心与文心总是相通的。就《红楼梦》评点而言，我们也不必以这一传统方法的特殊性为借口来拒绝引入西方理论。同时也应看到，西方的创新理论五花八门，颇多扞格，甚至同一派别内部也常有自相矛盾的情形。这就需要我们用心鉴别，有所取舍。即使对那些确实可以借鉴的理论，至少也要避免评语中缀遍“眼中之金屑”；最好能够经过充分的消化吸收，使之化为“水中之盐味”，即钱锺书所说：“譬若啖鱼肉，正当融为津液，使异物与我同体，生肌补气，殊功合效，岂可横梗胸中，哇而出之，药转而暴下焉，以夸示己之未尝蔬食乎哉? 故必深造熟思，化书卷见闻作吾性灵，与古今中外为无町畦，及乎因情生文，应物而付，不设范以自规，不划界以自封，意得手随，洋洋乎只写吾胸中之所有，沛然乎觉肺肝中流出，曰古曰新，盖脱然两忘矣。”③一个有利条件是，有些西方理论与我国古代小说评点思路颇有暗合之处，化用起来是较为方

① 余英时：《敦敏、敦诚与曹雪芹的文字因缘》，见胡文彬、周雷编：《海外红学论集》，上海人民出版社 1982 年版，第 340 页。

② 钱锺书：《谈艺录》，中华书局 1984 年版，第 1 页。

③ 转引自李洪岩：《钱锺书与陈寅恪》，载《钱锺书评论》第 1 卷，社会科学文献出版社 1996 年版，第 65 页。

便的。比如，自亨利·詹姆斯（Henry James）以还的西方批评家发展了复杂的叙事观点理论，而金圣叹在批评《水浒》时也发现了此中的奥妙，不惟评而批之，而且据以改写正文。由于金评本流传广泛，影响很大，清代小说家的观点意识普遍强化，叙事技巧日趋考究。其中，曹雪芹在《红楼梦》中所运用的叙事观点最为精妙，以至于我们只有借助于西方的相关理论才能造其堂奥，因为清代批评家并没有进一步发展这一理论。以下拙批数例是我们的初步尝试：

> 此以说书套语，将视角由作者转为叙述者，以交代“石头”之本源与去踪，引入对《石头记》题旨“来历”之神话式阐释。此为全书之开篇，由此引出顽石与僧道三位本文中人物，与西方小说多以场景出现人物者不同。（第一回夹批）
>
> 此处甄士隐，与下文贾雨村，亦书中又一组叙述者也。书之开卷，以士隐梦中所见，由幻境导入人世，叙述重在现实。卷末雨村草庵一梦，归结《红楼梦》。甄贾二人亦有将神话与现实联结之叙述功用。（第一回夹批）
>
> 此“穿红着绿”丫头，与上文宁府“华冠丽服”之人，相映成文，皆黛玉眼中所见，何其雅正。与六回刘老老一进荣府见门前几个“挺胸叠肚”之人不同，关合黛玉、老老各自身分。（第三回夹批）
>
> 以上写英莲遭际、冯渊冤死，甲戌批称之为“一首薄命叹”。此段故事，由门子口中补出，穿插于顺时叙述中，首尾完整，行文如绘，即所谓“故事性之人物叙事”也。后文如十五回老尼说张金哥事、四十八回平儿说石呆子事、七十八回政老说林四娘事，同一叙事法。（第四回夹批）

这些批语是否达到了化盐于水的境界，我们并无自信；若读者尚无金屑迷眼的感觉，则幸矣。此外，可资借鉴的国外理论还有很多，这里不一一讨论。我们希望，《红楼梦》评点能够沟通古今文心，融会中西理论，为构建现代中国的小说批评话语系统，作出一份贡献。

以上断想拉杂道来，只围绕着一个中心，即希望学界同仁进一步认识旧评点派，同时积极致力于“学者型”的《红楼梦》新评点，使红学的形式更加多样化，从而推动学术的繁荣进步。从事新评点，我们自知并非合适人选，勉为其难，不过是想效引玉之砖，探其路径。我们深信，在不久的将来，必将有无愧于时代的《红楼梦》新评本问世。

附言：此文作于2000年初，由我执笔草成，同年暮春由张俊先生携往香港参加“明清文学国际学术研讨会”，后未予公开发表。那时候，张师同我正进行《新批校注红楼梦》的评批工作。现该书已由商务印书馆出版，张师希望正式发表此文，俾学界同仁有所了解。我谨遵命略作梳理，仅调整了版面格式，订正了个别字句，馀者一仍其旧，以存当日之真。文中所引批语，均出自张师之手。因系初稿，词句上同现今商务版或小有差异。该书的评批，前六十一回由张师负责，后五十九回由我负责，嗣后多次相互统稿，彼此补充，逐步得以完备，大体上都体现了张师的红学见解。该书的校注由罗书华、苗怀明、胡胜、张勍倩、莎日娜负责。全书由张师主持完成。该书中及本文中必有未尽妥当之处，祈盼方家读者不吝教正。

2013年岁次癸巳中秋佳节沈治钧记于京郊

| 本文作者　张俊：中国红楼梦学会常务理事、北京师范大学文学院教授
沈治钧：中国红楼梦学会副会长、北京语言大学汉语学院教授

论　贾　母

段启明

在中国古典小说戏曲人物画廊中，为读者最熟悉的“老夫人”形象，一是“西厢记系列”里的老夫人郑氏，一是“杨家将系列”里的佘太君。前者，作为崔莺莺之母，是一位典型的封建家长，为维护门第利益，不惜食言赖婚，以阻挠女儿的爱情婚姻；后者，作为老令公杨业之妻，百岁挂帅，卫国出征，成就了杨府一门忠烈。她们的故事，她们鲜明的性格特征，可谓家喻户晓。但是，作为一个完整的、立体的、多侧面的、有血有肉的文学形象，她们显然不及《红楼梦》里的“老夫人”贾母。

《红楼梦》中的贾母，以其丰富的阅历、超人的才干、高贵的情操及复杂的人性，实际上已经远远超越了传统的“老夫人”模式，她是曹雪芹笔下一个不朽的文学形象。

一、贾府需要贾母

贾母出自“阿房宫，三百里，住不下金陵一个史”① 的史家，故人称“史太君”；在贾府，她更是最高权威，是全家的“老祖宗”。因此，在所谓“四大家族”之中，她既绾合“贾”、“史”两姓，左右逢源，又在贾府高居“太上家长”② 的地位，说一不二。

贾府，是一个充满矛盾冲突的贵族之家，主子之间，主奴之间，奴仆之间，无不存在着或隐或现的利害冲突；而贾府与朝廷及整个外界社会，也处于很多微妙的矛盾之中。因此，《红楼梦》中的贾家，实际上是处于一个衰败过程之中的家族。这样一个家族的前景，不外有三：迅速垮掉；苟延岁月；中兴再起。究竟选择了哪一种，除了时代、社会的诸多因素之外，就家族内部而言，关键在于有没有足以使家族复兴的“人”！而贾府，最大的隐患，恰恰是后继无人：“文”字辈、“玉”字辈、“草”字辈——一代不如一代，故复兴无望，败落难逃。但是，衰败中的贾府，毕竟没有在一夜之间四分五裂，七零八落，而是在“外面的架子尚未尽倒”的状态下延续岁月，用探春的话来说，即如“百足之虫，死而不僵。”其实，所谓“百足之虫，死而不僵”，这是一种“现象”，究其“原因”，则除了其他种种因素之外，在后继无人的情况下，贾府有一位德高望重的“老祖宗”——贾母，则绝对是重要的原因。所以说，贾母的“存在”首先是贾府的“需要”！

作为一位年迈的老妇人，贾母何以能担当此任，“主政”如此庞大的一个贵族之家？

---

① 本文所引《红楼梦》原文均据人民文学出版社1982年版。

② 王昆仑：《红楼梦人物论》，生活·读书·新知三联书店出版社1983年版，第111页。

中华民族传统道德观念的突出特征是“尊神敬祖”，尤其是对祖宗的敬畏，更是亘古不变。贾府的荣华富贵，无疑是宁、荣两位“国公爷”挣下的。按照焦大的说法，是“（你）祖宗九死一生挣下这个家业”。所以，在这个家族里，“祖宗”的功勋、恩泽是最崇高的。荣国公之子代善袭官，已亡，留下夫人史氏，即贾母。因此，贾母实际上成为贾家健在的“祖宗”辈的代表人物。贾府的“敬祖”意识，除了体现在宗祠祭祖的礼仪，则主要表现为对贾母的敬重、孝敬与奉承，这是贾母在贾府具有不可动摇的权威地位的原因之一。

贾府的辉煌，除了祖宗的功勋遗泽，则主要是因为出了一位皇贵妃（贾元春）。在书中，“文”、“玉”、“草”三代男性已经没有公侯爵位：贾赦，袭一等将军；贾珍，袭三等威烈将军（此类封爵在清代本属宗室，且多虚衔。贾家并非宗室，是为雪芹虚拟）；贾政，任工部员外郎——如此而已。而贾府却依然是炙手可热的钟鸣鼎食之家，其根源显然是作为“皇亲国戚”而得到了皇权的庇护，而贾母正是这位贵妃娘娘的亲祖母。细读《红楼梦》文本可以看到，贾府里真正有权势者，当首推王夫人。其原因当然有她的娘家“金陵王”的强势，但最主要的也在于她是皇贵妃的母亲。所以，贾母、王夫人的这个特殊身份，确定了她们在府中的特殊地位。

如果说以上两点属于“客观条件”，那么贾母独具的阅历、才情与清醒的头脑则更是她居于贾府顶端的根本原因。

《红楼梦》第三十九回写贾母初次见到刘姥姥时，曾问她多大年纪？刘姥姥回答说75岁，贾母说：“比我大好几岁呢。”可见贾母出现在书中时，也是一位（至少是年近）古稀的老人了。当然，书中也有多处提到了这位“老祖宗”年轻时的情景，说她比王熙凤还要精明干练，还要“来得”。她在贾家几十年中，经历了无数大惊大险，正如她自己所说：“我进了这门子作重孙子媳妇起，到如今我也有了重孙子媳妇了，连头带尾五十四年，凭着大惊大险千奇百怪的事，也经了些……”高贵的出身，丰富的阅历，铸就了这位老人独特的性格和气质。使她虽然年事已高，但在很多方面依然能够掌控着贾府，特别是在一些重大事件中，她保留着最后决定权，而且“杀伐决断”。这里，我们不妨举以下两例，略加说明。

在第四十六回鸳鸯抗婚事件中，贾赦与邢夫人的一系列行动，最初贾母是完全被蒙在鼓里的，直到鸳鸯当众哭诉、剪发明志、以死抗争，贾母才知道。这对老人家来说，无疑是“突发”事件。而正是在“突发”事件面前，贾母则表现出断然裁决的老辣。在那样一个典型的封建贵族之家，贾赦作为已经有了一把年纪的“大老爷”，而且是贾母的长子，他的要求应该如何对待？他的“脸面”要不要维护？在长子与一个丫鬟之间，贾母应该做何选择？这实际上是一个并不简单的问题。而贾母在“气的浑身乱战”的情况下，毫无犹疑，当即决断，痛斥贾赦、邢夫人，维护了受害者鸳鸯。而这里特别值得注意的是，贾母的言辞，不是简单地为一个丫鬟“撑腰”，或者说为了保护身边的一个丫鬟，而是把贾赦、邢夫人的行为，视为对母亲的大不孝——“见我待他（指鸳鸯）好了，你们自然气不过，弄开了他，好摆弄我！”这就把问题提到了一个相当的高度，使任何人都无法做出任何妥协的试探。“老祖宗”实在高明！

我们再看第七十三回。当贾母听说“宝玉被吓”，则立即指出：“如今各处上夜都不小心，还是小事，只怕他们就是贼也未可知。”探春回应说，园内的人确实“比先放肆了许多”，先前为了夜里“熬困”，常有“三四人聚在一处，或掷骰或斗牌，小小的顽意”，“近来渐次放诞，竟开了赌局……半月前竟有争斗相打之事”。贾母听说，立刻质问：“你既知道，为何不早回我们来?”进而晓以利害道：

> 你们姑娘家如何知道这里头的利害。你自为要钱常事，不过怕起争端。殊不知夜间既要钱，就保不住不吃酒；既吃酒，就免不得门户任意开锁。或买东西，寻张觅李，其中夜静人稀，趋便藏贼引奸引盗，何等事作不出来。况且园内的姊妹们起居所伴者皆系丫头媳妇们，贤愚混杂，贼盗事小，再有别事，倘略沾带些，关系不小。这事岂可轻恕。

于是，在贾母亲自过问之下，把事情查了个“水落石出”，然后，贾母作出了明确的决定，下令：

> 将骰子牌一并烧毁，所有的钱入官分散与众人，将为首者每人四十大板，撵出，总不许再入；从者每人二十大板，革去三月月钱，拨入圊厕行内。又将林之孝家的申饬了一番。

下人犯错，打、罚、撵出，本属常情。而这里的“难点”在于，“为首者”，即三个“大头家”，皆非一般奴仆：一个是“林之孝的两姨亲家”，一个是“柳家媳妇之妹”，一个是“迎春之乳母”，特别是迎春之乳母，可谓“有头有脸”之人。但是，当黛玉、宝钗、探春等替她向贾母“讨情”时，贾母则毫无妥协，指出：

> 你们不知，大约这些奶子们，一个个仗着奶过哥儿姐儿，原比别人有些体面，他们就生事，比别人更可恶，专管挑唆主子护短偏向。我都是经过的。况且要拿一个作法，恰好果然就遇见了一个。你们别管。我自有道理。

由此可见，贾母要整饬家规，毫不手软，特别是对这些“奶子们”，实已早有此意，正“要拿一个作法”。其所以如此，并非一时心血来潮，而是根据她几十年的经验——“我都是经过的”——深知这些“奶子们”的“可恶”。因此，无论宝钗等如何为迎春乳母“讨情”，贾母都绝无松动，并申明：“我自有道理。”

然而，贾母的才情、魅力并非仅止于整饬家规的“杀伐决断”，权威的地位及无可争议的威望，并没有使贾母成为一个威严、可怕的封建家庭的家长。她的言谈做派、接人待物，在善意与宽和之中显示着无比的高贵与魅力。我们常常称赞着《红楼梦》在情节发展中通过人物的语言、动作来刻画人物性格，而实际上在一些“场面”、“场景”的描写中，通过人物的极其简洁的语言、动作，同样恰到好处地表现了人物的气质和韵味。且看第四十二回写贾母偶感风寒，请王太医来看病的一幕：

一时贾珍、贾琏、贾蓉三人将王太医领来……只见贾母在榻上，两边四个未留头的小丫鬟……五六个老嬷嬷雁翅摆在两旁……王太医……忙上来请了安。贾母见他穿着六品服色，便知御医了，也便含笑问：“供奉好！”因问贾珍：“这位供奉贵姓？”贾珍等忙回“姓王”。贾母道：“当日太医院正堂王君效，好脉息。”王太医忙躬身低头，含笑回说：“那是晚晚生家叔祖。”贾母听了，笑道：“原来这样，也是世交了。”一面说，一面慢慢的伸手放在小枕上……（王太医）诊了半日，又诊了那只手，忙欠身低头退出。贾母笑说：“劳动了。珍儿让出去好生看茶。”

这是贾府里一幕极其寻常的生活场景。但从这里我们却看到尊贵的史太君即使在身体不适的情况下，也绝无矜持与冷漠，有的是随意与温和。而在与王太医的几句对话当中，却又分明显现出老人家的“高屋建瓴”和无可质疑的“资格”：与你的“叔祖”即有交往，所以我们是“世交”。这就使双方的关系自然地密切起来。这就是贾母！

总之，贾母，作为贾府的“太上家长”，既有掌控贾府的才干，却又绝非一般的故作庄严、颐指气使的封建家长。她以自己特有的品格，凝聚着这个庞大的家族。

二、微妙的另一面

贾母是贾府当年鼎盛时代的亲历者和见证人，因此她对眼下贾府的衰败，内心深处是十分敏感的，特别是族中子弟不肖，更是她心中之最痛。书中有两处颇有对比意义的情节，很值得玩味。

第四十三回写的“凤姐泼醋”那场闹剧的起因，无疑是贾琏的淫乱。但经过一番混乱（凤姐大哭大闹，贾琏仗剑要杀人）之后，贾母却当着邢、王二夫人及凤姐等众人之面，说了下面一段话：

贾母笑道：“什么要紧的事！小孩子们年轻，馋嘴猫似的，那里保得住不这么着。从小儿世人都打这么过的。都是我的不是，他（指凤姐）多吃了两口酒，又吃起醋来。”说的众人都笑了。贾母又道：“你放心，等明儿我叫他来替你赔不是……”

如此轻描淡写、举重若轻的处理方式，真可谓“百炼钢成绕指柔”，这是贾母的独到之境。但是，对贾琏之流的这些混账事，贾母果真毫不在意吗？且看第四十七回：贾母正与凤姐等玩儿牌，贾琏来找凤姐，贾母借机痛斥贾琏“鬼鬼祟祟”“什么好下流种子”，并重提他与鲍二家的淫乱丑事，怒不可遏，最后慨叹："我进了这门子……连头带尾五十四年……从没经过这些事。"最后，忿怒已极，当众赶走贾琏："还不离了我这里！"这样看来，贾母前回所说"从小儿世人都打这么过的"云云，虽然并非完全是违心之言，但其"主题"毕竟是几句安抚凤姐的辞令，而内心里对贾琏之流则实在是深恶痛绝的。

贾琏作为荣府的管家的主子，他在贾母心中的"印象"却是"鬼鬼祟祟""下流种子"。这似乎已足以反映出贾母对眼下家族的感触、看法。此外，她老人家对贾赦、邢夫人的冷淡，对贾政的尖锐的斥责（见第三十三回"宝玉挨打"），对赵姨娘之流的厌恶，等等，都说明眼下这个赫赫扬扬已历百年的家族，在她心中已是今不如昔了。但是，这位"老祖宗"还必须撑持下去，还必须依靠贾琏之流。在这种情况下，有时就不得不采取某些特别的变通手法。比如，第四十七回中写了贾琏通过鸳鸯成功地"偷出"贾母的东西去变钱的情节。如果真是如此，那么这位"老祖宗"也太容易被蒙骗了，而鸳鸯也似乎太胆大妄为了，其实读者都知道，事实并非如此，只是我们的曹雪芹在这里又用了"狡猾"笔墨，巧妙地由平儿说出根由："平儿笑道：'……鸳鸯虽应名是他私情，其实他是回过老太太的。老太太因怕孙男弟女多，这个也借，那个也要……因此只装不知道……'"显然，这不过是老太太的一点微妙的小"手腕"，实际上也就是对贾琏凤姐持家的一种支持。但从这里我们却可以体会到"老祖宗"的不易：虽然对贾琏十分不满，但又不得不支持他们撑持家族的门面；而这种支持，又不能公开，还必须"只装不知道"——可谓惨淡经营矣。

贾母虽然位居"太上家长"，尚可掌控贾府，但是，她的真实处境，亦有"微妙"的一面。一个无可否认的事实是，王夫人实权在握！前文已略有论及，王夫人是皇贵妃贾元春之嫡母，是"四大家族"之中贾、王、薛三大族之纽带，其兄王子腾现居高官显宦，管家奶奶王熙凤是她的娘家侄女，"衔玉而生"的贾宝玉是她的嫡子……这一切使她在贾府具有无可争议的地位与权力。在这样的情况下，"老祖宗"贾母的处境当然就难免有些"微妙"了。

请看在"鸳鸯抗婚"的情节中，贾母听了鸳鸯的哭诉后，勃然大怒——

> （贾母）气的浑身乱战，口内只说："我通共剩了这么一个可靠的人，他们还要来算计！"因见王夫人在旁，便向王夫人道："你们原来都是哄我的！外头孝敬，暗地里盘算我。有好东西也来要，有好人也要，剩了这么个毛丫头，见我待他好了，你们自然气不过，弄开了他，好摆弄我！"王夫人忙站起来，不敢还一言。

贾母的话，表面上听起来好像仅仅是一位老人的一时愤激之词，但"愤激之词"却往往是真实心声的袒露！王夫人为鸳鸯之事受责备，当然是冤枉的，后来探春在贾母面前为之辩白，是很有道理的。而贾母盛怒之下所说的"你们……外头孝敬，暗地里盘算我"，可谓掷地有声，且已超越了关于鸳鸯的这一具体事例，显然绝非信口而言。当然，贾母与王夫人说到底还是一种婆媳关系，婆媳之间发生一些"言语"并不奇怪，更何况王夫人始终默默领受，毫无辩驳。而值得玩味的是，在经过探春辩白之后，这位"老祖宗"居然立马认错、道歉，马上笑道“可是我老糊涂了”，并对薛姨妈说：“你这个姐姐（指王夫人）他极孝顺我……可是委屈了他。”这样说了还觉不够，又“借助”宝玉，说道：“宝玉，我错怪了你娘，你怎么也不提（提醒的意思）我，看着你娘受委屈……你快给你娘跪下，你说太太别委屈了，老太太有年纪了，看着宝玉吧。”这样的言词举动，应该说有些超乎常情了。且不说是贾府的“老祖宗”，即便是一般家庭中的婆婆，对儿媳妇说了几句“重话”，难道需要这样的赔礼致歉而且竟然让孙子（宝玉）“代跪”吗？

以贾母之睿智，对贾府的现实当然有清醒的认识。她知道，自己年事已高，所有子弟皆不争气，家族实权悉在王夫人及凤姐手中，这是不可逆转之“大势”，她只能顺势而为。然而，内心微澜，积蓄日久，是难免要爆发的。所以，贾母的一时愤激之词，绝非无源之水。聪明的贾母，一旦冷静下来，则立刻意识到，“爆发”、“愤激”是无济于事的，唯有立即“挽回”自己的“脱口而出”——哪怕是真实的心声——才是正确的选择。于是，这位“老祖宗”实际上是在王夫人面前低下了高贵的头。是的，这是她的正确选择，但是我们在这里却似乎领略了这位老人内心潜藏的无奈，而这一点似乎恰恰帮助我们理解了贾母采取的生活态度。

三、老祖宗的享乐

年过古稀的贾母，以其“老祖宗”的身份，在这有如“百足之虫死而不僵”的贾府中，选择了一种最明智的“生活态度”——尽享一个老人的乐趣。由于贾母具有高贵的修养，所以她的享乐既高雅脱俗，富有人性的乐趣，又充满了知识与智慧。

《红楼梦》从第三十八回至第四十一回，连续以“华彩”的文字写了贾母参与的史湘云的“螃蟹宴”、两宴大观园、品茶栊翠庵……贾母带着宝玉及众女眷，还有一个特殊的“清客”刘姥姥，赏景、游船、盛宴、品茶，再加上刘姥姥的“逗趣”，实在是既欢乐和谐，又品位高雅。而这一切，都让读者从另一个侧面看到了贾母特有的性格与素质。

来到藕香榭时，贾母回忆起儿时家中的枕霞阁，并讲了一段惊险的儿时往事。王熙凤不等人说完，立即“接茬”来了一通表面上似乎有些“放肆”或“不敬”，而实际上却是既奉承又逗乐的笑谈，结果，“未及说完，贾母与众人都笑软了。”王夫人笑道：“老太太因为喜欢他，才惯的他这样……”于是贾母笑道：“我喜欢他这样，况且他又不是那不知高低的孩子。家常没人，娘儿们原该这样。横竖礼体不错就罢，没的倒叫他从神儿似的作什么。”这简简单单的几句话，正说出了这位“老祖宗”对待生活的一个原则。首先，“这孩子”“不是那不知高低的孩子”；其次，不能错了“礼体”。在这样的前提下，就不必“从神儿似的”规规矩矩，不得言笑，用今天的话来说，就是既要有“原则性”，又要有“灵活性”。这样就使贾母既维护了应有的尊严，又不受“尊严”的束缚，而在自然与随意的状态下获得生活的乐趣。这个道理，说来容易，但有多少家长，特别是旧时封建大家庭中的家长，却只要“尊严”，天天扮出冷漠与严厉，永远处于教训、监督别人的状态（这样的情景，今天的年轻人已不甚了解了）。其实，故作“威严”，往往隐藏了空虚，而贾母的自然与随意，倒是一种充实与自信。

接着，贾母带领着大家来到园内各个“景点”：沁芳亭—潇湘馆—蘅芜苑—缀锦阁—稻香村……所到之处，贾母一一有所指点。在潇湘馆里，贾母看到室内绿色窗纱颜色已旧，便对王夫人说，这个院子里本无桃、杏树，都是竹子，已是绿色，故绿窗纱与之“反不配”，要换一下才好。于是凤姐说，库房里还有银红蝉翼纱，可以换上，并说了蝉翼纱的花样、质地……贾母听了笑道：“呸，人人都说你没有不经过不见过，连这个纱还不认得呢，明儿还说嘴。”于是应薛姨妈、凤姐等人要求——

贾母笑向薛姨妈众人道：“那个纱，比你们的年纪还大呢，怪不得他认作蝉翼纱，原也有些像，不知道的，都认作蝉翼纱。正经名字叫作‘软烟罗’……若是做了帐子，糊了窗屉，远远的看着，就似烟雾一样，所以叫做‘软烟罗’……”薛姨妈笑道：“别说凤丫头没见，连我也没听见过。”……

贾母还详细讲述了“软烟罗”的各种颜色、质地、用途……又让凤姐“明儿就找出几匹来，拿银红的替他（指黛玉）糊窗子”。又说：

再找一找，只怕还有青的。若有时都拿出来，送这刘亲家两匹，做一个帐子我挂，下剩的添上里子，做些夹背心子给丫头们穿，白收着霉坏了。

行文中又穿插着凤姐的凑趣、众人的惊叹。这一段以人物语言、对话为主的文字，真是一篇绝妙好文章。贾母的见多识广，固然令人钦佩，而对于如此珍贵的“软烟罗”的处理，尤其令人惊叹。年迈老人往往喜欢攒钱存物“压箱底”。贾宝玉厌恶那些老女人的原因之一，就是春燕所说的“他老姊妹两个，如今越老了越把钱看的真了。”（第五十九回）贾母，这位最善于物质享受的老人，却绝非视钱物为性命的悭吝人，在对于“物”的处理上，特别显现出老人家心胸开阔、大方挥洒的性格，而且可以看出，越是珍贵之物，她越是主张“物尽其用”，以为收着、藏着、舍不得……最后必然是“白收着霉坏了”！也许读者会说，这是因为贾母乃“富贵”老人，财富多多，故而挥洒，其实不然，富有金山银山的悭吝者，岂其少哉。当年“文革”期间，有论者称贾母是“最大的地主婆”，但实际上，真正的地主婆却往往是最节俭、最吝啬的。总之，贾母的行为，不是贫富的问题，而是一种性格、一种气质、一种境界。

贾母在宴游享乐之中，用我们今天的话来说，是非常具有“审美”意识的，比如，她对色彩以及摆设、饰物的敏感。在潇湘馆里，贾母追求的是窗纱的色彩要与院子里的绿色竹子相配搭；到了蘅芜苑，看见宝钗房中“十分朴素”，则大不以为然：

贾母摇头道：“使不得……年轻的姑娘们，房里这样素净，也忌讳……有现成的东西，为什么不摆？若很爱素净，少几样使得……只怕俗气，有好东西也摆坏了……如今让我替你收拾，包管又大方又素净。”

于是贾母决定以“我的梯己两件”来给宝钗做摆设：

> 叫过鸳鸯来，亲自吩咐道：“你把那石头盆景儿和那架纱桌屏，还有个墨烟冻石鼎，这三样摆在这案上就够了。再把那水墨字画白绫帐子拿来，把这帐子也换了。”鸳鸯答应着……

可以想见，这样安排、摆设的结果，自然会如贾母所说“包管又大方又素净”。

请想一想，经过贾母“调整”后的潇湘馆与蘅芜苑，前者改变了原来的陈旧与暗淡，后者亦不再是一味的“素净”与清冷，而都具有了谐调与高雅。这就是贾母的心胸，贾母的品位。

当冬雪覆盖了大观园的时候，贾母又来园中赏雪了。而这一次，她老人家是“不请自来”的。一进室内，第一眼看到的就是梅花：“好俊梅花!”于是称赞他们“你们也会乐，我来着了（这四个字儿是纯粹的京腔，意思是来得正是时候，来对了）。”可见对贾母来说，宴饮事小，赏梅事大。并再次申明：“（你们）就如同我没来的一样才好，不然我就去了。”而这次赏雪令贾母最高兴的是她看到了那一幅真实的“白雪红梅”图：当宝琴、宝玉手捧红梅先后出现在白雪覆盖的山坡上时，他们分别穿着凫靥裘和大红猩毡，老人家看了异常兴奋，认为这实实在在的“实景”比仇十洲的《双艳图》好多了：“那画的哪里有这件衣裳？人也不能这样好!”她既着眼于白雪红梅的大自然的色彩，着眼于服饰的艳丽，更着眼于人物“这样好!”贾母此刻的欣慰，用一点有理论色彩的语言来说，正可谓获得了审美的愉悦。这一段写“白雪红梅”的文字，是《红楼梦》中“色彩”最亮丽处，故此处脂批谓“文字之奇，难以言状”（有正本）。这里附带说几句关于贾母与刘姥姥的关系。贾母对待刘姥姥的态度，是可以用“怜贫惜老”四个字来形容的：虽然是藉以取乐，但亦充满善意。有趣的是，刘姥姥心知肚明，你“老祖宗”要以我取乐，我即乐得“凑趣”，以取得你的关照——各得其所。所以，二者之间是不存在谁“玩弄”谁的问题的。

贾母的享乐中，音乐、戏曲更是一个重要内容。贾母是真正的“戏迷”。所谓“真正”，是指不仅“爱”戏、“迷”戏、“沉湎”于戏，而且知戏、懂戏、理解戏，甚至可以安排、设计戏。而能够达到这一境界，除了主体的心胸、智慧，则更需要阅历与经验。贾母的娘家，那是有家班的大族，所以贾母自幼深受戏曲艺术熏陶。第五十四回写贾母与众人听戏的过程，也是一大段绝妙好文。贾母已远远不仅是一位听众或观众，而是一位能够独出心裁的“导演”：让芳官唱《寻梦》，但要求“只提琴至管箫合，笙笛一概不用”；让葵官唱《惠明下书》，则让演员“不用抹脸”。可见从伴奏到化装，贾母都有自己的主张。而最强调的，一是“若省一点力，我可不依”；二是要让大家“听个疏异”，所谓“疏异”，即有特色，令人耳目一新——这才是一位真正的戏曲行家的追求。时至今日，何尝不是如此？再华丽的服装道具，再复杂精致的化装，再创新的伴奏，倘若演员缺乏艺德，敷衍搪塞，演唱起来毫无特色，不见

“疏异”，那也是失败的演出。所以贾母的见解，是不可小视的。

当薛姨妈赞赏贾母的调度时，贾母却说了一句“……这也在主人讲究不讲究罢了。”这话很耐人寻味。一般而言，观剧的过程中，演出者是主体，观众是接受者，是客体。但在有条件的情况下，客体却可以左右主体，而达到新的境界。贾母观剧就是如此。

贾母在这次观戏过程中，特别讲到了《续琵琶》。毫无疑问，这是曹雪芹的神来之笔——于无形之中引出了祖父的剧作。这部今天尚存的作品，在这里似“随手拈来”，隐隐带出，并由贾母讲述当年其独特的演出形式（即由真正的琴师来演奏剧中之《胡笳十八拍》）……这一切，正反映出祖父的《续琵琶》是牢牢地铭记在雪芹的“家族记忆”之中的。《续琵琶》所独具的文化品位、人文价值以及在曹氏家族文化传承中的作用，是不可低估的。当然，这已是另外的话题了。

总之，《红楼梦》所写贾母的享乐，不是一般的“凑热闹”式的吃喝玩乐，而是在这种具有文化品位的“生活方式”之中，表现着这位“老祖宗”的情操、阅历和性格。这是一个可敬的老人——一个完美而复杂的文学形象。

四、对宝玉的溺爱

贾母最为论者诟病的是她对贾宝玉的“溺爱”，但是溺爱宝玉却绝非一个孤立的问题，而且事出有因，并非无缘无故。

作为“老祖宗”的贾母，她不仅希望儿孙们继承祖业，辉煌门庭，而且从心底里盼望着、欣赏着承袭祖父遗风的孩子，这是一种十分隐秘而微妙的心理。但在所有儿孙之中，在贾母看来，唯有宝玉似有祖父遗风：

> （张道士）又叹道：“我看见哥儿（指贾宝玉）的这个形容身段，言谈举动，怎么就同当日国公爷一个稿子！”说着两眼流下泪来。贾母听说，也由不得满脸泪痕，说道：“正是呢，我养这些儿子孙子，也没一个像他爷爷的，就只这玉儿像他爷爷。”

这一段令人感伤的文字，却道出了贾母特别喜爱宝玉的一个重要的原因。世上任何一位作为“未亡人”的祖母，看到自己的孙儿像他的爷爷——自己逝去的丈夫，都会把无限的思念也寄托在孙儿的身上；更何况这个唯一“像他爷爷”的孙儿，又恰恰是“神采飘逸，秀色夺人”的可爱的孩子。所以，书中的贾宝玉，从他的祖母那里，得到了具有双重意义的挚爱真情。祖（父）母对孙儿、孙女（即所谓“隔辈人”）的喜爱，是一种独特的情感，这种情感往往超越了对儿女辈的关爱，而且没有任何“回报”的企盼。它是无私的，甚至是“不可理喻”的，有时老人或许已经意识到不该过分“溺爱”，但却不能自已。如果说这是“人之常情”的话，那么，贾母对宝玉的喜爱、宠爱、溺爱，似乎都是可以理解的。

多年来，贾宝玉被论者称作“封建礼教的叛逆者”，书中也说他“行为偏颇性乖张，哪管世人诽谤”。是的，他不太尊奉传统的习俗礼仪，他坦率真诚，他追求真爱……但是宝玉绝不是一个浑浑噩噩的放肆无礼的纨绔子弟。贾母在与甄府的四个女管家谈论甄、贾两个宝玉的某些怪异言行时，说了一段这样的话：

> ……可知你我这样人家的孩子们，凭他们有什么刁钻古怪的毛病儿，见了外人，必是要还出正经礼数来的。若他不还正经礼数，也断不容他刁钻去了。就是大人溺爱的，是他一则生的得人意，二则见人礼数竟比大人行出来的不错，使人见了可爱可怜，背地里所以才纵他一点子。若一味他只管没里没外，不与大人争光，凭他生的怎样，也是该打死的。

贾母的话，无疑是真实的。我们所谈论的贾宝玉的“叛逆性”是一种深层的思想意识的判断，而作为这一文学形象的“生活态度”的层面，则无疑非常复杂，而且有血有肉。贾母强调的“我们这样人家的孩子”，就是强调这两个孩子生存的背景乃是“诗礼传家”的侯门贵族。在这样的背景下，无论他们的个性如何“刁钻古怪”，也不可能超越这个大背景已成传统的、无处不在的“礼数”。因此，说甄、贾宝玉在外人面前遵从“正经礼数”，既是真实的，也是符合规律的。像甄家与贾家这样的大家族，最看重的是“面子”，对子弟们的第一位的要求，就是“与大人争光”，为家族争面子。为此，对子弟必然实施严格的管束。在旧时的社会、家庭生活中，我们可以看到，真正的大家子弟，往往远不如某些暴发户或一般的平民家庭子弟自在、娇宠、游乐甚至挥霍。因此，贾母所说的“不与大人争光，凭他生的怎样，也是该打死的”这样的狠话，并非虚言。而甄、贾宝玉在这一点上符合了要求，所以才获得了两大家族的“纵他一点子”，对贾宝玉来说，也就是得到了贾母的宠爱。

贾母对宝玉的宠爱，与对家族命运的关注是一致的。曹雪芹给贾宝玉设置了一个富有神话色彩的“衔玉而生”的故事。请想一想，在《红楼梦》所规定的那样的社会环境下，贾府的一位公子，衔玉而生，具有多大的轰动效应！不仅全城关注，而且惊动了最高层如北静王等人物。这在（秦可卿出殡时）贾宝玉“路谒北静王”的情节中，有生动的描写。贾宝玉的衔玉而生，不仅突现了贾宝玉个人不同凡响的特异性，而且更使贾府获得了某种“奇异”、甚至是“神奇”的色彩。如果说贾元春的娘娘地位，让贾府获得了“皇权”的庇护，那么贾宝玉的衔玉而生，则使贾府更获得了“神权”的光环。因此，这件事情，对贾府来说，万万不可等闲视之。但在偌大个贾府里，认识到这层意义的人，实属寥寥。昏庸的贾政，以为这不是什么好事，内心深处是排斥的；其他人物，更是昏昏不省，不值一提。唯有贾母，以其阅历、经验以及清醒的头脑，深刻理解这件事情的重要性。故在“失通灵”的情节中，众人忧虑的是自己被问责，只有贾母痛陈利害，字字见血：

> ……贾母听了（失玉之事），急得站起来，眼泪直流，说道：“这件玉如何是丢得的！你们忒不懂事了……这玉满城里都知道，谁捡了去便叫你们找出来么……叫

琏儿来写出赏格……有人捡得送来者，情愿送银一万两，如有知人捡得送信找得者，送银五千两。如真有了，不可吝惜银子……”。

以万两赏格寻玉的果断决定，不仅足见此玉在贾母心中的重要地位，孙儿宝玉在她心中的重要地位，更可看出，“衔玉而生”的本身，在贾母心中是关乎家族声誉之大事。因此，她对宝玉的宠爱，岂非顺理成章吗？

贾母宠爱宝玉，可以满足他的一切要求。但是，贾母又为什么终于“毁灭”了宝玉刻骨铭心的爱情？宝玉与黛玉，对贾母来说，一个是亲孙儿，一个是亲外孙女，都是至亲骨肉。贾母对黛玉的疼爱是不可否认的，更何况其中还包涵了对不幸早逝的女儿的怀恋。以贾母的开明、大度和敏感，她应该是知道两个孩子的心意的。第二十五回里凤姐当着众人的面，对黛玉半开玩笑半认真地说：“你既吃了我们家的茶，怎么还不给我们家做媳妇？”这虽然是凤姐说的话，但凤姐的一切言行都是揣测贾母之意而发。不言而喻，这两句“笑谈”也绝非空穴来风，至少是揣摩了贾母的意向。当然，曹雪芹笔下的宝黛爱情，究竟是如何一步步走向结局的，贾母在这出悲剧之中究竟扮演了怎样的角色，我们已难以尽知。就今所见之百二十回本而论，似乎让我们想到了两个方面的问题。

一是黛玉的“小性儿”，以及由此而发生在宝黛之间的不断的“冲突”，使贾母逐渐形成了否定性倾向。要知道，宝黛之间的“冲突”，对当事人宝黛而言，不过是深切之爱的“副产品”；而对于无限关爱宝玉的贾母而言，则不能不为她的宝玉的“未来的幸福婚姻”有所考虑。第二十九回写宝黛之间的冲突，竟然导致宝玉愤怒砸玉，这自然引起贾母极大的焦虑，她所说的“不是冤家不聚头”，对宝黛而言，似获得了某种禅意的领悟，而在贾母，则无疑是一个老人的无奈、深沉、痛苦的感叹！因此，贾母对宝黛之爱情的否定，还是从爱护宝玉的立场出发的。

二是王夫人、薛姨妈的地位，促使贾母在钗、黛的选择上，选择了前者。王夫人的存在是绝对不可忽视的，王、薛的联合是贾府一切事务的真正的主宰，而贾宝玉毕竟是王夫人之子。所以，我们似乎难以设想，在这样的形势下，贾母能够作出弃钗取黛的决定并付之实施。所以，宝黛爱情的悲剧是整个家族内部形势发展的结果，既不是某一个人的操纵，更不是贾母的“裁决”，把造成这一悲剧的“责任”归于贾母是不公平的。至于瞒天过海的“掉包计”之类，应该是续作者的手笔，似应另当别论。

在《红楼梦》里，与宝、黛、钗、凤相比，贾母似非最主要人物，而她的性格与作为，则使她成为全书不可或缺的重要角色。正是因为有贾母的存在，宁、荣二府才构成一个完整的大家族；而这个大家族，也正是在贾母的观照下，走过了由盛至衰的历程。

贾母，是说不尽的！

| 本文作者：中国红楼梦学会常务理事、首都师范大学中文系教授

阻隔与同在：论《红楼梦》人物交往的空间意味

詹　丹

一、引论

时空是人存在的基本范畴，也是理解小说人物活动的基本依托。不论是对时间还是空间，尽管我们主观上会认定其为“自然事实”或者“客观属性”，但究其根本，其意义是因人物活动而被赋予的。《红楼梦》出色的人物描写，激发了人们对其探讨的持久热情，这种探讨，也延伸到人物活动的空间，如贾府和大观园、大观园中的众多院落和人物的关系等。现代红学的索隐或者考证，从小说中的环境描写来寻找与现实对应的空间如随园、恭王府或者影射的人名。① 而更多的批评家，是结合了典型环境理论，揭示环境之于人物性格的紧密关系，如潇湘馆与林黛玉，怡红院与贾宝玉的融洽性，几乎作为一种常识被红学界所认可。此外，从小说叙事结构角度，对大观园的整体空间特点加以概括，如宋淇认为大观园具有理想世界的特征，其失落乃是时间对空间的超越②，余英时认为《红楼梦》本身就有大观园和大观园以外的两个世界的差异和冲突，大观园的崩溃乃是外部世界的侵入③，还有翻译家周煦良《河、海、园：〈红楼梦〉、〈莫比·迪克〉和〈哈克贝利·芬〉的比较研究》等④，都具有把人物的群体与环境作宏观把握的特点。但也正因为是宏观把握，或多或少存在着把同一空间作均质化理解的倾向，其差异只是在与外部空间的比较中才予以凸显，而其内在的不同区域特征，还有人物对待各自不同环境的态度，也就被有意无意忽视了。比如，余英时等人虽然视大观园为清净女儿世界的乐园，但十二戏官之一的龄官，就会对买了笼中鸟来讨好她的贾蔷说：

> 你们家把好好的人弄了来，关在这牢坑里学这个劳什子还不算，你这会子又弄个雀儿来，也偏生干这个，你分明是弄了他来打趣形容我们。⑤

---

① 胡适转引《随园诗话》说，《胡适红楼梦论述全编》，上海古籍出版社1988年版，第87页。周汝昌：《芳园筑向帝城西：〈红楼梦〉环境素材的探讨》，文化部文学艺术研究院红楼梦研究室编：《红楼梦研究资料丛书（甲编）：大观园研究资料汇编》，1979年内部发行，第79～109页。蔡元培：《石头记索隐》“潇湘馆影其竹宅之号”，北京大学出版社1989年版，第13页。

② 宋淇：《红楼梦识要》，中国书店2000年版，第13～38页。

③ 胡文彬、周雷编：《海外红学论集》，上海古籍出版社1982年版，第31～65页。

④ 周煦良：《河、海、园：〈红楼梦〉、〈莫比·迪克〉和〈哈克贝利·芬〉的比较研究》，《文艺理论研究》1983年第4期。

⑤ 曹雪芹、无名氏：《红楼梦》，人民文学出版社2008年版，第481页。关于《红楼梦》的原文均引自此版本，下不一一注明。

这话固然有对贾蔷赌气的成分，但从其立场出发视大观园为牢笼的看法，也绝非没有一点道理。再就晚近的一些研究看，有学者延续结构叙事学角度，对小说提及的空间元素，作了较全面的解析和归纳。如郑铁生的《红楼梦叙事艺术》和许世君的《〈红楼梦〉空间叙事艺术》专著，前者基于小说把时间加以空间化的理论，探讨叙事空间结构的意义，给人以启发。① 后者对《红楼梦》叙事涉及的空间元素，从门窗墙垣乃至弥漫于空间中的气味作了全面梳理，并有意引入了西方经典作品加以对比，讨论虽然较全面，但在解析空间要素中，特别是对这些要素加以中西比较分析中，还缺乏一种辩证眼光。② 相比之下，同样是对空间要素的分析，从微观角度切入《红楼梦》的空间叙事艺术，如舒芜《说梦录》中论及荣国府的大门描写以及隔窗通话的两篇短文，还有论小说主要人物的出场（既进入物质空间，也进入小说叙事空间），都是对《红楼梦》文本肌理加以辩证分析的出色实例，其结论蕴含了对传统礼仪社会与空间结构关系的深刻理解。③ 本文的研究，将主要从物质化的空间建构（比如建筑）对环境的分割以及把人物活动纳入同一空间体等基本功能入手，结合前贤的相关论述，着重探讨在一个似乎是有形的物质空间中，其隐然存在的礼仪规范、情感思想等是如何在小说叙事中得以曲折呈现的。

二、空间分隔中的情礼问题

《红楼梦》描写的贾府是一个诗礼之家、簪缨之族，人物行为似乎都合乎礼仪规范，小说在表现其人物的日常活动受制于相应的空间时，即便不是直接在举行礼仪活动，但也或多或少营造出一种“礼仪空间”的大致氛围。④ 第三回写林黛玉初进贾府，不同层次的仆从在贾府内外不同区间的有序交接，井然而肃穆，虽不曾有谁在旁发号施令，但他们的一招一式，无不给人以“礼出大家”的第一印象。

不过，使问题稍稍复杂的是，凤姐因为迟到，所以人没进屋，其笑声夹杂着致歉声就从后院飘进屋内：“我来迟了，不曾迎接远客。”当众人在贾母面前均屏声敛气、恭谨整肃的环境中，凤姐如此放诞，让黛玉也甚为纳罕。我们当然可以从凤姐为人一贯放诞，且向来深得贾母宠爱变得无所顾忌来解释其看似无礼的言行。舒芜也认为，“作者特意要显示凤姐在这个家庭中，在贾母面前有权有宠的特殊身份”⑤，但我们同样不该忽视，所谓的放诞无礼，是就其大声喧哗而言的，而其言辞的内容，似乎又是在向黛玉表示出她的歉意，是合乎待客之道的礼仪的。特别是，当房内和后院分割出两个空间时，凤姐的喧哗，似乎也有了一定的合理

① 郑铁生：《红楼梦叙事艺术》，新华出版社2011年版。
② 许世君：《〈红楼梦〉空间叙事艺术》，中国社会科学出版社1999年版。
③ 舒芜：《说梦录》，上海古籍出版社1982年版，第279页、第69页。
④ 妹尾达彦：《唐长安城的礼仪空间：以皇帝礼仪的舞台为中心》，沟口雄三等主编，孙歌等译《中国的思维世界》，江苏人民出版社2006年版，第466～498页。
⑤ 舒芜：《说梦录》，上海古籍出版社1982年版，第279、69页。

性。凤姐因为忙于日常家族的事务管理，所以不可能有闲工夫来静等一位并非长辈的客人到来，后文也交代了其受王夫人指派临时去后楼寻找缎子的细节。不过，她毕竟迟到了，毕竟与她惯常表现出的一团热情相背离，所以她好像急不可耐要表示出她的歉意、她的急迫。所以人没进门，已经先开始道歉了。但微妙的是，她不进门就致歉，需要表现的不仅仅是她的热情，还有她需要回避的当面道歉，回避在同一个空间发生这一道歉行为的事实。因为，林黛玉不但不是她长辈，而且在排行上，也叫她为嫂子，所以凤姐不必为自己因事迟到有什么不安。当她在另一个空间把她的道歉大声表现出来时，她主要是针对众人，特别是为了附和贾母对黛玉的疼爱。所以，她的道歉更适合在另一个空间弥漫开来，而不是与黛玉在同一空间里向她直接告白。当道歉这一合乎礼仪的言行因为声音过高而被黛玉视为是放诞无礼时，她却未必意识到，至少面对众人特别是贾母，凤姐能借助于空间的分隔，表达出礼仪在针对不同对象而体现出的分层关系。

这种由空间分隔而来的礼仪分层关系，在小说第七回中体现得更为复杂和深刻。

这一回回目的前半部分是“送宫花贾琏戏熙凤”，通过周瑞家送宫花来到王熙凤住所，被丫鬟摆手示意到东屋，而周瑞家的听到凤姐屋中一阵笑声，其中有贾琏的声音，以及接下来平儿关照小丫鬟打水进去，暗示了贾琏和凤姐在午睡时发生的性行为。贾琏的名字虽然在此前已经提及，但较具体形象的出场，恰恰是在这一回，尽管只是听闻笑声未见面貌，但其好色的特性，已有所暗示。在此后的描写中，也有反复提及。而王熙凤，似乎也乐于此道，所以当贾琏送黛玉回扬州后，书中交代王熙凤：“心中实在无趣，每到晚间，不过和平儿说笑一回，就胡乱睡了。”那么，我们大概可以想象，不胡乱睡，会是怎样的情形。问题是，贾琏虽然好色，风流韵事不断，但书中很少有直接描写他和熙凤发生的性行为，只是在言语中，对两人性行为方式的改变，有过含蓄的提及。也许，有人会认为，《红楼梦》不是《金瓶梅》，所以回避这类描写，恰恰是全书的旨趣所在，也是小说惯有的基调。但是，王熙凤对贾瑞的惩戒，贾琏与多姑娘的偷情，都曾有过露骨的性描写，何以提及贾琏和熙凤的性行为时，就被回避了呢？送宫花的周瑞家的被丫鬟挡在凤姐的屋外，当然是必然的。但在我看来，这种必然，既是小说内部人物关系处在分隔空间中的必然，体现出房屋空间分隔的最基本功能之一，也跟人物自身的行为是否合乎礼仪有一定关联。对于贾琏和熙凤的性行为，我们不能不受到周瑞家的视角制约，不能像后文那样，能从叙述者的全知视角获得相关信息，是因为不论两人白天有怎样的性行为，作为正当夫妻，他们都没有越过礼法所限制的基本底线，是受礼法本身保护的。这样，即便我们可以直接借助叙述者，看到贾琏与其他人的偷情，或者贾瑞行为的不堪入目，但在涉及贾琏和凤姐类似的行为时，隐然存在的礼法，使得作者在叙事策略上，设置了相应的回避措施，把周瑞家的，同时也是把读者的目光阻遏在屋子外面，无法抵达人物性活动的现场，笔法的含蓄，成了一种理之必然。

也是在第七回，当周瑞家的被凤姐的丫鬟挡在屋外时，此前她曾经过李纨的屋子。因为李纨一向守寡，所以周瑞家的在分发宫花时，没有把宫花带给她。但从她卧房外经过时，作者特意写周瑞家的隔着玻璃窗，看到李纨歪在炕上睡午觉。这样的描写，曾经让一些研究者感到不可思议。如蔡义江先生对李纨睡午觉的描写提出了三点不妥的理由：

> 一、早过了睡中觉的时间，故下文有“也该清醒了”的议论；二、李纨非慵懒娇弱小姐，怎么会白昼如此贪睡；三、过往者从玻璃窗外直接看到女子在卧室内睡觉的样子，实在过于“开放”。①

因为早期抄本的文字并非一致，甲戌本并没有“隔着玻璃窗，见李纨在炕上歪着睡觉呢”这一句，只是在己卯、庚辰等本子上才有这样的描写。据此，蔡义江推测是：己卯、庚辰等本子的“过录者嫌原文过简，遂添此蛇足”。确实，李纨的卧室窗户开得太低，且玻璃透明，可以让仆妇直接看到其睡相，这样的描写显然不合贾府分隔空间的应有礼仪。但我们也不妨换一种思路来看待此问题。

李纨的睡相可以轻易让周瑞家的看到，而王熙凤和贾琏在屋内却只能听闻其声，不单单是空间阻隔与敞开的方式合不合礼的问题，而且，卧室空间之于他们的主人，是有完全不同意义的。作为守寡的李纨，其空间的私密性较为弱化，也使得周瑞家的一瞥，缺少了一点窥探的意味，无礼的行为也同样得到了弱化（就此而论，后文写坠儿和小红在滴翠亭讨论该给贾芸定情物时，他们本来是在门窗紧闭的状态下说话的，只是当他们怕有人来听到而要把窗户打开时，这既是为了便于观察是否有人走近，也是把自己放在一个敞开的空间中，表示他们无私密可言）。而熙凤屋中仅仅是飘出的笑声，也引发了别人的许多遐想。并由此自然而然比较了李纨和王熙凤两种生活状态。蔡义江认为李纨不会贪睡如此，但从叙事策略看，描写午间弯着睡觉的无事可干，与贾琏、凤姐的白日性行为而飘出的笑声，似乎也暗示了孤寂与喧闹的两种人生的差异。所以，单单把贾琏的白日宣淫视为是对贾琏凤姐生活状态的一种贬斥，还是把问题理解得简单化了。这里，不同空间的两种人生状态并列呈现，让人看到的一览无余和看不到的大有深意，是否也蕴含人生活动的空泛和充溢的不同意味？并引发人们对生活的不同价值取向的思考？

空间的分隔不仅仅隐含着人际交往的礼仪分层关系，也有可能把同一对象的心理世界作分层处理。在著名的“宝玉挨打”事件中，戏剧冲突的依次展开，跟贾府这样一个大家庭中，建筑空间大，功能层层分隔，有一定关系。所以本来是贾政和宝玉的冲突，消息传递进去，才有王夫人和贾母分批进入现场的差异，这跟两人所在不同空间有关，也跟两人年龄差异、步履不同有一定关系，所以贾母进入时，下人的通报快过了贾母的步履。但关键是，贾母进入现场前，必须有通报声传入，这才是合乎礼仪的。不能等到贾母与贾政在同一空间，才有人通报。也因为有通报，贾政就必须迎出去，这样从叙述策略上说，贾政和贾母所在的空间，暂时能与宝玉挨打的空间分隔出来。因为宝玉一时未在贾母视线中，贾母才能够一方面那么情绪激动，另一方面又能在尚不失清醒中严厉谴责贾政，使其言论句句击中要害，不致在一见

---

① 蔡义江：《蔡义江新评红楼梦》，龙门书局2010年版，第85页。

到宝玉血肉模糊的身子，因为太感情用事，把该说的话也没法说完整。空间的分隔，把贾母心理世界的理智部分暂时与感情稍稍隔开，而对贾政来说，他的出迎既可说表现了孝顺贾母，也未尝不可视为是一种挡驾。之前他不许下人往里通报，是怕贾母等来阻拦，及至他痛打宝玉之后，是怕贾母看了心疼，所以他急急走到书房外来迎接贾母，也是希望书房的那一道墙，能把贾母的视线乃至贾母本人挡在外面。这样，表面的迎接与隐含的挡驾心理，也在他背后的那道墙上得到了形象化的表征。

在贾府世界中，空间分隔的最常见形式固然是人工建筑。但不可忽视的是，一些自然界的花草树木，在情节发展和人物关系中，也体现出或多或少的阻隔功能，而且，恰恰这种功能体现得并不明显，带有一定随机性，其蕴含的意义也就容易被读者所忽视。小说第二十五回写贾宝玉因为偶然发现给她倒水的小丫鬟小红长得十分俏丽干净，遂留意起她来，第二天一早起来，未顾及梳洗，就到屋外寻觅小红的踪影。书中写道：

> 宝玉便靸了鞋晃出了房门。只装作看花儿，这里瞧瞧，那里望望，一抬头，只见西南角上游廊底下栏杆上似有一个人倚在那里，却恨面前有一株海棠花遮着，看不真切，只得又转了一步，仔细一看，可不是昨儿那个丫头在那里出神。待要迎上去，又不好去的。正想着，忽见碧痕来催他洗脸，只得进去了。

在这里，宝玉急切中要寻觅小红，海棠花起到的阻隔作用，不仅营造了一种诗的意境，如同脂评夹批的："余所谓此书之妙，皆从诗词句中翻出者，皆系此等笔墨也。试问观者，此非'隔花人远天涯近'乎？"① 而且这种意境真实表达了思念小红的宝玉所具有的一种悬而未决的心态，虽然这种悬念很快得以化解。但问题是，一株海棠居然也能对宝玉起到一种阻隔效果，那么这种阻隔力量之脆弱，恰恰反过来说明了宝玉心理障碍之厚重。也因为他无法坦然向小红迎上去，所以，本来他在绕过海棠后认出了隔花人正是他寻觅的小红，却因为心理的障碍而止步不前。结果，只是装装样子的赏花，却变成了除去赏花而无事可做。考虑到后来晴雯被王夫人逐出大观园，宝玉与袭人有过海棠花究竟应在晴雯还是袭人身上的讨论，而贾宝玉寻觅小红被海棠所阻挡，正是顾及了大丫环的心理感受不敢明目张胆迎向小红，这样，空间中的海棠花带来了人际的阻隔关系，既是大小丫环之间人伦关系阻隔的形象化，也可理解为是宝玉内心世界阻隔的隐喻。

三、空间统一体中的人际交往

空间对人物交往所起的阻隔作用只是相对而言的。《红楼梦》描写空间作用于人际关系时，必然不会仅着墨于分隔或阻挡，也常常在于把人们的活动置于一个无阻隔的空间统一体中，特

① 吴铭恩编：《红楼梦脂评汇校本》，万卷出版公司2013年版，第314页。

别是把一些本来属于不同生活空间的人物安排在空间统一体中，让他们彼此间产生种种交往，从而不可避免地催生了或亲近、或疏离，或紧张、或轻松，或交融、或对峙，等等新型关系。

从小说的整体格局看，石头从大荒山、神瑛侍者从赤霞宫走向人世，林黛玉、英莲等进入贾府，就是人物在空间意义上的重新统合。一般来说，作为非同一群体的异质化人物，最能引发戏剧性冲突。孤苦伶仃的林黛玉进入热闹非凡的贾府固然是一种异质化的因子，但毕竟与贾府中人同属上层。而像刘姥姥在前八十回中有两次进贾府，是以陌生视角概览了贾府及其人物，不但把自己一种独特的人生体验带入上层社会，也是在其所进入的人物活动的统一空间体中，催生了一种新的意义。

刘姥姥一进贾府，在王熙凤屋中这一全然陌生的环境晕头转向，其与王熙凤直接对话的紧张感，导致她的嗫嚅吞吐，在贾蓉到来后，被暂时中断。凤姐叫她不用回避，而是允许她在同一个空间中，在旁边观察贾蓉与凤姐那种毫不拘谨、近乎打情骂俏的对话。在这里，贾蓉的进入，曾让她一时间愈发不自然，但很快，随着贾蓉和凤姐旁若无人的对话，在这一空间里营造出的亲切氛围，裹挟了同一空间里的刘姥姥，让刘姥姥紧张心理得到了纾解，也就是说，他们对话的放松，放松得近乎表演，给了刘姥姥如同观戏样的放松心理，也使得刘姥姥在贾蓉走后，对凤姐的言说，变得稍稍流畅起来，对此，小说是以“心神方定”来形容的。当然，这一影响也是双向的。贾蓉与凤姐间近乎撒娇的对话，并不忌讳有外人在场。但也可以说，恰恰有外人在场，他们的表现才带有了表演性质，才使得把同一空间中的旁边有人变成了旁若无人。当然，类似这样的对话并不能概括贾蓉与凤姐交往的全部，他们的对话并不总允许有外人在场，更不是都需要一种表演。所以，当贾蓉走出屋子后，凤姐突然又把贾蓉唤回。然后是贾蓉静候她吩咐，而凤姐却只管喝茶、出神，最终居然什么话都不说，就让他离去了。对此，凤姐说是“这会子有人，我也没精神了”。这样的冷场与此前的热闹，都可以理解为有外人在场。但凤姐突然在外人前的不愿说、不便说，似乎也让人觉得其另有隐情：既让人猜测其言说的内容，也让人想象她与贾蓉的一种不便为外人知晓的特殊关系。在这里，刘姥姥与贾蓉交替进入凤姐房间，在同一空间中，不但使人物的对话稍稍偏离了原有轨道，而且也营造了对话的紧张与放松、静默与热闹的两种氛围，并在两种氛围的互相碰撞或影响中，深化了我们对身处同一空间中的人物的理解。

不同于刘姥姥一进贾府，其主要活动范围局限于凤姐的房间。其第二次来到大观园，对大观园内部的各个院落有大致观感。与众人既有同处，也有隔绝的状况。如果说，当众人与刘姥姥出现在同一空间中，有意把刘姥姥作为逗乐的元素加以利用时，即便刘姥姥的言行举止与周围的人是多么不协调，但这种不协调，是作为加强大观园整体生活的最终的快乐而发生作用的。虽然总体而言，人物与之相关空间的和谐问题，并没有在刘姥姥与贾府众人间出现明显的断裂。但不得不承认，这种异质化的因素所促成的最终和谐，并不彻底。当刘姥姥酒足饭饱中误打误撞睡倒在贾宝玉的卧床时，刘姥姥之于环境的不和谐，马上得到了凸显。充溢于空间中的刘姥姥的鼾声与酒气臭气，把这样一个精致而高雅的环境给颠覆了。其作为空间意义的颠覆，是与此前把刘姥姥当笑料紧密联系的。作者似乎暗示了人们，从朴野之人中延伸出的活力，与粗鄙不可隔裂。在她可笑的言行给人增添无限乐趣的同时，其作为言行载体的空间化的肉体，与大观园这一精致且又私密化的空间其实是不和谐的，其结果，只能让袭人把她从这一空间中急急忙忙领走。耐人寻味的是，当袭人把宝玉的卧室收拾停当，而让刘姥姥在小丫头的房间暂坐片刻时，刘姥姥问她：这是哪个小姐的卧室，这么精致时，袭人的回答是："这个么，是宝二爷的卧室。"刘姥姥当时就吓得不敢作声了。这里，袭人从开头看到刘姥姥的大吃一惊，到变换空间后用一个"么"以作回答的停顿，给刘姥姥带来了惊恐的悬念，说明袭人只有把刘姥姥安置在适合于她的小丫头房间，这种空间上的妥帖不再让自己心理紧张时，她才会转而用轻松的口吻来惊吓刘姥姥。

刘姥姥生活习性与其所进入的空间反差之大，会让身处其间的人物和读者注意到这其中的断裂是十分自然的，她也并没有想要努力弥合这种断裂，而是在不同的场合保持这种断裂，把这种外在于贾府空间的那种异质性视为自己的本分，用不同于常人的装疯卖傻来博得贾府众人的一笑。相比之下，进入贾府的黛玉虽然也意识到了新环境与家中的不同，但特有的敏感和自尊让她告诫自己要步步留心、时时在意，不可被人耻笑了去。努力将自己投身于新环境中，弥合其与空间的裂痕，获得一种能够和宝玉共享的空间，成为其自觉的追求。而其酸醋之意的流露，最先隐含在对其所属空间位置可能被剥夺的焦虑中。这也是第八回"探宝钗黛玉半含酸"这段情节所主要叙述的内容。因为起始于宝玉与薛宝钗互看配饰物上的词句，而这词句又正好成对，才使得两人在同一空间的意味，有了贴身化的接近。黛玉突然的进入，其所谓"来得不巧"，通常理解为是对宝钗的妒忌。如果考虑到宝玉与宝钗此前的行为，那么这种妒忌可说是歪打正着。黛玉所说的不该来，似乎用自嘲的方式，要把自己排除在外而把宝玉与宝钗共享的空间单单留给他们两人。不过，在宝钗的步步紧逼中，其接下来的解释，却极具想象力，所谓：

> 今儿他来，明儿我再来，如此间错开了来着，岂不天天有人来了？也不至于太冷落，也不至于太热闹了。

在这里，她能够把自己不该有的那份妒忌通过一番冠冕堂皇的理由巧妙地予以消解。但更需要注意的是，黛玉的思维方式，在于通过虚拟出天天有的一种空间状态，把空间的氛围加以均质化的处理，在这样的均质化中，人的主体的特殊性，也在与均质化的空间共谋中，变成了如"你我他"那样没有个性意义的指称。排除了空间的特殊性和主体的特殊性，在一个没有隔阂的世界里，人与空间的疏离问题，自然得到了一揽子解决。尽管我不好说黛玉这样的思维方式有多大的自觉程度，但是，对共享空间的敏感，对空间中人的亲疏关系的拿捏把握和借题发挥，这样的主题，在这一回其他文字中得到了同样的表达。宝玉听宝钗的话不喝冷酒，正逢雪雁听紫鹃的话给黛玉送来手炉，黛玉借奚落雪雁来含蓄地指责宝玉，是借助了房间内的空间统一体把不同的语境组织在一起（时间上的前后相继又加固了这种联系）。接下来，黛玉把薛姨妈处与虚拟的别人家空间来加以想象性比较，又把宝玉饮酒遭李嬷嬷阻拦理解为是在外人薛姨妈处，同样拿宝玉曾在老祖宗处饮酒不受阻拦来比较。在这里，黛玉的言语既立足于薛姨妈这一空间，又引入不同空间，显示出思维始终没有胶着于同一空间。这种思维的间离，与她作为外人的身份在此空间中的焦虑，是紧密关联的，而她的借题发挥，总是要替同样有外人身份的薛姨妈来鸣不平，也不是没有潜在的自居心理的。

当然，空间统一体构成的人物联系虽然有真切而直接的感受，但这种联系毕竟抽象，有时候，通过呈现人自身的联系，既可把空间的联系予以强化，也可把人从空间固有的联系中剥离出来。第五十九回中，春燕的姨妈见春燕等摘他们家承包的柳条玩，就使气打骂春燕，莺儿上前劝解。老婆子说："姑娘，你别管我们的事，难道为姑娘在这里，不许我管孩子不成?"在这里，老婆子把自己家庭的伦理关系从众人在这同一空间关系中剥离出来，给了自己管教春燕正当的理由。但是，莺儿也毫不示弱，她的回答是："你老人家要管，那一刻管不得，偏我说了一句玩话就管他了，我看你老管去!"在莺儿看来，伦理关系固然可以从空间关系中剥离出来，但空间关系又是有时间性的，当时间的维度考虑进来时（所谓哪一刻管不得），空间关系与伦理关系就有了重合部分。所以，莺儿会以站在加进了时间之流的空间立场来看待这一切，她的一句"看你老管去"既可以理解为自己撒手不管，但也把在场的"看"的空间意味凸显出来，从而让老婆子管春燕的举动，变得不再纯粹，似乎也是对"看者"莺儿的挑衅，是存心跟她过不去。这样，莺儿在同一空间存在的事实，也如同空间中的人为阻隔物一样，让老婆子的行动变得不那么随心所欲了。

四、身体空间和心灵世界

当我们考虑人自身特具的空间特征时，其身体的空间性与心灵世界的差异性也不容忽视。就小说而言，强调这种身心空间意义上的差异，似乎是作者有意为之的。

还在小说第五回，当秦可卿把午间睡意正浓的宝玉引向自己的卧室而引起旁人议论时，可卿说："不怕他恼，他能有多大呢，就忌讳这些个。"宝玉身体与可卿床笫的贴近，似乎不应该成为众人议论的问题。然而事实是，恰恰在可卿的床上，宝玉更为成熟的心灵世界游荡在太虚幻境的情色中，并与可卿闺房的香艳氛围相互协调起来。不过，加给宝玉的"意淫"头衔，似乎表明这一梦中世界并不完全涉及肉体，考虑到宝玉的实际年龄，写宝玉最后的生理反应，所谓与袭人"同领警幻所训云雨之事"，更像是一种象征笔法。而在第三十六回中写怡红院中，当午睡的宝玉与坐在床头的宝钗有着空间的自然衔接，从而引发隔窗观望的黛玉嘲笑时，宝玉却在梦中大声喊出"和尚道士的话如何信得，什么是金玉姻缘，我偏说是木石姻缘!"这里，梦中的喊话与梦外世界的断裂，让宝钗与其身体的靠近徒具物质的形式，使薛宝钗不禁为之一怔。这种断裂，可以理解为是心灵对物质空间的超越，但当这种喊叫止于梦中时，来自外部的物质条件和礼仪空间对身体的拘管与约束，同样使这种喊叫的力量多少显得有些单薄。不过，虽然单薄，却因为无法在空间中被他人所捕捉，所以也难以根除，或者说，即便人的心灵逾闲荡检，但却很难让心灵本身受责罚。第三十三回中，贾政痛打宝玉，看似他的愤怒加之于宝玉身心全体，也希望痛楚的影响抵达其内心深处，并让他改邪归正。但宝玉在肉体承受痛苦的同时，因为有黛玉、宝钗等众人为之动情落泪，以至于心里大畅快，使得肉体受到的责罚，反促成他心理世界与他钟情者的相连。责罚肉体成了对心灵的解放，而宝玉也以肉体付出的代价，以他让渡出去的在空间中被拘管、被责罚的肉体，来求得心灵的更大自由。也是在宝玉挨打后，他向黛玉送去的两方旧手帕，一种借助于外在物的维系，让黛玉不觉“神魂驰荡”，达成了真正的心灵默契。

不同于贾政并不奏效的对肉体的直接责罚，王夫人是通过对贾宝玉和周围人的空间隔离，把宝玉的身体安置在她所认为合适的空间中。然而从宝玉立场看，他所在的贾府并不是应该安置他身体的最合适空间，其对女性的赞美与对自身作为男儿的贬斥，似乎总觉得好女儿才“配生在这深宅大院里”，自身作为须眉浊物，则不当生于此。他去袭人家见到穿红衣服的女孩引发的感叹，就表明了这一点。但是居住环境的雅致与粗俗，同人的关系毕竟是外在的，而作为身体结构的空间意义上的清浊之别，才是更本质的。所以，当他去探视被逐出大观园的晴雯而充分感受了其家宅的简陋和肮脏时，他并没有因此躲避开去，而是把晴雯留下的指甲和贴身小袄藏在了自己身边，让空间意义的身体一部分，成为彼此的情感寄托。尽管他的身体很快回到了贾府，但其对好女孩的深深依恋，使得他一方面把深宅大院视为好女儿应该依托的空间，另一方面，当她们本不在此或者从中出离时，贾宝玉也很容易从深宅大院中走出来。在秦可卿出殡的途中，宝玉随着凤姐等人折到路边一个农庄歇息时，纺线的二丫头，曾引起他无限神往，真希望跟了她走，无奈身体被马车载着快速驰离。

当然，作为空间意义的身体，并不总是与心灵处在断裂状态。小说也写出了身体所处空间的位置感、距离感以及交往中的阻隔与同处，怎样不断转化为人物的内心体验。这对于贾宝玉来说，体现得尤为明显。在“龄官画蔷痴及局外”写到的人物空间关系中，宝玉和龄官被周围的蔷薇花所阻挡，宝玉不解龄官的心灵，一如龄官不知道对面的是宝玉。但更耐人寻味的是，两人似乎都没有意识到雨水已经淋湿了自己的身子，所以当宝玉提醒龄官时，自己反要对方来提醒，说明了在同一空间里，内在的痴情是如何外化为肉体的近乎麻木的同样感受。但小说更深刻的描写在于，宝玉不能不从这种相同的感受中分离出来。在“识分定情悟梨香院”这一回，当贾宝玉以他对众女子的痴情而构想了自己所处的中心位置后，龄官对贾蔷表现出的痴情，那种旁若无人地互示情感，把自我感觉良好的宝玉推向了一个空间的边缘位置，让宝玉深受刺激，也大彻大悟，使得他不得不来重新思考其与众女子的情感关系。在这里，空间的边缘化，也让他在心理上重新定位了自己。

这种外在的身体位置关系向心灵体验的转化，既是小说所描写的贾府中贾宝玉等众多人物的生动体验，也是书外之人曹雪芹的真实处境。如同石头在人世的遭遇最终转化为一种心灵的印记，并使得这种印记具有了更久远的意义，250年以后，当曹雪芹与我们后人阻隔在不同的空间后，他留下的心灵世界的伟大印记——《红楼梦》，却始终与我们在同一个世界里共存。

| 本文作者：上海师范大学中文系教授

《红楼梦》中“太平命案”的脉络和意蕴

郑铁生

“太平命案”① 是《红楼梦》悲剧中的一个重要节点。第八十五回开始的薛蟠“太平命案”，像一根明线串联着诸多叙事内容，并断断续续地披露着案情，贯穿了长达三十五个章回，直至《红楼梦》的结尾。这在《红楼梦》叙事结构中是绝无仅有的一笔。薛家并不是《红楼梦》叙事结构的重心，但曹雪芹宕开一笔，在四大家族风雨飘摇的大背景下具体写薛蟠“太平命案”，并以此为脉络，对内串联起四大家族的破败、死丧和落魄，是对封建上流社会贵族之家贾、史、王、薛“连络有亲，一损俱损”的艺术再现。对外则披露统治阶级自下而上的官吏“寻租”，揭示封建政权结构性的腐败。内外没落，相互辉映，说明贾、史、王、薛四大家族的悲剧命运不是个案，而与封建时代吏治、法制的黑暗是共生的，与封建专制下结构性的腐败是同质的，完成了《红楼梦》悲剧的意蕴。因此，无论对认识《红楼梦》的悲剧结构，还是对判断后四十回是《红楼梦》整个生命有机体的一部分，都有着重要的意义。

一、薛家两次命案折射出《红楼梦》叙事的脉络和走向

《红楼梦》开篇就点明了贾、史、王、薛四大家族的特征：“皆连络有亲，一损俱损，一荣俱荣”，其实这是平面图介绍。而《红楼梦》的立体结构则是以薛蟠命案拉开的序幕，薛家进京投靠贾家，即荣国府，形成薛家为偏贾家为主的叙事结构模式。王家、史家则处于叙事结构模式的背景上，其一兴一衰的演化都放到贾家来叙说，都在一偏一主的叙事结构模式中透视展示。这个特点直到第八十五回薛蟠“太平命案”才有更鲜明的展现。

从《红楼梦》整个叙事进程的推进来看，两次命案相隔八十多个章回，已跨越故事全过程的三分之二。“葫芦案”是在“元妃省亲”前六年，“太平命案”是在“贾府被抄”的前一年，而“元妃省亲”至“贾府被抄”是五年，这样算来，两次命案相隔叙事时间大约是十年。这十年正是贾府“虚架子”衰败逐渐由内到外的暴露过程。“叙事时间是非常重要的，我们看每一篇叙事文章，就会发现时间的重要性在于它牵引着叙事者和读者的注意，操纵着文本展开的脉络。没有脉络就没有生命，没有注意就没有对生命的关怀和理解。”② 薛家依附贾家始于“葫芦案”，此时的贾家正如冷子兴所言已内囊尽上，但被“虚架子”撑着，掩映在奢侈豪华、纸醉金迷之中。当《红楼梦》的故事演进到叙事结构的黄金分割线之后，“虚架子”撑不

---

① 文中《红楼梦》有关章回、文字皆依据曹雪芹著、无名氏续《红楼梦》，人民文学出版社2008年版，下不另注。

② 杨义：《中国古典小说的叙事原则》，《河南大学学报》2004年第9期。

住了。贾、史、王、薛“一损俱损”，都进入衰败的转折阶段，从第七十九回开始，集中笔墨描写多事之秋的薛家的“窝里斗”，薛蟠娶妻，其妻夏金桂大闹夫家，弹压薛蟠，压制宝钗，蹂躏香菱，勾引薛蝌，与薛姨妈拌嘴……故事连连发生，其中“太平命案”是这一阶段的中心事件。

薛蟠“葫芦案”发生在《红楼梦》开篇，作者的叙事目的是透过这个案子，展示贾家、王家在上流社会的权势熏天。而案子本身并没有过细的展开，只有当和“太平命案”联系起来，对比来看，才产生更深刻的意蕴。薛家是贾府的影子，薛家的彻底败落始于薛蟠太平命案，也是贾府衰败的前夜。第八十五回众人群贺贾政升迁，正大摆宴席的时候，传来了薛蟠打死人一事。薛姨妈急忙回家，先打发薛蝌带上银子去打点。薛蝌刚走，那夏金桂便哭闹起来：“平常你们只管夸他们家里打死了人一点事也没有，就进京来了的，如今撺掇的真打死人了。平日里只讲有钱有势有好亲戚，这时侯我看着也是唬的慌手慌脚的了。大爷明儿有个好歹儿不能回来时，你们各自干你们的去了，撂下我一个人受罪！”这埋怨话不仅道出实情，而且入木三分。薛家虽然富足，毕竟是寡妇带着两个子女，没啥社会地位，只好靠着姨妈贾家和舅舅王家这两家的权势。因此，透过发生在薛蟠身上的两次命案叙事脉络，便可以折射出薛家的靠山——昔日之威，炙手可热；如今势微，自身难保。这是一个层面。另一个层面则是透视封建时代吏治、法制的黑暗。“葫芦案”的叙事脉络是以官吏判案为主展示司法诉讼的过程，被审一方几乎连面都没露。薛蟠为和乡绅之子冯渊争夺一个丫头而大打出手，命仆从将冯渊打个半死，不久冯渊一命呜呼。薛蟠却像没事人一般带着家眷扬长而去。冯渊的家人将薛蟠和他的手下告上衙门，但是当地知府却不敢为冯渊申冤，将案子一直拖着，是因为惧怕薛家背后的势力。薛蟠在贾、王两府权势的荫蔽下逍遥法外，视人命官司如儿戏。贾雨村补任应天府尹后，徇私枉法，乱判葫芦案，趁机贴近了贾府。审案过程中借小门子的话反映了贾、史、王、薛四大家族上通朝廷，下联州县，权势炽盛，构成了专制政权下的封建统治网络。特别是王家和贾府的地位在上流社会官僚体系中有着很大的影响力。如门子所言：“一时触犯了这样的人家，不但官爵，只怕连性命还保不成呢！……这件官司并无难断之处，皆因都碍着情分面上，所以如此。”

在宦途失势又重新爬上来的贾雨村对此，岂能不心知肚明，刻骨铭心。他接受了在宦海沉浮中被革职的教训，一心想在互相倾轧、暗潮迭起的官场上立足。多年来他一直寻找可以攀附、依靠的大树，而贾、王两府正是这样的靠山。何况他这次夤缘上任还得力于贾、王两府，岂能不主动献媚邀宠，巴结权贵。案子刚一了断，他就急忙作书信二封，分别给贾政和王子腾报平安：“令甥之事已完，不必过虑。”不难理解这是贾雨村依附强大权势来做自己的保护伞，伺机往上爬的举动。这不是什么官吏的品质问题，而是官场的潜规则，每一个层面的官吏几乎都是围绕着封建专制运转，上仰权贵鼻息，俯首帖耳，对下麻木不仁，草菅人命。“在这种情势下，官僚或官吏就不是对国家或人民负责，而只是对国王负责。国王的语言，变为他们的法律，国王的好恶，决定了他们的命运（ 官运和生命）、结局，他们只要把对国王的关系弄好了，或者就下级官吏而论，只要把他们对上级官吏的关系弄好了，他们就可以为所欲为地不顾国家人民的利益，而一味图其私利了。”① 而“下”对“上”仰其鼻息，何时何地闻之得势，则趋之；何时何地闻之失势，则去之。通过他们的脸色、态度、以至哼哈应对的变化，就可以折射出“上”的权贵地位的微妙变化和大势所趋。这才是我们认识的要点——官场潜规则。因“葫芦案”只涉及两个官吏，一个是拖着，一个是媚上，对官场潜规则表现得还不够突出。

第八十五回的“太平命案”则不同了，此时的贾府正值风雨飘摇之际，只有招架之功，没有回天之力，何能顾及他人。而正是这样的大背景下，薛蟠又惹出了大麻烦。叙事脉络则放在受审的一方，写其惊恐、奔走、贿赂、疏通、等待、无奈。显示在“贾府被抄”的前一年，已自身难保，薛家自怨自受。案件刚发时，太平县知县已经得知了薛蟠的家世背景，却想着法子，索取贿赂。送信人告诉薛姨妈：“县里早知我们的家当充足，须得在京里谋干得大情，再送一分大礼，还可以复审，从轻定案。太太此时必得快办，再迟了就怕大爷要受苦了。”直言当地知县索贿之意，可见，太平县吏丝毫没有畏惧四大家族权势之意。此时薛姨妈一心为儿子，只得一边取银子支应，一边请托贾政。贾政问了情况，一则薛家与贾家是两姨之亲，二则未来的亲家母张口了，“也只好含糊应了”。不知是碍于情面应付薛姨妈，还是太平县知县不领情，从后来的情形来看，太平知县并没有买账。“薛姨妈恐不中用，求凤姐与贾琏说了，花上几千银子，才把知县买通。”太平知县开庭将薛蟠罪“斗杀”改判为“误杀”。而从此后的道台、节度使和刑部的态度来看，他们也没顾及皇亲勋旧的贾府，反而乘机刁难。种种迹象说明，此时的贾府已经是昨日黄花，不再像以前那样“赫赫扬扬”。贾府势衰使贾政心中也没了底气，行事上变得小心翼翼，如履薄冰，不敢贸然出头，替薛蟠疏通这次案件。第九十一回薛蟠的一封告急家书道出，太平县将案件审理结果上报给府中，府里又将太平县为薛蟠开脱死罪的报告“准详上转”至道台，而道台拿在手里，却不买账，并将知县申饬。究其原因，乃是“没有托到”，自然是指银钱贿赂不到位。薛姨妈无奈，又来求王夫人，王夫人又求贾政。贾政道：“此事上头可托，底下难托，必须打点才好。”其实，贾政这是托词，他既没有可托之人，又恐受到牵连，担惊受怕，只得让薛家再用大笔的银子去买通道台，这才得到道台的准允。

第九十九回“守官箴恶奴同破例，阅邸报老舅自担惊”中写道，贾政一日在公馆闲坐，无意看到了刑部邸报一本。“为报明事，会看得金陵籍行商薛蟠——”贾政便吃惊道：“了不得，已经提本了！”遂用心看下去，是“薛蟠殴伤张三身死，串嘱尸证捏供误杀一案”。贾政一拍桌道：“完了！”只得又看，底下是：据京营节度使咨称：缘薛蟠籍隶金陵，行过太平县，在李家店歇宿，与店内当槽之张三素不相认，于某年月日薛蟠令店主备酒邀请太平县民吴良同饮，令当槽张三取酒。因酒不甘，薛蟠令换好酒。张三因称酒已沽定难换。薛蟠因伊倔强，将酒照脸泼去，不期去势甚猛，恰值张三低头拾著，一时失手，将酒碗掷在张三囟门，皮破血出，逾时殒命……这份抄件全文引述了京营节度使综合了道府州县上交的承审材料之后，

---

① 王亚楠：《中国官僚政治研究》，中国社会科学出版社1981年版，第22页。

所提出的"候详"报告，称：发案时薛蟠并未骂张三，同时也不存在"举碗砸张"和"张三伸头叫砸"的事实。张三之死，实系"薛蟠因伊倔强"，不肯换酒而突发暴性，"将酒照张三脸上泼去……将酒碗砸在张三囟门，皮破血出，逾时殒命"。这些案发原状记录，经节度使审查核实，并据以作出了结论，认定"薛蟠实系泼酒失手，掷碗误伤张三身死，将薛蟠照过失杀人，准斗杀罪收赎"。但是刑部对案件进行审查时，发现各犯证词前后不符，于是又令节度使审明实情，重新上报。节度使复查后的结果是"薛蟠因张三不肯换酒，醉后拉着张三右手，先殴张三腰眼一拳，张三被殴回骂，薛蟠将酒碗掷出，致伤囟门深重，骨碎脑破，立时殒命。是张三之死，实由薛蟠以酒碗砸伤甚重致死，自当以薛蟠拟抵"。贾政看过刑部对这次案件提本的抄件后，便暗自担惊，生怕"因薛姨妈之托，曾托过知县，若请旨革审起来，牵连着自己，好不放心。即将下一本开看，偏又不是。只好翻来复去将报看完，终没有接这一本的。心中狐疑不定，更加害怕起来"。贾政的举止、心理、情绪等反映，正是四大家族逐渐走向了衰微的直接体现。贾政忐忑不安，以至和管门的李十儿相商，李十儿劝慰贾政说："老爷放心。若是部里这么办了，还算便宜薛大爷呢。奴才在京的时候听见，薛大爷在店里叫了好些媳妇，都喝醉了生事，直把个当槽儿的活活打死的。奴才听见不但是托了知县，还求琏二爷去花了好些钱各衙门打通了才提的。不知道怎么部里没弄明白。如今就是闹破了，也是官官相护的……"

李十儿是一个奸猾的仆役，他的"官官相护"一句话，暗示出刑部也曾受贿。只不过当时没有弄清楚薛家花钱是要为薛蟠买个"死罪开脱"，而误认为是"拟绞监候"，给了个准其死中求活的结论，便就此撒手不管。薛姨妈急的又托人花大把银子打点，却不中用，照旧将薛蟠定了个死罪，等候秋天大审。整个"太平命案"案件的审批过程，从县到府，再到道台、节度使、刑部，可谓重重难关，每一道关卡发难，都可能会导致薛蟠丧命。"太平命案"让薛家费尽了周折，花掉大把银子，却始终没能像"葫芦案"那样轻易逃脱。贾政担心薛蟠命案会对自己有挂碍，忙着人回京到吏部打听。得知知县判定的"误杀"不但被驳回，还被刑部参了一本"薛蟠殴伤张三身死，串嘱尸证捏供误杀"，将薛蟠依《斗杀律》拟绞监候，等待秋天大审，太平县知县也被革职，吴良作伪证被杖责流放，贾政才放心。

二、"太平命案"折射出四大家族的破败之势

"太平命案"从第八十五回至百二十回，时断时续，跨越三十五个章回，愈是突出叙事的过程，愈是彰显叙事内容的气脉、艺术生命的律动、叙事脉络的节奏。假如说"葫芦案"目的是展示贾、史、王、薛四大家族"连络有亲，一荣俱荣"，那么，"太平命案"则揭示四大家族"一损俱损"。"太平命案"之后，四大家族中死亡、破败的事情接二连三。悲凉之雾，四处弥漫，已病入膏肓，显示出衰微的征兆。

"太平命案"串联的对贾府打击最致命的有三件事。第一件事，第九十五回元妃病危，贾母等"遵旨进宫，见元妃痰塞口涎，不能言语，见了贾母，只有悲泣之状，却少眼泪……少

时，元妃目不能顾，渐渐脸色改变”。元妃之死，贾府与皇室的一条线断了。英年早逝，这不仅仅是她个人的悲剧，也意味着贾府这一皇亲国戚的靠山彻底坍塌了。也许元春的入宫并不意味着贾家权势的提升，但是有这样一个亲人在皇上身边，毕竟还有虚华荣耀罩着贾府。当年贾府不惜倾其家底打造大观园迎接元妃省亲，还不是显赫皇亲国戚的气派。用贾母安慰元春的话说“娘娘不用悲伤，家中已托着娘娘的福多了”。因此，元春病危势必会成为贾府衰败的隐线。

第二件事，第九十五回喜讯传到贾府，王子腾升官了。在王夫人处，“贾琏进来请安，嘻嘻的笑道：‘今日听得军机贾雨村打发人来告诉二老爷说，舅太爷升了内阁大学士，奉旨来京，已定明年正月二十日宣麻。有三百里的文书去了，想舅太爷昼夜趱行，半个多月就要到了。侄儿特来回太太知道。’王夫人听说，便欢喜非常。”王夫人喜的是娘家人升迁，自己的腰杆就更粗了。而对于贾府真正的意义，是巩固、扩大了权势的范围，所以贾琏一听到信儿就非常兴奋。可还没高兴几天，第九十六回又传来王子腾暴死的信息，“贾琏打听明白了来说道：‘舅太爷是赶路劳乏，偶然感冒风寒，到了十里屯地方，延医调治。无奈这个地方没有名医，误用了药，一剂就死了……’王夫人听了，一阵心酸，便心口疼得坐不住。”王家处于贾家为主薛家为偏的叙事结构模式的背景下，其一兴一衰的信息都通过王夫人、王熙凤言行透视和展示。现在王家唯一的顶梁柱坍塌了，他是王夫人和薛姨妈的哥哥，薛蟠的母舅，对薛家影响颇大。王子腾在书中从未正面出现，却又若隐若现通过他人的介绍，始终贯穿全书，像一个关键的棋子制约着王家、薛家的格局和走势。令人不解的是，当年在薛蟠第一次命案之前，王子腾曾主动邀薛姨妈一家上京，以便约束教管薛蟠，后帮着贾雨村复官，颇显权势。而从第八十五回“太平命案”发生，到第九十六回王子腾之死，长达十回、叙事时间近一年里，却始终没有出现他的只言片语。不详之兆，隐没其里。王子腾死后，海疆御史参了一本，说王子腾在任时留下大量亏空，虽本人已死，应要求其弟王子胜和侄子王仁赔补。王仁投奔贾府，希望从王熙凤那里得些帮补，分些妹子的遗物和私房钱。可见，王家已经败落到了没有了立足之地。在要求不被满足的情形下，王仁竟然狗急跳墙，串通贾环卖掉自己的亲外甥女巧姐。还有一点，王子腾死后，曾经在荣国府无限风光的管家奶奶王熙凤，地位也一落千丈。虽然不排除王熙凤放高利贷而获罪、“抱病致羞惭”的因素，但她最终落得个“力绌失人心”、“哭向金陵事更哀”的悲惨结局，与王子腾去世、没了娘家的靠山也有直接关系。

《红楼梦》第九十五回、九十六回出现元妃之死、王子腾之死，意味着贾家、王家出现不可逆转的衰败之势。如果说“元妃省亲”时，四大家族中的贾、王家尚不能说衰败的话，还支撑着烈火烹油、鲜花着锦之盛的“虚架子”，那么元妃、王子腾之死则是衰败的转折点，四大家族都因此而败絮其外、风雨飘摇……

第三件事，薛家用银子和权力进行交换。如果说薛蟠在第一次命案中的逍遥法外，是王家、贾家的权势辐射的效应，那么薛蟠第二次命案的死里逃生，则彻头彻尾用金钱与权力交换，整个过程一直用银子打点。从第八十五回到一百回分几层叙述了薛家与官府的勾结，白银与权力交换、腐败与破败共存。薛家算是殷实的贵族，要是贾家恐怕早就囊中羞涩了。早在七十一回贾母过生日，贾琏手头缺银子，已向鸳鸯商议偷出贾母不用的器具变换现钱。“太平命案”使本来已经走下坡路的薛家经济遭受了更加严重的打击，第一百回薛姨妈向薛宝钗哭诉，为了薛蟠的官司：

京里的官商名字已经退了，两个当铺已经给了人家，银子早拿来使完了。还有一个当铺，管事的逃了，亏空了好几千两银子，也夹在里头打官司。你二哥哥天天在外头要账，料着京里的账已经去了几万银子，只好拿南边公分里银子并住房折变才够。前两天还听见一个荒信，说是南边的公当铺也因为折了本儿收了。

这一番话道出了薛家经济上陷入困境。因此，从某种意义上来说，薛家的败落才算走到了“一损俱损”的地步。

史家用贾母的话说，前几年就垮了。《红楼梦》中没有进行明确的描写，只提到史湘云父母早逝，靠两个叔叔史鼐和史鼎来养育。但生计已经是十分艰难了，家中尽量减少使用下人，许多针线活儿都是史湘云和婶母们亲自动手，并且常常做到深夜。显然史家这时候的官位也高不到哪里去。贾家的破败、死丧、没落也在加剧，“查抄宁国府”、“弹劾平安州”的事件接连发生。第一百零五回贾府被抄，宁国公、荣国公的爵位被削、宁国府和贾赦、凤姐的家产被抄，仅保住了荣国府贾政这一支脉。虽不能说是灭顶之灾，但也是摧败了贾家的基业。从此悲凉之雾笼罩这个百年望族，死丧之事，频频发生，贾母之死、凤姐之死、宝玉出走、惜春落发……这一切都标志着四大家族“一损俱损”，他们是一代不如一代的元老集团世家，世袭制为他们带来纸醉金迷，同时也敲响了丧钟。做官者或昏庸无能，诚惶诚恐；或寻欢作乐，醉生梦死。政治堕落，经济衰败，加上子孙不肖，后继无人，注定是悲剧。

徐迟在《红楼梦艺术论》指出：

《红楼梦》写出了整个封建社会末世各阶级和阶层的总和。最大的奴隶主是皇帝。小说中列举了皇帝、后妃、皇亲、国戚、公侯伯子男爵、将军、内部各部朝臣、文武百官和外省的政权机构大员酷吏以及所谓内监的特殊势力。

……

以上说的是和四大家族有来往的奴隶主贵族，秦可卿一死，全都出来了，或送殡、或路祭。他们形成了一股联合在一起的政治集团，大体上属于元老派，或皇家集团。他们中间，曹家和北静王水溶的关系最好。这北静王显然是这个集团的首领。①

① 徐迟：《红楼梦艺术论》，上海文艺出版社 1980 年版，第 17 页。

四大家族是元老派，算是一代不如一代的元老集团世家，世袭制为他们带来纸醉金迷，同时也敲响了丧钟。对于《红楼梦》中元老派集团来说，失去任何一个重臣，都会导致四大家族官僚集团的政治势态随之发生倾斜。元妃、王子腾，从人物形象来说，他们没有多少性格，只是一个政治符号，但从拓展叙事进程来说，无论他们兴还是亡，都会推进叙事结构的演进，能够起到拓展情节深度和广度的作用。

三、薛蟠命案揭示了封建专制社会结构性的腐败

薛蟠两次命案都把视野焦点集中在封建专制社会的法制和吏治的节点上，如果说薛蟠第一次命案只出现一个贪赃枉法的官吏贾雨村，而且还有报恩的因素在内，那么薛蟠第二次命案就大大不同了。“太平命案”的全过程，可以说全部是靠银子来铺路。从县到府，再到道台、节度使、刑部每一道关卡若不送银子，就不能打通关节。“司法诉讼是一方沃土，它能培育出公理和正义之花，也随时在滋生非理和邪恶之果。司法诉讼的过程，也就是国家行使审判权的过程。审判权是一种由国家独占而又绝对的权力，所有是非曲直以及生杀予夺都由它来决定。同时，权力又是产生腐败的温床，所谓绝对的权力产生绝对的腐败。当然，腐败作为一种现象，更多的时候落实在行使权力的主体身上。”① 官吏利用手中的权力“寻租”，在职权范围内大肆敛钱受贿，虽不易被人察觉，但会导致国家政权层层腐败，这是一种结构性的腐败，是一种隐性的腐败。薛蟠第二次命案中太平县知府是权力“寻租”的典型，在一审时得知薛蟠身份之后，便故作正义之态，早早将薛蟠以“斗杀”罪名监禁起来，实则变相勒索受贿。薛家“捞人”过程的焦点是将“斗杀”改为“误伤”，这样才可以免薛蟠一死。在改轻罪行过程中，表面上抓住吴良这一涉案证人和尸格的主要物证，实质上突出了金钱与权力的交换这一要害。在银子杠杆的作用下，才买通了层层官衙。第一百回“且说薛姨妈为着薛蟠这件人命官司，各衙门内不知花了多少银钱，才定了误杀具题。原打量将当铺折变给人，备银赎罪。不想刑部驳审，又托人花了好些钱，总不中用，依旧定了个死罪，监着守候秋天大审。薛姨妈又气又疼，日夜啼哭”。最后，在皇帝大赦天下的时候，薛家才又花钱买通了刑部，将薛蟠捞了出来。这一叙事过程勾勒了一个从下到上的贪官群丑图。“国家之败，由官邪也。”结构性的腐败是专制社会司空见惯的现象，并不是个人的行为。古往今来，官吏，尤其是司法官吏的腐败，不惟侵蚀蠹害国家肌体，更会滋起天怒人怨，从根本上动摇整个统治的根基。

“太平命案”叙事时间延伸了一条悲剧的脉络，不只展示薛家一个悲剧，同时还折射和贯穿了贾、王、史几家的悲剧，如同深沉哀婉的交响曲，大大小小的悲剧组成各种错落有致的音符。这悲剧音符内涵无论是性格悲剧、爱情悲剧，还是人生悲剧、人性被扭曲、灵魂被毒害的悲剧，亦或是赤裸裸的暴力凌辱所造成的悲剧，总之，展示了一个多重层次、又互相融合

---

① 马作武、何邦武：《中国古代司法腐败的防治机制及其启示》，南京大学《法律评论》1999年春季号。

的悲剧世界。长期以来，学者论述贾、王、薛、史四大家族的悲剧命运，便直接宣告《红楼梦》悲剧描写成功。其实大不然，四大家族的悲剧说到底也是个案，与庞大的封建上流社会相比，只是其中很小很小的一部分。只有以整个封建专制结构性腐败这一必然性为社会大背景，才能显现《红楼梦》悲剧的历史深广度，才是真正意义上的时代悲剧、历史悲剧。

| 本文作者：天津外国语大学教授

试论《红楼梦》中转述语的变异模式

王　彬

讨论小说话语，无非是讨论两种话语类型，即：叙述语与转述语。叙述语属于叙述者，转述语属于文本中的人物。依据从描述到模仿的渐进性等级关系，转述语大致可以分为四种类型：

第一种，直接话语，在转述语之前有主语、谓语和引词（冒号、引号）。引号内出现第一人称。由于引词的作用，转述语与叙述语被分离开来。转述语具有独立性。转述语被人物主体所控制。

第二种，间接话语，转述语之前有主语、谓语，无引词，转述语不出现第一人称，由于谓语的作用，转述语具有相对的独立性，可以被理解为是叙述者对人物话语的模仿。

第三种，自由间接话语，转述语之前无谓语，无引词。转述语失去了独立的姿态，被改造为叙述语的一部分。

第四种，自由直接话语，转述语之前无谓语、无引词，但转述语中出现了第一人称。换言之，人物主体将叙述语改造为转述语。

此外，还可以出现第五种类型，即亚自由直接话语，在转述语之前有谓语，有逗号，无引词，在转述语中出现了第一人称。这种亚自由直接话语是我国当下小说中极为流行的模式。

本文以此为基准，对《红楼梦》中的转述语进行简短讨论。

一、残缺的直接话语

众所周知，作为拟话本的中国古典白话小说是从书场演化来的，反映在转述语上，因为没有西式引词标记，故而在转述之前通常要加以“道”或“说”之类的谓语，从而将叙述语与转述语分割开来。但是，也有例外。为了说明这个问题，我们枚举几例。同时，为了更好地进行分析，在下面的引文中，我们摒弃新式标点，而以传统的圈点形式断句。

行者上前。一把揪住道。是什么山。八戒道。是石头山。什么洞。道。是石头洞。什么门。道。是钉钉铁叶门。①

这是《西游记》第三十二回孙悟空与猪八戒的一段对话。在“什么洞”与“什么门”之前，既无主语也无表示“说”的谓语。这种在西洋小说中常见的现象，在中国古典小说中却极为少见。道理很简单，因为，在前者有引词而作为疏离标记，后者则无，从而难以将转述语与叙述语分离，故而罕见。当然，也不是罕见到只有孤例。《水浒传》第三十四回，宋江带领花荣、燕顺等人投奔梁山，半路上在一处酒店吃饭。因为宋江带的人多，小二请一个大汉让出大座头改换小座头，那个大汉便是石勇。石勇非但不让，反而焦躁起来，说他天下只让两个人，其他人只做脚下的泥。这两个人是谁呢？

那汉道。一个是沧州横海郡柴世宗的孙子。唤做小旋风柴进柴大官人。宋江暗暗地点头。又问那一个是谁。那汉道。这一个又奢遮。是郓城县押司山东及时雨呼保义宋公明。宋江看了燕顺暗笑。燕顺早把板凳放下了。老爷只除了这两个。便是大宋皇帝也不怕他。②

此处，在“老爷只除”之前既无主语也无谓语，金圣叹认为是由于插进了燕顺的动作，是“接上文连说……乃夹叙法耳。”

智深走到面前。那和尚吃了一惊。跳起身来便道。请师兄坐。同吃一盏。智深提着禅杖道。你这两个如何把寺来废了。那和尚便道。师兄请坐。听小僧。智深睁着眼道。你说。你说。说。在先敝寺十分好个去处。”

“在先敝寺”之前无人物主体，只有谓语“说”作为转述语的独立标记。虽然同上举既无主语也无谓语仍有区别，但在中国古典白话小说中也还是少见。因为少见，金圣叹批道：“章法奇绝，从古未有。”对于这种转述语的方式，他的解释是：“‘说’字与上听小僧，本是接着成句，智深自气忿忿在一边，夹着你说你说耳。”认为原是一句如同上举石勇所说，转述语被切断了。对这个解释，我总疑心是金圣叹删改之后的自我称赞。因为，在万历袁无涯的刻本中，“在先敝寺”之前有“那和尚便道”，主语与谓语十分完整。

以上所举，均属于转述语残缺。这样的转述语模式在《红楼梦》中也不乏其例，具体的

① 见《西游记》第三十二回，三秦出版社 1992 年版。在此回中，八戒与行者对话之前有八戒的一节演习。八戒在演习时是这样说的：“我这回去，见了师父，若问有妖怪，就说有妖怪。他问什么山，我若说是泥捏的，土做的，锡打的，铜铸的，面蒸的，纸糊的，笔画的，他们现说我呆哩，若说这话，一发说呆了；我只说是石头山。他问什么洞，也只说是石头洞。他问什么门，却说是钉钉的铁叶门。他问里边有多远，只说入内有三层。再问门上钉子多少，只说老猪心忙记不真。已编造停当了，哄那弼马温去！”有了这个背景，在上举例中去掉引词，也就可以理解，因为不必担心读者由于引词的缺乏而发生不解。

② 见《水浒传会评本》第三十四回，北京大学出版社 1981 年版。下面的引文也见于此。

表现是：

（一）缺失主语

在《红楼梦》第六十一与六十二回中，柳家的女儿五儿被冤枉偷了东西，凤姐听说此事，吩咐平儿把柳家的打四十板子，撵出去，永远不许进二门；五儿也打四十板子，“立刻交给庄子上，或卖或配人。”但是平儿并没有马上处理，经过调查洗清了五儿的冤枉。而那些与柳家的不合的人听说以后，十分高兴，立即钻进其原来负责的厨房工作，结果是竹篮子打水一场空。

> 那秦显家的好容易等了这个空子钻了来。只兴头了半天。在厨房内正乱接收家伙。米粮。煤炭等物。又查出许多亏空来。说。粳米短了两石。常用米又多支了一个月的。炭也欠着额数。一面又打点送林之孝家的礼。悄悄的备了一篓炭。五百斤木柴。一担粳米在外边。就遣了子侄送入林家去了。又打点送帐房的礼。又预备几样菜蔬请几位同事的人。说。我来了。全仗列位扶持。自今以后。都是一家人了。我有照顾不到的。好歹大家照顾些。①

“粳米短了两石”与“我来了”之前均无人物主体，只有表示人物说话的动词“说”。当然根据“那秦显家的好容易等了这个空子钻了进来”的语境，“粳米短了两石”之类，可以理解为避免啰嗦而对人物主体进行省略，但反映在文本上却造成了转述语的残缺。而“说。我来了。全仗列位扶持。自今以后。都是一家人了”等等，当然也可以理解为今之流行的亚自由直接话语，也就是说，在这里出现了第五种转述语形式。

（二）缺失谓语

在第八十回，薛蟠的妻子夏金桂虐待香菱，辖制薛蟠，气得薛姨妈“身战气咽”。

> 说着。命香菱。收拾了东西。跟我来。一面叫人。去。快叫个人牙子来。多少卖几两银子。拔去肉中刺。眼中钉。大家过太平日子。

依常规，“命香菱”与“一面叫人”之后应该加上“道”或“说”。而这里却统统缺失。之所以出现以这些残缺的直接话语，究其原因，与作者对书场格局的认知有关。在书场，说书人在模拟人物说话时只需改变口吻，便可以将叙述语与转述语区分开来，不必非以“道”或“说”作为疏离标志。而多以“道”或“说”作为标记，实则只见于拟书场格局的小说。因为，从书场（口头）到案头（书面），作者没有了改变口吻的可能，便只有另寻标记，这就

---

① 蔡义江：校注本《红楼梦》，浙江文艺出版社1993年版，本篇引文均出自于此。

是中国古典白话小说满篇皆是“道”与“说”的原因。《红楼梦》采取精简之法，对直接话语进行残缺处理①，从而呈现出一种对拟书场格局的疏远策略，是应该引起我们注意的。

二、“如此这般”的间接话语

中国古典白话小说的叙述者是显身叙述，即使在进行转述语时也有时显身切入。《醒世恒言》收有一则《勘皮靴单证二郎神》的短篇，这是一则著名的公案小说，讲述一个道人冒充二郎神而奸骗了皇帝的妃子，最后被官府捕获的故事。这个妃子借居在太尉府里，出了这样大不敬的事情，太尉自然难逃干系，于是向蔡太师请教。

> 太尉自打轿到蔡太师府中。直至书院里。告诉道。如此如此。这般这般。终不成恁地便罢了。也吃那厮耻笑，不成模样。②

谓语后面的“如此如此。这般这般”显然出于叙述者，是间接话语，是太尉向蔡太师讲述事情的经过。而在这里，为了避免重复采取了精简模式。这样的模式在《红楼梦》中也不乏其例。第二十三回，大观园里的玉皇庙与达摩庵各有十二个小道士与小沙弥，贾政准备把他们分派到各个庙里去。“不想后街上住的贾芹之母周氏，正盘算着也要到贾政这边谋一个大小事务”给贾芹，便与凤姐说了。“凤姐因见她素日不大拿班做势的，便依允了。”而贾琏却把这个差事许给了贾芸，于是二人产生了歧义。

> 凤姐一把拉住。笑道。你且站住。听我说话。若是别的事我不管。若是为小和尚们的事。好歹依我这么着。如此这般教了一套话。

在此之前，凤姐已经通过王夫人向贾政疏通，不把这些小和尚、小道士分到各庙里，而是把他们集中到家庙铁槛寺，“月间不过派一个人拿几两银子去买柴米就完了”。凤姐对贾琏“如此这般教了一套话”，便是这个意思。而在第六十八回，也出现了这样的模式。

> 且说贾蓉等正忙着贾珍之事。忽然有人来报信。说。有人告你们。如此如此。这般这般。快作道理。

因为贾琏私娶尤二姐，凤姐唆使二姐原来许配的张华去察院打官司。“如此如此。这般这般”便是此意。这两个例子均将转述语的内容省略，从而消泯了本应出现的间接话语。应当

---

① 缺少谓语与引词的直接话语，当然就是自由直接话语，在这里我们只是从残缺的角度进行讨论。

② 见《醒世恒言》中的《勘皮靴单证二郎神》，人民出版社 1956 年版。

指出“如此这般”，既可以是对往事的省略，也可以是预述概括。同样是在《红楼梦》，第六十七回，凤姐在知道贾琏偷娶了尤二姐之后，把所有人都打发出去，一个人坐在屋里“将前事从头至尾细细的盘算多时。”想出了个一计害三贤的狠主意，“自己暗想。须得如此如此方妥。”第二天，凤姐去小花枝巷把尤二姐骗到大观园，指使家人旺儿与张华去察院告状，自己去宁国府撒泼，等等。最后的结果是迫使尤二姐吞金自尽。无论是对以往还是对日后发生的事件，“如此这般”都是将间接话语改造为公式化的模式，而且为了叙述简便，即使在人物说话时，叙述者仍然可以毫不顾忌地介入，以“如此这般”代替间接话语所应表述的内容。

三、直接话语倒装

第二十九回，贾母带宝玉、黛玉、宝钗等人到清虚观打醮，张道士拿着一只盘子，将宝玉项下的通灵玉请下来，“托出去给那些远来的道友并徒子徒孙门见识见识。”待贾母等人游玩以后，张道士又托了盘子上来，把通灵玉还给宝玉，说：“众人托小道的福，见了哥儿的玉，实在可罕，都没有什么敬贺之物，这是他们个人传道的法器，都愿为敬贺之礼。”贾母看见一个赤金点翠的麒麟说：“这件东西，好像我看见谁家的孩子也戴着这么一个。”宝钗笑道：“史大妹妹有一个，比这个小些。”宝玉听见史湘云有这样东西，便把这个麒麟揣在怀里。为了这件事，第二天，宝玉与黛玉发生争执，黛玉哭个不停而“不胜怯弱”。

> 宝玉见了这般。又自己后悔方才不该同她较证。这会子她这个光景。我又替不了她。心里想着。也由不得滴下泪来。

分析上面引文，“宝玉见了这般。又自己后悔方才不该同她较证。这会子她这个光景”，是出于叙述者的叙述语；“我又替不了她”是宝玉的直接话语；“想”是谓语，而“心里想着”则具有名词意味，与“也由不得滴下泪来”，成为叙述语的组成部分。

第三十二回，黛玉去怡红院看望宝玉，恰好史湘云在劝宝玉“学些仕途经济的学问”，宝玉很不高兴，对史湘云说：“林妹妹不说这样混账话，若说这话，我也和她生分了。”

> 林黛玉听了这话。不觉又喜又惊。又悲又叹。所喜者。果然自己眼力不错。素日认他是个知己。果然是个知己。所惊者。他在人前一片私心称扬于我。其亲热厚密。竟不避嫌疑。所叹者。你既为我之知己。自然我亦可为你之知己矣。既你我为知己。则又何必有金玉之论哉。所悲者。父母早逝。虽有铭心刻骨之言。无人为我主张。况近日每觉神思恍惚。病已渐成。医者更云气弱血亏。恐致劳怯之症。你我虽为知己。但恐不能久待。你纵为我知己。奈我命薄何。想到此间。不觉滚下泪来。

也是这样的转述语模式。只是黛玉的直接话语被叙述语切割为所喜者、所惊者、所叹者、所悲者，四个部分，从而将叙述语和转述语融为一体，直至“你纵为我知己。奈我命薄何”之后，才出现了“想到此间”这样的叙述标记，将叙述与转述融为一体，从而保证了叙述的流畅，体现了《红楼梦》的叙事风格。

四、复杂的自由直接话语

在第四十六回，贾母的长子贾赦看上了母亲身边的大丫鬟鸳鸯，让他的老婆邢夫人向贾母要。邢夫人把凤姐找来商议。凤姐劝邢夫人不要碰这个钉子：“老太太离了鸳鸯，饭也吃不下去的，哪里就舍得了?”况且对贾赦印象不好，老太太常说老爷如今上了年纪“作什么左一个小老婆右一个小老婆收在屋里？没的耽误了人家。”凤姐既然不肯对贾母说贾赦想纳鸳鸯为妾，邢夫人也没有办法，只好自己和鸳鸯说。鸳鸯听了不说话，邢夫人认为是害羞，便说：“这又什么臊处？你又不用说，只跟着我就是了。”鸳鸯的嫂子知道以后，向鸳鸯道喜。鸳鸯照她嫂子脸上下死劲啐了一口。他嫂子自觉没趣，赌气走开了。贾赦知道以后，把鸳鸯的哥嫂找来，恐吓一番。第二天鸳鸯假装同意嫁给贾赦，对她的哥嫂说：“我便愿意去，也须得你们带了我回声老太太去。”她哥嫂听了喜之不胜，以为鸳鸯回心转意了。

> （鸳鸯）拉了她嫂子到贾母跟前跪下。一行哭。一行说。把邢夫人怎么来说。园子里她嫂子又如何说。今儿她哥哥又如何说。因为不依。方才大老爷索性说我恋着宝玉。不然要等着往外聘。我到天上。这一辈子也跳不出他的手心去。终究要报仇。我是横了心的。当着众人在这里。我这一辈子莫说是宝玉。便是宝金。宝银。宝天王。宝皇帝。横竖不嫁人就完了。

“一行哭，一行说”中的“说”是谓语，之后是间接话语，“大老爷索性说我恋着宝玉。不然要等着往外聘”等等是直接话语。其间没有任何过渡，叙述者突然改变身份，从叙述者口吻转变为人物的直接声音。而这样的，将间接话语与直接话语结合起来的形式，自然是一种复杂的自由直接话语，然而，还有更为复杂的变异。

> 凤姐儿知道邢夫人禀性愚犟。只知顺承贾赦以自保。次则婪取财货为自得。家下一应大小事务俱由贾赦摆布。凡出入银钱事务。一经她手。便克啬异常。以贾赦浪费为名。须得我就中俭省。方可偿补。儿女奴仆。一人不靠。一言不听的。如今又听邢夫人如此的话。便知她又弄左性。劝了也不中用。连忙陪笑道。太太这话说得极是。

在有关凤姐的思索里，出现的直接话语，非凤姐的，而是邢夫人的：“须得我就中俭省。方可偿补”，即在有关凤姐的叙述语中，切入了邢夫人的直接话语。因此可以视为变异。而这个变异，表明作者对转述语的控制能力，不仅可以通过讲述形式，而且可以通过人物主体（此处的凤姐）模仿另一位人物主体的声音（此处的邢夫人）。何以在《红楼梦》中频繁出现这些复杂的转述语模式，究其原因，我以为仍然同拟书场格局有关。既然书场之中的说书人可以随意改变口吻，模仿不同人物说话，那么小说为什么不可以呢？在必要之时，当着作者陡然转变身份，从讲故事的叙述者转化为文本内部的人物时，便出现了自由直接话语，从而造成了叙述语与转述语的合流，保证了叙述的流利贯通与叙事特色，而这样的合流，既避免了读者在两种话语之间跳来跳去的阅读苦恼，使得《红楼梦》呈现出一种独特的异彩，而且为今天的中国小说创作，自由直接话语与亚自由直接话语，提供了源于历史、疏瀹心灵、叙事灵通的有力支持。

| 本文作者：中国现代文学馆副馆长

"情情"与"情不情"

——《红楼梦》伦理文明和生态文明的现代阐释

孙 逊

人与人的关系，以及人与自然的关系，是我国古代文学无法回避并普遍关注的问题。儒家思想的广泛传播，老庄哲学的深刻影响，使包括诗文和小说在内的我国古代文学随处闪烁着伦理文明和生态文明的光芒。如果说杜甫是诗歌创作中伦理文明的践行者，陶渊明是诗文创作中生态文明的引领者，那么，曹雪芹则可以说是小说创作中上述两种文明的倡导者。他创作的《红楼梦》和《红楼梦》里的大观园，不仅正面描写了复杂的人际关系和家庭关系，而且有大量的笔墨涉及人与自然的关系，可以说是同时表现古代伦理文明思想和生态文明意识的当之无愧的代表。这里，只就围绕《红楼梦》提出的"情情"和"情不情"谈一点粗浅的体会。

一

大家知道，我们今天看到的《红楼梦》八十回以后的故事情节，不是曹雪芹的原著，续作者是谁尚无定论。《红楼梦》最后一回也不是现在所看到的"甄士隐详说太虚情，贾雨村归结红楼梦"，而应是"青埂峰木石证前缘，太虚境警幻揭情榜"。

那么，这最后一回是写的什么呢？根据我个人对于《红楼梦》脂评的肤浅研究，最后一回情节大致是这样的：黛玉逝世以后，宝玉出于对封建家族的绝望，"悬崖撒手"，出家为僧，最后重又回到了他当年所在的大荒山无稽崖青埂峰下，并遇见了当初把他携入红尘的一僧一道，这一僧一道为他点破前缘，使被世俗社会所扼杀的"木石前盟"在神话世界重又得以实现和升华，这便是脂评中所谓的"青埂峰证了前缘"。此时，小说另一个神话人物警幻仙姑也重新出现，并最后揭开了一张以"情"来绾系和品评小说主要人物的"情榜"，榜中应该有宝玉和金陵十二钗正册、副册、又副册、乃至三副、四副共六十一个人的评语。这张"情榜"今天已很难一一坐实，但感谢看过《红楼梦》原稿的脂砚斋，他在评语中透露了宝玉和黛玉两个主要人物的评语，其中宝玉为"情不情"，黛玉为"情情"。①《红楼梦》的伦理文明思想和生态文明意识，就集中表现在这两个评语里。

那么，所谓"情情"、"情不情"，究竟是什么意思呢？庚辰、己卯、戚序本第十九回均有脂评曰："后观《情榜》评曰：宝玉'情不情'，黛玉'情情'。此二评自在评痴之上，亦属

---

① 参见拙著《红楼梦脂评初探》，上海古籍出版社1981年版。

囫囵不解，妙甚。"① 确实，此二评亦属"囫囵不解"之语，很难一语说清。我们只能通过部分脂评，多少了解其中一些信息。

先说"情不情"。甲戌本第八回有一眉批云："按警幻《情榜》，宝玉系'情不情'。凡世间之无知无识，彼俱有一痴情去体贴。"

这是有关"情不情"的最明白的一种表述，即"情不情"是一个动宾结构的词组，前面一个"情"用作动词，后面的"不情"是一个名词。就是说，所谓"情不情"，就是指对"世间之无知无识"，即所谓"不情"之物，宝玉"俱有一痴情去体贴"。

又小说第十九回，写宁府这边唱戏，宝玉不堪热闹，于各处闲耍，忽想到有个小书房内曾挂有一轴美人图，"今日这般热闹，那里自然无人，那美人也自然是寂寞的，须得我去望慰她一回。"② 对此蒙府本有一侧批指出："天生一段痴情，所谓'情不情'也。"这也是用一段痴情去体贴"不情"之物的意思。

再看"情情"。有关黛玉"情情"的脂批有好几条，但说得都不太明确。小说第二十七回，写黛玉因昨晚晴雯不开门之事，错疑在宝玉身上，听到宝玉进门，就回头吩咐了紫鹃几句闲话，不理睬宝玉就走了。对此甲戌本有批语云："不见宝玉，阿顰无此一段闲言，总在欲言不言难禁之意，了却'情情'之正文也。"

又小说第二十八回，写黛玉正在山坡边葬花，忽听山坡上也有悲声，抬头一看是宝玉，便道："啐！我当是谁，原来是这个狠心短命的……"刚说到"短命"二字，又把口掩住。对此甲戌本也有批语云："'情情'，不忍道出'的'字来。"同回写黛玉听了宝玉的一通衷肠话以后，又不觉将昨晚的事忘在九霄云外了。对此甲戌本又有一条批语云："'情情'本来面目也。"

总结以上脂评，这里"情情"的意思似都是指黛玉只对宝玉一人钟情，即只对自己钟爱之人，才有一痴情去体贴。这样，"情情"二字也应是一个动宾结构，前一个作动词，后一个为名词，指黛玉只对世间自己的钟爱之人，才有一痴情去体贴。

以上"情情"和"情不情"，虽分别是"情榜"中黛玉和宝玉两人的评语，但两者并不是截然分开的，就是说，宝玉的表现并不只是"情不情"，黛玉的特点也不只是"情情"。小说第二十五回，写宝玉对红玉"留了心"，想"点名唤他来使用"，但"一则怕袭人等寒心，二则又不知红玉是何等行为，若好还罢了，若不好起来，那时到不好退送的"。对此甲戌本有批语云：

"不知'好'字是如何讲？答曰：在'何等行为'四字上看便知。玉兄每'情不情'，况有情者乎！"

这就是说，宝玉既已"情不情"，更何况"有情者"呢！也就是说，宝玉不仅"情不情"，而且也"情情"。同样，黛玉也是如此，她既"情情"，当然也会把她的痴情投射到自然

---

① 关于脂评出处，或文中直接写明版本名称和回数，或在引文后用括号标明，不再一一出注。

② 本文所引《红楼梦》引文，均为人民出版社1982年版，或在文中写明回数，或在引文后用括号标明，不再一一出注。

万物之中，成为"情不情"。所以我们必须把这两句评语合起来作为一个整体，即对世间所有的有情之物和无情之物，他俩俱有一痴情去体贴。这是《红楼梦》有关伦理文明思想和生态文明意识的一种独特表述，不仅在我国文学史上具有独创的意义，而且具有哲学的形而上意味。

二

下面让我们回到《红楼梦》文本。宝玉和黛玉作为小说最主要的中心人物，几乎小说写到的所有的人际关系和家庭关系，以及人与环境、人与自然的关系，都是围绕他俩展开的。我们先看人际关系和家庭关系。

先说黛玉。黛玉处理人际关系的准则非常单纯，即作为"情情"的她，只钟情于自己所爱之人，这个人就是宝玉。她来到这个世界，本就是为把一生的眼泪都还给他，因而她心中除了宝玉，没有第二个人。从第三回的黛玉进府，到第五回的心中不忿；从第八回的黛玉含酸，到第十九回的静玉生香；从第二十回的宝黛论心，到第二十三回的共读《西厢》；从第二十六回的春困幽情，到第二十九回的二玉心事；从第三十一回的麒麟解惑，到第三十二回的宝黛诉腑，再到第三十四回的黛玉题帕；她对宝玉的感情经历了一个不断深化和发展的过程，一个由隐蔽到外露、由试探到坦诚的过程。这个过程贯穿了她的一生，并构成了"情情"丰富而复杂的内涵。

黛玉对宝玉的情感表达真真假假，虚虚实实，充满了矛盾和曲折，妒忌和猜疑。一方面，她用全部心思去体贴宝玉的内心，把她的全部情感统统只付与宝玉一人。为此，封建家长所制造的有关宝玉和宝钗的"金玉之缘"，是她一辈子挥不去的梦魇；连带史湘云的一只金麒麟，因为暗合了"金玉"之说，也使黛玉为其所惑，深恐宝玉"借此生隙，同史湘云也做出那些风流佳事来"，特地"悄悄走来，见机行事，以察二人之意"。正如脂评所指出的："'金玉姻缘'已定，又写一金麒麟，是间色法也。何颦儿为其所惑？故颦儿谓'情情'。"（己卯本第三十一回回前批）

另一方面，正因为黛玉把全部情感只付与宝玉一人，因而她容不得半点虚假和委屈。一有机会，她就要变着各种法子，来测试宝玉对她的爱情忠诚度，永无休止地拷问宝玉的内心。有时这种测试和拷问到了苛求甚至是无理的地步。小说第二十二回，写宝钗生日，家里请了一班戏班演戏，其间因凤姐说起小旦扮相"活像一个人"，大家猜着了都不说，唯独史湘云"心直口快"，说了"倒像林妹妹的模样儿"。宝玉只是对湘云使了个"眼色"，结果不仅史湘云恼了，黛玉也恼了，湘云恼的是"看人家的鼻子眼睛"，黛玉恼的是"拿我比戏子取笑"。宝玉道："我并没有比你，我并没笑，为什么恼我呢？"黛玉的回答简直就是强词夺理："你还要比？你还要笑？你不比不笑，比人比了笑了的还利害呢！""这一节还恕得。再你为什么又和云儿使眼色？这安的是什么心？莫不是她和我顽，她就自轻自贱了？她原是公侯的小姐，我原是贫民的丫头，她和我顽，设若我回了口，岂不她自轻自贱呢？是这主意不是？……"一连串的拷问，可谓咄咄逼人，无理至极；但细思起来，无理的背后，正是“情情”的必有之理和必有之语。

除了宝玉，整个贾府内外，没有一个人是她关注的，她也不在意和讨好任何人。包括她最亲的亲人、能为她作主决定她和宝玉婚姻的贾母，她也从来没有主动去讨过她的欢心。舅舅和舅母理应也是她最亲近、并可以为她和宝玉的婚姻做主的少数有决定权的人之一，她也同样不去亲近他们。至于家族内外的其他人，风流潇洒的北静王被她无意中痛骂过，随分从时的薛宝钗被她不止一次讥讽过，英豪阔大的史湘云被她刻薄过，精明志高的贾探春被她打趣过，没时运的赵姨娘被她冷落过，有头脸的周瑞家的被她得罪过，粗俗有趣的刘姥姥被她挖苦过，倚老卖老的李嬷嬷被她奚落过；这一切，都是从骨子里写出黛玉“情情”的天性。只钟情于宝玉一人，对宝玉之外的任何人，都忽视而毫不在意，这就是作为“情情”的黛玉处理人际关系的基本准则。

宝玉作为小说的中心人物和贾府的掌上明珠，他所面对和处理的人际关系和家庭关系要复杂许多。宝玉的评语为“情不情”，这其中也包含了处理人际关系的内涵。小说第三十一回，已卯本有回前批云：“‘撕扇子’是以不知情之物，供娇嗔不知情事之人一笑，所谓‘情不情’。”

这里的“情不情”，既指扇子是“不知情之物”，又指晴雯为“不知情事之人”，宝玉以撕扇供晴雯一笑，是以撕“不知情之物”，供“不知情事之人一笑”。可见宝玉的“情不情”，既指用痴情体贴“不知情之物”，也指用痴情体贴“不知情事之人”，后者即属于人际关系的范畴。

正如上文曾指出的，宝玉虽评为“情不情”，但他同样“情情”，脂评所谓“玉兄每‘情不情’，况有情者乎!”只是他的“情情”的表现和黛玉截然不同：黛玉是专注于宝玉一人，宝玉则有滥施之嫌，鲁迅所谓“爱博而心劳”者也。贾府以外，宝玉亲昵秦钟、蒋玉函、柳湘莲，他痛恨“‘贫富’二字限人”，“‘富贵’二字”竟“遭我涂毒了”；在被毒打以后，仍表示“就便为这些人死了，也是情愿的!”贾府之内，则“周旋于姊妹中表以及侍儿如袭人、晴雯、平儿、紫鹃之间，昵而敬之，恐拂其意，爱博而心劳，而忧患亦日甚矣。”① 其实，宝玉所昵爱的女儿远不止鲁迅指出的这一些，可以说，大观园内特别是怡红院里的众女儿都曾使宝玉程度不同地“心劳”过。

但尽管宝玉“爱博而心劳”，在真正涉及爱情和婚姻的重大问题上，他却只对黛玉一人情有独钟，一往情深，孜孜以求，至死不渝，如同甲戌本第二十八回脂批所指出的：“玉兄除颦儿外，俱是行云流水。”小说的实际描写也是如此，宝玉无论在园内还是园外，他“心心念念只记挂着黛玉”。外面回来，他等不及换衣服就要去找黛玉；在园里，他总是不由自主地朝潇湘馆跑。他什么事都不在意，唯一在意的是黛玉的身体和情绪，诸如“今儿好些？吃了药没有？今儿一日吃了多少饭?”（第四十五回）以及一夜醒几次、咳嗽几次等等；如果遇到黛玉发脾气，

① 鲁迅：《中国小说史略》，人民文学出版社 1979 年版。

他更是主动上门附就，把“好妹妹叫了几万声”，表示“便死了，魂也要一日来一百遭”。（第三十回）虽然他俩平时口角不断，但彼此之间从来不觉“生分”，因为林妹妹从来不说那些仕途经济的“混帐话”。这说明在爱情和婚姻的选择上，他有自己的原则，这个原则就是选择和自己志同道合、能称得上是“知己”的黛玉，常要劝他“经济学问”的薛宝钗显然不是他的理想人选，因而“反倒同她生分了”。（第三十二回）但宝钗又不是迂迂一“女夫子”，她那不同于黛玉的外貌和品行之美，同样使他难以忘怀。正如甲戌本第五回一条侧批所指出的：“按黛玉、宝钗二人，一如姣花，一如纤柳，各极其妙者，然世人性分甘苦不同之故耳。”这是《红楼梦》的伟大之处，它写出了两位“各极其妙”、让人难分高下的女性。虽然宝玉面对两人曾经为难、困惑乃至动摇过，按照黛玉的说法，“我很知道你心里有‘妹妹’，但只是见了‘姐姐’，就把‘妹妹’忘了。”（第二十八回）但宝玉还是按照自己的原则，最终选择了黛玉。一个只专情于宝玉一人，一个摇摆于两人之间而最终选择了黛玉，这就是黛玉和宝玉“情情”的不同表现。

宝玉和黛玉“情情”的不同，还表现在除了宝钗，他更把他的爱心普洒在大观园众多的女儿身上。这里也许要纠正一种片面的看法，即认为宝玉对每一个年轻的女性都要滥施爱情。其实在宝玉所亲昵的女性中，虽然其中确有男女之间的相悦相爱之情，但也有超越男女之情的对于弱者的同情。像上文脂评中提到的晴雯是为“不知情事之人”，宝玉除了对她个性和娇媚外貌的欣赏，更多就是一种对弱者的同情，他俩的关系完全是清白无瑕的。其他如第四十四回宝玉对无辜遭到凤姐夫妇荼毒的平儿的关心，第五十八回对在园内烧纸钱而要被婆子拉去告发的藕官的庇护，以及第六十二回对弄脏了裙子而担心薛姨妈“老人家嘴碎”的香菱的爱怜，都是超越了“男女之情”的对于女性的关爱和同情。庚辰本第二十一回一条脂评说得好：“宝玉之心，凡女子前不论贵贱，皆亲密之至。”其实不光女子，包括对秦钟、蒋玉函等男子的亲昵，也是包含了对“贫富”、“贵贱”二字“限人”的封建等级意识的一种反拨，表现了难能可贵的平等精神。而对贾雨村这样的趋炎附势之徒，宝玉则从根本上深恶痛绝，并不愿同这些人往来，在这件事上谁劝他他就跟谁急，哪怕是薛宝钗、史湘云这样亲近的人。所以，在人际关系尤其是男女关系上，宝玉除了对黛玉一往情深，对宝钗难以忘情，对袭人有过私情，其他大都表现了对于作为弱者的女儿和贫贱之士的欣赏、体贴和同情。

至于宝玉对家庭关系的处理，正像小说第五回所描写的：“自天性所禀来的一片愚拙偏僻，视姊妹兄弟皆出一体，并无亲疏远近之别。”比如封建大家族规矩：“凡作兄弟的，都怕哥哥。”却不知宝玉是不要人怕他的。他的想法是：“兄弟们一并都有父母教训，何必我多事，反生疏了。况且我是正出，他（指贾环）是庶出，绕这样还有人背后议论，还禁得辖治他了。”因此“弟兄之间不过尽其大概的情理就罢了，并不想自己是丈夫，须要为子弟之表率。”（第二十回）所以后来贾环使坏，把一盏油汪汪的蜡烛油推翻，烫伤了宝玉的脸，他却说：“明儿老太太问，就说是我自己烫的罢了。”（第二十五回）这样就把一场可能爆发的家庭纠纷避免了。

对于长辈，宝玉则能够恪守小辈应有的孝敬之心，即使父亲面目非常可憎，一般也不会忤慢他。在他的心目中，“除了老太太、老爷、太太这三个人”，第四个才是林妹妹。（第二十八回）第可见宝玉心中的排序还是有区别的：一种是按亲情关系排，前面是三位长辈，黛玉是第四位；另一种是按爱情关系排，那无疑黛玉和宝钗排在前两位。只有在一些特殊的情况下，他才会公开或暗中顶撞他其实非常讨厌的父亲。一次是在游大观园时，他认为稻香村是“人力穿凿扭捏而成”，不及“有凤来仪”多矣，气得贾政喝命把他“叉出去”；（第十七至十八回）一次是在忠顺王府长史官为琪官事雄赳赳打上门来，贾政因生气而狠下毒手，宝玉被打得浑身青紫，但他依然不愿改悔，表示“就便为这些人死了，也是情愿的”。（第三十四回）

走笔至此，我们似乎可以对《红楼梦》“情情”和“情不情”所包含的伦理文明思想作一简要的概括：一、爱情专一，只钟情自己所爱之人；二、同情弱者，平等待人，关心和呵护所有与你同气相求的人；三、尊敬长辈，友爱兄弟，但在原则问题上不让步，兄弟之间“尽其大概的情理”。不难看出，这种伦理文明思想既和传统文化有着千丝万缕的联系，但又有超越前人和属于作者个人的体悟。

三

以上我们大致分析了《红楼梦》“情情”和“情不情”所包含的伦理文明思想，《红楼梦》高出于其他小说之处，还在于它蕴藏的可贵的生态文明意识。

无论是宝玉还是黛玉，他俩把都把自然万物看做是有生命的对象，所谓“凡天下之物，皆是有情有理的”，不仅细心体贴，并不时与之进行平等的交流和对话。小说第二十三回，宝玉在沁芳桥边桃花底下展开《会真记》，正看到“落红成阵”，只见一阵风过，把树头上桃花吹下一大半来，落得满身满树满地皆是。此时“宝玉要抖将下来，恐怕脚步践踏了”，其下庚辰本有夹批曰：“情不情”。于是宝玉“只得兜了那花瓣，来至池边，抖在池内。那花瓣浮在水面，飘飘荡荡，竟流出沁芳闸去了。”在宝玉看来，落花是有生命的，“恐怕脚步践踏了”，因而“撂在那水里”，因为水是干净的。但随后遇到黛玉，在她看来，“撂在水里不好。你看这里的水干净，只一流出去，有人家的地方脏的臭的混倒，仍旧把花糟蹋了。”于是提出了“葬花”的想法：“那畸角上我有一个花冢，如今把他扫了，装在这绢袋里，拿土埋上，日久不过随土化了，岂不干净。”你看，两个人都怕把落花糟蹋了，一个要“撂在水里”，一个要埋在土里，都表现了一种体贴和怜惜自然万物的“痴病”。而且正如庚辰本批语所说：“写黛玉又胜过宝玉十倍痴情。”

不仅如此，黛玉还一边葬花，一边吟唱着：“花谢花飞花满天，红消香断有谁怜？昨宵庭外悲歌发，知是花魂与鸟魂？花魂鸟魂总难留，鸟自无言花自羞……”（第二十七回）完全赋予了落花飞鸟和人一样的情感与生命。而她紧接着提出的“而今死去侬收葬，未卜侬身何日丧？侬今葬花人笑痴，他年葬侬知是谁”的问题，更把落花当作了唯一的知己，两人就生命问题坦诚交流，互诉衷肠。在这里，落花的命运和少女的命运融为了一体。

宝玉对自然万物的痴情也同样很深：他“时常没人在跟前，就自哭自笑的；看见燕子，就和燕子说话；河里看见了鱼，就和鱼说话；见了星星和月亮，不是长吁短叹，就是咕咕哝哝的。"（第三十五回）自然万物都可以成为他对话的对象。小说第五十八回，他病后在园中散步，只见：

> 柳垂金线，桃吐丹霞，山石之后，一株大杏树，花已全落，叶稠荫翠，上面已结了豆子大的许多小杏。宝玉因想到："能病了几天，竟把杏花辜负了！不觉倒'绿叶成荫子满枝'了。"因此仰望杏子不舍。又想起邢岫烟已择了夫婿一事，虽说是男女大事，不可不行，但未免又少了一个好女儿。不过两年，便也要"绿叶成荫子满枝"了。再过几日，这杏树子落枝空，再几年，岫烟未免乌发如银，红颜似槁了，因此不免伤心，只管对杏流泪叹息。正悲叹时，忽有一个雀儿飞来，落于枝上乱啼。宝玉又发了呆性，心下想道："这雀儿必定是杏花正开时他曾来过，今见无花空有子叶，故也乱啼。这声韵必是啼哭之声，可恨公冶长不在眼前，不能问他。但不知明年再发时，这个雀儿可还记得飞到这里来与杏花一会了？"

这里，杏花和雀儿不仅都被赋予了情感和生命，而且宝玉与之所进行的对话的深度及其所包含的意蕴，都远远超过了一般普通的人。在宝玉这样的"呆性"看来，雀儿和杏花之间也有沟通，人与杏花、雀儿之间更应有沟通；人与人之间往往有芥蒂，有隔阂，而人与自然则完全可以做到亲密无间。

不仅如此，在宝玉这样的"情痴"眼中，"不但草木，凡天下之物，皆是有情有理的，也和人一样，得了知己，便极有灵验的。若用大题目比，就有孔子庙前之桧、坟前之蓍，诸葛祠前之柏，岳武穆坟前之松。这都是堂堂正大随人之正气，千古不磨之物。……小题目比，就有杨太真沉香亭之木芍药，端正楼之相思树，王昭君冢上之草，岂不也有灵验。"（第七十七回）包括怡红院阶下的一株海棠花，无故死了半边，正应在晴雯夭死上。这篇袭人所谓的"痴话"，正是宝玉视天下万物皆有情的生态文明意识的具体阐释。

视草木有情，视天下万物有情，作为人类，都应"有一痴情去体贴"，这正是《红楼梦》"情不情"在人与自然关系上的独特表述。我国自道家产生以来，一直以"天人合一"作为处理人与自然关系的最高准则，《红楼梦》正是在继承前人思想资源的基础上，提出了人类须用"痴情"去"体贴"自然、与自然进行心灵交流和平等对话的观念。可以说，对于自然的尊重和体贴是我国传统文化遗产中最重要的精华之一。相比之下，"直到最近，西方德性伦理才倡导以自然为关切对象的美德。这不奇怪，因为西方哲学与宗教历来主张人类高于自然、我们与自然之间无须遵循任何道德原则的观念。"① 可见在这个问题上，我国比西方要"先知先觉"很多。

《红楼梦》的生态文明意识对于我们现代社会也有着宝贵的启示。今天，大自然赋予我们

---

① ［美］桑德拉·简·费尔班克斯：《环境友好型人格与环境美德面临的挑战》，《上海师范大学学报》（哲学社会科学版）2013年第5期。

的已经大大超过了人类历史上任何一个时期，但人类的索取却更加贪婪和毫无节制。面对这关系人类生存和子孙未来的地球上最大、也最严峻的问题，我们人类不仅有责任倡导一种健康的生活方式，更要继承和发扬历史上一切进步的有价值的生态文明观念，以为我们今天之用。其中，《红楼梦》的"情情"和"情不情"思想，就是一种具有现代意义的宝贵遗产，一种具有哲学的形而上意味的思想资源。

当然，不论是"情情"还是"情不情"，其背后都蕴含了《红楼梦》作者曹雪芹深刻的悲悯情怀。作者不仅对于大观园内的女儿和大观园之外的贫贱之士抱有一种深刻的同情，为他们所遭遇的不幸而深感不平，而且把自然万物也看做是一种生命的存在，对之抱有真诚的情感，并时不时和它们进行平等的交流。这种悲悯情怀不只表现在众多人物的悲剧命运上，更渗透进小说的肌理和血液中。正是这种深刻的悲悯情怀，成就了曹雪芹成为一个伟大的人文主义者。

《红楼梦》的上述思想当然不是无本之木，无源之水，而是明代以来以汤显祖、冯梦龙为代表的"情本思想"的继承和发扬光大。汤显祖的《牡丹亭》所要表现的是"情不知所起，一往而深，生者可以死，死可以生。生而不可与死，死而不可复生者，皆非情之至也。"① 为此，他虚构了一个为情而死、又因情而复生的故事，以彰显他所要表达的主题。冯梦龙的《情史》则是一部按情归类的文言小说集，其中有关"情"的分类为《红楼梦》的末回"情榜"所借鉴。这部文言小说集虽属编撰性质而非个人创作，但同样体现了编者"生生而不灭，由情不灭故。四大皆幻设，惟情不虚假"的"情本思想"。② 但无论是《牡丹亭》还是《情史》，他们所写的都只是人与人之间的情感关系，中国古代文学作品中不乏大量这样的作品，虽然他们之间有着明显的高下之别、文野之别、粗细之别。而《红楼梦》则在大量描写人际关系和家庭关系的同时，还把"情"的触角伸展到了人与自然万物的关系，虽然中国古代文学作品中也不乏这样的描写，但明确提出"情情"和"情不情"的观念，并将其上升到哲学的形而上高度，则是《红楼梦》的独创。"情情"和"情不情"，这不只是两个小说人物的评语，还是《红楼梦》伦理文明思想和生态文明意识的凝炼概括，是《红楼梦》超越前人的精粹所在。

| **本文作者：中国红楼梦学会副会长、上海师范大学人文与传播学院教授**

---

① 汤显祖：《牡丹亭》，徐朔方、杨笑梅校注，人民文学出版社1982年版，第1页。
② 冯梦龙：《冯梦龙全集·情史序》，上海古籍出版社1993年版，第7页。

《红楼梦》才女群像

——清代才女文化的文学化阐释

胡　晴

《红楼梦》第一回即开宗明义地提出小说创作的目的在于表现“当日所有之女子”，所谓“可使闺阁昭传”①。而《红楼梦》在描写女性形象方面也确实作出了可观的努力，其女性形象塑造在同时代作品中可谓出类拔萃，其中以林黛玉、薛宝钗为代表的一系列闺阁才女形象尤为引人瞩目。作者将这些少女集中在大观园这样一个相对封闭的独特环境中，她们不仅生活其中，还集会结社、宴游吟诗，拥有较为丰富的文化交际活动。如此大规模地描写闺阁才女的生活交游，在清代小说中，大概只有《镜花缘》能够与之匹敌，但就人物的鲜活程度而言，则《镜花缘》就落于下风了。

而更值得注意的是，《红楼梦》中的闺阁才女形象与明末清初闺阁才女大量涌现的历史事实形成呼应，二者互为表里，形成互文关系，小说文本反映与阐释了社会现实，而社会环境本身则是文本产生的基础和依据。互文性理论②最早讨论了文本与文本之间的形式关系，新历史主义批评将互文性的阐释重心移到了文本与文化语境、文本与历史背景的关系上，“文本是历史性的，历史是文本性的”，从而将互文性的概念扩展到更为广泛的范围。本文拟借助互文理论的广义概念，探讨《红楼梦》中才女群像与清代才女文化之间的互文关系，从而明确清代才女文化对于《红楼梦》才女群像生成的影响以及后者所具有的代表性意义。本文拟从女子教育、女子结社以及才女薄命三个方面来分析《红楼梦》才女形象与清代才女文化的关系，当然，这三个方面远远不能涵盖与描述清代才女文化这一现象，笔者不求全面，仅选取了与红楼才女群像关系较密切的方面进行初步讨论。

一、女教发达，才女辈出

清朝妇女的生活延续了2000年来备受压抑的传统而愈加变本加厉，“如登刀山，愈登而刀愈尖；如扫落叶，愈扫而堆愈厚；中国妇女的非人生活到了清代，算是‘登峰造极’了”③。越来越严苛的闺训以及趋于宗教化的贞节观念是闺阁女子必须遵循的行为准则，也是捆绑她

① 本文所引《红楼梦》原文，均见《红楼梦》，人民文学出版社2008年版，以下不注。

② 互文性（inertextuality）最早由法国批评家克里斯蒂娃提出，在她的专著《符号学》中提到“任何作品的文本都是像许多行文的镶嵌品那样构成的，任何文本都是其他文本的吸收和转化”。转引自朱立元《现代西方美学史》，上海文艺出版社1993年版，第947页。

③ 陈东原：《中国妇女生活史》，上海书店1984年版，第221页。

们性灵的绳索。不过女子的生存状态也不是一成不变，良家闺阁的文化教育水平在清代得到了显著提高。

女子文化水平的提高主要得益于清代女教的发达，闺阁女子读书识字者日见增多，女性的文学艺术才华得到了有限度的张扬。中国历史上最早的一部女教教材就是蓝鼎元于康熙五十一年完成的《女学》。清代的女教内容还是以妇德为主，《女学》妇德篇的内容就最为丰富，“妇以德为主，故述妇德犹详。先之以‘事夫’、‘事舅姑’，继以‘和叔妹’、‘睦娣姒’，在家则有‘事父母’、‘事兄嫂’，为嫡则有‘去妒’，处约则有‘安贫’，富贵则有‘恭俭’……”①，可见女教的目的当然还是为了教育女子怎样遵循封建社会的行为准则，至于文学艺术才华的发展则只是学习的副产品，并非正途。章学诚所作《妇学》一篇，主要意思就是说“妇言妇德妇容妇功是妇人的正学，做诗作文，在妓女倒还可以，若‘良家闺阁，内言且不可闻阃外，唱酬此言，何为而至耶’”②。因此，虽然有了一定的学习权利，但“良家闺阁”并不以读书识字为要务，若以才华自矜则更是冲犯大忌。

《红楼梦》中有一段情节非常值得玩味。第三回，贾母初见黛玉，家常闲话中问起黛玉读书之事，黛玉道：“只刚念了《四书》。”然后反问姊妹们读什么书，贾母道“读的是什么书，不过是认得两个字，不是睁眼的瞎子罢了！”及至后面，宝玉再问起黛玉可曾读书，黛玉的回答就大变样了：“不曾读，只上了一年学，些须认得几个字。”玲珑通透如黛玉，通过与外祖母的对话马上意识到这个家长乃至整个家族对于女子学习的态度，因此在与宝玉的交谈中马上机敏地改变了自己的姿态，谦逊而谨慎，不再透露自己文学艺术方面的素养与兴趣。虽然，《红楼梦》中刻画的闺阁少女大都具备一定的文化知识水平，既有能诗之黛玉，又有善画之惜春，也有对知识孜孜以求的香菱，但正统的礼教观念始终是悬在女孩子们头上的尚方宝剑，压抑着她们的才情与热情。宝钗教导黛玉的一番话是最直白明了的阐释，“所以咱们女孩儿家不认得字的倒好。男人们读书不明理，尚且不如不读书的好，何况你我……你我只该做些针黹纺织的事才是，偏又认得了字，既认得了字，不过拣那些正经的看也罢了，最怕见了些杂书，移了性情，就不可救了”。

虽然难免要纠结于遵循礼教与抒发才情的矛盾中，但越来越多的闺阁女子终究摆脱了“女子无才便是德”的蒙昧状态，而享有了受教育的权利。社会中既有章学诚这样正统的卫道士，也不乏思想进步的大家，为女子读书而辩护，如李渔在《闲情偶寄》中说：“‘女子无才便是德’。言虽尽理，却非无故而云然。因聪明女子失节者多，不若无才之为贵。盖前人愤激之词，与男子因官得祸，遂以读书作宦为畏途……吾谓才德二字，原不相妨。”③ 也有才女或为宣扬妇女文学或为生计考虑，亲自出任闺塾师，在实际意义上推动了女教的发展。

碍于礼教束缚，能够进入私塾接受学校教育的女性只是少数，女性教育大多还是以家庭为单位，尤其是大家望族，一门风雅的情况并不鲜见，家中长辈如母亲、父兄在女子教育中

---

① 陈东原：《中国妇女生活史》，第275页。
② 陈东原：《中国妇女生活史》，第270页。
③ 李渔：《闲情偶寄》，浙江古籍出版社1985年版，第205页。

承担着举足轻重的角色。山阴祁家多女诗人，主要得力于祁彪佳之妻商景兰的教育之功，“商夫人诗逼盛唐，与子妇楚镶、赵壁、女卞客、湘君辈讲究格律，居然名家”，“商夫人景兰，博学工诗，修嫣姊妹，亲承慈训”。叶家姐妹得母亲沈宜修教养，均富文艺才华，尤以叶小鸾的诗才最为出众，成为早慧少女的典范。王端淑得父亲王思任亲授经史，有《吟红》、《留箧》、《恒心》等集传世。编著《国朝闺秀正始集》的恽珠在《弁言》中也曾谈到幼时得父兄教诲的情形“余年在韶龄，先大人以为当读书明理，遂命余与二兄同学家塾，受《孝经》、《毛诗》、《尔雅》诸书。少长，先大人亲授古今体诗，谆谆以正始为教”。《红楼梦》中的情节，如黛玉自幼延师学习，贾家三春平日上学读书，这些都反映出当时女子尤其是贵族闺阁少女的教育情况，当然小说中的这部分内容较为简略，缺少正面描写，多为侧面点染，作者淡化了对教育情况的细节描写，这或多或少反映了作者或传统观念对女子教育的态度。

正是在这样的相对温和的社会氛围中，清代闺阁女子的文学水平和文学作品数量都有了突飞猛进的发展。胡文楷的《历代妇女著作考》是对历代妇女作品收集较为完备的一部著作，“笼群娥于笔下，撷众香于几上，一卷在手，彤史可备”①，共著录妇女著作四千余家，分二十卷，而清代独占十五卷，胡文楷在《自序》中亦强调“清代妇人之集，超轶前代，数逾三千”，清代女子文学之盛可见一斑。而其中闺阁才女之作更大盛于前，类似《国朝闺阁诗钞》、《清代闺秀诗钞》这样收录闺阁女子作品的合集和作品专集都颇不少，更重要的是一批出类拔萃的闺阁才女给中国文坛留下了清新的一笔。“妇学而至清代，可谓盛极，才媛淑女，骈萼连珠，自古妇女作家之众，无有逾于此时者矣。”②

不少女性努力争取着社会与家庭给予的有限的学习权利，展露出非凡的文学才华。其中比较突出的如吴藻，她生长在文化氛围浓厚的江南，虽然出身商贾之家，但自幼就接受了良好的文化教育，再加上本身天资极佳，所以取得了令世人瞩目的文学成绩，有《花帘词》、《香南雪北词》、杂剧《乔影》等。吴藻的丈夫虽然不能与她琴瑟唱和，却异常宽容，给了吴藻衣食无忧的生活和非常大的活动自由。从某种程度上说，吴藻所得到的自由与宽容令今人都感到惊讶，她拜在陈文述门下，与当时的男性文人交游接触，甚至曾经男装游逛于青楼楚馆，这位才女的言行都颇有潇洒不羁的名士风范。再如，“才华绝世”的顾太清能诗善画，多才多艺，还有小说《红楼梦影》存世，在清代文坛极有声誉，有“男中成容若，女中太清春”之说。又如，贺双卿出身贫寒，生活困顿，但富有诗才，品性高洁，“生有宿慧，闻书声，即喜笑。十余岁习女红，异巧，其舅为塾师，邻其室，听之悉暗记，以女红易诗词诵习之。学小楷，点画端妍，能于桂一叶写心经”。③

清代闺阁才女涌现的社会现实，为《红楼梦》描写才女形象提供了基础。从她们身上，我们不难看到《红楼梦》中女子的影子，看到黛玉的风流别致，宝钗的含蓄浑厚，湘云的英豪阔大，探春的精明高远，香菱的宿慧可爱。小说中的少女们是如此出类拔萃，以致作为

---

① 胡文楷：《历代妇女著作考·潘序》，上海古籍出版社1985年版。
② 梁乙真：《中国妇女文学史纲》，上海书店1990年版，第374页。
③ 史震林：《西青散记》，上海杂志公司1935年版，第34页。

"须眉浊物"的贾宝玉在与这些闺英闱秀的比试中往往败下阵来，这些女孩子才华横溢、思想活跃，有着敏感自尊的心灵而又难以突破现实的困扰与束缚，她们以出众夺目的才华和坎坷多舛的命运成为小说的绝对主角。

二、结社之风，蔓延闺阁

明清之际女子结社之风渐兴，在清代更是大为发展，女诗人们结社吟咏，甚至出版诗集。清晖楼主在《清代闺秀诗钞》序言中说："至有清一代，闺阁之中，名媛杰出，如蕉园七子，吴中十子，随园女弟子等，至今脍炙人口。"① "钱唐御史钱肇修的母亲顾玉蕊，工诗文骈体，有声大江南北，曾经集合能诗的女子，组织蕉园诗社。"② 比较知名的女子社团主要有，在南方以袁枚、陈文述两位支持女子文学活动的大家为中心发展成的随园女弟子和碧城女弟子两大群体，在北京，由沈善宝、顾太清、许云林等贵族才女组织参加的"秋红吟社"。除此之外，各地都有一些规模较小的女子诗社，多以家族内部交游为主。"（朱）淑均字莲卿，浙江海宁人……（朱）淑仪字菊卿，淑均妹。幼相倡和，比长，同归查氏为妯娌。刻有《分绣联吟阁稿》"，"（朱）雪英字韵梅，江苏吴江人，……韵梅为女史翁珠楼之媳，与小姑月贞俱能诗。沈归愚序而合刻之，名《联珠集》""（何）佩玉字琬碧，……与姊佩芬、妹佩珠俱娴吟咏"③，"商景兰家的景兰姐妹、二媳、四女都是女诗人……归安叶佩荪家，才女有二妻、三女、三媳，以继妻李含章最著名；张学象姐妹七人，郑青苹姐妹九人都有诗才……"④

社会大环境对于女子习文采取了相对宽容的态度，尤其不少有名望的学问大家以及其家族对女子的文化教育和文学创作较为理解甚至称得上支持，所以有清一代女子文学创作以及相应的社会文化活动都相比前朝大为发展。名盛于时的袁枚广收女弟子，大受拥戴，"随园先生，风雅所宗。年登大耋，行将重宴琼林矣。四方女士之闻其名者，皆钦为汉之伏生夏侯胜一流，故所到处皆敛衽及地，以弟子礼见；先生有教无类"。⑤ 知名大家女弟子的集会与酬唱亦较受关注，不仅人数多且水平较高，我们目前所见如《碧城仙馆女弟子诗》、《随园女弟子诗》都收录了数十位女诗人的作品。她们的集会往往打破常规、引领风尚，被视为一时盛会，为人所津津乐道。"一日者，遇诸女于虎丘，日将瘢矣，偕坐剑池旁，相与谈《越绝书》、《吴越春秋》诸故事，洋洋千言，此往彼复，旁听者缙绅先生，或不解所谓，咸也。有识者曰：《山海经》称：'帝台之灵石上，帝所以享百神也。昨千人石上，乃毋真灵会集耶！'"⑥ 在这样的集会中，才女们暂时地抛开了温柔敦厚、循规蹈矩的淑女举止，展现出挥洒自如、倜傥不羁的风范，俨然在摹仿追随当世之才子名士。

---

① 胡文楷：《历代妇女著作考》，上海古籍出版社 1985 年版，第 927 页。
② 谭正璧：《中国女性文学史话》，百花文艺出版社 1984 年版，第 350 页。
③ 胡文楷：《历代妇女著作考》，第 280、281、291 页。
④ 段继红：《清代闺阁文学》，南开大学出版社 2007 年版，第 43 页。
⑤ 陈东园：《中国妇女生活史》，上海书店 1984 年版，第 269 页。
⑥ 袁枚：《金纤纤女士墓志铭》，《随园文集》，华北石油报社 2004 年版，278 页。

虽然如此，能够真正走出闺阁、张扬才情的先锋女性毕竟还在少数，享受与男性平等的交游创作的机会依然非常罕见。吴藻与张襄是一生挚友，但二人只在道光六年（1836）春天碧城女弟子的集会中相聚一次，此后终其一生都再无机会重聚，剩下的岁月只能“从此天涯明月夜，各自凄凉”，才女们的学术交游情形大抵如是。礼教大防是闺阁才女们难以逾越的壁垒，结社吟诗并非女子正务，正如薛宝钗一再提示姊妹们的“究竟这也算不得什么，还是纺绩针黹是你我的本等。一时闲了，倒是于你我深有益的书看几章是正经”。林黛玉纵然诗才不凡，但也只享受与家中姊妹娱乐交流，并不愿自己的作品为外人所知。她临终前挣扎着烧毁了自己的所有诗稿，是清高自矜，也是迫于礼教观念的重压。就像女子教育更多还是局限于家庭范围内一样，更为多见的女性结社往往也是以家族为单位，围绕着富有诗才的女性长辈，闺阁才女们自然而然地形成了以家族为单位的吟咏团体，她们局限于狭窄的庭院之内编织着自己广阔的文学梦想。亦因此，比较常见的闺秀作品集多冠以《长沙杨氏闺秀诗》、《李氏闺媛诗钞》、《袁氏闺钞》、《吕氏三姊妹集》之类的名称，以突出闺秀群体的家族合理性。

《红楼梦》对大观园中女子结社的描写形象地展示了明清之际的闺阁结社风气。虽然清代女子结社在闺阁之中尤其是世家贵族女子之间较为流行，也有不少诗作传世，但缺少具体形象的文字记录。通过《红楼梦》中的描写，我们可以更明晰地了解贵族女子结社的具体情形。“偶结海棠社”是大观园诗社活动的肇始，虽名为“偶结”，其实质上却又具有极大的必然性，前文的情节如“听曲文宝玉悟禅机”、“大观园试才题对额”、“埋香冢飞燕泣残红”等一再铺叙，展示了各位才女包括宝玉的学问见识、敏捷诗才，为最终的发起诗社做了循序渐进的铺垫。探春最先号召结社，颇有雄心，“孰谓莲社之雄才，独许须眉；直以东山之雅会，让余脂粉”，各位姊妹纷纷响应，还都用了别号以示诗翁身份。虽然约定不带闺阁字眼，但无论出题限韵还是结社集会都充满少女雅趣，如海棠社、菊花诗、芦雪广即景联诗、桃花社、凹晶馆联诗等。在多次结社活动中，才女们或格律或歌行，或联句或制词，不拘一格地展示着自己的才华，其中最为出类拔萃的当属黛玉、宝钗，二人竞才争胜、冠盖群芳，而身为“须眉浊物”的贾宝玉则几乎次次名落孙山，心甘情愿地成为姐妹们的陪衬。

芦雪广联句后，再次落第的宝玉接受去栊翠庵折红梅的任务作为惩罚，但看那“美女耸肩瓶”中的梅花，就已沁人心脾、赏心悦目，“只有二尺来高，旁有一横枝纵横而出，约有五六尺长，其间小枝分歧，或如蟠螭，或如僵蚓，或孤削如笔，或密聚如林，花吐胭脂，香欺兰蕙”，而乞梅与赏梅的过程则又成为少女们作诗的题目。“诗社热闹，点染艳绝。妙在栊翠庵乞梅一段文字，笔墨有手挥目送之巧”。① 就算涉及现实问题，如薛宝钗为史湘云计算起社花费，也在务实中透露出大家气象和少女浪漫。宝钗建议做东道的湘云请大家吃蟹赏桂，“我和我哥哥说，要几篓极肥极大的螃蟹来，再往铺子里取上几坛好酒，再备上四五桌果碟，岂不又省事又大家热闹了”，选题限韵也要“头一件立意清新，自然措词就不俗了”。诗社当天“藕香榭已经摆下了，那山坡下两个桂花开的又好，河里的水又碧清……栏杆外另放着两张竹

① 陈其泰评、刘操南辑：《桐花凤阁评红楼梦辑录》，天津人民出版社1981年版，第163页。

案，一个上面设着杯箸酒具，一个上头设着茶筅茶盂各色茶具”，诗社成员三五错落，垂钓观花、饮酒吟诗。而在各场结社活动中，少女们的诗作更是在摹写性格、铺叙内容、隐含线索等方面发挥重要作用，其中蕴涵的丰富内容已得到后世学者的高度重视，多有论述，本文不再赘述。

可以说对于大观园诗社的描写字里行间充满了闺阁情趣，将困于自家庭院不得抛头露面的少女们的生活景象进行了生动而诗意的呈现。这些描写最能集中展现红楼才女的群体形象，也通过在群体中个人行为的相互比照，将个人性格展现得更加鲜明充分，脂批云“闺中女儿能作此等豪情韵事，且笔下各能自尽性情，毫不乖舛”①，这种“烘云托月”的方式是古典小说描写人物群体最常见的方式之一。

谈到描写闺阁才女群体，笔者不禁联想到另一部描写闺阁才女事迹的小说《镜花缘》。除了前半部光怪陆离的异域奇闻外，《镜花缘》后半部对少女集会结社的描写非常集中，在“放黄榜太后考闺才”之后，百花齐聚一堂，展开了连篇累牍的宴游描写，如“奉宠召众美赴华筵”、“百花齐聚宗伯府”、“众美初临晚芳园”等。《镜花缘》中闺阁少女的游艺结社活动与《红楼梦》中内容有很多相似之处，如闺秀联句争胜、制灯谜显诗才等，这种文本的互相交织、照映一定程度上反映了清代女子结社活动的共性特征，体现了社会生活对作家作品的渗透，也从一个侧面验证了《红楼梦》在才女结社活动方面描写的可靠程度。

《红楼梦》描写结社活动最终目标在于呈现人物，而《镜花缘》则在展示才艺的道路上越走越远，《镜花缘》在游艺活动方面的过度发挥将两部作品的差异非常清晰地展现出来。《镜花缘》中女孩子们一次次的吟诗宴饮难免流于雷同，动辄借人物之口大谈棋谱、牌经、斗草、酒令、灯谜等游艺学问，“上面载着诸子百家，人物花鸟，书画琴棋，医卜星相，音韵算法，无一不备。还有各样灯谜，诸般酒令，以及双陆马吊，射鹄蹴球，斗草投壶，各种百戏之类。件件都可解得睡魔，也可令人喷饭”。作者颇以小说内容的博杂自矜，而人物反而被淹没在丰富的内容之中，成为了作者张扬才情、卖弄渊博的道具。从作者自己的表白亦可见出其写作心态，“心有余闲，涉笔成趣，每于长夏余冬，灯前月夕，以文为戏，年复一年，编出这《镜花缘》一百回，而仅得其事之半。其友方抱幽忧之疾，读之而解颐、而喷饭，宿疾顿愈”②。无怪乎鲁迅认为该作品“惟于小说又复论学说艺，数典谈经，连篇累牍而不能自已，则博识多通又害之。”③

总之，在清代闺阁之中，尤其是在富室大族的女眷中，结社游艺是女性集会的一种重要方式，体现了女性知识水准的提高和她们对男性交游活动的羡慕摹仿。不过，以家庭为单位的小范围结社还是较为常见且能够为封建礼俗所容忍的现象，家中女眷爱好文学互相影响成就一门风雅，“或娣姒竟爽，或妇姑济美，以济母子兄弟，人人有集”④。而《红楼梦》中众

① 陈庆浩编著：《新编石头记脂砚斋评语辑校》，中国友谊出版社公司1987年版，第565页。
② 李汝珍：《镜花缘》，华夏出版社1994年版，第485页。
③ 鲁迅：《中国小说史略》，人民文学出版社1973年版，第189页。
④ 费庆善等：《松陵女子诗征》，转引自《清代闺阁文学》，第43页。

女子的结社活动艺术地再现了这种社会风尚，同时通过对结社活动的描写成功凸显了红楼才女的集体形象，不失小说本旨。

三、才女薄命，早慧早夭

社会环境促成了女子教育的普及和女子文学成就的发展，反过来也对社会观念造成了一定影响，越来越多的家庭让女孩子接受教育，也以家中有早慧少女而竞相夸耀，更重要的是，为了“他日到人家，知书知理，父母光辉”①。前文已经提到，礼教对妇女的压制摧残在清代已经登峰造极，“在家从父，即嫁从夫，夫死从子”就是女子生活的三部曲，对命运毫无掌控权的现实是女子悲剧产生的温床。自杀殉节、守寡守节是备受推崇的妇女行为准则，无数自戕自杀和孤独终老的例子背后折射着当时女性悲凉的人生境遇。而文化知识似乎并没有带给闺阁才女幸福的生活，残酷的礼教枷锁反而造就了不少“才女薄命”的悲剧。可以说，“才女才妇在封建社会所备受的‘薄命’之苦尤其惨重”②。

社会环境对于才女薄命的阐释指向了“才能碍命”，而不少女性诗人也同样认同“才高命薄”的命题，有不少抒发此类情怀的女性作品，所谓“聪明误，才藻损年华。胜有新编工柳絮，堪嗟薄命比桃花”，“眼底眉头，无情无恨，问谁知道？算生来，并未负清才，岂聪明误了”。③ 可以说“薄命”意识已经深深烙印在才女的生命意识之中，“（徐）秀芳，江苏吴江黎里人，徐蟾女，秀水国学生李大成妻。秀芳早慧，承父教，与妹彩霞刺绣，暇日事吟咏。秀芳临没，悉以诗稿投炉中，曰：薄命人无留此为后人笑也。”④ 然而，并不是所有女性都将自己的薄命归结为才高，命运坎坷的贺双卿认清了薄命的根本在于长期以来的男女不平等，“人皆以儿为薄命，儿原非薄也。红楼淑女，绿窗丽人，沦没深闺者世间不少……儿则愿来世为男子身，参断肠禅，说消魂偈，足矣”⑤。贺双卿的慨叹让人自然而然地联想到探春的名言“我但凡是个男人，可以出得去，我必早走了，立一番事业，那时自有我一番道理”。这位精明志高的三小姐一语中的，道出了社会对女子的不公，虽然有才干有见地，但她也无奈于残酷现实，所有的只是一腔不平。

实际上，正是随着女子知识文化水平的提高，她们对自身生存状态的思考大为深入，从而开始发现和思考造成自身悲剧命运的社会根源。薄命并不仅仅意味着生命的失去，遇人不淑、青春早寡等种种难以言表的痛楚持续地折磨着清明灵秀的才女们敏感的心灵，她们之中真正能够享有幸福人生的并不多。虽然也有像顾春与奕绘、席佩兰与孙原湘、金纤纤与赵同钰这样琴瑟相合、才气相投的神仙眷侣，但“修得人间才子妇”还是大多数才女们可望而不

① 汤显祖：《牡丹亭》第三出《训女》，人民文学出版社 1963 年版，第 8 页。
② 严迪昌：《清词史》，江苏古籍出版社 1999 年版，第 600 页。
③ 王蕴章：《然脂余韵》、吴藻《连理枝》，转引自《清代闺阁文学》，第 71 页。
④ 胡文楷：《历代妇女著作考》，上海古籍出版社 1985 年版，第 472 页。
⑤ 史震林：《西青散记》，上海杂志公司 1935 年版，第 8 页。

可即的终极梦想。据粗略统计，沈善宝《名媛诗话》记载一百七十多位女诗人，其中大约有三十人早寡，十人早夭，十人所适非人。而从才女们多“薄命”的人生走向中，我们已经看到了清代女性作为弱势群体所遭受的种种痛苦。青春早逝其实只是长期压抑抑郁的一种结果而已。虽然叶小鸾卒于明末，但她早慧早夭的命运非常具有代表性。叶小鸾“四岁，能诵离骚。不数遍，即能了了”，“十四岁能奕。十六岁有族姑善琴，略为指教，即通数调，清泠可听”。但这位“娟好如玉人”的少女却在夫家“催妆礼至”之时病倒，于出嫁前五日病逝，生命结束在十七岁的花样年纪。① 再有嘉道时期杭州才女夏伊兰，《正始续集》卷九记载“道光六年六月朔，沐浴更衣，拜母前曰，‘儿欲去’，母问何往，女曰，‘儿谪限已满，仍归雷庙天上差乐，毋以为念也’。母泣下，反劝慰百端。遂于初四日殒，年仅十有五岁”。② 《红楼梦》的早期读者中，也颇有薄命少女，“闻乾隆时杭州有贾人女，明慧工诗，以酷嗜《红楼》，致成瘵疾。……父母以是书贻祸，恨而投之火，女在床大哭曰：‘奈何烧煞我宝玉！’遂气噎而死。”③

才女薄命的现实投射到了《红楼梦》之中，第五回贾宝玉梦游“太虚幻境”，在“薄命司”中阅读了预示诸多红楼女儿命运的判词，“薄命”二字就是作者为闺阁才女确定的命运基调，笼罩了她们的生活。可以说，《红楼梦》中众才女的命运，是清代社会才女群体的缩微表现，这些女儿们并不像表面描写得那样安富尊荣、顺心遂意，随着情节的发展，更是几乎人人难逃厄运，“悲凉之雾，遍被华林”。小说中林黛玉的形象与才高早夭的早慧少女形象最为契合，作者用充满同情的笔触描绘了这位才华横溢的少女由盛开而至枯萎的短暂年华，尤其详细刻画了她敏感忧郁的心境，父母早丧、寄人篱下又无人为她主张，黛玉敏感地感知到身处环境的冷漠，外人看来无来由的哭泣悲伤其实隐藏着深切的压抑与忧虑，她的《葬花吟》正是对自身命运毫无掌控权的悲叹，思之深而感之切，“尔今死去侬收葬，未卜侬身何日丧？侬今葬花人笑痴，他年葬侬知是谁？试看春残花渐落，便是红颜老死时。一朝春尽红颜老，花落人亡两不知！”而其他的闺阁才女，各人有各人的烦恼忧愁，亦不可避免地面临着凄凉的命运。李纨出身书香世家，“亦系金陵名宦之女”，不幸丈夫早丧，守着儿子度日。她的父亲坚信“女子无才便是德”，自幼教导李纨，只让她读些“《女四书》、《列女传》、《贤媛集》”，些许认得几个字，因此“这李纨虽青春丧偶，居家处膏粱锦绣之中，竟如槁木死灰一般”。迎春人称“二木头”，懦弱怕事，在复杂的家庭关系中忍气吞声，下人婆子偷了累丝金凤卖钱还放肆吵闹，迎春竟不能辖制，只在一旁看“感应篇”故事，竟要探春出面为其分解。惜春小小年纪便有看破红尘之势，早有剃了头做姑子的念头，随着贾府日见衰颓，惜春更是展现了对这个家庭的失望与决绝，放言“古人曾也说的‘不作狠心人，难得自了汉’。我清清白白的一个人，为什么教你们带累坏了我”。妙玉“祖上也是读书仕宦之家”，“文墨也极通”，“模样儿又极好”，因为自小多病，许入空门，为人孤高自赏、目下无尘，内心却另有一番常人难以

---

① 沈宜修：《季女琼章传》，叶绍袁《甲行日注：外三种》，岳麓书社1986年版。
② 恽珠：《国朝闺秀正始续集》卷九，清道光十一至十六年红香馆刊本。
③ 邹弢：《三借庐笔谈》卷四，《红楼梦卷》，中华书局1963年版，第388页。

窥见的挣扎寂寞，就如她的判词所言“欲洁何曾洁，云空未必空”。英豪阔大的史湘云寄居舅家，在家中完全“作不得主”，书中虽无正面描写，却也侧面透露了种种说不出的苦楚。而一味“罕言寡语”、“安分随时”的薛宝钗每每以道德伦理教导身边姊妹，更俨然自觉地用重重礼教枷锁来捆绑自己的人生。

这些女子面临的最大悲剧莫过于她们无法自主的爱情与婚姻，脆弱多病的黛玉在无望的爱情婚姻压抑下早早逝去，迎春、探春、惜春、湘云、宝钗等都如同布偶般被拨弄，这些女性或许像湘云琴瑟相合却青春守寡，或许像宝钗独守空闺寂寞枯槁，或许像迎春遭遇中山狼命丧黄泉，或许像探春远嫁他乡前途未卜，或许像妙玉沦落红尘不知所终，无论如何，未来的生活幸与不幸都不由她们自己主张。种种安富尊荣表象下红楼才女们正在或者即将面对的严酷生活让人们看到了才女薄命的实质，并非才华导致悲剧，只是敏感多才让她们更清楚地认知了一直加诸于身的不公。

在现实生活中，闺阁才女大多只能作为男性生活“红袖添香”的点缀，男性对待女性的玩视态度并没有本质上的改变。红颜薄命的残酷命运令人哀伤叹惋，在女性声音微弱的社会环境中，也有不少男性文人在哀叹才女命薄，比如史震林等一些文人就曾对坎坷多才的贺双卿不吝赞美之辞，不过男性文人的描述还是从男性欣赏的角度出发，寻找或塑造着自己心中完美的才女形象，并沉浸在“怜才”的情绪之中，顺势感慨抒发文人怀才不遇的块垒，从这个层面来看，男性文人对闺秀才女所寄予的同情能够有多么深切真诚则不言而喻。

相比之下，曹雪芹对笔下的闺阁才女给予的同情更加深厚宽广，虽然也有批评家认为曹雪芹写女性还是带有“香草美人”以自寓的因素。但不可否认，“闺阁中本自历历有人”是曹雪芹开篇伊始即明确表达的著书方向，表现了作者对于女性尤其是闺中少女的尊崇。而且《红楼梦》这部小说确实更为立体地反映了闺阁才女群体，才女薄命的走向既充满代表性又具有普遍意义，“薄命司”中不只有才高早夭的黛玉，还有青春枯槁的李纨和宝钗，独守青灯的惜春，错嫁的迎春，远嫁的探春，沦落的妙玉等，单就这一点来看，小说作者在对女性形象的创造与塑造上就比其前辈和同时代者更为严谨深入。再者，作者关注闺阁才女群体，不止揭示了她们最终的人生结局，更多地是描绘她们人生的发展轨迹，她们的欢乐与悲伤，精心而细致地铺展开对闺阁群体整体形象的塑造。作者虽然没有给出带有结论性的意见，其一片苦心已不言自明，而且读者亦有机会循着作者的指引对闺阁才女的悲剧命运做出有依据的思考。

综上所述，《红楼梦》对闺阁才女们的集中描写与清代闺阁才女的生存状态具有微妙的互文关系，历史语境与小说文本存在着复杂的交织渗透，双方互为表里，阐释了闺阁才女这一独特的社会群体在清代社会中的生存状态、心路历程以及文本呈现。不可否认，清代才女文化作为具有丰富内涵的文化现象投射在《红楼梦》文本中，仅从本文并不全面的讨论中即可以清晰见出其对小说作者塑造闺阁才女这一群体所带来的影响，无论是素材上的还是观念上的。正是这种影响与作者的创作才华相结合，从而促成《红楼梦》中的才女群像成为社会群体具有代表性的缩影呈现在读者面前。通过对清代才女文化与《红楼梦》才女群体进行三方面的特点分析，我们了解到清代闺阁女性的教育水平、文学成就相较前代大幅提高，文学女性不断涌现，这些成为了《红楼梦》文本产生的基础，而《红楼梦》对此都有所反映，尤其着眼于闺阁才女的群体形象，生动再现了以作诗结社为主的闺阁文学活动。值得注意的是，小说作者最大限度地抛开了男性视角的局限，着眼于才女薄命主题，通过丰富而细腻的描写，对才女群体的人生命运做出了极有诚意的艺术再现。

| 本文作者：中国艺术研究院红楼梦研究所助理研究员

《红楼梦》中的“睡鞋”与明清两代小说的史料价值小议

夏 薇

一、引子：《红楼梦》里到底有没有提到过“睡鞋”

前些时，海外著名汉学家浦安迪先生来中国社科院文学所讲座，浦先生讲座的主题是："睡鞋、猫狗、秋千架"。学者们为其新颖的题目和独特的研究视角所启发，思绪云涌。笔者亦有幸亲睹闻名海内外的学者风采。浦先生以小物件作为切入点，用睡鞋、猫狗、秋千架在中国古代小说中出现的频率和作用来分析和研究古代小说的思想内涵，这种研究方法非常值得我们借鉴。其中，秋千架和猫狗两个意象是他的研究重点，对睡鞋的问题则所涉不多。

浦先生在谈到中国古代女子所穿睡鞋时，很着意地指出了《醒世姻缘传》和《金瓶梅》两部小说中对睡鞋的描写，并强调："《红楼梦》中一次都没有提到过'睡鞋'。"

《红楼梦》中真的一次都没有提到过"睡鞋"吗?

其实，《红楼梦》中不仅提到了"睡鞋"，而且意义重大，并与其他众多明清小说对"睡鞋"的使用有着显著的区别。

《红楼梦》[①] 第七十回，晴雯、芳官等在床上打闹。庚辰本作：

> 那晴雯只穿葱绿苑紬小袄，红小衣红睡鞋，披着头发，骑在雄奴身上。

"程甲本"、"程乙本"此处作：

> 那晴雯只穿着葱绿杭紬小袄，红紬子小衣儿，披着头发，骑在芳官身上。

无怪海外学者浦先生未能注意到《红楼梦》中描写的睡鞋，因为偌大一部《红楼梦》，也仅此一处，再无他文提及"睡鞋"一词。然而作者却并不是随意一写，而是有意为之的。

要想明白《红楼梦》作者的深意，我们须先通盘了解"睡鞋"在明清时期人们的生活中的实际作用和意义。

---

① 曹雪芹：《红楼梦》（庚辰本），人民文学出版社2006年版，第1669页。

二、"睡鞋"关涉性文化

"睡鞋"，顾名思义，是睡觉时穿的鞋。徐柯《清稗类钞·服饰类》① 称："睡鞋，裹足妇女所著以就寝者。盖非此，则行缠必驰，且借以使恶臭不外泄也。"除妇女睡觉时所穿之物、能使缠足不松弛和缠足的恶臭味不泄露外，睡鞋作为中国古代妇女缠足行为的产物，也是男女性事中极其重要的催情剂。如，叶大兵、钱金波主编的《中国鞋履文化辞典》② 曰："睡鞋，亦称'眠鞋'。旧时裹足妇女临睡前所著之软底鞋。睡前著之以防脚趾松弛，并以此取媚于枕席间。"此外，一些叙述古代性史和关于古代妇女缠足的著作凡提及睡鞋者，皆不出此格局。至于对睡鞋的性质、用途、功能及在古代妇女生活中的地位等并无更深的论述。

一些研究古代小说或古代服饰的文章也曾提到睡鞋，如，"……睡鞋乃被当时沪地纳入时尚之列……晴雯所着红睡鞋一定是三寸睡鞋无疑"③。《古代的红色鞋文化》④ 一文用《金瓶梅》中西门庆对潘金莲所穿"提跟的红纱睡鞋"的议论举例，来说明红睡鞋在性生活中的作用。有的文章也引用了古代小说中写到睡鞋的文字，却并未强调睡鞋与普通鞋的区别，而是更注重鞋的颜色在小说创作中的用处，如《三寸金莲中隐含着的畸变心态——兼谈西门庆的足鞋恋倾向》⑤ 一文中引了《金瓶梅》中潘金莲的话："不是穿的鞋，是睡鞋。"文章没有论及潘金莲为什么要强调"穿的鞋"和"睡鞋"的不同，而是将注意力放在鞋的颜色上："值得注意的是潘金莲只是说明'不是穿的鞋，是睡鞋。'却绝口不提为什么要做红鞋。"可见，"睡鞋"反而没有"红鞋"引人注目。

为什么原本是带有强烈性意味的睡鞋倒不如它的颜色更引人注意、更令人产生联想呢？这正是由于现代人对遥远的古代人生活的不了解所造成的。举一个例子，宝黛同看《西厢》，一直以来，大家也都认为是一种与当时礼教不符的行为。但就如同学习外语一样，明白了词的意思，但却没有语感的话，那种理解就是极其肤浅的了。失去了时代背景，我们当代人已经不能深入领会宝黛共读《西厢》到底意味着什么，到底触犯了什么。但生活在当代的人们却都深刻了解在青春期的少男和少女偷背着家长同看色情片的错误有多大，问题有多严重。

"睡鞋"这一曾经是女子不可或缺的生活必备品，发展到如今，已经完全失去了它的日用价值，从人类的日常生活中消失，成为博物馆和收藏家的珍藏。我们甚至很难从各种文献资料、研究文章和专著中找到对它的实际用途的专门的、完整而具体到位的解释和描绘。遍翻典籍，四库全书、古今图书集成中也仅有少数几条，笔记中的记载也非常有限，出人意料的是对"睡鞋"最为形象和详尽的表现却皆来源于所谓"稗官野史"的明清小说。中国古代小

---

① 徐柯：《清稗类钞·服饰类》，商务印书馆1916年版，第103页。
② 叶大兵、钱金波：《中国鞋履文化词典》，上海三联书店2001年版，第26页。
③ 朱华：《从红楼梦中服饰描写看满族服饰文化》，《辽宁丝绸》2006年第3期。
④ 周祥：《古代的红色鞋文化》，《西部皮革》2006年第5期。
⑤ 陈家桢：《三寸金莲中隐含着的畸变心态——兼谈西门庆的足（鞋）恋倾向》，《株洲师范高等专科学院学报》2001年第1期。

说是可以作为文献资料用来研究历史的，胡适早就对《醒世姻缘传》发出过这样的感慨：“（它是）最丰富又最详细的文化史料”，并预言“将来研究十七世纪中国社会风俗史的学者，必定要研究这部书；将来研究十七世纪中国教育史的学者，必定要研究这部书；将来研究十七世纪中国经济史的学者，必定要研究这部书；将来研究十七世纪中国政治腐败，民生苦痛，宗教生活的学者，也必定要研究这部书”①。而且当代也已有学者开始了这样的工作。那么古代小说到底是怎样细致而有趣地展现着古代社会生活景象的，就让我们从“睡鞋”这一大历史无法记载的小物件谈起。

三、明清通俗小说中的“睡鞋”

明代通俗小说中提到睡鞋的不如清代通俗小说多，明代小说除《金瓶梅词话》提到最多外，《宜春香质》、《灯草和尚》、《欢喜冤家》、《僧尼孽海》等几部狭邪小说略有提及，但都不是很具体，也没有特别地将睡鞋的作用和关涉睡鞋的性意识加以阐发。到了清代，很多的通俗小说，可以说有几十种小说都写到睡鞋，已经不仅仅限于狭邪小说，才子佳人小说和世情小说中也开始有很具体的描写，下面就根据小说中涉及睡鞋的情节来具体分析睡鞋的性质和功用，并以此反观明清小说的史料价值：

（一）守护住“睡鞋”，就是守护住了“性”的私密性

1. 睡鞋的私密性

睡鞋因为是女人晚上睡觉才会穿的鞋，所以极具私密性，甚至比小衣还要私密。而且它比小衣更加不可示人之处就在于它是男女性爱的催情剂，具有象征意味。可以说，守护住睡鞋的私密性，就是守护住了性的私密性。这使得每个女人对自己的睡鞋都要小心谨慎地保管，一旦丢失或被人偷走，则如丧失贞操一般为人耻笑。即便是像潘金莲这样性感泼辣的女子也不例外。

如《金瓶梅词话》② 第二十八回“陈敬济侥幸得金莲，西门庆糊涂打铁棍”，这回目里所说之“金莲”可不是潘金莲，而是潘金莲的“红睡鞋”。这一章从发现睡鞋丢失，到逼考丫头寻找睡鞋，再到陈敬济从铁棍儿那里拿到睡鞋和潘金莲纠缠，围绕着潘金莲丢失和找回红睡鞋的经过几乎用了一整回的文字来铺写，把潘金莲丢失睡鞋时的惊慌写得非常生动：刚发现不见了睡鞋时，“（潘金莲）叫春梅：‘你跟着这贼奴才，往花园里寻去。寻出来便罢，若寻不出来，叫他院子里顶着石头跪着！’”春梅和秋菊两个人到处都寻遍也不见睡鞋时，“（秋菊）也慌了，被春梅两个耳刮子，就拉回来见妇人。”又到西门庆的暖房“藏春坞”寻，找出了几双鞋，“（潘金莲）看了一回，说道：‘这鞋不是我的。奴才快与我跪着去！’分付春梅：‘拿

---

① 胡适：《〈醒世姻缘传〉考证》，《醒世姻缘传》，上海古籍出版社1981年版，第1448页。
② 兰陵笑笑生：《金瓶梅词话》，人民文学出版社2000年版。第353页。

块石头与他顶着。'那秋菊哭起来，说道：'不是娘的鞋，是谁的鞋？我饶替娘寻出鞋来，还要打我；若是再寻不出来，不知还怎的打我哩！'妇人骂道：'贼奴才，休说嘴！'春梅一面掇了块大石头，顶在他头上。"

睡鞋的找回显示了它与性的关系："那小猴子（小铁棍儿）笑嘻嘻道：'姑夫，你与了我耍子罢，我换与你件好物件儿。'敬济道：'傻孩子，此是人家当的。你要，我另寻一副儿与你耍子。你有甚么好物件？拿来我瞧。'那猴子便向腰里掏出一只红绣花鞋儿与敬济看。敬济便问：'是那里的？'那猴子笑嘻嘻道：'姑夫，我对你说了罢。我昨日在花园里耍子，看见俺爹吊着俺五娘两只腿儿，在葡萄架儿底下摇摇摆摆。落后俺爹进去了，我寻俺春梅姑娘要果子吃，在葡萄架底下拾了这只鞋。'敬济接在手里，曲似天边新月，红如退瓣莲花，把在掌中，恰刚三寸，就知是金莲脚上之物，便道：'你与了我，明日另寻一对好圈儿与你耍子。'"陈敬济拿着睡鞋去找潘金莲，两个人的暧昧关系不言自喻："这敬济向袖中取出来，提着鞋拽靶儿，笑道：'你看这个是谁的？'妇人道：'好短命，原来是你偷拿了我的鞋去了！教我打着丫头，绕地里寻。'"陈敬济趁机向潘金莲要随身之汗巾，二人之私情毕露。

西门庆对红睡鞋的热衷更是表明了睡鞋在性爱中的作用："晚夕上床宿歇。西门庆见妇人脚上穿着两只绿绸子睡鞋，大红提根儿，因说道：'阿呀！如何穿这个鞋在脚上？怪怪的不好看。'妇人道：'我只一双红睡鞋，倒吃小奴才将一只弄油了，那里再讨第二双来？'西门庆道：'我的儿，你到明日做一双儿穿在脚上。你不知，我达达一心欢喜穿红鞋儿，看着心里爱。'"

对这一案例我们可以作以下分析：

（1）丢了一双睡鞋，就吓得这几个女人打天骂地地乱找，可见丢失睡鞋是很严重的问题，连乱性的潘金莲都要惊慌失措。

（2）睡鞋是作者叙写"性"的一种媒介——从睡鞋的私密性来看，一个女人在葡萄架下淫乱，忘情到连睡鞋都丢了，之后再惊慌失措地四处找寻。

（3）这一现象同时也反映出作者的创作特点，即作者不能完全摆脱那个时代观念的深刻影响，即便是在写一种畸形变态的性关系和行为的小说中，作者也不能让自己已经被礼教束缚了的思想得到如同他所描写的性爱一样的开放，通过一个小小的睡鞋的描写，我们就可以看得非常清楚了。

这也就让我们更加明白，睡鞋这一古代女子睡觉时所穿之鞋在礼教中的地位，小说中的叙述让我们体会到，即使是在一个淫荡的女子心中，它也是如同贞操一样的重要。

2. 睡鞋是女人私物中的"最后一件"

"最后一件"即最私密的一件。《续镜花缘》① 第四回，公子借用庶母之衣物男扮女装避祸逃难："周氏忙去取了二百两花银并金珠的钗环首饰，妇女更换衣裳并妇人零星应用之物，连自己的睡鞋都放在包裹里头，一并打叠好了，分作两个包儿。"要注意的是这里强调的"连

① 华琴珊：《续镜花缘》，上海古籍出版社1993年版，第18页。

自己的睡鞋……"，簪环衣履等可以代表女人，是她们的专属品，但更能证明身份，也更增加了女子身份的可信度的就是女人的睡鞋。因此，庶母周氏连自己的睡鞋也包裹上送与公子。

《醒世姻缘传》① 第十一回，伍小川到计巴拉家搜赃："那伍小川在外面各处搜遍，只不曾番转地来。那伙婆娘在计巴拉婆子裤档内，胸前，腿内夹的一块布内，没有一处不摸到；床背后，席底下，箱中，柜中，梳匣中，连那睡鞋合那'陈妈妈'都番将出来，只没有甚么牌夹。""陈妈妈"是古代女子擦拭私处之巾帕。小说描写一伙人到家中乱翻，连睡鞋和女人用来擦私处的巾帕"陈妈妈"都翻了出来。这是女人"最后的"，是最私密的用物，连这个都搜出来了，就说明搜检得极其仔细彻底，再也没有遗漏的东西了。

《姑妄言》② 卷七，妇人为和尚所骗，欲与之私奔，准备行装："妇人赶忙只收拾了他行经的绢帕睡鞋，又拿了两把梳子，拿块布包了，塞在裙腰上。"此处有批语道："精细之甚，此数件物是妇人万不可少者。"可见，写女子的私物，只要写到睡鞋，描写就进入了相当细致入微的层次，可以说睡鞋是女子私物中的私物。

《锦绣衣》③"换嫁衣"第二回："云上升道：'我早晨起床，见枕头边有一朵女人的翠花，席下又翻出一只女人的睡鞋，因此想起，昨夜的裙裤又是女人的。'……揭晓之朝，云程竟中了举人。原来句客县县主，是他熟房座师。云上升在省城，忙过半月回家时，路过句容，即去拜谒座师。……云上升乘暇，将前乡试时，投寓花笑人客店，说他如何诈银，如何殴辱，又把夜间有妇人进房，与拾花朵睡鞋之事，细细说了一遍。县主道：'此人向来分明有窝奸之事了'……说话之间，柳氏拿到。县主叫带进后堂跪下……县主笑说道：'那日不曾行奸，向来与他行奸不消说了。昨夜与他行奸，不更消说了。'即指云上升道：'那时喊叫的客人，即此云相公便是。你还有睡鞋、花朵落在他手中。'说完走出堂来，花笑人与杨三、柳氏一齐跪下……"县主断通奸案件亦要凭借睡鞋，有了睡鞋，其奸情已暴露大半，证明睡鞋与男女性爱有密切联系。因为它是女人私物中极其重要的物品，又是女人在性爱时常穿之物，以至于在捉奸案中可以作为呈堂证供。

《情梦柝》④ 第十九回："原来秦小姐起来小解，……掀开锦衾一看，那床里边席下，似有垒起。取出看时，却是一双红睡鞋，尖尖可爱。把自己足一试，宽窄无二，又是穿过的。心内惊疑。暗想道：'他莫不是娶过了？去冬在我家里，一时误说未娶。见我求婚，故此千推万阻。今日不得已，把我做妾么？'"从男人的枕席中找到睡鞋，便要猜测这个男人是有妻子的，日常生活中有女人存在，可见睡鞋是女人贴身之物。

《醒世姻缘传》⑤ 第五十二回，素姐发现狄希陈收着别的女人的睡鞋，因为之前狄希陈撒谎说一条汗巾子是他娘狄婆子的，所以这次素姐就挖苦说睡鞋是不是也应该是狄婆子的："怪

---

① 西周生：《醒世姻缘传》，上海古籍出版社 1981 年版，第 164 页。
② 三韩曹去晶：《姑妄言》，《思无邪汇宝》，法国国家科学研究中心、台湾大英百科股份有限公司 1999 年版，第 775 页。
③ 潇湘迷津渡者：《锦绣衣》，《中国十大禁毁小说文库》，百花洲文艺出版社 2011 年版，第 766 页。
④ 蕙水安阳酒民：《情梦柝》，吉林文史出版社 1997 年版，第 110 页。
⑤ 西周生：《醒世姻缘传》，上海古籍出版社 1981 年版，第 753 页。

道你撞见了番子手似的！原来又把你娘的睡鞋拿得来了！这要你娘知道，说甚么？不合那汗巾子似的，又说是他的！”又自己找到狄婆子送了鞋去骂她：“素姐自己拿着那鞋，挠着头，叉着裤，走到狄婆子门口，把鞋往屋里一撩，口里说道：‘这又是你赔他的鞋？这不是？你看！一定是合汗巾子一日赔的！’狄婆子叫丫头拾起来，接在手里，仔细看了看，说道：‘这不知是那个养汉老婆的鞋，你叫他休胡说！’”狄婆子不敢像冒认汗巾子那样冒认睡鞋也是自己的，是因为在关涉男女性事时提到睡鞋，就只能是指向年轻女子，睡鞋就是年轻女子的私物，这是黑白分明的事，没有二话。因此，素姐得理不让人地说：“汗巾子说是你的，鞋又是养汉老婆的了！一件虚，百件虚；一件实，百件实！是养汉老婆的，都是养汉老婆的；是你的，都是你的！这鞋又不认了？”睡鞋和性爱密切相关，因此素姐才能如此嫉妒，连婆婆的脸面都不顾，很容易发现，在古人心中，有了睡鞋，就是有了私情。狄婆子先不知就里，因此也说“不知是哪个养汉老婆的”，二人所见如此相同，可见睡鞋是女人隐私，非有关系，绝不可能落入外人之手。

（二）睡鞋的质地、特点与穿着习惯

明清白话小说会把一件事物的性质、状态、特点等贯穿在小说情节中表现出来，这样不仅使小说更贴近生活，反映生活，而且还能令后人更容易和清晰地还原当时的日常生活，从中更加全面地了解那样事物的特质。尤其是那些在现实生活中早已消失的东西，这种详尽而写实的描述在各种历史文献中又难以找到，对我们现代人就显得更加弥足珍贵了，也同时体现了古代小说的史料价值。

1. 睡鞋的式样与质地

《醒世姻缘传》① 第五十二回，素姐翻出狄希陈私藏的睡鞋：“素姐手里捏了两捏，说道：‘古怪！这软骨农的是甚么东西？’旋即解将开来，却是一件物事。有首《西江月》单道这件东西：‘绛色红绸作面，里加白段为帮，绒毡裁底软如棉，锁口翠蓝丝线。猛着莲弯窄短，细观笋末尖纤，嫦娥换着晚登坛，阁在吴刚肩上。’”

这一段就把睡鞋的面料质地、颜色作用详尽地形容出来了。睡鞋的颜色一般是大红色的，质地则多取绫罗绸缎绣之。《金瓶梅词话》② 第二十九回，“玉楼便道：‘六姐，你平白又做平底子红鞋做甚么？不如高底好着。你若嫌木底子响脚，也似我用毡底子，却不好？’金莲道：‘不是穿的鞋，是睡鞋。他爹因我那只睡鞋，被小奴才儿偷去弄油了，分付教我从新又做这双鞋。’”这里，潘金莲的特意强调让我们知道了“穿的鞋”与“睡鞋”是不同的。睡鞋是“平底的”，而日间穿的鞋是“高底的”。

《续镜花缘》③ 第六回，三位男扮女装的公子渐渐把自己真的当成了女子，夜晚一起做睡

---

① 西周生：《醒世姻缘传》，第753页。

② 兰陵笑笑生：《金瓶梅词话》，人民文学出版社2000年版。第364页。

③ 华琴珊：《续镜花缘》，上海古籍出版社1993年版，第27页。

鞋：“那晚姊妹三人用过了夜膳，同在灯前拈针弄黹，做的是湖绫花绣软底睡鞋。”《释名》①说：“绫，凌也。其纹望之如冰凌之理也。”冰的纹理光泽摇曳，此则绫之特点。从宋代起，浙江湖州的绫生产就已经开始，到了明代达到鼎盛，因而此地所产之绫称“湖绫”，其质地纤薄轻柔。

《姑妄言》② 卷六对睡鞋也有很详细的描写：“一双大红缎子睡鞋，满帮白梅花，豆绿拽拔，白绫底儿尖上钉着黄豆大的珍珠，长仅三寸。”《碧玉楼》③：“碧莲……换上绣花软底睡鞋。”《姑妄言》④ 卷十八：“两只三寸的金莲，换了一双大红睡鞋。”

关于睡鞋的尺寸，也有小说讲得明白，林兰香⑤第十回：“大刚伸手去弄怜儿的脚，怜儿道：‘不用手度，一尺红缎可裁十数双睡鞋。’”小说中怜儿说这句话的意思是想证明自己脚小，而我们也因此了解到裁制睡鞋所需面料的数量。

2. 睡鞋的功用与穿着习惯

（1）穿着过程

《续镜花缘》⑥ 第五回，因避祸而男扮女装的公子夜晚睡觉也不敢懈怠，仍如女子一般要换上睡鞋，小说中描述了他换睡鞋的大致过程：“到了晚上，小姐（即公子）等他二人睡熟了，将蚊帐放下，方敢把弓鞋宽下，重新缠裹金莲。见那脚趾已略略有些屈转。换了些白矾细末，一层层缠裹完了，重将高底的凌波小袜穿好，换上睡鞋，又将裤脚牢牢紥缚。”再如《宜春香质》⑦ 第五回：“此际五月天气，不穿衣也不冷，艳姫与传芳还穿著大红睡鞋，白绫裹脚。”

（2）不用来踩地

《儿女英雄传》⑧ 第三十一回，何小姐晚间起来，“因要下地小解，便披上斗篷，就睡鞋上套了双鞋，下来将就了事。”这里描写了女子睡觉时穿睡鞋，夜间要下床时，还要在睡鞋外套上一双普通踩地的鞋，也就是说，睡鞋一般是在床上、被里穿的，不会用它去踩地走路。

《再生缘》⑨ 第六十四回：“都女说完先动手，苗瑞英，又惊又喜应声连。伸玉手，抱金莲，缓缓轻轻捻着尖。一退鞋儿朝下扯，竟还有，睡鞋两只里边穿。只见那，红绣鞋儿分外精，无非二寸六分零。尖细细，瘦伶伶。软底行成碎绵文。面上是，五色彩绒花锁口。里边是，四方绿缎小提跟。真可爱，实堪欣，两只金莲妙绝人。都氏美儿苗氏女，观到此，真真又是一番惊。呵唷，稀奇呀！外罩着三寸欠三分的鞋子，已是小得紧极了，怎么还有二寸零六分

① 王先谦：《释名疏证补》，上海古籍出版社 1984 年版，第 226 页。

② 三韩曹去晶：《姑妄言》，《思无邪汇宝》，法国国家科学研究中心、台湾大英百科股份有限公司 1999 年版，第 652 页。

③ 竹溪修正山人编次：《碧玉楼》，第三回。

④ 三韩曹去晶：《姑妄言》，《思无邪汇宝》，第 2104 页。

⑤ 随缘下士：《林兰香》，春风文艺出版社 1985 年版，第 77 页。

⑥ 华琴珊：《续镜花缘》，上海古籍出版社 1993 年版，第 25 页。

⑦ 醉西湖心月主人：《宜春香质》，《明代小说辑刊》第二辑，巴蜀书社 1995 年版，“花集”，第 680 页。

⑧ 文康：《儿女英雄传》，岳麓书社 1991 年版，第 368 页。

⑨ 陈端生：《再生缘》，华夏出版社 2002 年版，第 986 页。

的睡鞋……”这里的描写显然是说将睡鞋穿在走路鞋的里面。

（3）固定脚型，防臭气外泄

睡鞋的功用最初是防止裹脚松弛。穿上一只软底鞋，不仅裹脚布不松，还有固定脚型和防臭气外泄之用。因此，女子睡前换鞋的过程一般是：先涤足，再裹脚，最后穿睡鞋。裹脚之物一般用白绫。

为防臭气，睡鞋甚至还要用香，即古人也做所谓的“香睡鞋”，如《红楼幻梦》① 第二十二回：“彩云接过鞋来细细的看，只是‘咭咭咭’的呷嘴，一面说道：‘真正爱杀人。’又闻闻说道：‘好香！’平儿笑道：‘你拿去当香包子挂罢！’彩云问轻云：‘你家奶奶、姨娘们的鞋子里装的什么香？’轻云说：‘我不知道，问他们做的。’周妈道：‘咱们做鞋，方子不肯传人。’……翡翠道：‘告诉姨娘们，评评这个理：他们做香睡鞋，我问是谁的，他们说是袭姨娘的。’……鸳鸯问周妈：‘做这香鞋的共有多少？’周妈道：‘有十几位，总以四寸旺、五寸内的为卒。’鸳鸯点点头。”

再如，《品花宝鉴》② 第五十七回也写到睡鞋的香气：“红雪又掣了一枝是：‘暗中惟觉睡鞋香。’说道：‘这句倒难。’绮香道：‘你一个个闻去，是谁的香，就叫他喝酒。’红雪笑道：‘若要闻，那就……’便笑了不说。又说道：‘我知道了，我来敬个人。’便斟了一杯来敬红薇。红薇道：‘难道你真闻过我的脚么？这奇不奇，无缘无故的来缠人。’红雪道：‘我虽没有闻过你的脚，但常见你用松子粉浆缠足带，不是香的？’”

（4）晚穿早脱

睡鞋是晚间睡觉时穿，到了早上就要脱下来，换上日间的鞋。《春闺秘史》③ 第六回：“次日早晨起身，已是八九点钟的时候，悄悄推开房门到丽春房内取物，走到床前一看，只见两人还抱著睡得正好，他女儿躺在外边，下面绿缎被儿不曾盖住，将一双雪白小腿，露出被外，还穿看大红睡鞋未脱，陆氏怕他受凉，轻轻替他扯好被兜盖住。”

《红楼复梦》④ 第十九回，“婉贞一面说着，一面穿鞋。梦玉道：‘我替妹妹穿这只。’说着，拿起那只鞋来，就拉着他的脚要穿。婉贞抿着嘴儿笑的乱推乱推，说道：‘谁家的爷们替姑娘们穿鞋呢！’梦玉笑道：‘你不叫我穿一穿，我是不依的。’婉贞想来强他不过，只得伸出脚来解去红绫睡鞋，说道：‘你套上，等我穿罢。’梦玉也不言语，将他的这脚儿抱在怀里，左穿右穿闹了好大一会。”这一段描写的是女子早上起来时还穿着睡鞋，需要换上日间穿的鞋，梦玉非要帮她穿，于是她就先脱下睡鞋，让他帮她穿踩地的鞋。和晚上一定要换上睡鞋一样，早上下床，则必要换上走路穿的鞋。

（5）不单是性爱时才穿

睡鞋就是女子日常睡觉时的必穿之物，不只在性爱时才穿。古代小说也写了很多未出阁

---

① 花月痴人：《红楼幻梦》，中国戏剧出版社2000年版，第179页。

② 陈森：《品花宝鉴》，齐鲁书社1993年版，第478页。

③ 紫阳道人：《春闺秘史》，远方出版社2000年版。

④ 陈少海：《红楼复梦》，春风文艺出版社1988年版，第230页。

之少女也要在睡前换上睡鞋的行为。如，《林兰香》① 第三十回："于时雪益大、风益冷，两人（梦卿和爱娘）换了睡鞋，上炕围炉而坐。爱娘见炕上铺了两副裳褥，锦绣光华，芳香畅满……"这是两个未婚女子，两人就寝前也要换上睡鞋。小说很自然地将这样生动的生活场面描绘出来。

《野叟曝言》② 第十七回："素娥……坐在床上，将连瓣轻勾，缠束停勾，套上睡鞋……想要安睡。"这是描写未出阁少女晚间之行为，并未有男女性爱之事发生，换睡鞋只单纯为了睡眠，而不是为性爱催情之用。

《绮楼重梦》③ 第十五回，"他（薛蔼如）和舜华更加密切，两个就同炕开了铺。只是晚间换睡鞋，解小解，有了小钰在房，未免有些羞羞涩涩，不很方便。过了几天，渐渐也就惯了，不很在意。"薛蔼如和舜华皆未婚少女，换睡鞋和解小解都是少女不可示人之事。第三十回，小钰吩咐丫头："'翩翩，你的脚顶小些，快去拿双睡鞋来，给何小姐换这脏鞋子。'翩翩忙去拿了一双桃红绫的睡鞋，只有二寸半把。小钰就替他换上，略觉宽些。小钰笑道：'真正像两只水红菱儿，好瞧得很。'"

《再生缘》④ 第四十七回，写女子单独入寝："皱皱眉头叹口气，立起来，就移妆匣卸金钗。回身坐在牙床上，解却湘裙换睡鞋。素足模担先款款，香勾半着又挨挨。容惨淡，意痴呆，暗自疑来暗自猜。"

（三）睡鞋，女子的"晚装"

《春闺秘史》第三回中有这样的一段话：

> 只见那扬州妓女还未上床，正在梳妆台，一样样刻意的打扮，末了又拿起香水瓶，在周身肉上喷过不住。碧卿看了，暗暗佩服，心想原来妇人装饰，完全是取悦男子，要在晚上受用才好，但是世间妇女，只知在清早盛装，晚上反卸得干净，蓬头垢面，上床陪男子同宿。往往很美的妇人，因此得不到男子的欢心，其实该把晚装看得同早装一样重要，妇人们临睡时更要打扮得花娇月媚，玉软香温，让男子抱在被里玩，才会不负上天生的容颜。前人发明的化妆品，这个妓女，可谓是善于揣摩人心了。再看妓女妆饰已毕，至床头脱去上下衣服，由床架上取下一个大红绣花肚兜，系在胸前，又坐在床沿，翘起脚来，脱去日间穿的蓝缎弓鞋，弯腰在床的屉里拿出一双大绣花软底睡鞋换上，才扒到床中。……那妓女虽然皮肉粗糙，尚喜还很白净，此时在灯光之下细看，这肚兜和睡鞋，越显得红的愈红，白的愈白。

---

① 随缘下士：《林兰香》，春风文艺出版社 1985 年版，第 235 页。
② 夏敬渠：《野叟曝言》，长春出版社 1993 年版，第 203 页。
③ 兰皋主人：《绮梦重楼》，北京大学出版社 1990 年版，第 97 页。
④ 陈端生：《再生缘》，华夏出版社 2002 年版，第 714 页。

虽然含有对女人的歧视与不尊重，但早在几百年前的古人已经有了“晚装”这样的概念，单纯从性的角度认为女人应该把晚装看成与早装一样重要。而“睡鞋”就是女人极其重要的“晚装”之一。睡鞋一般是大红色的，小说中甚至解释了大红色对性爱的作用：“红色本是一种使人发生狂热的颜色，偏生放在女人的胸前和脚尖更是引人动心”。

因此，女子睡前换睡鞋，就成了小说中性爱描写的前奏。

《金瓶梅词话》① 第五十一回：“（潘金莲）就灯下摘了头，止撇着一根金簪子，拿过镜子来，从新把嘴唇抹了些胭脂，口中噙着香茶，走过这边来。春梅床头上取过睡鞋来，与他换了，带上房门出去。”这是一段潘金莲欲与西门庆发生关系之前的描写，全部都是潘金莲的准备工作，大多数的狭邪小说如《灯草和尚》、《宜春香质》等，在性描写之前都不会忘记的一个共同事情就是：让女人换上睡鞋。很多古代小说的细节描写都可以说明这一点。

《醒世姻缘传》② 第五十八回，相于廷教狄希陈如何治素姐说：“你一边……一边替他脱了衣裳，剥掉了裤，解了膝裤子，换上睡鞋，他还下的来哩？要再治的他……”看来睡鞋可不是想起来就穿，想不起来就不穿的东西，女人自己不穿，男人也不能忘记帮她穿上。换睡鞋，就如同晚上睡觉要宽衣解带一样是必须的行为，一样都不能少。

《金瓶梅词话》③ 第五十二回：“见妇人脱得光赤条身子，坐着床沿，低垂着头，将那白生生腿儿横抱膝上缠脚，换了双大红平底睡鞋儿。西门庆一见，淫心辄起……”

《续镜花缘》④ 第十一回，男扮女装的丽贞与女扮男装的红薇成婚：“丽贞含羞答应，走近床前，将身坐下，遮遮掩掩脱去了大红的凤头鞋，换了双银红花绣软底睡鞋。红薇偷眼看他，金莲也装成四寸馀长，不肯露出痕迹，慌忙把脚儿盖入锦被。……夫妇双双同入鸳衾，遂了却三生之愿。”

《续镜花缘》⑤ 第三十七回：“宝英也卸去了钗环，宽了衣裙，坐在床沿，换了睡鞋。放下罗帏，夫妻同梦。”

《都是幻》⑥：“见十二宫主俱到香汤盆中，洗了手脚，也坐落绣墩上。脱去尖尖的凤鞋，换了小小的睡鞋，一齐上床。”

《绿野仙踪》⑦ 第四十四回：“今见于冰先睡了，他便连忙在妆台前，拂眉掠鬓，卸却管环；在后炕换了睡鞋，将衣服脱去，喜喜欢欢的钻入被来。”

《续金瓶梅》⑧ 第四十一回写两女子同床：“金桂说道：‘咱睡了罢。’各人起来，收了壶盏，使水嗽了口，又取些水，净桶里净了手，换上睡鞋，铺下被窝，把灯一口吹灭。”

---

① 兰陵笑笑生：《金瓶梅词话》，人民文学出版社2000年版，第677页。
② 西周生：《醒世姻缘传》，中华书局2002年版，第550页。
③ 兰陵笑笑生：《金瓶梅词话》，第687页。
④ 华琴珊：《续镜花缘》，上海古籍出版社1993年版，第55页。
⑤ 华琴珊：《续镜花缘》，第188页。
⑥ 潇湘迷津渡者：《都是幻》，第四回。
⑦ 李百川：《绿野仙踪》，上海古籍出版社1996年版，第298页。
⑧ 丁耀亢：《续金瓶梅》，上海古籍出版社1993年版。

《碧玉楼》①："随即脱了衣服，换上睡鞋，仰卧在床。"第七回："坐在官人怀里。换上大红缎子绣花软底睡鞋。"

《青楼梦》② 第十三回："解罗袜，去鸳鸯履，穿好了软底睡鞋，唤侍儿捧了一盏凉茶饮毕，向檀几剔起银灯，手持绛纱纨扇，向挹香回眸一笑，先入香帏。"

（四）睡鞋是男子之最爱，女子之武器

中国明清小说，特别是清代小说中凡写到性爱处，则大部分都要有睡鞋做陪衬，小说作者都尽力将男子对穿着睡鞋的女人的喜爱表现得淋漓尽致。如《金瓶梅词话》③ 第七十五回："西门庆道：'我的心肝，不打紧处，到明日，铺子里拿半个红缎子与你做小衣儿穿，再做双红段子睡鞋儿穿在脚上，好伏侍我。'"《欢喜冤家》④ 第五回，蒋青要得有夫之妇元娘，先有家人为其偷了她的睡鞋："他便走到床上一看，见枕头边有一双大红软底的女睡鞋，只好三寸儿长。他便袖了，流水的下了楼来。"蒋青见鞋如见脚，想脚如见人，大喜过望："将双脚平跌道：'妙，妙，足值一千两银子。'"接着果然将元娘掳去，睡鞋成了性的媒介。《僧尼孽海》⑤"云游僧"中叙述有和尚吴员成对韩氏动心："员成目摇心动，淫兴勃然，密画一计，贿嘱婢女小梅窃去兰英睡鞋一只。回寺自喜，捧鞋吟云：凤鞋凤鞋兮，卷我风情兮；思之弗得兮，有如狂醉兮。今日得鞋兮，称我良缘兮；问我佳期兮，定於何日兮。吟罢沈思，无计可施。"偷睡鞋，在古代小说中也比比皆是，它是引发男子性幻想的媒介。《巫山艳史》⑥："……一貌如花，却有万千娇态。止有小衣不脱，足上穿着大红平底睡鞋，如红菱相似，十分有兴。"《春闺秘史》⑦，碧卿与丽春一段对话："碧卿道：'你何不做一双软底红缎睡鞋，每夜穿著，服伺我呢?'……丽春道：'这很容易，你若欢喜这样，我明天赶做一对……'"《姑妄言》⑧ 卷五：丫头对裘夫人说："那一日夫人不在屋里，秋姐把夫人的睡鞋输了给他看，二爷还闻了闻，看见了我，秋姐忙拿过去塞在床上褥子底下，还没有告诉夫人呢。"

女人的睡鞋能够勾起当时男人的无限遐思与诗情画意，《空空幻》⑨ 第六回，花春与池娇相恋，"一日，偶在绣床鸳枕边，见得池娇睡鞋一双，甚觉香气扑人，尖纤可爱。因口吟一律以谑池娇云：'绣枕鸳衾分外佳，洞房窄生睡时鞋；可曾踏破巫山路，无复经来洛水涯。半夜春风勾冶梦，一弯暖玉透郎怀；暗中香气迷人醉，并蒂红莲称小娃。'"

"睡鞋"不仅是男子的催情剂，亦是女子勾引男子的武器。

《续金瓶梅》第三十三回："后来见他不理，又将自己带的一个红纱香袋，连一只睡鞋儿，

---

① 竹溪修正山人编次：《碧玉楼》，第六回。
② 俞达：《青楼梦》，齐鲁书社 1993 年版，第 53 页。
③ 兰陵笑笑生：《金瓶梅词话》，人民文学出版社 2000 年版，第 1110 页。
④ 西湖渔隐：《欢喜冤家》，北京师范大学出版社 1992 年版，第 92 页。
⑤ 佚名：《孽海僧尼》，天艺出版公司 1994 年版，第 27 页。
⑥ 不题撰人：《巫山艳史》，第四回。
⑦ 紫阳道人：《春闺秘史》，第四回。
⑧ 三韩曹去晶：《姑妄言》，《思无邪汇宝》，第 609 页。
⑨ 梧岗主人：《空空幻》，《中国古代禁毁小说文库》，太白文艺出版社 1998 年版，第 71 页。

隔墙丢去，指望这秀才钻隙相窥或是逾墙相从。那知道这读书人专心只在诵读上，并没这个闲情，就见是个香袋睡鞋，也只道是那个朋友撇下的，再不想到邻家有妇女勾引的事。”《春闺秘史》第八回，妇人欲勾引碧卿，碧卿却始终不为所动，妇人“低头想了一会，忽然说道：‘我倒忘了，我的哥哥说过，最爱的……红绣鞋两样，我把这两样东西给你看看’……妇人说著……在抽斗中取出大红缎睡鞋穿上，又钻入帐中，翘起一只小脚……”。碧卿果然经不起睡鞋这个极具魅力的武器。

《姑妄言》第4卷，作者在讲述火氏与竹思宽约会前所作的准备工作时这样写：“火氏听了，笑容满面，精神顿长，那个喜那里还说得出来。连忙爬起，（忙一）忙下床来，（忙二）忙到镜台前，（忙三）把头发拘了个结实，两鬓抿光，忙忙的匀了匀脸，（忙四）点了点唇。忙拿出一条大细汗巾，（忙五）……忙叫巧儿掇了一脚盆水来，（忙六）……忙拿了一双大红睡鞋，（忙七）用块绢帕包了，叫巧儿笼在袖中。外面有起更时分，丫头们大约睡沉。恐书房中无灯，忙叫巧儿点了两枝安息香，（忙八）拿了两枝烛并粹灯，然后忙忙出来。（忙九）……，一见了面，也顾不得巧儿在傍，两人忙搂抱着，（忙十，先是火氏独忙，此是两人同忙）……相携进房。巧儿忙点上了烛，（忙十一）……火氏忙把睡鞋换上。（忙十四，此又是火氏独忙）……”等等。所有准备之事都是一次完成的行为，唯有睡鞋，是经过了“忙拿了一双大红睡鞋，（忙七）用块绢帕包了，叫巧儿笼在袖中”和与竹思宽见面后“忙把睡鞋换上”的两次行为。批者说：“以上共写了二十二个忙字”，这二十二个“忙”都被批者一一指出。如此忙乱之间，不忘带着两样东西，一个“大细汗巾”，一个“大红睡鞋”。汗巾在两人见面之后就再也没有提起，而火氏却在忙而又忙的时刻也记得换上大红睡鞋，且“两只小脚刚有三寸，穿着大红平底睡鞋”，令竹思宽“神魂飘荡”。睡鞋在火氏心中就是引诱竹思宽的武器，如何会将它遗忘呢?

《姑妄言》卷六，女子喜欢上嬴阳，私赠一包东西与他，“嬴阳不便打开，将那包儿装入钞袋中，又来唱戏，散了回家，已将五鼓。到了家中，取出包儿灯下打开一看，一双大红缎子睡鞋，满帮白梅花，豆绿拽拔，白绫底儿尖上钉着黄豆大的珍珠，长仅三寸”。睡鞋在这里被用作定情信物和表记私相授受。

四、晴雯之死与“睡鞋”

（一）《红楼梦》里唯一一次的“睡鞋”给晴雯穿了

在对明清小说中描写的睡鞋进行了研究，并了解到睡鞋在古代男女生活中的地位之后，再来反观《红楼梦》中唯一的一次“睡鞋”的出场，就会明白它的这个“唯一一次”是多么的不可忽视了。

作者没有将睡鞋这个与性的私密性有极其密切关系的物件写给小说中的任何其他人物，比如妖媚的“多姑娘”、多情的尤家姐妹、俊俏活泼的芳官、妓女芸儿，甚至也没有让贾赦和贾珍的哪个姨娘或是小说中的哪个已经嫁了汉子成了"鱼眼睛"的妇人穿上睡鞋出现在读者面前。而恰恰令我们咋舌又惊骇的是，作者把穿睡鞋出场的特权只给了"风流灵巧"又纯真，却被"诽谤"而致"寿夭"的怡红院大丫鬟——晴雯。这就让我们对作者的安排产生了疑问：晴雯不是一直都被误会，被同情，被称扬的吗？为什么要让她穿着睡鞋赤裸裸地示众？这不是贬低人格、破坏人物形象的行为吗？作者这么做到底是为了什么？

（二）"没有不洁行为就是'冤死的'"，曹雪芹的思想有这么简单吗

我们知道，晴雯是"受人诽谤"为"勾引宝玉"而获罪被逐，导致殒命的。这个罪名实质是质疑晴雯的道德行为，认为她做了违背礼教之事。但是遍翻《红楼梦》，除了王夫人指责她的："上次我们跟了老太太进园逛去，有一个水蛇腰，削肩膀儿，眉眼又有些象你林妹妹的，正在那里骂小丫头，我心里很看不上那狂样子。"和她对偷玉的坠儿的打骂，及时不时"用话刺儿"宝玉、讥讽袭人这些无伤大雅的小节外，我们到哪里去找晴雯有违礼法的行为呢？

既然晴雯没有任何有违礼法的行为，没有风流不洁之事，那她肯定就是由于他人的嫉妒才背上莫须有的罪名，她是无辜的。她的死完全是由封建恶势力造成的。当然，从事实上看，她本人没有犯加诸她身上的那种严重的错误，而她死了，这就是屈死的，是冤枉的，这一点我们不能否认。然而，事实往往没有那么简单。

（三）一只"睡鞋"泄春色

曹雪芹描写了各种人的暧昧行为，比如，宝玉和袭人，宝玉和秦可卿，宝玉和秦钟，金钏和宝玉调情，贾瑞垂涎凤姐，贾琏和凤姐，贾琏和多姑娘，贾琏和鲍二家的，茗烟和卍儿，司棋和潘又安，夏金桂勾引薛蝌，夏金桂和表兄，薛蟠和宝蟾等等，可以说是写尽了男欢女爱的媚态与丑态。这些都是实写的性爱，且绝大多数有实际关系，其中的任何一桩放到晴雯身上，那她就真的罪不可赦了。可是晴雯却是纯真的，到死都是清白女儿身，除了脾气大、个性强外，她的独特之处就是她比别人长得美，就像王熙凤的评价：她的确生的比别人强。而她也比其他人更爱美，对美的追求也更执着。

对小说人物的情况，读者只能从作者的叙述中得知。然而，作者在叙述晴雯这个人物时，强调的都是她个性的与众不同，所以，从晴雯"个性强、生得美"到她"因勾引宝玉"而被逐的命运之间，似乎缺少了一个联系，或者说缺少了一个环节，这就使得这个因果关系显得比较生硬和不可思议，甚至不太合逻辑。

要说丫鬟中"个性强、生得美"的，肯定也不止晴雯一个人。老太太的丫鬟鸳鸯，凤姐的丫鬟平儿等，这些大丫鬟都很美很有个性，可他们却并不曾获"勾引"之罪，因此，"个性强、生得美"只能说是一个能引起嫉妒和诽谤的原因，但却不是获罪的根本原因。

《红楼梦》中晴雯的判词中有"风流灵巧招人怨"之句。很多学者对曹雪芹给大观园中的女孩的"考语"进行过相当深入的研究，有"贤袭人"、"贤宝钗"、"敏探春"、"多情女"

(黛玉)、"慧紫鹃"、"憨湘云"等说法，据此，判词中的"风流灵巧"就应该算是给晴雯考语的一部分了。

脂批第二十二回曾对红楼女儿有这样的评价：

> 黛玉一生是聪明所误，宝玉是多事所误。……阿凤是机心所误，宝钗是博识所误，湘云是自爱所误，袭人是好胜所误，皆不能跳出庄叟言外，悲亦甚矣。

虽然没有说到晴雯，但推导下去，则晴雯必为"风流灵巧"所误。她生性美丽风流，这不是弊病，但"风流"却又不拘小节，行为有失检点，方为其一生之误。

这种因性格单纯的不拘小节的行为其实在小姐们中也存在，比如湘云，她裸着肩膀睡觉，被宝玉看见——当然罪不在她，她也没有故意让人看见。不过对于封建礼教而言，这应该也是一种不拘小节的行为，但作者对这一举动的描写初衷却可以由宝玉的反应而得知："湘云却一把青丝，拖于枕畔，一幅桃红绸被只齐胸盖着，衬着那一弯雪白的膀子，撂在被外，上面明显着两个金镯子。宝玉见了叹道：'睡觉还是不老实！回来风吹了，又嚷肩膀疼了。'一面说，一面轻轻的替他盖上。"两人均是孩子般纯真，没有半点淫邪杂念。这种人性中干净纯正的美是作者最着意展现给读者的地方，也正是《红楼梦》应该研究的美学主流思想精髓。这里，晴雯与湘云有显著差别：湘云为贵族小姐，其美是自然流露，甚至还带一点憨痴。而晴雯则"心比天高，身为下贱"，虽有天然之美，却被打上了丫鬟的下贱印记。而她人又是"心比天高"，一定要刻意追求美的展现。她追求精神品格的完美，也追求容貌服饰的完美。在这种追求中，往往不顾小节，一往无前，很容易招来别人的羡慕嫉妒恨。曹雪芹写她着睡鞋的深意即在于此。这是她的悲剧，她有理想，但不可能实现。"历史的必然要求与这个要求在现实中的不可能实现"，这也是《红楼梦》悲剧精神的一个显著代表。

她又是浮躁的，凤姐的一句评语便足以说明情况：

> 若论这些丫头们，共总比起来，都没晴雯长得好。论举止言语，他原轻薄些。

晴雯既云"风流"，除外貌俊俏外，行为举止也必然有所显露。以她高傲又追求完美的个性看，她在日常生活中一定会有不拘小节之举，在大家眼中便是异类，不入众目。风流灵巧却又轻薄浮躁，"毁谤"的发生就在情理之中了。

但整部《红楼梦》，凡写晴雯，从言语意图到服饰装扮，几乎并无不妥文字，只有在她临终时要求和宝玉换内衣，又咬了指甲相赠这个行为是有违礼教的，但这也不能算，因为那时罪名已得、悲愤之际的过激行为，已不能称为她获罪之由。

除了两个物件——红小衣、红睡鞋。

庚辰本第七十回"那晴雯只穿葱绿苑紬小袄，红小衣红睡鞋，披着头发，骑在雄奴身上。"这身打扮中的"红小衣红睡鞋"被程甲本和程乙本改作"红紬子小衣儿"，直接删除了

"红睡鞋"。这是为什么?

小衣，男女皆有，老少皆穿，只是比一般的外衣不同的是，不能在大众面前显露，显露则视为不雅。睡鞋则不同，除了和小衣一样的意义外，它还紧密牵扯着古代人们敏感的性神经，程伟元和高鹗在这里只删除"睡鞋"而不删除"小衣"就很说明问题。他们大概觉得晴雯还算是个正面人物，一个清白女孩儿，如何能大白天脚蹬红睡鞋出场？简直不可容忍，不如删去。如果说程伟元和高鹗在刻书时有多种本子参照，那么这种修改也同样能说明不仅他们二人，那些底本的收藏者或修改者在这个问题上也是抱有同样理解和看法的。

其实，大观园里的女孩们个个都可能要在睡觉时换上睡鞋，而作者却很小心地没有让她们中的任何一个人的红睡鞋暴露在读者眼中，除了一个晴雯。这样，从"个性强、生得美"到"因勾引宝玉"而被逐的命运之间，就有了一个隐藏的、不容易被我们这些已经不知道睡鞋为何物、代表了何种意义的现代人知晓的联结点，而它却是晴雯殒命的一个重要物证，不该被忽略。

但我们要同时注意到，就如同在写湘云的睡姿时用宝玉的态度表明作者的观点一样，在写晴雯的红睡鞋时，作者同样也通过宝玉的反应来表达自己的观点：

> 这日清晨方醒，只听得外间屋内咭咭呱呱，笑声不断。袭人因笑说："你快出去拉拉罢，晴雯和麝月两人按住芳官那里隔肢呢。"宝玉听了，忙披上灰鼠长袄出来一瞧，只见他三人被褥尚未叠起，大衣也未穿：那晴雯只穿着葱绿杭绸小袄，红绸子小衣儿，披着头发，骑在芳官身上，麝月是红绫抹胸，披着一身旧衣，在那里抓芳官的肋肢，芳官却仰在炕上，穿着撒花紧身儿，红裤绿袜，两脚乱蹬，笑的喘不过气来。宝玉忙笑说："两个大的欺负一个小的！等我来挠你们。"说着也上床来隔肢晴雯。晴雯触痒，笑的忙丢下芳官，来合宝玉对抓，芳官趁势将晴雯按倒。袭人看他四人滚在一处，倒好笑，因说道："仔细冻着了可不是玩的，都穿上衣裳罢。"忽见碧月进来说："昨儿晚上，奶奶在这里把块绢子忘了去，不知可在这里没有?"春燕忙应道："有。我在地下捡起来，不知是那一位的，才洗了，刚晾着，还没有干呢。"碧月见他四人乱滚，因笑道："倒是你们这里热闹，大清早起就咭咭呱呱的玩成一处。"宝玉笑道："你们那里人也不少，怎么不玩?"

几个十几岁的孩子玩在一起，不论身份，不谈尊卑，没有淫邪，毫无避讳，作者没有一点要表现晴雯处心积虑、有意为之的意图，恰恰相反，正是要通过这种看似越格的行为来证明用龌龊之心来揣测她或她们的人自己内心的肮脏，又以此衬托出女孩们的天真无邪。这就是为什么读者永远不会将《红楼梦》与《金瓶梅》等小说并列的原因。《红楼梦》中展现的美，是纯净的，它蕴含的情感更加贴近人性，更加能为各种时代，尤其是进步着的时代的人们所接收，这种纯洁的人性美是永恒的，是人类的精神瑰宝。

| 本文作者：中国红楼梦学会常务理事、中国社会科学院文学所副研究员

《海上花列传》的季节叙事及其与《红楼梦》之比较

梅新林　纪兰香

引　言

《海上花列传》与《红楼梦》有着诸多明显的继承关系。据与韩邦庆同时代的小说家孙玉声《退醒庐笔记》中所载："韩言'曹雪芹撰《石头记》皆操京语，我书安见不可以操吴语……文人游戏三昧，更何妨自我作古，得以生面别开。'"① 可见韩邦庆在创作《海上花列传》前，心中乃有一《红楼梦》。而对《红楼梦》、《海上花列传》非常偏爱且深有研究的张爱玲也认为，韩邦庆"有些地方他甚至于故意学《红楼梦》"②。的确，《海上花列传》在人物形象塑造、场景描写、情节构思甚至语言文字等方面上，都有明显模仿《红楼梦》的痕迹，或者更确切的说，是作者自觉或不自觉地以《红楼梦》为"蓝本"，将其内化为一种可资借鉴的创作资源。而以韩邦庆的才学，显然不可能臻于"青出于蓝而胜于蓝"，而只能说通过"青""蓝"相续，有效提升了《海上花列传》的创作质量。

本文无意对《红楼梦》与《海上花列传》二书展开全方位的比较，拟仅从"季节叙事"的独特视角切入。所谓季节叙事，是指以春夏秋冬等季节为叙事时间，重点通过季节变换与循环表现人生经验与人世沧桑的一种叙事形态和方式。③ 从普遍性即共性方面而论，季节叙事源自于中国处于亚热带而导致四季分明的气候环境以及由此长期积淀而成的文化传统。春夏秋冬，四季更替，伴随周而复始的时序循环，是大自然的气候、景观与人的心理感受之变化。由不同季节强烈的"时"与"变"的印象，逐渐演绎为丰富而生动的四时观念以及伤春、悲秋的主观情结。这种由来已久的观念必然影响到小说创作，从而形成了我国小说中的季节叙事传统，而且往往蕴含着深刻的文化传统和人文精神。再从特殊性即个性方面而论，在特定的文学创作过程中，不同的作家往往会根据自身独特的人生体验和文化记忆来书写，因此在其小说的季节叙事中也同样会呈现不同的价值取向与艺术形态。

在中国小说的季节叙事传统中，《红楼梦》与《海上花列传》不仅具有相当的代表性，而且具有明显的继承性。关于前者，梅新林、张倩《〈红楼梦〉季节叙事论》一文已作了较为系统的论述，其中的一个核心观点是：在《红楼梦》十九年的生命年轮中，先后经历了十九个

---

① 孙玉声：《退醒庐笔记》，上海书店出版社1997年版，第65页。

② 张爱玲：《国语本〈海上花〉译后记》，载《海上花落》，上海古籍出版社1996年版，第643页。

③ 梅新林、张倩：《〈红楼梦〉季节叙事论》，《红楼梦学刊》2008年第5辑。

春夏秋冬的变化。春夏秋冬的四季循环构成一年的时间长度，是为小循环；然后由春夏秋冬的四季循环累积至十九年，便是大循环。在大循环上与小循环之间，小循环是其基础，具有“实在”的意义，尽管从心理时间或价值时间而言，作者重点聚集一些关键季节，而忽略另一些非关键季节。但在所有被选择的季节时令中，都出现了具体而实在的季节叙事。而大循环则是由年复一年诸多具体而实在的季节叙事有机组合而成的。根据二知道人《红楼梦说梦》所论四时气象①，可将《红楼梦》分为春之梦、夏之梦、秋之梦、冬之梦，这是将《红楼梦》的起承转合，或者说开端、发展、高潮、结局喻之为一年四季的变化，有助于深入理解《红楼梦》以季节叙事为导向的循环结构。大循环也同样有春夏秋冬四季之分，但更具有虚拟的意义。② 正是以上大小循环之“实在”与“虚拟”季节叙事的奇妙组合，从而赋予了《红楼梦》基于季节而又超越季节叙事的诗化意境与诗性魅力。

同样，韩邦庆的《海上花列传》的季节叙事特色也十分鲜明，小说以花设喻，叙述了一群上海妓女从春天开始到冬天结束一年里的人生经历和人事沧桑的故事。作者于第一回称该书是因梦而起，梦见花海中的海上花从“枝叶扶疏”，因为“若不是遇着了蝶浪蜂狂，莺欺燕妒，就为那蚱蜢、蜣螂、虾蟆、蝼蚁之属，一味的披猖折辱、狼藉蹂躏”，最后“沉沦汩没”于海底。海上花从花开到花落的衰败过程，暗示了上海众多妓女逐渐走向悲剧的过程，从中也充分地显示了作者独具匠心的季节叙事智慧。相比之下，《海上花列传》的季节叙事时间长度缩短为一年，而且大致由“虚拟”趋于“实在”——其中既有中国传统的节气以及节日、日期等农历表达法，也有西方二十四小时刻度以及星期的现代时间概念。作者自始至终贯穿着的具体日期和时刻，为整部作品提供了一个精细的时序结构，较之《红楼梦》季节叙事十九年间的相对模糊乃至矛盾和错乱，显然更为严谨和精确。这不仅标志着一种现代新型时间审美观的产生，同时也更加凸显了现代都市文化的特点。然而另一方面，由“虚拟”趋于“实在”并由此建构精细化线性时序结构的最终结果，是相对于《红楼梦》那种通过大小循环的奇妙组合、基于季节而又超越季节叙事的诗化意境与诗性魅力的削弱和退化，这是需要我们认真加以思考和总结的。

一、《海上花列传》季节叙事的循环结构

《海上花列传》全书六十四回，其叙事时间非常明确，刚好构成一个四季循环。第一回的开头写到，“方记得今日是二月十二日”，刚好是一年的春天，而小说最后一次提到确切的时间是在六十二回，赵朴斋到南京寻找史公子，结果仆人告诉他，“三公子到仔扬州哉……十一月二十就来扬州成亲，要等满仔月转来哚”，从而推断此时为十一月二十日以后，十二月二十

① 二知道人：《红楼梦说梦》：“《红楼梦》有四时气象：前数卷铺叙王谢门庭，安常处顺，梦之春也。省亲一事，备极奢华，如树之秀而繁阴葱茏可悦，梦之夏也。及通灵玉失，两府查抄，如一夜严霜，万木摧落，秋之为梦，岂不悲哉！贾媪终养，宝玉逃禅，其家之瑟缩愁惨，直如冬暮光景，是《红楼》之残梦耳。”

② 梅新林、张倩：《〈红楼梦〉季节叙事论》，《红楼梦学刊》2008 年第 5 辑。

日以前，而从本回中阿虎的口中，“做到仔年底下末，就可以还清爽哉”，可推测出此时大约是十二月上旬，刚好是一年的冬天。因此小说写的是从温暖的春季到寒冷的冬季一年间的故事。根据小说中明显的时间标示，特制作下表，从中可以看出小说中的季节叙事的一些特征。

季节	所占回数	人物重要故事
春（1—3月）	26回（1—26回）	二月上旬周双玉初入妓院。 张蕙贞与王莲生初好。 吴香雪与葛仲英恩爱。 黄翠凤与罗子富初好。 李漱芳病情加重。 朱淑人与周双玉一见钟情。 诸十全初入风尘。
夏（4—6月）	12回（27—38回）	四月初，赵二宝到上海寻兄。 周双玉与朱淑人私自定情。 沈小红与小柳儿偷情暴露，王莲生与之决裂。 王莲生娶张蕙贞。 赵二宝开堂子做倌人，张秀英步其后尘。 李漱芳病情加重。 赵二宝结识极富极贵的史天然。
秋（7—9月）	17回（39—55回）	七夕之夜，众多的文人富公子与相好聚会于一笠园共度良宵。 李淑芳病逝于八月初七。 沈小红生意冷淡，搬进小房子。 张蕙贞因为与王莲生侄儿偷情，被王莲生痛打。 史天然八月底回南京。 朱淑人攀上门当户对的亲事。
冬（10—12月）	9回（56—64回）	王莲生离开上海。 黄翠凤赎身后，和鸨母合骗罗子富五千元。 赵桂林嫁给穷且老的方蓬壶。 齐韵叟离开上海，一笠园冷清萧条。 赵二宝知道史三公子背盟弃信。 周双玉得知朱淑人定亲，假吃鸦片相逼朱淑人，得以赎身。

从上表可见，春季叙事约为二十六回，几乎占据整部小说的一半篇幅。秋季次之，为十七回，超过整部小说的四分之一。而夏季叙事为十二回，冬季叙事仅占九回，鲜明地体现了作者偏爱春秋两季的季节叙事取向。从表格中也可看出，小说中的故事情节的发展、人物的命运与季节特征存在着密切的关系。

（一）春季叙事

春季叙事在小说中占据的篇幅最长。自然界的春天，是孕育的季节，也是万物萌发的季节。春季“园中芳草如绣，碧桃初开，听那黄鹂儿一声声好像叫出江南春意。”（第九回）此时大部分人物故事处于发展阶段，如周双玉初为倌人，富家公子朱淑人与之一见钟情；张蕙贞与王莲生初好；黄翠凤和罗子富初好等。春天也是百花开放的季节，无论是名贵的鲜花还是无名的小花都会在春天里绽放。与此相呼应，小说中的“海上花”，无论是长三公寓的高等妓女，还是幺二堂子的妓女或是“野鸡”妓女纷纷出场。正如自然界中花开有花落的时候，众多妓女的登场也为她们的谢幕做好了铺垫。因此在春季叙事里也暗藏着人物的悲剧：李漱芳的病情在清明节前后开始加重；沈小红姘戏子渐露马脚，王莲生开始疏远并冷淡沈小红；年老色衰的蒋月琴无情地被罗子富抛弃；良家妇女诸十全因为家境变故而落入风尘；幺二妓女赵桂林“约有廿五六岁，满面烟容，又黄又瘦”。这些春季叙事为她们秋冬的不幸结局埋下了伏笔。

（二）夏季叙事

夏季是一年中最热的季节。小说中多处写到夏日天气，第三十八回“不想接连三日，天气异常酷热。”“将近上午，忽有一缕乌云，起于西北，顷刻间弥漫寰宇，遮住骄阳。电掣雷轰，倾盆下注。约有两点钟时，雨停日出。”燥热的天气似乎容易激发了人物狂热的行为，而夏季阵雨前后的阴晴之间瞬间快速交替，也似乎暗示了人事的变幻莫测和人生的无常。在夏季叙事中，人生发生瞬间变化最大的莫过于赵二宝。她从一个乡下女孩变成上海倌人，不久成为家世显赫贵公子史天然的相好，等待她的似乎是一片灿烂的未来。而夏季里，史天然承诺娶赵二宝为正室、朱淑人与周双玉的私自定情、王莲生娶张蕙贞等事件，既可以理解为人物的狂热行为，也似乎暗示着其随时可能发生变故，果然在秋季里这些人事都发生了翻天覆地的变化。

（三）秋季叙事

秋天，草木凋零，大自然呈现一派萧条凄凉的景色，形诸文人笔下，便形成一种“悲秋”的感伤色彩。“自古逢秋悲寂寥”，“万里悲秋常作客”，都写出了文人对于秋天的独特内心感受。在《海上花列传》中，秋季叙事共有十七回，其中以富且贵的齐韵叟的私家花园——一笠园为故事背景的占据十回之多，因此一笠园是秋季叙事的最重要的场所。尽管七夕和中秋节前后的一笠园热闹非分，一个个富家公子携带自己的相好相聚于此，表面上一派美满热闹的气氛，但是在看似人间乐园的一笠园，始终掩饰不了秋天的感伤气氛。七夕之夜，旧年《一笠园同人全集》中的以“桃花”为题的诗，“一笑去年曾次日，再来前度复何人?”以“修竹”为题的诗句，“借问当年谁得似？可怜如此更何堪?”（第四十回）都暗示了物是人非的今昔之感，也暗示了七夕之夜那些男女欢愉是短暂易逝的。而中秋节前后的一笠园，其夜晚同样让人觉得阴森可怕，“听那四下里一片蛙声，嘈嘈满耳；远远的还有鸡鸣声、狗吠声、小儿啼哭声。园中不应有此，园外如何得闻?”（第四十六回）“俄而一只乌鸦‘哑哑’叫着，掠过楼顶”（第五十二回），这些景物的描写，无不预示着一种不祥和恐怖，也暗示着暂时相聚于一笠园的那些女子未来命运堪忧。在一笠园，表面看起来处境不错的倌人孙素兰与齐府的女伶琪官、瑶官深夜促膝谈心，彼此倒出各自处境的艰难、前途的渺茫。这些看似不错的女子尚且如此，更何况诸多不如她们的其他“海上花”？而秋季叙事中最大的悲剧莫过于代表“菊之秀逸，梅之孤高，兰之空山自芳，莲之出水不染”的李淑芳的病逝。

（四）冬季叙事

冬季是一年中最为寒冷和衰败的季节，一笠园的冬天可以作为代表，十月初的景色已经明显呈现衰败之景，“亚白依稀记得昨夜五更天，睡梦中听见一阵狂风急雨，那些落叶自然是风雨打下来的，因而想着鹦鹉楼台的菊花如何禁得起如此蹂躏……至九曲平桥，沿溪望去，只见梨花院落两扇黑漆墙门早已锁上……再去拜月房栊看看桂花，却已落下了许多，满地上铺的均匀无隙，一路践踏，软绵绵的。”冬季花事的凋谢也暗合了小说的海上花从花开到花落的结局。“风流广大教主”的齐韵叟返乡了，梨花院落人去楼空，包括琪官、瑶官在内的那十几个年轻女伶也不知去向；王莲生到江西为官，上海曾经数一数二的红倌人沈小红“满面烟色，消瘦很多”，生活到了极为窘迫的境地；曾经的红倌人赵桂林沦落到穷困潦倒无人问津的地步，嫁给了贫且老、穷且酸的迂腐诗人方蓬壶，大有“老大嫁做商人妇”的凄惨悲凉。而沈小红和赵桂林的结局，却似乎代表了一大批职业妓女的命运。曾经为人人羡慕的一对——吴香雪与葛仲英，关系也大不如从前，在五十六回中写道，“吴雪香略劝一句，仲英便不依，几乎相骂。”而“样色样蛮对景”的一对——孙素与兰和华铁眉，关系完全破裂，在六十四回中，华铁眉请了三个局，居然没有孙素兰，可见两人关系完全崩溃。而在这个冬季，骄傲自负的周双玉得知朱淑人已经定了亲，她成为上海滩第三个被嘲笑的“大老母”，假吃鸦片寻死。而最为凄惨的莫过于赵二宝，单纯幼稚、初出茅庐的赵二宝痴心地等待做史公子的正室，结果等来的是史公子早已娶了亲的事实，而等待她的不仅是债台高筑，更多的是众人的羞辱和嘲讽。在失望和痛苦之余，她只得重新开业，却遭到癞头鼋的羞辱殴打和破坏性的砸坏全部家私，这不亚于雪上添霜。加之老母的病危，二宝“思来想去，上天无路，入地无门”。

由上可见，小说中的季节叙事与人物命运、故事情节非常的契合。

二、《海上花列传》季节叙事的时空聚焦

小说中的叙事时间往往是一种经过作者精心设置且具有人文内涵的时间。《海上花列传》中表现的故事时间与日常生活时间的准确配合，从而表现出作家对城市日常生活的关注，这点已经得到不少的学者关注过。但即便如此，小说也不可能像日记般地叙述故事，对于叙事时间还是有所选择。《海上花列传》写的是从春天到冬天的一年间发生的故事，其在季节取向上明显偏重于春秋两季，而在每一个季节的具体时间里，作者又有所偏重，特别关注和聚焦一些特定时间和日期。纵观全文可以看出，《海上花列传》的时间聚焦为节日和特定日期。

另一方面，小说中的叙事时间又是与叙事空间紧密相联系的，离开了叙事空间的时间或离开叙事时间的空间都是不存在的。小说的时间与空间互为依存，共同构建了小说叙事形态中最基本的元素。如果说《海上花列传》中的叙事时间像一根串起闪亮珍珠的丝线，那么其叙事空间就像那一颗颗闪亮的珍珠，对于小说情节展开和人物塑造起关键作用。因为只有具体空间场景的描写才能充分展现清末上海妓女的生存状态。从整体而言，《海上花列传》在叙

事空间上比较集中地聚焦于长三书寓和一笠园。为了分析方便，下文分别讨论起时间聚焦、空间聚焦。

（一）时间聚焦

《海上花列传》的时间聚焦主要为节日和特定日期。在节日中，作者特别聚焦于花朝、七夕等节日；在特定日期，作者重点聚焦赵二宝留沪过程和李淑芳的病逝等特定事件的特定时期。

1. 花朝——二月十二日

小说的开篇从梦境开始，写作者混入了“浩淼苍茫、无边无际的花海”并跌倒在花海中，梦醒后“方记得今日是二月十二日”，作者特意标出明确的日期无非是暗示读者，这是个特别的日子，而且是个与花有关的特别时间。二月十二日，为花朝节，俗称“花神节”、被视为“百花生日”“花神生日”，据《广群芳谱·天时谱二》引《诚斋诗话》记载：“东京（即今开封）二月十二曰花朝，为扑蝶会。”一些地区也把二月十五日定为花朝节，南宋吴自牧《梦粱录·二月望》中写道：“仲春十五日为花朝节，浙间风俗以为春序正中、百花争放之时，最堪游赏。”这天，姑娘们剪五色彩纸粘在花枝上，称为“赏红”，祈求花神降福，保佑花木茂盛。中国是花的国度，花朝节由来已久，为了提醒读者注意这个“花神节”，作者特意提到小说中出现的第一个倌人陆秀林的头饰，“见他家常只戴得一枝银丝蝴蝶”，这也与花朝的另一称号“扑蝶会”暗合。

从二月十二到到二月十五日这三天的时间，小说用了八回（前八回）来慢节奏展开，其中一至二回写二月十二日，二至四回写十三日，四至五回写十四日，五至八回写十五日，可见作者对于这个节日描写的良苦用心。小说选择在一年中“百花生日”这个美好的花朝节，让这些上海妓女粉墨登场也包含了作者把她们看做是美丽可爱的“海上花”，而“海上花”最后却纷纷沉没海底，既体现了作者的“怜花惜花”的悲悯情怀，也强烈地凸现了小说的悲剧色彩。

2. 七夕——七月七日

七夕节，又称“乞巧节”或“女儿节”，是我国的传统节日，也是古代少女少妇最为重视的节日。相传农历七月初七这天是牛郎织女鹊桥相会的日子，在这一天晚上，妇女们向美丽智慧、心灵手巧的织女乞求智慧和巧艺，同时也向她求赐美满婚姻。

小说中整整用了三回（三十八回、三十九回、四十回）的篇幅写七夕节。在七夕节这个象征着坚贞而美丽爱情的那天，近十个文人贵家公子携带自己的相好恰似一对对人间的牛郎织女聚集于“风流广大教主”的齐韵叟的富贵奢华的一笠园，过着神仙眷侣般的生活。他们白天饮酒行令、下棋吹笛、观鱼赏花。晚上特制的盛况空前的“七夕烟花”又演绎了牛郎织女的浪漫爱情故事。整个七夕，一笠园洋溢着一派热闹浪漫的氛围。尤其是初落红尘的赵二宝仿佛如入梦中：一方面她攀上了家世显赫且年轻儒雅的富公子；另一方面，史公子承诺娶她为正室。但正所谓“乐极生悲”，这个寄托女孩美好愿望的佳节里，却为其后“南柯一梦”

梦醒后的悲惨遭遇做了铺垫。因此，七夕的乐景正是为了反衬后来的哀景，从而达到“以乐景写哀情，以哀景写乐，一倍增其哀乐”的艺术效果。而作者对七夕节这个隐含着女儿情结节日的聚焦，也是为衬托“海上花落”的悲剧色彩。

3. 特定时期之一——赵二宝留沪过程

对于赵二宝留沪过程，作者用了连续的三回即二十九回、三十回、三十一回，来层层铺叙，详细具体描写了从四月十七日到四月二十三日这一周赵二宝的日常行程和生活遭遇。这一周原本十分平常，但对赵二宝而言，却是其人生发生重大转变的一周。赵二宝为了寻找哥哥赵朴斋从乡下来到上海，母亲洪氏、闺中好友张秀英陪同前来。十七日晚到达上海，在客栈住了一晚。十八日，上午娘舅洪善卿来看望其母女；中午找到了赵朴斋；晚饭后，赵二宝陪张秀英去听书，遇到富公子施瑞生请客，半夜回栈。十九日，午后施瑞生请赵二宝、张秀英、洪氏坐马车游明园并逛了街，买了香水送给赵二宝、张秀英；晚饭后，施瑞生请赵二宝、张秀英、赵朴斋去大观园看戏，直到半夜返回客栈。二十日，午后施瑞生请赵二宝、张秀英逛街，买了时髦衣服，并到大餐馆吃了大菜。二十一日，早饭后施瑞生请了相帮来帮赵二宝、张秀英等人搬家，搬到清河坊的两幢楼洋房；晚上，施瑞生在新居请客并留宿。二十二日，施瑞生在新居请客叫局并留宿。二十三日，施瑞生陪赵二宝、张秀英等人吃午饭；下午娘舅洪善卿来访，痛斥二宝等为何不返乡，洪氏道出了返乡后难以维持生计的事实。从而赵二宝留在上海为妓也就水到渠成。赵二宝正是在放荡富公子的诱惑、闺中好友的牵绊、贫寒的家境牵连以及上海的繁华奢靡所吸引等诸多因素而留在上海做倌人。赵二宝从乡下村姑变成大上海倌人只是当时上海众多倌人的一个缩影。而作者选取这样一个代表，并没有过多地指责二宝不知廉耻、贪图享受，而是把矛头指向了把这个青春少女一步步推向堕落的外在因素，从而表达了对这些沦落为妓的女性的同情。

4. 特定时期之二——李淑芳病逝

李淑芳无疑是小说中作者倾注最多情感的角色之一，在她身上读者似乎看到了《红楼梦》中林黛玉的身影——痴情执着、多愁善感、自尊自爱、美丽善良、洁身自好、体弱多病等等。小说中多次写到她，如十八回、十九回、二十回、二十五回、二十六回中都穿插写到了李漱芳的个性及病情。而对于李淑芳的病逝，作者用了整整两回，即四十二、四十三回，写了淑芳从病危到安葬的详细过程。八月六日，淑芳已经奄奄一息，八月七日中午淑芳病逝，八月初九入殓，八月初十安葬。对于李淑芳的病逝，其相好陶玉甫伤心欲绝。尽管李淑芳是个倌人，但陶玉甫一律以正式的妻子礼数来安葬她。在这五天中，李淑芳病逝过程的慢节奏展开，陶玉甫悲痛万分细节的细致刻画，淋漓尽致地写出了陶玉甫与李淑芳的真心相爱。但是由于李淑芳的倌人身份却不允许她以正室的身份嫁给陶玉甫，以至于心气高傲的李淑芳忧郁成疾，最终导致了悲剧。李淑芳的不幸和悲剧也只是上海倌人命运的一个缩影，作者选择李淑芳的病逝这个悲惨的日期进行慢节奏叙事，无疑倾注了作者对于上海这群被侮辱、被损害的女性的最大怜惜和同情，从而充分展现了小说的悲剧色彩。

小说在季节叙事的时间聚焦中，无论是对节日的聚焦，还是对特定日期的聚焦，始终是为了衬托和凸显上海妓女的不幸遭遇，从而加强了小说的悲剧色彩。

（二）空间聚焦

场景是空间叙事的基本单位，场景的变换往往伴随着空间的转换。因此，小说的空间叙事往往体现为场景的描写。樊玉梅在《〈海上花列传〉的叙事》一文中把整部小说又分为196个场景，其中一笠园场景有16个，而除了一笠园以外的180个场景中，室外场景有7个，室内场景占了绝对多数，其中妓院内场景共134个，占全部场景数量的68%；长三书寓内场景104处，约占妓院场景的78%；幺二21处，约占16%；花烟间8处，约占6%。[①] 由此可见，《海上花列传》中的空间聚焦主要在长三书寓的室内。

1. 类家庭氛围的长三书寓

晚清时期的上海高等妓院，也称书寓，就其社会功能而言，是一个与家庭空间有别的公共空间，是个集聚会、娱乐、社交、交易等为一体的多功能公共空间，《海上花列传》中充分体现了这一点。尽管如此，读者还是很容易发现，《海上花列传》各个书寓生活场景的描写，色情成分极少，反而更具一种类似家庭氛围。书寓就其外表形式来看，也是一个小家庭，鸨母是家长，而妓女则是她们的“女儿”。因此同一妓院中以姐妹相称的妓女之间以及她们与鸨母之间的日常生活的描写，类似于一种家庭生活的描写。而书寓中的的客人与其相好多年稳定不变的关系，除了形式上的嫖客与妓女之间的关系，也更接近家庭生活中的夫妻关系。因此，小说中书寓室内空间又是一种类似于家庭氛围的空间。而在众多的长三书寓中，韩邦庆着笔较多地几个书寓有西荟芳沈小红家、尚仁里黄翠凤家、公阳里周双珠家、东兴里李淑芳家、鼎丰里赵二宝家等，现仅西荟芳沈小红家为例。

小说中的王莲生和沈小红之间复杂的暧昧关系是其他狭邪小说中少见的具有家庭气氛的关系。他们虽是形式上嫖客与妓女的关系，但实质上，他们更像是夫妻关系。而这种复杂的纠缠关系正是在沈小红家这个特定的空间里得以形成。在第四回中，王莲生因为最近结交张蕙贞，三天没到沈小红家，这是其与沈小红相好的三四年来的首例，他深怀愧疚来到沈小红家“交代”。室内主要是他们两个，姨娘偶尔插话，沈小红开始兴师问罪、连连逼问，王莲生被逼得只能讪笑，最后主动求和讨好，并且申辩自己没有变心。在第十、十一回，沈小红在明园当场捉住王莲生“有外遇”，当场把“第三者”张蕙贞暴打了一顿。王莲生又惧又怕，喊来朋友陪他一起到沈小红家赔罪，沈小红蓬头垢面，“如鬼怪一般，飞也似赶出当中间，望莲生纵身扑上来”。王莲生被逼得要走，沈小红开始撞墙寻死，王莲生又赶紧回来。室内只剩下他们两人，沈小红开始又哭又闹，王莲生千百般柔情软语去伏侍沈小红，最后以答应帮她还清全部债务而言欢。在这些室内具体场景的描写中，他们之间的关系完全不像是嫖客妓女之间的金钱肉体关系，更类似于寻常夫妻关系。丈夫有外遇，妻子“一哭二闹三寻死”，最后以男子赔不是，答应较大的条件而言欢。而在三十三中，王莲生发现沈小红与戏子偷情，王莲生

---

① 樊玉梅：《〈海上花列传〉的叙事研究》，湖南师范大学硕士论文，2006年。

当场大闹，但依然无法原谅沈小红“偷人”行为，从此隔断与之类夫妻关系。显然，他们之间虽是嫖客与妓女的关系，但始终遵循着一种家庭伦理。而对沈小红家这个类家庭空间日常生活的描写，既写出了他们之间的复杂纠缠关系，也写出了沈小红的飞扬跋扈、泼辣精明等个性。

事实上，《海上花列传》中各个不同的妓院因妓女的实际情况的差异而各个不同。比如小说中多次写到公阳里周双珠家这个特定的“家庭”空间的日常生活场景，其中既写出了周双玉、周双宝、周双珠三个妓女之间的日常相处，也写出她们与鸨母之间的关系，还写出他们与各自相好之间的生活细节，从而全面立体地展现了三个不同妓女的个性、生存状态。小说正是通过以长三书寓为主的各个妓院中类似家庭氛围的日常生活场景的描写，串连起“海上花”不同妓女的“无雷同，无矛盾”的个性、人生遭遇、生活状况。

2. 花园式的一笠园

花园是中国古代小说中描写家庭生活或男女情爱题材的重要叙事空间，花园一般有固定的围墙隔离外界，因此往往具有一定的封闭性和独立性，也往往是礼教相对松散和外界很少干扰的地带。因此花园也成了男女情爱的展现舞台。其中最成功描写花园场景的小说，当然是《红楼梦》。《红楼梦》中的大观园正是贾府一群青春少女追求梦想、追求爱情的空间，也是贾宝玉与林黛玉爱情发生发展的物质基础，正是大观园为宝黛的爱情准备了充分的条件——可以无碍地进行亲密接触。正如金健人在《小说的空间构成》一文中指出，《红楼梦》在写爱情故事上的空前突破，是和大观园的设置分不开的。①

在《海上花列传》前三十八回中，叙事空间主要集中在上海四马路附近的各个大小长三书寓。而在小说的后半部分，其叙事空间转到了一笠园，在后半部分的二十七回中，约有十三回的故事发生在一笠园。一笠园是个沪北郊区的一个相对独立的园林式的私家花园，是一个与喧嚣热闹大都市保持相当距离的一座“世外桃源”，园内景色清幽，宽敞阔大，楼台亭阁，富丽堂皇，园主齐韵叟是个富贵的“风流广大教主”，他爱热闹，也还算是爱成人之美，懂得怜香惜玉的一个和蔼可亲的老人，因此园子经常聚集了一群文人贵公子及其一群较为单纯可爱的倌人。

一笠园似乎暂时性地成为了人间天堂：年轻男女在这里尽情地谈情说爱，嬉戏玩乐。富公子史天然与其相好赵二宝在这里俨然是热恋的情人；相思成疾的朱淑人被邀请到这里来散心，与相好周双玉形影不离，海誓山盟；七夕之夜，近十对相好在这里共度浪漫温馨的佳节，他们似乎成了人间的神仙眷侣。在一笠园，他们自娱自乐、怡然自得，过着一种恬淡的情趣生活。如第三十九回中所写，史天然与华铁眉对坐围棋，其相好赵二宝、孙素兰则倚案观棋；葛仲英、吴雪香两人合唱，陶云甫抚笛、覃丽娟鼓板。这里也似乎是女儿们暂时的安全港湾和展露其儿女真性情之地：倌人姚文君、孙素兰在书寓里害怕再次被性情古怪的流氓赖三公子纠缠，被邀请到一笠园避难散心，与其相好共度良辰美景。姚文君似乎忘记了平时的妓女

① 金健人：《小说的空间形成》，《杭州大学学报》1987年第2期。

形象，像一个天真活泼的纯真少女，率性嬉戏。周双玉也一改往日心高气傲、争强好胜的形象，与相好朱淑人在草丛里扑蟋蟀，悉心地养蟋蟀，显示出一派天真的真性情。而清倌人林翠芬则因为其客人另请倌人而醋意大发，露出了一副小儿女娇憨动人的样子。而避难于此的孙素兰与一笠园的女伶瑶倌、琪倌彼此敞开心扉，互诉衷肠并缔结姐妹，乃至于齐韵叟发动园中的十四个伶人倌人共同结拜姐妹，风雅地编撰“海上群芳谱”。总之，在这个暂时远离功利，远离红尘、远离妓院，也远离家庭社会的独立私家花园中，一群文人贵公子与其相好似乎脱离了赤裸裸的嫖客与妓女的关系，而更像是一对对人间的才子佳人，尽情地享受他们的爱情和青春。而这些妓女更像一个个天真无瑕的纯真少女。她们向往爱情，向往平等而且平静恬淡的生活。一笠园似乎是她们可以暂时性舒展她们作为小儿女真性情的空间。如果说上海四马路附近的大小书寓代表了她们现实生活中赤裸裸的真实生活，那么暂时与现实隔离的一笠园则代表着她们一种虚幻化的理想生活。

韩邦庆之所以选择一笠园作为小说后半部分的主要叙事空间，正是在构建一个没有功利、没有交易的乌托邦式花园式空间，让那群年轻妓女暂时性脱离其现实生存状态，还原她们作为一个青春少女的本真的一面，也是暗示读者这群“海上花”如果不是为了生存而生活在妓院中，她们其实是一群非常可爱的少女，从而衬托出这群年轻妓女的不幸命运。

（三）时空交融

时间和空间是一切物质形态的基本存在方式，两者互为依存。在小说创作中，两者同样关系紧密，甚至难以分开，因为时间总是凭借空间展开，而空间的确立构建也离不开时间的支持。在中国传统的小说审美观中，时间和空间的统一是小说叙事明晰性的必要体现，并且两者基本保持着一种同步性。时间的推移与空间的转换往往是一致的。在《海上花列传》中，小说中的时间和空间也基本保持一种同步性。

一是空间置换的动力和合理性来自于时间的推移。《海上花列传》中的时间是从春到冬，这是一种线性的自然时序，而小说中的空间正是在时间的更替中不断地转换。小说正是通过各个“海上花”所生存空间的各个妓院不断转换从而较为全面地展示了她们整体的生存状态。比如，在小说的春季叙事中，从二月十二到三月底的两个月不到的时间里，小说中的叙事空间不断地置换，以前五回为例，在二月十二至十五的这三天里，通过时间的推移、人物的行动不断地置换空间。

章回章回	时间	主要空间	主要写到的妓女
一	“直敲过两点钟”以后 （二月十二日下午）	聚秀堂	陆秀宝、陆秀林
二	“看钟时已过六点” （二月十二日晚上）	王阿二家	王阿二
	“将近十二点钟时分” （二月十三日下午）	聚秀堂	陆秀宝

（续表）

章回章回	时间	主要空间	主要写到的妓女
一	“直敲过两点钟”以后（二月十二日下午）	聚秀堂	陆秀宝、陆秀林
三	“见天色晚将下去”（二月十三日傍晚以前）	公阳里周双珠家	周双宝、周双珠
四	“已是酒阑灯灺时候”（二月十三日晚上）	尚仁里林素芬家	林素芬、蒋月琴、黄翠凤、吴香雪
	“离了林素芬家”（二月十三日晚上）	祥春里张蕙贞家	张蕙贞
	“次日一点钟辰光”（二月十四日一点钟）	西荟芳沈小红家	沈小红
五	“当下上灯时间”（二月十四晚上）	东合里吴雪香家	吴香雪
	“厢房内有些火光”（二月十四晚上）	居安里潘三家	潘三
	“十五日是好日子”“十点半钟”（十五日上午）	东合兴里张蕙贞家（张蕙贞已由幺二转为长三）	张蕙贞

从上表可以看出，在这五回中，写到的主要空间有九个，其中包括长三堂子、幺二堂子、下等堂子，展现了十多个包括上等、幺二以及下等妓女的生存空间。而在春季叙事的约二十六回中，小说写到的妓院约近20个，涉及的妓女有20多个。这种通过频繁的空间置换来展现上海妓女生存状态的叙事方式，主要是依托于小说中时间的推移，从而相应地带动人物行动的“移步换景”式的空间移动来实现的。比如，在第四回中，主要出现的空间是三个，分别是尚仁里的林素芬家、祥春里张蕙贞家以及西荟芳里的沈小红家。在前两个空间，通过洪善卿的活动来置换空间，“二人（其一为洪善卿）离了林素芬家，来到尚仁里弄口……洪善卿随着来安，径至祥春里（张蕙贞家）。”叙事空间也由林素芬家转到了张蕙贞家。在张蕙贞家，洪善卿与王莲生讨论事情，其叙事线索又从洪善卿转移到了王莲生身上，叙事空间也就通过王莲生的行踪来转换。王莲生吃过晚饭后，睡到“次日一点钟辰光”，便想到要到沈小红家。于是，“莲生应诺，踅下楼来；来安跟了，出祥春里，向东至西荟芳里弄口。”其叙事空间也从张蕙贞家转换到了沈小红家，从中可见，其空间转换主要根据小说中人物的行动来推动的，而人物的行动则是根据日常生活的线性时间来推移。

二是时空相互呈现和融合，从而从整体上展现“海上花”的人生遭遇和生存状态。所谓时空相互呈现和融合，即在空间中表现了时间，时间中展现了空间。从整体而言，《海上花列传》的叙事空间主要可分为两个，其一为上海大小不等的妓院，而另一个则是与之形成鲜明对比的一笠园。而结合小说中的季节叙事特点，可看出在全书中，其中春、夏、冬的主要叙事空间在各个不同的妓院，而秋季叙事的主要空间在齐韵叟的一笠园。在各个妓院的叙事空间中，其叙事时间也非常清楚，二月、三月、四月等基本上月月明确，其中特别突出一些特殊的时间，如李淑芳病逝等。而在一笠园的叙事中，其时间同样非常清晰，如七夕节、中秋节等。而且作者在三十八回后选择一笠园作为秋季叙事的主要空间，也是作者的匠心独运。一笠园作为一个暂时与外界现实世俗隔离的私家花园，是一个完全不同于上海“十里洋场”的空间。这种花园式的空间显然最适合表现个人内心的情欲和男女之间的爱情。而“七夕”可谓是中国最古老最传统的“情人节”。因此，《海上花列传》集中笔墨铺张扬厉地写了一笠园的浪漫七夕，众多贵公子携其相好在这里度过了这个美好的佳节。这正是《海上花列传》时空融合的一个体现。

《海上花列传》的季节叙事中，聚焦于一些特定的时间和特定的空间，并且注意时间和空间的交融，既较为全面立体地展示了清末上海妓女总体的生存状态，也突出了“海上花”花开花落的悲剧意识。

三、《海上花列传》季节叙事的文化意蕴

季节叙事的直接功能是推动故事情节的发展。《海上花列传》中写的刚好是从春天到冬天一年里的故事，春夏秋冬四季，依次循环，前后相贯。在故事情节的安排上，小说内容与自然界的季节特征十分的契合，从而体现了什么季节发生什么样的故事的匹配原则，因此也可将小说分为春之花、夏之花、秋之花、冬之花的叙事模式，从而构成了“海上花”从花开到花落的一个完整叙事结构。《红楼梦》中的《葬花词》中写道“试看春残花渐落，便是红颜老去时。一朝香尽红颜老，花落人亡两不知!”文学中的花开花谢往往隐喻着青春、红颜从盛而衰的过程。因此对照《海上花列传》中的花开花谢，“春之花”暗示了百花开放，小说中用了一半以上的篇幅来叙事上海的众多妓女的人生故事，重点写到了张蕙贞、沈小红、黄翠凤、周双玉、陆秀宝等妓女；“夏之花”中，“海上花”尚在花期，因此众多妓女的故事尚在向前发展中，如张蕙贞终于如愿以温顺忍辱打败沈小红，胜利地嫁给了王莲生。而作者重点叙事了赵二宝从闺中少女沦落为上海倌人；在“秋之花”中，“海上花”已开始凋谢，作者重点写到了李淑芳的病逝；“冬之花”暗示着百花凋零，正如《葬花词》所写“花开易见落难寻”，小说中冬季叙事篇幅最短，作者重点选取了几个典型妓女的结局来暗示众多妓女的不幸命运，从而遵循了一个春天开始到冬天结束，关于“海上花”花开花落的人生经历与人世沧桑的故事。

从小说的季节叙事安排中，也可以看出《海上花列传》的叙事原则基本体现了中国传统观念中“春生、夏长、秋收、冬藏”的四时循环观念和“春暖、夏热、秋凉、冬冷”的季节变化观念。《史记·太史公自序》说，“夫春生夏长，秋收冬藏，此天道之大经也。”对照小说内容，在《海上花列传》中，春天里大部分妓女带着各自的故事登场；夏天里她们故事进一步发展；到了秋天，人物故事进入了高潮，也就意味有的人物有了结局；而到了冬天，大部分人物故事接近尾声。如小说中的周双玉，春天她被卖入妓院，不久与富家公子朱淑人相好；夏天，他们私自定情；秋天，朱淑人已经攀上一门显赫家世的亲事，也就意味着要抛弃她；冬天，周双玉得知事实，欲寻死最后得以赎身。又如小说中的张蕙贞与王莲生，他们春天相好，夏天成亲，秋天关系破裂，冬天王莲生离开上海从而结束故事。而“春暖秋凉”、“夏热冬冷”

的季节特点也在小说的季节叙事中得以充分体现，春之温暖浪漫，因此小说中大部分妓女的“爱情”故事开始，而秋之萧瑟凄凉则对应着小说中的主人公命运的凄凉，如代表了自尊自爱、多愁善感的李淑芳在秋季病逝。而“夏热冬冷”则分别对应着夏天人事的狂热、变幻无常；冬季人事的冷清和沉寂。这种“冷热”处理技巧，正如浦安迪在《中国叙事学》中所言，“‘冷热’的字样在明清小说戏曲中的意义，远远不止仅指天气的冷暖而已，而具有象征人生经验的起落的美学意义……泛指大千世界里芸芸众生们生生不息的荣枯盛衰。”① 小说遵循特定的季节来展开匹配故事的原则，也暗合了弗莱在《批评的解剖》中所阐述的叙述程式理论：即春天对应喜剧，夏天对应传奇，秋天对应悲剧，冬天对应反讽与讽刺；喜剧和传奇是向上的运动，而悲剧与讽刺是向下的运动。② 从《海上花列传》的季节叙事中也可看出，春夏两季叙事总体上是相对平和或带有一定的喜庆气氛；而到了秋冬时节，故事明显朝着感伤或悲剧方向发展。张爱玲的国语版本，以三十二回为界，直接将原著分为上下两集，分别命名为《海上花开》、《海上花落》，应该是对小说的一个合理的把握。因为在前三十二回中，主要是春夏叙事，小说中的上海妓女基本出场且她们的故事处在发展中，也暗示着“花开”；而原著的三十二回以后，基本要接近秋冬叙事，小说中的人物纷纷谢幕且明显朝着悲剧方向发展，也暗示了“花落”。

小说中的叙事时间毕竟是一种心理时间和价值时间，因此作家在创作时往往会把其想传达给读者的内容和情感做更多时间的停留，从而影响到作者对叙事时间的安排。这些“叙事者在操作中进行时间变异处理的结果，往往濡染了叙事者及其人物的感受、感情和理智，因而已经将时间人文化了”③。《海上花列传》的季节叙事不仅继承了中国传统的“四时”观念，而且明显偏爱“春秋”两季叙事。在时间聚焦上，特别聚焦于代表女性美好愿望的节日与现实中上海妓女中不幸遭遇的特定日期。对于节日的聚焦，无论是代表“百花生日”的花朝节，还是代表美好祝愿的七夕“女儿节”，都与女性美好的愿望有关。而对于特定日期的聚焦，无论是二宝留沪过程还是李淑芳病逝，都是上海妓女不幸命运的缩影。两者形成鲜明的对比，在强化了作者“怜花惜花”主题下，进一步凸显了《海上花列传》中众多妓女命运的悲剧色彩。

小说中的叙事时间又是特定空间的时间，“因为我们知道，人们在客厅里、厨房里、森林里或沙漠里说话和行动的方式是不一样的。因此，必须把背景告诉我们，也就是说把场所的特征告诉我们。”④ 特定的时空不仅为故事的展开提供了合理的环境，而且也蕴含了深刻的文化意蕴。《海上花列传》中的一笠园就是很多批评家争论的一个焦点。因为，小说的前半部分的主要空间是上海的长三书寓，各个形形色色的妓女在这一个个的书寓上演了一幕幕悲喜剧：或为争取嫖客而斗智斗勇的争夺，如沈小红、黄翠凤之流；或为争取个人尊严而以死抗争，

---

① 浦安迪：《中国叙事学》，北京大学出版社1996年版，第81～82页。
② 叶舒宪编译：《神话——原型批评》，陕西师范大学出版社1987年版，第21～21页。
③ 杨义：《中国叙事学》，人民出版社2009年版，第175、181页。
④ 柳鸣九主编：《新小说派研究》，中国社会科学出版社1986年版，第115页。

如李淑芳之流等等，其间演绎着关于妓女、嫖客等人物为主“狭邪”故事。但是在小说后半部分中出现的花园式的一笠园，则是一对对“才子佳人”演绎浪漫爱情的空间，也是一群青春少女展露其小儿女真性情的空间，与前者形成鲜明的对比。这个看似格格不入的富贵而浪漫一笠园，正是作者理想中的一个远离世俗的情感空间：浪漫的爱情、自我的个性舒展、没有世俗礼法、没有现实交易。但是作者精心构造的情感空间，也因为各个富公子以及园子主人的走出园子而轰然倒塌：史天然回南京；朱淑人回家；齐韵叟回老家，各个贵公子也都回到其现实生活，赵二宝被弃、周双玉被骗、孙素兰也被疏远，琪官和瑶官也不知去向，等等。这个象征着作者理想的情感空间的倒塌，也意味着在“十里洋场”的上海，烂漫的爱情和真诚的信任在欲望的现实面前，只是个美丽的谎言，不堪一击，很快消失破灭。这正是“海上花”这群妓女悲剧命运的根本原因。

四、《海上花列传》与《红楼梦》季节叙事的承变关系

通过以上分析，可以看出《海上花列传》的季节叙事艺术与《红楼梦》的季节叙事一脉相承。《红楼梦》以花为意象，以茶名“千红一窟（哭）”，酒名“万艳同杯（悲）”来暗示大观园中众多青春少女的悲惨结局；《海上花列传》则以花设喻，写海上花从花开到花落来暗示上海妓女的不幸命运。如果说“《红楼梦》以花象征美人的情结是一种落花情结……它以此写出了中国文学中最动人心弦的落花挽歌①”。那么，《海上花列传》以花喻美人的情结则是一种怜花惜花情结，它同样是中国文学中一部杰出的落花挽歌。章培恒先生在《读〈海上花列传〉与其以前的小说》中称，“韩邦庆的《海上花列传》是清末小说中艺术成就最高的一部”②。而作者以“花也怜侬”为笔名，也显然来自于《红楼梦》中《葬花词》的启发，尤其是其中“花谢花飞花满天，红消香断有谁怜”等句。张爱玲在《国语本〈海上花〉译后记》中推测，“花也怜侬”就是小说中自画像人物——华铁眉，“‘华’‘花’二字相同，华铁眉想必就是花也怜侬了”，从中也可看出作者的“怜花惜花”的悲悯情怀。

在季节聚焦方面，《海上花列传》与《红楼梦》同样偏重于春秋两季叙事，总体上体现了伤春悲秋的审美倾向。在时间聚焦上，两者有诸多相似之处，都偏重于节日以及特定日期。《红楼梦》中聚焦于饯花节、元宵节、中秋节等节日以及薛宝钗、王熙凤、贾母、贾宝玉等人生日的特定时间刻度。《海上花列传》则聚焦于花朝、七夕等节日以及赵二宝留沪过程、李漱芳病逝等特定事件的特定时间。在季节叙事功能方面，《红楼梦》叙述了贾宝玉从出生到出家的十九年间故事，根据其情节内容和四时气象，可将其分为春之梦、夏之梦、秋之梦、冬之梦，从而形成一个虚拟意义上的季节叙事的循环结构。③《海上花列传》讲述的是一群“海上花”从春天到冬天一年间的故事，从而构成了一个春之花、夏之花、秋之花、冬之花的四季

---

① 杨义：《中国叙事学》，人民出版社2009年版，第175、181页

② 章培垣：《读〈海上花列传〉与其以前的小说》，《明清小说研究》1985年第1辑。

③ 梅新林、张倩：《〈红楼梦〉季节叙事论》，《红楼梦学刊》2008年第5辑。

循环的完整叙事结构。

在空间聚焦方面，《海上花列传》与《红楼梦》也有诸多相似之处。《海上花列传》选择了以表现家庭气氛的长三书寓和齐韵叟的私家花园一笠园为主要表现空间，显然与《红楼梦》选择贾府表现家庭生活和选择大观园表现青春男女爱情有着异曲同工之妙。《海上花列传》选择的长三书寓为主要叙事空间，其间妓女与鸨母、同一妓院的妓女之间、妓女与客人等之间的关系和相处方式明显具有一种类似家庭氛围的特点。其中多处写到沈小红与王莲生的类家庭生活，从中也可看到泼辣能干的沈小红身上有着王熙凤的身影；而通过真心相爱的一对——李淑芳与陶玉甫的日常生活的描写又似乎看到了林黛玉与贾宝玉的身影等。而在秋季叙事中的一笠园，则无论是园中的规模、景色，还是园中青年男女之间的爱情描写，显然也是《红楼梦》中的大观园的直接移植。一笠园景点名称有“凤仪水阁”、“大观楼”、“梨花院落”、“拜月房栊”等，显然直接来院于《红楼梦》中的“有凤来仪”、“大观楼”（“杏帘在望”，正楼曰“大观楼”）、“栊翠庵”、“梨花院”等名称。不仅景点名称相似，其景点也有颇多相似之处，一笠园中的“凤仪水阁”：从阁左下阶，阶下万竿修竹，绿荫森森，仅有一线羊肠曲径……而《红楼梦》中的“有凤来仪”：忽抬头看见前面一带粉垣，里面数楹修舍，有千百竿翠竹遮映……只见入门便是曲折游廊，阶下石子漫成甬路……而且《海上花列传》中梨花院落中的两个女伶名字“琪官”“瑶官”的名字也直接借用了《红楼梦》中女伶的名气。此外，《海上花列传》中的文人贵公子在一笠园听戏、猜字谜、行酒令、赏秋菊、赋诗作画，尤其是他们与各自相好在园中尽情享受着他们的爱情和青春，显然也是在模仿《红楼梦》的大观园中一群少男少女的青春生活以及贾宝玉和林黛玉之间纯真爱情的描写。

余英时先生在《〈红楼梦〉的两个世界》一文中指出：“曹雪芹在《红楼梦》里创造了两个鲜明而对比的世界。这两个世界，我想分别叫它们作乌托邦的世界和现实的世界。这两个世界，落实到《红楼梦》这部书中，便是大观园的世界和大观园以外的世界。”① 对比《海上花列传》中韩邦庆所描写的两个世界，上海的各个长三书寓与远离红尘的私家花园一笠园，也可以说是两个对比鲜明的世界，如果上海“十里洋场”中各个妓院是个污浊的现实世界，那么一笠园就是一个理想的乌托邦世界。因此，《海上花列传》中的一笠园就是作者特意构想出来对抗现实的一个理想世界，并非早期评论家，如刘半农和张爱玲等人，所说的败笔。

但《海上花列传》毕竟是产生于清末上海的报章小说，其季节叙事又有诸多不同于产生于清中叶的《红楼梦》之处。晚清时期的上海，作为近代西方文明进入中国的窗口，西方的现代时间观念也随之进入上海，并深刻地影响到上海市民的生活，也因此影响到了《海上花列传》对于叙事时间的表达。《海上花列传》中时间标示准确清晰，以线性时间的先后顺序平淡地叙述了一年中上海众多妓女日常生活中的琐碎事件，其时间标示如“清明”、“端午节”、“七夕”、“中秋”“今日是二月十二日”、“第四日，就是六月三十了”、“已是十点多钟”、“那

---

① 余英时：《〈红楼梦〉的两个世界》，选自胡文彬、周雷编《海外红学论集》，上海古籍出版社 1982 年版，第 31 页。

时敲过十二点钟"、"十点半钟"、"礼拜日"等，可谓四季分明、日日可数甚至时时明确，据此几乎可以排出这一年中繁细的日历。由此也可看出，《海上花列传》中的季节时间中既有中国传统的节气以及节日、日期等农历表达法，也有西方二十四小时刻度以及星期的现代时间概念。而产生于清中叶的鸿篇巨制《红楼梦》，其叙事时间跨越十九年，而且小说篇幅较长，近八十万字，小说中难免出现叙事时间错乱的问题，其中既有月份的混乱，也有季节的前后矛盾以及季节描绘上的错乱。而且与《海上花列传》准确而具体的时间点相比，《红楼梦》中时间刻度也相对模糊，以"元妃省亲"的上元节那天为例，其时间刻度有"元宵在迩"、"至十五日五鼓"、"未初刻"、"未正二刻"、"酉初刻"、"戌初"、"一时"、"半日"等，可见其时间刻度主要以传统的农历表达法为主。如果说中国传统的农历时间刻度表达的是一种循环的时间观念，是适应农业社会的生产生活的话，那么西方线性时间观念则适应了现代都市文化的要求。而《海上花列传》的季节叙事中的时间选择兼具中国传统与现代西方的表达方式也显示出其具有某些现代都市文化的特点。汉学家戴沙迪（Alexander Des Forges）在《建构上海·日刊一页——世纪之交报章小说的美学原理》（*Building Shanghai, One Page at a Time: The Aesthetics of Installment Fictionat the Turn of the Century*）一文中对此进行了比较分析，"在这部小说（指《海上花列传》）和当时其他的报章小说中，自始至终贯穿着具体的日期和时刻，为整部作品提供了一个精细的时序结构。而在中国早期的白话小说中，具体日期也被频繁引用，但是不符合时间顺序的叙述也非常普遍。根据一些评论家所言，这些时序错乱是作者有意而为之，暗示着小说应该如何读。显然，对于在晚明和明中期的大部分作者和读者而言，精确的日期没必要被整合到一个相关的时间系统以达到服务于其语篇，在很多事件上，它只是设置某一种季节性的情绪……这种（指清末民初上海报章小说）细节程度和前后一致的呈现所投入的时间和精力，提示我们文本中时间的意义，也标志着一种新的进步的时间审美观。"①在戴沙迪看来，产生于晚清民初的《海上花列传》的季节叙事时间的准确无误显然不同于之前的白话小说，这是一种进步的时间审美观念。

此外，《红楼梦》是一部高度诗性化的小说，因此小说的季节叙事具有鲜明的意象化特点和强烈的抒情色彩。尽管小说在季节时间、季节描绘上有一些错乱，但是作者对四季的生活体验和季节的意象性描写却极少错乱。小说中描绘了大量的情景交融、虚实相生的意象化情境，从而使整部《红楼梦》充满诗情画意，具有浓烈的诗化倾向。如在四月二十六日代表百花将谢、花神退位的芒种节那天，林黛玉从自然界春残落花景象中，体验到了如花少女的悲哀，吟唱了一首血泪泣成的哀歌《葬花吟》，"尔今死去侬收葬，未卜侬身何日丧？侬今葬花人笑痴，他年葬侬知是谁……"全诗充满了时光易逝、红颜易老等伤春情绪，而谶语式的表达，也暗示了黛玉泪尽而亡的悲惨结局，也暗寓了大观园众多如花少女的悲剧命运。小说中类似这种融意象性、抒情性和寓意性等功能的叙事比比皆是，从而使小说弥漫着一种浓厚的

---

① Building Shanghai, One Page at a Time: The Aesthetics of Installment Fiction at the Turn of the Century. By Alexander Des Forges. *The Journal of Asian Studies*, Vol. 62, No. 3, (Aug. 2003), pp. 781 - 810.

诗化特征。而《海上花列传》除了第一回中的“花海”梦以及少有的几处简略写景之外，小说中很少出现类似于《红楼梦》中那种情景交融、诗情画意的四季意象化场景叙事，小说中的季节转换和季节特征主要是通过明确的日期提示以及人物的日常言行来体现，从而赋予季节叙事主要是一种叙事和寓意功能。

《海上花列传》与《红楼梦》季节叙事的这种差异既与作者的才情、创作动机有关，也与小说当时的传播方式、消费对象有关。曹雪芹的诗人气质决定了《红楼梦》的诗化意境。《红楼梦》中大量使用以诗为文、以文为诗的手法来创作小说，充分显示了小说家的诗人气质。而从作者的自述“满纸荒唐言，一把心酸泪，都云作者痴，谁解其中味?”“然闺阁中历历有人，万不可因我之不肖，自护己短，一并使其泯灭也”等，也可看出《红楼梦》明显带有精神自传色彩，其预想读者（也即隐含读者）显然是理解他、“解其味”的精英文人群体。事实上，清中叶以前，小说主要是以手稿的形式传播，其潜在读者往往被限制在少数的几个朋友亲人之间或者有一定文学修养的精英阶层。此外，《红楼梦》是作者“批阅十载，增删五次”而成“字字看来皆是血，十年辛苦不寻常”的血泪之作，因此《红楼梦》是曹雪芹倾注全部的才情、用了充分时间、精雕细琢而成，从而整体上达到美轮美奂的理想之作。

而清末的韩邦庆自科场铩羽而归后，主要是以一个报人小说家的身份来写小说。1892年，韩邦庆的《海上花列传》在其自办的小说杂志期刊《海上奇书》上连载，为了打开《海上花列传》销量，韩邦庆在《海上奇书》发行前后的11个月里，在《申报》上先后登载了40次广告①，可见其作为小说家的商业意识。作者在《海上花列传》的“例言”中称“此书为劝戒之作”，又说“因海上自通商以来，南部烟花，日新月异，凡冶游子弟倾覆流离于狎邪者，不知凡几……独不得一过来人为之现身说法耳”，这虽然是旧时通俗小说家为避免道德谴责而说的套话，但从中也可看出作者的预想读者是包括商人、冶游子弟、普通市民等市民阶层。追求读者最大化从而达到追求商业利润的最大化，显然是上海报章小说的创作目的之一。《海上花列传》作为上海报章小说，其市场定位显然是大众文学，其潜在读者自然是大众市民阶层，而处于文学边缘的市民阶层阅读目的主要是休闲，其对于小说显然更多关心的是故事情节、人物命运，而对于更高层次的审美追求，如意象化场景描写则无暇追求。因此偏向于抒情性质的诗性化小说显得不合时宜。

由此看来，《海上花列传》在季节叙事方面，既是对《红楼梦》季节叙事的继承，又由于特定的历史时期差异，作者的才情、创作动机、传播方式、消费对象等方面不同而有所发展和变异。

| 本文作者 梅新林：中国红楼梦学会副会长，浙江工业大学党委书记、教授
纪兰香：复旦大学中国古代文学研究中心博士生

① 邱江宁：《消费文化、文人趣味与文体选择》，《学术月刊》2010年第42卷。

夏志清红学研究刍议

张 惠

夏志清（C. T. Hsia，1921—2013）是著名的中国文学研究专家，在中国古典小说、中国现当代小说研究方面都成绩斐然，颇有建树，曾经在哥伦比亚东亚系开过《中国文学》、《近代中国文学》、《中国小说》（讲论班），还与狄百瑞合开过《中国中古史》（讲论班）、《中国目录学》等。① 在红学方面也有独特的研究心得。② 1963 年，夏志清在《批评》（*Criticism*）上发表《红楼梦里的爱与怜悯》③（*Love and Compassion in The Dream of the Red Chamber*），5 年之后，他又由美国哥伦比亚大学出版社出版《中国古典小说》（The Classical Chinese Novel）④，其中设专章讨论《红楼梦》，题目亦名《红楼梦》（*Dream of the Red Chamber*）。借助外国理论来阐释《红楼梦》，是整体构思中夏志清和王国维相同的地方。不同之处在于具体阐释时王国维用哲学而夏志清用心理学。本文拟较为全面地讨论夏志清的贡献、形成原因与得失、以及其红学的影响。

一、开现代风气之先的“弃黛选钗”论

钗黛之争在《红楼梦》接受史上，几乎可以说是一个绵延已久的传统。在这段红学史中，夏志清是一位坚定的“右钗左黛”者。夏志清举出黛玉种种不惬人意之处。一、黛玉病弱。曹雪芹虽然也把她写成一个非属人间之美的意象，但他以她的身体衰弱过程写她那愈来愈深的感情病态时，他并没有放弃使用生理上的细节（第八十二回），所有青春康健的迹象都已弃她而去。二、黛玉相当自恋。黛玉不配得到宝玉的爱情，因为黛玉以自我为中心而且神经质，宝玉不来盼他来，来了又每每与他吵架，因此即使他们结婚也不会幸福：

> If Bao-yu continues to love her, it wil be largely out of pity——the kind of pity that Prince Myshkin showers upon Nastasya in *The Idiot*. ⑤（假如宝玉仍然爱她，那很大程度

① 天声：《美国的“汉学狂”》，《明报月刊》1966 年 2 月。

② 请参见拙文《美国红学研究述评》，《红楼梦学刊》2010 年第 1 辑；以及拙文《美国红学学术范式与价值》，《文学遗产》（网络版）2010 年第 2 期。

③ ［美］C. T. Hsia：“*Love and Compassion in The Dream of the Red Chamber*”，Criticism 5，1963，pp. 261—271. p. 269.

④ ［美］C. T. Hsia：“*Love and Compassion in The Dream of the Red Chamber*”，Criticism 5，1963，pp. 261—271. p. 269.

⑤ ［美］C. T. Hsia：“*Love and Compassion in The Dream of the Red Chamber*”，Criticism 5，1963，pp. 261—271. p. 269.

上也是出于怜悯——就像《白痴》中的梅思金公爵对娜斯塔霞那样。）

她的自嗟自怜正所谓春悲秋恨皆自惹，“据说黛玉是来还泪债的，但这些眼泪给人的感觉只是自怜，而不是感激”。①

三、黛玉不会为人处世。她小性任性，锋芒毕露，希望嫁给宝玉，却不懂也不肯低首下心，以至于最爱她的贾母也移爱宝钗，因此婚姻不谐和最终病死都只能说是咎由自取。“黛玉最终只能怪自己毁坏了自己的健康和疏远了（长辈们）最初的爱”。②

夏志清在评《红楼梦》的时候用了心理学来分析，甚至旁及曹雪芹的心理，认为黛玉毫无疑问是作者自己被深深吸引的类型③，因为起码他还塑造了秦可卿、香菱、晴雯和妙玉这四个同一类型的人物。夏志清用心理学来分析黛玉，用性格决定命运来解读她的悲剧，不仅揭示了黛玉性格中脆弱和不足的一面，也跳出了前人成见的圈子而别开生面。

对于宝钗，夏志清的看法也别具一格，很多批评者指出宝钗处心积虑觊觎和钻营宝二奶奶之位，因为她的排挤和竞争，加速了宝黛悲剧的形成。但是夏志清指出，她和宝玉成婚则更说明了她是一个牺牲品，因为当时的宝玉已经形同白痴。黛玉不能与宝玉成婚只能怪她自

---

① ［美］C. T. Hsia：*The Classic Chinese Novel*，New York：Columbia University Press，1968. “Black Jade is supposedly repaying a debt of tears，but the tears actually taste only of self-commiseration，not of gratitude”. p. 277. “Black Jade has finally only herself to blame for ruining her health and alienating their affections in the first place”. p. 290. “There can be no doubt that Black Jade exemplifies a type of beauty to which the author is personally drawn”. p. 269. “For precious Clasp’ s martyrdom the brutal and desperate self-interest of her elders is alone responsible.” p. 290. p. 289. p. 287. pp. 256—257. p. 259. “It is precisely this autobiographical compulsion to tell the private truth，to recapture a more intimate reality that makes Ts’ ao Hsuch-ch’ in so much more of a revolutionary against the impersonal tradition of Chinese fiction”. p. 247.

② ［美］C. T. Hsia：*The Classic Chinese Novel*，New York：Columbia University Press，1968. “Black Jade is supposedly repaying a debt of tears，but the tears actually taste only of self-commiseration，not of gratitude”. p. 277. “Black Jade has finally only herself to blame for ruining her health and alienating their affections in the first place”. p. 290. “There can be no doubt that Black Jade exemplifies a type of beauty to which the author is personally drawn”. p. 269. “For precious Clasp’ s martyrdom the brutal and desperate self-interest of her elders is alone responsible.” p. 290. p. 289. p. 287. pp. 256—257. p. 259. “It is precisely this autobiographical compulsion to tell the private truth，to recapture a more intimate reality that makes Ts’ ao Hsuch-ch’ in so much more of a revolutionary against the impersonal tradition of Chinese fiction”. p. 247.

③ ［美］C. T. Hsia：*The Classic Chinese Novel*，New York：Columbia University Press，1968. “Black Jade is supposedly repaying a debt of tears，but the tears actually taste only of self-commiseration，not of gratitude”. p. 277. “Black Jade has finally only herself to blame for ruining her health and alienating their affections in the first place”. p. 290. “There can be no doubt that Black Jade exemplifies a type of beauty to which the author is personally drawn”. p. 269. “For precious Clasp’ s martyrdom the brutal and desperate self-interest of her elders is alone responsible.” p. 290. p. 289. p. 287. pp. 256—257. p. 259. “It is precisely this autobiographical compulsion to tell the private truth，to recapture a more intimate reality that makes Ts’ ao Hsuch-ch’ in so much more of a revolutionary against the impersonal tradition of Chinese fiction”. p. 247.

己个性不好，但是，宝钗嫁给宝玉，“那些长辈的残忍的不顾一切的自私是要负全责的”①，远比黛玉更为可悲。

怜黛者常常强调黛玉父母双亡寄人篱下造成的多疑敏感，爱哭尖刻，但是夏志清指出，黛玉的悲剧完全是自作自受，而宝钗则是一个圣徒。宝钗不但也失去父亲，还有一个粗俗鲁莽惹是生非的“呆霸王”哥哥。然而，不利的生活环境下，宝钗却克己容忍，圆融处事。

> With her precocity and complicated life at home, she must have embraced the patience and humility of a saint to mold herself into the accepted pattern of virtue. ②（由于她的早熟和家庭的复杂生活，她必须具备圣徒的耐心和谦卑塑造自己成为社会接受的美德的类型。）

审美偏好似乎是个人口味，然而，如果把夏志清的观点论据放置在一个坐标系里予以审视，才能真正见出他的价值。

从清代一直到20世纪80年代，惜黛怜黛者占据多数。而20世纪80年代至今，则是宝钗不断取得胜利。“拥黛”观不但到20世纪80年代以来已经式微，而且评价也悄然变质，几乎一面倒地贬黛，不要说她和宝玉的婚姻不被看好，就连她和宝玉的爱情也遭人鄙薄，甚至她的性格也惹人讨厌。问卷调查显示，早在20世纪八九十年代，很多大学生已经不欣赏黛玉的性格，认为她的悲剧是自身性格造成的。③ 步入21世纪，让当代大学生从红楼人物中选伴侣，结果“男孩子没人选林黛玉”④。甚至还有大学生认为宝黛之间的感情不属于爱情，不现实、理想主义成了这些大学生对宝黛爱情的定评。⑤ 这种认识一直延续到今日。2013年6月23日，

---

① ［美］C. T. Hsia：*The Classic Chinese Novel*，New York：Columbia University Press，1968. “Black Jade is supposedly repaying a debt of tears，but the tears actually taste only of self-commiseration，not of gratitude”. p. 277. “Black Jade has finally only herself to blame for ruining her health and alienating their affections in the first place”. p. 290. “There can be no doubt that Black Jade exemplifies a type of beauty to which the author is personally drawn”. p. 269. “For precious Clasp’s martyrdom the brutal and desperate self-interest of her elders is alone responsible.” p. 290. p. 289. p. 287. pp. 256—257. p. 259. “It is precisely this autobiographical compulsion to tell the private truth，to recapture a more intimate reality that makes Ts’ao Hsuch-ch’in so much more of a revolutionary against the impersonal tradition of Chinese fiction”. p. 247.

② ［美］C. T. Hsia：*The Classic Chinese Novel*，New York：Columbia University Press，1968. “Black Jade is supposedly repaying a debt of tears，but the tears actually taste only of self-commiseration，not of gratitude”. p. 277. “Black Jade has finally only herself to blame for ruining her health and alienating their affections in the first place”. p. 290. “There can be no doubt that Black Jade exemplifies a type of beauty to which the author is personally drawn”. p. 269. “For precious Clasp’s martyrdom the brutal and desperate self-interest of her elders is alone responsible.” p. 290. p. 289. p. 287. pp. 256—257. p. 259. “It is precisely this autobiographical compulsion to tell the private truth，to recapture a more intimate reality that makes Ts’ao Hsuch-ch’in so much more of a revolutionary against the impersonal tradition of Chinese fiction”. p. 247.

③ 刘勇强：《当代体验与历史观照的龃龉和融汇——漫谈古代小说的解读与欣赏》，《名作欣赏》2002年第1期，第108页。

④ 马瑞芳：《假如当代大学生从红楼人物中选伴侣》，《杂文选刊》2008年第12月刊。

⑤ 薛颖：《红楼梦经典艺术正在被消解——大学生谈红管见》，《语文建设》2009年Z1期。

《文汇报》还发表《这么早就拥钗了》的文章：

> 老师在高三公开课上询问学生更愿意以宝钗还是黛玉为妻/为友，全班众口一词选了宝钗。理由是：宝钗端方大度，是贤妻良母，黛玉爱哭，难伺候，等等。我不禁莞尔。钗黛之争似乎是红楼一个绕不开的话题。只是，现在《红楼梦》的读者中弃黛拥钗的意见似乎越来越成为主流，连这个年龄的孩子都一样。①

现代男子多希望以宝钗为妻为友，多是考虑宝钗的综合条件，宝钗“珍珠如土金如铁”②的雄厚的家世背景，“又要自己便宜，又要不得罪了人”③ 的八面玲珑的处事手段，“有事没事跑了来坐着”④ 的殷勤小心……当然还有容貌丰美，就算有点小病，也不过哮喘之类，“只不过喘嗽些，吃一丸下去也就好些了。”⑤因此，这样一位贤妻或者腻友，在快节奏和压力大的现代社会可称得上贤内助。

因此，梳理一下从清代以来到当今的钗黛之争就会发现，以“右黛”为尚的古典时代的大门阖上了，尽管其中不无熹微晨光，当今主流的“右钗”则是现代性的现代强势表述。“右钗”、“左黛”于今代表了一个时代的终结和另一个时代的开启。⑥ 夏志清的“右钗”观虽未必尽能服众，然而他于20世纪60年代末举出的论据——黛玉的病弱与小性，恰恰甚至也是直到2013年男子或少男持以为据“弃黛选钗”的通则⑦，夏志清于此又一次透露了现代性的先声，走在了时代的前列。

二、与王国维抗衡的“弃爱入圣”说

一般来说，敢做大题目的未必就是大家，但是，能够在大题目上做出突破的，却确实能够反映出一定的胆识和水平，原因很简单，“君子之过也，如日月之食焉：过也，人皆见之”。⑧

除了钗黛，夏志清还针对王国维的“弃玉解脱”说提出了不同的见解。王国维继承叔本华“人生如钟表之摆，往复于苦痛与倦厌之间”的观点，⑨ 指出倦厌又可视为苦痛之一种，究其两者来源，又是欲望使然。故而欲与生活、与苦痛，三者为一。唯出世拒绝一切生活之欲，可为解脱之大道。解脱之途又分二，一觉自己之苦痛而解脱，一观他人之苦痛而解脱。后者

---

① 雍容：《这么早就拥钗了》，《文汇报》2013年6月23日。
② 曹雪芹：庚辰本《脂砚斋重评石头记》，第四回。
③ 曹雪芹：庚辰本《脂砚斋重评石头记》，第三十七回。
④ 曹雪芹：庚辰本《脂砚斋重评石头记》，第二十六回。
⑤ 曹雪芹：庚辰本《脂砚斋重评石头记》，第七回。
⑥ 请参见拙文《当代美国红学界右钗右黛之文化思辨》，《中国文化研究》2013年第4期。
⑦ 雍容：《这么早就拥钗了》，《文汇报》2013年6月23日。
⑧ 杨伯峻：《论语译注·子张篇第十九》，中华书局1980年版，第203页。
⑨ ［德］叔本华著，石冲白译，杨一之校：《作为意志和表象的世界》，商务印书馆1982年版，第427页。

由非常之知力，洞察人生之本质，素昔之所执，一旦而舍，非常人所能，即宝玉之壮美式解脱。因此宝玉最终将那块胎里带来的“玉”（意即与生俱来的“欲”）还给和尚，道成肉身。①

但是夏志清认为，宝玉达到解脱所放下的，不是欲望，而是他的爱与怜悯。

> But what Pao-yu is determined to give up is not only his sensual self but his active sympathy and compassion so that he may be released from his long obsession with suffering. ②
> （但是宝玉决定放弃的，不仅是他的感性自我，也是他积极的同情和怜悯，这样他才可能从长久以来的困惑和折磨中解脱出来。）

让宝玉最终解脱的，是不再爱了！夏志清这个见解在某种程度上是很有洞察力的。因为对宝玉来说，他不像此前名著《金瓶梅》中的西门庆是一个多重欲望的背负者。他厌恶仕途经济，名缰利锁对他来说形同虚设；而使一般人汲汲营营的酒色财气对他的影响也并不明显；甚至是色，他也是更偏重于意淫。真正宝玉放不下的，是意淫，是体贴，是情不情，是希望所有女儿为己而赏、为己而生。但是这孩子气的不现实的愿望一再遭受打击而最终破灭，时间会让女儿们出嫁、衰老和死去；利益会让家长选定他不钟意的女子作为对象；情各有分定也决定了不会每个女孩子都簇拥在他身旁。然而宝玉在未曾洞悉的当时，确实是非常真诚地同情和怜悯周围的女孩子，无论是可怜金钏自己打瞌睡却还要为人捶腿因此悄说要讨了她进怡红院，还是自己淋着雨却提醒画蔷的龄官赶紧去避雨，以及自己烫了手却问端碗的玉钏疼不疼，都是这种同情心的体现。甚至这也包括宝玉对父母和家族之爱，这不是强加的外物，而是内化融入到宝玉的骨髓血脉之中，成为他性格的一部分。他的反抗从来都不是正面的、激烈的，出家算是他最决裂的行为了，“亲恩祖德”作为他最后的约束也不得不报，因此在出家前考一个功名，偿了父母，报了亲恩祖德，来做最后的割舍。③ 所以放下了同情和怜悯，宝玉才真正地悬崖撒手。

不过，仔细考究，借助外国理论来阐释《红楼梦》，这是整体构思中夏志清和王国维相同的地方。不同之处只是在于具体阐释时王国维用叔本华悲剧理论而夏志清用基督教“圣爱”论。基督教有“三主德”，就是“信仰、希望和爱”，“爱”是最高德性，也是一切美德的源泉。爱人如己，这被基督教称为“金律”。这“爱人如己”颇能抓住宝玉以己度人来对待周围

---

① 王国维：《王国维文集》第一卷，中国文史出版社 1997 年版，第 1～19 页。

② ［美］C. T. Hsia：*The Classic Chinese Novel*，New York：Columbia University Press，1968. “Black Jade is supposedly repaying a debt of tears，but the tears actually taste only of self-commiseration，not of gratitude”． p. 277. “Black Jade has finally only herself to blame for ruining her health and alienating their affections in the first place”． p. 290. “There can be no doubt that Black Jade exemplifies a type of beauty to which the author is personally drawn”． p. 269. “For precious Clasp’ s martyrdom the brutal and desperate self-interest of her elders is alone responsible. ” p. 290. p. 289. p. 287. pp. 256—257. p. 259. “It is precisely this autobiographical compulsion to tell the private truth，to recapture a more intimate reality that makes Ts’ ao Hsuch-ch’ in so much more of a revolutionary against the impersonal tradition of Chinese fiction”． p. 247.

③ 详见拙文《红楼梦后四十回宝玉中举正读》，《武汉大学学报》2012 年第 5 期。

女子的神韵，因此夏先生抓住同情和怜悯来解读宝玉甚至是凌驾于上的曹雪芹的悲悯态度。而且，“圣爱”的深层动力和最高目标就是皈依，因为意识到自己的与众不同，是人生下来就有的文明本能。任何人都是独立于整个世界存在的，所以任何人都有可能会衍生出改造世界的动力。但是，独立的个人思维，往往带来源源不断的理解力方面的深层的灵魂痛苦，所以，人本能上是尽量规避选择的，本能上是有寄托选择权于他者的，因此在理念中，人希望有一个高高在上无所不能的神祇在自己无能为力的时候给予启示和恩赐。而宝玉最后，不论是被一僧一道挟持而去，还是回到青埂峰下回归顽石本相，不论是成仙成佛还是绝圣弃智，他都是非个人的，融归大我的。这和“圣爱”的皈依又似乎有相通之处。

夏先生采用心理学来揭示《红楼梦》的优长之处，并以此来分析人物性格，和国内一定时期内的“阶级分析法”重视外部环境相比，夏先生借助心理学的显微镜探触到人物的内心，并且以此观照人物本身所负载的崇高与渺小之处，把人物还原为更自我的个人，在《红楼梦》研究领域中另辟一境。

三、不可抹杀的后四十回

对于《红楼梦》的后四十回，夏志清的判断不但和胡适相反，而且他的理由也颇为独树一帜。当时对后四十回的一般看法是，不仅是高鹗的伪作，而且在艺术成就上远远不及前八十回。甚至国外的学者也有相似的见解，比如韩南和笔者面谈时指出后四十回在“Style”（风格）上和前八十回迥乎不同。① 然而，夏志清却主张后四十回很有可能也出自曹雪芹的手笔，艺术上也颇有佳处。

夏志清认为，曹雪芹死前七八年，已经完成了不止八十回，但只有前八十回有批语并流传，小说的后半部是有人刻意瞒下以逃脱可能给曹雪芹及家人带来的文字狱麻烦，在进呈乾隆帝的时候做了修改以显示它的“无害”，这在开篇就有明示——“非伤时骂世”。

程伟元在序言中说买得《红楼梦》后半部，并与高鹗细加厘剔，截长补短，抄成全部，却一直不被人采信。近来新发现在程高本之前已经有百二十回的《红楼梦》抄本，这证明程伟元、高鹗没有说谎，后四十回是辑补而非补作。针对后四十回中某些情节不符合前八十回伏线的看法，夏志清指出，后四十回中的主要女性人物符合前八十回的预兆。后四十回中有些地方看起来忽略了脂砚斋给予的暗示，但这也许是因为作者做了修正而没有和脂砚斋商量。即使这些都不能成为铁证，后四十回的价值也不能抹杀。

> But any fair-minded reader who reads the novel without preconceptions about its authorship will find no reason to disparage the last 40 chapters, for they give the most impressive proof of the

---

① 这其实也是韩南一贯的思路，他对其他小说的研究，也突出了“风格”的含义，请参见韩南著、王秋桂编：《韩南中国古典小说论集》，联经出版事业公司1979年版，第49~65页；韩南著、尹慧珉译《中国白话小说史》，浙江古籍出版社1989年版，第118~133页；韩南著、徐侠译《中国近代小说的兴起》，上海教育出版社2004年版，第115~117页。

work's tragic and philosophic depth, not plumbed by any other Chinese novel.①（但是任何阅读这部小说时对著作权没有先入之见的头脑公正的读者，将会发觉没有理由贬损后四十回，因为它们对任何中国其他小说都无法企及的这部作品的悲剧和哲学深度，提供了印象最深刻的证据。）

夏志清指出，完全抛弃后四十回一味对前八十回唱赞歌恐怕不妥。如果曹雪芹仅仅写了前八十回，那么《红楼梦》岂非一个断尾蜻蜓？如果这样的话，曹雪芹的天才与成就岂非也要重估？

后四十回在如下三方面自有可贵之处。一、后四十回在结构上至关重要。假如只有前八十回，那么也仅仅是无休止的节日、宴会、诗社和不断的争执，伟大与不凡何在？而正因后四十回的变故迭起，后文的苍凉与衰败才充分映照了前文的温暖与美好，正是今日的“落叶萧萧，寒烟漠漠”与当初的“龙吟细细，凤尾森森”；今日的“蓬牖茅椽，绳床瓦灶”与当初的“烈火烹油，鲜花着锦”那般刺目鲜明的对照，照应和贯通了全文，成就了《红楼梦》的悲剧和哲学意义。

二、后四十回在艺术手法上的自相呼应。由于对后四十回的轻视，当时少人关注后四十回的价值意义，更不用说留心其中的艺术手法。但夏志清别具只眼地指出，后四十回中也有草蛇灰线的伏脉照应。第九十六回宝黛最后相见一节，无限心事不能出口，唯有相对傻笑，“宝玉在那里坐着，也不起来让坐，只瞅着嘻嘻的傻笑。黛玉自己坐下，却也瞅着宝玉笑。两个人也不问好，也不说话，也无推让，只管对着脸傻笑起来”。最终黛玉“我这就是回去的时候了”，谶语双关，已经被王国维许为全书最壮美之一例。然而，夏志清又进一步指出此回在文中的伏脉作用。第九十八回，黛玉对紫鹃“你好歹叫他们送我回去”的遗嘱，正是对第九十六回黛玉“我这就是回去的时候了”的呼应。而第一百一十九回宝玉同样反复申明，“我自己也知道该走了”“走了，走了”，和黛玉形成了正对。宝玉的仰面大笑和嘻天哈地，又映照了第九十六回宝玉的傻笑。

三、改本某些方面甚至有超出脂本之处。夏志清指出，程本优于脂本之处在于第七十七回宝玉探望垂死的晴雯时的描写，程本说晴雯咬下指甲赠给宝玉，而晴雯的嫂嫂则死命勾引宝玉，凄凉的诀别和粗俗的色诱形成了绝佳的讽刺。而脂本则表现为晴雯剪下指甲赠给宝玉，晴雯的嫂嫂则表示错怪了宝玉并让他以后尽管来，成了一个富有同情心的角色，其张力大大

---

① ［美］C. T. Hsia: *The Classic Chinese Novel*, New York: Columbia University Press, 1968. “Black Jade is supposedly repaying a debt of tears, but the tears actually taste only of self-commiseration, not of gratitude”. p. 277. “Black Jade has finally only herself to blame for ruining her health and alienating their affections in the first place”. p. 290. “There can be no doubt that Black Jade exemplifies a type of beauty to which the author is personally drawn”. p. 269. “For precious Clasp' s martyrdom the brutal and desperate self-interest of her elders is alone responsible.” p. 290. p. 289. p. 287. pp. 256—257. p. 259. “It is precisely this autobiographical compulsion to tell the private truth, to recapture a more intimate reality that makes Ts' ao Hsuch-ch' in so much more of a revolutionary against the impersonal tradition of Chinese fiction”. p. 247.

削弱了。

在当时对后四十回笔攻口伐的包围中，夏志清能够力排众议有所创见，以叶燮论文的“才胆识力”说来看，夏志清对后四十回的肯定首先就占了一个“胆”字。而且，以识而论，夏志清对后四十回的肯定也不是毫无道理。因为当胡适做出后四十回为伪的论断后，俞平伯、周汝昌以及后来的许多学者，在信从的同时对后四十回采取了有些过激的态度，甚至要把后四十回割下来，扔到垃圾堆里去。然而，即使不论后四十回还是疑案，就算它确实是续貂，不可否认在才情和见识上，它也是远超那些红楼续作。后四十回保留了宝黛爱而不得的个人悲剧和贾府树倒猢狲散的家族悲剧，显然是比诸多红楼续作把黛玉从棺材中扶出和宝玉拜堂或者两世姻缘这样的大团圆模式高明。况且，和夏志清持类似看法的美国红学家正自不少，唐德刚“断不相信《红楼梦》后四十回是‘高鹗伪作’”①，因为后四十回中的好坏之间太不调和，因此可能确如程伟元所说，是高鹗把这些“漶漫之处”“补”了起来，而高鹗虽不是第一流的作家和第一流的诗人，却应视为第一流的文学编辑（Literary Editor）。陈炳藻用电脑和统计手法，提出后四十回和前八十回作者为同一人的看法。周策纵从电脑分析和乾隆时期印刷水平入手说明高鹗不太可能作伪。余国藩则从文学方面着手，从文本中寻找证据，说明后四十回“精神庶几近之，已经深得原著的三昧”等等。以多种方法和多种角度来审视和肯定后四十回中的合理之处。

最近人民文学出版社新版《红楼梦》将作者定为“曹雪芹著，无名氏续”，正说明了双方对作者问题的基本判断上逐渐趋同。

四、夏志清红学得失与影响

夏志清主要“对话”对象是王国维和胡适。王国维是夏志清回应和试图超越的目标人物，而胡适的研究则成为夏志清介绍给西方读者的必要知识准备。和胡适的方法一样，夏志清主要介绍了《红楼梦》的作者和版本。作者显赫的家世和扑朔迷离的年龄，是作者能否具备和赶上繁华岁月的必然前提，自然是介绍内容的应有之义。至于版本，前八十回和后四十回不仅是一个焦点，也牵涉《红楼梦》复杂的成书过程，必须予以重视。不过，虽然夏志清也谈到了前八十回和后四十回的差别，但和胡适相左的是，他肯定了《红楼梦》的后四十回。在阐释原文方面，夏志清主要也通过宝、黛、钗三者以其主要情节为研究对象。然而，夏志清的高明在于，他的着眼点不在于简述一个三角恋爱故事，而是用基督教的怜悯、救赎来解读《红楼梦》的性爱和情爱，突破了爱情、婚姻的社会学研究层面，而是变成纯粹从本体、此世与彼世、现实与超越来理解，使爱情大于纯粹社会属性意义，并试图用心理学观照视域来替换王国维的哲学归纳，这也是夏志清新见的主要价值和意义。然而，在对胡适的考证、王国维的评论以及“共产主义批评”的回应过程中，有些时候夏志清不免在突破前人苑囿的同时

① 唐德刚：《曹雪芹的文化冲突》，见唐德刚《史学与红学》，广西师范大学出版社2006年版，第241页。

矫枉过正，造成他的批评在某些方面失于客观。

由于夏志清在西方汉学界的地位以及淹通中西的学识，并且《中国古典小说》所发挥的教科书性质的作用——“该书‘红楼’章一向是海外教授、学生初读此小说最基要的参考资料”①，他对《红楼梦》的评价对后来学者产生了相当大的影响。后来的美国学者治红学时，也许碰触到许多夏志清当年无从预见的理论及材料，但很少人在另起炉灶前，能够不参照、辩难或反思夏著的观点。

在很多方面，夏志清对《红楼梦》的评论都具有开创意义，直接影响了70年代一些美国红学的看法和认识，许多人在充分吸收、辩驳夏氏的观点后推陈出新。夏志清将《红楼梦》和《白痴》作比较，影响了Francis A. Westbrook（佛朗西斯·A. 韦斯特布鲁克）的论文，后者进一步探讨了《红楼梦》和《白痴》两部小说的人物塑造和艺术技巧。② 夏志清指出刘姥姥形象的特别和重要，这一点又被James S. Fu（詹姆士·S. 傅）继承和发扬，强调了刘姥姥在全书中的贯穿作用。③ 夏志清对大观园和绣春囊作用的揭示，又分别被宋淇④和余英时⑤借用和发展。

夏志清在评《红楼梦》的时候用了心理学来分析，比如宝玉在晴雯死后的精神打击；尤其是其中对梦的解析，把黛玉噩梦中出现的父亲升官、自己成为填房、诸亲戚不管不问等情形都具体从心理学分析了成因。夏志清的心理学解读在后来美国红学研究者的研究中留下了明显的痕迹，如斯科特指出：

> The dreams in Hong lou meng are precisely tailored to the dreamer's own psychology, showing not only the mind's power to create a reality more vivid and delusory than waking life, but also conveying insights that the dreamer has denied or repressed in the course of daily life. ⑥（《红楼梦》中的梦精确裁剪以适合做梦人的心理，不仅表现了思想的力量，能够创造一个比醒着的生活更鲜明更困惑的现实；而且传载了做梦人在日常生活中否认和压制的洞察。）

又如Yi Jinsheng（裔锦声）在*The Allegory of Love the Dream of the Red Chamber and Selected*

---

① 《唐德刚—夏志清论战录》，见《豆瓣》http://www.douban.com/group/topic/1055537/

② ［美］Francis A. Westbrook：On Dreams，Saints，and Fallen Angels：Reality and Illusion in Dream of the Red Chamber and the Idiot，Literature of East and West，1971，p. 385.

③ ［美］James S. Fu：*Liu Lao-lao and the Garden Takuanyuan*，Literature of East and West，1973，p. 308.

④ 宋淇：《论大观园》，《明报月刊》1972年9月号。

⑤ 余英时：《近代红学的发展与红学革命——一个学术史的分析》，《香港中文大学学报》1974年6月，第二卷第一期。

⑥ ［美］Mary Elizabeth Scott：*Azure from indigo*：*Hong lou meng's debt to Jin Ping Mei*，Princeton University，1989，p. 138. “Da guan yuan is quite clearly a garden of the mind——more specifically，the garden of Baoyu's mind... The fact that Baoyu is the first person to enter the garden and the fact that he names most of the important places in it also suggest that Da guan yuan reflects the state of Baoyu's *xin*”. p. 214. p. 292.

Western European Allegories（《爱的寓言：〈红楼梦〉和一些西方寓言著作》）中拓而广之，把《红楼梦》中所有的梦作为一个系列（Sequence），并探究它们在《红楼梦》中的结构功能。先关注《红楼梦》中梦的实现方式，再得出理论性的结论。① 每每不乏独到的精彩之论，比如对秦氏和鸳鸯的相通性的分析："无情"的鸳鸯在梦中见到情天情海幻情身的秦可卿要求她掌管痴情司，暗示情与无情的相互补充、相互统一；贾宝玉梦到了甄宝玉，宝玉房中西洋镜的作用和风月宝鉴相似，希望把做梦者唤醒，但宝玉醒后对镜中自己的"印象"（Reflection）天真地一笑，反映出宝玉心中没有哪怕细微的觉醒。

在美国红学研究方面，夏志清不仅最早提出《金瓶梅》对《红楼梦》的渊源关系：

> "Though my synopsis suggests no resemblance, Dream of the Red Chamber is far more indebted to Chin P'ing Mei."②（尽管我的大纲看起来没有类同之处，《红楼梦》相当程度上脱胎于《金瓶梅》。）

还提纲挈领地提到《红楼梦》对《金瓶梅》的继承以及两者的比较，但《金瓶梅》粗俗沉闷而《红楼梦》精妙文雅。《金瓶梅》聚会常常听唱曲或听宣卷，而《红楼梦》的聚会则常常是才艺和诗情的展示。这不仅体现了两个家庭的社会地位不同，也说明《红楼梦》的作者比《金瓶梅》的作者对中国传统文学和美学更为关注。他的关注在某种意义上又开了80年代对《红楼梦》和《金瓶梅》关系研究的先河。1989年，Mary Elizabeth Scott（玛丽·伊丽莎白·斯科特）的博士论文《青出于蓝：〈红楼梦〉脱胎于〈金瓶梅〉》（*Azure from indigo: Hong lou meng's debt to Jin Ping Mei*）③ 体现了夏志清的这一影响。充分联系花园在两部著作中的兴起与破灭，Scott指出，就像西门庆的花园是西门庆性格和思想的反映，是西门庆的"心"一样，大观园也反映了宝玉的"心"。④ Scott把《红楼梦》中所提到的戏曲按照书中从前到后的

---

① ［美］Yi jinsheng: *The Allegory of Love the Dream of the Red Chamber and Selected Western European Allegories*. Washington University, 1993.

② ［美］C. T. Hsia: *The Classic Chinese Novel*, New York: Columbia University Press, 1968. "Black Jade is supposedly repaying a debt of tears, but the tears actually taste only of self-commiseration, not of gratitude." p. 277. "Black Jade has finally only herself to blame for ruining her health and alienating their affections in the first place." p. 290. "There can be no doubt that Black Jade exemplifies a type of beauty to which the author is personally drawn." p. 269. "For precious Clasp's martyrdom the brutal and desperate self-interest of her elders is alone responsible." p. 290. p. 289. p. 287. pp. 256—257. p. 259. "It is precisely this autobiographical compulsion to tell the private truth, to recapture a more intimate reality that makes Ts'ao Hsuch-ch'in so much more of a revolutionary against the impersonal tradition of Chinese fiction". p. 247.

③ ［美］Mary Elizabeth Scott: *Azure from indigo: Hong lou meng's debt to Jin Ping Mei*, Princeton University, 1989, p. 138. "Da guan yuan is quite clearly a garden of the mind——more specifically, the garden of Baoyu's mind...The fact that Baoyu is the first person to enter the garden and the fact that he names most of the important places in it also suggest that Da guan yuan reflects the state of Baoyu's *xin*". p. 214. p. 292.

④ ［美］Mary Elizabeth Scott: *Azure from indigo: Hong lou meng's debt to Jin Ping Mei*, Princeton University, 1989, p. 138. "Da guan yuan is quite clearly a garden of the mind——more specifically, the garden of Baoyu' s mind...The fact that Baoyu is the first person to enter the garden and the fact that he names most of the important places in it also suggest that Da guan yuan reflects the state of Baoyu's *xin*". p. 214. p. 292.

顺序一一胪列，每一小节再详述某部戏曲在哪回出现，所演何事，此戏曲在此回中的作用，此戏曲在文中的深远伏脉意义，以及斯科特自己在每小节后作简要总结和延伸性阐释。经过详细比对前八十回和后四十回中出现的戏曲的内容、作用和意义，Scott 认为：

After Chapter 80 we cannot be sure that any of the dramatic references are attributable to Cao Xueqin, but since they continue to appear it is obvious that either Gao E deliberately imitated the use of dramatic references in the first eighty chapters or that parts, at least, of the last forty chapters are Cao Xueqin's own work. Unfortunately, the play references in Chapters 85 and 93 are rather wooden and clichéd, and they seem less integrated into the dialogue and the flow of events than those in the first eighty chapters, so by themselves they do not help to settle the question of the last forty chapters' authorship.① （八十回后我们无法确认任何一条提到的戏曲可归于曹雪芹，尽管它们继续出现，但很明显的，要么是高鹗有意模仿前八十回中提到戏曲时的作用，要么显得起码后四十回中那些部分是曹雪芹自己的手笔。但不幸的是，第八十五回和九十三回提到的戏曲相当木讷和陈腐，不像前八十回中与对话和事件的流动结合为一体，因此通过它们自己无助于确定后四十回的作者问题。）

因此，《红楼梦》中的戏曲就不仅仅像《金瓶梅》那样描摹日常生活，而是还对作者的真伪问题产生意义。

而且，夏志清的一些认识甚至在 90 年代还存在遥远的回应。夏志清认为，《红楼梦》的独特性和价值之一体现在它的"自传性"上，正是这种自传性冲动，讲述私人真实，获得更隐私的现实，使得曹雪芹更像中国小说非个人传统的一个革命者。② 这个论断虽然独特地从自传性的角度肯定了曹雪芹的贡献，但另一方面，也承认了曹雪芹和宝玉的对应关系。但到了 90 年代，黄卫总对所谓的"自传性"的内涵给予了更为大胆的解说。黄卫总认为《红楼梦》的"自传性"不是作者和男主人公的对应，反而曲折地体现为自我的多重投影。《红楼梦》的许多情节采自曹雪芹的亲身经历，但是曹雪芹却是把"自我"分散投射到《红楼梦》的多个

---

① ［美］Mary Elizabeth Scott: *Azure from indigo: Hong lou meng's debt to Jin Ping Mei*, Princeton University, 1989, p. 138. "Da guan yuan is quite clearly a garden of the mind——more specifically, the garden of Baoyu's mind... The fact that Baoyu is the first person to enter the garden and the fact that he names most of the important places in it also suggest that Da guan yuan reflects the state of Baoyu's *xin*". p. 214. p. 292.

② ［美］C. T. Hsia: *The Classic Chinese Novel*, New York: Columbia University Press, 1968. "Black Jade is supposedly repaying a debt of tears, but the tears actually taste only of self-commiseration, not of gratitude." p. 277. "Black Jade has finally only herself to blame for ruining her health and alienating their affections in the first place." p. 290. "There can be no doubt that Black Jade exemplifies a type of beauty to which the author is personally drawn." p. 269. "For precious Clasp's martyrdom the brutal and desperate self-interest of her elders is alone responsible." p. 290. p. 289. p. 287. pp. 256—257. p. 259. "It is precisely this autobiographical compulsion to tell the private truth, to recapture a more intimate reality that makes Ts'ao Hsuch-ch'in so much more of a revolutionary against the impersonal tradition of Chinese fiction." p. 247.

人物中去。他不仅仅是贾宝玉，他还是王熙凤、贾探春、史湘云等人物。作者描写的人物如王熙凤，或者更低程度地，在探春和湘云身上的对权力的羡慕和对男性化的渴望反映了作者作为一个能力不足的男性的焦虑——他希望自己结合进（再度）社会权力组织——有一个位置去做男性的工作参与“补天”，同时，宝玉明显的女性化是作者自身无力感的一种部分隐喻。①

综观夏志清的红学研究，尽管在部分问题上有矫枉过正之嫌，但却以心理学切入《红楼梦》的研究，独树一帜而能自圆其说；而且其见解和成果成为后来学者的资源和借力，事实上形成了“但开风气不为师”的影响。他的研究成果有助于我们更深入地观察和研究红学以及红学史的发展历程，值得引起足够的重视。

附记：纽约时间2013年12月29日，夏志清先生在美国仙逝。得知这个消息，虽然情知生老病死世所难免，依然不免震惊与伤感。我再无可能亲口对夏先生表示感谢，我曾经不明白当初他给我的题词为何不是任何名言警句，反是郑重其事地写下和我“谈了两个下午”，直到后来才从刘绍铭先生文中得知，却原来夏先生和他最赏识的张爱玲，也只不过见过两三次：“他跟她认交三十多年，但只见过两三次面，而且都是跟朋友在一起的叙会中匆匆的一面”。②我曾经不明白当初为什么他说和我见面时，“张爱玲钱钟书皆在讨论之列”，今日才约略明白他说的“你听得懂”。对于一个当时还未毕业的小博士，这也许是他给予的很高的礼遇吧？只是愚钝如我，为何要这么久，才能领会一些些长辈的好意？我总想等我的教职更高些，跑回美国吓他一跳，因为他喜欢“聪明人”，可我现在的成绩只怕远不及他的“聪明”标准。可是那张永远和蔼、微笑的脸，再也不会被我吓到了。所以谨以这篇小文，纪念夏志清先生。我知道我写得不够好，但是我一定写得足够用心。

| **本文作者：香港浸会大学中国语言文学系教师**

---

① ［美］Martin W Huang：*Literati and Self-Representation*，Stanford University Press，1995，p. 96—97. 可参见拙文《“拒绝成长”与“压抑欲望”——析美国汉学家黄卫总对〈红楼梦〉性心理世界的独异解读》，《红楼梦学刊》2010年第4辑。

② 刘绍铭：《张爱玲致夏志清：你知道我多么感激》，《东方早报·上海书评》2013年6月23日。

《红楼梦》续书研究述评

张　云

一、引言

（一）续书所指

提及《红楼梦》续书，稍具红学常识的人，首先想到的就是后四十回，本文题中的续书却恰恰不包括它，一是因为，关于它的作者、后四十回的评价都已成为专门课题，不宜混在其他续书中加以讨论；二是在本文的语境中，后四十回与前八十回是一个完璧的有机整体，与“续书”对应，被称为原书或前书。另一个需要说明的情况是，为了有的放矢，本文的研究对象以其与原书具有时代的贴近性和社会生活的相似性为首选，暂对现当代的红楼续编不予讨论。这样，本文讨论的“续书”基本就限定在清代长篇章回体的范围内了。

自第一部续书《后红楼梦》问世到清末的《新石头记》发行，百余年的时间里，刻印出版、至今可见的长篇续书有十四种之多，其中大约有十一部——《后红楼梦》、《续红楼梦》（秦续）、《绮楼重梦》、《红楼复梦》、《续红楼梦新编》（海续）、《红楼圆梦》、《补红楼梦》、《红楼梦补》、《红楼幻梦》、《红楼梦影》、《新石头记》，常被视为研究对象，本文就是对它们研究的研究。

（二）清代对续书的评价

续书一经行世，就有好事者兴兴头头地阅读、鉴赏、批评甚至效法和改编，其影响并不是现在我们可以想象的。那时文人的文学感觉并非比今人的迟钝，且他们距离原书产生的时代更近，社会经济政治制度亦更贴近，其观念、趣味更易相通，也没有我们得之于后天修为的经典情结，或者说，他们心里更纯粹，更本能地接受续作。他们多关注续书的情节设计及人物描写之效果，以其是否合乎情理为关键点。其鉴赏似的审美识见或成为只言片语的议论，或题以诗词，或见于读法，或记在笔记杂文中。还有一个特别的现象是，后出的续书常常于卷首，在序言、凡例这种说明著书缘由的附文之中，对前出续书进行评价，有的还在开篇楔子中细加评说，甚至有几部续书专门设计相关情节，让书中人物阅读并点评他续的人物、情节、结局的得失优劣。续书对他人之续的评判，总的观点是，他续不合情理，荒诞不经，有悖前书。这种以邻为壑，也是著者破人以自立的手段。以上种种属于旧批评的方式和路数，可以从《后红楼梦》的影响及后人对它的评语中很典型地表现出来。

至迟于嘉庆元年（1796）成书的《后红楼梦》是首部《红楼梦》续书，后世对它的关注，甚于任何他续。红楼戏的改编者仲振奎和万荣恩都曾取材于前后两书，即是，将《后红楼梦》与《红楼梦》一视同仁，借以改编为全本昆曲《红楼梦传奇》和《醒石缘》。嘉庆初年，潘炤作《红楼梦词》三十二首，其中题咏后梦的有十四首，这后梦即指《后红楼梦》。在随笔、杂著中，连同书目这类"正书"里，都有关涉后梦的评述。如潘德舆的《读红楼梦题后》、裕瑞的《枣窗闲笔》、姚燮的《读红楼梦纲领》、解盦居士的《悟石轩石头记集评》、吴克岐的《忏玉楼丛书提要》等，他们多在指责续作者乃"不解之人"，责它歪曲原著，"不自量力"，狗尾续貂，艺术上乏善可陈。其中，对续书阅读最多、用功最勤的裕瑞，在《枣窗闲笔》中的论述相对全面、精深。他论及《后梦》时指其有几项好处，除说它回与回之间的连接颇似雪芹笔意之外，他还指出："写大家人家尊卑上下各有难言心事，不便率然吐出，忍耐心头，郁郁不畅，又有儿女之情，含蓄难舒，化作闲愁之趣，亦似前书。"又褒赞它的描写："写园亭、水树、春风、秋月之景趣，亦足学步邯郸。"但他很不满《后梦》的无稽添加，对甄士隐还俗受职及甄宝玉的情节设计不以为然，指出后梦人物关系存在错乱，诸如"以贾源为始祖，以代化、代善为宁、荣二公"，"雪芹为贾政之友，为宝玉前辈世交"之类；并认为黛玉性格的描写有悖情理："立意欲为黛玉吐气，故写其有兄有产、敌国之富，以补前寄居舅家、孤身茕独之恨；写其矢志不愿许宝玉者，以洗前受污语；谓林姑娘有心病之缺陷也，过于恬退则又失于无情，故复撰出误闻宝玉被执，即服毒以殉之。"

裕瑞的论点，在后人的评论中屡有相合者，如姚燮在《读红楼梦纲领》中认为，无端增加林良玉的情节是画蛇添足之举。解盦居士《石头记集评》认为作者写黛玉有炼容金鱼，入水能游，乃"作者真中蛊毒矣。"吴克岐《忏玉楼丛书提要》更是全盘否定全书，称："余按是书，泥定前书，代黛玉作不平之鸣，笔意枯寂，若无生发，其口吻绝不相肖，且多不近人情处。如黛玉回生，不妨沿小说旧例，借力于补恨仙人，无取乎炼容金鱼也。政夫妇为子求妇，事黛玉如父母，岂有此理？黛玉仍骄傲不从，岂有此理？添一姜景星，毫无关系，直赘瘤耳。甄宝玉闹事，黛玉断无不派人打听遽行服毒之理。"其艺术感觉基本是到位准确的。

后出续书《补红楼梦》，则借宝钗之口评点《后红楼梦》"妄诞不经，林黛玉、晴雯竟死而复生，林良玉为黛玉之兄不知从何而出？且突添一姜景星则其意何居呢？四姑娘复为贵妃，史湘云忽成仙体，种种背谬，岂但是狗尾续貂而已呢！"从续写首当遵从原书的观念出发，此说有一定道理，然而，未免丢失了审美的角度。秦子忱《续红楼梦》中，宝玉曾评道："那里是曹雪芹的手笔？语言口吻全然不像，甚不合我的意思"，黛钗也一样最不满于凭空添出林良玉和姜景星。由这些评说可见，对《后红楼梦》的诟病遍及人物设置、情节安排和性格描写、语言风格等多个方面，可以说，称得上小说要素的几乎被指责了一遍。

这种种在今天看来过于注重生活性而失于艺术性，算不上规范批评的批评，虽多一己之见，感悟甚于说理，但直到今日仍时时被研究者奉为断论。不幸的是，这些评价过于拘泥，没能将我们文化中固有的真假、虚实、奇幻等意象引入其中，反将生活中的事体情理，关乎伦理的道德评价，等同于文艺批评，如此的批评水准，实难称道。连戏剧小说中常被使用的还魂再生情节，在续书这儿也成了不经之荒诞，如此无视通俗小说的生态环境，批评自难称为上乘。

续书本不及高品位的“才子书”那样具有吸引力，也无福得高手评家批点解说。这样先天不足，后天失养，至于错失不已见，后以继前，晚车重蹈前车覆辙；各部水准完全取决于续作者自身的文学修为，审美批评的缺席当为其中重要的因由。而信心满满的续作者往往超而不越，创而难新，且后续之作热衷于效仿前续的情节模式，至于东施效颦之后，又出东东施更效东施，大倒读者胃口。故此，清代红楼续书，各部之间叙事和语言水平固然有参差，但初看起来情节人物相因相类的情况十分严重，至于一时间难分彼此，使得续书群体的质量显得水平低下。加上前书之高山巍巍然，更显诸续之渺小低俗，微不足道。

二、续书的研究

清末民初的新小说时期，《红楼梦》、《三国演义》、《水浒传》、《西游记》等古典名著进入学者的研究视野，红楼续书也被顺手拉来露个脸，即在评红时常以续书做陪衬，其中以鲁迅的评价最具代表性。在谈及《红楼梦》的影响时，鲁迅提及续书，对或续或编的大团圆写法极为不满，这将在下节相关处再行论说。而正式将续书作为研究对象纳入学术视野的，是此节讨论的，始于20世纪80年代以来较为规范的续书研究。

林辰于1985年在《光明日报》上发表《红楼续书之我见》一文，对“续书”的概念进行了初步的探讨，并指出：“红楼续书又不仅仅是个小说艺术问题，它们在研究社会思想史方面的价值，似乎超过了它们的艺术价值。”① 1988年，他又在其《明末清初小说述录》一书中特撰《论续书》，对小说的续书现象作了进一步研究与评价。但因为述录限在清初，所以其书录未及红楼续书。② 以他对续书的研究功力，不涉红楼续书，是个大遗憾。

因为续书的难见，《红楼续书之我见》还只是一种启示或召唤。三年后，即1988年，北京大学出版社编辑出版了一套《红楼梦资料丛书》，所收兼顾作品和论著两个方面，分“续书”、“仿作”、“考证”三个部分，共二十五册，其中续书为十五种，即：《后红楼梦》、《红楼圆梦》、《红楼梦补》、《红楼梦影》、《红楼真梦》、《续红楼梦》、《红楼复梦》（上下册）、《补红楼梦》、《增补红楼梦》、《红楼幻梦》（内部发行）、《绮楼重梦》（内部发行）、《续红楼梦新编·续红楼梦稿》（共四种，兼收《红楼余梦》和《红楼残梦》两个短篇）。这就为广大的研究者提供了极大的方便。1992年，李忠昌的《古代小说续书漫话》问世，此为研究小说续书的首部专著。该书分四个部分，谈了“续书概观”、“续书分类”、“续书探因”和“续书价值”，当然，他讨论的不仅仅只是《红楼梦》续书，但红楼续书则是其范式化的重要实例。虽说因了目标读者是“古代小说评介丛书”所定位的中学生及爱好者，以知识普及为宗旨，该书对学术性有所控制，但它在续书理论建设中起到的前导性作用却是不容小觑的。之后，

---

① 林辰：《红楼续书之我见》，《光明日报》1985年2月26日。

② 计有：才子佳人小说书录（16种）、天花藏主人诸书录（15种）、烟水散人诸书录（8种）、世情小说书录（20种）、短篇中篇小说集书录（14种）。

李忠昌又力撰《〈古代小说续书漫话〉补论》一文，论及续书艺术上的可取之处、创作态度上的求新探索、思想内涵上的纵深开拓及创作经验上的总结借鉴，试图进一步完善续书理论的方方面面。

以红楼续书为研究对象撰成专著的，赵建忠发表于1997年的《红楼梦续书研究》当为第一部。该书突出的贡献是对《红楼梦》续书源流的研究，注意到了红楼续书与当时社会制度和文化的关联，探讨续书成因的同时，对部分续书的艺术价值进行了提示性的评价。赵建忠在红楼续书的找寻和作者的考辨方面，用功最力，他在前贤成果的基础上，进一步搜集资料，发掘出过去书目、辞典上未载的新材料①，并对形式和内容上都呈现出复杂现象的红楼续书进行了甄别、梳理，分成八种类型，即"程高本续衍类"、"改写、增订、汇编类"、"短篇续书类"、"借题类"、"外传类"、"补佚类"、"旧时真本类"、"引见书目类"，且分别用图表的形式予以表现。为了更全面地展示《红楼梦》的影响，又专设一章介绍仿作现象。这样，将近百种续书分作八大类，对读者全面了解和认识《红楼梦》续书和仿作的概貌大有裨益。之后，他坚持不懈地继续搜求，时有新发现，撰文之外又在其专著《红学管窥》中设专章作续、仿的补充研究。

于续书文本解读用力颇勤者，当数台湾的林依璇，其问世于1999年的专著《无才可补天——〈红楼梦〉续书研究》，选取嘉庆年间的八部续书为研究对象，除探讨续书产生的文化背景和续书成因之外，着重关注作为小说的续书与原小说在主要人物、情节模式，乃至艺术风格方面的承与转，探讨了续书的接续方式。她善用表格，以此表现续书版本各方面的情况，其中，将八部续书的故事情节作比对，列出"情节雷同表"，是其首创。各续书的情节设置、内容结局，及前后续书之间的相因关系，一目了然，是类型化研究比较成功的尝试。

高玉海出版于2004年的专著《明清小说续书研究》，更重视续书理论的探求，在续书概念的界定、成因的分析上，力争"换个思路，换个角度"。比如，就续书现象的文化成因而论，他超越从心理、政治、时代、审美、理论、道德、名利等方面的一般研究，而是"从续书创作的整个流程来分析其产生的根源"，先看原著的影响，次察续作者的动机，三析读者的阅读心理。能注意到续书作为续作和独立新作的双重性质，也是它的学术特色之一。

赵建忠、林依璇、高玉海三人的著作都是在他们硕士论文或博士论文的基础上成书的，说明学位论文已经达到了一定的学术高度，值得重视。笔者关注了近年来以《红楼梦》续书为研究对象的大部分的学位论文，虽说不够成熟，但确有不少学术灵犀及生长点。如：段春旭的博士论文《中国古代长篇小说续书研究》，他将长篇小说的续书按原小说的神魔、人情、历史及侠义公案等性质分作四大类，在"人情小说的续书"一类中，专设一章讨论《红楼梦》续书，聚焦在续书对原著的借鉴和继承及对原著的背叛上，强调的是续作与原著的关系。但

① 孙楷第在《中国通俗小说书目》中著录续书十七种；一粟的《红楼梦书录》著录三十二种；胡文彬在《红楼梦叙录》中对续书有所增补，收录了一粟《书录》中未收的新材料八条；冯其庸、李希凡主编的《红楼梦大辞典》对续书进行删筛挑选，著录续书四十种；赵建忠在此基础上，进一步搜集，共得《红楼梦》续书九十八种。

续作者的创作主体性未被充分重视。李根亮的博士论文《〈红楼梦〉的传播与接受》，第二章即为“续书作者对《红楼梦》的接受状况考察”，他注意到了续书的产生与原书“未定性”的关系，并探讨了现代续作对原书的补佚与阐释特征。硕士论文选取红楼续书为研究题目的也不少，基本选取的是清代章回体续书，且愿意作群体规律性观照。如，陈璇的《〈红楼梦〉续书研究》，以“死而复生”、“转世托生”、“阴、阳、神三界互通”三种，总结概括续书的情节模式，并笼统地以荒诞评之；王晓丹的《〈红楼梦〉古今续书谫论》，在论及清代续书的续法时，涉及到了接续点问题，可惜的是，自己没有自觉地意识到，又因她以述代论，未能进行理论提升；郭素美的《〈红楼梦〉续书研究》，从续书的情节模式、人物形象变化以及所反映的时代特征来探讨时人的人生观和社会观，批评方法老式。以上关注的都是续书群体，只有马靖妮的《〈红楼梦影〉研究》是以单部续书作为研究对象的，其文本解读较为深入些。总体而言，以硕士论文的篇幅作红楼续书这类的大题目，难免泛论。以上学位论文在资料的收集面上未见怎么拓展，基本未有新材料，批评模式有因袭现象，多样性不够，他们的研究虽在力争变换角度，但在研究方法和主要观点上也都没有明显的突破。

以红楼续书为研究论题的期刊文章，呈现出不同于学位论文的特点。它们在对续书理论和续写方式、方法进行探讨、总结的同时，乐于关注续书作者和版本问题，往往能结合作者的生平、背景和时代思潮去讨论续书的文化价值。文本研究则偏重对单部续作的深入解读，以小见大，结合其创作环境或时代背景，做小说史范畴的研究。但明显的不足是，关注点较为集中，比如吴趼人的《新石头记》，研究文章不少，英文的研究文章也有几篇，然研究方法却没有多少创新，多低层次重复；《红楼梦影》的解读也有多篇，有文章将作者的诗词创作与小说文本相联系，研究视角颇为新颖。而《后红楼梦》这么个首部续书，考证作者的文章有几篇，且很扎实，可是，真正称得上艺术评论的文章却不多，能够顾及续书的两难境地将其作为新创小说而不单单作为续书来研究的文章更其难见。乐于总体观照续书的研究文章，提及《后红楼梦》者，多是在描述续书现象之时，将故事情节、人物关系泛泛介绍一下，引几句前人对它的贬斥性评语，便断它是失败的小说。诸如黛玉性格被扭曲、还魂情节太荒唐和大团圆结局为反《红楼梦》等等，多属于印象或教条式的感觉说明，结论得自深入解读文本的，不多。个别抱定续书祸害了原著的成见，看似在维护《红楼梦》的尊严，其实是让续书受到委屈的同时，也唐突了续书作者热爱红楼的“红”心。

对于续书的发掘、书名及续书作者的考辨，20世纪80年代以来已引起了研究者的重视，也取得了一些进展与成绩。比如赵伯陶第一次明确指出《红楼梦影》的作者是顾太清①；赵建忠考出编撰《红楼觉梦》的作者铁峰夫人名武懿②，并发现了一粟未著录的周白於之《六续红楼梦》③；叶舟推翻苏兴《后红楼梦》作者是钱维乔的结论，认为可能是钱维乔的侄子钱中

① 赵伯陶：《〈红楼梦影〉的作者及其他》，《红楼梦学刊》1989年第3辑。
② 赵建忠：《新发现的铁峰夫人续书〈红楼觉梦〉及张船山有关资料叙录》，《红楼梦学刊》1995年第2辑。
③ 赵建忠：《未著录的清人周白於〈六续红楼梦〉新材料之考释》，《红楼梦学刊》2001年第3辑。

锡。① 对于续书文化价值与民族特色的探讨，凡是与文本批评有关联的多少都有所涉及。譬如，就《红楼复梦》而言，有探讨其中所反映的清代镇江文化、风习的，有从中发见镇江的戏曲及戏曲活动的。②近年来，解读《红楼梦影》的文章很多，涉及方面很广，如：探讨其女性视角的，关注其诗词创作与小说创作之关系的，分析作者小说观的，解读其满族习俗文化的。③ 至于对其他续书的研究，此不再枚举。

需要我们详加梳理的是，以往论文、著述，于续书理论和接续方式等方面的建设与研究，着眼点主要体现在以下四个问题上。

1. 续书概念的界定

最早注意到续书现象的可能算是清代的刘廷玑了。他于《在园杂志》卷三中指出："近来词客稗官家，每见前人有书盛行于世，即袭其名，著为后书副之，取其易行，竟成习套。有后以续前者，有后以证前者，甚有后与前绝不相类者，亦有狗尾续貂者。"在揣测续书成因之后，道出续书的类型。这种不算定义的界定对后世的影响很大，不少续书的序跋中都有相类的发挥，研究者也多以之为话题源头，像是回应刘氏的概说，续作者和续书研究者多在不同程度上给予认同。因议论少有出其右者，此不申论。

在当代关注红楼续书之时，"续书"的概念被重新提起。林辰在《红楼续书之我见》中曾对"续书"进行过界定，到其《论续书》一文，思路越趋成熟，他将续书以"广义"和"狭义"加以区别。广义的是：

续书是对前书（包括前期短帙作品及传说）的增删、加工、改写和补撰，从而使得前书或前作得以提高、扩展、充实和完美。④

但这广义的概念，范围过宽，"仿作"、"改编"都被囊括其中了，起不到限定的作用。狭义续书则被分作两类来界说，林辰认为："一种类型是对前书中的有悬念的人物或情节，进行引申或演义"，"另一种类型则是对前书立意之反动（全部的或局部的），意不在续，而在于抒发与前书相反的观点"。如此作广、狭的区分，且不说严谨与否，单看概念的使用，就不便利。其前，即在林辰《红楼续书之我见》尝试界定"续书"的第二年，李时人、张弘分别撰文加入探讨⑤，纳入"仿作"的概念，以收拢被"续书"排除在外的习红之作。

总之，前人界定续书时，需要针对这样两类小说，一是重写前书，使之续衍；一是学步名

---

① 叶舟：《〈后红楼梦〉作者之我见》，《明清小说研究》2010年第4期。

② 江慰庐：《〈红楼复梦〉中反映的清代镇江文化、风习三事 》，《江苏大学学报》（高教研究版）1986年第4期。成贻顺《从〈红楼复梦〉看清代镇江的戏曲、曲艺活动 》，《艺术百家》1998年第1期。

③ 诸如：詹颂《女性的诠释与重构：太清〈红楼梦影〉论》，《红楼梦学刊》2006年第1辑；李哲姝《〈红楼梦影〉中薛宝钗的情感世界》，《忻州师范学院学报》第22卷第1期；张菊玲《中国第一位女性小说家西林太清的〈红楼梦影〉》，《民族文学研究》1997年第2期；马静妮《浅析〈红楼梦影〉的价值》，《民族文学研究》2007年第2期；聂欣晗《"温柔敦厚"小说观与〈红楼梦影〉的诗性书写》，《红楼梦学刊》2010年第2辑；李荣《冠盖满京华 斯人暗憔悴——〈红楼梦影〉中的贾宝玉形象探究》，《哈尔滨学院学报》第32卷第10期。

④ 林辰：《明末清初小说述录》，春风文艺出版社1988年版，第117页。

⑤ 李时人：《中国古代小说的仿作和续书问题思考》，《光明日报》，1986年7月1日。张弘《中国古代小说续书和仿作问题补说》，《光明日报》1986年12月30日。

著，模拟仿作。虽说林氏作广、狭的区分，未能使“续书”的概念真正确立起来，但这样子，有益于“从广泛的文学现象去考虑”问题，大致也起到了为续书画影图形的作用。若将模拟仿作者干脆以仿作称之，似更便利些。

2. 续书类型的划分

一般读者习惯于将红楼续书分成三类来看待，所谓“还魂类”，指宝玉还家、黛玉还魂再生的；“三界互通类”，指人物活动在仙界、人间、鬼蜮，并可以互相往来者；“二代类”，指宝玉、黛玉等投胎转生为宝钗、湘云等的儿女辈的。这种区分，是以人物关系和故事发生的时空为线索的。以此来透视接续方式，无可无不可。其基本的人物关系较为清晰，但难免过于笼统，起不到在相类续书中标示差异的作用。如，一般将《红楼复梦》也归于二代类，显然错了。① 更大的问题是，这样作三类的分法，遗漏了几部重要续书，如《红楼梦影》、《新石头记》，它们哪个队也排不进去。而《红楼复梦》又属于区别于二代类的另行转世的续书，也无法在三类中入列。显然，这种分法并不好使。但因为历代的研究论述中，实在也没有更科学的分类了，一般读者便乐于接受这个三分法。虽说过于粗略，好处在于方便记忆，尽管还是无法在同类中细加区分，聊胜于无吧。

但在研究者中，探讨的脚步却是从未停止过的。

刘廷玑所谓的“后以续前”、“后以证前”、“后与前绝不相类”，其实已从接续内容上对续书进行了区别分类。“后以续前”，可指续书对前书故事接着续写的一类；“后以证前”，是指后书对前书作解释而生发者；“后与前绝不相类”，当指假借书名或人名且改变了原有故事的时间、空间进行自由发挥一类的。这样解说或不甚贴切，大致也还说得通。

林依璇以角色定位，尝试着将红楼续书分为四类，即“以宝钗为第一主要角色之类型”、“以黛玉为第一主要角色之类型”、“主要角色关系和谐化之类型”、“主要角色转化为第二代之类型”。她只选取了嘉庆朝出版的八本续书为研究对象，自然排除了用她的这种分法不好归类的其他续书，如没有黛玉的《红楼梦影》、只有宝玉的吴趼人之《新石头记》。尽管只限于嘉庆朝的这八部，她的这个从“主角”关系出发的分法一样不能唯一。尤其是“主要角色关系和谐化之类型”，看似清晰，实则难以做标准。如《后红楼梦》属于黛玉为主角一类的，但在黛玉还魂回生之时，她不理王夫人，更是不提、不问、不见宝玉，却对宝姐姐毫无芥蒂，嫁与宝玉之后，他们一床三好，姐俩更是“和谐”，为什么不能归在“主要角色关系和谐化之类型”呢。所以这种四分法也不够严谨。

3. 接续方式的探索

接续方式，应该说在续书创作之初就是一个问题。接续，首先要解决的就是设法使新创与前书情节相衔接，不少续书作者早早意识到了这一点，往往于序、叙略或第一回中，已在精心设计或具策略用心地去君子自道了。如第一部续书《后红楼梦》，在卷首附加一篇“摘叙

---

① 实际上，它的主角梦玉，并非宝玉投胎，乃是生在宝玉同时，远在丹徒祝家的另一人，但也是宝玉的转世，这种另类的转世，非常独特，小说文本中分几处加以解释说明强调。

前《红楼梦》简明事略”，叙述前梦故事时，于前书故事结束之后又添加宝玉获救、黛玉返生事，显然在为其故事的起接提早做铺垫。它叙及宝玉遁迹后，直接说他不能习苦，遇贾政携回，以使情节顺势而下，时间上也没有间隔。这是一种做法，也有续书作者先给个说法的。如秦子忱在其《续红楼梦》凡例中说：“开篇即从林黛玉死后写起”，情节便直插第九十七回后。《红楼梦补》的叙略中也有此类的交代：“此书写黛玉回生，直接前书九十七回，自黛玉离魂之后写起。”《补红楼梦》扉页题记也道：“此书直接《石头记》、《红楼梦》原本，并不外生枝节，亦无还魂转世之谬，与前书大旨首尾关合。”该部以甄士隐详说始起，以贾雨村再结红楼梦束结，在小说的第四十八回，特别设置一个情节，借甄士隐之口标榜自己的起结之法如何地合于原书。

李忠昌以整个古代小说续书为研究对象，他特别强调续书“并不全都接着尾巴续”，并归纳出八种接续方式：人事因果顶针续麻（顺续）、移花接木金钩倒挂（逆续）、节外生枝梅花斜插（截续）、互为连理蔓延生发（连续）、旧瓶新酒承上启下（套续）、羊头狗肉反向变化（反续）、借地生金老藤新瓜（活续）、形同实异并蒂之花（类续）。虽然很生动形象，但因为有的是就形式而言，有的显然是针对内容的，难免互有交集。对红楼续书，他用到三种，一是顺续，将《海续红楼梦》归为头尾相接的“顺续”类，因为它写宝玉投胎托生为宝钗的儿子贾茂，是顺着原书宝钗怀孕接写的；二是截续，也叫抽续，乃截取原书中的一节、一人、一事，抽出来加以延伸发展，所谓的老树新干，《红楼梦补》是从原书九十七回接起的，属于此类；三是反续，红楼续书中的“翻案之作”归于此，如《红楼圆梦》，压宝钗袭人，提黛玉晴雯；《红楼外传》大贬宝玉黛玉，为丫鬟们鸣不平。这样归类，看起来似乎很合于他的区分标准，但实际上，这个区分标准并不可行。如《红楼梦补》，按他说属于截续，这是就接续起点选择在第九十七回而言的，属形式方面，但就内容而言，它写黛玉还魂再生，与宝玉终成眷属，内容上也属“翻案文章”，变悲剧为大团圆，又可称其为“反续”。再如，《红楼圆梦》虽是翻案之作，但接续的是贾政葬母北还之后的故事，时间和空间上都是接着前书一百二十回结尾处顺接的，按头尾相接为顺续之说，也可以说它是“顺续”。可见，李氏的这种分类方法也有缺陷。

高玉海的续书研究，范围包括明清小说，他不强做续书归类的功夫，而是着意于续书与原著联系的根本处，研究续书的接续方式，将接续方式分为“顺续”、“截续”、“转世”、“后代”、“借续”五种形式。前两类取的是接续点，属形式方面的，而后三类又是就续书内容讲的。这便也存在同时以形式和内容作分的问题。如“顺续”指的是从一百二十回的结尾叙起，继续描写贾宝玉出家之后所经历的种种事件。《绮楼重梦》是接自百二十回的结尾处的，按此当属顺续类。小说写宝玉被僧道勾引走后，不耐寂寞，去青埂峰携了绛珠仙草同上太虚幻境，求准投胎，续成再生缘。故事以小钰为主角，据此它又属于“后代”类了。可见，这种分法也不严密。

4. 续书因由的探寻

涉及续书理论探讨的研究者，都很重视对续书成因的探讨，比较有代表性的是，李忠昌和高玉海的研究。

李忠昌曾重点谈到四个续书原因：心理原因——满足需求为世人；政治原因——应诏受托别有心；时代原因——随形就势赋新魂；道德原因——扬善惩恶费精神。他在其《古代小说续书漫话》中，除以上各方面，还从理论、审美、名利等入手探讨过。

高玉海力求转换思路，从续书创作的整个流程去分析它产生的原因，认为最根本的因素是由于原著的影响，诸如名著尾声的余韵悠然、原著的悲剧魅力、原著人物形象性格的复杂性等；其次是续书作者的创作动机，即如发愤续书表达己见，借重名著的声誉，政治劝戒的目的；再就是续书读者的接受心理，包括大团圆心理、轮回果报观念、读者期盼心理等。

相较于以上理论性颇强的续书理论和续书方法的研究，对续书文本的解读，就没有那么用心踏实，常有东家食西家宿的念头在：一方面是研究者论及续书，不得不发表对它们的评论；另一方面有些研究者又不大能看上续书，不肯下深入解读文本的功夫。于是，除有限的文化解读和社会学的解读之外，对续书的审美探讨远远不够。

郭豫适在《红楼研究小史稿》中曾对裕瑞的《枣窗闲笔》作了专节评介，指出这部《红楼梦》研究史上首部专论续书的著作，“暴露各种续书的荒唐恶劣，正从反面反衬出曹雪芹《红楼梦》之高不可及，这也是裕瑞对曹雪芹《红楼梦》的一种特殊的评论方式罢”。这段话有一个不言而喻的立场，那就是批评者的经典意识。当然，即是红楼续书，以《红楼梦》作为比照对象是天经地义的，但这种合理性之下，便是对续书作为一般小说创作应有的个性化的忽视甚或不能容忍。这几乎是所有红楼续书研究者共同持有的立场。关于如何对待非经典之作，是另一个需要探讨的话题，此不申论。梁归智于 1989 年曾发表《〈红楼梦〉续书及佚稿研究概论》一文，评价了后四十回之后涉及“续书之续书”问题，他严肃地指出：“这些续书无论思想、艺术、文字都十分低劣，基本上不能算是艺术品，只是一些不入流的通俗小说，早已被历史淘汰了，这些东西作为一种历史、思想资料也许有一些意义，作为文学艺术根本不值一提”①，这里不仅认为续书远不及前书，竟判它们连末流通俗小说也不如了。今天看来，这种评价值得讨论。我们之所以在此提及，旨在说明，正是因为这种经典立场，使续书文本的研究未能得到应有的重视。既然续写红楼的现象在小说史上不容忽视，其续书数量最多，流传波及海外，还被改编成了其他的艺术形式，我们应该也可以这样说：续书应该有其一席之地的。有了它们的加入，我们的小说研究才够称得上全面。

续书研究中，另一个需要警惕的现象是，总有奉前人之评为至理者，喜作一言以蔽之的泛化批评。他们眼中多有结论，有时显然未曾真正目验小说；对前人的批评进行必要的再认识，也做得不到位。譬如研究者非常钟情鲁迅的这段议论，在杂文《论睁了眼看》中，鲁迅曾批道：

> 后来或续或改，非借尸还魂，即冥中另配，必令“生旦当场团圆”，才肯放手

---

① 梁归智：《〈红楼梦〉续书及佚稿研究概论》，《山西大学学报》（社科版）1989 年第 3 期。

者，乃是自欺欺人的瘾太大，所以看了小小骗局，还不甘心，定须闲眼胡说一通而后快。赫克尔(E. Haeckel）说过：人和人之差，有时比类人猿和原人之差还远。我们将《红楼梦》的续作者和原作者一比较，就会承认这话大概是确实的。

此处鲁迅意在揭示续书“团圆结局”背后隐藏的盲目乐观、不肯直面现实的传统文化心态。这是从社会心理角度对《红楼梦》续书的批评，未及顾念小说创作的其他因素。但却被不少从文艺批评角度评价续书的研究者，引以为经，视为标签，贴于所有续书身上，成为打它们入底舱的说辞。这样只重评语不看文本，本末倒置的做法，是文本解读的大敌。也正因如此，文本解读尚留有足够多的探讨空间。

回到郭豫适的那段话上，它告诉我们这样一个事实，那就是续书一经问世就成为批评对象了。裕瑞对时已行世的包括后四十回在内的七部续书进行过研究。他从小说立意、人物描写到情节、语言都看不上续书。他不满《后红楼梦》的无稽添加，认为黛玉性格的描写有悖情理，即如写黛玉先“过于恬退则又失于无情”“复撰出误闻宝玉被执，即服毒以殉之”之类；批评《续红楼梦》“荒唐不经，有失前书意旨”；指认《海续红楼梦》是“禄蠹”之作，称《红楼圆梦》“乖谬”；评《绮楼重梦》“若非不自量，妄傍红楼门户，尚可从小说中《肉蒲团》、《灯草和尚》等书之未”，厌恶之情溢于言表；批评《红楼复梦》“写闺阁嘻唤戏谑，亦欲仿前书，惟口角过于俗亵市井之谈，有乖雅趣，竟使许多贫嘴恶舌，出于钗黛，唐突西子矣”。这些，虽非长论，但因为切中要害，对后来的研究有相当的启发。又因为这些论断自有其局限和偏见，并且，各续书之间的关系也不曾勾连、比较。我们在引用中，若不加辨析地取只言片语以定断，无异于舍本逐末。我们不应以经典名著之强光来遮蔽续书之微光，也不当以前人之论替代我们自己的判断。不然，200 来年的文艺批评的发展岂不白费了。进化论的观点不一定运用在哪里都正确，但科学、艺术的研究确是在进步的，批评方法的多样化有利于文学的发展，当毋庸置疑。

三、留下的空间

识别、发现续书并对之作出评价，是一直以来红楼续书研究的侧重点。因为挖掘、发现续书是研究的前提，而且这个基础性的工作又是持久的，必定还将继续下去。然而，从众多的小说中辨别续书固然重要，而在同为续书的作品中进行艺术的比较才是根本，更为必要。因为发现不是目的，把续书挑出来，为的是更好地研究《红楼梦》的影响和续书本身的文学技巧，客观地考察其得失，作出公正的评价，可以为今后续书的创作乃至整个小说的创作，提供正反两方面的借鉴。

上节在介绍续书研究的著述内容时，对他们重要的论述做了基本的推介与评说，评价未必正确、得当，但续书研究中明显的不足与缺失，是确实存在的。虽说关注续书现象，展开批评，也已经历了几代人的努力，但是，就本人对前人著述的回顾与总结来看，关于续书概念的厘清差强人意，而在续书类型的划分和接续方式、方法的研究方面，却空缺较大。如接续要求、接续逻辑、接续期待甚至接续策略方面，少有涉及，遑论系统的研究了。在文学批评方面，论著涉及的基本是模式分析类的，关乎情节人物的也是介绍性文字大大多于分析研究的，文本解读尚显粗糙、泛泛，且颇多偏见存焉。当然，续书多是形式追随内容，致使它失去了很多原书营造的艺术效果。原本那种形式和内容对立后制造出来的艺术上的效果，如咏叹宝玉的《西江月》以不肖子定品介绍他，这与小说中对他异于常人的言行与心理所作的深度描写，恰成真假、虚实之反相。毋庸讳饰，这种妙笔，任何一部红楼续书都未能继承一二。但续书不及原书，未必不如其他通俗小说。用对待非经典小说的平常心审视它，也还是可见其所长的。就现有研究成果看，不仅文本细读的功夫不够，即便受到重视的考证及理论建设，也尚有未到处。譬如：续书作者的考证，由于主客观条件的限制，还有很多问题有待解决。《后红楼梦》的作者还在争论中，或认为是常州人钱维乔抑或其侄钱中锡的；或以为是钱氏之外甥吕叔讷，也可能另有他人。作《续红楼梦新编》的海圃主人是谁，尚不知晓；写《红楼圆梦》的梦梦先生，又名长白临鹤山人，真实姓名不著，生平不详；现也只知《补红楼梦》的作者嫏嬛山樵，姓魏，其他空白。

续书的发现挖掘工作，更需留心，有文献记录，存目而不见者，颇多，还有昙花一现又隐身的，如铁峰夫人的《红楼觉梦》。① 更有未及付梓者，如《红楼梦醒》。据解盦居士《悟石轩石头记集评》卷下记："祥符刘鹤仙茂才承彦有《红楼梦醒》六十四卷，继其父祖而作，历三世而成其书，其大意亦翻前书案也，惜未付剞劂，而鹤仙已赴玉楼。"如留心，或有缘发现。

再就是对现有统计、记录有误的，当留心纠正。不仅一般人的统计，即如进行过古小说钩沉的鲁迅，其《中国小说史略》也出现不少疏漏，比如他所列的几种续书中，既有《续红楼梦》，又有《鬼红楼》。事实上，秦子忱的《续红楼梦》，由于人鬼混杂，被称为"鬼红楼"，实为一部书之别称；近时期，在搜寻续书并加以分类整理方面成果最丰的赵建忠，其续书的考辨，因主客观的原因，存有一些错失②，特别是引见书目类，所引文献本就情况不明，所记的书名再无旁证，更加难以核查。有鉴于此，对于续书的挖掘、辨识，有心用力之外，对文献所及的版本及作者，情况不明的需要追索，来源不实的需要查对，众说不一的需要考辨，真伪不确的需要考证。这些都将是必不可少的基础工作。

四、方法与目标

对早期续书进行彻底细致的内容分析，可以得到大量的有价值的东西，其中一些观念、情感及价值观，虽然产生在那个过去了很久的时代，而于今日，仍然具有其持久的意义。

---

① 参见赵建忠：《红学管窥》的第十章"新发现的铁峰夫人续书《红楼觉梦》及张船山有关资料叙录"，吉林人民出版社 2001 年版。

② 参见拙作：《清末民初关涉〈红楼梦〉之小说要述》，《红楼梦学刊》2010 年第 4 辑。

如果为续书研究列一份文学样本的研究清单的话，这份清单不应局限于列举各部书的主题和从序跋中看到的续书目的，或者满足于对续书的接续方式的类型化归纳，以及从作者自序或他序中找到他们对前书《红楼梦》的评价上，也不应格式化地从他们对黛玉和宝钗所持的态度，断它为所谓的《红楼梦》的评论集就了事了，还应特别关注他们的情感模式，而且这情感模式，不能只满足于用大团圆结局区别于悲剧结局这么简单。

实现对续书的文学批评，首先应摒弃我们的唯经典心态，重视大众阅读。认为这些续书无论思想、艺术都乏善可陈因而不屑一顾的态度需要修正。在小说生态园中，真正的经典毕竟少之又少，就总量而言，读者平日所见绝大多数还是非经典之作，所以无视它们是办不到的，除非取消小说阅读。既然绝大多数是一般作品，我们便得正视它们。以这种平心静气的态度对待红楼续书，是读者更是研究者当持的态度，哪怕某些续作只勉强达到望经典项背的创作水准。我以为，对待续书的态度，最可取的当是用对待经典的态度对待它，而不用对待经典的要求去衡量它。如此包容之下，在看到续书效颦之丑陋的同时，亦能从中发现一些妩媚动人之处了。

对《红楼梦》的批评，于小说问世的同时就开始了，伴随着历史兴味的解读，或欣赏把玩，或作文学的批评，或在言、白之争时以之做话题。在在昭示着，它们总在人们的视野之内，且历久弥新。在近代学术的观照下，研究者往往采用的是当时最前沿的批评方法和视角，这其实正是它的经典之路。

红楼批评中，对它意境的品评贯穿始终。旧批评语境下的《红楼梦》评论，随着小说观念的转变，已经开始逐渐重视创作哲理意境的考察了。在明清两代，小说观念已实现了自觉，历代人多喜好假史以尊体，而到了明代，人们已分清了两者的不同，所谓“史书、小说有不同者，无足怪也”①。这就意味着小说创作的真实和虚构问题已经被提出并重视了起来。“真假”、“虚实”、“奇幻”等范畴被谢肇淛等在不断地提及。如，谢氏以为“凡为小说及杂剧戏文，须要虚实相半方为游戏三昧之笔。亦要情景造极而止，不必问其有无也”②。在历代对《红楼梦》的评说中，能够暗合孙吴的评论，时有所现。如二知道人在《红楼梦说梦》中曾说道：“雪芹先生为公子风流者写照，其盲左、班、马之书，实事传神也；雪芹之书，虚事传神也，然其意中，自有实事。”③ 实践证明，只要细读文本，对雪芹笔意、文巧的发现，还可有许多。即如哈斯宝在《新译红楼梦》的第十回回评中指出：“文章之妙在于事先料不到它的变化反复，事出突然而又合理……后来突然转折，无意中生变，而且变得端端在理，这是何等之奇。”④ 这些都还是旧小说时期的传统批评。到了近现代，随着西方文艺思想的传入，王国维将哲学的思想，将比较分析的方法，引入《红楼梦》评论，而以胡适为代表的历史考证和以俞平伯为代表的文学考证，更是影响深远。之后，语言学的、叙述学的、社会学的 、新批

① 焦大林：《新刊大宋演义中兴英烈传·序》。

② 《五杂俎）卷十五《事部三》。

③ 《红楼梦说梦》，见一粟《红楼梦卷》，中华书局1963年版，第83~84页。

④ 朱一玄：《红楼梦资料汇编》，南开大学出版社2001年版，第784页。

评的方法纷纷被用来解读《红楼梦》。鉴于此，评论续书，显然没能拿出这样的爱心和学识来。例如，同样是真假、虚实问题，在红楼续书这里，常用的是荒诞、乖谬、有悖情理作为断语。即便续作出现硬写的情况了，我们也不应完全无视其创作的主体性。一二百年前的旧批评，使用的责难断语，今天的我们具备了更深邃的眼光，积累了更多的批评方法，对前人之议，需当加以分辨，有选择地学习吸收。令人不能原谅的是，一些批评者，根本没有阅读过续书，连讲的故事梗概都是抄来的，别人概括的如何，不去比照，连对错怕都不知道。这样对付的，就不是红楼续书的研究，而是学术了。

毋庸讳言，要求读者也如咀红楼英华一般地去阅读红楼续书，确实不太现实。但作为续书的研究者，借鉴这样的方式、方法，拿出些耐心来仔细研读文本；在观点、见解、资料、论证、角度、方法上力图有所创新，还是很有意义的。

那么有了这种啃酸果的精神，如何啃法，还当拿出可行的理论与方法来。为了研究的科学与创新，笔者曾对该当使用的方法做过一些悬想，诸如采用社会批评的方法，通过作家生平和遭际来分析作品内涵，结合时代精神来考察作品风格。即如对吴趼人《新石头记》的批评，当联系彼时社会变革期及小说界革命的现实；因心里记着“因内而符外”的名言，面对被公认为红楼续书中最荒淫的《绮楼重梦》时，着意于对作者王兰沚生平和其作品的搜求与考察，力图借助主体批评更好地解读它；每每联想到《蔡义江点评红楼梦》和《瓜饭楼重校评批〈红楼梦〉》，就设想自己也学这“开后人文心”的法子，对红楼的某部续书进行向导性批评……然而，从对作品的个案解读到对整个续书主体的综合比较，笔者越来越清醒地认识到：品评续书的高下，指出其同异，固然重要，但要避免以往批评中的体大而虚周之弊，就得在批评方法上有所突破与创新。就创作主体性而言，续书是在遵守与发展上找平衡的，它向哪个方向发展了，那样续写了，是它的选择，合理与否固然需评判，读者的接受也当视为参照。“文化自我”，我们有，续作者一样也有，须当理智地加以认知和沟通。总之，探究其审美特点，实现其理论的延续性，应是我们努力的目标。

有鉴于此，我们应当从创作论的角度，关注红楼续书的作家与作品、内容和形式、文学与现实之间的关系，分析续书的艺术构思及其风格与个性，探索续书与原著、续书与续书之间的因循与超越，研究续书的接续方式和接续手法等小说艺术手法等，注重续书与原书，续书与续书之间，多层次的对话关系，力争从叙事学中找到几个支点，以求在续书研究的学理层面上有所突破；在续书个案的分析中，更当以超越旧式小说批评的思想、情节、人物、风格、语言等批评套路为奋斗目标。

| **本文作者：中国红楼梦学会常务理事、副秘书长，中国艺术研究院红楼梦研究所编审**

文字错讹与杨译《红楼梦》底本考辨：饮食医药篇

李 晶

《红楼梦》中的饮食文化素来为人称道。后人据书中描述，多少年前即已研制出“红楼宴”，开发出了“红楼菜系”。但不同版本中的菜品，从原料到做法都存在不少差异，这一点却极少为人提及。细味不同底本之间的差别，不难发现，某些细节中存在与生活常识或传统文化相悖的错讹。而这些错讹的存在，反映出的正是版本流变过程中，各底本不同的修改、整理者与原作者在文化体认与生活基础上的差异。譬如“茄鲞”，本为贾府综合应季鲜蔬与各色干果调制出的一味小菜，是在具体生活基础上的铺陈与渲染，反映的是高楼朱户日常生活的精致与情趣，并不脱离现实；而为后人误改之后，不独行文粗糙，风味大减，而且稍具菜蔬常识的读者即可觉出其不切实际、难以操作的问题。

一饮一啄，莫非文化，寸丝寸缕，皆为人情。不同版本中出现的种种错讹，对于原作者精心雕琢出的艺术世界都是严重的伤害。普通中文读者面对此类问题时，或者习焉不察，或者困惑不解；而译者在翻译过程中，面对这些棘手的问题，更容易误入歧途而不自知。恰恰是在这个问题上，凸显出了杨宪益、戴乃迭英译《红楼梦》的文化价值——他们的译本，建立在对底本多处错讹加以修订的基础之上，对于中国传统文化内容，进行了忠实、准确的传达，虽不完美，却是特殊社会历史背景下难能可贵的成果，对于古典文学的翻译研究具有独到的意义。

笔者此前曾撰文阐述，杨译前八十回的底本是以有正本为框架，大量参考庚辰本加以补订，披沙拣金，查漏补缺，结合二者之长而成。① 底本的选择，并非完全是杨宪益、戴乃迭两位译者主体性的体现，而是在特殊社会背景下外部因素与内部因素综合的一个成果。② 译者对于底本作出的种种校勘、修补工作之中，除了补足第一底本的残阙之外，最需斟酌与打磨、工作量最大的，是对涉及文史典故、诗词书画、饮食医药等文化内容的错讹进行的修订。当今学人研究中指出的杨译中偶或出现的所谓“误译”，往往是由于研究者所取《红楼梦》版本与杨译底本不同而出现的问题。而对不同底本文字的考辨，恰恰是研究杨译底本真实状况的路径，许多细节的参差，也正是解开杨译底本之谜的钥匙。经过不同底本与英译文字的系统对校，不难看出，杨译在文化内容方面是高度忠实于原著文字的，如果勉强说译者工作有哪

① 参见拙文《杨宪益、戴乃迭的〈红楼梦〉英译本底本研究初探》，《红楼梦学刊》2012年第1辑；《底本歧异与杨译〈红楼梦〉的得失之探》，《红楼梦学刊》2013年第2辑。

② 参见拙文《外部环境对杨译〈红楼梦〉底本选择的影响》，《红楼梦学刊》2012年第6辑。

些不足之处，那么只能说，他们在翻译过程中的校勘与修改还未臻完美，留下了一些遗憾。但这一层面的工作内容，实非译者所应承当的职责；考虑到杨宪益、戴乃迭在20世纪60年代所处的具体社会历史环境及其在翻译过程中面对的种种制约，他们主动为之的这部分工作更加难能可贵，称得上是对于《红楼梦》对外传播过程中的独特贡献。勘误与翻译中的种种细节，体现的是译者的修养与学识，更是他们对传统中国文化的尊重与责任。笔者拟陆续从几个角度出发，以具体的中英文文本细读对比为据，阐明这一史实。本文先从饮食医药问题说起。

《红楼梦》中善写汤，最著名的是宝玉挨打之后巴巴的想要喝的“小荷叶儿、小莲蓬儿”的莲叶羹，其余还有宝玉大病初愈之后厨房送来的火腿鲜笋汤、凤姐孝敬贾母的野鸡崽子汤等等。而最早出场的一味好汤，是第八回中薛姨妈招待宝玉、黛玉的酸笋鸡皮汤。鸡皮入汤，取其清鲜，与酸笋相配，恰好发汗开胃，正适合宝玉饮酒之后来喝。但在有正本中，“鸡皮”被改作了“鸭皮”，未免有些说不过去。

略有烹调经验的人都知道，鸭子虽然营养丰富，属于温补之物，宜与笋干、香菇等食材一起煲汤，但那是整鸭入锅，饮食讲究者还要在出锅之前将油脂撇掉，以防太腻。鸭子皮下脂肪丰富，油脂主要集中在皮肉之间，“鸭皮”即近于纯油脂。况且鸡皮柔脆，入锅成球，浮于汤面，团团可观，鸭皮一煮即烂，不堪奉席。薛家世代皇商，其时又依附贾府居住，饮食用度未必如贾府讲究，相去亦不应太远。招待少年的解酒汤，况且客人又是贾母百般呵护的宝黛二人，岂有以“鸭皮”为料之理。此处错讹殊不可解。如系后人妄改，证明改笔作者于饮食一道认识极为有限；如为传抄过程中的笔误，也已构成对原著饮食文化的破坏。

另外，贾府的饮食惯例，粥算一种点心。病人饮食懒进，可吃各样细粥调理；胃口不佳不想吃饭时，可作垫补；或是长夜晚睡，需要吃些夜宵疗饥，也可吃粥。但有一点，粥通常不与汤一起搭配，原著中有例为证——第四十三回中，贾母赞许了凤姐送的野鸡崽子汤之后，要求“炸上几块，咸津津的，吃粥有味儿”，因为“那汤虽好，就只不对稀饭”。而与汤能够对得上的，是米饭。以汤泡饭，更是小说中实写过的芳官、宝玉的吃法，反映的是江浙沪一带至今常见的“泡饭”之风，只不过贾府的泡饭是豪华版而已。第八回中有正本改笔还有一点不妥之处，即在于有汤无饭，让宝玉喝汤吃粥，不太合理。庚辰本中无此差错：

> 作酸笋鸭皮汤，宝玉痛喝了两碗，吃了半碗碧粳粥。(有正)①
>
> 作酸笋鸡皮汤，宝玉（痛）喝了两碗，吃了半碗饭和些碧粳粥。(庚辰)②
>
> Then Pao-yu had two bowls of soup made from pickled bamboo-shoots and duck-skin and

---

① 曹雪芹:《戚蓼生序本石头记》，人民文学出版社影印四卷本，2006年10月北京第1版。本文所引《红楼梦》有正本原文，均据此版，随文标明回次，不另作注。

② 曹雪芹:《脂砚斋重评石头记》庚辰本（“红楼梦古抄本丛刊”），人民文学出版社影印四卷本，2010年1月北京第1版。本文所引《红楼梦》庚辰本原文，均据此版，随文标明回次，不另作注。

half a bowl of green - rice porridge. (杨译)①

可惜的是，此处杨译是据有正本翻译，未能根据庚辰本改动。到了后面的章节中，牵涉饮食方面的错讹之处，杨译基本都注意到了，也根据庚辰本对英文作了调整。譬如第六十二回中，宝玉生辰，举家吃长寿面；芳官吃不惯面条，柳家的为巴结芳官而给她单独准备了一餐，两种底本此处的文字也有不同：

一碗虾丸鸡皮汤，又是一碗酒酿清蒸鸭子，一碟腌肉，又一碟腌的脂鹅脯。（有正）

一碗虾米丸子鸡皮汤，又是一碗黄酒香芫清蒸鸭子，一碟腌的胭脂鹅脯。（庚辰）

有正本中此处的鸡皮汤未出现第八回中的错误，清蒸鸭的做法与庚辰本中基本一致，不过是配料略有不同；但“胭脂鹅脯”漏掉一字，表现鹅脯腌制完成后漂亮色泽的“胭脂”，变成了只能表示“油脂”之意的“脂”字。此外，莫名其妙地又多出一碟腌肉来。芳官不过是十几岁的小姑娘，一餐之中备足鸡汤、蒸鸭与腌鹅，已经够丰盛了，与一大碗绿畦香稻梗米饭、四个卷酥搭配，也足够分量，很不必再加一碟肉来。此处可知为有正本中的妄添，并非曹雪芹笔墨。杨译应该是参考了庚辰本，删掉了这一碟毫无必要的腌肉：

...one bowl of chicken-skin soup with shrimp balls, one bowl of steamed duck with wine sauce, one of salted goose...

如前文所述，第四十一回中出现的茄鲞，是有正本与庚辰本在饮食内容方面歧异最为明显的一处。贾府中这一味精致的茄子菜，在两种底本中名目就有所不同，有正本中称为“茄胙”，而庚辰本中称作“茄鲞”。这道菜首次出现在小说中的文字如下：

薛姨妈又命凤姐拣了菜。贾母笑道：“你把茄胙拣些喂他。”（有正）

薛姨妈又命凤姐布了菜来。凤姐儿笑道：“姥姥要吃什么？说出名儿来，我搛了喂你。”刘姥姥道：“我知道什么名儿，样样都是好的。”贾母笑道：“你把茄鲞搛些喂他。”（庚辰）

Aunt Hsueh urged Hsi-feng to give her some food with the wine.

“What would you like, granny?” Hsi-feng asked. “Just name it and I'll feed you

---

① *A Dream of Red Mansions*, Vol. 1 - 3, by Tsao Hsueh-chin and Kao Ngo, translated by Yang Hsien-yi and Gladys Yang, Foreign Languages Press, Peking, 1978 (V. 1, V. 2), 1980 (V. 3). 本文引用的“杨译”，除特殊说明之处，均据此三卷初版本，随文标明回次，不另作注。

some."

"How can I tell what these dishes are?" said Granny Liu. "They all look good to me."

"Give her some fried egg-plant," proposed the Lady Dowager with a smile.（杨译）

庚辰本中凤姐与刘姥姥的逗趣，一问一答，流畅自然。凤姐是凑趣取笑，明知故问；刘姥姥是心领神会，自动配合，逢迎中透着庄户人家的谦卑与幽默。贾母适时的吩咐插入二人对话中，带着为刘姥姥解围的意味，是大家族中蔼然长者应有的身份礼数。这段对话在有正本中夺落无存，贾母的吩咐就有些不自然。“拣菜”用在此处，也远不如“布菜”与“搛菜”准确。然而最值得注意的，是这道茄子菜的名目与下文中提及的做法。此处杨译根据庚辰本，凤姐与刘姥姥的对话内容完整保留，“茄鲞”简洁地译为 fried egg-plant，炸茄子。对照下文的做法，可知 fried 一词，对应的确实是庚辰本的文字，是“茄鲞”，而不是“茄胙”。

你把四五月里的新茄包儿摘下来，把皮和瓤子去尽，只要净肉，切成头发细的丝儿，晒干了，拿一只肥母鸡靠出老汤来，把这茄子丝上蒸笼，蒸的鸡汤入了味，再拿出来晒干。如此九蒸九晒，必定晒脆了，盛在磁罐子里封严了。（有正）

你把才下来的茄子把皮鑯了，只要净肉，切成碎钉子，用鸡油炸了，再用鸡脯子肉并香菌、新笋、蘑菇、五香腐干各色干果子，俱切成丁子，用鸡汤煨干，将香油一收，外加糟油一拌，盛在磁罐子里封严。（庚辰）

茄子是我国常见的夏秋季蔬果，不像果子狸、鸡髓笋、椒油莼齑酱等贾府名菜一样，原料珍贵难得。但对普通食材的精工细作，正是大家庖厨逞才显技的一个重要方面。小说中写饮食，与衣饰、园林、医药相类，原在虚实之间，有真实的生活基础，但也存在一些艺术上的想象与夸张，这是文学家天然的权利，读者不必计较是否百分百真实。不过，即便是想象与夸张，也应建立在一定的现实基础之上，不应过于离奇。庚辰本中的茄鲞，虽然极言制作过程的精细与配料的繁多，但不悖常理。初夏新摘的嫩茄子，皮薄味甜，确是时令鲜肴。切丁微炸，是为了让茄子保持一定的形状，不至于入汤煮烂。下文中与各色干果切成的碎丁儿掺在一起，鸡汤煨炖，其中的香菌、蘑菇、豆腐干等均是炖煮中吸收水分的能手，茄丁与这些配料煨在一起，不仅能够取其香气，还能保证不至于被汤水炖烂。收干之后，香油收、糟油拌，入磁罐密封，显然是作为凉菜食用。

《红楼梦》中的菜肴多江南风味，糟制食品是其中一大类。第八回中，宝玉提及东府中珍大嫂子“糟的好鹅掌鸭信”，薛姨妈即时取出自家的糟菜请他品尝。此处出现茄鲞，又是糟油加工的食品。而糟制食品，正是江南潮湿闷热季节，人们胃口不开时的下饭佳肴。新笋、香菌俱为江浙一带春夏时令菜品，五香豆腐干更是南京特色。一道茄鲞，反映的是小说作者的家乡风物。乡思旧梦，往昔繁华，俱在匙箸之间。而有正本中的茄子做法，则令人不太敢恭维。各种精致配料俱不见之外，四五月间的新茄包儿本来柔嫩，又切成头发细的细丝，即便是晒干之后，以鸡汤经大火蒸至入味，即足以蒸得茄丝烂化在汤里，不可能再“拿出来晒干”，何况再去“九蒸九晒”。茄子不是豆角、葫芦或笋，更不是中药材，是禁不住如此反复蒸煮的。“必定晒脆了”只能是一厢情愿的想象，脱离实际太远。《红楼梦》中的点心、菜肴、汤饭备极精细，断不会出现如此离奇的菜谱。此段文字为后人改笔无疑。而此处的杨译，是对庚辰本文字的忠实翻译。“茄鲞”仍是可以实际操作的江南佳品：

> Pick some early egg-plant and peel it, keeping only the best part, which must be cut into small pieces and fried with chicken fat. Then get some chicken breast, fresh mushrooms, bamboo shoots, dried mushrooms, spiced dried beancurd and various kinds of preserved fruit. Dice these too and boil them with the egg-plant in chicken soup, then add sesame oil and pickles and store it in a tightly-sealed porcelain jar.

《红楼梦》的英文全译本，迄今为止，共有三种，其中邦斯尔神父的译本未经出版成书，迟至2004年，才以在线浏览的形式发布电子版，关注者较少，在学界的影响也有限①；霍克思、闵福德合译的五卷本，一般称为“霍译”，却是流传已广，也因其语言的活泼畅达、人物的描摹传神而备受赞誉。从底本的角度来讲，霍译也并非拘泥于一种底本，而是以程本为第一底本，加上译者参考其他多种资料进行修订而来。② 在饮食文化的传达方面，与杨译相似，也体现出译者对传统中国社会生活的深入考察与了解，同时也存在一些瑕疵。前面所举的两处“鸡皮”汤之例，霍译均无误，但在“茄鲞”与“茄胙”的问题上，霍译却出现偏差，选取了与杨译截然相反的内容：

> You pick the aubergines in the fourth or fifth month when they're just ripe, skin them, remove the pulp and pips and cut into thread-fine strips which you dry in the sun. Then you take the stock from one whole fat boiling – fowl, put the dried aubergine-strips into a steamer and steam them over the chicken stock until it's nearly all boiled away. Then you take them out and dry them in the sun again. You do that, steaming and drying, steaming and drying by

---

① 王金波，王燕：《被忽视的第一个〈红楼梦〉120回英文全译本——邦斯尔神父《红楼梦》英译文简介》，见《红楼梦学刊》2010年第2辑。

② 霍译第一卷前言中对此有详细说明：In translating this novel I have felt unable to stick faithfully to any single text. I have mainly followed Gao E's version of the first chapter as being more consistent, though less interesting, than the other ones; but I have frequently followed a manuscript reading in subsequent chapters, and in a few, rare instances I have made small emendations of my own.（我感觉翻译这部小说时不能单纯地完全依从任何一种版本。第一章的内容，我主要是根据高鹗的版本来翻译，因为较之于其他各个版本，这一版的内容更为连贯一致，虽然不那么有趣；但在后面各章中，我常常参照一种手稿的材料，某些地方还根据自己的理解做出了一些细小的修改。——本文作者译）见 *The Story of the Stone*, Vol. 1, by Cao Xueqin, translated by David Hawkes, Penguin Books, 1973, p. 45—46.

turns, altogether nine times. And it has to be dried until it's quite brittle.①

Aubergine是英式英文对“茄子”的另一种译名，并无问题；这一段文字译得生动流畅，节奏感把握得恰到好处，唯一的问题只在于：它是对有正本文字逐字逐句的翻译，传达的是一个基本不可能实现的“茄胙”。译者的心血达到这样一个效果，令人读之叹息。更令人叹息的是，这样的遗憾，在霍译中还不止一处。

俗谚云，医食同源。《红楼梦》中写食材菜式，一般总会注意到菜品的药用功效，因人配菜，不会让人物乱吃。如贾母的早饭中有“牛乳蒸羊羔”，大补之物，绝不会给宝玉及一干姊妹吃。凤姐病中或操劳过甚时，摒弃饮宴，只吃燕窝粥配几样精致小菜，既符合传统食疗中清淡养身，以燕窝补养调理的观念，也体现出当家少奶奶的清贵与气派。而探春与宝钗偶尔商议着吃点新鲜菜蔬，订的是“油盐炒枸杞芽儿”。枸杞的药用效果恰在清热理气兼补血，正是适合少女食用的时令佳品。这一味鲜蔬出现在第六十一回，有正本与庚辰本均无误，都是“枸杞芽儿”，杨译也是对底本文字的准确翻译：fried wolfberry sprouts；而霍译中的这一菜肴，却成了a dish of salted bean-sprouts②，盐渍豆芽。翻遍全书，探春与宝钗的口味都不至此；无疑是译者为底本错讹所误而已。

第四十二回中，还出现了一类贾府特别喜爱的食品：各色菜干子。平儿打点送刘姥姥的各色礼物，刘姥姥千恩万谢。平儿笑称不必如此，“我还和你要东西呢。”而平儿开口索要的礼品，在贾府虽为难得，却不贵重，恰恰是刘姥姥可以办到的：

> 到年下，你只把你们晒的那菜（根）干子和豇豆、扁豆、茄子、葫芦条儿各样干菜带些来就是了。我们这里上上下下都爱吃这些个。别的一概不要。别枉费了心。

这是庚辰本中的文字。各样干菜的名称娓娓道来，可见是贾府素习常备常用之物，平儿作为当家者凤姐的首席助手，常应凤姐之命，吩咐厨房如何准备菜肴，对这些熟悉至极。“上上下下都爱吃”，说明是贾府风习。春夏食鲜蔬，秋冬难得新鲜蔬菜，即用各样干菜代替，保证膳食纤维与各种微量元素的摄入，正是大家养生之道。此处文字，有正本也与庚辰本略有不同：

> 到年下，你只把你们晒的那灰条菜干子和豇豆、葫芦条儿各样菜干带些来。我们这里上上下下都爱吃。这个就算了，别的一概不要。别枉费心。

灰条菜又名“灰灰菜”、“灰菜”，富含多种维生素与粗纤维，是于健康非常有益的一种野

---

① *The Story of the Stone*, Vol. 2, by Cao Xueqin, translated by David Hawkes, Penguin Books, 1977, p. 306—307.

② *The Story of the Stone*, Vol. 3, by Cao Xueqin, translated by David Hawkes, Penguin Books, 1980, p. 171.

菜，但一般在春末夏初食用其幼苗及嫩茎，并非豇豆、扁豆等适宜晒干长期储存的菜品，出现在此处，不太合理。其余菜品的省略，更是饮食文化内容上的损失。此处杨译也是根据庚辰本补正过的，内容比较完整：

> Next New Year I want you to bring us some your dried vegetables—cabbage, string-beans, lentil, egg - plant and gourds. All of us here, high and low, enjoy such things. That'll be quite enough, don't trouble to bring anything else.

第五十三回中，“各色干菜”再次出现。这一次，是出现在宁国府过年之前收到的乌进孝庄主送来的年例清单上。这张单子有几处内容，有正本与庚辰本都不一致：

> 鲟鳇鱼二十尾……榛杏桃松仁各二口袋……杂谷各五十斛……各色干果一车……洋鸭两对。（有正）
>
> 鲟鳇鱼二个……榛松桃杏穰各二口袋……杂色粱谷各五十斛……各色干菜一车……西洋鸭两对。（庚辰）

庚辰本中的“干菜”，有正本中写作“干果”，意义有别。“西洋鸭”与白兔、黑兔等同属于“外门下孝敬哥儿姐儿”的玩物，不同于前面所列的食品，有正本中漏一字，写成了“洋鸭”，更像食用鸭。至于各种果仁的名目，庚辰本中惯用“穰”字，小说中几次出现过，如第六十二中，黛玉在酒席上拈起一枚榛穰，芳官收到了四个松穰奶油卷酥，第七十六回中，贾母吃的是内造瓜仁油松穰的月饼。有正本改“穰”为“仁”，是对原作语言特色的一种削弱。“杂色粱谷”缩略为“杂谷”，意义相差还不大；但鲟鳇鱼的数量，两种底本相差太远，就比较引人注目了。

《辞海》与《红楼梦大辞典》中都可以查到，鲟鳇鱼又称“鳇”，体长两米至三米余。①如此巨型大鱼，如果像有正本中记述的那样，一次送来二十个，那么车子上别的什么都不装，也未必能承载得下这么多。何况此鱼非同寻常，要一次凑集二十个，即便是朝廷进贡也难办到，遑论贾府的一次年例。

邓云乡先生曾经征引乾嘉年间桐城人姚元之笔记《竹叶亭杂记》中的“吉林属每岁进贡方物”的单子，与乌庄头的单子来比照，考证《红楼梦》中涉及的东北历史物产情况。两份清单是同一历史时期、相同风俗背景的产物，可资对照。《竹叶亭杂记》中贡物的“明细单”，也包括野猪、野鹿、野鸡、各种鱼，狐皮、鹿皮、虎皮、豹皮等各种皮料，以及各色杂粮、干菜、果仁等。其中也有鲟鳇鱼，不过数量仅三尾而已。邓先生分析说：

---

① 《辞海》（缩印本），上海辞书出版社1979年版，第2020页。

> 人民文学出版社旧版《红楼梦》作“鲟鳇鱼二百个”，我过去曾说这个数字不合理，应该是“二个”。《竹叶亭杂记》中“吉林贡品单”列“鲟鳇鱼三尾”，这就更有力地证明“乌庄头账单”中的鲟鳇鱼的确是“二个”，万不能作“二百个”。①

邓文中提到的人文旧版即程乙本。“二百个”自然属于程乙本整理者对脂本多处妄改之一例，有正本中的“二十个”虽不至于荒唐如彼，数目也是明显有误的。庚辰本中的“二个”证实了邓文的判断。杨译此处的文字也是根据庚辰本而来，是“干菜”而非“干果”，鲟鳇鱼也确为“二个”，内容准确无误：

> ... two sturgeons ... two bags of hazel - nuts, pine - kernels, peach and apricot-kernels ... five hundred pecks each of other kinds of grain ... one cartload of sun - dried vegetable ... two brace of foreign ducks.

再看霍译本中的这张年例单子，“西洋鸭”的译文与杨译相同，“干菜”也无误，确实是 dried vegetables；但鲟鳇鱼的数量，出入就相当大了。此处的霍译，也是根据错讹的底本文字而来，未加修正。并且鲟鳇鱼的数量比有正本中更加夸张，与邓先生文字提到的人文旧版一致，是“万不能”凑到的“二百个”：Sturgeons200②。译者没有对底本处处修改的义务，何况霍译并未照本宣科地单纯遵从程乙本，也参照其他底本对原著进行了大量的修订，但此处应属底本所误，译本中毕竟留下了遗憾。两相比照，杨译的意义不言而喻。

饮食之外，直接与医药相关的内容，小说中也不少见。而这方面的文字，两种底本中的歧异及错讹也为数不少。译者对相关文字的勘别与翻译，更见功力。小说中的医药内容，既有根据人物形象与内容结构的需求进行的艺术创作，也有对于传统医学内容的现实写照。而译者对这部分内容的勘误与传达，更彰显了对传统文明的了解与体会。相较于其他译本而言，杨译《红楼梦》的内容也因此更为准确，更加具备了独特的价值。

第三回中，林黛玉刚进贾府，众人已注意到她身体虚弱，问及服用何药，黛玉回答吃的是人参养荣丸。贾母便说：“正好，我这里正配丸药呢，叫他们多配一味就是了。”后文中对这一丸药提及不多；较为引人关注、也更具隐喻特点，标识着人物性格特点的是宝钗特用的“冷香丸”。

“冷香丸”名称别致，用料也与普通药品不同。除了所谓“癞头和尚”给了作药引的“异香异气的”一包药末子之外，主要用料是春夏秋冬四时开放的四种白色花卉的花蕊，以及应着雨水、白露、霜降、小雪四个节气而出现的雨露霜雪四种自然之水。著名的《红楼梦》研究者宋淇分析，宝钗发病时的症状很像花粉过敏引起的哮喘，此丸药中包括四时花粉，符合

① 邓云乡：《“乌庄头账单”补充》，见《红楼风俗名物谭》，文化艺术出版社 2006 年版，第 55 页。

② *The Story of the Stone*, Vol. 2, by Cao Xueqin, translated by David Hawkes, Penguin Books, 1977, pp. 306—307.

免疫学中“利用因致病因的媒介以刺激身体，自行制造抗体”的原理。但与他合作探讨红楼医事的中医名家陈存仁却认为，此药不过是曹雪芹杜撰，自己遍查《千金方》、《医方类聚》等中医典籍，确认并无“冷香丸”之名目，药方更不必说。①

小说家为了医治笔下人物天生带来的“热毒”而杜撰一种丸药，这是文艺创作中的自由，无可厚非；而且，“冷香丸”别致的用料足以激起读者种种美丽的遐想，是文中刻画人物形象、寓意人物性格的一样重要道具。文中借宝钗之口，将配方介绍得非常细致。而这一配方中，两种底本出现了一些差异。“雨水这日的雨水十二钱，”在庚辰本中误作了“十二两”，与后面露水、霜、雪的分量都不一致。此处杨译系据有正本：

Then you must take twelve drams of rain that fell on the day Rain Begins.

杨译中“冷香丸”各样配料的计量单位“两”均译为英文计量单位 ounce，“钱”则译为 dram。此处雨水的分量是 twelve drams，显然为“十二钱”，无误。

到了第十回中，正式出现了一张详细的药方。秦可卿病重，贾珍请来医术高超的张友士，来为她诊断。按照中医的分析，张大夫的这张药方有将药品土炒、酒炒、蛤粉炒等字样，应是南京地区医生所开的方子，整张方子的效用是“补气补血、健脾疏肝、通气开胃之用”。② 药方与南京地区的医药源流相符，正对应作者曹雪芹的家世背景及其本人的学识来源。而这张药方的名称，两种底本也有所区别。有正本中作“益气养荣和肝汤”，“庚辰本”中是“益气养荣补脾和肝汤”，有正本漏掉了“补脾”之意。此处杨译也只译出了益气、养血、舒缓肝气的三种意项，没有“补脾”内容，应系据有正本翻译，未参照“庚辰本”修改：

Decoction to improve the respiration, fortify the blood and tranquilize the liver

与此类似的情形还有，第二十八回中，宝玉、钗、黛都在王夫人房中闲话。王夫人提起一种丸药，却想不起名字，宝玉帮着猜想，两种底本也不一样：

左归，右归，再不就是六味地黄丸。(有正)

左归，右归，再不就是麦味地黄丸。(庚辰)

Left restorative? Right restorative? Or, failing that, six-flavour-digitalis pills?

麦味地黄丸，是在六味地黄丸配料基础上，添加麦冬、五味子而调制成的丸药，有六味地黄丸滋阴补肾的功效，此外还多了对咳嗽气促等病症的疗效。对照黛玉的病症来看，庚辰

---

① 陈存仁、宋淇：《薛宝钗和冷香丸》，见《红楼梦人物医事考》，广西师大出版社2006年版，第14~22页。

② 陈存仁、《秦可卿的病与死》，见《红楼梦人物医事考》，广西师大出版社2006年版，第41页。

本中的药名似乎更胜。但六味地黄丸是国人沿传已久、至今仍为大众接受的传统丸药，此处杨译据有正本翻译，未加改动，并无不妥。然而这一细节，如同其他许多因底本文字参差而形成的问题一样，也在后来的中医或外语界引起了批评。论者或以语义翻译策略为重点，判断原著的“八味地黄丸”在杨译中传达为“六味地黄丸”不恰当，因为两种丸药功效各异①；或从翻译方法入手，分析杨译未尊重“麦味地黄丸”由八种药物构成的事实，译为“六味”，判断说属于误译。② 从研究者标注的文献来源看，或者完全没有原著底本的信息，或是近年来排印的数不胜数的《红楼梦》之一，并无影印来源可考。至于译者所据底本究竟是哪一种，就更缺乏关注了。可以断定的只是，这些评论者所据的《红楼梦》此处文字，都与有正本中明明白白写着的“六味地黄丸”不同。据此而来的译评，不惟对译者不公，恐怕在对于《红楼梦》版本情况略加了解的读者看来，也很难令人信服。

上述几味丸药基本为大众熟知，译名也比较易于确立；但《红楼梦》中还有一些药品，虽不像“冷香丸”那样无可查证，却也历来众说纷纭，莫衷一是。那就是第五十二回中出现的西洋药品，“汪恰洋烟”。或许是由于此药的难以察考，后来的修改者或整理者往往抹去脂本内容，直接代之以明确可知的药物，同时也舍弃了原作者笔下的文化特色，将《红楼梦》的部分内容歪曲了。这种关键之处的翻译，就非常考验译者的判断力和应对策略了。对证杨译文字可见，两位译者此处未受有正本的文字局限，而是参照庚辰本，保留了原作里反映中西文明交流的文化色彩。

首次提到这一药品时，庚辰本中只是说“鼻烟”，并未出现此烟的具体名称，到了下文中，鼻烟盒子拿来，才出现烟名。有正本中这两处，出现的都是“平安散”，邻近相关文字也有些差别，两种底本与杨译的具体对照如下：

> 宝玉便命麝月取平安散给他嗅些，痛打几个喷嚏就通快了。(有正)
>
> 宝玉便命麝月取鼻烟给他嗅些，痛打几个喷嚏就通了关窍。(庚辰)
>
> “Bring her some snuff,” Pao-yu told Sheh-yueh. “She'll feel better after a few good sneezes.”
>
> 里面盛着些秘制平安散。(有正)
>
> 里面盛着些真正汪恰洋烟。(庚辰)
>
> The case contained some genuine *Wangchia* foreign snuff.

“平安散”究竟是何许事物，引起的关注并不太多。就笔者所见，对此最为详尽的考证，来自周策纵先生。有正本在排印过程中对原底本的改动，周先生已经注意到，并在《〈红楼

① 李振：《语义和交际观下〈红楼梦〉医药文化因素的英译策略——兼评霍氏和杨氏两译本医药英译的得失》，《南京医科大学学报》(社会科学版)，2012 年第 3 期。文献中未注明原著底本信息。

② 穆春玲：《红楼中医方剂名称三种译名比较分析》，《中国电力教育》2012 年第 5 期。文献标注中显示，原著底本采用的是春风文艺出版社 1998 年版《红楼梦》。

梦〉"汪恰洋烟"考》一文中分析说：

> 曹雪芹的时代是鼻烟在西洋和中国最时兴的时代。乾隆以后这习俗便逐渐减退。戚蓼生序本把鼻烟改成"平安散"，大约是由于后者这时已比较流行通俗之故。①

周文中评述了其他学人对于"平安散"的几种解释，或为需要煎服的中药，或为清代验方中的丸药"平安万应丸"，同时也在寇地司（Mattoon M. Curtis）所著《鼻烟与鼻烟盒的故事》（*The Story of Snuff and Snuff Boxes*）一书中找出了刻有"平安散"字样的银质鼻烟瓶的照片，证实"戚本所谓'平安散'也就可能仍指鼻烟，至少是指类似的撸鼻子的药"。②

即便"平安散"可作鼻烟理解，毕竟是未定之说，况且明显是对曹雪芹原文的改动。"汪恰洋烟"一词反映出的康乾时期西洋文明在华传播的情形，在有正本中泯然不见。庚辰本中则留下了曹雪芹文字的原本面貌，"真正汪恰洋烟"之下，还有小字双行脂批："汪恰，西洋一等宝烟也"，愈发点明这是西洋的舶来品。而"汪恰洋烟"究竟是什么烟，其名何来，引起的关注比"平安散"要多得多。吴世昌、方豪等《红楼梦》研究者、《红楼梦》日文译者伊藤漱平、法文译者李治华等译者，均对此有所关注与考证；而提出较为恰切解释的，首先是周策纵先生：

> "汪恰洋烟"一定是 Virginia 或 Virgin 的译音。由于康熙时代西人来华者，尤其是西洋传教士与清廷有往来者，以法国人最多，恐怕可能是法文 Vierge 的译音。③

外语界学人黄龙提出过另一种解释，以鼻烟盒中的天使图案为佐证，推测"汪恰"为 Watcher（可作"安琪儿"解）的译音。④ 还有一种，是宋淇对比以上两种解释，结合他与霍克斯的书信探讨之后得出的结论。霍克斯分析："最贵重的鼻烟不是论磅买的，而是以两计算，所以我认为汪恰是意大利文的 uncia。"⑤ 宋淇认为言之成理，并引申说：

> 明末清初，除了法国教士外，不少意大利耶稣会神父来华，为康熙重用，如利玛窦、汤若望等均是。"汪恰"之名来自意大利文顺理成章，从英文、法文中去探索

---

① 周策纵：《〈红楼梦〉"汪恰洋烟"考》，见《周策纵文集》（上），商务印书馆（香港）2010 年版，第 171 页。

② 周策纵：《〈红楼梦〉"汪恰洋烟"考》，见《周策纵文集》（上），商务印书馆（香港）2010 年版，第 171 页。

③ 周策纵：《〈红楼梦〉"汪恰洋烟"考》，见《周策纵文集》（上），商务印书馆（香港）2010 年版，第 171 页。

④ 黄龙：《曹府外来活动》，见《新华日报》1983 年 12 月 4 日版。

⑤ 霍译对此药名的翻译确也如此：The box contained snuff of the very highest quality, which foreigners call uncia. 见 *The Story of the Stone*, Vol. 2, by Cao Xueqin, translated by David Hawkes, Penguin Books, 1977, page 536.

反而舍近求远。①

对照两种底本与杨译的文字可见，杨译将前一次出现的“鼻烟”直译为 snuff，而后一次出现的“汪恰洋烟”采取音译与意译相结合的方法，“汪恰”还原为 Wangchia，“洋烟”意译为 foreign snuff，既能将意义传达明白，也保留了曹雪芹的原文风格，显然根据庚辰本而来。这种翻译的处理方式，也得到宋淇“倒也省事爽快”的肯定。② 牵涉深层文化内容的译名，很难做到无可挑剔。但两位译者在有限的腾挪空间里，能够准确判断不同底本之间文字的优劣之别，择优而取，无疑是值得肯定的。

与医药相应的，是医事的描写。小说中几位重要人物的故事发展，均与生病相关。秦可卿、晴雯、王熙凤、尤二姐等人的相关情节，莫不如此。而描写最为详尽细致的请医问药情节，是第四十二回中贾母看病一节。此回中庚辰本的描述合情合理，而有正本中存在不少改笔，涉及医事、礼俗，均有一些谬误。如贾珍等领太医进门一节：

王太医不敢走甬路，只走边砖。……早有四个婆子走在两边，打起帘子，迈步进去。(有正)

王太医不敢走甬路，只走旁边。……早有两个婆子在两边，打起帘子，两个婆子在前导引进去。(庚辰)

Not presuming to walk up the central ramp, he took the side steps up the terrace behind Chia Chen. Two serving-women had the portiere raised and two others ushered him in,...

前一处说王太医在贾府自知身份低微，不敢走道路中间，“边砖”和“旁边”均可理解为正经道路的一侧，两种底本文字相差不大；但庚辰本中两个婆子分别从两边打起帘子，另外两个带着太医进门，顺理成章，有正本中让四个婆子一起去打帘子，就有些不可理解，况且“迈步进去”语焉不详，即使能够理解为王太医的行为，语句逻辑上也不通顺。杨译中的内容交代清楚，是根据庚辰本的翻译。下文中给贾母正式诊病，两种底本文字的优劣对比更为明显：

一面说，一面慢慢的伸手放在书上。王太医忙屈膝在榻上。(有正)

一面说，一面慢慢的伸手放在小枕头上。老嬷嬷端着一张小杌，连忙放在小桌前，略偏些。王太医便屈一膝坐下。(庚辰)

With these words she slowly placed one hand on the cushion. An old nurse put a low stool slightly

① 宋淇：《汪恰洋烟的解释》，见《红楼梦识要——宋淇红学论集》，中国书店 2000 年版，第 339 页。

② 宋淇：《汪恰洋烟的解释》，见《红楼梦识要——宋淇红学论集》，第 339 页。

to one side of the table and Doctor Wang, sitting respectfully on the edge of the stool, bent one knee to lean over the couch. (杨译)

病人的手放在小枕头上，便于中医号脉。这个小枕头，即是脉枕。脉枕的材质可为丝、棉、珍贵木料，也可为瓷器、玉器，取其清凉安神之效，其中年代较久、材质珍贵者，甚至可以成为收藏品。贾府中生活起居样样讲究，族中最为尊贵、最年长的老夫人看病，有正本中居然不设脉枕，而以一书代替，令人难以理解。下句让太医屈膝上榻，就更不成体统。从前文可知，男女有别，女眷看病，惯例要放下帐幔避见大夫，只伸手在外留待号脉而已。贾母自居年高无碍，不愿再受此礼节约束，不放幔子，已是逾于常规，岂有让大夫上榻近身之理。从庚辰本文字可知，给太医的座位无非是一张小杌，还要放得略偏些，以示身份、地位之别。即便如此，王太医也未敢就坐，仍屈一膝才能坐下。有正本在医事礼俗方面的错讹实在有悖情理。此处杨译系根据庚辰本调整，无误。下文中给贾母看完病之后，也顺便给凤姐的女儿看了看，有正本与庚辰本也存在类似的差别：

> 用左手挽着大姐儿的手，右手诊了诊脉。(有正)
> 把大姐儿的左右手诊了一诊。(庚辰)

大姐儿纵然年幼，也是贾府千金，看病时本来是在奶娘怀抱中，奶娘完全可以托起其手，让大夫诊脉，何来让大夫挽手之礼。况且中医诊脉，左右手分诊寸、关、尺三处，脉象合称"六脉"，庚辰本中交待得很清楚。有正本的改笔者应该是不识医理，才作出这种不伦不类的改动。遗憾的是，此处杨译未参照庚辰本修改，留下的是有正本的痕迹：

> Supporting the child's hand with his own left hand as she nestled in the nurse's arms, with his right hand he felt her pulse.

第五十一回中，晴雯受凉生病，宝玉为她单独请医问药，未敢惊动专门为贾府看病的太医，是一个新来的大夫，付酬劳的方式与常来的太医不同。婆子提醒宝玉要给大夫车马费，有正本为：

> 宝玉道："给他多少？"婆子笑道："王太医和张太医每常来了，也并没曾给银钱，不过每年节一趸送礼。那是一定的例。这个人新来了一次，须得给他一两银子，少了不好看。"

此处婆子的回答不合情理。主子问话，不直接回答，却东拉西扯，先说应对其他大夫的情形。庚辰本此处文字则通顺得多：

婆子道："少了不好看。也得一两银子，才是我们这门户的礼。"宝玉道："王太医来了给他多少？"婆子笑道："王太医和张太医每常来了，也并没个给钱的，不过每年四节大趸送礼。那是一定的年例。这人新来了一次，须得给他一两银子去。"

主仆之间，一问一答，应对流利。婆子自然一派伺候、指点年轻主子的热情与殷勤，宝玉也并非完全不通世务的呆瓜，颇知道萧规曹随、按例行事的道理。此处杨译文字已经依照庚辰本调整，来言去语合情合理：

"How much will it be?"

"It wouldn't look well to give too little," she answered. "A family like ours, in such a case, should pay at least a tael." "How much do we usually pay Doctor Wang?"

"Doctor Wang and Doctor Chang, who come so often, aren't paid for each separate visit. Our rule is to give them a lump sum at the chief festivals every year. Since this new man's only coming this once, we should give him one tael."

有正本与庚辰本在文字错讹方面的歧异纷陈可见，远不止以上数例。本文不过从饮食、医药两个角度入手，选取几处典型例证，对照英文分析杨译底本情形。从英文对两种底本参照前后不同的角度，也证明杨译是以有正本为第一底本翻译，然后据庚辰本修改的。不过在修改过程中未能一一明辨，将有正本的错谬之处改正净尽而已。这样留下来的有正本痕迹，恰恰是底本所依的一点明证。而杨译《红楼梦》的意义，首先在于对底本内容，尤其是传统文化内容的考订与选择。从这个角度来讲，杨译未臻完美，却在总体上优于目前可见的各个英文译本。种种细节的考辨，可以帮助后来者理解译者为此付出的艰辛劳动，更可说明杨译在贴近原著、忠实而贴切地传达传统文化内容方面特殊的文本意义。后来者审之鉴之，能无感佩乎。

| 本文作者：中国国家图书馆采编部馆员

《红楼梦》斯洛伐克翻译手稿论

唐　均

《红楼梦》在欧洲的全译为数不菲，但真正是欧洲人自发、从中文原本直接翻译完成的却并不多。其斯洛伐克文译本就是其中颇具典型意义的一例。

该译本以四卷本的形式面世，初版2001年第一、第二卷，2002年第三卷，2003年第四卷出齐（后来自2006年起又有重印，略而不论）。其翻译手稿随后入藏斯洛伐克国家图书馆（Slovenská národná knižnica）。笔者利用斯洛伐克访学的机缘，得窥这些手稿一遍，因撰此文，略述从此手稿获悉的有关信息，以就教于国内红学界。

一、斯译手稿述略

斯洛伐克国家图书馆，位于斯国北部的全国第八大城市马丁县（Martin，1950年前称Turčiansky Svätý Martin），距离首都布拉迪斯拉发（Bratislava）大约三个小时的火车车程，1918年10月30日曾在这座城市召开了马丁会议，决定斯洛伐克和捷克合并成为一个共和国，这里也是斯洛伐克第一部科学宪法的诞生地。

2013年3月20日，笔者和《红楼梦》斯洛伐克译者黑山（Marina Čarnogurská-Ferancová）教授①来到斯洛伐克国家图书馆，在其文学艺术档案部（Archív literatúry a umenia）调阅斯洛伐克文的《红楼梦》全部译稿。这些译稿分装于20函中，在黑山教授捐赠给图书馆的40多函文献中略近半数，包括了手写的初稿、打字的修订稿以及出菲林印刷的校订稿等不同时期的文字。虽然是匆匆一遍浏览，但也能窥见《红楼梦》斯洛伐克文翻译过程中一些并不为人所知的细节。

每函书脊处贴有打印的图书馆入藏记录标签，试举一例（第八函）示其格式：

8. šk.　Akv. č.：78/2003 Prír. č.：3626/2006 Evid. č.：3006 [FOND：Marina ČARNOGURSKÁ = Majitel'：Mgr. Marina Čarnogurská-Ferancová，CSc. Nad lú čkami 55 Bratislava — Dlhé Diely 841 04]

这张标签所反映的信息中，我们应当留意的是：这些手稿是2003年入藏斯洛伐克国家图

① 本文的撰写特别感谢《红楼梦》斯洛伐克译者黑山教授多方面的大力协助，部分内容需要指明的出处如果与她直接相关，俱在下文的正文或注释中一一给出。

书馆，2006 年正式登记著录的。

而每函封面贴的标签则为手写，也举一例（第八函）示其格式：

> Cchao Süe-čchin：
> Sen
> o
> Červenom pavilóne
> 2. diel：Leto
> preklad z klasickej čінštimy-M. Čarnogurská

其中需要留意的是，Cchao Süe-čchin 是作者“曹雪芹”的斯洛伐克文拼音形式，Sen o Červenom pavilóne 是题名“红楼梦”的斯洛伐克文翻译形式。这些基本信息在后来的正式出版文本中都没有变更。

以下列表整理出笔者本人调阅并记录的上述 20 函手稿的基本著录信息：

函数	卷数	稿件字体	起讫页码		包含
			正文	目录（或注释）	《红楼梦》章回
1. šk.	第一卷	手写稿	共 1176 页	无	第 1—60 回
2. šk.	第二卷	手写稿	共 1155 页	无	第 61—120 回
3. šk.	第三卷	打字稿	1—594（共 620 页）	无（注释佚）	第 1—30 回
4. šk.	第四卷	手写稿	598—1231	599—601	第 31—60 回
5. šk.	第五卷	手写稿	1283—1940（共 667 页）	无	第 61—90 回
6. šk.	第六卷	手写稿	2090—2732（共 672 页）	无	第 91—120 回
7. šk.	第七卷	打字稿	1—281（共 297 页）	无	第 1—30 回
		手写稿	282—550（共 279 页）	共 3 页	
8. šk.	第八卷	打字稿	599—1280	1281—1284	第 31—60 回
9. šk.	第九卷	打字稿	1—786	共 2 页	第 61—74 回（目录显示至 90 回）
	第十卷	打字稿	1—682	无	第 91—？回

函数	卷数	稿件字体	起讫页码		包含《红楼梦》章回
			正文	目录（或注释）	
10. šk.	第十一卷	打字稿	1—594	595—598	序言及 第1—30回
		手写及打字稿	10数页为电台听众准备的关于曹雪芹的简介		
	第十二卷	打字稿	651、652 —1343	无目录 1—51（卷二注）	第31—60回
11. šk.	第十三卷	打字稿	1285—2085	2086—2089	第61—90回
12. šk.	第十四卷	打字稿	1、2—448	无	第91—120回
	第十五卷	电脑打印稿	2—362 封面、3页 曹雪芹简介	389—391 363—388（注）	第1—30回
13. šk.	第十六卷a	打字稿	2—364 封面、2页 曹雪芹简介	无 365—390（注）	第1—30回
	第十六卷b	清样打字稿	2—320	无	第1—27回
14. šk.	第十六卷c	出版社返回 并页本	7—537	567—569 538—568（注）	第1—30回
		出版社返回 并页本	16—532	无 534—569（注）	第1—30回
15. šk.	第十七卷a	打字稿	2—393	无	第31—60回
	第十七卷b	打字稿	2—252	无	第31—50回
16. šk.	第十七卷c	清样并页本	8—573	616—619 576—615（注）	第31—60回
	第十七卷d	并页修订本， 前有插图若干	8—573	616—619 576—615（注）	第31—60回
17. šk.	第十七卷e	油纸菲林本 双面打印	8—573	616—619 576—615（注）	第31—60回
	第十八卷a	电脑打印稿 本卷注释 打字稿， 封面手写	2—441	无	第61—90回
18. šk.	第十八卷b	电脑打印稿， 前有插图一	61—441	无 1—44（注）	第61—90回
	第十八卷c	电脑打印稿	2—281	无	第61—79回

<table>
<tr><th rowspan="2">函数</th><th rowspan="2">卷数</th><th rowspan="2">稿件字体</th><th colspan="2">起讫页码</th><th rowspan="2">包含
《红楼梦》章回</th></tr>
<tr><th>正文</th><th>目录（或注释）</th></tr>
<tr><td rowspan="3">19. šk.</td><td rowspan="2">第十九卷 a</td><td rowspan="2">电脑打印稿</td><td rowspan="2">2—393</td><td>无</td><td rowspan="2">第 91—120 回</td></tr>
<tr><td>1—68（注）</td></tr>
<tr><td>第十九卷 b</td><td>电脑打印稿
清样本</td><td>2—392</td><td>无</td><td>第 91—120 回</td></tr>
<tr><td rowspan="2">20. šk.</td><td colspan="2">第一卷印刷本成品</td><td colspan="2">1996 年版</td><td>1—30 回</td></tr>
<tr><td colspan="2">打字稿</td><td colspan="3">部分译文片段，曹雪芹简介，为某杂志准备
的面向斯洛伐克读者的概述</td></tr>
</table>

由这个基本信息表，大致可以反映出译者对《红楼梦》前六十回，对应底本的前两卷，亦即成书的前两卷，花费了更多的心思加以处理，真可谓数易其稿；而对后六十回的处理则明显没有那么频繁了。这种情形或许同这个译本的第一卷（前三十回）曾经先后两次出版关系密切，而非反映译者对原文从生疏到熟稔的渐进，亦非反映译者对前六十回的看重而相对忽略后六十回。

在手稿第一函的开头页面上，有着手写的“1. 3. 1978”字样，据译者解释，这是她开笔的时间，即“1978 年 3 月 1 日”。而第四函开头页面的左下角，则有第四卷（第三十一回至第六十回）开笔的时间“1. 1. 1984”（1984 年 1 月 1 日）。无疑，这些时间痕迹大略可以折射出译者在逆境中坚持迻译《红楼梦》的进度。

二、关于底本

结合这些译稿，黑山教授又向笔者提供了她用以翻译的中文底本，这是香港出版的一个《红楼梦》四卷本。

根据此书封面和书脊以及版权页的记载①，可知该中文底本全名为《红楼梦（经济版）》——唯每册书内扉页无“经济版”字样，全书四册，定价港币二十一元，著作者署名为曹雪芹，出版者为广智书局，发行者为艺美图书公司。而在第一册的前言中，仍又提及“高鹗续作《红楼梦》后四十回”②。

书内文字繁体竖排，插图丰富，注释稀少且附于每回末尾。每册封底印有疑似出版社徽记的先秦中国车马图及“香港广智书局出版（Kwong Chi Book Co. H. K.）”字样。

全书没有任何地方注明出版时间。但在斯译本每册接近封底的出版信息页面处正文第四行，都出现了 vydavatel’ stvom Siangkang kuang č’ šut’ ü v r. 1971 v Hongkongu 字样，意即“发行人：香港广智书局，1971 年于香港”。经与译者沟通，译者努力回忆 30 多年前的往事，

① 参见曹雪芹《红楼梦》（经济版，全四册），香港广智书局，佚年版。
② 参见曹雪芹《红楼梦》（经济版，全四册），香港广智书局，佚年版，卷一前言，第 3 页。

在20世纪70年代，译者当时正罹受政治迫害，被迫脱离学术界，完全没有同侪可以交流而无从获悉出版信息，后来出版商要求给出底本出版时间时，因历时久远也无从了解，从而不得不根据当时购买渠道，推测了“1971年”这个底本的重印时间。另据译者公开声明，她托人从加拿大购得此底本并带至斯洛伐克的时间是1978年2月。① 由于目前我们也没有办法获知这一底本的准确出版时间，所以上述信息聊作参考。

关于此书所对应的《红楼梦》底本系统，根据其“经济版”的通俗读物性质以及大致的出版时间范围，我们隐约可以猜到它是依据程高本系统的。以下的底本文字材料可以进一步证明这一点。

此书第二十二回有宝玉所制镜子谜和宝钗所制竹夫人谜②，第六十三回中间缺乏芳官改名“耶律雄奴”一大段文字③。这都是程高本系统（以及甲辰本、梦稿本）的典型特征。

而就回目看来，此书第五回是“贾宝玉神游太虚境　警幻仙曲演红楼梦”，第八回是“贾宝玉奇缘识金锁　薛宝钗巧合认通灵”，第五十回是“芦雪庭争联即景诗　暖香坞雅制春灯谜”，第五十六回是“敏探春兴利除宿弊　贤宝钗小惠全大体”，全同程乙本、程甲本、甲辰本。但另外几个典型的回目，如第三回“托内兄如海荐西宾　接外孙贾母惜孤女”，仅同程乙本、程甲本④，第七十九回“薛文起悔娶河东吼　贾迎春误嫁中山狼”仅同程乙本⑤，由此，我们暂且将《红楼梦》斯洛伐克文全译本所依据的这个底本确定为程乙本系统。

我们如此繁复地推测这个译本所依据的底本，无非是为了以后的相关研究，特别是对翻译文本的具体考察，必须建立在译文所据中文原文确凿的基础之上，而基于此的其他一切推定或引申，无一不是肇始于原文底本可资比较的前提之下。

这个底本的插图，是根据以下两个大的原则来处理的：

一、如果是与当回内容密切相关的，那么插图都是置于章回开头文字之前，且以两幅图像各自呼应回目的一半联语；并且可以注意到，这样的插图在每个章回之前都有出现。

二、零散的人物（含顽石）插图通常置于相关章回之末尾，比如，曹雪芹插图置于卷一总回目之后⑥，盖因曹氏为本书作者的缘故；顽石插图置于第二回“贾夫人仙逝扬州城　冷子兴演说荣国府”之后⑦，因本回出现顽石所化“俗物”宝玉落草之事，是为全书故事的第一主

---

① 其间还经历了“在加拿大的弟弟购买→表弟从加拿大带到匈牙利→表姐从校园里带到斯洛伐克”的辗转过程，令人慨叹。以上信息俱参见［斯洛伐克］玛丽娜·黑山：《〈红楼梦〉与其斯洛伐克语译本的产生历史》，梁晨译，载傅勇林主编：《华西语文学刊》（第三辑“《红楼梦》译介研究专辑”），四川出版集团·四川文艺出版社2010年版，第58页。

② 分别参见曹雪芹《红楼梦》（经济版，全四册），香港广智书局，佚年版，卷一，第330～331页。

③ 分别参见曹雪芹《红楼梦》（经济版，全四册），香港广智书局，佚年版，卷三，第1026页。

④ 参考：甲辰本、列藏本“托内兄如海酬训教　接外孙贾母惜孤女”，卞藏本“托内弟如海酹训教　接外孙贾母恤孤女”。

⑤ 参考：梦稿本“薛文起悔娶河东吼　贾迎春悮嫁中山狼”，甲辰本、程甲本“薛文龙悔娶河东吼　贾迎春误嫁中山狼”；其余版本全是“薛文龙悔娶河东狮　贾迎春误嫁中山狼”（其中蒙府本正文页是“薛父龙悔娶河东狮　贾迎春误嫁中山狼”，此间“父”当为“文”之讹字）。

⑥ 参见曹雪芹《红楼梦》（经济版，全四册），香港广智书局，佚年版：卷一，未标注页码。

⑦ 分别参见曹雪芹《红楼梦》（经济版，全四册），香港广智书局，佚年版，卷一，第28页。

人公的登场；妙玉插图置于第七十六回“凸碧堂品笛感凄清　凹晶馆联诗悲寂寞”之后①，因此回有妙玉邂逅史林二人联句而倾情参与的大段文字。但也有不少插图随意置于无关章节之后的情形，比如，警幻插图置于第九回“训劣子李贵承申饬　嗔顽童茗烟闹学房”之后②，而此回根本没有警幻的事儿；秦钟插图置于第十八回“皇恩重元妃省父母天伦乐宝玉呈才藻”③，而此回几无秦钟任何讯息；椿龄（画蔷）插图却位于第七十九回“薛文起悔娶河东吼　贾迎春误嫁中山狼”之后④，而此回却根本没有涉及椿龄的任何信息——第三十回“宝钗借扇机带双敲　椿龄画蔷痴及局外”之前出现、配合后半回目的“画蔷图”⑤ 与本图不同。而且，这些人物插图并非每回末尾都有出现。

三、只有关于宝玉和金锁形制的插图，在原本中才是插入正文文字“第八回　贾宝玉奇缘识金锁　薛宝钗巧合认通灵”当中的。⑥

四、原本第一百十六—十九回末尾分别出现了不同于改琦白描、亦不反映当回内容的另一种类型插图，分别是“黛玉葬花”、“宝钗扑蝶”、“宝琴踏雪”、“湘云醉卧”⑦ ——在译本中都没有采纳。

这些插图处理方式，总的来讲也是出于其“经济版”的初衷，能够方便更多读者领会泱泱文字的内涵，但其编排方式有时与内容脱节，从而也可能对读者有所误导。

由此衍生的斯洛伐克译本，则精选原本众多插图中由改琦（1879）白描的人物插图⑧，分别置于相关重点章回的中间，这样可以在很大程度上保留利用原本插图的优点而规避其缺点，对于更有文化隔阂的斯洛伐克读者而言，尽量避免误导尤其重要。试举两例以窥全豹：

一、上面提及的椿龄画蔷插图，在斯洛伐克译本中同样正确移动后，置于第四十回译文文字当中⑨——这是从后往前挪的情形。

二、晴雯（补裘）插图，在原本中是置于第二十六回“蜂腰桥设言传心事　潇湘馆春困发幽情”之后⑩，此回中虽有晴雯出现，但与补裘情节完全无涉。斯译本中，同样的一幅插图置于第五十二回“俏平儿情掩虾须镯　勇晴雯病补孔雀裘”的译文文字当中⑪——这是从前往

---

① 分别参见曹雪芹《红楼梦》（经济版，全四册），香港广智书局，佚年版，卷三，第1260页。
② 分别参见曹雪芹《红楼梦》（经济版，全四册），香港广智书局，佚年版，卷一，第142页。
③ 分别参见曹雪芹《红楼梦》（经济版，全四册），香港广智书局，佚年版，卷一，第268页。
④ 分别参见曹雪芹《红楼梦》（经济版，全四册），香港广智书局，佚年版，卷三，第1314页。
⑤ 分别参见曹雪芹《红楼梦》（经济版，全四册），香港广智书局，佚年版，卷一，第456页。
⑥ 分别参见曹雪芹《红楼梦》（经济版，全四册），香港广智书局，佚年版，卷一，第118～119页。
⑦ 参见曹雪芹《红楼梦》（经济版，全四册），香港广智书局，佚年版，卷四，第1900、1918、1936、1958页。
⑧ 卷四还用了戴敦邦（1983）的插图。蒙《红楼梦》版本研究和收藏专家杜春耕先生赐告，译本中使用的这些插图都是他向译者另行提供的，而非直接取自中文底本。
⑨ 分别参见 Cchao Süe-čchin：*Sen o Červenom pavilóne*：1. diel，preklad：Marina Čarnogurská. Bratislava：Petrus，2001：p. 529。
⑩ 分别参见曹雪芹《红楼梦》（经济版，全四册），香港广智书局，佚年版，卷一，第398页。
⑪ 分别参见 Cchao Süe-čchin：*Sen o Červenom pavilóne*：2. diel，preklad：Marina Čarnogurská. Bratislava：Petrus，2001：p. 409。

后挪的情形。

这两个例子插图的处理，才是形象符合当回主题，切中肯綮的。相信其结果必然有助于斯洛伐克读者更为准确地认识书中人物、理解相关故事情节。

对于宝玉和金锁形制的处理，斯洛伐克译本只是原样摹写了通灵宝玉的篆字①，其内容以及宝钗金锁文字则都是以正文译文来体现的。②

此外，译本迥乎不同于原本的还有两处插图：

一是每册译本相对于扉页文字的插页，都置有取自原本第三回“托内兄如海酬西宾　接外孙贾母惜孤女”之后③的宝玉插图。而此插图在译本的其他任何位置则不再出现了。

二是关于黑山庄头乌进孝的插图，译本置于完全无关的第一百十九回文字当中。④ 考虑到原本相应章回并无这幅插图，我们认为这不是译者拷贝原本形制，而是译者将这幅深具冬天萧索意象的插图，刻意置于其冠名“冬”的第四卷接近末尾的地方，用以反映译者理解中红楼大厦将倾的残冬意蕴。

从这样跨度不小的插图位移过程中，我们可以看出斯洛伐克译者对中文原文的准确理解，及其在翻译过程中的处理匠心。

三、斯译本内容初识

斯洛伐克译本四册对应中文底本四册，在篇幅形制上可以说是完全一一对应的。但是，译本四卷分别加上了“春、夏、秋、冬”的四季题名。据译者的解释，她认为《红楼梦》所反映的主题，正是贾府经历了从烈火烹油、鲜花著锦之盛到忽喇喇大厦将倾之衰的历程，用一年四季由春到冬的过渡来模拟也很恰适。这样，在原文底本没有小标题的分卷所对应的译本各卷加上类似提示每卷主题的标签，在我们看来或许是一种差强人意的比附，但在缺乏中国文化背景的斯洛伐克语读者看来可能更有助于他们对这部巨著的第一感觉认知，我们认为这种处理方式是可取的，尤其是在大力推进中西文化交融的当代社会大背景中加以审视。

由于斯洛伐克翻译初稿是在捷克斯洛伐克时期完成的，所以彼时的译稿中捷克语词出现不少。在20世纪90年代中期捷克斯洛伐克“天鹅绒分离”（Velvet Divorce）之后完成的修订稿中，捷克语词已经尽量改易为斯洛伐克语词了。下面试举三例以赅全貌⑤：

---

① 分别参见 Cchao Süe-čchin：*Sen o Červenom pavilóne*：1. diel，preklad：Marina Čarnogurská. Bratislava：Petrus，2001：p. 152。

② 分别参见 Cchao Süe-čchin：*Sen o Červenom pavilóne*：1. diel，preklad：Marina Čarnogurská. Bratislava：Petrus，2001：pp. 153～154。

③ 分别参见曹雪芹《红楼梦》（经济版，全四册），香港广智书局，佚年版，卷一，第48页。

④ 参见 Cchao Süe-čchin：*Sen o Červenom pavilóne*：4. diel，preklad：Marina Čarnogurská. Bratislava：Petrus，2003：p. 537。这里使用的当是戴敦邦而非改琦的绘图了。

⑤ 这些例子都是斯洛伐克译者向笔者提供的。

捷克语词	kaskédy①	stržiach②	pustú chatku③
捷斯语混成词	—	—	pustú chyžku④
斯洛伐克语词	konáre⑤	priepasti⑥	biednu chyžku⑦

由此可见，时局的变易在很大程度上催生了这一“纯粹的”斯洛伐克《红楼梦》译本的诞生，在同高度相似的捷克语世界地理位置毗邻而又深受其文化笼罩的氛围中，这种情形不可不谓之奇迹。须知日耳曼化程度甚深的捷克语，相对于保留原始特征较多、而又部分匈牙利化的斯洛伐克语而言，就属于高端（prestige）语言了，《红楼梦》的捷克文译本是几乎不会掺杂斯洛伐克语词的。从这一点上审视，《红楼梦》的这个斯洛伐克译本具有无与伦比的文化地缘意义。

下面我们撷取两个文本迻译的实例，由此管窥这个斯洛伐克文译本的部分基本特征。

第一个实例是首句的翻译，在初稿和修订稿中略有不同，但是这种不同分明体现了译者的用心。

原文：此开卷第一回也。⑧

斯译初稿：Tu teda za čína môj príbeh. ⑨

中文回译：因此这是我的故事的开端。

斯译修订成稿：Tu sa za čína môj príbeh. ⑩

中文回译：这里就是我的故事的开端。

两相对照，由于1978年初稿中的teda“因此”一词是对中文原文“此”的误译，显然，初稿的译文似乎暗示此句之前还有什么文字似的，这对于不谙中文原本的斯洛伐克语读者而言不啻一种误导。所以，2001年正式出版的修订成稿对此的改动，则体现了本句在中文原文里作为全文开篇之句的特点。

第二个实例出现在第四十五回“金兰契互剖金兰语　风雨夕闷制风雨词”⑪：

原文：黛玉不觉心有所感，不禁发于章句，遂成《代别离》一首，拟《春江花

---

① 分别见于初稿第1页。
② 分别见于初稿第3页。
③ 分别见于初稿第14页。
④ 见于第一次修订稿第14页。
⑤ 分别见于修订稿第1页。
⑥ 分别见于修订稿第3页。
⑦ 见于第二次修订稿第14页。
⑧ 分别参见曹雪芹《红楼梦》（经济版，全四册），香港广智书局，佚年版，卷一，第1页。
⑨ 参见 Cchao Süe-čchin: *Sen o Červenom pavilóne*: 1. Diel, preklad: Marina Čarnogurská. Martin, Slovakia: Manuscript, 1978: p. 1。
⑩ 分别参见 Cchao Süe-čchin: *Sen o Červenom pavilóne*: 1. diel, preklad: Marina Čarnogurská. Bratislava: Petrus, 2001: p. 7。
⑪ 参见曹雪芹《红楼梦》（经济版，全四册），香港广智书局，佚年版，卷二，第710页。

月夜》之格，乃名其词为《秋窗风雨夕》。词曰：……

其斯洛伐克译文如下[①]：

Pod dojmom týchto básní sa jej zrazu v mysli za čali vynárat' vlastné verše. Podl' a vzoru Čang Č' š' ovej básne *V jarnú mesačnú noc pri rieke* nazvala svoju báseň

V dažd' rvú jesennú noc pri okne

...

中文回译为：

在这些诗歌的触发之下，她突然萌生创作自己诗作的念头，以张知事的诗歌《在春天月亮夜晚的河边》为模型，把自己的诗作题为：

《在秋夜降雨的窗口》

……

可见，斯洛伐克译文在总体意思表达上和中文原文大致吻合，但是在某些细节上还是颇有出入的，这些出入之处颇具转述的特点，而这点也是译者所坚持在文学作品翻译必须采用的[②]。最为显著的一处是，中文原文“遂成《代别离》一首”略去未译，而增加了“以张知事的诗歌”这样的文字。这样处理的结果是使得原文用典明晰化，从而有助于缺乏中国文化背景的斯洛伐克语读者准确理解原文所表达的内容。而这里“张若虚”音译为“张知事”（Čang Č' š'），却又另有关说——根据译者较为模糊的记忆，此间音译《春江花月夜》作者名字时沿袭了当时捷克斯洛伐克汉学界的习惯而用其官称，但是这个官称又较为含糊，也有可能此处的“知事”是“刺史”捷克文拼音的讹转；不过无论是“知事”还是“刺史”，可能都是欧洲汉学家对张若虚的一种泛泛的官称，因为目前关于这位唐代诗人仅有的寥寥生平材料，还无法确认其是否担任过这样的具体职务。

这两个实例更进一步启示我们：如果在研究时仅仅关注译文此句的文字表达，就会发现它和底本并非丝丝入扣的相合，但这并非使用底本上文字的分歧所致，而是译者主观调整的结果。由此似乎提醒我们：目前对《红楼梦》等中国古典小说的（英）译本进行研究，要是仅仅注重译本文字和底本的表达吻合，虽然多数情况下乃不得已为之，但恐怕是含有严重逻

① 分别参见 Cchao Süe-čchin：*Sen o Červenom pavilóne*：2. diel，preklad：Marina Čarnogurská. Bratislava：Petrus，2001：p. 270。

② 参见［斯洛伐克］玛丽娜·黑山：《〈红楼梦〉与其斯洛伐克语译本的产生历史》，梁晨译，载傅勇林主编：《华西语文学刊》（第三辑“《红楼梦》译介研究专辑”），四川出版集团·四川文艺出版社2010年版，第59页。

辑漏洞的。

四、余论

根据译者自陈，《红楼梦》斯洛伐克译本是在捷克斯洛伐克时代与外界环境几乎隔绝的情况下独立完成；随着译者恢复学术自由，而在多种条件支持下该译本最终得以完整出版。手稿的情形及其同底本的联系可以在一定程度上证实这点。

斯洛伐克译者在开始翻译时不能完全摆脱捷克语文的影响，但又可能是在修订阶段做出了很多努力，尽量排除捷克语的掺入，最终呈现的是一个比较纯粹的斯洛伐克语译本。

斯洛伐克译者主要采用转述的手段对《红楼梦》进行迻译，这样导致译文很多文本细节与原文大相径庭，但从篇章结构上看，却能很好让斯洛伐克读者接受，这点在当今鼓励中国文化走向世界的时代尤其值得参考。而译者根据自己的理解对原本文字、段落乃至篇章结构进行调整，这就提醒我们，译本研究者仅凭原文和译本比对而进行对勘可能会出问题，研究者应该尽量创造条件理解译者的处理。

通过对《红楼梦》斯洛伐克翻译手稿、以及与之直接相关的中文底本之间的细致考察，我们可以意识到：对《红楼梦》诸语言译本所据底本的研究，应当成为一个专门的学科分支。从目前的初步判断来看，这些底本大多属于程高本系统印本的某些翻印版本，单独考察这些底本，和寻常研究的《红楼梦》诸抄本或印本相比，可能觉得几无价值；但由于这些表面并无特殊价值的文本衍生出多种异域文本，那么，探究这些翻印文本之间的细微差别，就成为我们摸索中国文化同异域文化碰撞、交融的有效途径。而且，《红楼梦》译本底本的研究，完全可以借鉴《红楼梦》版本研究的成熟手段和丰富经验，这无疑又为后者提供了阐释发挥的广阔学术空间。所以，我们希望更多红学家倾情参与这方面的学科建设，使之成为《红楼梦》译介学研究所衍生的红学重要板块。

| 本文作者：西南交通大学外国语学院副教授

早期红楼电影与海派文化

何卫国

20世纪初，上海已是我国工业化程度最高的城市，也是东方著名的国际化大都市。电影是工业文明的产物，作为一项大型文化娱乐产业，它需要资金的投入、相对开放的文明程度，以及足够的观众，上海很自然就成为中国电影的肇始地与发展重镇。自1923年张石川创办明星公司开始，上海诞生了大量电影公司，中国电影也迎来第一个高峰。据统计，1925年前后，中国成立了175家电影制片公司，其中上海141家，而真正有过出品的几乎全部集中在上海。中国早期电影对上海的依赖性可见一斑。

我国1949年以前的红楼电影几乎都产自上海。红楼电影的摄制与整个中国电影的摄制一样，是从拍摄“国粹”、“国剧”京剧开始的。最早的红楼影像是1924年香港民新影片公司摄制的京剧《黛玉葬花》片段，是作为系列短片中的一个片段拍摄，因此不算一部完整的《红楼梦》电影。① 我国真正意义上的第一部红楼电影是1927年上海复旦影片公司摄制的《红楼梦》（简称复旦版《红楼梦》）。此外还有1927年上海孔雀影片公司摄制的《红楼梦》（简称孔雀版《红楼梦》），1936年上海（一说“香港”）大华影业公司摄制的《黛玉葬花》，1939年上海新华影片公司摄制的《王熙凤大闹宁国府》，1944年上海中华电影联合股份有限公司摄制的《红楼梦》（简称周璇版《红楼梦》）。

中国早期电影的诞生与流变，离不开海派文化这一“文化母体”。② 海派文化作为上海近代以来独特的地域文化，是上海本土吴越文化与由租界带来的西方文化在上海这一特定历史空间相互渗透交融的必然结果。上海特殊的社会形态与地域人文背景造就了海派文化的商业性、开放性、个性化的特征。海派文化滋养了早期红楼电影，而早期红楼影像又历史地成为海派文化的视听表征。当然，作为古典文学名著改编的电影，红楼电影不可能像现实题材那样鲜活地呈现旧上海印象，但从这些斑驳的影像中我们依然能够清晰地辨认出海派文化的身影。因此，在上海地域文化与早期红楼电影之间，我们可以找到诸多值得探讨的话题。

一、海派文化的开放性与早期红楼电影的“敢为风气先”

20世纪20年代末至30年代，上海逐渐取代北京成为中国新的文化中心。北京作为帝都，其文化自然偏于正统与保守；上海作为中国乃至世界著名的通商口岸，其文化则以多元化与

---

① 参见梅兰芳《我的电影生活》，中国电影出版社1984年版，第15~22页。

② 张振华：《海派电影文化论》，见《复旦大学学报》（社会科学版）2003年第4期。

开放性著称。上海不仅对外开放，成为西方殖民主义“冒险家的乐园”；也对内开放，吸纳全国各地的知识分子、劳工等各色人，成为新旧文化、中西文化汇聚之所。基于这一特殊的地缘优势，上海的文学、电影、绘画、建筑等艺术不仅吸收中国传统文化的精华和地域文化要粹，更重要的是大胆吸收西洋优秀文化，勇于标新立异、敢开风气之先，呈现出海派文化多元性的开放特征。上海电影独领风骚的开拓作用贯穿于我国电影发展史。国产第一部故事片《难夫难妻》，第一部动画美术片《纸人捣乱记》，第一部新闻纪录片《武汉战争》，第一部有声影片《歌女红牡丹》，第一部彩色影片《梁山伯与祝英台》，第一部立体宽银幕电影《魔术师的奇遇》，以及进入新世纪后第一部数码高科技影片《紧急迫降》，无不脱胎于上海。

这一文化特征也影响了早期红楼电影的改编。上海不但开创了红楼电影传播的先河，而且在改编中也体现了鲜明的开放意识与创新精神。第一部公映的红楼电影（复旦版），尤其体现了这一海派文化的特征。

复旦版《红楼梦》首开以时装拍摄《红楼梦》的先河。众所周知，《红楼梦》作为我国古典文学名著，虽然其故事发生的年代“失落无考”，但大体在明清朝是可以肯定的。其中的背景与人物传达的都是“传统中国”的印象，改编成电影与戏剧，自然是古装戏。但我国的第一部红楼电影却是时装剧。复旦版的改编者认为：“红楼梦说部，脍炙人口，几于妇稚皆知，特是书空灵玄奥，什九都系寓言。……斯书第一迷离恍惚处，即于年代为不可考。……故本公司对于服装一层，宁可景从时流，脱以古式相炫，反遗蛇足之诮耳。”① 编剧徐碧波对此也发表了自己的看法，他说：“是书对于妇女之足，绝对的弗有涉及，于是索隐者据之即为专述旗人之证。又不及于时代与年月，令人不可捉摸。惟其如此，苟摄制影片而演为时装，初亦无所抵触，倘必欲加以古代衣冠，予且请问须服何朝装束为宜？至此，恐提议《红楼梦》影片必须古装者亦且结舌矣。”② 看过试映的观众有的以为“银幕中人俱作时世妆，间有鸭头巧翦一梳云者，别有一种致趣。”③ 有的则说“剧情离奇动人已是可取，何必斤斤于服装问题呢？难道穿上时装就不能表演剧情了么？所以古装和时装没有大关系的。”④ 从复旦版的宣传特刊来看，主创人员与评论家认为《红楼梦》一书始终未示明年代，穿时装是可行的。“时装”在当时及以后都曾受到严厉指斥，但就其开放的心态而来，即使放入今天来看，也是非常大胆的。

复旦版在刘姥姥这一角色上也体现了鲜明的超前意识。首先，由男演员周空空扮演刘姥姥。在红楼戏乃至红楼电影中以女演员饰演贾宝玉是传统的做法，袁美云、徐玉兰都是以饰演宝玉著称的女明星。值得注意的是，复旦版以富有喜剧表演经验的男明星周空空饰演刘姥姥，而且大获成功，这在之前之后的红楼戏和红楼电影中是极少见的。其次，整部影片“以刘姥姥入梦始，以刘姥姥出梦终”。梦中刘姥姥三进荣国府，成为贯穿全剧的主要线索。影片

---

① 《红楼梦影片开幕词》见《复旦特刊·〈红楼梦〉〈再生缘〉合刊》，复旦影片公司，1927 年。
② 碧波：《红楼杂碎》见《复旦特刊·〈红楼梦〉〈再生缘〉合刊》，第 26 页。
③ 郑逸梅：《观红楼梦试片记》见《复旦特刊·〈红楼梦〉〈再生缘〉合刊》，第 49 页。
④ 范佩萸：《红楼梦小说与电影不同之点》见《复旦特刊·〈红楼梦〉〈再生缘〉合刊》，第 41 页。

表现的两大重心——王熙凤三次设计丧三命（贾瑞、尤二姐和林黛玉）及宝黛爱情悲剧的曲折发展，全部由刘姥姥的“三进”融为一体。以刘姥姥的视角贯彻整部《红楼梦》电影，这需要不拘泥于原著的改编意识。纵观红楼改编的历史，这种视角仍不失为独特。

二、海派文化的世俗化与早期红楼电影中的宝黛爱情故事

海派文化作为一种都市文化，具有世俗化的显著特征。因此，海派小说、戏曲、电影等，也更贴近社会生活和市民情趣，注重娱乐化与休闲性，最突出体现在“鸳鸯蝴蝶派”小说的盛行。其实“海派”一词，最早主要指向“鸳鸯蝴蝶派”为代表的“海派”文学。“鸳鸯蝴蝶派”“这一蔑称在1910至1930年这一时期，被用来称呼大约2215部小说、113种杂志和49种报纸。这个称谓和这一派中最著名的杂志的刊名《礼拜六》可以互换，它公开宣称自己的目的是为了‘消闲’”。① 这种“消闲”的文学作品满足了以移民为主体的上海市民的消费需求，其电影衍生品也促进了上海本土电影的发展。上海“国产影运动”中的大部分影片都以“鸳鸯蝴蝶派”小说为蓝本，“从1921年到1931年这一时期，中国各影片公司拍摄了共约六百五十部故事长片，其中绝大部分是由‘鸳鸯蝴蝶派’文人参加制作的。”他们中“周瘦鹃、朱瘦菊、张碧梧、徐碧波、程小青……等人，也先后加入电影界，他们一面继续写作礼拜六派的小说，一面担任了各影片公司的编剧，或兼任电影宣传工作……”② 这批“才子”和当时的文明戏创作者一起，组成了上海独特的“戏人电影”风景线。

电影在很大程度上是一门讲故事的艺术，“如果你不能讲述故事，你经年累月精雕细琢出来的美妙形象和微妙对白也只是浪费纸张。我们为世人创造的，世人有求于我们的，是故事。现在如此，永远如此。无数作家沉溺于用精美的丝线来编织华而不实的对白和精雕细琢的描写，却始终不能明白他们的作品为何不能投拍，而其他文学才华平平但故事讲述能力超凡的作家，却能欣慰地看到他们的梦境在银幕的光影中再现。”③ “戏人电影”很好地把握了电影艺术的这一精髓，它的首要因素就是好故事。早期上海电影为适应市民阶层的审美趣味，在电影的叙事模式上十分重视故事性，承袭了唐传奇以来中国传统小说和戏剧题材新奇而情节曲折的风格。“鸳鸯蝴蝶派”文人参与到中国电影创作队伍后，其电影更保持注重如何讲好故事的叙事传统。男女情爱故事历来是“鸳鸯蝴蝶派”的拿手好戏，所谓“蝴蝶粉香来海国，鸳鸯梦冷怨潇湘”④。“鸳鸯蝴蝶派”文人创作的电影也主要讲述男女情爱故事，往往以“现代男女三角关系”表现都市市民爱情、婚姻生活中的“第三者插足”现象等。

鸳鸯蝴蝶派情爱小说的盛行虽然与上海移民阶层“消闲”阅读需求有关，但武侠、历史

① 费正清主编：《剑桥中华民国史》，中国社会科学出版社1994年版，第517页。

② 程季华：《中国电影发展史》（第一卷），中国电影出版社1981年版，第56页。

③ 罗伯特·麦基：《故事——材质·结构·风格和银幕剧作原理》，中国电影出版社2001年版，第23页。

④ 平襟亚：《“鸳鸯蝴蝶派”命名的故事》，转引自魏绍昌编：《鸳鸯蝴蝶派研究资料》，上海文艺出版社1962年版。

题材同样能满足这一“消闲”娱乐需求。其实，“鸳鸯蝴蝶派”情爱小说的盛行与传统吴越地区对情感戏的偏爱关系尤甚。海派文化的本土根源在吴越文化，吴越之民自古就有喜欢爱情婚姻题材故事的传统。宋元南戏、明清传奇诸多作品都可佐证。“鸳鸯蝴蝶派”创作的都市市民爱情、婚姻生活中的“第三者插足”故事模式虽然有别于“才子遇佳人”的传统叙事母题，但其实骨子里是一样的，都是才子佳人故事。才子佳人小说是我国明末清初一大小说类型，虽然《红楼梦》作者借贾母之口对其口诛笔伐，但《红楼梦》仍然与其有千丝万缕的联系，宝、黛、钗的爱情婚姻，抛开其深刻的思想性，其实同样是才子佳人故事。此点，对文化层次较低的读者而言，更是如此。电影作为影像艺术，较小说而言，本身就是大众审美艺术。以“鸳鸯蝴蝶派”的审美风格来看《红楼梦》，我们很容易过滤掉小说中的家族悲剧与人生悲剧，而独具慧眼地选择宝、黛、钗的爱情婚姻悲剧。纵观早期红楼电影，基本上都围绕《红楼梦》中的情爱故事而展开。《黛玉葬花》姑且不论。复旦版虽然突出梦幻意识，但这种“人生如梦”的感觉却来自情爱的幻灭。影片表现的两大重心——王熙凤三次设计丧三命（贾瑞、尤二姐和林黛玉）及宝黛爱情悲剧的曲折发展都体现了编剧对情爱故事的偏爱。孔雀版虽然注重全本改编，也以元妃省亲开篇，强化贾府兴衰之主题，但其核心仍然是宝黛爱情故事。《王熙凤大闹宁国府》同样以王熙凤、贾琏、尤二姐“三角”情感纠葛为中心。周璇版《红楼梦》也以宝黛爱情为中心，因此虽然获得成功，但也不免招致“剧情过于简单，老是处在三角恋爱的圈子中”的批评。①

好故事还需要情节的巧妙安排。当时上海的文学、戏剧、电影都或多或少受到“情节剧”的影响。“情节剧”是最早源于法国以歌舞为主的一种舞台样式，大多以善恶二元对立的高度戏剧冲突为结构模式。20世纪初好莱坞电影强化了这一叙事模式。较之西方观众，中国观众更适应这一情节模式。因为我国传统小说与戏曲本身就崇尚善恶、忠奸二元对立的故事模式。早期的上海电影，也多以情节剧的样式呈现，二元对立的夸张情节与价值判断成为电影的基本样式。这种二元对立的情节模式同样影响早期红楼电影的改编。与其他古典小说名著比较，《红楼梦》是一部诗性小说，它不以曲折离奇的情节取胜，而是以细腻深刻的人情描摹见长。书中无大奸大恶之人，宝黛之悲剧乃“由于剧中之人物之位置及关系而不得不然者，非必有蛇蝎之性质与意外之变故也，但由普通之人物、普通之境遇逼之，不得不如是。”② 这正是《红楼梦》的卓绝之处。相对而言，在宝黛爱情故事中，后四十回备受争议的“黛死钗嫁”情节无疑最富戏剧冲突。因此，早期4部以宝黛爱情为中心的红楼电影，几乎都选择了“黛死钗嫁”，后来家喻户晓的1962年越剧《红楼梦》电影同样吸纳了这一情节。关于这一情节的戏剧冲突效果，前贤多有论及，此处不再赘述。在对待钗黛的态度上，也体现出惊人的一致性。黛玉与宝钗，在《红楼梦》中可以说是双峰并峙，二人无论是容貌与才情，作者都不愿分出高下。而早期红楼电影几乎都是扬黛抑钗，比如，在复旦版中，林黛玉形象高洁纯真，而

---

① 吴贻弓主编：《上海电影志》，上海社会科学院出版社1999年版，第256页。

② 王国维：《红楼梦评论》，岳麓书社1999年版，第12页。

薛宝钗则“外貌纯厚，居心险诈”。抛开个人喜好的因素，营造善恶二元对立的戏剧冲突模式是重要原因。除宝黛爱情故事之外，王熙凤与“红楼二尤”的故事是《红楼梦》中相对独立且富有戏剧性的情节，《王熙凤大闹宁国府》即选取这一节改编摄制，开创了“红楼二尤”电影摄制之先河。其字幕注明：“本剧王熙凤大闹宁国府，系全书中富有戏剧性之一节”。1951年上海“国泰”的《红楼二尤》、1963年上海“海燕”的《尤三姐》虽然浸染五六十年代的时代色彩，但改编思路仍大体一致。

三、海派文化的个性化与早期红楼电影的反封建婚姻制度主题

五四前后，西欧文艺复兴时期强调的自由、平等、博爱的人文主义精神东渐，反对旧礼教、旧政权成为新文化运动的重要内容。上海作为东方国际化大都市，遂成为西方人文思潮的传播重地，从而使海派文化彰显出鲜明的个性化特征，其突出表现在“强调个体的自由独立、表现人性的丰厚复杂、突出人生的世俗况味等方面”。① 上海文学则突出地表现要求摆脱传统封建伦理道德束缚、强调个体自由独立的主题。这一时期的文学作品如郭沫若的《女神》、茅盾的《幻灭》、巴金的《激流三部曲》都体现了这一时代精神。

中国传统伦理道德中最束缚个体自由独立的当属封建婚姻制度对自由婚姻的阻碍、对人性的禁锢。“《红楼梦》一书，叙人婚姻事，不祥者为多，盖明专制结婚之必无良果也。”②“一部《红楼梦》一百二十回，无非痛陈夫妇制度之不良，故其书绝未提出一对美满夫妇，而所言者俱是婚姻苦事。”③ 从这一视角来看，真正造成宝黛爱情悲剧的不是宝钗，也不是贾母、王熙凤等人，而是封建婚姻制度，宝玉、黛玉、宝钗都是这一制度的牺牲品。

> 男女爱情与夫妇制度绝不发生关系，但相沿既久，无论二女争一男，二男争一女，苟不能与情敌争此纯洁之爱情，遂不得不假力于夫妇制度，而以种种卑劣之手段为夺婿逼嫁之举，以快其私欲于一时。……如真无夫妇制度，男女之结合全恃爱情，则纵有相妒相争之事，然所争之点不出于爱情以外，情薄者自处于失败之地位，无可争也，亦无可妒也。……反是，因有夫妇制度，而所谓金钱也，势力也，门楣也，礼俗也，父母之命也，媒妁之言也，均起而为男男女女相争相护之焦点。有真爱情者乃转而无幸，是岂人之所堪受耶？④

在这股时代思潮下，1949年以前的红楼电影，基本上以宝黛的爱情悲剧为中心，突出宝

---

① 杨剑龙：《上海文化与上海文学》，上海人民出版社2007年版，第19页。
② 季新：《红楼梦新评》见《小说海》1915年第1卷第1、2号，转引自朱一玄《红楼梦资料汇编》，南开大学出版社1985年版，第918页，。
③ 海鸥：《古今小说评林》，转引自朱一玄《红楼梦资料汇编》，第904页。
④ 海鸥：《古今小说评林》，转引自朱一玄《红楼梦资料汇编》，第908页。

黛的自由爱情与封建伦理道德的矛盾冲突、封建家长对青年儿女自由爱情的扼杀。

孔雀版导演程树仁是我国第一代修习电影的留学生，从小爱读《红楼梦》。拍摄《红楼梦》之前，他仔细研读了胡适有关《红楼梦》的考证文章。写出剧本后，又请当时十余位新旧红学家审核，征求意见后“方敢制为电影”。由于复旦版抢先搬上银幕，发行商要求将影片改名为《石头记》，程树仁不肯委曲求全。为此，他对《红楼梦》片名进行了详细的探讨，他认为《红楼梦》最能体现他的影片剧旨：

> 举凡体现间一事一物，均有其目的，均有其宗旨，均有其主义。倘无目的，无宗旨，无主义，是徒罔然也。吾人既用无数精神及许多金钱来摄制《红楼梦》，自当于万事之先，为《红楼梦》认定一个高尚之剧旨。第《红楼梦》作者诸说互异，……众说纷纭，莫衷一是。余意以此彼，致使看客堕入五里雾中而无直接发生爽快之了解者。是为影剧所最忌。立意虽佳，不足取也。甚至牵强附会，怪诞不经之神怪迷信，吾辈俱受过高等教育，自矢为中华民国之新国民者，岂更有为之阐扬之理耶？由此观之，胡适谓为作者曹雪芹自述身世之说诚可认为《红楼梦》最高尚最有价值之剧旨矣。且曹雪芹自叙亦云“欲将已往所赖……编述一集以告天下。”今欲牵强附会，捕风捉影，影此影彼，是大背曹雪芹于困苦艰难之中费尽心血著此《红楼梦》以述已警世之一番苦心孤诣也。①

程树仁接受的是胡适等新红学的研究成果，而对索引派的“牵强附会，捕风捉影，影此影彼”颇为反感。作为“受过高等教育，自矢为中华民国之新国民”，程树仁虽认同胡适之“曹雪芹自述身世之说”，但并不拘泥于曹雪芹之身世，而是有感于曹雪芹费尽心血十年著书之“苦心孤诣”，以此警世与救世。具体则落实在“采用《红楼梦》中宝黛故事，以惊醒迷信旧婚姻制度之父母，提创婚姻自主，其亦改良社会之急图欤！”为突出这一主题，程树仁在改编中增加了一现实人物“曾友笛”干涉女儿婚姻最终悔悟之事。

> 读《红楼梦》本事，不禁感慨于吾国婚姻旧制，首重父母之命，媒妁之言。因此两端，而遂遗误青年男女终身幸福者，不知凡几。尤甚者，迫于父母之命，不得遂其私衷，至于身殉，不亦惨乎？夫父母之爱子女，出自天性，衣食琐屑，无微不至，而独于子女之婚事，则又苦苦把持，不听自主，此又何也？噫！习俗相沿，积重难返耳！吾友程树仁，有鉴于斯，编演《红楼梦》一剧，采用《红楼梦》中宝黛故事，以惊醒迷信旧婚姻制度之父母，提创婚姻自主，其亦改良社会之急图欤！其剧情为曾友笛恶其女俊英与王昌林自由恋爱，遂将昌林驱逐外出，后将俊英禁锢室内。旋因梦《红楼梦》中宝玉迫于贾母贾政之命，错成金玉姻缘。黛玉得此消息，一病不

① 程树仁：《导演红楼梦之一番用心》见《孔雀特刊·红楼梦专号》，孔雀电影公司，1927年，第718页。

起，宝玉亦因情场失败，遁迹空门之一段故事，遂打消其把持婚姻之意旨，卒使昌林俊英成就美满姻缘。其穿插之得法，用意之深刻，迥非普通电影剧所可望其项背。”①

周璇版《红楼梦》编导卜万苍在“剧旨”说明中也强调：“《红楼梦》一书，实写宝玉之多情，黛玉之薄命，正所以对旧式婚姻制度，作一当头棒喝也。”②

四、海派文化的商业性与早期红楼电影的宣传特刊

海派文化具有典型的商业特征。“北京是明清的帝都，上海乃各国的租界，帝都多官，租界多商，所以文人之在京者近官，沿海者近商。近官者在使官得名，近商者在使商获利，而自己也难以糊口。要而言之，不过‘京派’是官的帮闲，‘海派’则是商的帮忙而已。”③ 早期上海电影有着浓厚的商业意识，比如成立电影公司、启用明星制、展开成熟的影片宣传活动等。此处仅以影片宣传活动作一简单阐释。报刊、杂志等印刷媒介对电影传播的价值有目共睹。早期上海电影都非常注重影片的宣传，这也是上海电影走向商业化的重要标志。早期电影刊物曾有这样的议论：

上海有报纸和杂志的宣传，所以影片格外的发达。北平没有关于电影的杂志，报纸上载的，也不过一二篇的平淡的舆论，不能尽发挥的……北平没有舆论，所以不能使观众判别优劣和引起兴趣呢。④

当时，上海著名的报刊、杂志多有电影副刊或者电影专栏。“《时报》、《晨报》、《时事新报》、《申报》”等“各大报俱增办电影副刊”⑤。比如，《时报》副刊《电影时报》、《晨报》副刊《每日电影》，《时事新报》副刊《电影》（后改为《新上海》），《申报》副刊《电影专刊》，其他还有《中华日报》副刊《电影新地》（后改为《银座》）、《文汇报》副刊《影视与戏剧》，等等。电影报道也是上海著名杂志《良友画报》、《摄影画报》、《时代画报》等的重要内容，长城画片公司、太平洋影片公司、友联影片公司和上海新民影片公司都是《良友画报》的主要广告客户。⑥ 上海红楼电影都非常注重在报刊、杂志上为影片作宣传。比如，孔雀

---

① 徐志仁：《读红楼梦本事后》，见《孔雀特刊·红楼梦专号》，第2页。
② 《华影新片特刊——〈红楼梦〉》，中华电影联合股份有限公司，1944年，第4页。
③ 鲁迅：《“京派”与“海派”》，见《鲁迅全集》（第五卷），人民文学出版社2005年版，第453页。
④ 沈子宜：《电影在北平》见《电影月报》1928年9月10日第6期，六和影片营业公司出版。转引自胡霁荣：《中国早期电影史》，上海人民出版社2010年版，第101页。
⑤ 《电影中兴大事记》，原载《电声周刊》1934年第3卷第22期，转引自《中国无声电影》，中国电影出版社1996年版，第1332页。
⑥ 熊月之：《上海通史》（第十卷：民国文化），上海人民出版社1999年版，第188页。

版《红楼梦》在该公司摄制的《孔雀东南飞》后，即广泛宣传其《红楼梦》拍摄意图：

> 于十月十七日登《申报》封面广告，宣布开始摄制《红楼梦》。十二月三日《孔雀东南飞》片成，行将开映于北京大戏院也，会登《申报》及《新闻报》封面广告。其中亦曾宣传孔雀公司正在进行摄制《红楼梦》。本年一月一日，本公司为孔雀东华戏院开幕事登《申报》封面广告，其中亦曾提及《红楼梦》已在进行摄制之中。数月以后，对于《红楼梦》剧本已有最后之改正，乃于三月十二十三日两日登申新两报封面广告聘请女演员，十九二十两日又登申新两报封面广告征求女学生加入表演。①

当时上海还出现了大量专门的电影刊物。从1921年到1949年，上海共出版各类电影期刊207种。② 其中，20年代出版的电影刊物三十多种，大体上分为五大类：影讯报道类、影评类、电影画刊类、综合类、特刊类。影讯报道类刊物有《电影周报》、《影戏丛报》、《影戏杂志》等；影评类刊物有《电影杂志》、《影戏春秋》等；电影画刊类刊物有《明星画报》、《电影画报》等；少数综合类刊物也涉及电影，如周瘦鹃主编的《紫罗兰》就出过"电影专号"。特刊类是20年代电影刊物的特殊品种。当时出现了《明星特刊》、《神州特刊》、《长城特刊》、《大中华百合特刊》、《开心特刊》、《友联特刊》等十几种直接冠以"特刊"名称的刊物。这些刊物都各自属于某家电影公司，并以该公司名作为刊物名，一目了然（仅《晨星》除外），它们几乎都是一种办刊模式，即每当公司出品一部新片，就出刊一期，并标出"某某影片号"或"某某影片特刊"。内容大体上分为两部分：前一部分集中介绍新推出的影片，包括导演、演员的个人资料，影片故事情节，摄制过程及花絮，演职员名单等，并配以若干剧照；后一部分则刊登对新片的评介，有辑录自报刊的，也有新撰写的，有的还有编导演的创作谈和观众意见等。每期一般还有国外影讯和电影理论探讨。③ 为了配合影片的播映，复旦版、孔雀版、周璇版《红楼梦》都专门发行了特刊。

复旦版为《复旦特刊·红楼梦再生缘合刊》，《红楼梦》内容占了九成，主要涉及电影《红楼梦》的编创说明、演职员表、字幕等，沪上作家及其他文化界名人笔谈《红楼梦》影片及小说原著诸问题，《红楼梦》电影试映后有关报章所刊载的"评词"。《红楼梦特刊》文章的作者，除少量影片编创人员及新闻记者外，大多是沪上的文化名人，其中有些还是知名的小说家、散文家。④ 该刊共发行了2万册，这应当是个不小的数字，由此亦可见其受欢迎的程度。如此制作精美、内容丰富、发行量大的影片特刊，即使与当代电影的平面媒体宣传比较，也毫不逊色。

---

① 程树仁：《导演红楼梦之一番用心》，见《孔雀特刊·红楼梦专号》，第617页。
② 吴贻弓主编：《上海电影志》，上海社会科学院出版社1999年版，第689页。
③ 《上海早期的电影刊物扫描》见方明光编著：《海上旧梦影》，上海人民出版社2003年版，第107~113页。
④ 张伟：《沪渎旧影》，上海辞书出版社2002年版，第76页。

孔雀版则为《红楼梦专号》，包括了该公司摄制的《孔雀东南飞》影片说明，但篇幅较少，主要是《红楼梦》内容。较之复旦版，孔雀版专号更是篇幅宏大，竟厚达100多页。其商业色彩也更为浓厚，封二就是一大幅惠民奶粉广告，封三为导演程树仁主编的《中华影业年鉴》广告，特刊后部分内容主要是美国第一国家影片公司产品的影片及其电影海报。电影特刊封面右上角打上“古装稗史香艳巨片”的宣传标语，右下角还印上英文名《The Red Chamber Dream》。针对复旦版的“本片是近代装，非老戏式之古装”的广告语，孔雀版针锋相对地刊出广告：“本片乃古装香艳巨片，非时装可比。”孔雀版《红楼梦专号》的内容较之复旦版更为繁复。不但有演职员简介，《红楼梦铜图十六幅》（剧照），还有《胡适红楼梦考证撮要》、《红楼梦本事》、《红楼梦字幕》、《导演红楼梦之一番用心》、《红楼梦评语一束》、《红楼梦英文本事》，其中《导演红楼梦之一番用心》竟长达80页篇幅。而文后还有“尚有古装红楼梦批评多篇留下期登载”字样，说明孔雀版《红楼梦》还有另外宣传杂志。从孔雀版专号可看出主创人员严肃认真的态度与影片的精美程度。但孔雀版的铩羽而归也正呈现了上海电影竞争的残酷性，也体现商业因素对早期红楼电影的制约。

笔者所见的周璇版《红楼梦》宣传杂志有《华影新片特刊——〈红楼梦〉》与《红楼梦人物素描》。《华影新片特刊——〈红楼梦〉》封面为周璇扮演的林黛玉与袁美云扮演的贾宝玉，封二为各角色剧照及导演、演职员表，宣传广告大概是“钢铁阵容！煌煌巨制！”（前三字残缺，笔者从《光荣之页》中查阅后补上）杂志内容分别介绍了《红楼梦》剧情与“剧旨”、红楼故事片段与剧照、“红楼花絮”、“红楼梦处女镜头”、“卜万苍现身说法”、“摄影场上”等内容，还附有影片的全部对白以及歌曲《梨香曲》与《悲秋》、《尾声》。特刊中还有“富丽堂皇古装稗官巨制”、“耗资千万元，摄制近一年”的广告字眼。《红楼梦人物素描》有主要人物林黛玉、薛宝钗、王熙凤、袭人等的人物素描、解说词及剧照，次要人物焦大、焙茗、傻大姐等也有素描与解说词，有的也附有剧照。宣传册子中还有影片摄制中的“花花絮絮”、胡兰成对林黛玉的评价、《梨香曲》、剧情与剧旨等。

有学者认为从1925年到1927年这三年间，上海的电影期刊主要由电影公司特刊一统天下。而1928年六合影戏营业公司《电影月报》（1928—1929）的创刊，宣告了电影特刊时期的终结。复旦版与孔雀版特刊正是出自电影特刊一统天下的时期，这两份特刊的形式也与当时的特刊基本一致。但1928年以后电影特刊并非完全消失，1944年周璇版也同样发行了电影特刊，而且还不只一期，只不过从形式上已与20年代有了很大的不同。此外，还有学者认为20世纪20年代电影公司特刊整体上质量不高，选编上往往一味迎合小市民低级庸俗的趣味，有些庸俗不堪。① 笔者见到的这几分红楼特刊则完全不同，虽然也有一些商业广告与影片的商业宣传，但整体上学术性很高，这或许得益于《红楼梦》本身的高雅旨趣吧。

1949年后，上海电影的地位由中心渐变为边缘，在新的电影政策方针的指导与中央电影局的管理下，上海电影的地域色彩日益弱化。1951年摄制《红楼二尤》、1962年版越剧《红

① 胡霁荣：《中国早期电影史》，上海人民出版社2010年版，第106页。

楼梦》与1963年版京剧《尤三姐》虽然仍有部分海派文化的遗留，但主要体现了新时期的文化特征。改革开放以后，上海虽然出品过多版越剧电影《红楼梦》，但并无新的建树。上海与《红楼梦》的电影情缘，主要定格在民国的特定时空中。

| 本文作者：中国红楼梦学会常务理事、副秘书长，
中国艺术研究院红楼梦研究所助理研究员

白薇与《访雯》

王　慧

《红楼梦》诞生不久，就有仲振奎创作的杂剧《葬花》一折出现，此后，有关其改编的各类文艺作品层出不穷，大都集中在宝黛爱情以及尤氏姐妹故事，这些情节不仅是《红楼梦》中的经典，也最容易引起人们情感的共鸣。而颇受人们青睐的晴雯故事则较少被改编，即使有也大多集中在补裘、撕扇等经典情节。民国初期，有一部剧作很是出人意料，关注的是晴雯被逐、宝玉探访的画面，而蕴含的深意也已经脱离了《红楼梦》原著，带有改编者强烈的感情色彩，这就是白薇的独幕话剧《访雯》。我们知道，民国期间关于《红楼梦》的话剧改编大都集中在20世纪40年代，形成了《红楼梦》话剧的“黄金期”。从1913年欧阳予倩、马绛士的《鸳鸯剑》开始，最初的《红楼梦》话剧大都为文明戏或新剧。20年代有两部《红楼梦》话剧问世，一部即陈梦家创作于1928年的《绛洞花主》，另一部就是白薇于1926年带给我们的与《红楼梦》原著完全不一样感受的《访雯》。

一

白薇（1894—1987），中国现代文学史上最著名的女戏剧家之一。其主要作品集中创作于20世纪二三十年代，如戏剧《苏斐》、《访雯》、《琳丽》、《打出幽灵塔》、《革命神受难》、《娘姨》、《假洋人》，小说《炸弹与征鸟》、《受难的女性们》、《悲剧生涯》等。阿英曾这样评价白薇：“白薇是个戏剧作家，也是现代的女性作家中的一位比较优秀的戏剧作者，虽然她近来也写小说，可是她的小说远不如她的戏剧上有成就。她还是因着她的戏剧获得了文艺上的存在。”①

白薇1894年2月5日生于湖南资兴南乡秀流村——一个依山傍水的美丽小村庄，小名碧珠，原名黄彰、黄鹂，别名黄素如。白薇是她留学日本时给自己取的名字，意为空寂而奇穷的薇草，充满了女性无尽的悲哀。白薇的创作始于1922年的三幕剧《苏斐》，从此叩开了文学殿堂之门。独幕剧《访雯》于1926年7月在《语丝》第十七卷第七号与《小说月报》第十七卷第七号同时发表。在白薇的早期剧作中，人们愿意谈论《苏斐》、《琳丽》、《打出幽灵塔》这些充满自传色彩的剧作，来探讨白薇的创作思想、女性主义以及恋爱悲剧，而较少谈到《访雯》。事实上，《访雯》虽然改编自《红楼梦》，但与其他剧作无论在思想、还是做白薇感情的传声筒方面都是一脉相承的。

---

① 转引自白舒荣、何由：《白薇评传》，湖南人民出版社1983年版，第103页。

独幕剧《访雯》故事发生于清初某年仲秋的黄昏，地点是大观园外吴贵家，出场人物有宝玉、晴雯、晴雯嫂子（吴贵媳妇）、柳妈、柳五儿。故事来源于《红楼梦》第七十七回“俏丫鬟抱屈夭风流”①。在此回中，“心比天高，身为下贱”的晴雯因为被王夫人视为勾引贾宝玉的“祸害妖精”而逐出大观园，在姑舅哥哥吴贵家含恨而终。晴雯是怡红院四大丫鬟之一，是贾宝玉“心上第一等的人”。她十岁时被赖大家买来，因贾母喜欢，被赖嬷嬷孝敬给贾母使唤，后来到了宝玉房里。晴雯是贾母挑中的将来可以给宝玉使唤得的不二人选，可惜，红颜薄命，最终是“风流灵巧招人怨”，只落得“多情公子空牵念”。

《红楼梦》里的晴雯被看做是林黛玉的影子，她虽是个丫鬟，却“心比天高”，伶牙俐齿不饶人，即使怡红院首席大丫鬟袭人也常被噎得哑口无言。晴雯看不起袭人和宝玉偷偷摸摸做的那些事儿，嘲笑碧痕给宝玉洗澡洗了足有两三个时辰，而且“地下的水淹着床腿，连席子上都汪着水”，也讽刺小红长长远远地攀个高枝儿才是本事。怡红院里的风情似乎很多都是从晴雯嘴里透漏出来的，但她自己却和黛玉一样冰清玉洁，是至情至性之人。晴雯对宝玉的爱是含蓄的，即使与宝玉的最后一面，也不过是不甘与不服：“我虽生的比别人略好些，并没有私情密意勾引你怎么样，如何一口死咬定了我是个狐狸精！我太不服……只说大家横竖是在一起。不想平空里生出这一节话来，有冤无处诉。”二人虽依依不舍，最煽情的场景也就是晴雯将左手上两根葱管一般的指甲齐根铰下，又将自己贴身穿着的一件旧红绫袄脱下，并指甲都与宝玉道：“这个你收了，以后就如见我一般。快把你的袄儿脱下来我穿。我将来在棺材内独自躺着，也就象还在怡红院的一样了。”而且“晴雯知宝玉难行，遂用被蒙头，总不理他”，宝玉方离开。曹雪芹是冷静而理智的，生活在二百多年前、繁华落尽的他毫不手软地让一个个正处妙龄、本应生如夏花般绚烂的女子随风而去，让青春与美的毁灭一幕幕呈现在人们面前，不置一词。

白薇则详细描述了宝玉与晴雯之间的见面，与《红楼梦》原著完全不同。在白薇笔下，晴雯带病被逐出大观园，而且又被哥哥打了一顿，但仍然浑身洋溢着爱的热情，大胆、主动、甚至带有魅惑。她在粗木床、破草席、乌黑的磁茶壶茶碗以及尘埃厚积的如同幽灵窟一样的陋室里想象着曾经怡红院里怡红公子与自己的温情。她对宝玉满是真诚的爱恋，害怕自己“真诚真诚的一点心，比宝石还珍贵的一点心”付之东流，并喊出了“情场是没有和平的啊”。她也迷惑于自己对宝玉的感情：“怎么我一离开大观园，我简直狂人一样的苦念宝玉，好像我的全心魂，都被他占住了？不可思议！这银光笼罩的秘密，真不可思议！”但晴雯的爱又是自尊的，“到头我的自尊心，是要笑我轻薄吗？（咳，喘）不对，不对，我心里只有真挚，只有纯情，只有比梦还要美丽的光彩……我根本嫌忌……嫌忌贾府那逐鹿的战场。”然而，她最终意识到自己“也是……爱……爱了他了……难怪我狂我的眼泪，是为他的流的！我凶险的痨病是因他得的”！晴雯终于明白了自己对宝玉的感情，当宝玉来看望她时，当宝玉痛惜她被撵

① 曹雪芹、高鹗：《红楼梦》，人民文学出版社 1982 年版。本文所有有关《红楼梦》引文，皆出于此，恕不另注。

出大观园的横暴和惨酷、并被哥哥责打时，晴雯耿耿于怀的却是自己被诬为狐狸精勾引宝玉，以致说出了“不是我说句后悔的话：早知如此……我当日……”，这欲言又止的内涵引起了二人对男女情爱中信任与否的探讨。

晴雯虽然懂得宝玉的心，但认为宝玉并不是全然信任自己，她觉得自己“顶不了解男子的心”，“因为男子总爱戴起绿色的眼镜，在幸福上做功夫。越是乖僻深秘的女子，男子越发理解不来了，况且男子的心性，只管求爱女性，并不想想要了解女性的心”。而宝玉则辩解说自己和那些猪头狗面的人并不一样，“那知道我们的心境，为得是沉醉在美的世界里，不但一切的邪念不会发生过，并且我们彼此常感觉一种不落概念的优美和纯洁”，并认为晴雯之所以受委屈，是因为“生得太美”的缘故，被“美”字牵累了。

接下来白薇让晴雯与宝玉讨论美与爱、与生命的问题，这也是五四前后的热门话题。晴雯不知道自己美不美，她笑话宝玉喜欢嫩白肥胖的曲线，被宝姑娘的一双皓腕迷住了。宝玉辩白说：“肥胖圆圆的模样，是一种可爱的典型；清雅纤细，那是美的典型”，并认为晴雯是兼了这两种的魔力。晴雯认为美比生命更重要：“不过我爱‘美’比爱‘生命’还重。宁肯不生，不愿不美。我不敬爱众生皈依的佛菩萨，我不敬爱那些流芳百世的贤人君子；我只敬爱崇高绝艳的天女和花神。我这爱美的心理，难道就是不干净的种子吗？……为得我美就奚落我到这个地步！”

美与生命似乎很多时候都处于对立地位，晴雯就是因为生得比别人都美，而被视为祸害，是妖精，反不如在王夫人看来笨笨的袭人、麝月好。而爱与死亡也往往联系在一起，晴雯带着对宝玉强烈的爱孤独地死去。在白薇另一部著名的诗剧《琳丽》中也充满对于爱与死亡的表述，女主人公琳丽以炽烈的爱面对死亡的气息：“我这回是为爱生的，不但我本身是爱，恐怕我死后，我冷冰冰的那块青石墓碑，也只是一团晶莹的爱，离开爱还有什么生命？离开爱能创造血的艺术吗？”而白薇自己也曾在给杨骚的信中说出极端的观点：“得恋是生命的临终。”①爱与生命同在，但即使是死亡也无法阻止热烈的爱恋。

在接下来的宝玉与晴雯互诉衷情之际，面临死亡的晴雯不惧怕说出自己对宝玉的爱，但却拒绝了宝玉对自己的爱抚。当宝玉细细玩味晴雯乌云似的头发时，当宝玉痴迷于晴雯魅惑的眼睛、蔷薇般的朱唇时，晴雯虽有刹那的迷恋，投身于宝玉的怀中，但却一再决绝地避开了宝玉的亲吻。即使宝玉以“神圣的恋爱”的名义，也无法消除晴雯“人性越要爱越感觉孤独”的哀伤。晴雯惶惑于男女之间灵与肉的关系，相比较宝玉对其身体产生的欲望，晴雯更在意的是精神上的爱恋。她羡慕的是怡红院里的海棠花纵然凋谢，也还是在宝玉的院子里，而自己却已被赶出了大观园。她在意的是自己的心“是比甚么花还美丽的”，自己的身子还是干净的。因此晴雯可以把自己的红绫衬衣与宝玉的湖色衬衣互换，却不能容忍宝玉对自己的暧昧接近，甚至冷静强烈地对宝玉喊出了“你别把我当卖春妇看待”。

---

① 白薇、杨骚编：《昨夜》，上海南强书局1934年版。本文中所有关于二人书信中的引文皆出于此，恕不另注。

白薇在《访雯》中还进一步借贾宝玉的软弱质疑了男子对爱情的专一与持久。前一刻，宝玉还在对晴雯诉说自己的爱意，赞美晴雯优美高洁的精神，使自己在这个美丽的宇宙里洗澡、净化、美化，自己的灵魂也一天比一天清洁起来。可当他因晴雯的拒绝便无兴趣地离开并被吴贵媳妇纠缠不休时，宝玉除了害羞、不安与懊恼外，毫无抵抗的能力，他对这个女人毫无兴趣，只想着怎样立刻离开这里回到自己安稳的怡红院。幸亏柳妈、柳五儿的到来解除了这个危机，此时的宝玉只想着爬起来乱躲并躲进了门帘后面。当晴雯孤独寂寞地在临终之际呼唤着"哎……宝玉！……宝玉呢"时，宝玉却只是自嫂房慌慌张张，一直向床前跑来，问道："呀，怎么一回事？"宝玉与晴雯始终无法处在同一思想状态。丫鬟与少爷身份的天渊之别让二人本就因性别差异而导致的恋爱中的不平等更加突出，而宝玉的软弱更进一步深化了悲剧。他在晴雯被逐之际虽然心里好像着火一般的难受，但却丝毫不敢向王夫人据理力争。而面对吴贵媳妇（晴雯嫂子）的骚扰强势，宝玉也无法保护自己，更早已将与自己有"神圣的恋爱"的晴雯抛在了脑后。在这里，与其说贾宝玉、晴雯都是《红楼梦》里的人物，不如说他们都是白薇笔下的《红楼梦》里的人物。《访雯》与白薇其他许多作品一样，充满了自传色彩，是白薇的代言。

二

《访雯》创作于1926年，此时的白薇还处在爱情的伤痛中。艰难逃婚后苦恋的情人不仅弃她而去，还狠狠地伤害了她，这个人就是后来与白薇爱恨纠缠十几年的杨骚。白薇从小的家境还不错，但却被母亲谈笑间以礼物一样许给了李姓寡妇的儿子，融洽的感情可谓奢求，尤其白薇还要遭受心理变态的婆婆和丈夫的精神及肉体折磨。1924年，无法忍受的白薇好不容易逃婚成功去日本，在异国他乡认识了因失恋而倍感孤独的多情才子杨骚。白薇将所有的爱恋倾注于潇洒倜傥的他，此时的杨骚对于白薇来说就是一切。白薇曾在自传体长篇小说《悲剧生涯》的序中这样坦诚自己的心意："我以为一天有他，我的精神就是活的，我的力量会十倍地充实起来。"不料，当她抱病之际，杨骚不辞而别，回到了祖国，这对白薇不啻是个巨大的打击。第二年，白薇借钱作路费，回国寻找杨骚，当她在杭州西湖葛岭山下找到曾经的爱人时，却被他横加指责，大骂一顿，并说自己要去南洋发财。杨骚不久离开杭州，回到自己福建老家漳州。我们无法想象白薇此时的心情，那该是怎样一种黯然神伤，漂洋过海寻找的恋人，竟然如此对待自己，估计换谁都是不死即伤，何况白薇此时贫病交加，最终不得不卖了自己的创作手稿《琳丽》才还清账目，形单影只地回到日本。然而，白薇的悲剧在于她并没有就此忘掉杨骚，而是还抱有美好重逢的希望，她在1925年3月6日给杨骚信中这样说："我们一定有再会的机会罢！我将静静地等待这个机会！我将一面等着一面欢欢喜喜地思念你。我一想念你便活生生的有力起来。

《访雯》就是白薇在这样的创作心态下写成的，因此自然会流露出作者对爱情的迷茫与对男性的不信任，因而笔下的晴雯与宝玉也染上了厚厚的白薇自己与杨骚的色彩。

《红楼梦》原著里的晴雯与宝玉之间并没有如此鲜明的爱恋关系，更像是一对知己。晴雯对宝玉之情我们前面已经论述，此不赘。而宝玉对晴雯也是情真意切，不惜撕扇博千金一笑；他偷偷摸摸地躲着袭人、却毫不避讳地派晴雯给黛玉送去满含相思之意的帕子；当晴雯被撵，宝玉体贴地想到晴雯的处境："他自幼上来娇生惯养，何尝受过一日委屈。连我知道他的性格，还时常冲撞了他。他这一下去，就如同一盆才抽出嫩箭来的兰花送到猪窝里去一般。况又是一身重病，里头一肚子的闷气。他又没有亲爷热娘，只有一个醉泥鳅姑舅哥哥。他这一去，一时也不惯的，那里还等得几日。"我们可以责怪宝玉确实缺乏行动力，不敢反抗封建权威，但在当时的社会状况下，这样细心、体贴、处处从他人角度出发考虑的公子哥儿，已经是罕见的了。

但《访雯》里的宝玉与晴雯却完全带着五四时期青年男女恋爱的时代色彩。当晴雯对宝玉"神圣的恋爱"满是质疑的时候，当晴雯清醒地认识到"我不过是你奢华的一点装饰品。你呢……是我生涯的全身……把我最纯洁的全生涯，该送给你瞬间的装饰就牺牲么？……女子的珍贵呢？所以我只有是死"的时候，正是白薇基于自己与杨骚的恋情提出的惶惑与愤懑！事实上，这已经不是晴雯和宝玉的对话，而是白薇自己的思想呈现了。

早在1925年白薇被杨骚抛弃、含着血泪创作的诗剧《琳丽》中就已经表达了她自己的这种看法。杨骚曾在记载着二人"当时的真心真血"的情书集《昨夜》的序中说两人都是"柏拉图式的恋爱崇拜者"，对杨骚我们不去判断，但白薇似乎很有这种倾向，她曾一度处于无法自拔的纠结之中，她既希望自己和杨骚只是"做个朋友"，只有精神之爱，又似乎也渴求肉体之爱。在她与杨骚的通信中，她曾多此提到"你若还愿交我，请当做纯友交！请做一个纯友"！"重握手，做纯友！"她希望与杨骚之间只有纯友爱："我愿与你同游同食同睡，我愿永远和你做一堆，我愿和你一同沉醉一个美。只不要恋，在恋人Kiss的唇间，要将一切的爱、美破毁，瞬间的欢乐后，便遗虚无的死灰。"然而，白薇自己似乎也明白这种精神之爱其实很难实现，"等虚无的狂潮退去后，难免我不向你热烈的接吻。如今我正任虚无的潮流漂流，却总想天天能够和你携手"。说到底，白薇其实是惧怕杨骚爱情的不专一，她的专情与杨骚的博爱有着无法调和的矛盾。

我们知道，就算在日本白薇与杨骚热恋期间，他们之间依然有着某种情感、心理上的距离，这从杨骚对一些女性、尤其是抛弃自己的"A妹"的态度上可以清楚地看出来。杨骚曾在信中这样向白薇倾诉心曲："百分中我只爱A妹两三分。不过是很热烈热烈的。百分中我只爱早稻田的妹子一分，不过是丧心病狂中的一时的疯情，很热烈的疯情。你呢？啊，信我！我是已经爱了你九十九分，只有一分还不爱。"杨骚从日本回国后给白薇的信中则这样说："素，我永远记着你、思慕你，但我不能再在你面前说假话了。我永远记着A妹。……A妹呦，无论你如何伤我的心，我还是爱你！无论我怎样不想爱你，你的魅力已布满了机关在我身上，一触着就发动的呵！"相信任何恋爱中全心全意付出的的女子都无法容忍恋人如此公开直白的伤害！博爱的杨骚毫无隐晦地多情，这种爱情中两性的不平等带给白薇的除了对爱情的惶惑，就是对男子滥情的批判。

在《琳丽》中，白薇鲜明地表达了这种两性之间不平等爱情的悲剧。琳丽把爱情看做生命，她全心全意地爱着琴澜，可琴澜却声称“任是怎样的一个女子，不能永远地占住我的心的全部，我不能叫哪一个女子爱到我死，也不能有哪一个女子叫我爱到死的”。“我真感谢你呦，琳丽！感谢你这样地爱我。……是，我恋了你！……但是爱我自己，无我以上，是不能爱谁的！”在琴澜看来，“女子最高的魅力不过是艺术品”。这种不平等的爱情注定是个悲剧。

白薇不愿意只做艺术品。在《访雯》中，她借助曹雪芹笔下“心比天高，身为下贱”的晴雯与老祖宗贾母的心头宝、尊贵的少爷宝玉之间阶级地位的差异而引起的爱情的不平等，探讨了男女之间对于灵与肉看法的巨大差异。当宝玉一味对晴雯暧昧时，晴雯却清醒地认识到这种爱欲的不平等：“我不过是你奢华的一点装饰品。”并坚决不愿宝玉将自己做卖春妇一样看待。

充满强烈自尊而又无比清醒的晴雯虽然爱恋宝玉，但最终在社会环境的威逼下孤独死去，这是艺术世界中在爱情方面处于弱势地位的女性的悲惨结局，不幸的是现实社会中的白薇也没有等到浪子回头的大团圆。她对杨骚刻骨铭心的爱恋给自己之后的生活带来了无边的痛苦，直至终身未嫁，孤独终老。

1928 年，想去南洋发财的杨骚一无所获，带着一身病来到上海，是白薇收留了他。白薇最初只想与杨骚再次做朋友，但最终决定与他结婚。可是，杨骚再次做出了令人无法容忍的事情，伤害了白薇。结婚当日，请帖已发出，饭店也订了席，但新郎却始终没有到场。白薇后来才知道，他又恋上别人。而且杨骚还把自己在南洋堕落而得的病传染给白薇。

贫病交加的白薇曾在自传体长诗《琴声泪影》中痛苦地写下了这样的句子：“一身器官，官官害着病。入夏以来三天两天病，入秋以来十天九天病，入冬以来天天夜夜病，确是博物院里百病齐全的好标本。”这种自嘲的口吻更是流露出白薇满腹的辛酸与痛悔。

此后，痴情女与负心汉的故事几经上演，原谅与被原谅反反复复，二人最终于 1933 年夏分手，长达十年的苦恋就此结束。而标志着二人恋爱结束的情书《昨夜》也在同年出版。对于这段充满痛苦、欢乐稀有的爱恋，白薇在《序诗》中这样说：“这一切，确是支配了我这个白热的青春！这一切，确是使我详细地体验了一面的人生！这一切，又确是把我整个的情热生命全断送了！”对于杨骚，白薇则说出了“爱人不给我融和的绿园，反给我死的铁练”，足可以令我们想象白薇“空寂的胸中”是怎样“葬着一颗长恨的心”。后来白薇在接受《大公报》记者蒋逸霄采访谈到杨骚时说：“……推本就源，还是封建社会给予了男人种种为非作恶的宽容与机会，他们才敢这样藐视女子，玩弄女子，甚至把一个女子陷到死境还不肯负责！杨骚不过是封建社会中千千万万的男子恶魔中的一个罢了！”白薇彻底对爱情失去了信任，因此她才能在 1941 年面对杨骚几十次的恳求最终狠下心来拒绝，宁愿孤独一身，终生不嫁，也不愿再品尝这种反复无常带来的伤害，彻底结束了二人的爱恨纠缠。

三

在 1926 年四月号的《现代评论》上，陈西滢曾这样介绍两位女作家：“一位是几乎谁都知道的冰心女士；另一位是几乎谁都不知道的白薇女士”，他这样概括冰心女士的作品，“除了母亲和海，冰心女士好像表示世界就没有爱了”，而白薇的作品“却从头至尾就是说男女的爱”，并评论白薇的作品说：“一个新的呼声，在恋爱的苦痛中的心的呼声，从第一页喊到末一页，并不重复，并不疲乏，那是多么大的力量!”尽管这是陈西滢就白薇的第二部剧作《琳丽》而论的，但在《访雯》中我们同样可以感受到白薇爱的激情与痛苦以至有点歇斯底里色彩的召唤。大段的情感独白、不断的反问、疑问、感叹句式的排比出现，无不蕴含着白薇汹涌而来的感情激流的宣泄与不满，华丽的语句、热烈的呼喊、高亢的情绪扑面而来，令人目不暇接。

经历了情感剧变的白薇看清了现实社会中两性不平等给女性带来的巨大伤害，不愿再顶着自由恋爱的名义追求所谓的“女性解放”。五四运动给女性带来的所谓“恋爱自由”、“女性解放”其实很多时候是男权社会中男子玩弄女子的道德借口。正如她在《悲剧生涯》的序中所说：“在这个老朽将死的社会里，男性中心的色彩还很浓厚的万恶社会中，女性是没有真相的！甚么真相，假相，假到牺牲了女子一切的各色各相，全由社会，环境，男人，奖誉，毁谤或谣传，去决定她们!”

我们知道，五四时期常被赋予“发现女性”、“解放个性”的标签，而女子的离家出走、追寻独立自由的爱情更是被交口称赞，至于娜拉出走之后是否过上了幸福生活则可以忽略不计。人们所关注的大都只是能否有冲破这样束缚的行动：“昏黑的天空下，瞒住家庭，瞒住朋友，孤零零地提着简单的行李去赶车搭船，向生疏的遥远的外乡走去，不知有多少机会可以被发现、阻止，弄回去受那禁闭、鞭笞、讥笑等等羞辱，走以前也许迟疑过，犹豫过；走以后也许后悔过；正走的时候，不用说，害怕，惊慌，提心吊胆，心情更是复杂。”① 然而，走出去的女性在并不是坦途的茫茫前方并不一定能遇见幸福。白薇用自己的亲身经历以及血泪交织的剧作谱写了一曲曲女性的悲歌，尤其是还以我们熟悉的伟大著作《红楼梦》中的人物来传达自己的情感。

像那个时代的许多女性一样，白薇对《红楼梦》非常熟悉，书中的人物随手拈来。她曾在给杨骚的信中以《红楼梦》中的人物论述杨骚喜欢什么样的女子：“你所爱的是娟娟娉婷的名姝；你所爱的是天真烂漫的娇女；你所爱的是姿容绝世的魔物；你所爱的是西施的雅韵，黛玉的逸影，湘云的风格，而尤三姐的全身。”而且白薇应该是接受了胡适的“自传说”，否则不会将故事发生的时间安排在清初某年仲秋。至于剧中的故事人物，我们不必以考证的眼光来苛刻的要求，不必在乎晴雯的哥哥到底是多浑虫还是吴贵，也不必问她的嫂嫂是自小父母帮他娶的“多姑娘儿”还是赖大家里的“灯姑娘儿”，只要知道晴雯的嫂子是个轻浮无比、恣情纵欲的人就行了。不必探讨白薇为什么说白海棠是贾母送给宝玉的，也不必深究那开花的应该是怡红院里的西府海棠而不是白海棠。

不过提到海棠花，我们要多说一句，白薇似乎对秋海棠（白海棠也是秋海棠的一种）情

① 周颖：《谈娜拉》，《太白》半月刊，第1卷第11期，1935年2月20日。

有独钟，她曾在给杨骚的信中这样写："我已经把最后的秋海棠送给你了，秋海棠是女子的魂又是女子的血。"难怪，在与杨骚断绝关系之后，白薇可能不愿、也没有能力再去展开新的恋情了。

我们不由想起同样对《红楼梦》非常熟悉、同在20世纪20年代前后以《红楼梦》为文本基础创作过杂剧《黛玉葬花》的陈小翠（1902—1968）来。陈小翠是近代著名实业大王、文人陈蝶仙（天虚我生）的爱女，与白薇的经历、创作截然不同，既不会离家出走，也没有自由恋爱。年纪轻轻的陈小翠虽然生活在上海，却似乎与纷纷扰扰的俗世远远隔离。受父亲影响，她喜欢做旧体诗词，喜欢写杂剧、昆曲，并对当时的新思想，如自由恋爱、争取婚姻自由等秉持怀疑态度。她曾创作《自由花》杂剧，描述了一个出身大家的女子郑怜春，因受辛亥革命影响，学同校女友向往自由婚配，谁知却为人所骗，其人家中已有妻子，自己饱受凌辱，最终被其凶悍妻子卖入烟花。而在其大约作于1918年前后的杂剧《黛玉葬花》中，陈小翠既怜惜残花片片，又推花及人，感叹女性当年的花容玉貌、万千恩爱最终是飞花落絮无人问。曲辞云："【沉醉东风】早则是媚春风柳明花艳，多化作困沉沉惨绿愁青。红雨暗长亭，有多少倚楼人病，任你是娇姿傲性，一例的香消玉损。当日个宝镜云屏，消瘦了恩怜万顷，到得个飞花落絮，更谁来问。……【碧玉箫】纵有日月圆风静，怕花开明岁依然薄命。泪空零，心早冷。愁似织恨难平。谁把你镜中来觑，掌中来擎。只落得葬秋坟骨蚀胭脂冷。"①小小年纪的陈小翠对女性命运之悲惨有着超出年龄的深刻的认识。花容月貌无法长久、镜里恩情更是依靠不得，人与花同命，甚至还不如花侥幸，因为花还有"我"帮着收拾呢！除了无奈与悲叹，更有一种冷静的审视的意味。

话剧与杂剧是截然不同的，一西洋、一传统；白薇与小翠也是截然不同的，一不愿接受父母的包办逃婚东渡，一安稳听从父母的安排嫁人生女。假如出走的白薇在爱情方面也有陈小翠般的冷静与审视，或许她的婚姻生活会幸福地多。但如此一来，中国现代文学史上恐怕也就很难有著名女戏剧家白薇的一席之地了。而且，陈小翠虽然清醒冷静，但她的婚姻也很不幸，与浙江督军汤寿潜的长孙汤彦耆离婚后（也有说是分居）一直没有再嫁，晚景更是凄凉，"文革"中以煤气自戕。

尽管这些都只能说是个例，但时代与大环境确实没有为我们的女性提供良好的氛围。当五四时期我们的许多新女性在创作中反复吟咏爱与美、爱与死的时候，似乎已经预示着被束缚了千百年的女子为爱要付出的巨大代价。

孟悦、戴锦华在《浮出历史地表——现代女性文学研究》中曾这样评价白薇："对于一个心头烙满骨肉亲情留下的创伤，爱情留下的创伤，贫困和恶性疾病留下的创伤的女性而言，对于一个被父亲、被友人、被热恋的恋人出卖的女性而言，对于一个在民族危机中欲赴疆场而无资格的女性而言，白薇的写作也许是现代女作家中最具自传性的一个。"② 确实，即使在如

---

① 天虚我生：《文苑导游录》，上海时还书局1926年版。

② 孟悦、戴锦华：《浮出历史地表——现代妇女文学研究》，河南人民出版社1989年版，第160页。

《访雯》这样的改编作品中我们看到的也是白薇的影子，听到的是白薇借晴雯、宝玉之口说出的白薇自己想表达的情感。我们无法说喜不喜欢白薇笔下的晴雯与宝玉，因为说到底，那只是披着宝玉、晴雯外衣的白薇而已。

《访雯》因白薇的情感倾注而在《红楼梦》改编史上有了独具特色的一笔，而白薇也借不一样的宝玉、晴雯写出了自己的伤感与困惑，映照了时代大潮中追求幸福的女性们艰难前行的身影。

| 本文作者：中国艺术研究院红楼梦研究所副研究员

新发现的《陈钟麟诗草》手稿本

孔令彬

一

陈钟麟，号厚甫。乾隆甲寅经魁，嘉庆已未年进士，翰林院庶吉士，户部主事江西司主事，广东司贵州司员外郎，礼部主客司郎中，军机章京，浙江道监察御史，巡视南城掌京畿道。嘉庆甲子顺天乡试同考官。京察一等记名以道府用陕西延安府知府。浙江杭嘉湖兵备道。历署浙江盐运使、按察使、布政使。历主广东粤秀、浙江敷文书院讲习。著有《就正草》、《厚甫诗文集》七种，及《怀杜吟草》行世。①

这是陈钟麟孙子陈本枝1865年科举朱卷履历上对其祖父的介绍，在上述信息里，我们了解到陈钟麟著作的一般情况。据笔者对当今各大图书馆的查询搜索，其最早的时文集《就正草》（一册）有道光八年刊本，存苏州大学图书馆古籍部，只是封面已改为《陈厚甫先生全稿》，而内容仍是嘉庆五年初刻时“听雨轩”版的重印。② 另外，中国国家图书馆古籍部藏有道光二年广州芸香堂刊刻的《听雨轩今集》（六册），是陈钟麟所选当代人的时文集，也是他最为流行的时文选本。辽宁图书馆早期的书目上收有陈钟麟《就正斋帖体诗》四卷，由苏州文渊堂于道光十年刊刻出版，但笔者经过上网查询包括电话咨询皆回答说没有此书。

此外，柯愈春的《清人诗文集总目提要》还曾提到陈钟麟晚年亲自编订的手稿本《自在轩吟稿》，这一手稿本最早出现在民国无锡私立大公图书馆的目录上，为此，笔者委托朋友咨询无锡市图书馆包括江南大学图书馆，得到的回答都是他们没有这部手稿，他们还进一步解释说早期的无锡私立大公图书馆的许多藏书都在战乱时被损毁或遗失。笔者不知柯愈春先生当初是在哪儿看到的这本书？又张慧剑先生的《明清江苏文人年表》一书中也曾两次提到陈钟麟的《自在轩吟稿手稿题语》，一处是在1763年陈钟麟出生那一年，一处是在1840年。奇怪的是书中其他地方有关陈钟麟的材料却全没有引用这个所谓的“手稿本”，而且其中关于陈钟麟的介绍资料也并不多，这就很使人怀疑作者是否曾见过此手稿本！③ 而根据笔者了解，陈钟麟的书或者题名落款主要署的是“听雨轩”和“就正斋”这两个。尤其是“听雨轩”，不仅其在嘉庆五年最早刊刻的时文集《就正草》署的是这个名，其晚年为林大宗辑的《名人印谱》（1839）所写之序，落款署的也是这个名。再联系其孙子对陈钟麟著作的介绍里亦并无“自在

---

① 顾廷龙编：《清代朱卷集成》（第28本），台湾成文书局，第36~37页。

② 许多图书馆收藏的光绪刻本《陈厚甫稿》，其实也就是其《就正草》。

③ 据作者书后引用文献介绍此《自在轩吟稿》也是出自无锡大公图书馆旧藏。当然，我们不能排除这套书是20世纪80年代后才迷失的这个可能。

轩”一说，故不免让人怀疑起这个《自在轩吟稿》手稿本的真伪来。

陈钟麟最重要的著作《厚甫诗文集》显然今已不存，笔者只在一些别人集子中零星看到过几篇他的作品。陈钟麟的诗文成就当不很高，为他真正赢得名声的一则是他的时文，一则是他所改编的八十出《红楼梦传奇》（有关陈钟麟《红楼梦传奇》的版本情况，笔者另文有叙，此处不赘）。

陈钟麟是当时很有影响的时文家，这有许多的记载为证：

梁章钜《制艺丛话》：“余入直枢禁，即闻前辈中有两时文手，一为管韫山，一为陈厚甫钟麟。厚甫为余甲寅同年，辈分略后于韫山，文诣亦尚居其次，然喜谈时文，娓娓不倦。”①

吴兰修《陈厚甫先生小影》：“先生精于制艺，有《听雨轩集》，世所称二十名家者，今年六十有八。每有程作，风采英英，精力弥满，所谓寿者相矣。”②

梁廷枏《粤秀书院志》：“先生粤中诸艺，颇尚声调，语亦俊伟可诵，时文中熟手也。”“其论如此，皆一时猎取科名之捷径，而恰非先民正轨。”③

杨恩寿《词余丛话》：“先生工制艺，试帖为十名家之一。”④

桂文璨《经学博采录》：“观察独以工四书文，海内共推第一。”⑤

商衍鎏《清代科举考试述录》：“嘉、道、咸丰以来，时文多无骨力，日见衰靡。擅文名者，仅莫晋、陈钟麟、姚学塽、郭街先、林则徐、陈继昌、路德等，而专以举业之法教授生徒，历充书院主讲，弟子甚多者，则为陈厚甫钟麟、路闰生德两人。”⑥

上述记载中，除了梁廷枏批评陈钟麟的举业之法为“皆一时猎取科名之捷径，而恰非先民正轨”，其他人都肯定了他时文家的地位，至于是第一或者十名家之一、二十名家之一，当都在其次了。

二

发现《陈钟麟诗草》手稿本纯属偶然，为了写一篇关于陈钟麟《红楼梦传奇》的文章，笔者曾遍查全国各大图书馆，在检索苏州市图书馆时，这部书便赫然在列。为了证实这本书的存在，笔者又打电话咨询了古籍部的孙忠旺主任，得到了孙先生的肯定，于是便有了2013年夏天酷暑到苏州访书的经历。接待我的孙忠旺主任还讲到了这部书的来历：原来是孙先生在2008年从一位私人藏书家手里购得，主要考虑到陈钟麟是苏州籍的作家。由于工作繁忙，孙先生没有时间去仔细翻阅这套书，所以直到今天还没有人介绍并引用过它。

《陈钟麟诗草》手稿本共两册，被苏州市图书馆定为善本书。由于内容并不很多，笔者大

---

① 陈水云、陈晓红校注：《梁章钜科举文献校注二种》，武汉大学出版社2009年版，第259页。
② 冼剑民、陈鸿钧编：《广州碑刻集》，广东高等教育出版社2006年版，第946页。
③ 梁廷枏：《粤秀书院志》，见《中国历代书院志》第三册，江苏教育出版社1995年版，第245页。
④ 杨恩寿：《杨恩寿集》，岳麓书社2010年版，第339页。
⑤ 桂文燦：《经学博采录》，广西师范大学出版社2011年版，第274页。
⑥ 商衍鎏：《清代科举考试述录》，生活·读书·新知三联书店1958年版，第243页。

约花费了不到一天的时间就看完了，并做了一些简单的笔记。现将这部书稿的情况略作介绍如下。

手稿本第一册封面上题有“陈钟麟诗草”五字，落款为“朱老爷安甫篆”、“安誌”，从字体看为一人所写，与手稿对比，显非陈钟麟所书，或者即为这个名叫朱安甫的人所写（见下图）。

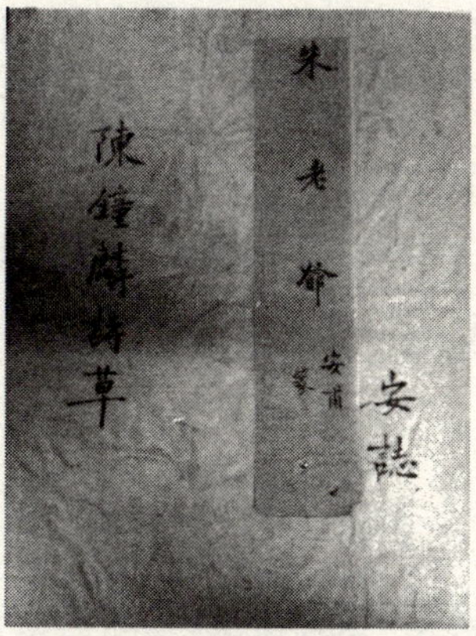

然则这个朱安甫何许人也，笔者却不得而知（应系手稿本的收藏者之一）。手稿本的用纸上印有“万合”字样，蓝色边框，页十一行。纸张保存基本完好，没有虫蛀现象。手稿本第一册开头没有目次，第二册结尾处也没有跋文之类，显然属于一个手稿本系统的一小部分。粗略地从内容上看，主要是陈钟麟任职粤秀书院掌教时期道光八年至道光九年间的一些作品，且看不出其有严格的时间编排顺序，因为其中还有一首写于道光七年除夕的作品。另外，手稿本的书写以行书为主，书法十分漂亮，由此可以看出陈钟麟书法的功力，甚至一些作品的署名落款（如书信）也与常见的陈钟麟书法拍卖作品相像。

《陈钟麟诗草》手稿本上还有四方重要的印章，笔者仅能识读出其中的三方：厚甫、葑田、文庄公五世孙，另一方印上只有一个字。“厚甫”为陈钟麟的号，手稿本上的这方钤印也最多。“文庄公五世孙”印，据笔者考证，陈钟麟的五世祖即是苏州府长洲县大姚村著名的晚明文人陈仁锡，陈仁锡在去世后被谥为“文庄公”，陈钟麟显然是用这方印章表达了自己的“慎终追远”之情。“葑田”一印较难理解。按“葑田”是指湖泽中葑菱积聚处，年久腐化变为泥土，水涸成田。还有一种人工在水上利用植物成片而架设的田地也叫“葑田”，此种田地封建时代一般免交赋税。陈钟麟从杭嘉湖道退下来后寓居在杭州西湖附近，西湖包括附近的很多湖泊沼泽都有这样的“葑田”，因此我很怀疑这方印是否表达了陈钟麟退守田园的某种生活理想。

具体到《陈钟麟诗草》的内容，据笔者粗略地统计，手稿本共收录陈钟麟的诗歌作品105首，体裁上包括五律、七律、五绝、七绝、歌行体、七古、五古等，还有词两首。另外还有文十余篇，计有书信三封、赋三篇、骈文一篇、唁文一篇、墓志铭一篇、祝寿文一篇、跋文一篇、论说文三篇、制艺一篇。此外还有对联数副，如寿联一对、挽联一副、戏台对联一副、亭子对联一副、会馆对联一副等等。如此看来，这实应是陈钟麟近两年时间作品的大杂烩，所以后人给它题名为“诗草”是颇有些名实不符的！笔者还注意到其中有两篇代别人所写的作品，如代当时广东巡抚卢坤所写的《湖北布政使月樵某公墓志》，以及代广州将军庆保庆蕉园所写的《题庄滋圃协揆遗像》七古歌行一首，这些显然都是应酬性的作品。

以上是对《陈钟麟诗草》手稿本外在形式的介绍，如果硬要为它定个性质，我认为它既不是陈钟麟作品的原始草稿本，也远够不上是其作品的写定本。从其所呈现的某些特征看，我觉得它更像是作者作品的誊写本，也即将草稿本上平时的作品誊抄到一起来，而其中不少作品仍处于改定阶段，如我们在《陈钟麟诗草》上仍可以看到许多涂改乃至红笔圈掉重写的痕迹。另外，《陈钟麟诗草》上的作品也并不是他近两年作品的全部。据笔者了解，1828 年夏他到桂林旅游一个多月的作品便没有收录其中，再有就是 1828 年秋陈钟麟的亲家也是他的同年吴荣光回乡丁忧，与之交往颇多，诗草中也没有相关的文字记载。

三

就手稿本的具体内容看，虽然《陈钟麟诗草》所收作品不多，但题材相当驳杂，其中应酬性的文字占据了大部分篇幅。如诗歌中的题画诗最多，其他唱和诗也不少，而其文的应用性就更强。这也从一个侧面反映了陈钟麟在当地交往的活跃。至于这部《陈钟麟诗草》的价值，笔者以为艺术上实在没有多少特色，但却不乏一定的文献价值，这主要体现在以下几个方面。

第一，提供了陈钟麟这一时期不少的重要行踪。譬如道光二年二月其从延安知府任上升杭嘉湖道，道光五年因公失误降级辞官，道光六年冬在扬州，道光七年夏因阮元邀请到广州，八年初接任粤秀书院掌教，道光八年夏去桂林旅行一个多月，道光九年重阳节曾短暂回苏州等等，因笔者另撰有《陈钟麟年谱简编》，兹不赘述。

第二，手稿中的许多与朋友的应酬性文字也具有一定的史料参考价值。譬如其中关于画家宋光宝的四首诗，就为我们考证宋光宝的生平经历乃至早期岭南画派的某些问题提供了较为有力的证据。

第三，手稿中大量应酬性作品不独表现了陈钟麟与当地官吏和文人间频繁交往的情况，而且也一定程度上展示了诗人自己的个性。在当前有关陈钟麟研究资料阙如的情况下，这些作品亦颇值得我们关注。下面试选录其中的几首，由此可见晚年陈钟麟性情之一斑。

题白云山

我本江湖一散仙，人间游戏几经年。偶然乞得安期枣，沧海罗浮数点烟。即席述怀四章，并呈蕉园夫子、睦平制军、果亭中丞、淇园榷使、遂庵学使：

其一

昔日逢谣诼，江湖老散人。妻孥权慰藉，童仆揽精神。词曲难成调，莺花只自春。粤南朋旧在，容我任天真。

其二

陈湖烟水畔（旧居陈湖阅帆堂），名姓隶江东。不慧书难读，无言病易工（余幼时多病）。家门零落后，少小黠痴中。阮籍穷途恸，常怀造化工。

其三

通籍留青琐，金华二十年。鹏程抟九万，雁路隔三千。前辈勤贻牍（谓绎堂夫子、煦斋相国），诸君早着鞭。人生无限意，回首梦幽燕。

其四

心事峥如铁，年华掷似梭。此身来日短，当代受恩多。世俗逢青盖，生涯付绿蓑。不平碁局事，老去竟如何。

赠同会诸君子，即步前韵

诸君不肯嫌吾老，谓我诙谐酒后好。三杯入手倦欲眠，头似千钧脚如扫。盘餐百榼斗新奇，狂呼不觉皆罹倒。谈笑何须问主宾，性情坦率天真抱。强持笔砚要吟诗，一醉瞢腾忘腹稿。

上面所录诗歌的最后一首尤其形象地为我们刻画了一个善诙谐、性坦率的老者形象。关于陈钟麟的诙谐，他的好友胡敬《题钱秋岘北郭岘园图》诗中也有类似的描述："惜哉雨竟日，散步苦泥潦。赖有老寓公，眉庞瞳子瞭（谓陈厚甫前辈）。诙谐语时作，一座为倾倒。桃李亦破颜，嫣然满林杪。"①

第四，手稿中还明确提到了《红楼梦传奇》的大体创作时间。具体记载见其中的《致英煦斋相国书》："夏间（1828 年）又作粤西之行，山水之佳，此为绝胜，每到一处，为题咏……再，近年来初填词并度曲本（后面有'系属初学'四字涂去）。另有手卷一个，尚未写完，容当续达……"关于陈钟麟《红楼梦传奇》的创作时间与版本问题因笔者已另文详述，此处不赘。这里我们只是再补充一些其他时人记载的相关材料，以资佐证。

其一，杨掌生《辛壬癸甲录》：

道光七、八年……元和陈观察厚甫，方应抚军成果亭先生聘，主越秀书院讲习，暇则召主人诸郎弹丝品竹，陶写哀乐，如谢、傅蹑屐东山……②

其二，梁廷枏《粤秀书院志》：

先生喜度曲，故婢仆亦精丝竹，抑扬顿挫，节拍铿然，与人声相为抗坠。良夜月

---

① 胡敬：《崇雅堂诗钞》卷十，道光二十六年刻本。

② 转引自吴泰昌：《关于红楼梦戏曲集》，《红楼梦学刊》1980 年第 2 辑。

明，辄发清兴，洋洋盈耳，时与东西斋书声如相酬答。东山丝竹马生绛帐先生殆兼其乐焉。

先生粤中诸艺，颇尚声调，语亦俊伟可诵，时文中熟手也。嘉应石华吴学博（兰修）题其时刻小影（今嵌堂壁），有“长眉修髯如畦畦然。指画经义时语则当时，与及门讲艺乐而忘疲”。可知罢官后专意词曲。尝取近人红楼梦小说为散题，填成八十折。

介何藜阁以草本见示，招与商榷。予窃疑杂剧院本两无此例，而所为曲文又止据王叶合刻《纳书楹》之取便歌喉，未尝分注正衬字者依为定谱，是以调多数句，句多数字，不解其用意，辞不敢往，意其偶尔游戏，非惯家能事也。①

其三，袁翼《陈厚甫先生招饮粤秀书院奉陪辛庵学使师赋呈》：

宦海抽身赋遂初，寓公五载穗城居。甏头万户春常买，阁外千峰画不如。曲奏南飞招白鹤，梦随北去话金鱼。杨枝桃叶垂垂老，红袖挑灯伴著书。

少微星引使星光，豪醑今宵罄百觞。镜水已闻归贺监，铜符重见属王郎（令嗣处州太守）。江山绝妙招公隐，诗卷分编恕我狂（以诗稿属为编次）。度出金元新院本，玉箫檀板唱珠娘。

铁网骈罗七尺珊，天荒真欲破乌蛮（海南士子来书院肄业）。白沙讲席参朱路，红豆经师仰斗山（惠仲儒先生视学粤东，始以经学教士。后阮芸台制军及今学使与先生复振之）。词馆廿年前后辈，文章一脉盛衰间。安昌倘许彭宣侍，卉服荷巾任往还。

一楼眷属住神仙，供养还资问字钱。人识放翁纨扇上，我逢杜老饭山前。午桥洛社休官日，乞鸟蛮花橐笔年。樽酒叨陪谈笑末，与公香火有因缘。②

以上数则材料，均指出粤秀书院期间陈钟麟的一大喜好即喜欢听曲娱乐并曾亲自“填词度曲”。尤其梁廷枏《粤秀书院志》中的记载不仅翔实，而且还十分生动地描写了他的这种浓厚兴趣和爱好。更为重要的是记载中直接提到其八十出的《红楼梦传奇》剧本，并说陈钟麟曾经通过他的姐夫何太青藜阁将剧本的草稿本交给他，希望能听听他的批评意见。梁廷枏比陈钟麟小三十多岁，但在戏曲方面早已是行家里手，不仅创作过几部戏曲作品，而且也出版过戏曲评论的专著《曲话》，在当时有较大影响。记述中，梁廷枏显然拒绝了来自陈钟麟的邀请，并私下批评了陈著《红楼梦传奇》的不足。但从这件事我们却不难读出另外的讯息，那就是陈钟麟对自己作品的重视，希望多听听他人的意见，甚至包括小他三十多岁的年轻后生。

① 梁廷枏：《粤秀书院志》，见《中国历代书院志》第三册，江苏教育出版社1995年版，第245~246页。
② 袁翼：《邃怀堂全集》诗集前编卷四，光绪十四年袁镇嵩刻本。

我们都知道，陈钟麟的《红楼梦传奇》初次刊刻于道光十五年，即广州西湖街汗青斋刊本，这时距他完成初稿时间也已过了七八年，由此可见其态度的严肃认真。

另外，从袁翼的诗中，我们还能明白读出陈钟麟的《红楼梦传奇》在朋友圈子里演出的情况，如“度出金元新院本，玉箫檀板唱珠娘”句中的“新院本”，无疑就是指他的昆曲剧本《红楼梦传奇》。总之，从以上的记载中人们不难看出，陈钟麟不仅是昆曲的“超级票友”，并且也是《红楼梦》的“超级票友”，其八十出的《红楼梦传奇》在其刊刻前已在广东的朋友圈子里流传，并成为他们娱乐内容的一部分。从这个意义上，陈钟麟也为《红楼梦》在广东的传播作出了重大贡献。

| 本文作者：韩山师范学院中文系副教授

万树桃花月满天

——当代红楼梦绘画研究

静 轩

乾隆五十六年（1791），曹雪芹创作的古典白话小说《石头记》，第一次以《红楼梦》书名出版，就附有二十四幅插图。以后在嘉庆、道光、同治、光绪诸代，也都有新的《红楼梦》刊本插图问世。其中尤以光绪五年（1879），淮浦居士刊行的改琦《红楼梦图咏》著称于世。清代红楼梦绘画基本形成于上海，海派人物画是红楼画的根基。这一时期红楼画创作的特点：以海派文人画家形成的红楼梦绘画群体，成为清代红楼画创作的主流。以改琦、汪圻、王墀、王钊、费丹旭、吴友如、钱慧安为代表的红楼梦绘画，推动了《红楼梦》在清中晚期的普及。而北方以北京、天津为创作中心的民间红楼梦绘画，形成了南北并峙的创作局面。北京清宫内的红楼梦壁画、天津杨柳青《红楼梦》木版年画、河北孙温的全绘本红楼梦重彩画，都是北方红楼画创作的代表作品。当代红楼梦绘画的发展，是沿袭清代红楼画创作源头，中经民国以来近半个世纪的铺垫，在1949年新中国成立之后形成了创作的高潮。

一、以南方海上画派创作为延续，上海红楼绘画创作呈现出多姿多彩的局面

上海开埠后，随着商品经济的发展，上海迅速发展成重要的商埠地和国际经贸的热码头，百年来逐步发展为国际商业经济的大都会。经济的发展必然推动文化繁荣与发展。虽然《红楼梦》创作出版流传于北京，然而作为中国经济发达的商埠地，《红楼梦》迅速成为上海极为流行的热销书。清末民初戚蓼生的有正大字石印本《红楼梦》就出现在上海，而多种版本的红楼梦插图、绘画、广告等也同时于上海诞生。改琦创作于上海的《红楼梦图咏》，则是海派红楼画创作的经典，影响深远。改琦和费丹旭创作的红楼梦人物形象，形成了清代中晚期仕女画创作的模式，被绘画史称之为“改费”派。这一表现红楼画阴柔之美的创作范式，影响红楼梦画创作近百年。清代红楼画的创作，为当代红楼画创作的普及与提高奠定了基础。

1949年之后，随着新中国的成立，上海这座集政治、经济、文化高度发达的现代化大都市，依然是红楼梦绘画创作的重镇，特别在普及红楼文化上，更是功不可没。上海自海派绘画形成百年以来，成为中国绘画艺术人才荟萃之地，聚集着大批有才华、有创意的画家。自清末民初钱慧安等为红楼梦绘画创作奠定牢固的基石后，近现代的红楼绘画创作始终以上海最为繁盛。

海上画派大家程十发，是当代红楼梦绘画的领军人物。程十发在20世纪50年代创作的《红楼梦》插图、连环画开启现代红楼画创作的先河。程十发（1921—2007），上海松江人。

1941 年毕业于上海美术专科学校中国画系，1952 年进华东人民美术出版社任创作员，1956 年被聘为新成立的上海中国画院画师、上海画院院长等职。程十发作为海派新一代人物画家，在传承海派人物画优秀传统的基础上开拓创新，尤其是在中国古典文学插图创作上成绩卓著。1959 年为《儒林外史》所作插图，荣获莱比锡国际书籍装祯展览银质奖。他为人民文学出版社 1964 年版《红楼梦》绘制插图，承传明清“三任”和“改费”用线及造型传统，以用线豪放、刚柔相济著称，他笔下的中国画红楼人物，设色厚重鲜丽，用笔潇洒流畅，虽创作古代题材却充满了浓郁现代气息，使人耳目一新。①

进入 20 世纪七八十年代之后，上海涌现出两位在红楼梦绘画创作上的高手，他们笔下的红楼人物不仅一扫传统红楼人物的板滞，而且所塑造人物优雅俊美、生龙活现，在全国形成重要的影响，为当代红楼梦画的创新开拓一条新路。

首先，应该提到的是著名连环画、插图大家刘旦宅。刘旦宅，1931 年生于浙江温州，名浑，号海云生，1951 年定居上海。自学中国画，先后在几家出版社做美术编辑，曾任上海师大教授。刘旦宅在 20 世纪七八十年代，在红楼画创作上留下的重要作品有：1979 年由吉林人民出版社刊行的《红楼梦月历》以小写意笔法创作的十二幅美轮美奂的红楼画，并附有当代红学家及学者题诗，如茅盾、吴世昌、周汝昌、张伯驹等都挥毫题辞，成为当代红楼画图文并茂的绘画精品。另一代表作是由人民美术出版社刊行的《石头记人物画》，由 40 幅红楼人物组成的小写意画，在继承清人绘画的基础上，注重人物形象塑造和设色上的创新，这套人物图虽然以人物为主，但是在绣像构图基础上，辅以生活道具环境建筑的渲染。由郭沫若题签、周汝昌配诗，更使这部《石头记人物画》锦上添花，成为当代红楼画里程碑式的作品。此外，刘旦宅还为中国艺术研究院校注的 1982 年版《红楼梦》做彩色插图 12 幅，形式与红楼月历手法相同，只是后者在绘制上比前者表现得更充分、更完美。

刘旦宅在红楼梦绘画创作上最有纪念意义的作品，是为中国邮政总局设计、绘制的“金陵十二钗”红楼梦邮票，即 1981 年创作发行的 T69 特种邮票。这套邮票仍然以清绣式人物构图，以小写意笔法绘制色彩图画，与 1979 年创作《石头记人物画》略有不同，其中以面值 4 分“妙玉奉茶”结束，共 12 枚。这是红楼梦绘画深入社会生活，给人留下难忘印象的红楼绘画作品，二十多年过去了，至今让人记忆犹新。

上海红楼梦绘画创作成就最高、影响最大、传世作品最多的画家，当属以“民间艺人”自谦的戴敦邦。这位以连环画、插图、年画创作蜚声海上的中国画画家，尤以创作红楼梦画享誉中外。戴敦邦，1938 年生，江苏镇江市人，14 岁就开始创作连环画，曾任上海交通大学文艺学教授，上海中国画院画师。他长于历史人物画创作，在连环画和中国画两个领域探索，尤其在中国古典文学名著创作上成绩突出。他创作的《水浒传》108 将人物，成为 98 版电视剧《水浒传》人物塑造的楷模。而他在《红楼梦》插图、绘画上的成绩尤令世人瞩目。戴敦

---

① 据冯其庸、李希凡主编：《红楼梦大辞典》介绍：程十发绘《红楼梦故事》编入程十发所绘《红楼梦》题材作品 78 幅，有《红楼梦十二金钗素描稿》、《红楼梦人物谱》、《红楼梦屏条画》以及插图、绣像等，杭州西冷印社 1981 年版，第 1165 页。

邦红楼梦画的创作分两大类：

一类以传统白描手法绘制的绣像式红楼人物图，如天津出版的《红楼梦群芳谱》① 和上海出版的《红楼梦人物百图》②。这两部白描人物群谱，在创作上除吸收明清插图绣像的用线、塑造等传统因素外，更注意对传统戏剧造型，古代家具建筑，传统白描花卉等元素的吸纳，使笔下的红楼人物英姿勃发、美轮美奂：女性人物婀娜多姿，男性人物各具情态。他绘制的《红楼群芳谱》以花喻人，深层次挖掘所绘人物的内心世界和个性特征，一扫古人红楼画的千人一面的模式。而《红楼梦人物百图》则明显突出男性人物的特征，在美女如林的大观园，画家还是重点塑造出各具特色的男性人物形象43人，开红楼画重点表现"浊物"之先河。他在百图中共塑造红楼人物105人，刻画出冷子兴的诙谐、贾母的安详、焦大的狂躁、凤姐的舛傲、惜春的自卑、茗烟的刁顽、包勇的豪气，以及柳湘柳的刚烈、贾政的道貌岸然等等。另一描绘特征是，突出人物的动感，把内心复杂心理活动和性格特征与动势结合起来。如我们可以看到抄检大观园时，探春奋起一击的勇敢行为，晴雯抖开箱子的冲动。另外像塑造薛蟠、冯紫英这批纨绔子弟玩世不恭的神态，都为这部白描人物增添了色彩。又如描绘小说中的几次"武斗事件"，如"茗烟闹学"、"柳湘莲毒打薛蟠"、"贾政拷打宝玉"、"焦大被捆"。这四位男性都用白描手法塑造，以表现出他们以动势表现出内心痛苦、英姿豪爽，以及狂躁之极的形象，为这些人物性格特征给予了形态上的定位，使人物个性鲜明，有神来之笔的感觉。

二类是以中国民间人物的用线、造型、皴法、设色等方式，来描绘红楼故事，以戴敦邦在20世纪八九十年代创作的两部作品为代表，即为外文出版社《红楼梦》版所作的彩色插图和上海古籍版《戴敦邦新绘全本红楼梦》③。前者，画家以用线和渲染这两种中国画表现方式来描画故事，注重情节性和整体气氛制造，借用西画明暗法烘染环境、衬托人物，在构图上以中景为主，不时辅以全景和鸟瞰式构图，气氛浓烈。后者，画家为一百二十回全本红楼梦作彩图240幅，三易其稿，大体完成了红楼故事的全貌。画家表示："原著所体现的历史真实与艺术真实，也是吾绘画创作理应遵循的原则，在具体表现上每回两幅，肯定不能像连环画般去涵盖全书情节。基于这样的考虑，吾大抵选撷每回目具有典型意义的情景内容构图布局，使每幅既有独立存在价值的作品，同时斟酌全局，尽可能照应前后情节脉络的内在联系。"（作者自序）画家在表现手法上形成了许多鲜明的绘画特点，如在第五回表现太虚幻境时，画家以裸体和藏传密宗中双身金刚形象入画，映射宝玉性觉醒，创意新颖而大胆。全图以人物情节为主，以幻境渲染为辅，对比强烈、色彩鲜明、人物生动、气氛热烈是本部红楼绘画作品突出特点。如第七回醉骂焦大，渲染气氛浓烈，人物形象突出，整体气氛与原著描写相得益彰。又如第九回元春省亲，金碧辉煌的大场面，有错采镂金之美。第四十回两宴大观园，场面

---

① 戴敦邦绘：《红楼梦人物群芳谱》，天津杨柳青出版社1987年版。谢春彦作序，陈昭文。从金陵十二钗到蕙香共存图30幅，白描绣像式，略以花卉作陪衬，花卉仿周天民《白描花谱》。

② 戴敦邦绘：《红楼梦人物百图》，蔡若虹作序。绘各类红楼人物105幅，白描绣像式，上海人民美术出版社1992年版。

③ 戴敦邦绘：《红楼梦插画集》为外文出版社译英文版《红楼梦》系列作彩色插图36幅。其中1～12幅由上海人民美术出版社于1978年11月以年画形式出版。

热闹、氛围如火，这些都是画家造势的强项。显现出画家的即兴与冲动。此画集多有生动野逸之感，而安静略显不足。①

在上海，活跃于上世纪六七十年代的著名连环画家华三川，也是创作红楼画的高手。华三川（1930—2004）浙江宁波人。自20世纪50年代起开始创作连环画、插画和少儿读物，成绩斐然，代表作《交通站故事》、《白毛女》等。上世纪末华三川开始尝试中国古典仕女画的创作，并以此为基础涉入红楼梦画的创作，其代表作《金陵十二钗》曾作为名信片在全国发行，并有天津人民美术等出版社以范画出版了大开本画册，在全国形成较大影响。华三川创作的红楼十二钗人物，造型典雅，形象俊美飘逸，人物活泼灵动，设色华丽，气氛浓烈。他的工笔重彩仕女图达到了甜而不腻，美而不俗的艺术高度，堪为雅俗共赏的佳制。在这组红楼仕女人物的塑造上，笔法工整秀润，墨色雅逸高古，线描似吴带当风，神韵备出，人物风姿清雅，高逸感人。堪称当代红楼人物画的精品。

海上画派红楼画的创作，传承了清中期和晚期改琦、钱慧安的衣钵，传承海派大师们的优良传统和绘画技巧，今天的红楼梦画大家，多能在自学绘画的基础上，有如此不菲创造，实是海上画派深厚的文化滋养所至。传统是一个不可忽视的潜在的文化力量，任何画家、艺术家决不可丢掉这个民族艺术之根。

二、以北京为中心的北方传统画家笔下的《红楼梦》人物形象

清代问世于1791年的程甲本就附有木刻插图24幅，程甲本诞生于北京，此后红楼画的发展与繁荣却移到了上海。在北方，清中晚期的红楼画主要出自民间画师之手，如孙温的全本红楼梦绘画、清宫的红楼梦壁画，以高桐轩为代表的杨柳青红楼梦木版年画，正好与海上文人画家的红楼画形成不同的表现风格。到了清末民初，尤其是进入新中国之后，北方红楼梦画的创作，均出自以传统中国画家为中心的北京地区，形成了重在精心绘制经典的红楼画作品。传统的中国工笔重彩画发展到20世纪40年代，受到了以徐悲鸿、蒋兆和引西入中、融合中西、洋为中用的写实画派的冲击，传统的中国画所表现的古典仕女、山水、花卉的社会功能下降。进入新中国之后，由于鼓励画家创作反映现实生活，反映时代精神的作品，以传统技法表现的人物、花鸟、山水画家群开始边缘化，古典重彩人物画的创作，像红楼梦这样传统题材的作品，正适合这批传统型“精研古法，博采新知”的画家创作需要。因此，北京传统中国画家开始集中精力创作这类作品。他们笔下创作的红楼画虽然数量不多，但多是精品力作，多是在传统技法的基础上得到升华的绘画精品。这一画家群体主要来自中国画院、中央美术学院中国画系、人民美术出版社创作室等高层次艺术单位，他们笔下的红楼梦绘画品位高，技术精湛，许多作品堪为经典。

从传世的红楼梦绘画看，最有代表性的画家当属由天津调入北京的著名北派传统中国画

---

① 戴新邦：《新绘全本红楼梦》，彩图240幅，后附有以原著缩写故事梗概，上海古籍出版社2000年版。

大家陈少梅。陈少梅（1909—1954）名云彰，号升湖，湖南衡山人，寓天津。自幼攻习书画，十六岁即参加北京中国画学研究会，后加入湖社画会，是北派绘画大师金北楼的高足。他的绘画风格，从临摹历代北宋院体名迹入手，上溯宋元，承传了北宋绘画精整爽健的画风，在吸收了南宋文雅精微的长处后，创作了一种严谨、精密、娴熟、潇洒、有情调有韵味山水、人物画的静雅之作。他的画比一般的院体画含蓄精微，比一般文人画功力深厚。作于1946年的《金陵十二钗图》就是这样的绘画精品。他1949年以后任中国美协天津分会副主席，后调北京从事中国传统绘画的研究和创作，他的续妻冯忠莲亦是复制中国古代名画的高手，故宫博物馆所藏《清明上河图》、《虢国夫人游春图》等经典绘画的复制品，多出自她手。陈少梅创作的红楼梦十二金钗图，是这一时期中国画创作尤其是传统工笔画创作的精品。《金陵十二钗图》（尺寸：30cm×102cm）除人物外配有当代名士的诗文书法，诗书画珠联璧合，使陈少梅的红楼画堪为经典。从2008年开始，《红楼梦学刊》曾连续刊载了此画。

继陈少梅之后，20世纪50年代从事传统中国画创作的还有著名人物画家徐燕孙、吴光宇、刘凌沧、任率英、王叔晖、刘继卣、黄均、晏少翔等。其中尤以王叔晖和黄均等在红楼梦绘画创作上的成就令人瞩目。

王叔晖（1912—1985）女，浙江绍兴人。她15岁随吴光宇学画，1928年参加中国画学研究会，得到著名画家徐燕孙、管平湖、俞涤凡等人指导。后长期在人民美术出版社创作室从事中国画和连环画创作，她的代表作品《西厢记》曾获全国首届连环画创作一等奖。她创作的工笔重彩红楼梦人物画《晴雯》、《凤姐》、《宝琴》、《湘云》等，在传统人物造型的基础上，充分发挥工笔重彩画的特点，敷色雅丽，线条婉转流畅，勾画细腻传神，端庄典雅，超凡脱俗，是20世纪五六十年代以来中国传统仕女画的精品之作。①

黄均，1914年生，字懋忱，北京人，祖籍台湾淡水。1928年加入中国画学研究会，先后向徐燕孙、陈少梅、刘凌沧、溥心畬学画，是传统人物画家。他曾有《仕女画研究》一书问世，② 并创作红楼梦中的《黛玉》、《宝钗》、《宝琴》等人物形象。他的画传统功力深厚，具有古典美学韵味，运笔刚柔相济，格调高雅，个性鲜明，楚楚动人。他的传统仕女人物画注重从敦煌壁画和民间美术中汲取营养，以丰富自己的表现功力，其仕女人物凝重鲜丽，光彩照人。

1963年在北京筹备纪念曹雪芹逝世200周年展览会上，有著名中国画画家徐燕孙、刘继卣、刘凌沧、晏少翔等创作的12幅工笔重彩红楼画。如徐燕孙（1898—1961）名操，号霜红楼主，河北深县人。早年参加中国画学研究会，师从俞明，曾在北平京华美专任教，并在个人画室授徒，历任人民美术出版社创作员、北京中国画院副院长，为一代工笔人物画大家。刘凌沧（1907—1989）名恩涵，号凌沧，河北固安县人。曾入中国画学研究会，并从徐燕孙、管平湖学画，曾任中央美术学院中国画学教授，创作与著述颇丰，也是一代传统工笔重彩画

---

① 王叔晖：《红楼梦人物》中"晴雯补裘"引自人民美术出版社1964年版《现代中国人物画选》；"凤姐"引自河北教育出版社2002年版《中国画人物全集》。

② 黄均：《仕女画研究》，中国工艺美术出版社1982年版。

大家。刘继卣，天津人（1918—1983），自幼从父刘奎龄学习工笔人物和动物画。1963 年入天津美术馆学习西画，从刘子久学山水画，1938 年毕业后一直从事中国画创作。后调入北京人民美术出版社任创作员，其代表作《红楼梦》（组画）、《孙悟空大闹天宫》、《武松打虎》等，开工笔人物画一代新风，他将传统工笔人物画法加以提炼升华并融入西方素描、色彩、神韵等造型方法，笔下人物形象更加生动逼真，别开生面。他是传统工笔人物画创新型的画家。晏少翔，字翰，1914 年生，山东历城人。北京辅仁大学美术系毕业。1934 年考入古物陈列所国画研究院，后为沈阳鲁迅美院教授。有《红楼梦故事》画传世。① 从以上罗列的画家简历看，这是一批传统型的借古开今的一代人物画大家，他们笔下所创作的红楼画的水平和价值不言而喻。因此说，当代以北京为中心的红楼梦绘画的创作，属于由传统型的画家群体来完成的一批经典红楼画作品。

进入上世纪末本世纪初，中国画创作发生新的变化，西方现代主义、后现代主义艺术观念的融入，绘画创作的多元化和形式的多样化，都为传统的中国工笔重彩画带来了新机，无论山水、花卉、人物都呈现出历史上前所未有的崭新面貌。天津著名中国画画家赵国经、王美芳伉俪创作的红楼梦人物画，以崭新而完美的人物形象，令读者耳目一新。他们创作的红楼梦人物画《元春》、《凤姐》、《迎春》、《妙玉》等②，人物端庄清丽的气质里带有淡淡的妩媚和雍容华贵，面部和手的刻画透出恰到好处的细腻感，衣裳以柔韧线条呈现出张力，浓艳与清雅色彩相得益彰，在人物造型中融入了色彩的现代观念，既有传统美人的古韵，又有现代美人的新趣。这是当代学院派红楼画创作的特色。在人物形象中融入写生的因素，在服饰处理上融入了装饰因素，因此他们笔下的红楼人物形象，不仅端庄艳雅，更兼有一种现代的大俗大雅之美。赵国经、王美芳几乎与共和国同龄，是现代学院派培养出来的一代新的红楼人物画家。由上可知，半个世纪以来的红楼梦绘画创作，一个时代有一个时代鲜明的艺术特色。

三、当代《红楼梦》连环画的创作与普及

如果说以李菊侪创作的《石头记新评画册》即《金玉缘画集》为标志，这部有 388 幅绘画本红楼梦为近现代连环画创作之始的话，那么《红楼梦》连环画创作起点则可定为清末民初这一历史时期。连环图画以图画讲故事，带有极大的普及功能，《红楼梦》连环画的诞生，把这一部古典白话小说的故事引入民间，变得家喻户晓、妇孺皆知。新中国成立之后，在美术上开始抓普及型年画和连环画创作工程。新中国建立之初，为满足人们普遍的文化艺术上的需求，连环画创作呈现出了强劲的势头。在这一形势引导下，《红楼梦》连环画的创作出现了空前的繁荣，绘画水平之高，是此前历史上任何一个时期的连环画创作都难以比拟的。

---

① 晏少翔：《红楼梦故事·黛玉调鹦》绢本，77cm×54cm，1983 年创作。引自《中国画人物全集》，河北教育出版社 2002 年版。

② 引自《赵国经、王美芳——工笔人物作品选粹》，天津杨柳青出版社 2005 年版。

中国当代连环画创作的重镇依然是上海，尤其是《红楼梦》连环画的创作，上海开启了这一题材创作的先河。自上世纪50年代和80年代上海汇集了诸多当代连环画名家，参与《红楼梦》连环画的创作。从1955年开始，上海人民美术出版社开展《红楼梦》故事连环画创作工程，参加绘制的有著名国画家董天野、刘锡永、严个凡、江栋良、王靖洲、张令涛、胡若佛等，从1956年至1962年共完成出版《红楼梦》连环画18本。这一连环画创作工程历时7年，创作了全本《红楼梦》故事，虽然这套连环画画家绘画水平、风格各异，但是基本上展示出了当代连环画在古典题材创作上的风致。这对于《红楼梦》的大普及是一个极大的推动，每本印数均达到了30多万册。① 从创作群体上看，这些画家有老一代国画家，也有新一代连环画家。如刘锡永，1914年生于北京，曾在京华美专学习中国画，1935年毕业后举家迁往上海，开始从事连环画专业创作。从新中国成立之初中国绘画水平上看，这是一批质量较高的连环画作品。

1981年由戴敦邦挂帅，组成由画家丁世弼、杨秋宝、汪继声、徐小平、项维仁等新一代《红楼梦》连环画创作团队，出版了16册一套的全本《红楼梦》连环画，每册印数达100万本。这次创作的特点是，人物形象统一，创作风格统一，画风多受戴敦邦影响，注重黑白对比，构图变化多端，人物随故事发展不断形成高潮，为日后的电视连续剧创作提供了形象的脚本。②

在这两次《红楼梦》连环画创作高潮的影响下，全国各地均有红楼题材的连环画出版，比较有代表性的是北京人民美术出版社创作单行本1956年版《红楼二尤》，辽宁人民美术出版社1981年版的《晴雯》和《司棋与潘又安》等，这些连环画作者均是上海版连环画创作的核心成员，前者为张令涛、胡若佛绘，后者为丁世弼绘，他创作的《尤三姐》被评为全国第三届连环画绘画三等奖。连环画创作曾在上世纪80年代达到历史创作的高峰，全国各画种知名画家几乎都参与连环画创作，其中中青年画家不断成为创作的中坚力量。随着80年代末的改革开放、思想解放，经济的快速发展以及电视的普及，连环画开始退潮，出版与创作均逐渐进入历史的低谷。但是，《红楼梦》连环画仍然让一代又一代的中国人记忆犹新、难以忘却。

中国当代红楼梦画的创作，在新中国红学热的影响下，出现了《红楼梦》绘画和连环画创作的多次高潮。在红楼画的表现形式、参与形式上，除专业画家外还有大量民间画家的参与，如北京的董可玉、李湘、谭凤环等，她们的作品深受当代画家的影响，或工笔重彩、或意

---

① 上海人民美术出版社从1956年至1962年出版《红楼梦》连环画，计有：刘锡永、江南春绘《乱判葫芦案》；张令涛、胡若佛绘《宝玉初会黛玉》、《黛玉葬花》、《鸳鸯抗婚》、《王熙凤》、《刘姥姥救巧姐》；李成勋绘《元妃省亲》；董天野绘《拷打宝玉》、《尤二姐》、《司棋与潘又安》、《晴雯之死》、《尤三姐》；刘锡永、严个凡绘《呆霸王薛蟠》；于廉元、叶之浩绘《查抄贾府》；王靖州绘《宝玉出走》；江栋良绘《宝玉瞒赃》；刘旦宅、叶之浩绘《史湘云》等，64开本共18册，每册印数在30万以上。

② 上海人民美术出版社1981年版《红楼梦》系列连环画，由戴敦邦、丁世弼、杨秋宝、汪断声、徐小平、项维仁等绘，普通64开本，16册。计有：《乱判葫芦案》、《宝黛初会》、《凤姐弄权》、《黛玉葬花》、《宝玉受笞》、《二进荣国府》、《鸳鸯抗婚》、《宝玉瞒赃》、《红楼二尤》、《抄检大观园》、《潇湘惊梦》、《金桂之死》、《黛玉焚稿》、《查抄贾府》、《巧姐避祸》、《宝玉出走》，每册印数为100万。

笔人物、或以白描绣像方式参与当代红楼画的创作，更有画家以清装塑造红楼梦人物，以图还原历史，进行了前所未有的尝试与探索。此外，各地画家即兴的红楼梦绘画创作，其数量更是难以估量。终其一点，无论以何种方式的探索与尝试，都表明人们热爱《红楼梦》，这些艺术创作的终极目的，都为了表达一个画家对《红楼梦》人物的理解，他们五彩缤纷的艺术作品，无疑会使《红楼梦》在新世纪得到更广泛的传播。

| 本文作者：中国红楼梦学会理事，吉林省红楼梦学会副秘书长，
吉林画报社《美术世界》主编、编审

你对“红楼”女性知多少*

——《红楼梦》女性知识问卷调查分析报告

王人恩　张耀予　张克锋

作为四大名著之一，《红楼梦》一书所描写的400多个人物之中以女性为多，这些女性形象大多生动鲜活，不仅其中的主要人物宝钗、黛玉等使人印象深刻，一些配角如刘姥姥、鸳鸯等也闪烁着别样的光彩。可以说，要读懂《红楼梦》，就应该首先熟悉书中的这些女性形象，她们是全书的精魄所在。此次问卷调查以红楼女性知识为主题，比较全面地涉及了《红楼梦》中上至小姐、少奶奶，下至丫鬟、仆妇等各种女性形象，用常识考察、对比研究、开放式选择等各种方式来调查当代大学生对于这些人物形象的熟悉程度以及情感价值判断，以此反观这些艺术形象在当今社会的艺术价值以及当代大学生的情感价值取向，旨在为高校古代文学的教学和学生人文素质的培养提供一点参考。

一、问卷调查的基本情况

本次调查以集美大学诚毅学院2011级中文系本科生为调查对象，共发放试卷103份，回收102份。这些调查对象均已开设过《红楼梦》选修课。本次问卷调查题目共分为两个部分：一、选择题，分为单选和多选，共32题；二、简答题，共两题。就选择题来说，分为四个层次，以下分述之。

第一层次为女性形象的常识性考查。第1题为“秦可卿是贾府哪位少爷之妻?”96.08%的学生能选出正确答案，0.98%的学生误选贾敬，1.96%的学生误选贾环，还有0.98%的学生未做选择，或是难以分辨而致误。第2题考查“自从两地生孤木，致使香魂返故乡”是谁的判词，85.29%的学生能准确作答，但也有9.8%、4.9%的学生分别误选了王熙凤和夏金桂，这反映出学生对原著的阅读不够，对于一些比较重要的常识性问题都不够了解。第3题“贾母是谁的妻子”，第4题“李纨在大观园的居所是”，这两题都是从各个细节考查学生对《红楼梦》中女性知识的熟悉程度，大部分学生能准确无误的作答。第5题引用了贾母说的“重孙媳妇中第一得意之人”问这句话是赞美哪位女性，只有64.71%的学生能判断出这句话赞美的是秦可卿，另有28.43%误选了王熙凤，4.90%误选了薛宝钗，1.96%误选了李纨。其实，这句话是《红楼梦》中秦可卿第一次出场（第五回“游幻境指迷十二钗 饮仙醪曲演红楼

* 本文系2013年福建省教育厅A类社会科学研究项目（项目编号：JA13177S）；集美大学第六批教育教学改革项目（项目编号：JY12104）之阶段性成果。

梦”）就引出来了的。第五回又是《红楼梦》的关键一回，如果多读几遍，稍加留心，当不至全无印象。另外，此题也反映出学生对红楼中的亲属关系仍容易混淆。王熙凤是贾母的孙媳妇，是和贾宝玉、薛宝钗、李纨一辈的，学生如果熟悉这个辈分关系，也不会选择错误了。第7题是“‘明是一团火，暗是一把刀’出自《红楼梦》中贾琏心腹兴儿之口，兴儿用此句来评价谁?”这题98.04%的学生都能准确选出答案，设置的周瑞家的等干扰答案没有起作用，反映出学生对王熙凤这个人物印象深刻，且有比较一致的认识。第8题问“《红楼梦》中与秦可卿有关的情节有哪些”，正确答案为A项“张太医论病细穷源”和B项“王熙凤协理宁国府”。干扰答案为C项“薄命女偏逢薄命郎”和D项“撕扇子作千金一笑”，有13.73%的学生选择了C项，4.90%的学生选择了D项。C项和D项分别是关于香菱和晴雯的重要情节。第9题“晴雯位于‘金陵十二钗’的哪一册?”这道题看似简单，其实不然。只有32.35%的学生能准确选出位于又副册，而62.75%的学生认为位于副册，4.90%的学生认为位于正册。在第五回中，宝玉第一个拿出来的就是晴雯的判词，并且书中点明了位于又副册。这再次反映出学生原著阅读的缺失。第10题问“金紫万千谁治国，裙钗一二可齐家”是赞美《红楼梦》中哪个人物，只有34.31%的学生选择了王熙凤，而44.12%的学生认为这是赞美贾探春，21.57%选择了薛宝钗。这句话出自《红楼梦》第十三回“秦可卿死封龙禁尉 王熙凤协理宁国府”这一回的回末，赞扬的正是秦可卿、王熙凤这两个女子，一个为贾府深谋远虑，一个有治理家政的才能。由于题目选项中没有秦可卿，所以应该选择王熙凤。之所以误选贾探春、薛宝钗，是由于学生只对她们有一个模糊的有才干的印象而并不熟悉原著。第22题是多选题，题目为“宝玉身边的贴身丫鬟有?”有A平儿 B晴雯 C麝月 D芳官 E司棋 F秋纹 这六个选项，97.06%的学生可以选出晴雯，95.10%的学生可以选出麝月，但是只有59.80%的学生答案中选择了秋纹，12.75%的学生答案中选择了芳官。其实这四人都是宝玉的贴身丫鬟。秋纹始见于第二十回，对其性格的特笔描绘见第三十七回，因得了老太太的赏钱和太太的赏物而觉得有脸面，感念主子的恩典，同晴雯的硬气恰成对照。芳官是老太妃薨后蠲发优伶，不愿去者就留在园内使唤，贾母就将她指与了宝玉，归入怡红院中。芳官俊俏伶俐，活泼任性，深得宝玉喜爱。第24题，“刘姥姥几次进荣国府”，只有8.82%的学生选出了四次这一正确答案。另有72.55%的学生认为刘姥姥进了三次荣国府。其实，后四十回中刘姥姥还进了两次荣国府，一回是凤姐病笃，以巧姐托付刘姥姥，一回是将巧姐平儿接到乡间躲藏，并给巧姐说媒。第25题，问宝玉口中的“鱼眼睛”指谁，正确答案为王善宝家的，选择这一答案的只有18.63%的学生。32.35%的学生认为是赵姨娘，33.33%的学生认为是周瑞家的，13.73%的学生认为是鲍二家的，还有1.96%的学生未做选择。第28题，“尤二姐、尤三姐原本姓尤吗?”只有45.10%的学生能选出正确答案“都不是”。19.61%选择了“是”，26.47%选择了“前者是，后者不是”，8.82%选择了“前者不是，后者是”。

第二层次，对书中女性形象的评价的调查。如第13题，罗列了八个关涉凤姐的情节，第一问让学生选出对凤姐印象最深的情节，第二问让学生选出最憎恨凤姐的行为，两小问均可多选。调查显示，学生对凤姐印象最深的情节依次是：毒设相思局、协理宁国府、弄权铁槛寺、逼死尤二姐、泼醋大闹宁国府、忏宿冤凤姐托村妪、协办贾母丧事、抄检大观园，每项所占百分比依次是66.67%、59.80%、59.80%、55.88%、35.29%、28.43%、19.61%、12.75%。最憎恨凤姐的行为依次是：逼死尤二姐、弄权铁槛寺、毒设相思局、抄检大观园、泼醋大闹宁国府、协理宁国府、协办贾母丧事、忏宿冤凤姐托村妪，所占比例依次是79.41%、64.71%、57.84%、11.76%、11.76%、1.96%、1.96%、0.98%。调查反映出在大学生心中凤姐是一个心狠手辣而又颇有才干的人，对于她的行为，最不能接受的就是逼死了尤二姐、弄权铁槛寺害死两条人命以及毒设相思局害死贾瑞。第14题，“您觉得秦可卿是一个怎样的女子?”（多选题）选项A以柔媚胜 B有德性的女子 C心比天高 身为下贱 D擅风情秉月貌，每个选项最后所占的百分比依次是51.96%、58.82%、16.67%、76.47%。有近六成的学生认为秦可卿是一个有德性的女子，这可能和曹雪芹在成书过程中删掉了“秦可卿淫丧天香楼”一回、隐藏了秦可卿的真实死因有关。其实，根据秦可卿的判词“情天情海幻情身，情既相逢必主淫”，稍加探究，是不难知道秦可卿这段被隐藏的历史的。又如，第17题，“你最欣赏宝钗的是”（可多选），给出了五个选项“A容貌美丽，举止娴雅 B端庄稳重，温柔敦厚 C豁达大度，善解人意 D对弱者同情，却对权势者不屑 E察言观色，心知肚明”，调查显示最欣赏宝钗的依次是BECAD，所占比例依次是92.16%、82.35%、81.37%、28.16%、13.73%。由此可知，学生对宝钗的欣赏主要是由于其稳重、豁达的性格和善于察言观色，相貌倒是其次。第18题，“你对史湘云印象最深的是”（可多选），调查反映学生对史湘云印象最深的依次是：乐观、简单；具有侠气和男儿气；心无点尘，口无遮拦，一个典型的性情中人；单纯中显示的大度与成熟；懂得珍爱自己的生命，珍爱身边的亲人和朋友。每项所占比例依次是84.31%、75.49%、74.51%、61.76%、19.61%。六成学生认为湘云虽然单纯，但其中有其大度和成熟的一面，并不是简单的不通世故。第23题，“在你心中，刘姥姥是怎样的人?”题目给出了A左右逢源，打通关节，见风使舵，插科打诨 B天真，活泼，幽默 C机智但很谨慎 D过河拆桥，忘恩负义 E没见过大世面，但不拘束 F具有侠肝义胆，每项被选择的比例依次是60.78%、50%、46.08%、0%、82.35%、64.71%。说明学生对于刘姥姥的印象主要集中在其二进荣国府时在宴会上活泼幽默的表现和最后仗义救出巧姐的行为。第26题，“你对鲍二家的持何种态度?”（可多选），题目给出了A同情而又怜悯 B怜悯但又可恨 C绵里藏针 D具有反抗性但社会不容 E不很了解，选A的学生有28.43%，B 88.24%，C 43.14%，D 24.51%，E 7.84%。鲍二家的与贾琏偷情，被发现后很羞愧，自缢而死。这是一个悲剧人物。调查反映出学生对于鲍二家的行为依旧认为是违背道德的，对于她的“可恨”的感觉要大于同情。第30题，“有人说：‘尤二姐如果听了兴儿哪怕半句话最后也不会死得这么惨’，那么她哪些过失导致其死亡?”（可多选），题目给出了A轻信贾琏导致错误的托付一生 B自责自卑，终酿惨剧 C自以为是，没有丝毫自知之明 D一心要做荡妇，不想过普通人的日子 E轻信凤姐导致身陷危境而不自知。调查表明，选A、E两项的人最多，分别占93.14%、86.27%。表明学生认为尤二姐的悲剧主要是由于她轻信了贾琏和凤姐造成的。其次是B项占49.02%，C项17.65%，D项3.92%。其实，尤二姐的悲剧不仅仅在于轻信了这两个人，她还是一个没有自知之明的人。以她的身份地位，进了荣国府这样的家庭，即使不碰上凤姐贾琏这样的主子，日子也不会好过，赵姨娘就是一个例子。《红楼梦》绝不是写一两个偶然现象，它写的是时代的大悲剧。学生的理解还停留在表面的认知上。

第三层次，对书中的女性形象做对比调查。如第20题，“鸳鸯、香菱你更喜欢谁?”有40.20%的学生选择了A项鸳鸯，26.47%的学生选择了B项香菱，29.41%的学生选择了C项两个都喜欢，另有3.92%的学生选择了D项“两个都不很了解”。香菱和鸳鸯都是书中惹人爱怜的女子，两人遭际有类似之处，但性格截然不同，所以有可比性。香菱屡遭厄运磨难，却依然浑融天真，毫无心机，总是笑对人世的一切，恒守着她温和专一的性格。后来被夏金桂虐待致死。而鸳鸯是从小生长在贾府中的“家生奴”，贾母的大丫头，从小跟着贾母耳濡目染，聪明伶俐而又洞察世事，但是心地善良，从不仗势欺人。贾赦看中了她，用各种手段逼她去做自己的妾。面对贾赦的淫威，她毫不屈服，以死相争，又聪明地用贾母离不开自己而保全了自己的清白和自由。贾母死后，她自知难逃贾赦魔掌，于是自缢而死。调查说明，在天真温和的香菱和聪明刚烈的鸳鸯中，学生们更欣赏鸳鸯一些。又如第29题，“晴雯和秋纹比起来，你认为其突出之处在于”，有75.49%的学生选择了A项秋纹媚上而晴雯抗上，18.63%的学生选择了B项秋纹讨好别人而晴雯爱表现自己，35.29%的学生选择了C项秋纹讨好别人而晴雯揭发别人，94.12%的学生选择了D项秋纹生来有奴性而晴雯具有反抗性，30.39%的学生选择了E项同是丫鬟，晴雯地位要比秋纹高。这说明，对于晴雯、秋纹这两个人物的理解，大部分学生都认为晴雯具有反抗性，敢于抗上，而秋纹具有奴性，喜欢媚上。再如第31题，题目问尤三姐与尤二姐相比，其突出之处在哪里，有95.10%的学生选择了A项“更具有反抗性”，93.14%的学生选择了E项“性格刚烈，更加独立”，92.16%的学生选择了B项“大胆追求所爱，不受羁绊”，仅有1.96%的学生选择了D项“攀高枝，想摆脱贫困卑下的生活”，没有人选择C项“昏昏噩噩中度过一生”。说明学生对于尤二姐性格独立、大胆，有比较一致的认识。

第四个层次，对于书中女性形象做开放性调查。如第15题，“李纨可以说是《红楼梦》中的贤人，如果在现实生活中，你最倾向李纨做您的”，题目给出了A导师B母亲C知心阿姨D妻子这四个选项，调查显示，“知心阿姨”得票最高，占58.82%，其次是“导师”一项，占23.53%，而“母亲”得票为15.69%，“妻子”一项得票最少，仅占1.96%。李纨是封建时代的标准好儿媳、好妻子，也是一个“三从四德”的牺牲品。但是李纨在“妻子”这一项中得票极少，说明学生心目中李纨的品性并不具有成为一个好妻子的吸引力。但是李纨的淡泊、清雅、沉静却让人觉得她可以成为一个“知心阿姨”。又如，第32题，“现实生活中，您希望谁来做您的闺蜜?”（多选题），题目给出了A宝钗B黛玉C湘云D袭人E平儿这五个选项，调查显示，湘云得票最高，有74.51%的学生希望湘云做自己的闺蜜，这大概是因为湘云豁达乐观，说话心无点尘，是一个典型的性情中人，又具有侠气之美。其次是平儿，得票54.90%。平儿聪明清俊，而又为人善良。宝钗以51.96%的票数紧随其后。由此观之，宝姐姐在大家心中人气还是很高的。袭人得票38.24%。袭人的温顺贤惠还是十分招人喜爱。得票最低的是黛玉，仅有17.64%。黛玉为人善良，但其多愁善感，天生喜散不喜聚，这就减少了她与别人的社会性交往，也就降低了别人对她的亲近感。其实，这个得票格局也和《红楼梦》一书中每个人受姐妹的欢迎程度有相似之处。

第二部分，简答题。1.“富贵又何为？襁褓之间父母违；展眼吊斜晖，湘江水逝楚云飞”，这是谁的判词？你如何理解这句判词？根据统计，绝大部分学生都能准确判断出这是史湘云的判词，只有一位学生误以为这是巧姐的判词。而对于这首判词的理解，除了少数学生不知其意，只能抄袭前面选择题中的关于湘云性格的评价以外，绝大部分学生都能从湘云的人生遭际来分析这首词。学生的分析，又主要集中在“幼年父母双亡”和“婚姻短暂，不幸守寡”这两点。比如，一位学生这样写：

> 史湘云生于富贵之家，但她在孩童时父母便去世了，留她孤身一人在世上。而她长大后，很幸运的遇到了如意郎君，但幸福时光却十分短暂，新婚后不久，她的丈夫便去世了，她又成了孤身一人。

这是学生中的主流观点。也有学生认为“湘江水逝楚云飞”喻湘云远嫁，比如有学生这样写：

> 史湘云出生于富贵家庭，但从小父母就双亡，因此说“襁褓之间父母违。”父母双亡后，湘云寄居亲戚家，后亲戚家也逐渐落魄，因此说：“展眼吊斜晖”，在贾府逐渐走向衰亡后，湘云驾着舟远嫁，因此说：“湘江水逝楚云飞。”

也有学生认为，“湘江水逝楚云飞”除喻示着湘云守寡之外，还有可能是喻示着她早逝。《红楼梦大辞典》则解释说：

> 判词写史湘云幼年及晚景的不幸。“富贵”二句，意谓史湘云虽生长于富贵赫赫的侯门，但因自幼父母双亡，由叔婶抚养，富贵并不能给她带来幸福。……湘江水逝：寓娥皇、女英二妃于湘江哭舜之事，点史湘云之“湘”。……楚云飞：用楚怀王梦会巫山神女事，点史湘云之“云”。此二典，皆用以喻夫妻生活的短暂，好景易散。写史湘云在爱情婚姻上的不幸。究其具体内容，则众说纷纭。一说指史湘云日后寡居，一说指与丈夫离散两地，又说史湘云当早逝。①

学生对于这首判词理解的大意不差，只是几乎没有人将这些典故点出，说明学生的古代文学基本功还较薄弱，阅读量还不够。

---

① 见冯其庸、李希凡主编：《红楼梦大辞典》（增订本），文化艺术出版社2010年版，第220页、第559页。

简答题第二题是一道开放性题目。题目是“如果你是公公或婆婆，你会选择以下谁做你的儿媳？简述理由。题目给出了 A 平儿 B 香菱 C 秦可卿 D 李纨 E 宝钗 F 王熙凤这几个选项。根据统计，102 人共投出了 105 票（有多选的），其中宝钗得票最高，一人独得 56 票。选宝钗者，多认为其相貌才情家世性格诸方面俱佳，有一位选择了宝钗的学生在问卷中这样赞美她：

> 论相貌，宝钗是一等一的美人，体貌丰美；论性情，她又是端庄贤淑的温柔体贴人儿；论才学，她书画诗书皆上佳；论家世，她薛家是皇商（虽后亦没落）；论治家才干，她亦是能手；论人际关系，她又是人人夸的能人儿；论对丈夫，她是极体贴隐忍有相处之道的；论对长辈，她又是极孝顺知礼的，又乖顺。

也有看重其才学丰富者：

> 我会选择薛宝钗做我的儿媳。因为，薛宝钗不但容貌美丽，而且天资聪慧，博学多才。她的诗雍容大气，富丽和谐，除此之外她博闻强记，多才多艺，经史子集融会贯通，诗词歌赋博采广收。她不但文学造诣高，谈论理财之道也能信手拈来，对画论也卓有见识；医学的药理知之甚笃；参禅悟机也是了如指掌。堪称之为“人为的百科全书”。此外，我所认识的宝钗也是一位端庄、稳重，温柔敦厚，豁达大度，识大体的人。

还有学生将其与林黛玉相比，认为宝钗性格更好：

> 同林黛玉悲观主义的性格相比，宝钗性格相对更加开朗随和一些，遇事不总是先想到坏的一面，听别人的言语也不会总有些含沙射影的想法。宝钗遇事更加稳重、能够处理得当。人也比较乖巧，懂得为人处世和说话的艺术。相信她当儿媳的话，能够处理好与公公婆婆之间的关系，在很多事情上，宝钗更加冷静、谦让，不轻易与人发生冲突。她也会孝顺长辈，对待爱情也是十分认真的。

还有看中其可以帮助自己的儿子成就事业，可以照料好孩子：

> 最重要的一点是她的豁达大度、宽容随和，识时务、顾大体，深明世事人情。她能够接受现实的观念，并且身体力行。能够协助我的儿子，在事业上有所帮助。同时她又是理财治家的好手，对孩子的将来很有帮助。

此外，不少选择了宝钗的学生认为宝钗会察言观色，讨长辈欢心，所以婆媳关系会比较好相处。

紧随宝姐姐其后、得票第二的是平儿。与宝姐姐相比，平儿没有那么丰富的学识和良好的家庭背景，但其善良和才能为其赢得了23票。有一位选择平儿的学生认为她贤惠温柔：

> 平儿一直是《红楼梦》中我最喜欢的角色。她不仅清俊秀气，聪明伶俐，而且性情温和，心地善良，招人喜欢。她是凤姐的贴身丫鬟，忠心服侍凤姐和贾琏，心无旁念，而且不任性，不耍心机，不使小性子。凤姐喝酒撒泼和贾琏一起打骂平儿，平儿只是小小的抱怨，第二天便互相安好，不像晴雯等会撒泼。另外，平儿十分贤惠，在她发现贾琏的枕头上有头发，顾及到凤姐的性格，软语救了贾琏。最后凤姐去世，她将巧姐当做自己的女儿一般对待，更体现了善良、温柔。

选择平儿的学生还多赞美其有能力、会为人处世：

> 我会选择平儿。首先，平儿是王熙凤的得力助手，心腹之人。其持家能力可以说是十分高的。其次平儿性格温和，待人友好，心地善良。其在尤二姐入大观园后，不顾王熙凤的态度，时常接济尤二姐，在二姐死后仍然偷给贾琏银子送葬。再次，平儿十分得人心，为人处事很有方法，受到合家族人的称赞。最后，平儿十分忠心，心无旁念，她在凤姐死后仍然宽待巧姐甚至救巧姐于危难之中。

秦可卿和李纨并列第三，均得到了10票。选可卿者，多因贾母赞其“重孙媳妇中第一得意之人”，并且欣赏她的天生美丽，风流袅娜：

> 秦可卿容貌美丽，体态袅娜，很有风度，相貌上肯定是一等一的，并且她性格也很好，她死的时候合家上下都很伤心，都很怀念她。她托梦给王熙凤来看，她是一位很有远见的女性。贾母也赞扬过她是“最得意之人”。而且秦可卿的性格给人很善良的感觉，不会有心计，所以和婆婆应该会比较好相处。所以我会选择秦可卿做自己的儿媳。

选李纨者，多看重其清净、雅致的性格，一位学生这样写：

> 我会选李纨，因为李纨一心相夫教子，丈夫死后便一心教导儿子贾兰。而且她心地善良，在纷繁复杂的大观园中保持着难得的一份心境，实在难得。这样的儿媳，与其相处起来简单，生活得平静。

还有学生这样写：

李纨虽然嫁入荣国府这样的富贵人家，但她丈夫早逝，独自抚养孩子，命运也算凄凉，然而她却不像黛玉那样多愁善感，而是积极投入生活，从她加入“海棠诗社”并积极创作，可以看出她的生活雅致。在黛玉即将离世时，李纨到了潇湘馆后并不是大哭，而是冷静的吩咐下人如何处理黛玉的丧事，可见她为人冷静而又善良。

王熙凤得三票，位居第四。选凤姐者，多看重其治家能力，认为她能将家庭利益管理妥当：

如果我是婆婆，我会选择王熙凤做儿媳。王熙凤有才干，可以把家庭支出管理得井井有条，事无巨细皆能处理妥当。上可以讨得贾母欢心，下可以和众多姐妹叔叔侄儿打成一片。为了捍卫自己的地位，比如对于贾琏在外头偷娶二房，拈花惹草，她的做法有失妥当，但她毕竟是为了保卫自己的婚姻。现在的女性确实要好好维护自己的婚姻，抵制小三的攻击。虽然王熙凤弄权铁槛寺或毒设相思局做得有失道义，但是在大体上，她把大家庭的利益管得妥当，这就好了。现代社会的婆婆不就希望这样吗？

还有选择了王熙凤的同学持“真小人”论：

凤姐虽然毒辣，但作为一个媳妇是相当合格的。她掌管家务能力强，能讨贾母欢心，对下面的兄弟姐妹很好，对刘姥姥也不坏。当然，最重要的还是她能力强，她生病时，一个人的工作要探春、宝钗、李纨三个人做。如果她不那么见钱眼开、心狠手辣就更完美了。但是比起平儿、香菱的没主张，秦可卿的风情，李纨的不管事，宝钗的腹黑，听了别人的秘密嫁祸黛玉啊，我还是选真小人。

出人意料的是，香菱得票最少。这可能是香菱逆来顺受的性格不受大家欣赏。香菱仅得到两票，其中一位同学这样写：

香菱聪明伶俐，她跟黛玉学诗，第一首做得比较幼稚，第二首有所进步，第三首就用词典雅了，表明她学习能力强，吸收快。长得又俊俏，招人喜欢。香菱性格耿直，不爱媚上，有话直说，这样比有算计有心计的人好相处，有什么问题说出来才不会愈演愈烈，矛盾加深。

总的来说，学生在选择时多看重其性格、才能、容貌，其中又以才能和性格最为重要。才能又分为学识和治家两个方面，性格上多欣赏能处理好人际关系、心地善良者，不喜欢无为或懦弱的人。这才形成了以上格局。

二、问卷调查结果分析

此次问卷借对《红楼梦》中众多女性人物的调查，可以比较真实地了解到当代大学生的情感观、价值观以及对文学经典的阅读情况。

一、反映了当代大学生的处世观、道德观、择友观、婚姻观。对于鸳鸯和香菱的比较，大家更喜欢鸳鸯，说明当代大学生不欣赏逆来顺受的个性，更喜欢像鸳鸯这样敢于抗争、绵里藏针的女性。对于晴雯和秋纹的比较，大家多认为秋纹是媚上，而晴雯是抗上，反映出当代大学生强烈的平等观念。对于鲍二家的悲剧，近九成的学生认为她可怜又可恨，说明学生们的道德观念很强。而对于王熙凤，大家认为最可恨的情节都是她害死了人命，说明学生生命意识很强，知道尊重生命。而在择友方面，性情豁达、没有心机的湘云和温柔善良的平儿超过了过于世故的宝钗和袭人，说明大学生择友更喜爱单纯善良的人。而选择谁当儿媳一题，则反映了这些学生的婚姻观，说明他们在考察婚姻对象时，最注重对象的才干和性格。值得忧虑的是，学生在选择谁当儿媳时基本以现实利益为考量，很少考虑与儿子的感情交流是否顺畅、兴趣爱好是否契合。这恐怕是当前物化现实的一个折影。

二、调查反映，学生对书中人物有大致了解，但了解不深，不仔细，又多停留在表面上，这主要是因为学生仅仅满足于课堂学习，不愿意自己课下主动阅读造成的。因为开过《红楼梦》选修课，学生对于书中人物情节已经大体上比较熟悉，但是对于原著的阅读还是不够。这表现在学生对于引用了书中的话的题目一般都不能准确把握，对于书中人物的亲属关系的了解也不甚明晰，在对书中人物进行评价时多停留在表面上。此外，湘云判词一题也表现出学生们的古典文学功底比较薄弱。如何激发当代大学生阅读原著的热情，使得他们不仅仅停留在课堂上吸取知识这个阶段，为他们阅读原著创造有效条件，是一个值得深思的问题。

结　语

我们多年来一直反复强调：《红楼梦》拒绝粗读！通过此次调查，我们基本上了解了学生对于《红楼梦》的熟稔度与认知度，并且大致了解到学生的情感观和价值取向，在此基础上，希望此次调查能有益于日后教学，形成“教学相长”的良好局面。由于笔者初涉调查研究领域，在问卷的某些命题之处未免失之周详，或统计方法有不科学之处，尚祈广大红学专家和爱好者不吝指正。

| 本文作者　王人恩：中国红楼梦学会常务理事、集美大学文学院教授
张耀予：集美大学文学院研究生
张克锋：集美大学文学院教授

附录一：

纪念伟大作家曹雪芹逝世250周年大会
暨学术研讨会组委会

顾　　问： 孙家正　冯其庸　李希凡　王　蒙　胡德平

主　　任： 张庆善　孙旭光　王玉锁

成　　员：（以姓氏笔画为序）

王玉锁　刘占文　冯令刚　边　伟　孙　逊

孙玉明　孙伟科　孙旭光　李明新　李晓菲

吴　杰　位灵芝　何卫国　沈治钧　张　云

张杏兰　张庆善　张利娜　梅新林

秘 书 长： 冯令刚　孙伟科　张杏兰

副秘书长： 何卫国　张　云　张利娜

附录二：

纪念伟大作家曹雪芹逝世250周年大会暨学术研讨会议程

日期：2013年11月22日（星期五）全天　　报到地点：廊坊新绎贵宾楼二楼大堂

时间	议程	地点
15：00	参观新奥集团	集合地点：贵宾楼酒店大厅
17：00	参观“红楼梦书画展”	贵宾楼景明厅
18：30	乘车赴宴	集合地点：贵宾楼酒店大厅
19：00	晚　宴	艾力枫社会所 锦亭厅
20：00	笔　会	艾力枫社会所 紫晶厅

日期：2013年11月23日（星期六）上午　　会场：曲苑风荷（三楼）

时间	议程	主题	主持人	发言人
9：00—9：15	“曹雪芹雕像”揭幕仪式		梅新林	胡德平
9：15—10：30	开幕式	纪念伟大作家曹雪芹逝世250周年	梅新林	开幕词：张庆善 致辞：冯其庸　李希凡 胡德平　孙旭光
10：30—11：00	合影			
11：00—12：00	研讨会（第一场）	纪念伟大作家曹雪芹——回顾、追忆、展望	主持人：段启明 评议人：石昌渝	袁世硕　蔡义江 张锦池　胡文彬 杨乃济

日期：2013年11月23日（星期六）下午　　会场：曲苑风荷（三楼）

时间	议程	主题	主持人	发言人
14：00—15：30	研讨会（第二场）	红学新视界	主持人：胡绍棠 评议人：陈熙中	二月河　张　俊 应必诚　鲁德才 唐富龄　张书才 胥惠民　邸瑞平 曲　沐
茶歇15分钟				
15：45—17：45	研讨会（第三场）	红学新视界	主持人：邹玉义 评议人：王人恩	黄一农　丁维忠 王　彬　任少东 杜春耕　卜　键 田永清　董志新 郑铁生

日期：2013年11月24日（星期日）上午　　会场：曲苑风荷（三楼）

时间	议程	主题	主持人	发言人
8：30—10：00	研讨会（第四场）	红学新视界	主持人：孙伟科 评议人：曹立波	陈维昭　陈景河 段江丽　赖振寅 刘永良　于景祥 张蕊青　徐乃为 刘继保

（续表）

茶 歇 15 分 钟				
10：15—12：00	研讨会大会 （第五场）	红学新视界	主持人：赵建忠 评议人：王 平	高淮生 詹 丹 夏 薇 詹 颂 裘新江 孔令彬 王富鹏 向 彪 张 志 张 惠
日期：2013 年 11 月 24 日（星期日）下午				会场：曲苑风荷（三楼）
时间	议程	主题	主持人	发言人
14：00—16：30	研讨会大会 （第六场）	红楼梦的当代传播	主持人：饶道庆 评议人：俞晓红	闵 虹 唐 均 李明新 林正义 王宝林 马俊潼 轩宗武 雷广平 朱永奎 萧凤芝 虹 鸣 李耀宗
茶 歇 15 分 钟				
16：45—17：15	新绎集团与中国红楼梦学会 签订战略合作框架协议 新绎集团与恭王府签订 战略合作框架协议		主持人：孙玉明	
16：45—17：30	闭幕式		孙玉明	总结人：沈治钧 闭幕词：张庆善
日期：2013 年 11 月 25 日（星期一）上午 离会、送站				

附录三：

纪念伟大作家曹雪芹逝世250周年大会暨学术研讨会参会代表名单

序号	姓　名	单位及职称			
1	冯其庸	原中国艺术研究院副院长 中国红楼梦学会名誉会长 《红楼梦学刊》名誉社长、主编			
2	李希凡	原中国艺术研究院常务副院长 中国红楼梦学会顾问 《红楼梦学刊》名誉主编			
3	胡德平	全国政协常委 北京曹雪芹学会会长			
4	丁维忠	中国艺术研究院研究员、 中国红楼梦学会常务理事			
5	卜　键	国家清史编撰委员会常务副主任、 国家清史编撰领导小组办公室主任			
6	王　平	山东大学文学院教授 中国红楼梦学会常务理事			
7	王　彬	鲁迅文学院研究员			
8	王人恩	福建集美大学教授、 中国红楼梦学会常务理事			
9	王玉锁	新奥集团股份有限公司董事局主席			
10	王宝林	南京云锦研究所所长 江苏红楼梦学会会长			
11	王洪胜	辽阳市艺术馆研究官员 中国红楼梦学会理事			
12	王祥夫	山西大同市《小品文选刊》杂志主编、 中国红学会理事、大同红学会秘书长			
13	王湜华	中国艺术研究院研究员			
	王富鹏	广东韶关学院中文系教授、 中国红楼梦学会理事			
14	井绪东	贵州省红学会副会长兼秘书长			
15	计文君	中国现代文学馆 中国当代文学年鉴执行主编			
16	马建农	中国书店出版社总编			
17	马经义	成都大学讲师			

（续表）

序号	姓　名	单位及职称			
18	马俊潼	北京大观园管理委员会主任 北京红楼艺术博物馆馆长 中国红楼梦学会理事			
19	马硕山	中国国家博物馆			
20	邓庆佑	中国艺术研究院编审 原《红楼梦学刊》常务副主编			
21	孔令彬	广东韩山师范学院文学院副教授、 中国红楼梦学会理事			
22	石　雷	中国社科院文学研究所副编审 《文学遗产》编辑			
23	石昌渝	中国社科院文学研究所研究员 中国红楼梦学会顾问			
24	田永清	原总参兵种部政委			
25	吕启祥	中国艺术研究院研究员 中国红楼梦学会常务理事			
26	朱永奎	江苏省红学会名誉副会长			
27	任少东	天津百花文艺出版社编审 中国红楼梦学会常务理事			
28	向　彪	湖南省怀化学院中文系教授、 中国红楼梦学会理事			
29	刘占文	文化部恭王府管理中心副主任			
30	刘永良	浙江师范大学人文学院教授 中国红楼梦学会理事			
31	刘宏伟	辽阳市红学会会长			
32	刘继保	《洛阳师范学院学报》主编 中国红楼梦学会理事			
33	刘相雨	曲阜师范大学文学院教授 中国红楼梦学会理事			
34	冯令刚	文化部恭王府管理中心 展览陈列部主任			
35	曲　沐	贵州大学文学院教授、 中国红楼梦学会理事			
36	孙玉明	中国艺术研究院红楼梦研究所所长 《红楼梦学刊》副主编 中国红楼梦学会副会长			
37	孙伟科	中国艺术研究院《艺术年鉴》副主编 中国红楼梦学会秘书长			

（续表）

序号	姓　名	单位及职称			
38	孙旭光	文化部恭王府管理中心主任			
39	杨乃济	北京大衍致用旅游规划设计院总策划师 北京旅游学院旅游科学研究所名誉所长、教授			
40	杨建昆	文化部恭王府管理中心党委书记			
41	杜春耕	农工民主党红楼梦研究小组 中国红楼梦学会常务理事			
42	杜　浩	文化部恭王府管理中心			
43	李　晶	国家图书馆外文采编部馆员			
44	李明新	北京曹雪芹学会秘书长 中国红楼梦学会理事			
45	轩宗武	美术世界编辑部执行主编 吉林省红楼梦学会副秘书长 中国红楼梦学会理事			
46	吴雪梅	贵州省红楼梦研究学会副秘书长			
47	位灵芝	北京曹雪芹学会副秘书长 北京曹雪芹文化发展基金会秘书长			
48	邸瑞平	华东师范大学教授 中国红楼梦学会理事			
49	邹玉义	原山西省大同市委宣传部部长 大同红楼梦学会会长 中国红楼梦学会常务理事			
50	应必诚	复旦大学中文系教授、 中国红楼梦学会理事			
51	闵　虹	河南省人大常委会委员 民革河南省委员会副主委、教授 中国红楼梦学会理事			
52	沈治钧	北京语言大学教授 中国红楼梦学会副会长			
53	张　志	成都农业技术学院教授			
54	张　俊	北京师范大学文学院教授 中国红楼梦学会常务理事			
55	张　惠	香港浸会大学中文系助理教授			
56	张书才	中国第一历史档案馆研究员 中国红楼梦学会常务理事			
57	张杏兰	北京新绎爱特艺术发展有限公司 总经理			
58	张庆善	原中国艺术研究院党委书记、副院长 《红楼梦学刊》社长、主编 中国红楼梦学会会长			

（续表）

序号	姓　名	单位及职称			
59	张利娜	北京新绎爱特艺术发展有限公司 副总经理			
60	张锦池	哈尔滨师范大学教授、 中国红楼梦学会顾问			
61	张蕊青	复旦大学出版社研究员 中国红楼梦学会理事			
62	张燕萍	《河南教育学院学报》主编			
63	陈维昭	复旦大学中文系教授 中国红楼梦学会理事			
64	陈景河	吉林省作家协会一级作家 中国红楼梦学会理事			
65	陈熙中	北京大学中文系教授 中国红楼梦学会常务理事			
66	武　春	大同有线电台台长 大同市红楼梦学会副秘书长			
67	林正义	辽宁省辽阳市红楼梦学会名誉会长 中国红楼梦学会常务理事			
68	林宪亮	黑龙江省红楼梦学会秘书长			
69	竺　青	中国社科院文学研究所《文学遗产》 编辑部主任、副主编、研究员			
70	金凡平	温州大学人文学院副教授、 中国红楼梦学会理事			
71	金延林	中国社科院宗教所博士后			
72	郑铁生	天津外国语大学教授 中国红楼梦学会理事			
73	周绚隆	人民文学出版社副总编、编审			
74	郝新超	邓州市红楼梦研究会 副会长、秘书长			
75	胡文彬	中国艺术研究院研究员 中国红楼梦学会顾问			
76	胡绍棠	中国环境管理干部学院教授、 中国红楼梦学会理事			
77	赵建忠	天津师范大学文学院教授 天津红楼梦研究会会长 中国红楼梦学会常务理事			
78	虹　鸣	油画家、完全美学主义绘画 艺术创始人			

（续表）

序号	姓　名	单位及职称			
79	俞晓红	安徽师范大学文学院教授 皖江学院副院长 中国红楼梦学会常务理事			
80	段江丽	北京语言大学教授 中国红楼梦学会常务理事			
81	段启明	首都师范大学文学院教授 中国红楼梦学会常务理事			
82	胥惠民	新疆师范大学文学院教授 中国红楼梦学会理事			
83	饶道庆	温州大学人文学院教授、 中国红楼梦学会常务理事			
84	袁世硕	山东大学文学院终身教授 中国红楼梦学会顾问			
85	夏　薇	中国社科院文学研究所副研究员 中国红楼梦学会常务理事			
86	徐永斌	《明清小说》副主编			
87	徐乃为	江苏南通大学文学院教授 中国红楼梦学会理事			
88	徐菊英	北京大观园旅行社总经理 中国红楼梦学会理事			
89	凌解放	郑州大学文学院院长 中国红楼梦学会常务理事			
90	郭征帆	铜仁学院红楼梦研究所 副所长			
91	高淮生	中国矿业大学文法学院教授 中国红楼梦学会理事			
92	唐富龄	武汉大学文学院教授 中国红楼梦学会理事			
93	唐　均	西南交通大学外语学院副教授			
94	梅新林	浙江工业大学党委书记、教授 中国红楼梦学会副会长			
95	黄一农	台湾清华大学人文社会学院院长 中央研究院院士			
96	萧凤芝	《红楼梦研究辑刊》副主编			
97	曹立波	中央民族大学教授 中国红楼梦学会常务理事			

（续表）

序号	姓　名	单位及职称			
98	盖茂森	江苏省国画院顾问 中国美术家协会会员 中国画学会创会理事			
99	董志新	原白山出版社总编、编审 中国红楼梦学会理事			
100	鲁德才	南开大学中文系教授、 中国红楼梦学会理事			
101	赖振寅	青海师范大学人文学院教授、 党委书记 中国红学会理事			
102	雷广平	秦皇岛首钢长白机械有限责任公司董事、 中国红楼梦学会理事			
103	裘新江	安徽滁州传媒学院院长、教授 中国红楼梦学会理事			
104	詹　丹	上海师范大学人文学院教授 中国红楼梦学会理事			
105	詹　颂	首都师范大学国际文化学院副教授 中国红楼梦学会理事			
106	蔡义江	原民革中央宣传部长、教授 中国红楼梦学会顾问			
107	魏广君	中国艺术研究院			
108	籍洪达	文化部恭王府管理中心			

工作人员

序号	姓　名	单位及职务		
1	王　慧	中国艺术研究院红楼梦研究所副研究员		
2	王东辉	文化部恭王府管理中心		
3	王宇星	文化部恭王府管理中心		
4	卜喜逢	《红楼梦学刊》编辑		
5	刘立明	文化部恭王府管理中心		
6	许　琛	文化部恭王府管理中心		
7	祁浩庭	文化部恭王府管理中心		
8	齐晓霞	文化部恭王府管理中心		
9	杨姗姗	中国艺术研究院研究生院		

（续表）

序号	姓　名	单位及职务		
10	李　虹	《红楼梦学刊》编辑		
11	李　邈	文化部恭王府管理中心		
12	李雨泽	中国艺术研究院研究生院		
13	李健韬	中国艺术研究院研究生院		
14	何　晓	文化部恭王府管理中心		
15	何卫国	《红楼梦学刊》编辑 中国红楼梦学会副秘书长		
16	张　云	《红楼梦学刊》编辑部主任 中国红楼梦学会副秘书长		
17	张　建	文化部恭王府管理中心		
18	胡　晴	《红楼梦学刊》编辑		
19	谭凤环	《红楼梦学刊》画家		

图书在版编目（CIP）数据

纪念伟大作家曹雪芹逝世250周年文集/张庆善主编.
—北京：文化艺术出版社，2014.7
ISBN 978-7-5039-5812-0

Ⅰ.①纪… Ⅱ.①张… Ⅲ.①曹雪芹—纪念文集
Ⅳ.①K825.6-53

中国版本图书馆CIP数据核字（2014）第142693号

纪念伟大作家曹雪芹逝世250周年文集

主　　编　张庆善
副 主 编　张　云
责任编辑　蔡宛若
装帧设计　李　鹏
出版发行　文化艺术出版社
地　　址　北京市东城区东四八条52号　100700
网　　址　www.whyscbs.com
电子邮箱　whysbooks@263.net
电　　话　(010) 84057666（总编室）84057667（办公室）
　　　　　(010) 84057691—84057699（发行部）
传　　真　(010) 84057660（总编室）84057670（办公室）
　　　　　(010) 84057690（发行部）
经　　销　新华书店
印　　刷　国英印务有限公司
版　　次　2014年9月第1版
　　　　　2014年9月第1次印刷
开　　本　787毫米×1092毫米　1/16
印　　张　28.75
字　　数　400千字
书　　号　ISBN 978-7-5039-5812-0
定　　价　68.00元